国家科学技术学术著作出版基金资助出版

国家社会科学基金重大项目（项目批准号：17ZDA291）
"情报学学科建设与情报工作未来发展路径研究"
中国科学技术情报学会重点支持工程

新时代情报学与情报工作论丛
苏新宁◎主编　李　纲◎副主编

竞争情报分析方法及应用

许鑫　柯健　谷俊　等◎著

科学技术文献出版社
SCIENTIFIC AND TECHNICAL DOCUMENTATION PRESS

·北京·

图书在版编目（CIP）数据

竞争情报分析方法及应用/许鑫等著. —北京：科学技术文献出版社，2021.9
（新时代情报学与情报工作论丛/苏新宁主编）
ISBN 978-7-5189-8166-3

Ⅰ.①竞… Ⅱ.①许… Ⅲ.①情报分析 Ⅳ.① G252.8

中国版本图书馆 CIP 数据核字（2021）第 151902 号

竞争情报分析方法及应用

| 策划编辑：崔　静 | 责任编辑：李　晴 | 责任校对：文　浩 | 责任出版：张志平 |

出　版　者	科学技术文献出版社
地　　　址	北京市复兴路15号　邮编 100038
编　务　部	（010）58882938，58882087（传真）
发　行　部	（010）58882868，58882870（传真）
邮　购　部	（010）58882873
官 方 网 址	www.stdp.com.cn
发　行　者	科学技术文献出版社发行　全国各地新华书店经销
印　刷　者	北京时尚印佳彩色印刷有限公司
版　　　次	2021年9月第1版　2021年9月第1次印刷
开　　　本	787×1092　1/16
字　　　数	494千
印　　　张	28.5
书　　　号	ISBN 978-7-5189-8166-3
定　　　价	118.00元

版权所有　违法必究

购买本社图书，凡字迹不清、缺页、倒页、脱页者，本社发行部负责调换

《新时代情报学与情报工作论丛》

丛书顾问委员会

黄长著　梁战平　马费成　胡昌平　靖继鹏　赖茂生　王知津　张晓军　戴国强

丛书编委会

主　任　赵志耘　苏新宁

副主任　夏立新　李　纲　孙建军　卢小宾　潘云涛

编　委（按姓氏拼音排序）

毕　强　曹树金　陈　超　初景利　邓三鸿　樊　博　高金虎　黄水清
蒋　颖　冷伏海　李广建　李月琳　栗　琳　陆　伟　马　捷　马海群
沈固朝　王　芳　王东波　王延飞　王曰芬　吴　鹏　吴晨生　许　鑫
杨建林　姚乐野　臧国全　曾建勋　章成志　郑彦宁　周晓英　朱庆华

学术秘书　赵筱媛

《竞争情报分析方法及应用》
著者名单
（按姓氏拼音排序）

戴泽钒　谷　俊　柯　健　罗梦莹　王立梅　吴佳倩
徐慧婷　许　鑫　颜炳瑾　姚明雪　姚占雷　赵　颖
赵文华

总　序

情报学的发展与情报工作的重点任务紧密相关，不同时期的情报工作重点，引导着情报学研究和情报学学科建设的发展方向。20世纪50—80年代，我国科学技术的发展亟待情报工作能够提供国内外最新的科技发展动态和文献资料，我国情报学研究也起始于探讨科技文献交流规律的情报研究。20世纪90年代，信息爆炸和信息化浪潮的袭来，使得情报工作更加重视信息资源建设和信息服务，情报学研究的重点转向了信息处理、检索与服务及信息资源建设。21世纪以来，随着互联网的普及，情报工作更加重视网络信息资源的构建和服务，并在国家智库建设中开始显现作用。因此，情报学研究开始转向网络信息资源的构建和知识服务的研究，以及如何融入国家战略的情报学研究尝试。可以说，我国情报学研究历经了"文献"情报学、"信息"情报学、"网络信息"情报学等多个发展阶段。今天，我们进入了大数据时代，情报环境的变化、技术发展的推动、国家战略的需求，情报学与情报工作将向何处发展？这是情报工作者和情报学者必须思考的问题。

作为一名情报学学者，长期以来我一直关注情报学的发展，迫切感觉到：时代的发展、社会的需求，情报学与情报工作必须与时俱进，需要做出响应，需要顺应转型，需要在新的时代做出更大贡献。因此，2017年年初，我向全国哲学社会科学规划工作办公室提交了国家社会科学基金重大项目"情报学学科、理论、方法及情报工作未来发展研究"选题，在本学科专家学者的支持和关爱下，该选题得以立项招标。我们团队经过对选题的充分讨论，并请教多位情报学前辈、专家，最后确定以"情报学学科建设与情报工作未来发展路径研究"为题申报国家社会科学基金重大项目。有幸再次得到评审专家的垂青，使本申报课题得以成为2017年国家社会科学基金重大项目之一。

课题在申请时，设立了5个子课题，团队成员也只有30余人。但学科专家高度重视该课题的研究，提出了扩充项目研究内容的建议。根据专家们的建议，我们进行了充分的论证，并向全国哲学社会科学规划工作办公室提出了课题变更申请，即从原有的5个子课题扩大到9个子课题，同时也得到了全国哲学社会科学规划工作办公室批准，从而使这项研究从原有的情报学学科建设、情报学教育体系、情报学理论与方法体系、情报工作未来发展、国家安全情报工作发展等5个方面的研究，又拓展到情报与智库的作用与关系、国外情报学与情报工作、情报工作制度建设、中国情报事业发展史等研究领域。课题组也得到了壮大，成员达到了140余人，涉及南京大学、武汉大学、北京大学、中国人民大学、中国科学院大学、南开大学、南京理工大学、南京农业大学、上海交通大学、华东师范大学、军事科学院、国防科技大学、中国人民公安大学、北京市科学技术情报研究所等20多所高校和10余家科研机构。

新时代的到来，新的环境、新的需求、国家战略实施的期待，使得情报学与情报工作迎来了大好的发展机遇，同样也面临许许多多的挑战。为了探讨我国情报学与情报工作的未来发展，2017年10月，中国科学技术情报学会、中国社会科学情报学会在南京大学召开了"首届情报学与情报工作发展论坛"，会议发布了由本课题组执笔撰写的《情报学与情报工作发展南京共识》（简称《南京共识》）。《南京共识》针对新时代国家安全与发展对情报学与情报工作的要求，重点强调了5个重新：重新定位情报学科发展目标，重新认识情报工作的性质和作用，重新设计情报学课程体系，重新认识理论、技术、方法的重要性，重新认识情报能力。《南京共识》为我们开展重大项目的研究指明了方向，也促使我们下定决心出版一套反映新时代情报学与情报工作发展的学术论丛。

为了写好这套学术丛书，课题组进行了反复论证，召开了10余次书稿论证会，并邀请了情报领域前辈、专家到会指导，专家对书稿的题名、大纲、初稿、修订稿等提出了许多建设性意见，保证了书稿内容的全面和完善。本套丛书涵盖了情报学理论、方法和技术，情报学学科建设和培养体系，情报应用方面的情报工作、情报感知、情报与智库、竞争情报，国外的情报学与情报工作发展，情报制度，中国情报事业的发展等，其中多本著作的主题为国内首次出版。整套丛书从新时代、新使命、新任务的角度来阐述情报学与情报工作的新内容，为我国情报学研究、情报学教育、情报工作和情报事业的发展提供了有力指导。

综观全套丛书，每一本都具有自己的创新和特色：

杨建林教授等所著的《情报学学科建设与发展》以哲学的视角阐述了情报学基本原理和基础理论体系，并基于信息范式与情报范式融合的指导思想，构建了情报学学科体系基本框架，并以此探讨了情报学学科知识体系建设与学科功能单位建设的主要内容。这些研究对促进人们更清晰地认识情报学、助力情报学学科良性发展有很大的帮助作用。

王东波教授等所著的《情报学教育和人才培养研究》紧扣大数据和人工智能下"耳目、尖兵、参谋"情报学人才培养的总目标，通过内容分析、调查问卷和文本挖掘的方法，在所掌握的多个维度的第一手数据基础上，首次对新中国成立以来情报学教育体系进行了系统的探析和全面的梳理，并对情报人才培养方案给出了切实可行的建议。

王芳教授等所著的《情报学理论：哲学基础与应用发展》用历史主义的视角对情报学理论流派和研究范式进行了系统梳理，对情报学理论支撑的哲学思想，包括本体论、认识论、方法论、元理论和范式等命题进行了深入探析，首次以哲学视角对情报学的理论研究进行了系统的审视。该书对于情报学的发展和学术研究的深化具有十分重要的意义，将会在情报学教学和实际工作中发挥理论指导作用。

章成志教授等所著的《情报学研究方法与技术体系》综合使用了信息组织、自然语言处理、机器学习等理论与技术，构建了情报学研究方法与技术体系，开发了情报学研究方法知识库与检索系统，并针对特定场景下的情报学体系问题进行探索。该书开创了机器辅助构建学科研究方法体系的先河，提出多层次、细粒度的情报学研究方法与技术体系，推动了人工智能时代的情报学理论研究。

吴晨生、李辉研究员等所著的《新时代我国情报工作的发展》站在我国情报工作发展的时代潮头，以新时代、新机遇为背景，以"转型"和"融合"两大核心问题为主线，着力从情报工作的使命担当、重点任务、情报机构的智库能力提升、国家情报工作体制构建等方面规划勾勒新时代我国情报工作战略转型的总体方向，为我国情报工作未来发展绘制了新的蓝图和大展宏图的愿景。

初景利教授等所著的《国外情报学与情报工作》立足国外情报学与情报工作历史与现实发展，梳理了部分发达国家的情报学与情报工作起源与发展、情报学理论研究、情报工作机制、情报学代表人物、情报学教育等，并以比较的视角审视了中国情报学与情报工作发展对策。全书以宏观的视野展示部分发达国家情报学与情报工作全貌，总结情报学与情报工作发展的主要特点，揭示情报学与情报工作历史变化与发展现状。

王延飞教授和杜元清研究员所著的《情报感知论》是作者在情报实践基础上所进行的情报理论深耕创新之作。作者秉持"解决决策信息不完备问题"的情报宗旨，着眼"早醒远眺"的情报使命，创造性地提出情报感知理论，阐明了通过情报感知、刻画和响应去应对和解决新时期战略性情报研究所面临的不确定性问题，构建了适合中国国情的情报感知理论和方法体系。

栗琳研究员和初景利教授等所著的《情报与智库》在深入研究战略情报理论方法，系统梳理具有中国特色的科技情报工作、智库建设实践基础上，对学界争论多年的情报与智库若干基础问题提出了独到的见解。作者团队来自科技情报和智库领域，其独特的研究经历为该书奠定了理论与实践基础。作为第一本系统论述情报学、智库研究及相关联系的著作，它的出版对于新时代情报学发展具有很大的推动作用。

许鑫教授等所著的《竞争情报分析方法及应用》立足大数据环境，展现了竞争情报在数据采集、组织存储、数据分析等全链条上的方法变化。该书寻数据驱动之门而入，立方法拓展之地而耕，破应用创新之门而出，极大地丰富了竞争情报分析既有的理论与知识体系，既为学界开阔学术视野，也为业界提供更具洞察力、科学性、普适性的竞争情报分析新范式。

马海群教授等所著的《大数据观下的国家情报工作制度研究》针对信息技术所创造的情报工作新场景、新模式和新业态，构建了国家情报工作制度新思维、新理论、新格局，并指出这是新时期我国情报学内涵演变及情报工作路径创新的根本性的核心组织部分，尤其以《中华人民共和国国家情报法》为标志的国家情报政策法律制度，彰显了我国情报工作制度的新图景与新定位。

周晓英教授等所著的《中国情报学历史与发展进程》对20世纪50年代中期情报学（中国科技情报学）诞生以来的中国情报学发展演变历史展开研究，采用先梳理归纳后分析演绎的方法，梳理中国情报学发展过程中的事件，提炼出一般性的概念，分析发展过程和结果，并阐述情报学发展演变过程及其规律。迄今为止，我国尚没有关于中国情报学历史方面的专门著作面世，该书的出版填补了国内该领域的一项空白。

今天，世界正处于百年未有之大变局，这一"变局"为情报学与情报工作带来了前所未有的发展良机。国家安全、经济发展、社会进步需要情报学与情报工作勇于担当，国家战略的实施赋予了情报学与情报工作神圣的使命。情报学与情报工作需要在新的时期有所作为，必须能够在新的时期做到守正与拓展，即守住情报领域，坚持在新环境、新技术、新需求下，对情报学理论、技术和方法的创新，突出情报本质，体现学科的情报话语内涵，展现学科的情报核心话语权，建立以情报为核心的学科话语体系。另外，拓展情报的应用领域，引进先进的理论技术和方法，以完善情报学学科体系。拓展强调两个方面：一是以大情报观构建情报学学科体系，建立适应国家安全与发展战略的大情报学科体系，构成包括科技、经济、医学、环境、生态、能源、社会科学、军事、国防、安全、外交等领域的情报学学科体系，实现各领域情报工作相互融合又各守其职；二是将先进的理念、理论、技术、方法引入情报学研究领域，开展深度的情报学研究，而不是专门研究人工智能、深度学习、人文计算、区块链等。准确地说，是将这些成果更科学合理地应用于情报学领域，拓展情报学研究方法，促进情报研究更加科学和精准。本套丛书正是在守正与拓展这一思想指导下，集情报学领域集体智慧构思完成的。

本套丛书为国家社会科学基金重大项目（项目批准号：17ZDA291）"情报学学科建设与情报工作未来发展路径研究"成果，出版过程中得到2020年度国家科学技术学术著作出版基金的资助，同时也得到中国科学技术情报学会的大力支持和资助。本套丛书在撰写过程中，还得到情报学前辈和专家们的大力支持与指导，他们是黄长著先生、梁战平先生、马费成先生、张晓军将军、胡昌平先生、靖继鹏先生、赖茂生先生、王知津先生等。在丛书付梓之际，由衷地感谢在本套丛书撰写出版过程中给予我们帮助与支持的机构和专家们。

扬帆起航正当时,潮头掌舵逐浪高。在中华民族伟大复兴中国梦、强国梦践行时期,情报学与情报工作将以更加崭新的面貌,矗立在科学领域和国家安全与发展战略实施中。在这样一个契机下,《新时代情报学与情报工作论丛》面世了,相信这套丛书一定会在我国情报学建设及情报事业发展中发挥重要作用。

苏新宁

2021年元旦于南京

前 言

当前,我国一些企业的竞争情报体系逐渐完善,建立了独立的竞争情报部门,打通了企业内部各种信息来源渠道,使得内部的信息与情报可以共享。但是在大数据环境下,海量数据快速生成,大数据的作用日益凸显,采用数据驱动的新技术、新方法正成为企业竞争情报活动的新趋势。大数据环境下竞争情报分析方法的体系构建与应用研究具有重要意义。

① 系统梳理已有的竞争情报相关理论与分析方法,并在此基础上提出基于面向创新发展的竞争情报分析方法,包括竞争对手识别与竞争态势分析、基于价值链的竞争情报分析等,为新形势下竞争情报方法的研究提供借鉴。

② 提出大数据环境下竞争情报的分析方法,包括数据采集方法、数据存储方法、数据组织方法、数据分析与可视化方法,为竞争情报分析工作提供思路。

③ 针对大数据环境下竞争情报的新需求,提出了面向领域的技术竞争情报分析方法、面向行业的市场情报分析方法,以解决当前环境下竞争情报分析工作开展过程中的新问题。

④ 分别以传统行业和新兴行业为例,对企业竞争环境分析、竞争情报系统的构建等进行了系统的论述和实证研究,为不同行业的竞争情报分析提供借鉴。

全书共 10 章。第 1 章主要介绍竞争情报涉及的基本概念;第 2 章主要概述竞争情报研究的基础性工作,包括数据源、传统分析方法、竞争情报研究内容等;第 3 章概述竞争情报大数据分析方法;第 4～第 8 章详细探讨竞争情报大数据分析方法及应用;第 9 章探讨企业竞争情报创新服务平台的构建;第 10 章展望大情报观视角下的竞争情报发展。

本书的具体篇章结构如下。

（1）基础研究

本书在第 1 章和第 2 章对竞争情报相关基础理论和方法进行了回顾。

①介绍了竞争情报中的竞争、情报、企业竞争和竞争情报的内涵、要素、分类等基础概念，梳理了竞争情报的发展历程，探究了新时代对竞争情报的需求。

②对竞争情报研究的基础性方法和内容进行了梳理。介绍了竞争情报数据源，分析了已有的竞争情报分析方法，并对 5 种基础且常用的竞争情报分析方法进行了系统的阐述，包括五力模型、定标比超分析、SWOT 分析、专利情报分析和财务分析；对传统的竞争对手识别和竞争态势分析方法进行了阐述，并系统分析了传统竞争对手识别方法存在的局限和不足，主要包括过于依赖个人经验导致客观性有限、人力成本巨大、难以识别跨界竞争对手、识别维度单一、难以识别网络状竞争关系等。为了应对和解决传统竞争情报研究和实践存在的这些问题，引入了价值链和价值网的概念和理论，以解释在企业的生产、经营活动中价值如何创造和传递，并创造性地提出了基于优越的顾客价值、核心能力和相互关系的价值网模型，阐明了价值网中各参与主体在价值创造和传递过程中的竞合关系，为新时代下竞争情报工作指明了方向；阐述了竞争情报系统的构成框架；系统地总结了大数据在国家、市场、技术层面的应用场景，分析了大数据对竞争情报工作的影响。

（2）方法及应用研究

大数据时代，数据具有体量巨大、增长迅速、无序、结构复杂等特征，如何从这些数据中提炼出信息，并从信息中总结出知识来辅助企业决策，是竞争情报工作的核心。本书在第 3～第 9 章系统地对大数据环境下竞争情报分析、采集与监测、存储与组织的方法，以及面向领域的技术情报分析方法、面向行业的市场情报分析方法，结合新能源汽车、钢铁行业和生物医药等领域进行了应用研究。

①总结了互联网数据的若干种类型及其采集来源，并概述了互联网数据采集的技术方法，以便企业根据需要找到与之匹配的数据；介绍了分类导航、分众分类、标签聚合、关联数据、领域本体、知识图谱等数据组织方法，从而对数据进行有效的组织，提高后续数据处理与分析的效率；介绍了统计学、机器学习与关系网络分析三大类数据分析方法，以满足处理海量数据、实现快速响应的竞争情报需求；介绍了多层网络的可视化方法，包括多层网络的构建、分析和可视化。

②信息的采集和监测是竞争情报人员的重要工作，在面对海量无序的数据时，必须依靠先进的信息技术，实现对信息的自动监控和处理。本书梳理了大数据环境下互联网主题信息采集的方法、方案和关键技术，以达到对互联网信息自动抓取、分类和专题聚焦的目的。

③企业大数据的存储与组织方法。介绍了企业大数据的存储方法，如数据仓库、Hadoop、数据集市和数据湖，以将组织好的数据按照一定的方式存储起来，为大数据应用提供数据基础；基于领域本体研究了制造企业的领域数据组织，基于关联数据方法研究了科技企业数据组织方法。

④情报只能与具体的领域或行业背景结合才能产生更大的价值和意义。基于此，本书对面向领域的竞争情报分析方法进行了论述，从科技论文计量分析、专利检索与分析、科技领域潜力人才挖掘与监控、面向技术遇见的技术竞争情报4个角度介绍了面向领域的技术情报分析方法，以为企业决策者做出科学、合理的决策提供数据支持。

⑤市场情报分析不仅是企业竞争情报工作的重要主体，也是企业洞察行业竞争结构进而展开差距分析和标杆管理，最终获得竞争优势的基础。在第7章，本书分别介绍了信号分析方法、事件分析方法、共现分析方法、网络口碑分析，并结合具体领域进行实证研究。

⑥综合运用大数据技术，探索了企业竞争情报活动核心问题的解决之道。具体而言，即引入了价值链与价值网理论，基于关键指标重合程度构建了数据驱动的企业竞争对手识别方法，建构了企业竞争的"5+1"多维视角分析框架，并融合图论理论方法形成基于多层竞争网络的企业竞争态势分析模型，拓宽了现有的分析视野，为企业动态监视与观察其竞争对手、所处竞争态势提供了一套可供操作的范式。

⑦以大数据环境下竞争情报系统的建设为例，探讨了竞争情报系统的建设过程。从系统层面论述了大数据环境下面向企业创新发展的竞争情报系统必备的主要子系统，包括情报采集子系统、情报加工处理子系统、情报分析与情报服务子系统等。

(3) 未来展望

第10章论述了企业创新发展和国家竞争情报之间的关系，指出企业竞争力的提升与国家竞争力息息相关，竞争情报的发展应该将企业微观层面与国家宏观层面融合起来，提出面向企业创新发展的竞争情报工作推进思路、大情报观视角下的竞争情报工作模式转变与体系建设思路。

全书由许鑫拟定写作思路与框架，并进行审核修改与最终定稿，柯健和谷俊统稿、修订、校对。参与全书编写的有许鑫、柯健、谷俊、姚占雷、戴泽钒、赵文华、徐慧婷、罗梦莹、王立梅、颜炳瑾、姚明雪、赵颖、吴佳倩等。

在本书的写作过程中，我们参阅了很多学者的研究成果，并在书中和书后予以标引。他山之石给我们深深的启迪，在此表示衷心的感谢。本书写作过程中也得到很多个人和单位的指导和支持，同样深表谢意。囿于学识水平所限，本书定有不足之处，敬请读者批评指正。

2021 年 5 月

目 录

第1章 绪 论 ··· 1

1.1 竞争与企业竞争 ··· 1
1.1.1 竞争的内涵 ·· 1
1.1.2 竞争的基本要素与竞争分类 ·· 2
1.1.3 企业竞争 ··· 3
1.2 情报与竞争情报 ··· 5
1.2.1 情报 ··· 5
1.2.2 竞争情报 ··· 6
1.2.3 竞争情报分类 ·· 6
1.3 竞争情报发展历程 ·· 6
1.3.1 国外发展历程 ·· 7
1.3.2 国内发展历程 ·· 9
1.4 新时代需要竞争情报 ·· 12
1.5 本章小结 ··· 13

第2章 竞争情报研究基础 ··· 15

2.1 传统竞争情报信息源 ·· 15
2.1.1 按照竞争目标划分情报信息 ······································· 15

2.1.2 按照来源出处划分情报信息……………………………………18
　　2.1.3 情报信息搜集方法………………………………………………19
2.2 常用的竞争情报分析方法……………………………………………21
　　2.2.1 五力模型…………………………………………………………21
　　2.2.2 定标比超分析……………………………………………………22
　　2.2.3 SWOT 分析………………………………………………………24
　　2.2.4 专利情报分析……………………………………………………26
　　2.2.5 财务分析…………………………………………………………27
2.3 竞争对手识别…………………………………………………………29
　　2.3.1 竞争对手的定义…………………………………………………29
　　2.3.2 传统的竞争对手识别方法………………………………………29
　　2.3.3 传统竞争对手识别方法的局限…………………………………31
2.4 竞争态势分析…………………………………………………………33
　　2.4.1 企业竞争态势……………………………………………………33
　　2.4.2 传统竞争态势分析方法…………………………………………34
2.5 价值链与价值网分析…………………………………………………36
　　2.5.1 价值链……………………………………………………………37
　　2.5.2 价值网……………………………………………………………40
　　2.5.3 价值链和价值网理论在竞争环境下的应用……………………45
2.6 竞争情报系统建设……………………………………………………51
　　2.6.1 竞争情报系统的定义……………………………………………51
　　2.6.2 企业竞争情报系统的构成………………………………………52
2.7 大数据环境下的竞争情报……………………………………………54
　　2.7.1 大数据应用现状…………………………………………………54
　　2.7.2 大数据对竞争情报工作的影响…………………………………58
2.8 本章小结………………………………………………………………60

第3章 竞争情报大数据分析方法概述 …… 61

3.1 需求分析 …… 61
3.2 竞争情报大数据的采集方法 …… 62
3.2.1 数据采集来源 …… 63
3.2.2 数据采集方法 …… 66
3.3 竞争情报大数据的组织方法 …… 67
3.3.1 分类导航 …… 68
3.3.2 分众分类 …… 68
3.3.3 标签聚合 …… 69
3.3.4 关联数据 …… 70
3.3.5 领域本体 …… 71
3.3.6 知识图谱 …… 72
3.4 竞争情报大数据的分析方法 …… 73
3.4.1 统计学方法 …… 73
3.4.2 机器学习方法 …… 74
3.4.3 关系网络分析方法 …… 77
3.5 多层竞争网络可视化方法 …… 79
3.5.1 多层网络定义 …… 79
3.5.2 多层网络构建技术与可视化方法 …… 80
3.5.3 多层网络分析方法 …… 82
3.6 本章小结 …… 83

第4章 竞争情报大数据采集与监测 …… 84

4.1 互联网主题信息采集策略与系统框架 …… 84
4.1.1 互联网主题信息采集研究与实践现状 …… 84
4.1.2 互联网主题信息采集策略 …… 86
4.1.3 互联网主题信息采集系统框架 …… 88
4.2 面向竞争情报的主题信息采集关键技术研究 …… 89

4.2.1 采集防屏蔽方法策略 ··· 89
　　4.2.2 基于链接类型的 URL 筛选 ··· 89
　　4.2.3 基于模板的网页正文抽取 ·· 93
　　4.2.4 采集后去重方法 ··· 98
　　4.2.5 基于词频统计的正文过滤 ·· 101
　　4.2.6 面向竞争情报的主题信息采集实现 ······························ 102
4.3 主题模型与主题监测 ·· 104
　　4.3.1 LSI 模型与 pLSI 模型 ·· 105
　　4.3.2 LDA 模型 ··· 106
　　4.3.3 word2vec 模型 ··· 106
　　4.3.4 主题监测 ·· 108
4.4 意见挖掘方法及应用 ·· 110
　　4.4.1 基于核心句及句法关系的评价对象抽取 ························ 110
　　4.4.2 评论数据中隐式属性抽取方法 ···································· 118
　　4.4.3 基于支持向量机的情感分类方法 ································· 124
4.5 本章小结 ··· 125

第 5 章　竞争情报大数据存储与组织 ·· 127

5.1 面向大数据的企业数据存储 ··· 127
　　5.1.1 传统数据仓库用于企业数据存储 ································· 127
　　5.1.2 大数据环境下的数据集市价值 ···································· 129
　　5.1.3 保留原始数据的企业数据湖 ······································· 131
　　5.1.4 基于 Hadoop 的企业分布式数据存储 ··························· 133
　　5.1.5 基于 ElasticSearch 的企业数据存储与利用 ···················· 134
5.2 基于本体的企业数据组织方法 ·· 137
　　5.2.1 UPON：统一本体开发过程 ·· 137
　　5.2.2 面向特定主题的本体构建方法 ···································· 138
　　5.2.3 领域本体自动扩充方法 ··· 145

5.3 基于关联数据的科技企业数据组织方法 ································· 148
   5.3.1 数据采集及预处理 ··· 149
   5.3.2 基于 RDF 的关联数据组织方法 ································ 150
   5.3.3 企业知识图谱构建 ··· 155
5.4 本章小结 ·· 156

第6章 面向领域的技术情报分析 ······································ 158

6.1 上海科创中心建设下的科技论文计量分析 ······························ 158
   6.1.1 上海市 2011—2017 年发文分析 ································· 159
   6.1.2 上海激光领域论文国内合著网络与引文网络比较研究 ················ 168
   6.1.3 上海激光领域论文国际合作分析 ································ 180
6.2 专利检索与分析 ··· 188
   6.2.1 中文专利中本体关系的获取 ····································· 189
   6.2.2 面向专利本体的语义检索系统设计 ······························· 197
   6.2.3 面向专利本体的语义检索系统构建 ······························· 200
   6.2.4 我国医药领域专利引用分析 ····································· 210
6.3 科技潜力人才挖掘与评价指标 ······································· 216
   6.3.1 人才学术画像构建 ··· 217
   6.3.2 基于合作网络的人才学术标签扩展 ······························· 219
   6.3.3 基于主题关联的人才学术标签拓展 ······························· 221
   6.3.4 领域人才研究热点分析 ··· 224
   6.3.5 科技潜力人才评价指标 ··· 227
6.4 面向技术预见的技术竞争情报系统框架 ································ 234
   6.4.1 基于 CTIS 的技术预见模型 ····································· 234
   6.4.2 CTIS 框架设计 ·· 237
   6.4.3 CTIS 关键模块 ·· 239
6.5 本章小结 ·· 241

第7章 面向行业的市场情报分析 ·············· 242

7.1 信号分析方法及应用 ·············· 242
7.1.1 信号及信号分析 ·············· 242
7.1.2 信号采集与信号辨别 ·············· 243
7.1.3 信号组织与信号分析 ·············· 244
7.1.4 纵向信号挖掘与横向信号防控 ·············· 245
7.1.5 电纸书行业信号分析实例 ·············· 246

7.2 事件分析方法及应用 ·············· 249
7.2.1 互联网新闻报道中的事件识别方法及应用 ·············· 249
7.2.2 基于网络搜索数据的金融危机事件识别及分析 ·············· 258

7.3 共现分析方法及应用 ·············· 273
7.3.1 基于观众感知的世博会企业赞助行为分析 ·············· 273
7.3.2 用户评论与要闻动态对比的旅游市场分析 ·············· 280

7.4 网络口碑分析及应用 ·············· 286
7.4.1 网络口碑分析中文本倾向性分析方法 ·············· 287
7.4.2 吉利收购沃尔沃事件的网络口碑分析 ·············· 293
7.4.3 豆瓣网电影用户在线评论情感分析 ·············· 299

7.5 本章小结 ·············· 307

第8章 基于多层竞争网络的企业竞争情报分析 ·············· 308

8.1 数据驱动的竞争情报分析框架 ·············· 308

8.2 数据驱动的竞争对手识别方法 ·············· 310
8.2.1 互联网时代商业模式的变化 ·············· 310
8.2.2 价值链与竞争对手识别 ·············· 312
8.2.3 数据驱动的竞争对手识别方法 ·············· 313

8.3 数据驱动的企业竞争态势分析模型 ·············· 317
8.3.1 企业竞争的"5+1"多维视角分析框架 ·············· 317
8.3.2 单层竞争网络构建 ·············· 320

8.3.3 多层竞争网络构建与竞争态势分析 ································ 324
8.4 新能源汽车行业竞争态势分析 ·· 326
　　8.4.1 新能源汽车背景 ··· 326
　　8.4.2 数据来源与处理 ··· 333
　　8.4.3 新能源汽车领域单层竞争网络构建 ································ 335
　　8.4.4 新能源汽车领域多层竞争网络构建和竞争态势分析 ············ 359
8.5 本章小结 ·· 363

第9章 企业竞争情报创新服务平台 ·· 364

9.1 平台整体构架 ··· 364
　　9.1.1 平台设计目标 ··· 364
　　9.1.2 平台构架设计 ··· 365
9.2 情报采集子系统 ·· 367
　　9.2.1 功能概述 ··· 367
　　9.2.2 采集任务模块 ··· 368
　　9.2.3 采集器模块 ·· 369
　　9.2.4 反爬机制 ··· 370
　　9.2.5 去重机制 ··· 371
9.3 情报加工处理子系统 ·· 372
　　9.3.1 功能概述 ··· 372
　　9.3.2 数据储存模块 ··· 373
　　9.3.3 情报标签管理 ··· 375
9.4 情报分析子系统 ·· 376
　　9.4.1 功能概述 ··· 376
　　9.4.2 分析模型 ··· 376
9.5 情报服务子系统 ·· 377
9.6 系统实现 ··· 379
9.7 本章小结 ··· 382

第 10 章　大情报观视角下的竞争情报发展 ··· 383

10.1　企业创新与国家竞争力 ··· 383
10.1.1　企业创新能力维度 ··· 383
10.1.2　国家竞争能力维度 ··· 388
10.1.3　企业创新发展与国家竞争力 ·· 392

10.2　大情报观视角下竞争情报的发展 ·· 397
10.2.1　面向企业创新发展的竞争情报工作推进 ······················· 397
10.2.2　企业竞争情报与国家竞争情报的融合 ··························· 399
10.2.3　面向发展与面向安全的情报工作体系设计 ··················· 402

10.3　本章小结 ··· 403

参考文献 ··· 405

索　引 ·· 429

第1章 绪 论

情报活动自古有之,现代竞争情报发展至今亦有60余年。竞争情报对于国家、行业、企业等各类竞争主体的竞争活动具有重要意义,其分析与应用也是学界一直关注的热点。大数据时代,数据已成为竞争主体在激烈的竞争活动中赢得竞争优势的重要支撑。竞争情报的发展必然以数据为驱动力,大数据环境下的竞争情报分析与应用是未来竞争情报领域的主要研究内容与实践领域。本章主要介绍竞争情报的相关概念与发展历程,并展望数据驱动下的竞争情报发展趋势。

1.1 竞争与企业竞争

1.1.1 竞争的内涵

在汉语词典中,竞争被定义为"为了自身的利益而与他人争胜"。在英文中,"竞争"对应的动词 Compete 源于竞技活动,对应的名词 Competition 是指个人或组织为了获得某种利益而产生的争夺利益的行为[1]。从广义上来讲,竞争是指有意识或者无意识地为了达到某种目的而努力,并处于一种敌对的、斗争的状态[2]。竞争亦可描述为"个人(或团体、国家)之间的对抗",它出现的时机为"两个或两个以上的个人(或团体、国家)争取所有无法获得的东西时"[3]。

在竞争情报活动中,"竞争"一词所代表的含义又各不相同。包昌火等学者认为竞

---

[1] 包昌火. 竞争对手分析[M]. 北京:华夏出版社,2003:2.
[2] 李国秋,刘婷,严众开. 竞争对手的识别与排序[J]. 竞争情报,2007(3):33-40.
[3] EATWELL J, MILGATE M, NEWMAN P. The new palgrave:a dictionary of economics[M]. London:Macmillan,1987:531-535.

争是指"在市场经济环境中，为了给商品创造更有优势的生产销售条件和更大的市场份额，生产者之间进行的相互斗争"。竞争源自人们对物质的需求，但并不是所有的需求都会导致竞争行为的发生，只有满足共需性和稀缺性，需求才会引发竞争。共需性指参与竞争的各方具有共同的需求，稀缺性代表有限，即资源无法同时满足所有人的共同需求。因此，竞争也指在一定的时间和空间之内，因生存或成功的机会和相关资源的稀缺性，某个主体（类）为了达成某个（组）目标而在某个层次或者范围内与同类或相关联的主体之间进行博弈和角逐或对抗的现象、行为、过程或状态。

1.1.2 竞争的基本要素与竞争分类

"竞争"包含竞争主体、竞争范围、竞争手段和竞争目标4个基本要素，还可以依据不同的要素维度对竞争进行分类[①]。

（1）竞争主体

竞争主体也可称为竞争者，指参与竞争的各方、竞争行为的实践者和执行者，包括个人、组织（如国家、政府、团体、企业、学校等）和群体（组织集团）。竞争主体为达成自身目标而采取各种手段和策略参与竞争。基于竞争主体维度，竞争可分为国家竞争、政党竞争、城市竞争、企业竞争等。一般而言，竞争主体的性质，往往决定了竞争的范围和所能采取的手段。例如，国家间的竞争可以是政治、军事、经济、科技、文化等各个领域的竞争，所能采取的措施和手段有武力、外交谈判、经济贸易等。而企业间竞争，企业本身的性质注定其竞争范围主要限定在经济和商务领域，所采取的正当竞争手段显然不能包括武力或军事手段。

（2）竞争范围

竞争范围也可称为竞争焦点、竞争领域，指竞争参与各方共同着力的点、层次或领域。同时，这些竞争范围也存在空间和时间的限制。例如，空间可限制为国内或国际，时间可限制为长期或短期，如年度、月度或任何有意义的周期。根据竞争空间范围的不同，可分为国际竞争、国内竞争、地区内竞争；按照竞争领域的差异可分为科技竞争、产业竞争、文化竞争、军事竞争和经济竞争。随着经济全球化的发展，无论是国家、城市或企业，都放眼世界，力图在国际竞争中占据优势。

（3）竞争手段

竞争手段是指竞争主体为达成竞争目标所采取的具体手段或方式。例如，诉诸战

---

① 伍业锋. 竞争概念辨析及竞争理论初探[J]. 经济师，2005（11）：29-30.

争使用武力，或进行谈判协调，或进行贸易交往。按照竞争主体所采取手段的差异，可将竞争分为经济竞争和军事武力竞争等。许多经济学家认为国家和企业间经济竞争对社会整体是有益的，因此经济竞争较为人们所认同和接受。而军事竞争虽然无时无刻都存在，但是被许多人尤其是和平人士和环保人士所批评，一般学者对其研究也较少。

(4) 竞争目标

竞争目标指竞争主体参与竞争的主观愿望和动机。一般而言，常见的竞争目标主要有获取资源（生存资源、生存空间和战略优势资源）、军事利益、经济利益或精神满足。按照竞争目标的实现与否或既定目标下的竞争结果进行划分，可将竞争分为良性、中性和恶性竞争。如果结果是竞争各方实现目标，获得了共赢（双赢或多赢），则称这种竞争为良性竞争，这是社会所普遍欢迎和期望的情况。如果竞争各方两败俱伤，如战争和恶性价格大战，谁都得不到胜利和好处，就是恶性竞争，这是全社会应力图避免的情况。中性竞争介于良性竞争和恶性竞争之间。

1.1.3 企业竞争

在当代社会，尤其是在经历了众多的战争苦难之后，经济竞争以其相对文明与和平的外衣取代战争和武力，成为各民族与国家间最主要、最常用的竞争形式。随着时势的变迁，参与经济竞争的主体逐步由国家和民族进一步细化为区域、城市和企业。企业是以营利为目的而从事生产经营活动、向社会提供商品或服务的经济组织。作为国民经济的基本细胞，企业是商品生产和交换的直接承担者，是市场经济活动的主要参加者，是社会生产和流通的直接承担者，是推动社会经济发展的主要动力。因此，企业是现代社会中的主要组织形式之一，是最重要的市场主体，与经济活动及经济发展密切相关。企业竞争活动自然也与经济发展紧密联系在一起。在几百年的市场经济历史中及现代企业形成发展的100多年历史中，企业竞争理论一直作为经济理论中的重要组成部分而不断发展[①]。

企业竞争是商品生产者之间相互关系的一种表现，其竞争主要表现为商品生产者在商品生产和商品交换过程中，为争取生产和销售的有利地位而进行的争夺。企业竞争的主体是企业，早期企业竞争目标为实现企业利润最大化和企业长期稳定发展，因此，企业的竞争行为基本围绕着如何获取最高利润而展开。随着社会经济的发展，企业不只是关注本企业的利润，而是要承担更多的社会责任，实现企业价值最大化。这是企业竞争

---

① 王知津. 竞争情报[M]. 北京：科学技术文献出版社，2005：7-8.

有别于其他竞争的主要特征之一。同时相较于国家竞争和政党竞争，企业竞争是市场经济的自然产物，是一种非负面的竞争行为。合理的竞争有利于市场经济的发展，并可以激发市场活力。

企业竞争一般由3个要素构成[①]：①存在一个赖以生存的市场，即竞争场。②存在至少两个以上的参与市场活动的企业，即竞争者。在竞争中，这些竞争者之间是相互对立、相互制约的，即一方的经济利益和既定目标实现程度越大，另一方的实现程度就越小，受到的强制压力也就越大。③存在共同争夺的利益对象，即竞争目标。竞争者、竞争目标和竞争场是构成企业竞争的三大要素。其核心是竞争者，因为竞争目标源于竞争者的需要，竞争场源于竞争者的活动。离开了竞争者就无所谓竞争目标和竞争场。当然，没有后两者，竞争者就没有活动的场所和范围。竞争也不会产生，因此，这三者是相互依存、相互制约的整体。只有在完全具备以上3个要素的条件下，企业才能真正处于竞争态势之中。因此，企业竞争表现为企业作为主要参与者之间内在动力、外在压力的持续不断的市场较量过程。

企业竞争是一种多层次的对抗行动，随着企业结构的日趋复杂和经营活动的日益多样化，企业竞争层次进一步分化。企业界有这样一种说法：三流企业做产品，二流企业做市场，一流企业做品牌，超一流企业做社会影响力。这本质上涉及企业竞争手段问题，据此，竞争手段可以分为具有层次性的4个方面，即产品竞争、市场竞争、品牌竞争、社会影响力竞争[②]。

企业要想占领市场，就必须拥有自己的产品，因此产品层次的竞争最为基础。企业首先要保证能将产品生产出来，并有一定的生产规模。当竞争对手都具备了一定的生产能力，就开始进行质量竞争。当参与竞争的各方产品质量都稳定了，就开始进行技术创新竞争，看谁能够不断开发出来新产品。再进一步，进行各自企业产品对市场适应性的竞争，以更好地满足细分市场的不同需求。以产品为基础，企业就会在市场营销手段上展开竞争。在这个层次上，价格战、渠道战、促销战、目标营销等各种营销手段层出不穷，花样迭出。在品牌竞争层次，企业不能仅满足于依靠营销手段来获得市场，而是要着眼长远，努力打造一个可以持久的强势品牌。首先，企业首先要做好产品的实体定位，并采取正确而有效的产品策略、价格策略、渠道策略和促销策略。其次，企业应着重做好品牌的心理定位，树立品牌形象，确立品牌个性，建立品牌核心价值，设计品牌

---

① 刘冰.企业竞争情报基础［M］.北京：首都经济贸易大学出版社，2010：2-3.
② 卢国红.产业视角下企业竞争研究［J］.商业经济研究，2017（9）：108-110.

符号，并做好品牌的资讯性传播工作。最后，企业还要通过持续深化品牌传播，维护和不断改善品牌资产。竞争手段的最高层次是做社会影响力。具有社会影响力的企业，在公众心目中必定是一个有社会责任感、可提高公众幸福指数、努力为社会服务的组织，也是为公众所信赖的企业。在这个竞争层次上，企业不能做有损社会利益的任何事情，诚信经营，要勇于担当社会责任，持续做好企业形象的社会性传播。

随着市场经济的发展和科技进步，在经济全球化浪潮下，企业竞争日益激化。现代企业竞争是知识竞争、人才竞争、信息竞争和科技实力竞争的全面较量，企业在任何一方面都不可懈怠。同时在激烈的市场环境中，只有能够敏捷地应对市场变化及竞争对手行为的企业才能够存活得更久。而为了能够在竞争中掌握先机，避免处于被动的竞争处境，越来越多的企业选择应用情报信息辅助制定经营战略。企业竞争逐渐成为现代竞争情报工作的主要根据地。企业需要开展一系列的竞争情报工作，识别和分析竞争对手，把握竞争态势，构建竞争场，制定竞争战略，从而获得各个层次的竞争优势，打造企业核心竞争力。

1.2 情报与竞争情报

1.2.1 情报

情报一词具有多种语义，英文中对应的是"Intelligence"。通常情况下泛指关于某种情况的信息和报告。针对某一特定对象所需要的信息，称为特定对象的情报。例如，军事情报，即已获得的敌方军事、政治、经济、科学技术、地理等方面的信息。

在竞争情报的理论研究和具体实践中，数据、信息、情报与知识4个术语经常一同出现，使用时常常出现混淆。但是这4个术语实际上表示竞争情报活动的4个阶段。1996年，美国竞争情报学家鲍威尔（Timothy W. Powell）就曾在 *The Art and Science of Business Intelligence Analysis* 一书中介绍了竞争情报价值链的概念[①]。他认为竞争情报需要通过6次加工转化，历经6个状态，才可实现其商业价值，分别为搜集数据、聚集信息、分析知识、交流情报、应用决策和执行结论。数据，即未经信息加工处理的统计数字、消息或观察到的现象等；信息，即数据经过一定的加工处理后的自然产物；知识，即人们在改造世界的实践中所获得的认识和经验的总结；情报，即使用中的知识，为决

---
① 包昌火. 竞争情报导论[M]. 北京：清华大学出版社，2011：18-20.

策者提供信息并影响决策的知识[①]。

1.2.2 竞争情报

竞争情报（Competitive Intelligence，CI）。关于竞争情报的定义，目前还没有一个较为统一和准确的说法。美国竞争情报从业者协会（SCIP）提出，竞争情报是一种过程，在此过程中，人们用合乎职业道德的方式搜集、分析和传播有关经营环境、竞争者和组织本身的准确、具体、及时、前瞻性及可付诸行动的情报。沈固朝提出，可以把竞争情报看作既是一个过程，又是这一过程所产生的结果，即竞争情报是指竞争主体为保持竞争优势所收集、并经分析与加工的一切有关竞争对手、竞争环境、竞争态势和竞争策略的信息和研究。竞争情报的核心目的是为企业提供情报服务，确保企业优势。

情报与竞争情报并不是互相独立的两个概念，情报一词更多地强调结果，是采取了数据搜集、信息分析等竞争情报活动的最终产物；而竞争情报偏重于过程，强调情报的获取、整理和加工。

1.2.3 竞争情报分类

竞争情报有多种分类方式。这里主要列举两种分类标准。

（1）按照竞争主体分类

依据竞争主体的不同，可将竞争情报分为：以国家为主体展开的政府竞争情报；以政党为主体的政党竞争情报；以城市为主体的城市竞争情报；以企业为主体展开的企业竞争情报。

（2）按照竞争目标划分

以获取企业相关市场信息和行业发展情况为目标的情报工作，可称作市场环境情报。以获取竞争者相关信息为目标的情报，可称为竞争者情报。

1.3 竞争情报发展历程

情报活动自古有之，竞争情报出现于20世纪50年代，崛起于20世纪80年代。1986年，美国竞争情报从业者协会（SCIP）的成立是竞争情报发展过程中的重要标志节点。其虽仅成立30多年，但影响已经遍及全球，被视为经济学、管理学与情报学领域

---

① 沈固朝.竞争情报的理论与实践[M].北京：科学出版社，2008：22-24.

中的重大发展，是人类在社会信息化基础上向情报（智能）化发展的重要标志，将对全球的经济发展与社会进步产生重要的影响。

Kirk W.M. Tyson 先生曾在 1998 年指出，人类社会的发展由工业时代经信息时代，而将进入智能时代（Intelligence Age）。他论述了人类在 20 世纪经历了科学管理、人际关系管理、作业研究、战略规划、日式管理后，20 世纪 90 年代正向认知管理（Cognitive Management）迈进，强调思考、学习和知识获取、信息和情报管理。20 世纪末人类进入了信息时代，未来将迎接智能时代。事实也证明了他的预测，步入 21 世纪后，大数据、人工智能、5G 网络等技术日渐成熟，智能时代正在一步步地向我们走来，与此同时竞争情报工作也迎来了诸多机遇和挑战。一方面，在互联网环境下，激增的信息量加大了企业信息的管控难度，情报信息获取渠道的增多使得企业的许多活动暴露在大众视线下，这为开展竞争情报工作提供了更多机遇；另一方面，面对大数据的涌现，竞争情报的价值日益显现，基于海量原始数据进行加工、提取、分析的情报工作越来越被企业关心和重视。但是竞争情报行业还存在着严峻的考验，如何有效地从纷繁复杂的大数据中搜集到有关竞争对手或市场环境的有价值的信息、如何合理利用收集的信息进行情报分析、如何改进和创新现有情报分析方法，这些都是竞争情报工作者仍然需要思考的问题。

1.3.1 国外发展历程

伴随着人类社会中竞争的出现，情报行为就已经存在了，只是未用专业名词定义这种人类意识和行为。之后出于军事需要，这种情报行为得到重视并加以应用，逐渐演变为现在服务于政治、经济、科技等领域的重要决策支持。早在 20 世纪 50 年代末，美国通用电气公司建立了一个专门从事竞争分析和战略决策的"作战室"，开展正规的竞争情报活动。20 世纪 80 年代，迈克尔·波特关于战略管理与竞争分析的一系列研究为竞争情报研究奠定了深厚的理论基础，并引起了广泛关注。

在实践和理论的双重推动下，竞争情报在 20 世纪 80 年代进入了高速发展时期[①]。1986 年，以建立和促进专业竞争情报工作为宗旨的协会组织——SCIP 正式成立，竞争情报的概念被明确提出，这标志着竞争情报领域开始了从理论、方法到技术、应用等全方面的系统化研究，并有专门的行业性机构在全世界进行竞争情报的倡导、推广和普及工作。1990 年第一本专注于竞争情报研究的期刊 *Competitive Intelligence Review* 正式出版，世界范围内从事竞争情报研究与实践的人员开始通过期刊及各种国际会议进行交流

---
① 赵筱媛. 竞争情报的发展脉络与演进历程述评［J］. 竞争情报，2015（1）：18-25.

探讨。到 20 世纪 90 年代中期，竞争情报的研究和应用已经在发达国家得到普及，各大公司纷纷建立竞争情报系统、成立专职竞争情报部门或委派专业竞争情报人员为企业的竞争战略服务。自此，20 世纪的竞争情报研究与应用开始步入一个新的阶段，可以称为传统竞争情报阶段，其发展特征由美国著名竞争情报学家 John E. Prescott 给出了较为明确的总结。

1998 年，John E. Prescott 在考察了北美、欧洲、澳大利亚的竞争情报事业发展历程后，提出可将竞争情报发展划分为 4 个不同的历史阶段，分别是第一阶段——竞争数据的搜集阶段（1980 年以前）、第二阶段——行业和竞争对手分析阶段（1980—1987 年）、第三阶段——用于战略决策的竞争情报阶段（1988—1998 年）和第四阶段——作为核心能力的竞争情报阶段（1998 年以后）[①]。

在第一阶段，由于企业内尚未建立正式的竞争情报业务，竞争情报数据收集一般为图书馆的一项职能，主要采用静态的分析方法，竞争情报人员的基本技能是查找信息。在这一阶段产生了如华盛顿研究所、Fuld 公司及 Find/SVP 这类提供竞争性信息的公司。

在第二阶段，竞争情报研究迅速发展，如何将收集和开发出的数据转换为情报的各种分析技术成为这一阶段的主要关注点。但数据的搜集包括获取一般的信息及与行业和竞争对手相关的临时性项目。数据分析工作也很有限，包括基本的定量汇总，重点在战术而不是战略决策上，高层管理者的参与很有限。这一阶段的另一特点是论著急剧增加，实践者和学者们都很活跃。这些研究和实践对于推动竞争情报制度化和总结各种技术方法起了很大作用。

第三阶段为竞争情报步入战略应用的时期。在该阶段出现了一些具有代表性的问题，如如何衡量竞争情报对用户的贡献、反竞争情报、科技竞争情报及信息技术在竞争情报中的应用等。由于许多企业资助了内部竞争情报部门的建设，对竞争情报贡献的质疑也不断产生，如竞争情报如何影响盈亏。定标比超技术解决了这一问题，通过把竞争情报聚焦于定标比超活动，分析师们能够解决一些关键问题。同时，由于冷战后大量军队和政府安全部门的资深情报官员加入商业组织，加强了竞争情报的研究和分析力量，使竞争情报在企业战略规划、信息系统的建设方面发挥了重要作用。经济全球化和大量的跨国业务又将竞争情报推向全球各地。

到第四阶段，竞争情报流程在世界范围内制度化，情报通过复杂的信息系统直接整合到战略决策中。一系列竞争情报机构成立，竞争情报年会制度化召开，竞争情报产学

---

① 沈固朝. 竞争情报的理论与实践 [M]. 北京：科学出版社，2008：45-46.

研深度融合,在国际上产生了很大的影响,有力地推动了世界各国竞争情报产业的健康发展。进入21世纪以来,竞争情报研究已成为增强国家、地区和企业竞争力的有力工具,以及技术创新、战略管理和市场营销等学科的发展前沿。竞争情报逐渐成为一个以竞争情报咨询服务、培训教育和软件研发为主要内容的新兴信息咨询服务业。

2011年,麦肯锡提出大数据时代已经到来,在大数据时代,数据逐渐成为企业最重要的资产之一,决策行为日益基于数据分析做出,而不是像过去更多凭借经验和直觉。作为构筑在数据分析和信息处理基础上的竞争情报,它的发展面临着全新的信息空间所带来的机遇和挑战[①]。大数据整合了各种类型的数据,包括用户数据、交易数据、交互数据、线上数据、线下数据等,这些能够被企业随时获取的数据,可以帮助和指导企业业务流程的任何一个环节进行有效运营和优化,并帮助企业做出科学的决策。因此,大数据时代的竞争情报数据源非常丰富,竞争情报源也更富价值,竞争情报分析能力增强,与大数据、人工智能有关的理论和方法不断被融入竞争情报研究中,对于大数据的运用也成为企业竞争和发展的基础。

1.3.2 国内发展历程

《孙子·谋攻篇》中曾提到:"知彼知己,百战不殆;不知彼而知己,一胜一负;不知彼,不知己,每战必殆。"可见竞争情报在中国历史中至少可追溯到公元前。随着我国情报研究工作的日渐专业化,以及与国际竞争情报相结合,我国情报研究组织得以建立,情报研究活动不断发展。

包昌火曾在《竞争情报导论》一书中提到,中国竞争情报的发展历程可以大致分为情报研究阶段、情报引进阶段和情报成长阶段。

(1) 情报研究阶段

情报研究指根据社会用户的特定需求,以现代信息技术和软科学研究方法论为主要手段,以社会信息的采集、筛选、评价、分析和综合等系列化加工为基本过程,以形成新的增值情报产品并为不同层次的科学决策服务为主要目的的一类社会化的智能活动。创建于1956年10月15日的中国科技情报事业,开始走的是文献与研究相结合的道路,集信息库与思想库于一体,是我国科技情报工作有别于欧美各国的一大特色。一方面受到苏联科技信息体制的影响;另一方面受制于被西方国家多方封锁的国情,情报工作成

---

① 刘高勇,汪会玲,吴金红.大数据时代的竞争情报发展动向探析[J].图书情报知识,2013(2):105-111.

为洞悉国际科技发展的主要手段。在经过20世纪50年代以编译报道为主的初创阶段之后，中国情报研究步入了60—70年代以专业研究为主的提高阶段，然后是80—90年代以综合研究为主的成熟阶段。

由于国际竞争情报研究和我国情报研究的核心均为对信息的搜集和分析，所以多年来，我国情报研究积累的理论、方法和技术与国际竞争情报研究工作存在相似之处。正因如此，我们把情报研究作为我国竞争情报研究的发展阶段之一。不同的是，国外的竞争情报研究脱胎于商业情报市场研究和战略管理职能，而我国的竞争情报研究则生长于情报研究的土壤，嫁接于情报研究实践。

(2) 情报引进阶段

这一阶段的特点为引进和嫁接。1980年，杨沛霆教授在《科技情报工作》第1期首次讨论了Intelligence和Information两词的区别和联系。1982年，孙学琛研究员在《科技情报工作》第3期上发表了《情报——发展的一种手段》的编译文章，首次将国际上论述Intelligence含义的文献介绍到了国内。20世纪80年代中期，上海科技情报研究所率先开展了对国际竞争情报的群体研究。

从20世纪80年代中期到90年代中期，以情报研究的理论和实践为基础，国内学者积极引入现代竞争情报的理论和方法。1991—1994年由国家科委和国防科工委联合下达，中国兵器工业情报研究所牵头开展了"情报研究的国内外比较研究"。对3种类型即发达国家、新兴工业化国家和发展中国家，共8个国家的情报研究机构进行了系统的调查、分析和比较，出版了共计55万字的10个专题报告。

1993年，日本工商竞争情报专家协会会长中川十朗教授应邀来华讲学，引起了我国情报界人士的极大兴趣和关注，为拓宽服务领域、进入国家经济主战场的情报研究机构开拓了新的思路和途径。

1994年在北京召开香山会议——全国竞争情报与企业发展研讨会，国家各部门有关领导及情报界、咨询界和企业界的大量专家和学者到场参加。这也是我国第一次召开的以竞争情报为主题的大型学术讨论会。

在这一阶段，国内还开展了大量竞争情报的基金研究，出版了许多相关的论著。1987年，刘杯宝在《图书情报知识》第2期上发表了题为《略谈竞争情报及其搜集方法》的文章，这是我国第一篇竞争情报论文。1992—1993年，由上海青年科技启明星计划资助，上海科技情报研究所完成了"建立上海轿车工业竞争环境监视系统的研究"。1994年，国家自然科学基金首次资助了中国科技大学信息管理与决策科学系李正中主任等开展的"竞争情报对企业决策支持机制的研究"课题。1995年3月，陈翔宇教授等根据"国家竞争情报与企业发展学术研讨会会议录"，于1995年编辑出版了我国第一本竞争情报专著《企业竞争情报研究》。1996年缪其浩出版了《市场竞争和竞争情报》，1997年以后陆续出版了由包昌火和谢新洲主编的《竞争情报丛书》，系统引进和研究了竞争情报的理论与方法，包括《竞争情报与企业竞争力》《竞争战略与竞争优势》《企业竞争情报系统》《竞争对手分析》《网络竞争物源》《技术创新与企业竞争力》等，对推动我国竞争情报的研究、培训和实践产生了巨大影响。

在竞争情报理论研究和学术交流蓬勃开展的同时，我国一些高校和情报信息机构也开始开展竞争情报培训和教育工作，如南京理工大学、上海大学、兰州大学的信息管理系为本科生开设了有关竞争情报的课程。部分高校还对情报学专业研究生开设了竞争情报研究方向，如北京大学、武汉大学、南京大学、南开大学等。

(3) 情报成长阶段

该阶段指20世纪90年代中期后，竞争情报由引进走向开发、由情报界的理论研究走向实际应用阶段。该阶段的重要特点为开发和推产，在社会主义市场经济的时代潮流下，竞争情报逐渐发展成为国家情报界、企业界和咨询界关注的热点问题之一。20年来在各级政府的大力支持和中国竞争情报分会（SCIC）的指导下，北京、云南、深圳和湖南等省（市）相继组织开展了"企业竞争情报示范（普及）工程"等一系列旨在推动竞争情报在企业中应用推广的活动，在社会上引起较大反响，促进了我国竞争情报研究从理论向实践的纵深发展[1]。

1995—1998年，北京市竞争情报示范工程实施完成，期间为大华陶瓷厂、北京三环毛纺针织集团公司、北京铜牛针织集团公司等单位开展了以企业竞争力评价、竞争情报系统建立、竞争战略制定为重点的竞争情报咨询服务。

2000年由云南省科技情报研究所和昆明理工大学合作立项，共同开展了云大科技股份、云锡公司、贵研铂业股份等企业的竞争情报示范工程，并邀请了包括普赖斯科特在内的一批国内外竞争情报专家来昆明讲学，取得了良好的效果。

2005年4月，在深圳市政府和竞争情报分会等单位的帮助支持下，由深圳科技和信息局牵头并联合深圳泛英信息有限公司等企业，开始了为期3年的"深圳市竞争情报普及工程"活动，就如何应用竞争情报，提高各级机构的竞争力和情报能力为理念，针对中小企业科技创新组织开展了大规模推广"竞争情报"的普及工作，在致力于提高深圳

---

[1] 彭靖里. 对我国实施竞争情报应用示范工程的回顾及反思[J]. 竞争情报，2015（2）：13-21.

企业尤其是中小科技型企业的竞争情报收集、分析应用等综合能力方面，发挥了积极的促进和带动作用。

2005年10月，由湖南省科技信息研究所和科技情报学会共同启动"湖南省竞争情报普及工程"，同时把2006年定为"竞争情报年"，并作为全省科技情报事业发展的重点工作。该普及工程的实施通过对企业实地调研、举办培训等多种形式在全省范围内普及竞争情报知识，并与龙马集团公司合作完成"湖南省竞争情报的发展现状况调查与对策研究"等课题，基本摸清了湖南省主要行业和企业在开展竞争情报中存在的主要问题，为进一步推动竞争情报在当地企业的应用打下了坚实的基础。

2008年以后，中国科技信息研究所以陈峰研究员为首的竞争情报研究团队，针对未来市场竞争从单个企业间的竞争转向了以政府为后盾的产业之间的竞争、国家间产业与产业的国际地位及国际分工格局竞争，竞争情报服务对象也逐渐由支持经营活动扩展到知识产权保护、兼并重组等战略管理领域，并由以企业为主逐渐拓展到区域、产业乃至国家的新形势，适时在国内组织开展了产业竞争情报理论与应用领域的示范性研究。

2013年年初，国家知识产权局在《2013年全国专利事业发展战略推进计划》中明确提出，重点选择天津、广东等省（市）组织实施"专利竞争情报支持工程"，并专门制定《专利竞争情报支持工程推进总体方案》与《2013年专利竞争情报工作实施方案》等文件，为顺利开展专利竞争情报试点工作奠定了很好的基础。

进一步调查研究发现，近年来我国竞争情报意识普遍有所增强，竞争情报工作的地位和作用愈加重要和凸显，竞争情报产业链与服务链已经初步形成，竞争情报工作呈现出稳步发展态势。

1.4 新时代需要竞争情报

随着信息技术的快速发展，电脑、手机、网络已成为人们手中便捷的工具，而随之带来的则是数据的爆炸式增长。正如全球知名咨询公司麦肯锡所说，"数据，已经渗透到当今每一个行业和业务职能领域，成为重要的生产因素"。随着各种非结构化和半结构化数据的迅速产生，数据在各行各业快速增长，生产数据、销售数据、人事数据、运营数据、用户数据、人才数据、交通数据、监控数据……各类数据均以以往无法想象的速度海量涌现，大数据时代悄然而至。云计算的兴起，从硬件层面帮助人们实现了海量数据分析，之前看似遥不可及的海量数据分析工作，在云计算基础设施的帮助下，也已逐渐成为可能，数据成为企业打造竞争优势、实现创新发展的又一重要动力。

同时，在创新创业的大背景下，企业之间的竞争已经由单一的产品和市场竞争逐渐变为以创新为核心的全面竞争，全面的数据接入与掌控，对企业的发展有着极其重要且深远的影响。以制造类企业为例，在传统环境下，企业只需解决产品的质量和市场即可确保企业在市场竞争中占据一定地位。但在大数据环境下，数据和以此为基础的智能控制体系，则可以帮助企业解决更多的赋能问题。以工业物联网为基础的数据采集系统，可帮助企业全面了解并掌控生产制造的过程信息；智慧供应链系统通过卫星定位、智慧仓库、智慧物流等终端采集的客户订单和物流数据，能够帮助企业快速消化客户订单，并以最科学的方式解决生产、仓储和配送之间的矛盾，真正实现"零库存"；以知识共享为核心的企业知识管理体系，全方位采集、组织、共享企业已有各类知识，借助问答系统为科研人员服务，可最大限度地解决知识的传承和快速分享问题；此外，利用市场数据、竞争对手产品数据、招聘及人才数据、销售数据、用户反馈数据、科研技术数据等进行企业的竞争情报活动，分析竞争对手，提升企业竞争能力也成为企业竞争的重要手段。利用数据提升效率，降低成本，成为企业发展的又一动力。

随着大数据、人工智能、5G等新技术的应用，竞争情报相关理论的研究围绕着"事实—数据—信息—知识—情报"（FDIKI）这一概念链，正在进行更加深入的转型与变革。首先，分析对象由"信息"深入"数据"，在大数据时代，情报研究的分析对象从信息延伸到了数据，研究起点开始前推，提升了竞争情报研究的原始性；其次，研究对象由"信息"回归到"情报"。随着研究对象的前移，减少了竞争情报究竟是研究"情报"还是"信息"的争论，更多的学者将重心放在数据层面，通过数据的分析与挖掘为竞争情报提供理论与实践指导；最后，竞争情报的加工由分析提升到了研究。云计算与大数据技术的兴起，诸如Python、R等数据分析和新型人工智能算法的广泛应用，竞争情报的研究逐渐由提供情报分析结果转变成为决策提供研究成果与预测，借助大数据的力量为竞争情报助力。由此，应用大数据和人工智能技术，借助大数据进行决策支持的方向将会成为竞争情报未来的主要研究方向。

1.5 本章小结

自人类社会出现以来，竞争关系就一直伴随着整个人类的发展，"物竞天择""适者生存"背后都暗含着竞争行为。随着社会资源的消耗、人口数量的增加、社会制度的变迁，组织形式的演变，社会竞争日益激烈，竞争主体、竞争范围、竞争动因及竞争目标越来越多样化和复杂化。同时，由于第二次世界大战时期情报工作不断发展，后期被逐渐应用到企业竞争中，竞争情报开始发展成为一门独立学科。越来越多的学者和实践工作者加入竞争情报研究中。20世纪80年代美国竞争情报从业者协会成立，传统的竞争情报理论日渐丰富，在之后的很长一段时间内被作为企业开展竞争情报工作的理论依据。随着时代"变迁和技术"的进步，竞争情报的理论、方法、分析应用都在不断发展。尤其是在数据驱动的新时代中，竞争情报工作更要转变思路，把握新环境下的发展方向和技术动态，从而真正提升组织的竞争力。据此，本章首先阐述了与竞争情报有关的基本概念；其次梳理了国内外竞争情报的发展历程；最后探讨了数据驱动的新时代中竞争情报未来的走向。

第 2 章
竞争情报研究基础

竞争情报研究内容涉及竞争战略、竞争环境、竞争对手、竞争态势分析、竞争优势挖掘等多个方面，传统的竞争情报分析方法为竞争情报分析提供了有效手段，发挥了竞争情报的效用，拓展了竞争情报工作的影响力。为了更好地将竞争情报分析工作与组织业务、内外环境紧密结合，还可以整合组织内外信息资源和技术，构建竞争情报系统。理论、方法与实践的协同发展推动竞争情报在大数据环境下获得新的应用路径。由于企业竞争情报比较成熟，本书主要以企业竞争情报来阐述有关理论技术和方法，本章将对企业竞争情报研究的一些基础性工作进行梳理，并分析大数据时代对企业竞争情报工作思路和分析方法的影响。

2.1 传统竞争情报信息源

信息（Information）是情报处理的原材料，是一种未予以评估和分析的数据资料；情报（Intelligence）是一种信息，或者说是一种特殊的信息，经由信息转化和加工提炼而得到。两者在特性和获取过程方面是有区别的。按竞争情报工作的要求，在产出情报之前，我们需要搜集信息。

2.1.1 按照竞争目标划分情报信息

竞争情报收集的关键即找到目标信息，展开搜集。首先，需要明确信息来源，才知道去哪里找。以目的为导向的信息的分类，有助于全面查找信息。根据竞争目标的不同，可将企业竞争情报的信息源分为以下 3 类[1]。

---

① 包昌火. 竞争情报导论 [M]. 北京：清华大学出版社，2011：176-202.

(1) 竞争环境信息

企业所处外部环境的变化对企业行为有着重要的影响，处于激烈竞争环境中的企业需要进行外部竞争环境信息的搜集，即政治（Political）、经济（Economic）、社会（Social）和技术（Technological）环境信息，从而进行 PEST 分析。

1）政治环境信息

政治环境的变化，包括国际国内政治环境变化，如重大国际事件、政府变革、权力转移及立法和规章制度变化。这些主要可通过以下途径进行搜集：阅读时政类报刊和专业杂志、政府出版物；订阅网络新闻、论坛、博客等；听广播、看电视；检索新闻和法律法规数据库；通过驻外使领馆新闻记者等搜集；与政府主管部门建立良好的关系网络等。

2）经济环境信息

经济环境的变化，包括经济周期、世界贸易方式的变化，汇率和商品价格变化，资本市场、劳动力市场的变动及经济对供应商和特定用户群的影响等。这些信息主要可通过以下途径进行搜集：阅读财经类报刊和专业杂志、政府出版物；访问国内外的财经类网站、浏览知名经济学家的博客；检索财经类数据库；与主管经济的政府部门建立良好的关系网络；亲自调查获得一手信息；委托专业调查咨询机构代为搜集等。

3）社会环境信息

社会环境的变化，包括人口统计，人们品位、习惯的变化及对环境和可持续发展的关注等。这些信息主要可通过以下途径进行搜集：阅读报刊和专业杂志；检索人口统计数据库；亲自调查获得一手信息；委托专业调查咨询机构代为搜集等。

4）技术环境信息

技术环境上的变化，包括技术变革对产品、工艺、分销渠道的影响等。这些信息主要可通过以下途径进行搜集：检索技术类出版物，如期刊、会议论文、专利、技术标准、技术报告等；检索科技类数据库；订购行业协会出版物；咨询专家、学者和工程技术人员等。

(2) 竞争对手信息

在激烈的市场竞争中，竞争对手是企业需要深入了解和不断对标的对象，因此也是竞争情报搜集信息的主要目标对象之一。这其中包括确定谁是自己当前和潜在的竞争对手，并收集竞争对手的背景和产品、服务、财务、技术、销售、人员、组织结构、生产运营等方面的信息。主要包含以下方面。

1) 公司名录

通过税务、工商、黄页、竞争对手网站、企业名录出版物和数据库获取公司名录，进而从中确定企业的主要竞争对手，并了解竞争对手的背景和基本信息。

2) 产品/服务

主要包括了解竞争对手的主要产品或服务种类，产品或服务的主要特征，目前新产品的开发情况及产品项目情报。此类信息可以通过查阅公司名录、产品名录、公司主页、产品样本和手册，检索数据库，询问经销商，参加展览会，联系相关行业协会，检索电子商务网站等途径获得。

3) 财务和信用

若竞争对手为上市公司，其财务信息可以通过查阅其向社会公布的财务报告获得。若竞争对手为非上市公司，获取其财务信息则比较困难，但仍可以通过订阅综合性商业出版物、行业出版物，检索企业信用信息数据库，联系政府机构和行业协会，委托信用调查机构开展调查等途径收集。

4) 市场营销

有关竞争对手市场营销方面的情报需求，占据着竞争情报需求的主要地位。有效获取此类信息是赢得市场竞争优势的关键。竞争对手的市场营销情报，包括对手的营销组织、营销方式、营销实力、市场份额、价格、广告预算、广告效果、售后服务、客户忠诚度等诸多种类。可以通过订阅产业研究报告、报刊、专业杂志、产品样本和手册，互联网搜索，访谈企业内部各职能部门员工、经销商和竞争对手，委托行业和市场调查机构，检索电子商务网站等途径获得。

5) 公司员工

竞争对手的管理人员和人力资源状况对于了解对手公司的管理风格、人才优势有着重要意义。竞争对手管理人员的信息主要通过阅读公开出版或公司网站上发布的传记资料、观看对管理人员的访谈、聆听管理人员的讲话、访谈竞争对手和企业内部各职能部门员工等途径获得。竞争对手的人力资源状况可通过阅读企业招聘广告、信用调查报告、与竞争对手人员有关的庭审记录；访谈行业主管部门、劳动和社会保障部门、企业内部人力资源部门等途径获得。

6) 组织结构

了解竞争对手的组织结构，可以判断出各个业务部门在对手公司中的地位、某一决策问题的决策点和关键决策者。组织结构的变化也可能预示着公司的战略调整。竞争对手的组织结构信息主要通过查阅公司网站上发布的组织结构图、企业名录和企业信用信息数据库，访谈竞争对手的员工和资深业内人士等途径获得。

7）生产运营

竞争对手的生产运营情报，包括对手的生产、产能及工程和研发状况，涉及公司内部的核心经营数据，直接从竞争对手获取有一定的难度，但可通过与公司的生产运营活动相联系的第三方获取一定的信息。

（3）企业自身信息

知己知彼，百战不殆。竞争情报用户不仅需要了解竞争环境和竞争对手，还必须明确自身的情况。因此，在搜集竞争对手的相关信息时，必须要对所对应的自身信息也了如指掌，才能在竞争中制胜。

在一个企业中，往往技术中心、研究院/所掌握着研究开发信息；市场部、销售部掌握着市场营销信息；财务部掌握着财务信息；人力资源部掌握着人事信息；生产、采购、设备部掌握着生产运营信息；高级管理人员和计划部门掌握着人财物、产供销等全面信息。为此，需要在企业内部建立信息网络以获得自身信息。建立内部信息网络的形式可以包括在各职能部门建立联系人制度；公布专门的竞争情报热线；允许每位员工把自己搜集到的情报上传到企业竞争情报系统等。为了调动员工参与这种信息共享的积极性，情报部门要对那些贡献有价值情报的员工给予相应的激励。

2.1.2　按照来源划分情报信息

企业竞争情报工作根据需求的不同可分为两种：一种是具有明确情报任务的临时或短期的情报分析工作以帮助企业制定某一阶段的竞争战略；另一种是企业日常开展的、无明确情报任务的竞争对手情报搜集、分析和预警工作。第一种竞争情报工作以目标为导向，进行情报收集，而第二种则需要尽可能全面地获取情报信息，因而了解目前市场中潜在信息源是至关重要的。

按照情报信息的来源可将信息源分为企业内部信息源、外部往来信息源、公开信息源和其他信息源。其中每类具体包含的信息来源如下。

（1）企业内部信息源

如销售人员、营销人员、采购人员、离职员工、企业内部期刊等。

（2）外部往来信息源

如客户、经销商、供应商、展览会、行业会议、咨询顾问、行业主管部门等。

(3) 公开信息源

如产品手册、促销广告、报纸杂志、上市公司财报、产业研究报告、信用调查报告、各类招聘网站、电子商务网站、行业协会出版物、互联网搜索引擎、公司门户网站/微信公众号/自媒体账号、网络社交媒体资源（微博、豆瓣、知乎等）、政府出版物（统计资料、政府工作报告、白皮书等）、政府对外公开档案（工商企业注册登记通告、专利等）等。

(4) 其他信息源

如银行、反求工程、法庭记录、证券分析师、电子数据库、其他竞争对手、专业调查机构等。

2.1.3 情报信息搜集方法

竞争性信息的搜集，在不违反法律和道德的前提下，可以采取一切手段，动用一切能利用的工具，利用一切能调用的资源。就收集手段而言，一般可以考虑以下方式。

(1) 文献信息搜集

这里所说的文献，是指一切便于存储与传递竞争性信息和相关知识的人工固态负载物，其形态既包括以纸质材料为载体的印刷、打印、扫描、拍摄和手写文献，也包括以感光材料为载体的缩微文献、胶卷，以磁性材料为载体的光盘、磁盘和硬盘文献。搜集方法有以下几种：公开出版文献可以直接订购或采购；内部出版文献可以直接或间接索取；会议、展会的文献可以现场收集；与合作单位之间可以互相交换。

(2) 实物信息搜集

反求工程是获取实物信息的一种有效途径。反求工程，通常指通过拆卸、检查、化验实物产品，获得其材料、工艺、成本等经济技术信息，也包括功能、性能、方案、结构、材质、精度、使用规范等众多信息。实物的反求对象可以是整机、部件组件和零件。需要通过反求来搜集隐含信息的实物通常是比较先进的设备、产品。这是竞争情报工作必须关注的。反求过程中，通过对实物的重构将原来隐含在产品中的信息揭示出来，从而应用于企业生产和经营的实践[①]。由于实物信息同时具有直观性和隐蔽性的特点，搜集方式相应地可以分为以下两个层次。

① 实物信息的初次搜集。指通过各种途径、采用各种方法获得实物载体的过程。例如，在展销会上拍摄展会照片、在新产品试销会上交换样品、参观外单位时获赠有关的

---

① 秦铁辉，祝小静，任小伟.企业竞争中实物情报的开发利用[J].情报杂志，2002（3）：26-28.

物品。

②实物信息的深度搜集。指对一次搜集获得的实物,采用专业技术方法,借用精密仪器设备,揭示隐含在产品中的隐蔽信息(包括功能原理、结构参数、材料、形状尺寸、关键技术等)。

(3) 视觉信息搜集

这种方式通常借助实地调查来实现。情报人员根据信息需求,制定搜集策略,然后亲自到特定现场,借助一定的仪器,搜集视觉和实物信息。这种方式有的是公开的,但较多地采取隐蔽或半隐蔽方式。例如,为了了解加盟连锁企业的服务是否标准化,总店可派人假扮顾客去下属企业观察,观察对象包括店内环境、服务水平、顾客反映等。通过观察搜集视觉信息的方式有两种:参与式观察和旁观式观察。

①参与式观察,又称体验式观察,指搜集人员加入观察对象的活动,作为观察现场的一部分。例如,企业管理人员参与工人的工作和工人一起使用机器,按操作规范完成工作,从而熟悉和掌握有关机器运转、操作流程等有关信息。

②旁观式观察,指搜集人员亲临现场,不介入观察对象的活动,只是作为一个旁观者。例如,搜集人员参加会展,接近目标展厅前,观察展厅的布局、组织情况、人员数量,及了解拜访目标展厅的是什么人、人员数量多少、谈话表情如何,并观察关键的买主,看他们在哪些地方停留、同谁谈过话等。

(4) 言语信息搜集

电话、网络语音软件是搜集言语信息的有用工具,在时空上具有很大的灵活性和及时性,而且可对搜集方身份进行掩饰,是一种非常有价值的搜集方式。另外,进行言语信息的搜集可借助仪器设备(如小型录音机、录音笔等),这些信息记录在载体上就成为文献。且这些设备携带方便,留下的记录准确、全面,便于重现情景和事后分析。同时在搜集言语和视觉信息时使用设备往往能减轻搜集方的负担,使之精力更集中。使用设备的缺陷,是被搜集方不习惯或不接受被录音或录像,在设备面前他们可能或因紧张而出现表达障碍,或因忌讳而拒绝接受访问。因此在使用设备时,应首先取得搜集对象的理解和配合,未经同意使用设备有可能涉嫌违反法规和道德原则。

(5) 网络信息搜集

网络以其方便快捷、信息丰富的优点而成为竞争情报最主要的信息搜集工具。随着互联网技术和计算机技术的成熟,出现了许多信息搜集方式:对网页内容进行浏览、利用爬虫技术抓取数据、检索相应数据库、对网页内容进行文本挖掘等。

2.2 常用的竞争情报分析方法

竞争情报分析指通过系统化的方法，将竞争环境、竞争对手及组织自身的信息，转化为能够为组织带来竞争优势的情报和谋略的过程。竞争情报分析过程中，为了完成信息分析目的，研究者会采用各种工具或技术，一般统称为竞争情报分析方法。这些方法一部分来自管理学领域的竞争分析，主要以商业和战略分析方法为主，侧重于对时间、组织和人的分析；另一部分来自政治军事领域的情报分析，主要以模式和系统分析方法为主，侧重于对数据、信号和事实的分析。

由于竞争活动涉及的范围非常广泛，其研究内容纷繁复杂，加上不同职业背景和学科的分析人员从不同的岗位和视角出发，必然要采用不同类型的研究方法，每一类型又包含针对某一问题的若干各具特点的分析方法。粗略统计约有百种，各种方法各有其适用性和局限性。本节重点介绍五力模型、定标比超分析、SWOT 分析、专利情报分析及财务分析这 5 种基础并且较为常用的竞争情报分析方法。

2.2.1 五力模型

五力模型由迈克尔·波特（Michael Porter）于 20 世纪 80 年代初提出，对企业战略的制定产生了深远影响。因其可以有效地分析客户所处的竞争环境，曾普遍应用于竞争情报分析工作中。

其中五力分别为：供应商的议价能力、购买者的议价能力、潜在竞争者进入的能力、替代品的替代能力、行业内竞争者现在的竞争能力。5 种力量的不同组合变化最终影响行业利润和潜力变化，详情如图 2-1 所示。

五力模型既可用于静态的行业定位分析，使企业的优势和劣势与目前的行业结构相匹配，也可以用于动态的行业发展分析，为企业打造一个积极主动的战略，促使行业竞争规则向着有利于企业自身的方向发展[1]。

五力模型的应用流程为：①搜集信息确认每个作用力的特征，以考查和评估它们对产业的影响。将每个作用力的分解因素按相对强弱程度分级，取值范围为 1～5，5 表示力量最强，1 表示力量最弱。②依据企业的竞争能力综合地评估 5 种力量。在综合评估 5 种力量的强弱程度后，确定企业是否拥有能够在行业中竞争成功的能力。③根据产业的演变过程多次重复前两步工作，以制定出先发制人的战略。

---

① 包昌火. 竞争情报导论［M］. 北京：清华大学出版社，2011：238-239.

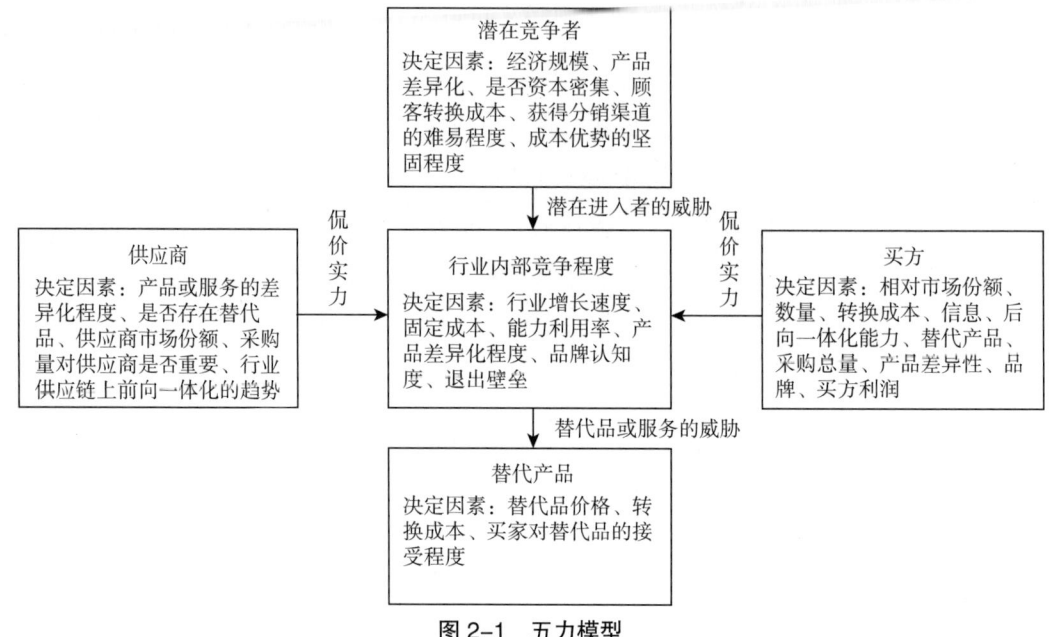

图 2-1 五力模型

2.2.2 定标比超分析

定标比超分析[①]又称为标杆管理、对标分析、基准调查等，是指确定竞争对手或行业内外的一流企业，搜集它们的各种相关信息，对这些信息进行组织、整序，并深入分析，提炼出有用的情报或具体的方法，根据本企业的实际情况实施，从而改进本企业的产品、服务或管理等环节。

(1) 定标比超的分类

根据定标比超的重点，定标比超可以分为产品定标比超、过程定标比超、管理定标比超、战略定标比超 4 种类型。这种划分也是从开展定标比超的不同层次出发的。4 种定标比超各自具有不同的侧重点，可提供不同类型的情报。产品定标比超所提供的情报一般最为准确和具体，但情报的寿命也最短。战略定标比超却是另一个极端，它提供的情报属于战略性的，准确程度不高。

1) 产品定标比超

此类型的重点为产品，它首先以竞争对手或相关企业的某种产品为基准，然后进行分解、测绘、研究，找出自己所不具备的优点。通过这种对产品的反求工程，不仅可以

---

① 谢新洲, 吴淑燕. 竞争情报分析方法：定标比超[J]. 北京大学学报（哲学社会科学版），2003（2）：137-151.

对原产品进行仿制或在原有的基础上加以改进,还可以估算出竞争对手的成本。通过与自己的产品进行比较,可以估计出不同设计方案在现在和将来的优点和不足。

2)过程定标比超

通过对某一过程的比较,发现领先企业赖以取得优秀绩效的关键因素,通过学习模仿、改进融合使企业在该领域赶上或超过竞争对手。营销的定标比超、生产管理的定标比超、人力资源的定标比超、仓储与运输的定标比超等均属此类。过程定标比超比产品定标比超更深入、更复杂。

3)管理定标比超

通过对领先企业的管理系统、管理绩效进行对比衡量,发现它们成功的关键因素,进而学习赶超。这种定标比超超越了过程或职能,并扩展到了整个企业的管理工作,如对全公司的奖酬制度进行定标比超,它涉及如何成功地对不同层次、各个部门的员工进行奖酬的问题。

4)战略定标比超

此类型定标比超通过比较本企业与基准企业的战略意图,分析确定成功的关键战略要素及战略管理的成功经验,为企业高层管理者正确制定和实施战略提供服务。这种定标比超的优点是,在开始阶段就注意到要达到的"目的",而过程定标比超和管理定标比超是先比较各种"手段",然后再确定如何能更好地达到某种目的。

(2)定标比超的一般步骤

不同企业定标比超的具体做法和步骤有所不同,但本质上都包含以下步骤,如图 2-2 所示。

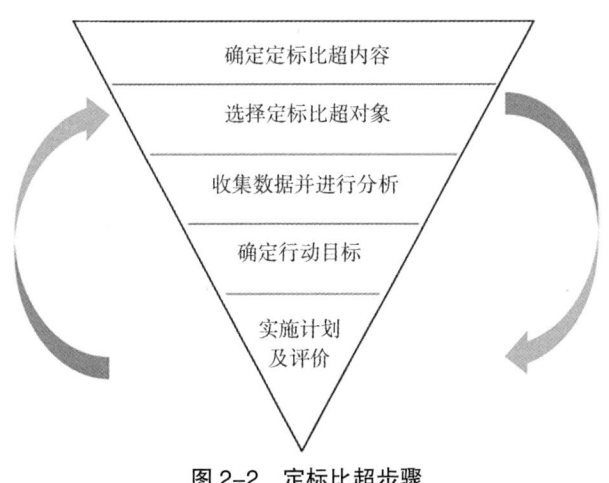

图 2-2　定标比超步骤

1）确定定标比超内容

定标比超是一个将自身情况和本组织内部的最佳部门、竞争对手或行业内外的最佳组织进行比较，并向它们学习，吸收它们的成功经验和做法的过程。因此，定标比超的前提是了解企业自身的情况，确定需要改进、能够改进的产品、服务、过程或战略。

2）选择定标比超对象

任何定标比超项目都有一个定标比超的对象。由于定标比超最终要向这个对象学习，争取赶上并超过这个对象，所以对象的选择不可掉以轻心。选择合适的定标比超对象，不但可以简化定标比超过程的困难程度，还可以强化定标比超的效果。

3）收集数据并进行分析

收集数据是定标比超的重要环节。根据国际定标比超交流中心的经验，一个定标比超项目在收集数据上就需要花费50%左右的时间。数据分析需要根据定标比超目标有的放矢地进行。在整个分析过程中，需要定标比超结果的应用者参与，也需要专业人士的指导和协助，最终找出本企业与定标比超对象之间的差距及原因。

4）确定行动目标

找出差距后，接下来就应根据本企业现阶段的具体情况，包括企业文化因素、资金因素、技术因素、人员因素等，形成可操作的方案，有针对性地确定行动。

5）实施计划及评价

定标比超的最终目的是发现不足、努力改进、赶上并超过竞争对手或借鉴其他行业的成功经验，获得最大程度的进步。因此，如果没有将定标比超的结果实施或实施不利，则以上种种努力都将毫无意义。

2.2.3 SWOT分析

SWOT分析[①]是竞争情报活动中常用的一种分析方法，是指将与研究对象密切关联的内部优势因素（Strengths）、劣势因素（Weaknesses）和外部机会因素（Opportunities）、威胁因素（Threats）通过调查分析并依照一定的次序按矩阵形式罗列起来（表2-1），然后运用系统分析的方法将各因素相互匹配，从中得出一系列结论。

---

① 李娜. SWOT分析应用于竞争情报活动的实例研究：SWOT分析与"赛特"之成功[J]. 情报理论与实践，2000（4）：288-290.

表 2-1 SWOT 矩阵

外部	内部	
	优势	劣势
机会	SO 战略： 对与外部机遇匹配的内部优势有影响的战略	WO 战略： 对那些克服内部劣势的外部机遇有影响的战略
威胁	ST 战略： 对企业避开外部威胁的内部优势有影响的战略	WT 战略： 使企业内部劣势最小化并避开外部威胁的战略

SWOT 分析的具体步骤如下。

(1) 调查分析环境因素

运用各种调查研究方法，分析出组织机构所处的环境因素，包括：①外部环境因素，即机会因素（O）和威胁因素（T）。它们是外部环境中对组织机构的发展有直接影响的有利和不利因素，一般归类为经济、政治、社会、人口、市场、竞争对手等不同范畴。②内部能力因素，即优势因素（S）和劣势因素（W）。它们是组织机构在其发展过程中自身存在的积极和消极因素，一般归类为管理、组织、经营、财务、销售、产品和服务、技术、人力资源等不同范畴。在调查分析这些因素时，不仅要考虑其历史与现状，还要预测未来。

(2) 构造 SWOT 矩阵

根据轻重缓急或影响程度，将上述因素排列于 SWOT 矩阵中。在此过程中，要把那些对组织机构的发展有直接、重要、大量、迫切、久远影响的因素优先排列出来，把那些间接、次要、少许、不急、短暂的影响因素排在后面或省略。

(3) 得出行动对策，制订行动计划

这一步骤的指导思想为：发挥优势因素，克服劣势因素；利用机会因素，化解威胁因素，立足当前，着眼未来。在这一思想指导下，运用系统分析方法，将矩阵中的各种因素相互匹配，加以分析，得出一系列可选对策，包括：① SO 对策。着重考虑优势因素和机会因素，目的在于力求使这两者的有利影响都趋于最大，又称"最大与最大对策"。② ST 对策。着重考虑优势因素和威胁因素，力求使前者的有利影响趋于最大而后者的不利影响趋于最小，又称"最大与最小对策"。③ WO 对策。着重考虑劣势因素和机会因素，力求使前者的不利影响趋于最小而后者的有利影响趋于最大，又称"最小与最大对策"。④ WT 对策。着重考虑劣势因素和威胁因素，力求使两者的不利影响都趋于最小，又称"最小与最小对策"。

以上几种对策不应机械地分割开来，而应综合运用。但在不同时期，可根据各种因素重要性的不同，着重应用某一种或某几种对策。

2.2.4 专利情报分析

专利情报分析是指通过对专利说明书、专利公报中大量的专利信息进行分析、加工、组合，并利用恰当的分析方法，使这些信息转化为具有总揽全局及预测功能的竞争情报，从而为企业的技术、产品及服务开发中的决策提供参考。专利情报分析方法主要可以分为定性分析与定量分析两种。

定性分析是指通过对专利说明书的内容进行归纳、分析，获得技术动向、企业动向、特定权利状况等方面的情况。可以从发明的用途、原理、材料、结果和方法5个方面来考虑专利的内容，并将专利按照内容的异同分类。

定量分析主要是通过专利文献的外表特征进行统计分析，也就是通过专利文献上所固有的标引项目来识别有关文献，然后对有关指标进行统计，最后用不同方法对有关数据的变化进行解释，以取得动态发展趋势方面的情报。定量分析所涉及的主要统计指标包括如下方面[①]。

(1) 专利数量

某技术类别的专利数量可以用于衡量这一技术领域技术活动的水平。而某一公司或某专利权人历年申请的专利数量反映了其技术活动发生、发展的过程及发展趋势等。

(2) 同族专利数

某一发明的同族专利数反映了该公司专利申请地域的广度，也反映了此发明的潜在价值。由于需要翻译和专门的法律帮助等费用，在国外申请专利比在自己国家要昂贵得多，只有那些被公司认识到最有商业价值的发明才会在多国申请专利，以便保护今后的投资和产品输出的独占权。

(3) 专利被引次数

某一专利被后续专利引用的次数可以反映出此专利的重要程度。因为一项重要的专利出现以后，会伴随出现大量的改进专利产生，这里重要专利会被改进专利重复引用。

(4) 专利效率

专利效率是指一定的研发经费支出所创造的专利数量产出，此项指标用来评估企业在预定时间内专利数量产出的科研能力和成本效率。专利数量产出的越多，专利效率就

---

① 李映洲，邓春燕. 竞争对手情报研究中的专利情报分析法[J]. 情报理论与实践，2005（1）：44-47.

越高，则该企业的技术研发能力就越强。

（5）专利实施率

专利实施率是指通过技术性能、经济效益、社会效益、市场因素、产业化开发和生产能力、宏观环境及产业化风险等多个角度对发明专利的实施进行衡量。专利实施率越高，则专利对于技术发展、技术创新做出的贡献越大，与技术发展结合得就越紧密。

2.2.5 财务分析

财务是企业等经济组织通过货币资金的筹集、支配和使用而同各有关方面发生的经济关系。市场竞争日趋激烈，也反映在企业资金的筹集和投放、资金的分布与耗费、收益及分配等财务活动上。财务分析的最基本功能就是将大量的报表数据转换成对特定决策有用的信息，减少决策的不确定性[①]。

（1）财务分析的目的

财务分析的显性目的包括：①评价企业过去经营成果，与同行业或计划相比较，揭示财务活动过程中的矛盾和问题，为改善经营管理提供方向和线索；②检查企业财务状况的完成情况，考核经营管理人员的业绩，完善合理的激励机制；③衡量企业目前的财务状况，评价企业财务风险，以及可能遭遇的后果，以便采取积极的回避或补救措施；④预测企业未来发展的趋势。

财务分析的主要依据和起点为财务报表，以及其他相关的统计资料。财务报表是总括地反映企业在一定时期内经济状况的书面文件，因而能在相当程度上反映出企业营业收入、成本控制和费用节省情况、利润的多少和投资者获得的红利、资金供应、偿债能力和企业的发展潜力等。财务报表分析的主要对象包括会计报表、会计报表附注、财务情况说明书和资产负债表等。

（2）财务分析的主要方法

1）趋势分析法

趋势分析法即通过观察连续数期的财务报表，比较各期的有关项目金额，分析某些指标的增减变动情况。在此基础上判断其发展趋势，对未来可能出现的结果做出预测。

2）结构分析法

结构分析法是指将财务报表中某关键项目的数字作为基数（100%），再计算该项目各组成部分占总体的百分比，以分析总体构成的变化，从而揭示出财务报表中各项目的

---

① 沈固朝. 竞争情报的理论与实践［M］. 北京：科学出版社，2008：326-332.

相对地位和总体结构关系。结构分析对于资产负债表和损益表的分析是很有用的。在损益表中，基数项目通常为产品销售收入。在资产负债表中，基数项目通常为资产总额、负债总额和所有者权益总额。

3）对比分析法

将财务报表中的某些项目或比率与其他的相关资料进行对比来确定数量差异，说明和评价企业的财务状况和经营成绩。可以在以下几个方面进行对比：①本期的实际数据与前期（上月、上季度、上年等）的数据相比较，以反映生产经营活动的发展状态，考察改进情况；②本企业的数据与同行业其他企业或全行业的平均水平、先进水平相比较，以发现企业同先进水平的差距并找出潜力之所在；③本期的实际发生数与计划数、预算数据相比较，检查计划完成情况，为进一步分析提供方向；④期末数与期初数相比较，说明本期生产经营和财务状况的最新变动。

4）因素分析法

通过分析影响财务指标的各项因素及其对指标的影响程度，说明本期实际与计划或基期相比较发生变动的主要原因，以及各变动因素对财务指标变动的影响程度。运用因素分析法的一般程序，首先明确某项财务指标受哪些因素的影响；其次确定各种因素与该指标之间的数量关系，是加减关系还是乘除关系，在此基础上，列出分析计算式，然后计算确定各种因素影响财务指标变动程度的数额。

5）比率分析法

在同一张报表的不同项目或不同类别之间，或者在不同财务报表的有关项目之间，用比率来反映它们之间的相互关系，据以评价企业的财务状况和经营业绩，并找出经营中存在的问题和解决办法。财务比率又可以分为变现能力比率（如流动比率、速动比率）、资产管理比率（如存货周转率、流动资产周转率、总资产周转率、应收账款周转率等）、负债比率（如资产负债率、产权比率、有形净值债务率和已获利息倍数等）、盈利能力比率（如销售净利率、资产净利率和净资产收益率）；各种不同的比率说明不同的关系。由于报表使用者不同，分析比率的着眼点、用途、目的不同，因而比较的标准也有所不同。此外，由于每一比率只涉及企业生产经营过程中的一种关系，而企业生产经营活动本身是错综复杂的，因此应当把各种比率的分析结论有机地结合起来，把比率分析和趋势分析、结构分析等结合起来，以得出正确结论。

各种财务报表分析方法在应用中的关键不在于指标的计算，而在于对指标的正确理解，从而服务于企业，实现生存、发展和获利的目标。

2.3 竞争对手识别

企业竞争情报研究内容包括竞争对手、竞争环境和竞争战略。其中，竞争对手分析的第一步是竞争对手识别，这是关注竞争对手动态并据此制定相应战略和对策的前提条件。如果没有合理有效地识别竞争对手，之后的竞争对手分析不仅会徒劳无功，反而会给自身带来致命的危险[1]。同时，竞争对手识别也是企业制定竞争与创新战略不可或缺的重要组成部分，是管理者对其竞争领域监测的关键任务，是对可能发生的竞争防御、对其他竞争者发起攻击及制定战略和对策的前提与支撑。由于企业的资源有限，在众多的竞争者中，谁是最主要的竞争对手，谁是次要的和较次要的竞争对手，以及企业自己在竞争中所处的相对位置，这些对企业的竞争分析非常重要。识别竞争对手，将之进行分类并明确自己在竞争中的位置，意味着要在众多的竞争者中确定重点跟踪对象，避免因竞争对手跟踪范围过大而影响跟踪效率和加大企业监测环境的成本，也不会因跟踪范围过小而使企业丧失应对来自未监测到的竞争对手攻击的主动权[2]。

2.3.1 竞争对手的定义

竞争对手是指势均力敌、相互争胜的双方。在竞争情报活动中，竞争对手主要指限制和影响本企业竞争优势发挥的企业外部组织或个人，即凡在与本企业有共同目标的市场上，与本企业有利益冲突且构成一定威胁的个人或经济组织，均为竞争对手，如同行组织或个人、生产可替代产品或提供可替代服务的行业组织或个人、重要客户或供应商等[3]。竞争对手可能通过争夺资源（人才资源、市场资源、原料、技术资源等）、破坏竞争规则、改变产业方向等手段赢得利润，甚至阻碍本企业（产业）的发展[4]。李国秋等指出竞争对手与竞争者是有区别的，竞争对手是在微观层次上，从主体企业的需求角度出发，将能威胁到企业生存、发展的一切竞争者都视为竞争对手[5]。

2.3.2 传统的竞争对手识别方法

现有的竞争对手识别方法，主要可分为三大类：一是基于专家知识的竞争对手识

---

[1] 李伟华，郑彦宁. 企业竞争对手识别方法研究进展［J］. 情报理论与实践，2015，38（9）：126-129.
[2] 贾彦龙，于巧玲. 竞争对手识别研究方法述评［J］. 情报杂志，2011，30（7）：13-16.
[3] 查先进，严亚兰. 论企业竞争对手［J］. 情报科学，2000，18（2）：123-125.
[4] 王德恒，吴潇. 竞争对手识别研究［J］. 商业研究，2003（17）：30-32.
[5] 李国秋，刘婷，严众开. 竞争对手的识别与排序［J］. 竞争情报，2007（3）：33-40.

别方法，主要包括专家调查法、战略群组法、企业综合指标法、品牌转换分析法；二是基于企业信息的竞争对手识别方法，包括专利信息分析法、产品信息分析法、财务数据分析法；三是基于用户信息的竞争对手识别方法，包括用户原创内容分析法、共现分析法、共链分析法。值得注意的是，每种竞争对手识别方法并不总是属于某个分类，随着具体应用场景、技术、指标的不同和改进，可以使得传统识别方法与现代数据技术相结合，形成复合方法。

(1) 基于专家知识的竞争对手识别方法

以专家的行业经验为基础，通过专家设立关键指标并打分，最终识别出企业的竞争对手。由于专家对该行业领域有较深刻的理解，因此该方法的可靠性较高，通过德尔菲法、战略群组法等得出的结论也具有较好的稳定性。现有的基于专家知识的识别方法主要包括以下内容。

①专家调查法。指根据专家调查，凭借专家的知识和经验，直接或经过简单推算，综合分析企业竞争对手的方法，包括头脑风暴法、德尔菲法和对演法。

②战略群组法。使用垂直一体化程度、产品多元化程度、产品多元化差异程度，将企业划分为多个战略群组，以战略群组的相似性来定义竞争对手。

③企业综合指标法。定义能够反映企业状况的各项指标，根据对比评分分析出主要的竞争对手。

④品牌转换分析法。采用问卷调查的方式询问消费者是否认为几种品牌之间存在相似性或替代性，相似性越高，品牌之间的竞争越激烈。

然而由于该方法以专家经验为基础，因此不可避免地受到专家主观因素的干扰，无论是专家个人的情感偏向、对行业认识的局限性、受到其他外界因素干扰等，都会对竞争对手识别的准确度产生影响。同时，该方法需要花费专业人士较多时间，成本较高，因此，往往间隔较长时间才能重新进行竞争对手识别，难以适应快速变化的市场情况。为了弥补专家知识法的局限性，可以将专家知识法与大数据分析法相结合，由专家制定指标，在一定周期内进行指标修订；由计算机负责指标的测量，在较短的周期内更新结论，捕捉竞争对手的变化。

(2) 基于企业信息的竞争对手识别方法

依托企业经营活动中产生的各类信息作为对象展开研究探索，主要形成的方法如下。

①专利信息分析法。通过专利信息分析，识别现在与将来可能在关键技术领域对本

企业造成威胁的企业，即为竞争对手。

②产品信息法。以企业产品为主要研究对象，用本企业产品的种类和相关参数来表征企业特征，通过与其他企业产品的对比、聚类，发现产品具有相似性的一类企业，这类企业即为竞争对手。

③财务数据分析法。根据企业的盈利能力、偿债能力、企业规模等财务指标，在候选的竞争企业名单中找出与本企业最为接近的竞争企业。

该方法以企业数据为基础，数据准确度较高，能较好地表征企业的经营状况。同时该方法结合了专家知识和数据分析的优点，既利用了专家对行业背景的理解，又利用了企业数据的价值。但在实践中，该方法也存在一定的局限性。例如，许多企业的数据质量不高，也难以获取竞争企业的相关数据，同时通过数据分析得到的结果也需要专家进行解读才能产生价值。为了克服数据质量不高与数据缺失的影响，可以考虑结合用户信息进行数据分析；为了克服数据分析结果每一次都需要专家进行解读的约束，可以将专家解读过程流程化，让尽可能多的解读过程由计算机完成。

(3) 基于用户信息的竞争对手识别方法

主要指通过用户实际产生的数据，利用数据分析算法或其他研究方法进行竞争对手识别，包括用户点评数据、用户行为数据、用户消费数据等。本类识别方法的特点是无论两家企业是否提供相同或是相似的产品或服务，只要能解决顾客相同的问题、满足顾客相同的需求或令顾客改变消费结构的企业，就可以被判定为竞争对手。主要方法如下。

①用户原创内容分析法。以用户在微博、淘宝等平台公开发表的评论作为数据源，采用情感分析法、聚类分析法、多维尺度分析法等方式，挖掘企业主要与次要竞争对手。

②共现分析法。利用企业在新闻报道中共同出现的次数，判断企业的竞争程度。

③共链分析法。对企业网站之间的链接动机做分析，利用共链关系绘制企业竞争矩阵，对企业之间的竞争关系进行识别。

该方法以用户公开发表的信息为基础，利用了大数据时代数据可获得、可分析的优点，收集海量用户公开信息，并用数据挖掘手段进行分析，从而得到对竞争对手的洞察。目前对于该方法的研究较少，相对理论基础薄弱。

2.3.3 传统竞争对手识别方法的局限

(1) 指标法为主流，易受个人因素影响

目前主流的竞争对手识别方法是基于专家模型的识别方法，通过专业人员设立相应的指标和权重，利用该模型进行竞争对手识别。这些指标通常反映出企业所在行业所采取的竞争策略、所持有的技术、所提供的产品和服务、所拥有的企业资产等。指标法反映了专家对于行业现状的认知，在指标的设立上不可避免地受到个人认知局限性的影响，模型对于竞争对手识别的能力上限为专家的行业认知水平，需要企业召集高水平专业人士才能合理地进行制定；同时指标的权重也容易受到个人主观性的影响，如技术类专家可能倾向于提高技术水平、专利持有量等指标的权重，市场类专家倾向于提高市场占有率、渠道能力等指标的权重。指标法模型的构建根据专家的不同会有较明显的差异，在使用上容易受到个人因素的影响。

(2) 评判指标的设立需要大量高水平专家的参与，人力成本巨大

指标法需要行业高水平专家参与模型的构建与打分，为了决策的严谨性往往需要多次讨论，组织进行一次企业竞争对手识别需要较高的人力成本。因为这个原因，现有企业的竞争对手识别一般是静态的，需要较长的时间间隔才会再组织高水平专业人士对企业的竞争对手进行重新识别。在市场环境变化越发迅速的今天，企业因为滞后的竞争对手识别，忽略了新兴的竞争对手，将可能给企业带来巨大损失。

(3) 竞争对手从设想的若干企业中选择，对跨行业竞争对手识别无力

受限于竞争对手识别的成本，往往先由专家根据自身经验制定候选企业清单，然后对这些候选企业利用竞争对手识别方法进行分析，找出本企业最可能的竞争对手。因此，现有的竞争对手识别应用中，企业的竞争对手只可能在候选企业中出现，容易忽视跨行业竞争对手的识别。同时，为了降低竞争对手识别的成本，候选企业数量会受到控制，一些新兴却快速发展的企业可能会被遗漏在候选名单之外。

(4) 仅识别点与点之间的竞争关系，难以识别网络状的竞争关系

现有竞争对手识别方法主要应用于标的企业与其竞争对手之间竞争强度的识别，能够识别标的企业与各竞争对手间点与点的竞争关系。但现实环境中，竞争是复杂多变的，标的企业与其竞争企业之间存在竞争关系，竞争企业相互之间也存在竞争关系。竞争关系更像是一个网络，而不仅仅是企业点与点之间的联系。现有的竞争对手识别方法难以对竞争关系网络进行明确清晰的识别，对企业竞争关系网络变化的检测就更难以实现了。

(5) 识别维度单一，难以识别全面的竞争关系

专利分析法、产品信息分析法、财务分析法等竞争对手识别方法，仅从一个角度入手（技术、产品、财务等）识别企业竞争对手，然而企业之间的竞争是多维度的竞争，采取单一维度进行竞争对手识别，可能遗漏了重要的竞争对手，对于企业之间多维度的

全面竞争难以识别。

2.4 竞争态势分析

竞争态势分析不仅是竞争情报理论研究的重要主题，也是企业洞察行业竞争结构进而开展差距分析和标杆管理的基础。因而，这一研究主题被情报学、企业管理等领域持续关注，并经历了从基础理论研究、定性方法应用到定量方法探索的发展历程。

2.4.1 企业竞争态势

企业竞争态势指企业在当前市场竞争中所处的竞争地位及其未来发展趋势[①]。企业竞争态势受到众多因素影响。同时，企业竞争态势又直接决定着企业所能选择的有效竞争策略。一般来说，企业某一时期在市场中的竞争地位是由企业在该时期以前所采取的各种行动所决定的。同样地，企业的当前活动又决定着其未来的竞争地位。

从一般意义上说，竞争态势分析要对企业所处的内外环境进行分析。但是，由于环境是一个非常宽泛的概念，在对环境进行考察时，到底从哪些角度进行分析才是有价值的，是非常重要的问题。在管理学领域中，对于企业竞争态势以定性分析为主，一般包含以下内容。

①目标市场容量。目标市场容量规定了某一产品或服务的最大市场规模，它是所有竞争参与者所能获得的最大销售量。

②产品生命周期。处在产品生命周期不同阶段的产品或服务，其市场竞争激烈程度不同，这也预示着未来市场空间的变化趋势。

③进入壁垒。进入壁垒分析给出了潜在进入者对现有竞争者的威胁程度。

④宏观产业政策。本行业和相关行业的产业政策，对产业的未来发展起着非常重要的影响作用。当产业政策发生变化时，往往预示着新的发展机遇的出现或行业危机的开始。进行产业政策分析的目的就是要准确地把握相关产业政策对本企业发展的影响。

⑤市场份额。在特定市场上的市场份额及其过去一段时期的发展趋势，反映了各竞争者在该市场上的竞争地位。

⑥订单赢得要素。订单赢得要素指在激烈竞争的市场上，客户购买某一特定企业所提供的产品或服务的原因。订单赢得要素反映了一个企业在过去和现在能够获得一定市

---
① 骆守俭.企业管理：使命、流程、工具[M].上海：立信会计出版社，2005：21-22.

场份额的根本原因所在。

⑦行业特征。任何一个行业都有其自身的特点。在这个行业中经营的企业,其竞争重点会随行业当时的发展状况而变化。例如,有些产品(如啤酒瓶)的成品运输成本高昂,有些产品(如核电站设备)的使用安全性要求在所有产品性能中处于首要地位等。另外,每个行业的特征都会因为其所采用的技术的变化而发生改变。

2.4.2 传统竞争态势分析方法

传统的竞争态势分析方法根据领域不同可以分为三大类,分别为战略管理领域常用的定性分析方法、管理科学与工程领域的半定量分析方法和基于专利数据的分析方法。具体如下。

(1) 战略管理领域常用的定性分析方法

战略管理领域常用的定性分析方法以本章前述五力模型、SWOT分析模型为代表。

①五力模型。五力模型是用来分析企业所在行业竞争特征的一种有效工具,可用于确定企业在行业内的竞争优势和行业可能达到的盈利潜力。其在分析企业所面临的外部环境时是有效的,但也存在着局限性,如忽略了另一种重要力量——互补品的存在,忽略了现实竞争环境中的动态变化,低估了企业与供应商、客户或分销商、合资企业之间可能建立长期合作关系,以消除替代产品威胁的可能性。

② SWOT分析模型。该模型被广泛应用于企业战略制定、竞争态势分析等领域,将与研究对象密切相关的各种主要内部优势、劣势和外部的机会和威胁等通过调查列举出来,并依照矩阵形式排列,然后用系统分析的思想,把各种因素相互匹配加以分析,从中得出一系列相应的结论,进而选择适当战略的一种分析方法。该模型没有充分考虑企业改变现状的主动性,关注于企业的成本、质量等而较少兼顾企业的组织流程,这正是当今企业所重点关心的领域。

(2) 管理科学与工程领域的半定量分析方法

管理科学与工程领域的技术工具发展,为评估企业竞争态势提供了半定量的分析方法,以层次分析法、模糊综合评价法为典型代表。

①层次分析法(Analytic Hierarchy Process,AHP)是由 Thomas L. Saaty 于 20 世纪 70 年代提出的一种定量和定性相结合的多目标层次分析方法。它专注于将决策者的经验判断加以量化,从而为决策者提供定量形式的决策依据,基本思路为:首先评价者将复杂问题分解为若干组成要素,并将这些要素按支配关系形成有序的递阶层次结构;其

次通过两两比较，确定层次中诸要素的相对重要性；最后综合各层次要素的重要程度，得到各要素的综合评价价值，并据此进行决策。由于其定性分析与定量分析相结合地处理各种决策因素、系统灵活简洁的优点，层次分析法后来被引入竞争情报领域，以弥补 SWOT 分析缺少定量分析的缺陷。

②模糊综合评价法是一种以模糊数学为基础的定量综合评价方法，包括单因素模糊评价和多层次模糊评价两种方法。评价者从多个因素出发，根据有关资料做出判断，对评价对象做出不同程度的模糊评价，如好、中等、差。然后通过模糊数学方法，得出定量的综合评价结果。它具有定性分析和定量分析相结合的优势。因此，在竞争情报研究和企业战略管理领域中，常用模糊综合评价法与 SWOT 矩阵分析方法相结合或与层次分析法相结合，构建量化的指标体系，用于企业竞争态势分析、品牌竞争力研究等领域。

(3) 基于专利数据的分析方法

随着竞争态势研究趋势从定性到定量的转变，情报学领域研究人员基于专利数据，结合社会网络分析法，设计多维评价体系，常用的指标包括：专利数量用以衡量企业的技术创新规模、专利申请地区用以明确企业的目标市场、国际专利分类（International Patent Classification，IPC）或美国专利分类（United States Patent Classification，USPC）用于发现企业技术的研发重点、发明专利或三方专利数量用以评价企业技术的质量、专利前向引用情况用以评价企业技术的影响力、专利后向引用情况用以确定技术的原创性等。当前以专利指标为主的分析方法，是竞争态势分析的主流方法之一[①]。而围绕专利开展的竞争态势分析活动，主要分为全局性态势分析和竞争者态势分析两大类。

1) 全局性态势分析

指对某领域的专利时间、空间、人员及技术内容等信息进行挖掘，以获知该领域的整体竞争状态和形势，主要包括总体发展趋势、区域竞争态势、技术竞争态势、竞争者构成等方面。

总体发展趋势，侧重于专利时间分析和技术生命周期分析，常用的方法有曲线图法、专利指标测算法等。

区域竞争态势，侧重于通过分析专利的地域属性来进行揭示，通常按专利申请人的专利优先权国别或地区，统计分析其专利数量（申请量或授权量）或质量，研究相关国家和地区的科技发展状况及其在各个技术领域所处的竞争地位等，常见的统计指标有

---

① 王剑华，马军伟. 企业竞争态势分析：基于自我定位与公众认知的二维框架 [J]. 情报杂志，2017，36（9）：58-63.

CHI Research、专利的原创性与普遍性、专利活跃度等。

技术竞争态势，关注于重点技术、核心技术、热点技术等识别，常用共词分析方法进行甄别。

竞争者构成，是指对专利申请人进行专利数量的统计和排序，排名靠前的专利申请人往往就是潜在的竞争者。

2) 竞争者态势分析

竞争者态势分析是指对某社会组织或个体的专利时间、空间及技术内容等信息进行揭示，以判断和评价该社会组织或个体的竞争实力和地位等[①]。它关注于竞争者专利的技术特点、地区分布、竞争实力和地位、关联性等方面。

竞争者技术特点，是针对竞争者（专利权人）进行进一步的深入分析，如利用专利时间分析可以了解其研发投入和产出趋势；利用专利分类统计分析可以了解其重点技术（领域）分布；利用专利引文分析可以了解其核心技术分布；利用共词分析等方法可以了解其热点技术分布。

竞争者的地区分布情况包括两个方面：一方面是所有竞争者的地区分布情况，即指这些竞争者来自哪些国家或地区，这可以通过分析竞争者（专利权人）所属的国家或地区，或专利优先权国家或地区，达到了解竞争者国家或地区分布情况的目的；另一方面是单个竞争者的专利布局（目标市场）情况，即指该竞争者在哪些国家或地区申请了专利，这可以通过分析竞争者（专利权人）的专利合作协定（Patent Cooperation Treaty，PCT），达到了解该竞争者专利布局情况的目的。

竞争者的竞争实力和地位，可以通过专利数量和质量分析、Innography 专利分析模型、专利引证分析、专利权人 h 指数等分析方法或视角来揭示。

竞争者的关联性，竞争者之间存在的竞争、合作或技术相似等现象，体现在专利上表现为不同机构的专利权人合作研发一项专利技术、专利权人之间的专利技术相似度等。

2.5 价值链与价值网分析

企业价值链分析具有系统性、全面性和动态性，能够深入企业的内部细节并且广泛联系外部环境。利用价值链分析法将企业的经营活动加以分解，对包括从原料供应、产

---

① 王兴旺.专利竞争态势分析：类型、内容及方法述评——兼论我国的研究现状[J].现代情报，2017，37（11）：171-177.

品制造到销售、售后服务及技术开发等在内的一系列活动逐个加以考察，有助于找出对企业有价值的竞争情报。价值网与价值链本质上属于包含与被包含的关系，价值网是对价值链的一种提升，并且二者在组织结构上有着根本区别。价值网更为复杂，在分析企业竞争情报时起到有效的理论指引作用。

2.5.1 价值链

（1）价值链的内涵

企业"价值链"一词最早在 1985 年由哈佛商学院的迈克尔·波特教授在其著作《竞争优势》一书中提出[1]，一开始针对的是制造业领域，其含义为：从价值形成过程来看，企业从创建到投产经营所经历的一系列环节和活动中，既有各项投入，同时又显示价值的增加，从而使这一系列环节连接成一条活动成本链。在波特看来，"每一个企业都是在设计、生产、销售、发送和辅助其产品的过程中进行种种活动的集合体，所有这些活动都可以用一条价值链来表示"。一条价值链可能包含了设计、产品开发、中间产品及最终产品生产制造、营销、出售、消费、售后服务、最后循环利用等各种增值活动[2]。企业在价值链上的各种活动，一方面创造了价值；另一方面也产生了成本。企业的经营目标是尽量增加增值作业，减少非增值作业，以获取更大利润[3]。波特价值链的观点摒弃了以往制造业模型中主要活动与支持活动的划分，而是集中在价值传递的过程中，强调通过这个流程来获得成本优势[4]。在波特的价值链理论中，企业经营的核心问题是"在价值链上定位"，因为控制价值链的不同环节为企业带来的利润是有巨大差异的。波特的价值链通常被认为是传统意义上的价值链，以取得企业利润作为最终目标，偏重于从企业的视角来分析企业的价值活动、企业与供应商和顾客可能的联系、企业从价值链中可以获得的竞争优势等。

Peter Hines 将价值链重新定位为"集成物料价值的运输线"，将价值链的目标定义为满足顾客对产品的需求，把利润作为满足这一目标的副产品。同时，Peter Hines 把原材料和顾客纳入价值链，而波特的价值链理论中只包含那些与生产行为直接相关的成员。此外，Peter Hines 把信息技术也纳入辅助活动中，与这部分相关的利润也被看作有效完

---

① 迈克尔·波特.竞争优势［M］.陈丽芳，译.北京：中信出版社，2014.
② 孙文远.产品内价值链分工视角下的产业升级［J］.管理世界，2006（10）：156-157.
③ 陈柳钦.论产业价值链［J］.兰州商学院学报，2007，23（4）：57-63.
④ ARMISTEAD C G，CLARK G. Source activity mapping: the value chain in service operations strategy［J］. The service industries journal，1993，13（4）：221-239.

成这一过程的副产品[①]。

总体来说,价值链指一种产品或服务在价值创造过程中经历的从原材料到最终消费品的各个阶段。企业的任务是不断创造价值,而创造价值的过程,由一系列互不相同但相互联系的增值过程组成,形成一个完整的链状结构,即价值链[②]。

(2)价值链的组成

价值链包括价值活动和利润。其中,价值活动指企业所进行的在物质形态上和技术上有明确界限的活动。利润则是总价值和进行价值活动的成本总和的差额。价值活动分为基本活动和辅助活动两大类。其内容如图2-3所示。

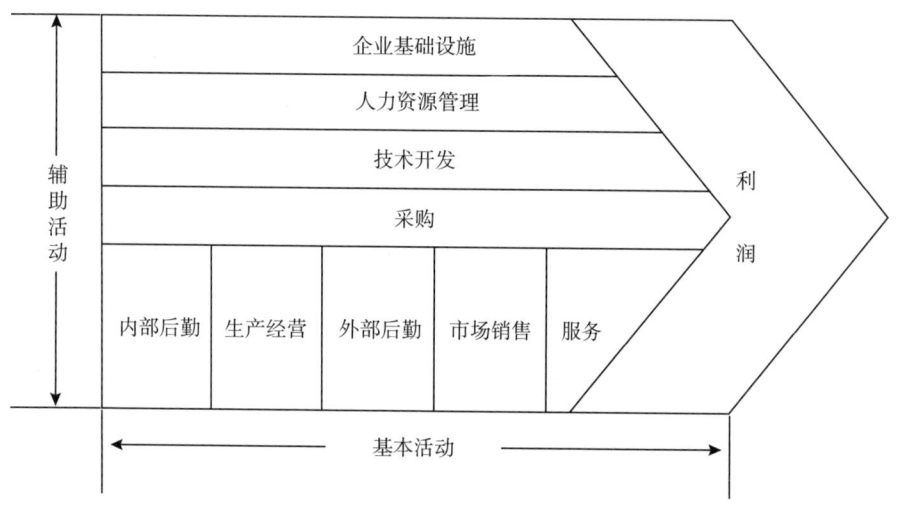

图2-3 价值链的组成

1)基本活动

基本活动是在物质形态上制造产品、销售和发送至客户手中及在售后服务中所包含的种种活动。包括:①内部后勤。指为企业提供保障的活动,包括从供应商处接收生产所需的原材料、原材料的质量检查、仓储、库存管理、车辆调度、向供应厂商退货等。②生产经营。指将有关投入转化为最终产品的活动。它有五大构成要素,即生产过程、生产能力、生产库存、生产质量和生产人员管理。③外部后勤。指集中存储、将产品成品发送给买方的各种活动,包括产品库存管理、送货车辆调度管理、订单处理、生产进

---

① 迟晓英,宣国良. 价值链研究发展综述[J]. 外国经济与管理,2000,22(1):25-30.
② 厉无畏,王玉梅. 价值链的分解与整合:提升企业竞争力的战略措施[J]. 经济管理,2001(3):10-11.

度安排等。④市场营销。指销售和市场促销活动，包括销售渠道选择、广告策略决策、市场调查与定位、促销、定价等。⑤服务。指提供服务以增加或保持产品价值的活动，分为售前、售中和售后服务。

2）辅助活动

辅助活动指辅助基本活动并相互支持的活动。包括：①采购。指购买用于从事企业价值链各项活动必需品的活动，包括用于生产的原材料的采购；办公消耗品、企业设施的采购；企业一些无形资产（如知识专利）的采购。②技术开发。指价值链中每项价值活动所需的技巧、步骤和技术输入。③人力资源管理。由对各类人员的招聘、雇用、培训、开发和报酬管理所包括的活动组成。④企业基础设施。由全面管理、计划、财务、会计、法律、政府事务和质量管理等活动组成。

(3) 价值链的特征

1）价值链是增值链

在价值链上，除资金流、物流、信息流外，最根本的是要有增值流，顾客在购买商品时，实质上是购买商品或服务所带来的价值。企业的生产过程，从材料采购、产品制造到产品分销，就是一个不断增加其市场价值或附加值的增值过程。因此，企业价值链的本质就是增值链。价值链上每一环节增值与否、增值大小都会成为影响企业竞争力的关键。所以，要提高企业竞争力，就要求企业从顾客角度定义价值，尽可能地消除一切无效劳动和非增值作业。在价值链上每一环节做到增值。传统的企业管理仅实现了本企业的增值，而价值链管理将上、下游企业整合成整个产业链，组成了一个动态的、虚拟的网络，真正做到了降低企业的采购成本、物流成本和经营成本，在整个网络的每一个过程中实现最合理的增值。

2）价值链是信息链

企业间的最终顾客信息、需求信息、库存状况、订单确认等集成的信息流，将使价值链中每一个实体及时调整自己的行为，并提高其市场响应能力。企业信息化的实现，可以消除因手工单据处理而导致的成本费用上升，以及由于信息延迟而导致管理决策失误，使价值链上的每一个环节在信息集成的基础上，实现协调、有序的互动，在更低成本下为企业创造更高的效益。因此，信息技术不仅是价值链构建的工具，而且是价值链的基础和保证。没有企业管理的信息化，就无法真正实现价值链。

3）价值链是协作链

价值链上任何一个节点企业的生产和库存决策都会影响其他企业的决策。价值链系统中一个企业的生产计划与库存优化控制,不但要考虑其内部的业务流程和资源,更要从价值链系统出发,进行价值链系统优化和控制。因此,价值链系统要求所有成员消除企业界限,重新审视渠道机制和相互关系,从交易型向伙伴型转变,构建高效有序的价值链系统。实现系统整体协调运作,在动态、有序、合作、协调的运行机制下,实现价值链系统内企业间的双赢和多赢。

4)价值链是虚拟链

价值链的实质是虚拟的企业扩展供应链。价值链在市场、生产环节与流通环节之间,建立了一个业务相关的动态企业联盟,利用互联网技术把过去分离的业务集成起来,虚拟成一个企业,覆盖从供应商到客户的全部业务流程,实现从生产领域到流通领域一步到位的全业务过程管理增值。这不仅使每一个企业保持了自己的个体优势,同时也扩大了其资源的利用范围,使价值链系统中的每个企业都可以在联盟中实现资源共享。通过虚拟价值链的运行,运用敏捷工程和并行工程,使企业在激烈的市场竞争中,建立企业内部和跨企业的协作,保证了商品的及时生产、交付、配送、交付到最终消费者手中,增加了联盟内所有成员的市场竞争力、敏捷互动的市场反应力和控制力,全面提升顾客的满意度。

2.5.2 价值网

(1) 价值网的内涵

价值网的概念最早由 Mercer 公司的 Adrian Slywotzkey 在 *The Profit Zone* 一书中首次提出[①]。根据书中的定义:"价值网络是一种新的业务模式,它将顾客日益提高的苛刻要求和灵活、有效率、低成本的制造相连接,采用数字信息快速配送产品,避开了代理高昂的分销层,将合作的提供商连接在一起,以便交付定制的解决方案,将运价提升到战略水平,以适应不断发生的变化。"他认为随着互联网和信息技术的发展,激烈的市场竞争将使得企业从传统的供应链转变为价值网,来满足顾客不断增长的需求。

供应链是由物料获取并加工成中间件或成品,再将成品送到用户手中的一些企业和部门构成的网络[②]。而价值网是一种以顾客为核心的价值创造体系。它结合了策略思考和进步的供应链管理,取代了传统的供应链模式,以满足顾客所要求的便利、速度、可靠与定制服务。传统的供应链是对消费需求进行预测,然后根据预测来制造产品,推

---

① 亚德里安·斯莱沃斯基·J. The profit zone [M]. 凌晓东,等译. 北京:中信出版社,2003:20-32.
② 张燕. 价值网:一种新的战略思维组合 [J]. 价值工程,2002(2):14-17.

出产品并期望消费者购买。在这种关系中，消费者、企业和供应商是线性关系。价值网则是交互式的网络关系。顾客是价值网的核心，环绕在顾客之外的是企业，控制与顾客间的接触，包括取得顾客信息、维持关系、客户服务等；最外围是供应商；执行部分采购、装配与交运的功能。

价值网是对价值链形态的重新塑造。价值链成员角色的变化，几乎不可避免地引起传统价值链的功能转换。价值网理论旨在对消费者习惯性的偏好给以快速满足，鼓励价值链成员包围他们共同的顾客，以一种新的方式满足顾客的需求。

（2）价值网与价值链的区别与联系

价值链与价值网的区别[①]，如表2-2所示。

表2-2 价值链与价值网的区别

	价值链	价值网
价值产生原理	投入转化为产品	联系顾客
基本活动	内部后勤 生产作业 外部后勤 市场 服务	网络促进作用和合同管理 服务供应 接触实施的操作
相互作用的主要逻辑关系	连续的	并行的
基本活动的相对独立性	拉动的、连续的	拉动的、相互补充的
关键价值驱动因素	生产能力利润率	能力利用
企业价值系统结构	相联系的价值链	表层或相互联系网络

Brandenburger 和 Nalebuff 的价值网理论虽然拓展了价值链理论，诠释了当前日益普遍化的企业间合作行为和网络化发展行为，但这种价值网理论仍然采用了传统价值链理论下的基本假设。

①价值创造是投入转化为产品的过程，产品是价值传递的中介[②]，而知识、信息等要素在这里只起到了效率改进的作用（降低交易费用、缩短交货期等），未认识到知识

---

① 迟晓英，宣国良. 价值链研究发展综述［J］. 外国经济与管理，2000，22（1）：25-30.
② CHARLES B S, OYSTEIN D F. Configuring value for competitive advantage: on chains, shops and networks［J］. Strategic management journal, 1998, 19（5）: 413-437.

和信息转让所能带来的价值。

②除上游供应商、下游顾客、同业竞争者和互补者之外,现实经济环境中还存在多种类型的经济主体,包括联盟企业、中介机构、政府等。这些经济主体也参与了价值创造过程,互相影响与联系,构成了一个复杂的利益共同体[①]。

③价值网中参与者的角色定位固定,顾客是收入来源,供应商为成本来源。这一思维定式显著地限制了网络中各参与者的属性和功能定位,限制了价值网络的构建范围和拓展空间[②]。

Hearn 与 Pace 提出重构价值网络需要注意以下几个转变。

①简单的竞合关系转向关注复杂的组织间合作行为,价值网中的成员通过合作创造价值,并且网络中的合作是一个不断重新分工与重新组合的动态过程。

②从单一产品思维转向网络价值思维。产品往往具有外部性,单一产品并不能完全体现产品的价值,组合产品却往往能给顾客带来更大的增值。在价值链视角下,企业的资源独特性和能力的不可替代性是企业核心竞争力的来源。在价值网视角下,协同企业之间资源与能力的互补,也是企业核心竞争力的来源。

③从关心顾客价值转向关心价值的共同创造者。顾客需求固然是价值创造的最终目的,但合作者在价值创造过程中起到了愈发重要的作用,也需要引起足够的重视。

④从企业战略思维转向网络战略思维,企业在制定战略决策时需要考虑到其所属的价值网络,将企业纳入整个网络中进行考量,分析竞争与合作关系,实现企业个体战略与网络整体战略的有机结合[③]。

(3) 价值网模型

在 Adrian Slywotzky 所提的价值网概念基础之上,Prabakar Kathandaraman 和 David T. Wilson 提出价值网模型,如图 2-4 所示。这一模型使用了价值创造的 3 个核心概念,即优越的顾客价值、核心能力和相互关系。该模型明确表现出 3 个核心概念之间存在复杂的相互作用和系统联系[④]。

---

① RICHARD N, RAFAEL R. From value chain to value constellation: designing interactive strategy [J]. Harvard business review, 1993, 71 (4): 65-77.

② 王琴. 基于价值网络重构的企业商业模式创新 [J]. 中国工业经济, 2011 (1): 79-88.

③ GREY H, CASSANDRA P. Value-creating ecologies: understanding next generation business systems [J]. Foresight: journal of futures studies, strategic thinking and policy, 2006, 8 (1): 55-65.

④ 张燕. 价值网:一种新的战略思维组合 [J]. 价值工程, 2002 (2): 14-17.

第 2 章
竞争情报研究基础

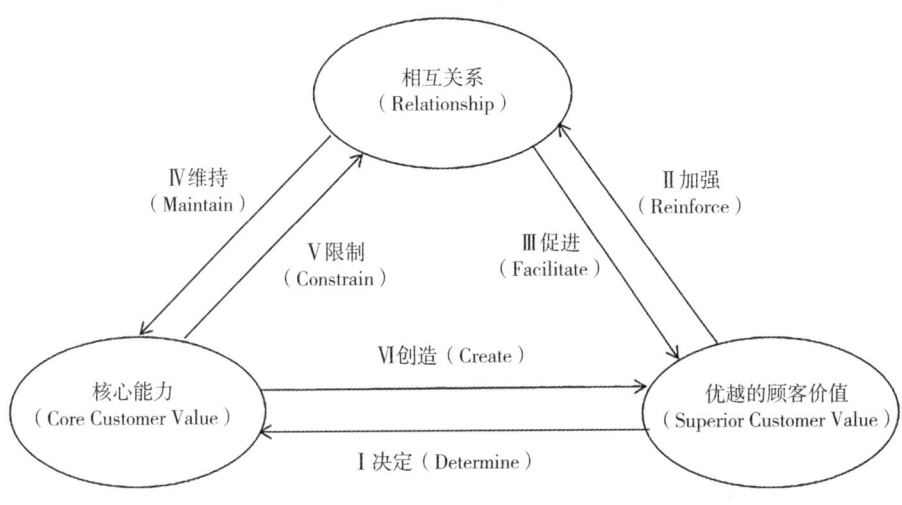

图 2-4 价值网模型

1) 优越的顾客价值

价值网是一种以顾客为核心的价值创造体系。优越的顾客价值是价值网模型中价值创造的目标。价值网还是一种需求拉动系统,正是顾客的需要激活了整个价值网络。价值网将每一个顾客都看作独一无二的,它区别对待每位细分顾客的需求。

优越的顾客价值决定价值网成员企业的核心能力（Ⅰ）。Ⅰ的关联性质主要在于价值网模型所体现的思想——以顾客为核心。顾客的需要类型及其价值实现的方式、内容决定了价值网中核心能力的种类。成员企业掌握各自优势的核心能力是最有效地实现顾客价值的必要条件。同时,顾客需要还决定着成员企业核心能力的组合方式。

优越的顾客价值可以强化价值网成员间的相互关系（Ⅱ）。顾客价值的实现与价值网核心能力的最佳组合,体现在成员企业之间,通过建立某种相互关系产生互动。顾客对价值网创造的价值给予的满意评价会激发成员企业的士气,同时强化成员企业相互关系的紧密程度,提高其合作质量。

2) 相互关系

价值网通过成员企业之间的相互关系联结成一种动态、有机的价值创造体系。就单个成员企业来讲,其与供应商、顾客、竞争者、互补者之间的关系错综复杂、纵横相连,演绎出极为复杂的价值创造系统。

价值网成员的相互关系促进优越的顾客价值之实现（Ⅲ）。成员企业创造价值的方式受企业间相互关系的性质影响。因此,高质量的相互关系可以促进价值的创造和实现。相互关系与优越的顾客价值之间存在正强化反馈回路，Ⅲ和Ⅱ在回路中互为前馈和反馈。顾客价值在企业之间一定的相互联系方式下得以实现，顾客的认可和赞扬激励成员企业，相互关系得以强化，关系质量的改善又会进一步实现顾客更深层次的价值。

相互关系可以维持价值网核心能力的动态均衡（Ⅳ）。价值网创造价值的过程由各成员企业联合实现。为了巩固自己在关系网络中的相对优势地位，成员企业都需要不断加强对自身核心能力的投入，从而将价值网核心能力组合保持在动态均衡状态。

我们知道，20世纪80年代商业市场买卖双方的主导模式是两种之间的对抗关系。今天则转入一种以双方合作关系为基础的更加深入的合作模式。价值网成员企业之间建立的相互关系不是零和博弈下的背弃式竞争，而是基于双赢思想的紧密合作。成员企业之间建立合作关系能够实现核心能力的优势互补，共担风险和成本，共享市场和顾客忠诚。还有需要补充的一点，媒体技术特别是互联网技术使价值网成员间形成不同以往的相互联系方式。网络成员同时、共同面对顾客，且实行并行工程，对顾客需求实现快速反应。网络成员之间还能实现各自价值创造过程中的实时合作。信息技术还扩展了成员的规模与合作范围，有利于价值网创造价值功能的最佳实现。

3）核心能力

核心能力是价值网得以存在和运行的关键环节，是合作关系建立的基础。价值网强调成员公司核心能力的优化整合，发挥成员之间的协同效应，以最有效地实现顾客价值。

核心能力限制着相互关系的质量（Ⅴ）。单个成员企业利用核心能力创造的价值仅是价值网所创造价值的一部分，因而必须与拥有其他核心能力的成员建立相互关系。这种核心能力自身的专有性约束着企业之间的相互关系。另外，核心能力的质量同样影响着成员间的关系。掌握关键能力的企业将在关系网络中处于优势主导地位，而核心能力较弱的企业只能被其他企业控制。而且在价值创造过程中，核心能力重要程度相当的企业之间建立的合作关系相对稳固，反之合作关系不稳定。核心能力与相互关系之间也存在着正强化反馈回路。Ⅳ和Ⅴ在回路中互为前馈和反馈。为了维持成员间的相互关系，各企业均持续提升自身的核心能力。核心能力的建立又作用于关系网络，使之合作更加紧密。

核心能力组合创造优越的顾客价值（Ⅵ）。价值网创造价值的程度受成员企业核心能力的影响。来自各专业领域的核心能力越关键，就越有可能创造最优越的顾客价值。另外，各种核心能力的合理组合方式也同样影响所创造顾客价值的品质。核心能力与优越的顾客价值之间同样存在正强化反馈回路。Ⅰ和Ⅵ在回路中互为前馈和反馈。顾客的价值需求决定了价值网核心能力的水平、类型及组合。各种关键核心能力的恰当组合可以创造出顾客满意的价值。同时，顾客又向价值网提出更高的需求设想，进一步激励价值网成员提升核心能力，以更深层次实现顾客价值，实现价值网的目标。

由上可知，价值网模型的 3 个核心概念两两之间存在着动态的正反馈联系。其实这 3 个核心概念之间也存在着动态的互动影响。图 2-4 中的Ⅱ-Ⅳ-Ⅵ和Ⅰ-Ⅴ-Ⅲ分别是 3 个核心概念之间存在的两条反馈回路，而且均以顾客价值为起点。第一，Ⅱ-Ⅳ-Ⅵ。优越的顾客价值要求价值网成员建立稳定的相互关系，而牢固的成员关系网的确立以各企业的核心能力为前提，通过核心能力来维持成员间的相互关系。核心能力的优化整合实质上对顾客价值的创造起决定作用。顾客对价值实现的满意评价反馈到价值网成员则会更加强化之间的合作联系方式，同时提升核心能力。第二，Ⅰ-Ⅴ-Ⅲ。顾客的价值需求可以决定价值网核心能力的类型、水平及组合方式，而核心能力的这些要素又约束着价值网成员的类型及其相互之间的合作方式。基于核心能力建立的相互关系网络促使优越的顾客价值得以实现。顾客需求的进一步深入又对价值网核心能力提出新的要求，无形地挑战已有的关系网络。如此形成两条积极的闭合自增强循环，体现出价值网的运行模式。

2.5.3 价值链和价值网理论在竞争环境下的应用

(1) 价值链分析在竞争情报分析中的应用

1) 确定企业竞争优势

迈克尔·波特认为：通过对企业价值链的分析，可以找出企业的核心能力，并帮助企业有效地进行资源分配。企业的竞争优势来自企业内部的一系列经营活动，包括设计、生产、行销、配销与支持等活动。每个活动都有助于提升相对的竞争地位，并可作为制造差异化的基础。而差异化正是企业竞争优势的来源。按照波特的逻辑，企业的价值链同时会和供应商、顾客的价值链相连，构成一个产业的价值链。任何一个企业都能以价值链为分析基础，思考如何在每一个企业价值活动上，寻找降低成本或创造差异的企业战略，同时进一步分析供应商、厂商与顾客 3 个价值链之间的联系，寻找企业可能的发展机会[①]。

在分析企业的竞争地位和优势时，必须使用价值而非成本来分析，因为差额也是价值的一部分。企业常常有意提高成本，如增加广告费用、加强销售服务等，通过树立差异化的形象来扩大差额。这个差额的多少，反映了企业竞争战略的强弱。而竞争战略的

---

① 陈伟. 基于竞争战略的企业价值链管理模式研究［D］. 哈尔滨：哈尔滨工程大学，2003：37-38.

强弱不只来源于成本。因此，分析企业的价值活动是确定企业优势、制定竞争战略的基本方法。使用系统方法来考察企业的所有价值活动及其相互作用与联系，对于分析竞争优势的各种来源十分必要。引入价值链作为这一分析的基本工具，通过它来挖掘和理解成本和差异化的现有与潜在来源。实质上，价值链把一个企业的活动分解成了战略上相关的价值活动。企业正是通过比竞争对手更节约或更好开展和实施这些战略上重要价值活动来赢得竞争优势的[①]。

2）明确企业市场定位

企业价值链不仅存在于企业内部价值活动中，还体现在更广泛的企业外部价值实现活动中。因此，使用系统的方法来考察企业的所有活动及相互作用对于分析竞争优势的各种资源配置是十分必要的。正确认识和管理这些联系的能力常常成为产生竞争优势取之不尽的资源。对企业价值链的上下游所处的竞争环境进行分析，有助于对企业进行市场定位，确定企业的竞争方向。如果企业对总体的产业竞争环境没有全面了解就制定战略方向将可能是无效的竞争，无法形成领先优势。因此，市场定位是形成竞争优势非常重要的一步。企业通过市场定位分析进一步了解自己相对于竞争对手的优势和劣势，由此可以确定自己的竞争战略：成本领先、差异化和目标积聚而实现竞争优势与企业目标。

3）竞争对手分析

价值链是确定竞争对手成本和差异化的有效工具，了解对手的第一步是识别竞争对手的价值链及他们是怎样进行价值活动的。对竞争对手信息的搜集可以通过公开的资料和数据、市场调查、参考咨询、实际采访等多种途径获得。但仅仅了解竞争对手的产品和服务的种类、质量、价格和信誉等情报，以及竞争对手领导者的才能、生产工艺状况、经营管理水平、新产品开发能力、人才状况等单个的情报是不够的。因为这些信息往往缺乏系统性、完整性和全面性。要想全面系统地构筑关于竞争对手的完整形象，就需要根据价值链分析原理，建立竞争对手的价值链，将搜集到的情报按照价值链的系统和逻辑分门别类地组织起来，形成图表，做好竞争情报的基础工作。同时，由于企业各个价值活动不是孤立进行的，任何价值活动都是彼此联系和相互作用的，具有横向和纵向的系统性和联系性，这使得企业的每一种信息和每一个数据都不是凭空产生的，都具有前因后果的关系，这种关系为我们的情报工作提供了很好的去伪存真的分析环境和分

---

① 方琢. 价值链理论发展及其应用 [J]. 价值工程, 2001（6）: 2-3.

析工具。此外，比较和估算是获得竞争情报不可缺少的方法，当企业需要评测和估计竞争对手的价值活动时，对于无法直接估测出来的价值活动，企业可采用将自己和竞争对手进行比较的方法，通过比较价值链和形成价值链的各种驱动因素，运用成本行为的知识来估测竞争对手成本的差异。企业常常通过同时考察若干个竞争对手从而可以提高对竞争对手估测的精度。一个竞争对手所披露出来的信息可以用来和其他竞争者所透露的信息进行交叉核对，并用来检验某一特定价值活动的规模曲线或其他成本模式的一致性[1]。

4）确定合理的企业规模

成长期的企业具有规模扩张的动力，希望通过规模扩张的方式降低成本、吸引投资、分散风险。但随着企业规模的不断增大，进入成熟阶段的许多企业却患上了"大企业病"，机构臃肿、业务冗余重叠、缺乏创新能力、部门间合作效率低下、多重领导、人浮于事、人才流失等现象比比皆是。缺乏规模控制的企业很容易就陷入"大企业病"陷阱，价值链理论为确定合理的企业规模提供了一条可行的道路。

价值链理论将企业内部的业务活动分为直接价值创造过程和辅助价值创造过程，并进一步分析了各项业务活动之间的关系，在此基础上企业可以进行管理费用的分摊，计算每一项业务活动自身的管理费用及与其他业务活动之间的交易成本。对以上两项进行比较，可以估计出企业内部业务单元存在的合理性。如果管理费用大于交易成本，那么企业可以考虑将该业务单元外包出去，从而缩小企业规模；如果交易成本大于管理费用，那么企业可以采用纵向一体化策略，将该业务单元内化为企业的一部分。有研究通过中国国产手机行业价值链的案例分析，得出价值链衍生程度和产品市场规模呈正相关，价值链整合程度与交易成本呈正相关的结论[2]。通过价值链分析，企业可以逐个梳理业务单元存在的必要性，确定合理的企业规模。

面对激烈的市场竞争，企业需要最大限度地有效利用自己的资源。通过价值链分析识别出企业关键战略环节后，企业可以将资源集中在保持竞争优势最重要的环节，对于企业没有优势的环节，或者对企业而言非关键且利润较低的环节，可以放弃内部一体化策略，通过纵向联盟的方式外包给第三方企业，以此控制企业合理的规模。纵向联盟同内部一体化相比，可以让企业集中资源，提高专业水平和深度，同时由于规模的有效控

---

[1] 朱珍. 价值链分析与竞争情报 [J]. 情报科学, 2003（4）: 357-359.
[2] 文婧, 金雪琴. 价值链环节的衍生与再整合影响因素研究: 以国产手机产业价值链为例 [J]. 中国工业经济, 2008（6）: 148-157.

制,将许多非关键环节外包,可以降低企业的管理成本。纵向联盟更大的好处在于灵活性,企业只有有效控制保持其竞争力的环节,在公司有紧急需要时才能及时得到所需资源,而不会导致大量不可逆转的投资产生。采用纵向联盟策略的企业比内部一体化企业具有更好的灵活性,对飞速变化的市场有更好的适应性,当产业发生重大变革时,企业能对环境迅速做出反应,及时调整公司的市场定位[①]。

5) 进行业务流程重组

企业价值链是一个价值创造的过程。每一个业务流程都是一组围绕着最终用户需求展开的连续活动,最终用户可以是企业产品或服务的最终消费者,也可以是企业内部业务流程产出成品的使用者。业务流程重组的目的是通过降低流程中的各项成本、提高产品质量,更好地满足最终用户的需求,实现用户价值的最大化。为了实现业务流程重组,可以利用价值链分析这一工具,将企业具体的业务流程细分为生产指挥流程、计划决策流程、营销销售流程、情报分析流程、资金筹措流程、法务支持流程等。在这些流程中,有一些是直接创造价值的,如生产指挥流程、营销销售流程;而一些流程并不直接创造价值,而是辅助以上基本流程而产生的。企业业务流程重组,就是通过审视企业价值链,分析各个流程单元的比较优势,比较各个业务单元的收益和成本,确定哪些业务单元是企业的核心竞争因素。在此基础上,围绕满足最终用户需求的目标进行价值链的分解与整合,改造现有流程路径、工作环节和步骤划分,最终实现业务流程的最优化[②]。

6) 寻找新的市场机会

随着科学技术的飞速发展,产品技术含量不断提高,生产加工工艺日渐精细化与复杂化。一项新产品的诞生,涉及越来越多的生产环节,从研究开发到产品完成,再到市场渠道的开拓,已表现为规模越来越大的战略工程。

随着新技术、新观念的加入,以及新行业、新领域的不断产生,市场环境与用户需求从过去的相对稳定变得动荡多变、难以预测。为了适应快速变化的情况,原来大而全的企业逐渐被小而专的企业所替代,产品价值链上诞生了许多专业的企业。因此,在生产能力过剩、专业能力要求提高的情况下,市场上会存在许多相互独立、具有比较优势的增值环节。借助价值链理论,企业对价值链上的价值活动进行细分,识别出自身价值活动的优势,重新整合这些分散的环节,设计出新的价值链将它们有机地整合起来,创

---

① 曾忠禄. 从企业价值链看战略联盟优势[J]. 当代财经, 2001(1): 61-65.
② 方琢. 价值链理论发展及其应用[J]. 价值工程, 2001(6): 2-3.

造出新的价值，最终实现有效的企业商业模式创新。

（2）价值网理论在竞争环境下的应用

1）发挥网络经济的优势

在价值链理论的观点中，焦点企业和外部企业的联系是点对点的，外部企业之间的联系并没有纳入考虑。在价值网理论观点中，上游供应商、下游顾客、同业竞争者、合作伙伴等利益相关者都纳入了价值网中，多条价值链在多个环节上网状的联系和交换关系构成了企业价值网络。当这些价值链上不同主体的交错关系产生时，便产生了网络效应，网络中每个节点上的企业都可以从这种聚合作用中创造或取得更大的价值。网络经济效应会带来企业经济利益的扩张，可以为客户创造和提供更加丰富的价值组合。价值网中众多节点企业的加入有利于企业自身挖掘更多的市场机会，同时也有助于企业通过持续的竞争与合作为客户提供丰富的价值组合。而在价值创造过程中，企业正是通过持续的竞争与合作，自身的竞争力才会得到进一步加强。此外，在价值网中，客户价值是网络核心，客户已并不完全是产品的被动消费者，他们对产品的内容、形态、功能等有更高的期望值。满足客户期望，实现客户价值成为赢得竞争的关键。因此，在给客户创造和提供更为丰富的产品及服务过程中，企业间的分工将会变得更为细致，客户对产品需求的多样化也会吸引更多企业的加入，从而给企业提供更多创造客户价值的机遇。可见，价值网使得各大企业的价值创造能力更易整合，网络经济效应也会更好地释放，这对企业竞争力的提高至关重要[①]。

2）发挥竞争与合作的双重优势

价值链理论中强调上下游的资源分配、同业的竞争，而价值网理论中竞争与合作是同步存在的。在价值网视角下，企业之间存在竞合二重性。企业不仅要与上游供应商、下游顾客、同业企业展开竞争以获取利润（价值分配过程），同时要与上游供应商、下游顾客、同业企业展开合作以实现双赢创造更大价值（价值创造过程）。在价值网理论视角下，企业可以和互补者展开合作，为顾客提供产品或服务组合以满足顾客的多样化需求，从而提高顾客感知价值，同时互补者还能为企业降低成本，进而获取更高利润[②]。同时，价值网作为一个快速可靠的运营系统，其各节点企业能够共享信息与知识，通过协作来尽量减少外部环境的不确定因素，从而抵御各类风险，提高企业竞争优势，甚至可以利用企业间的相互协作来改变企业经营的外部环境，使得每个企业都能处

---

① 湛青.图书出版企业基于价值网的竞争优势探析［J］.出版发行研究，2017（10）：49-52.
② 王琴.基于价值网络重构的企业商业模式创新［J］.中国工业经济，2011（1）：79-88.

于相对稳定的发展环境,这样既利于企业调动自身的价值创造能力,又能较好地促进企业发挥竞争优势,从而最终提升企业竞争力。在市场竞争、客户需求等情形发生改变的情况下,网内企业的较高关联度有利于每个企业能够利用价值网进行自我调整。

3) 构建以顾客价值为核心的竞争战略

优越的顾客价值是价值网模型中价值创造的目标,正是顾客需要激活了整个价值网络,而价值网运作的最终目标也是满足顾客的各种需要。这就要求企业在制定竞争战略时,注重正确认识顾客需求,满足顾客的期望,把顾客作为整个市场活动的起点和核心,只有这样才能构筑起企业的竞争优势。以顾客价值为核心的竞争战略,应该从对企业长期生存发展至关重要的战略逻辑与远景层面、价值链配置层面和对企业短期生存举足轻重的最终产品与市场层面来实施。战略逻辑与远景层面是企业整体竞争优势的指导与支撑,它决定企业整体战略的发展方向,并将企业中看似对立的活动有机地整合在一起。有调查结果表明,那些长寿的跨国公司的战略远景往往与其商业利益无关,强调的是为社会和公司的顾客创造独特的价值。在价值链配置层面上,企业通过价值链配置系统把质量、创新和价值传递给顾客,同时又把顾客不断变化的需求反馈给企业。竞争优势不仅源于各个价值链本身还来源于他们之间的互动关系。随着价值链由前端推动型向终端拉动型的转变,为终端顾客创造更多、更独特的价值贯穿于各个价值链的始终。在最终产品层面上,其最终竞争优势的取得主要是与顾客实际感知的产品或服务有关,它主要体现在成本优势和差异化优势上。由于竞争优势的直接基础是企业能为顾客提供产品和服务的价值,所以,在最终产品层面上,企业的关键在于从性能、特殊性、可靠性、耐久性、交货时间及感知质量等产品质量维度和服务的及时性、周到性、一致性、准确性等服务质量维度持续不断地向顾客提供独特的、竞争对手难以模仿的价值,从而获得持续的竞争优势[①]。

4) 培育企业核心能力

价值链关注如何提高企业自身的生产效率,而价值网关注如何提高整个网络的整体效率。价值网的竞争力来源于价值网络成员的协同合作,价值网络各成员企业利用自身专业优势完成企业所擅长的业务工作,具有核心能力的生产厂商、供应商是保证价值网络正常运转的微观基础。在现代竞争市场中,为了取得竞争优势,企业采取的主要是成本领先战略或产品差异化战略。在价值链视角下,成本领先战略需要企业压低供应商供

---

① 胡大立. 基于价值网模型的企业竞争战略研究[J]. 中国工业经济, 2006 (9): 87-93.

货价格、提高自身运营效率、降低顾客产品或服务质量等，产品差异化战略则需要增加产品成本，这两个战略一般是相冲突的。在价值网视角下，企业可以采取目标集聚战略，将目标市场定位在一个特定的狭窄领域，提高企业专业化水平，培养企业在该领域的核心能力，借助整个价值网络的协作与分工能力，为这个狭窄领域的顾客提供高质低价的服务。在价值网模式下，企业核心能力可以同时构建成本领先和产品差异化的战略。

2.6 竞争情报系统建设

竞争情报对于支持企业战略决策和业务决策的作用日益凸显，作为竞争情报工作平台的竞争情报系统也相应地成为企业最为重要的信息系统。竞争情报系统在支持企业的战略决策、对手分析、环境监视与技术跟踪等方面发挥了积极的作用[1]。

2.6.1 竞争情报系统的定义

广义的竞争情报系统（Competitive Intelligence System，CIS）是一个人机结合的战略决策支持和咨询系统，既需要组织有序的人工网，又需要功能健全、信息量丰富、操作简便的计算机网络，两者相辅相成[1]。美国竞争情报从业者协会前主席、匹兹堡大学商学院教授 John E. Prescott 博士认为：企业竞争情报系统是一个持续演化中的正规和非正规化操作流程相结合的企业管理子系统，它的主要功能是为组织成员评估行业关键发展趋势、把握产业结构的进化、跟踪正在出现的连续性与非连续性变化，以及分析现有和潜在竞争对手的能力和动向，从而协助企业保持和发展可持续性的竞争优势。包昌火等指出：竞争情报系统是以人的智能为主导、信息网络为手段、增强企业竞争力为目标的人机结合的竞争战略决策支持和咨询系统，是企业信息化的重要构成[2]。狭义的企业竞争情报系统是一个计算机管理的信息系统，行使着辅助信息搜集、整序、分析和提供传递服务等功能。它不是面向企业业务流程和办公事务的传统信息系统，而是针对高层管理和战略决策需要而开发的新型信息系统。

邱均平等认为，建设竞争情报系统的根本目的是从企业竞争战略的高度出发，通过

---

[1] 唐晓波，郑杜，谭明亮．融合情报方法论与人工智能技术的企业竞争情报系统模型构建[J]．情报科学，2019，37（7）：118-125．
[2] 包昌火，谢新洲，张燕，等．企业竞争情报系统[J]．中国信息导报，2001（8）：33-36．

开发和有效利用各种信息和智力资源来提高企业竞争优势[1]。网络环境下，竞争情报系统的作用更加凸显。苏新宁教授认为，在网络环境下，竞争情报系统应当成为能够为企业发现竞争对手、分析竞争对手、分析市场、拓展市场、比较产品、分析技术、提升产品创新与企业竞争力的重要的辅助工具[2]。

2.6.2 企业竞争情报系统的构成

企业竞争情报系统的基本构架可以分为：三大网络、一个中心和4个子系统[3]，如图2-5所示。

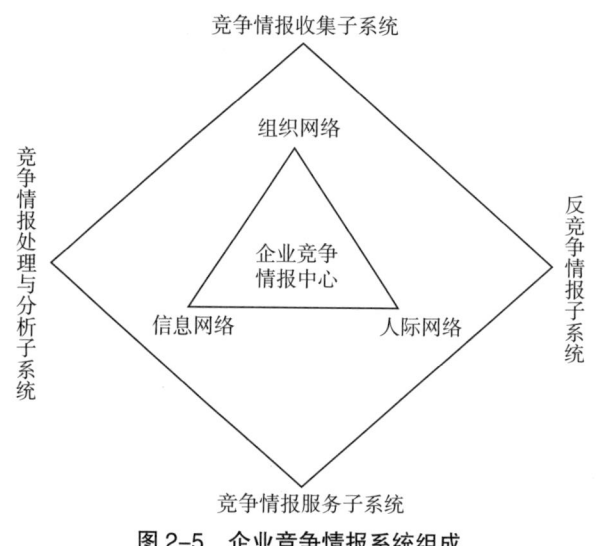

图2-5 企业竞争情报系统组成

（1）三大网络

组织网络是竞争情报系统的组织保障和基础。信息网络要靠组织网络的结构与人员来实现。企业的组织网络可以分为分散式、集中式、重点式、独立式等模式。

信息网络建立在企业信息系统（如MIS等）的基础上，以企业内网为平台，包括竞争情报收集、竞争情报分析、竞争情报服务及反竞争情报4个子系统。这4个子系统功能的实现都与组织网络和人际网络息息相关。信息网络是企业竞争情报系统运作的核心网络。

---

① 邱均平，张洋，张蕊. 论竞争情报系统和知识管理系统［J］. 图书情报工作，2005，49（9）：31-35.
② 苏新宁. 网络环境下竞争情报系统设计［J］. 情报理论与实践，2010，33（8）：104-108.
③ 沈固朝. 竞争情报的理论与实践［M］. 北京：科学出版社，2008：82-86.

人际网络既包括企业内部的人际网络，也包括企业外部的人际网络。完善的人际网络是搜集、分析情报的有效机制，同时也是提供情报服务的最好手段与途径之一。

(2) 一个中心

组织网络中应当集中一批擅于信息采集、情报分析、网络技术方面的人才，组建一个核心机构，即企业竞争情报中心，又称信息中心，专门从事竞争情报和竞争策略方面的信息采集和分析工作。

(3) 4个子系统

1) 竞争情报收集子系统

其主要功能为将收集到的有关竞争对手的信息、企业自身的信息、市场信息及政治、经济、技术、人口、社会等环境信息，经初步组织加工后，存入企业竞争信息数据库。由于涉及的企业信息内容十分广泛，且形式多种多样，因此，无论这些信息是通过正式渠道收集到的专利说明书、公司财务年报、社会新闻、网上下载文件，还是通过诸如电话访谈、邮件交流、实地调查等非正式渠道获得的陈述性信息，竞争情报收集子系统都应具备收集、存储它们的能力。具体地说，竞争情报收集子系统应具备以下5个基本功能：录入、数据格式转换、信息分类导航系统、信息过滤、信息自动收集。

2) 竞争情报处理与分析子系统

其主要功能为根据竞争情报工作的特点，从竞争信息数据库、文件系统、企业其他业务数据库及外界数据库等信息源中抽取数据，并将检验、整理、重新组织后的数据存储在竞争情报数据仓库中，通过向用户提供分析工具和统一、协调、集成的信息环境，支持企业全局的决策过程，加强企业对竞争环境的响应效率。

3) 竞争情报服务子系统

其主要功能为根据情报分析人员、决策者及企业内其他人员的信息需求，动态地创建各类分析报告，并通过约定的方式及时地将它们传送给用户。竞争情报服务子系统提供的报告主要有以下4种形式。

记分卡式报告（Scorecard-Style Reports）：以图形方式同时显示如固定资产、职工人数、产品成本、利润率等多个反映企业运营状况的指标，直观地反映企业自身或竞争对手的综合实力。

运行评价报告（Performance Measurement Reports）：这类报告帮助用户历史地衡量和比较企业运营、发展的关键性指标。通过它们，用户可以清楚地看到影响企业发展的真正动因，并可预测企业未来的发展趋势。

状态报告（Status Reports）：它是最常用的一类报告，通常定期生成。其内容为对某一组数据的直接反映，如每周配件的进货量、产品销量等。

特别追踪报告（Ad Hoc Report）：为满足用户偶然的特殊信息需求而及时生成的每周、每天、每时的追踪性分析报告。

4）反竞争情报子系统

反竞争情报活动的实质就是企业通过正当的、合法的手段积极抵御竞争对手对本企业核心信息的情报搜集活动。它是企业竞争情报活动的重要组成部分。忽视竞争对手的竞争情报活动、低估竞争对手搜集竞争情报的能力，势必导致企业失去已有的竞争优势。

在竞争情报计算机系统中，主要通过运用分析访问者的 IP 地址、客户端所属域、信息访问路径等 Web 监控技术、统计敏感信息访问率、防火墙技术、数据加密技术、入侵检测技术、反病毒和垃圾邮件、虚拟专用网技术和认证技术等方法实现对竞争对手的防范，以达到识别竞争对手保护企业敏感性信息的目的。

2.7 大数据环境下的竞争情报

大数据已经成为一种重要资产，大数据战略也已上升为一种国家意志，大数据的运用与服务能力已成为国家综合国力的重要组成部分。当大数据纳入国家战略层面时，其对业界发展的影响不言而喻。大数据环境下，企业每天需要处理 PB 级别的数据。多维、完备的数据为企业了解自身的优势和劣势、追踪竞争对手的动态及洞察竞争态势提供了全面的信息来源。大数据的发展与应用必然会对竞争情报工作的思路、流程、方法、技术带来深远影响。

2.7.1 大数据应用现状

（1）国家层面

国家层面上，发达国家早已启动了大数据布局。

2012 年，美国政府发布了《大数据研究和发展倡议》（*Big Data Research and Development Initiative*），把应对大数据技术革命带来的机遇和挑战提高到国家战略层面，投资 2 亿美元发展大数据，用以强化国土安全，转变教育学习模式，加速科学和工程领域的创新速度和水平。2014 年，美国发布《大数据：把握机遇，守护价值》（*Big*

Data：*Seize Opportunities*，*Preserving Values*）白皮书，要求把握大数据为经济社会发展带来创新动力的重大机遇。2016 年，美国进一步发布《联邦大数据研发战略计划》（*The Federal Big Data Research and Development Strategic Plan*），不断加强在大数据研发和应用方面的布局。2018 年年底，美国总统签署的《开放政府数据法案》〔*Open*，*Public*，*Electronic*，*and Necessary*（*OPEN*）*Government Data Act*〕中指出，联邦政府数据是有价值的国家资源。

2013 年 1 月，英国政府宣布将在对地观测、医疗卫生等大数据和节能计算技术方面投资 1.89 亿英镑。同年 10 月，英国政府发布了《把握数据带来的机遇：英国数据能力战略》（*Seizing the Data Opportunity*：*a Strategy for UK Data Capability*），阐述了英国如何从大数据中汲取知识和创造价值的国家战略。2017 年，英国内阁常任秘书长兼行政长官 John Manzoni 发表重要讲话《政府大数据：挑战和机遇》（*Big Data in Government*：*the Challenges and Opportunities*），陈述了英国政府如何使用大数据及开放大数据以提升公共服务水平。

欧盟也曾启动"未来投资计划"，总投资 3500 亿欧元，推动大数据等尖端技术领域创新。2013 年，欧洲理事会将大数据称作"提高生产力和服务水平的重要推动技术"。到 2014 年，欧盟推出了"数据驱动的经济"战略，倡导欧洲各国抢抓大数据发展机遇。2016 年，欧洲议会发布简报《大数据和数据分析：创新和成长的潜力》（*Big Data and Data Analytics*：*The Potential for Innovation and Growth*），阐述了大数据相关实践对欧盟区域经济发展的重大意义。

日本、澳大利亚、德国等国家也出台类似政策，发展大数据应用，拉动产业发展。

在中国，政府和科研机构均高度关注大数据。工业和信息化部发布的物联网"十二五"规划中，把信息处理技术作为 4 项关键技术创新工程之一提出，其包括的海量数据存储、数据挖掘、图像视频智能分析，都是大数据的重要组成部分，而另外 3 项信息感知、传输、安全技术，也都与大数据密切相关。2012 年，国家发展改革委把数据分析软件开发和服务列入专项指南。2013 年，科技部将大数据列入 973 计划。同年度国家自然基金指南中，管理学部、信息学部和数理学部都将大数据列入其中。2015 年，国务院发布《促进大数据发展行动纲要》，要求全面推进我国大数据发展和应用，加快建设数据强国。2017 年党的十九大提出"推动互联网、大数据、人工智能和实体经济深度融合"。习近平总书记也在政治局集体学习中深刻分析了我国大数据发展的现状和趋势，对实施国家大数据战略提出了更高的要求。2018 年，国家卫生健康委发布《国家健康医疗大数据标准、安全和服务管理办法》，要求加强医疗大数据服务管理，促进"互联网+医疗健康"发展，充分发挥健康医疗大数据作为国家重要基础性战略资源的作用。

(2) 市场和技术层面

1) 市场层面

美通社发布的《大数据市场：2012—2018年全球形势、发展趋势、产业分析、规模、份额和预测》报告指出，2012年全球大数据市场产值为63亿美元，预计2018年该产值将达483亿美元。在中国，随着移动互联网、物联网、云计算产业的深入发展，大数据国家战略加速落地，2019年大数据体量呈现爆发式增长态势。2018年我国大数据产业规模突破6000亿元，据中商产业研究院发布的《2019年中国大数据产业市场前景研究报告》显示，随着大数据在各行业融合应用的不断深化，预计2019年中国大数据市场产值将达到8080亿元[①]。

国际企业巨头们纷纷嗅到了"大数据时代"的商机，传统数据分析企业天睿公司(Teradata)、赛仕软件(SAS)、海波龙(Hyperion)、思爱普(SAP)等在大数据技术或市场方面都占有一席之地；谷歌(Google)、脸谱(Facebook)、亚马逊(Amazon)等大数据资源企业优势显现；IBM、甲骨文(Oracle)、微软(Microsoft)、英特尔(Intel)、EMC、SYBASE等企业陆续推出大数据产品和方案抢占市场，如IBM收购SPSS、发布IBM Cognos Express和Info Sphere Big Insights数据分析平台，甲骨文公司的Oracle No SQL数据库，微软公司Windows Azure上HD Insight大数据解决方案，EMC公司Greenplum UAP（Unified Analytics Platform）大数据引擎等。

数据基础的搭建、大数据技术的成熟，使得数据科学在商业市场中找到了更多应用场景，创造了现实的商业价值。例如，在推荐领域，智能推荐算法已在大范围内取代了人工推荐，实现了更高效率的用户——商品的匹配，如亚马逊的在线推荐系统、美团旅游的推荐系统、千人千面的淘宝首页商品召回、阿里巴巴基于改进注意控制门算法的品牌个性化推荐与排序、UC浏览器基于浏览时长与完成度优化短视频推荐算法、阿里巴巴长标题压缩技术、Spotify的每周歌单智能推荐、微软的可解释推荐系统、Netflix的个性化电影海报、上下文信息帮助eBay广告联盟实现更高精度的营销投放等；在设计领域，阿里巴巴的鲁班设计平台能够实现自动化海报设计，为"双十一"千人千面的广告Banner投放提供了基础；随着自然语言处理技术的成熟，大数据技术能帮助企业提高客

---

① 财富中国. 2019中国大数据市场产值规模将达8080亿元 [EB/OL]. (2019-09-03) [2019-11-06]. http://www.pig66.com/2019/145_0922/18229567.html.

服服务效率、使用智能客服满足大量用户并发的问询需求，如蚂蚁金服的蚂蚁安安、腾讯知文智能问答系统、自动进行话务量监控与预警的携程呼叫中心监控平台、阿里巴巴Xsigma智能客服调度平台等；在公共事业领域，数据可以帮助政府做更好的城市规划与公共服务，如根据交通卡出行记录识别小偷，利用摩拜骑行数据发现违章停车等；在金融领域，多元数据融合使得金融行业能更好地进行个人征信与风控、提高营销效果、识别欺诈风险等，如电信大数据促进普惠金融、利用知识图谱技术识别诈骗团伙等；大数据技术还可以大幅提高复杂系统的运行效率，提高运输行业的配送速度，如利用数据进行美团外卖订单分配，美团外卖语音助手自动帮助配送员规划线路、拨打电话，提高配送速度与降低打电话带来的交通危险等；大数据让精准的用户画像成为可能，帮助企业进行更好的产品设计、客群运营、营销投放等，如美团外卖利用用户画像进行新客获取、场景运营、流失预警，腾讯基于用户画像进行电商防刷，降低活动经费被"羊毛党"刷走的损失，金融企业利用用户画像为客户提供更具针对性的投资、保险、贷款服务，顺丰利用用户画像对C端用户进行品牌维护与精准营销，58同城利用用户画像帮助运营人员选定目标人群进行推送筛选，友盟利用用户画像找到能够响应广告主广告投放的超级用户，阿里巴巴基于人群优选算法找到品牌广告的高响应投放人群等；数据技术还让我们的生活更加安全，如阿里巴巴利用机器学习技术对异常访问流量进行拦截、知乎瓦力机器人过滤暴力色情与"阴阳怪气"评论、使用时空自编码器识别视频中的异常事件等。以上仅仅是数据科学的一小部分应用场景，在企业实践中，大数据技术已经广泛使用，为企业创造了巨大的商业价值。

2）技术层面

大数据领域的研究最早集中于大数据处理技术的发展，随着数据量发展到PB、EB量级甚至更大，客观上要求能够更快地处理分析。大数据专用计算机、分布式计算机集群、多类型多来源数据的处理和分析、数据网络等复杂结构数据的分析、秒级时间分析等通用技术及各种面向领域的应用技术成为大数据发展的驱动力。

大数据的技术应用包括采集与预处理、存储与管理、查询分析与建模、可视化等。大数据的采集主要有4种来源：管理信息系统、Web信息系统、物理信息系统、科学实验系统。对于不同的数据集，可能存在不同的结构和模式，如文件、XML树、关系表等，表现为数据的异构性。对于多个异构的数据集，需要做进一步集成处理或整合处理，将来自不同数据集的数据收集、整理、清洗、转换后，生成到一个新的数据集，为后续查询和分析处理提供统一的数据视图。针对管理信息系统中异构数据库集成技术、

Web 信息系统中的实体识别技术和 DeepWeb 集成技术、传感器网络数据融合技术已经有很多研究工作,取得了较大的进展,已经推出了多种数据清洗和质量控制工具。例如,美国 SAS 公司的 Data Flux、美国 IBM 公司的 Data Stage、美国 Informatica 公司的 Informatica Power Center。在存储上,大数据往往以半结构化和非结构化数据为主、结构化数据为辅,而且各种大数据应用通常是对不同类型的数据内容检索、交叉比对、深度挖掘与综合分析。面对这类应用需求,传统数据库无论在技术上还是功能上都难以为继。因此,近几年出现了 oldSQL、NoSQL 与 NewSQL 并存的局面。总体上,按数据类型的不同,大数据的存储和管理采用不同的技术路线,大致可以分为 3 类:第一类主要面对的是大规模的结构化数据。针对这类大数据,通常采用新型数据库集群。它们通过列存储或行列混合存储及粗粒度索引等技术,结合 MPP(Massive Parallel Processing)架构高效的分布式计算模式,实现对 PB 量级数据的存储和管理。这类集群具有高性能和高扩展性特点,在企业分析类应用领域已获得广泛应用。第二类主要面对的是半结构化和非结构化数据。应对这类应用场景,基于 Hadoop 开源体系的系统平台更为擅长。它们通过对 Hadoop 生态体系的技术扩展和封装,实现对半结构化和非结构化数据的存储和管理。第三类面对的是结构化和非结构化混合的大数据,因此,采用 MPP 并行数据库集群与 Hadoop 集群的混合来实现对 PB 量级、EB 量级数据的存储和管理。一方面,用 MPP 来管理计算高质量的结构化数据,提供强大的 SQL 和 OLTP 型服务;另一方面,用 Hadoop 实现对半结构化和非结构化数据的处理,以支持诸如内容检索、深度挖掘与综合分析等新型应用。这类混合模式将是大数据存储和管理未来发展的趋势。

2.7.2　大数据对竞争情报工作的影响

在大数据时代,数据逐渐成为企业最重要的资产之一,决策行为将日益基于数据分析做出,而非像过去那样更多凭借经验和直觉。作为构筑在数据分析和信息处理基础上的竞争情报,它的发展将面临全新的机遇和挑战[①]。

(1)竞争情报数据源更加广泛

大数据时代为竞争情报工作带来了更加丰富且全面的数据信息。从数据来源上看,大数据主要包括交易数据、交互数据和感知数据。其中,交易数据是以 SQL 数据库来存储的事务性数据,来源于企业 ERP、SCM、CRM 和 Web 交易系统;交互数据主要来

---

① 吴金红,张飞,鞠秀芳.大数据:企业竞争情报的机遇、挑战及对策研究[J].情报杂志,2013,32(1):5-9.

源于社交媒体,如微博、Facebook、Twitter、Web 日志、点击流数据、电子邮件等;感知数据主要来源于物联网,如传感器、RFID、GPS 芯片,是对周围物理世界的感应。这些不同来源的数据从不同方面反映着企业竞争对手、竞争环境及企业自身的方方面面,为企业洞察行业的竞争态势、竞争对手的动向及自身的优劣提供了足够的情报资源。更为重要的是,企业用以分析的数据越全面,分析的结果就越接近于真实,越有利于竞争情报工作更好地从数据中还原竞争对手的有效信息,提炼出更有价值的知识,降低企业决策的风险。

但与此同时,大数据的到来也为企业竞争情报工作带来了诸多挑战。例如,海量数据的存储问题。目前传统的数据库部署已经不能处理数 TB 级的数据,因此也无法支持高级别的情报分析。又如,异构数据的分析处理问题。目前传统的数据挖掘算法大部分针对企业内结构化数据进行,但企业中 80% 的数据都是非结构数据。这其中也隐藏了诸多的企业情报信息,需要进一步挖掘利用。

(2) 大数据技术融入竞争情报分析方法

在大数据环境下,竞争情报的方法一方面沿用着传统的各类方法;另一方面也在传统理论的指导下不断融入大数据相关技术,以不断提升竞争情报为企业决策支撑的科学性和有效性。

竞争情报中信息的采集、组织、分析与挖掘、可视化、情报共享与交换等要素同样适用于大数据环境下的竞争情报分析。①在数据采集层面,借助网络爬虫技术、系统日志收割技术、各类传感器数据收集与转换技术等,配合直接下载、电话调查、会展调查等手段,能够全方位获取所需要的各类数据。②在数据组织层面,除了传统的分类、主题等信息组织的方法外,利用标签聚合、领域本体、关联数据和知识图谱等基于数据的组织方法,可对数据的外部特征和内容特征进行更为细致的描述与揭示,从而提升后续数据应用的效率和效果。③在数据分析与挖掘层面,除了传统的定性与定量分析方法外,大数据环境下的竞争情报分析还借助于其他学科的一些理论与方法,进行诸如统计分析、机器学习分析、关系网络分析等分析方法,利用现有软硬件设备和技术的优势,进行更加深入和全面的数据分析。④海量数据分析的结果需要由相对直观的可视化界面予以呈现,以帮助企业从数据中发现特征与规律,从而提高决策的效率和科学性。业界已经出现了大量的可视化工具,特别是在互联网公司,可视化方法与工具的应用大大提升了企业运行的效率。产品层面的数据埋点及后续的页面转化分析,运营层面的获客量、转化率、转化漏斗、获客成本、转化成本、PV、UV 等数据都对互联网公司产业开发决策和运营决策提供了重要帮助。在传统企业，竞争环境的可视化、企业生产运营状况的可视化、外部市场环境分析的可视化等，无不对企业决策提供了重要帮助。⑤在情报共享与交换层面，在合法合规的前提下，充分利用政府部门的开放数据、科研的共享数据和企业之间的数据交易等，可以对企业竞争情报的数据分析提供更多维度的帮助，从而进一步提升竞争情报分析的准确率。

2.8 本章小结

首先本章回顾了常见的竞争情报数据源和竞争情报分析方法。其次，竞争对手识别和竞争态势分析是企业在实际竞争中需要重点关注的两个重要问题。有效识别现有和潜在竞争对手，认清企业自身所处的竞争地位和竞争态势，企业才能够在激烈的市场竞争中占据先机，长期生存。价值链是企业竞争中常用的分析模型，详细地描述了企业中一种产品或服务在价值创造过程中经历的从原材料到最终消费品的各个阶段。价值网理论是在价值链基础上发展起来的一种新理论。Brandenburger 和 Nalebuff 认为价值网是一种以顾客为核心，强调成员公司核心能力的优化整合，通过成员企业之间的相互关系联结成一种动态、有机的价值创造体系。相较于价值链的单一线性结构，价值网更加复杂，同时也更加符合当代社会企业之间错综复杂的竞争关系。竞争环境下，企业通过对价值链进行分析，可以有效地识别企业竞争优势、培养企业核心竞争力、确定合理的企业规模、进行业务流程重组、帮助企业寻找新的市场机会。通过价值网的构建和分析，可以充分放大网络经济的综合效应，发挥价值网中企业竞争与合作的双重优势，指导企业构建以顾客价值为核心的竞争战略，并培育企业的核心能力。竞争情报系统建设也是竞争情报研究的基础性工作之一，本章分析了竞争情报系统的组成，为后续竞争情报平台建设提供了指导性框架。本章系统性地总结了大数据在国家、市场、技术层面的应用场景，可以感知时代在不断发展，企业竞争情报工作也需要不断与时俱进。大数据给企业竞争情报工作带来了深刻影响，如何融入大数据方法技术、有效利用海量信息来洞察市场和客户，是当前情报工作者需要思考和解决的重要问题。

第 3 章
竞争情报大数据分析方法概述

新时代，基于大数据的竞争情报分析是必然选择。竞争情报大数据分析整体架构包括需求分析、数据采集、数据组织与存储、数据分析、数据可视化几个方面。就方法而言，数据采集是竞争情报工作开展的前提，采集来的多源数据需要组织与存储，并进行一定的预清洗与转化。数据基础搭建完成后，需要对数据进行处理加工，提炼出信息与知识，从而为决策进行服务。接着，情报工作者需要将情报工作的发现有效传递给委托方，通常会采用各类方式对数据结果进行加工整理，得到有用、易用的情报工作分析报告，这其中数据可视化是一种常见的手段。本章将简要概述以上竞争情报大数据分析方法。

3.1 需求分析

有效的需求调研与分析是竞争情报工作开展的基础，了解委托方进行情报工作的目的、了解开展情报工作的业务背景、了解情报工作的受益人与关系人、了解开展大数据情报工作的技术与人才等资源储备情况，有助于竞争情报工作方案的制定与计划的编排。

大数据背景下的竞争情报工作，由于技术背景要求较高，容易由研发部门主导，需求仅限于技术，未从保持企业竞争优势的角度进行分析，同时技术需求没有结合企业自身和外部竞争环境提出[1]。对于那些表现最差的企业来说，93% 没有做好市场调研，77% 没有有效的技术评估，7% 没有做好商业和财务评估。即便是对于那些做得较好的

---

[1] 史敏，罗建，周斌. 基于竞争情报的企业技术需求识别 MTS 方法的研究与应用[J]. 图书情报知识，2018（3）：95-102.

典型公司，依然有高达 82% 的公司没有做好有效地市场调研；78% 没有有效地进行操作评估和供应源评估；74% 没有做好商业和财务评估[①]。这类问题容易导致竞争情报工作流于技术上的改善优化，缺乏对委托方需求的深刻洞察，最终花费了很大投入却无法帮助委托方解决现实中的问题。

无论是传统的竞争情报工作，还是大数据背景下的竞争情报工作，都是为了帮助委托方降低经营决策中的不确定性、提升决策的有效性。因此，在需求调研中，最重要的是了解委托方的决策空间，了解其需要做的决策是什么、决策中的不确定性是什么、情报工作如何降低决策中的不确定性。需求调研阶段，一种方式是学习欧洲创新驿站的做法，采用田野调查的方式挖掘需求，通过对委托方的系统性走访，收集关于技术、产品、财务等方面的信息，以此作为制订情报工作计划的基础。大致可分为 3 个阶段：一是准备阶段，包括对象的确定、提纲的拟订、资料的熟悉、调查队伍的组建等；二是实施阶段，这个阶段是情报工作者深入企业内部、了解企业所需的重要步骤；三是总结分析阶段，通过调查实施搜集到的信息进行需求分析[②]。另一种方式是基于日本质量专家赤尾洋二博士提出的质量功能配置建立拓展质量屋，实现客户需求向技术需求的映射。基于拓展的质量屋的客户需求映射方法，在传统的质量屋的基础上，添加了相应的需求类别信息。拓展的质量屋主要包括客户需求单元部分、客户需求单元聚类类别部分、技术需求部分、相关矩阵和关系矩阵部分、评价指标、技术需求重要度、客户需求类别映射矩阵[③]。无论哪一种调研方式，核心都是让情报工作者更深入地了解业务背景与委托方需求，了解资源现状，更合理地制定出可行的情报工作方案，排列优先级，将资源与精力投入能够为委托方创造更多价值的工作中。

3.2 竞争情报大数据的采集方法

随着信息技术的发展，互联网、可穿戴设备及各种传感器的普及，越来越多的数据被采集、被记录，政府、企业、社会机构与个人无时无刻不在产生着大量数据。这为竞争情报工作提供了有利的条件，可供分析的数据来源及可供分析的数据维度更多，有利

---

① 罗伯特·G.库珀. 新产品开发流程管理：以市场为驱动［M］. 青铜器软件公司，译. 北京：电子工业出版社，2013：50-72.
② 明翠琴，钟书华. 基于技术需求挖掘的创新驿站田野调查方法［J］. 自然辩证法研究，2011（9）：99-103.
③ 雷轶，汤兵勇. 基于拓展的质量屋的客户需求映射研究［J］. 情报杂志，2009（2）：65，66-68.

于竞争情报工作更好地从数据中还原竞争对手的有效信息，提炼出更有价值的知识，降低企业决策的风险。

3.2.1 数据采集来源

本书第 2 章介绍了一些传统的竞争情报信息源，这些数据一直是竞争情报工作的重要基础数据来源。除此之外，以下几类不断涌现的大数据利用价值日益增高，成为大数据时代竞争情报分析的重要数据采集来源。

（1）政府公开数据

政府公开数据包括政府信息公开或政府数据开放所产生的各类数据。

政府信息公开是在电子政务和信息化的背景下产生的，是指国家行政机关和法律、法规及规章授权和委托组织，在行使国家行政管理职权的过程中，通过法定形式和程序，主动将政府信息向社会或依申请而向特定的个人或组织公开的制度[1]。在经济全球化和信息化时代，瞬息万变的信息成为社会经济发展的决定因素。信息社会是信息和知识扮演主角的社会，作为最重要信息资源的政府信息涵盖了全社会信息的 80%，它既是公众了解政府行为的直接途径，也是公众监督政府行为的重要依据，政府信息的公开丰富了竞争情报的信息源。

政府数据开放是政府信息公开的必然嬗变，将开放对象延伸至原始数据的粒度，政府数据开放强调的是数据的再利用，公众可以分享利用数据创造的经济和社会价值，并且可以根据对数据的分析判断政府的决策是否合理[2]。2009 年开始，以美国、英国、加拿大、法国等为代表的发达国家相继加入政府数据开放运动，并蓬勃发展。我国政府也高度重视政府数据开放，2015 年 9 月，国务院在《促进大数据发展行动纲要》中提出，到 2018 年年底前建成国家政府数据统一开放平台，实现公共数据资源合理适度向社会开放，带动社会公众开展大数据增值性、公益性开发和创新应用，充分释放数据红利，激发大众创业、万众创新[3]，促进产业转型升级和社会治理创新。截至 2018 年，全球已有 139 个国家提供了政府数据开放平台或目录，我国已有 46 个地市级以上政府数据开放平台[4]，如北京市政务数据资料网、上海市政府数据服务网、深圳市政府数据开

---

[1] 刘恒. 政府信息公开制度［M］. 北京：中国社会科学出版社，2004：2.
[2] 叶磊，娄策群，娄冬. 网络信息生态链概念体系构建［J］. 情报科学，2011，34（11）：8-12.
[3] 邓林艳. 中国政府开放数据现状研究［J］. 信息技术与信息化，2018（9）：175-177.
[4] 赵需要，侯晓丽，徐堂杰，等. 政府开放数据生态链：概念、本质与类型［J］. 情报理论与实践，2019，42（6）：22-28.

放平台、开放广东等。目前，我国政务大数据公开整体上处在政府强力推进的良好发展环境中；地方政府持续推进互联网政务公开建设，形成了良好的政务数据公开与数据服务渠道；各地积极推动跨部门、跨地区数据共享和业务协同，依托政府网站加强互联网数据服务平台建设，开展政务服务事项网上全程办理；抽查通报机制、网站信息协同联动机制逐步完善，数据管理取得新进展；创新应用不断加快，有很多数据公开探索的新实践。

（2）科学数据

科学数据主要包括在自然科学、工程技术科学等领域，通过基础研究、应用研究、试验开发等产生的数据，以及通过观测监测、考察调查、检验检测等方式取得并用于科学研究活动的原始数据及其衍生数据。在高能物理领域，欧洲粒子实验室中大型对撞机在2008年年初起以2 PB/s的速率产生数据，每年将存储约10 PB经过处理的数据。在计算生物学领域，美国国家生物信息中心NCBI维护了Gen Bank的核苷酸序列数据库，该数据库大小每10个月翻倍，2009年8月，数据库中存储了来自15万多个有机生物体的超过2500亿条核苷酸碱基。在光学领域，在光学遥感和对地观测领域、基于光学等设备的视频监控领域等，往往需要获取大量连续的数据。这些几乎造成管理和处理灾难的数据有一定的周期性，而用户关心的又往往是其中的差异和异常的部分。考虑到这类数据的分析和学习过程往往又同获取这些数据时的装置和参数密切相关，再加上视觉信息对人类的重要性及用户同系统的必要交互，对光学观测和监控数据的管理和处理已经提高到重要日程[1]。

科研领域不断产生海量的数据，对海量数据的存储与分析提出了极高的要求，同时也对全球各地科研工作者的数据共享、协作分析等提出了挑战。我国国务院办公厅2018年印发了《科学数据管理办法》，旨在进一步加强和规范科学数据管理，保障科学数据安全，提高开放共享水平，更好支撑国家科技创新、经济社会发展和国家安全。有关科学数据管理的研究和实践正在积极探索中，除科学研究外，科学数据也有可能成为竞争情报大数据源。

（3）商业数据

随着数字技术和数据库系统的广泛使用，许多企业组织的管理系统存储了大量的数据，如银行交易事务、购物中心记录和政府部门归档等。这些数据集是结构化的，并能通过基于数据库的存储管理系统进行分析。过去几十年中，信息技术和数字数据的使

---

[1] 李学龙，龚海刚. 大数据系统综述[J]. 中国科学：信息科学，2015，45（1）：1-44.

用对商业领域的繁荣发展起到了重要的推动作用。全球所有公司商业数据量每 1.2 年会翻番，日益增长的商业数据需要使用高效的实时分析工具挖掘其价值。从商业数据类型看，商业数据由商业行为产生，包含企业之间交易产生的数据、企业内部系统产生的数据、企业对外的公开数据等。一般而言，商业数据集具有较高的敏感性，对数据的安全性要求较高。在企业竞争情报工作中，在有限的成本预算下，一般仅可以获取企业自身内部系统产生的数据、企业与其他企业交易的部分数据及其他企业对外公开的数据等。

(4) 互联网数据

网络（互联网、移动网络和物联网）已经和人们的生活紧密联系在一起，互联网数据由用户在网络中的行为产生。这里的用户包含一般的 C 端网民、B 端企业及 G 端企业与机构等，这里的网络包含 PC 互联网、移动互联网和物联网等线上与线下的网络。网络应用，如搜索、社交网络服务、网站和点击流是典型的大数据源。而在物联网领域，有超过 3000 万个的联网传感器工作在运输、汽车、工业、公用事业和零售部门并产生数据；在生活中，随着智能设备逐渐渗透进人们的生活，越来越多的传感器记录了使用者的大量数据，如手机记录了使用者的步行数据、手环记录了使用者的心率数据等。这些传感器每年仍将以超过 30% 的速率增长，这些数据源高速产生数据，需要先进的处理技术才可应付如此海量的数据。大部分互联网数据由采集方收集与保存，但从公开渠道也可以获得大量有价值的互联网数据。

①交易数据。各电商类平台产生的交易数据，如天猫、淘宝、京东等电子商务平台的商品交易信息；携程、驴妈妈、马蜂窝等在线 OTA 平台的旅游景点门票及线路交易数据；美团外卖、饿了么、百度外卖等外卖订餐平台的交易数据；美团、口碑、大众点评等生活服务类平台的交易信息等。

②评论数据。评论信息能帮助浏览者筛选商品、提高信任、增强互动、为平台沉淀内容等，因此许多互联网网页与应用鼓励用户留下评论信息，从评论信息中可以得到用户对商品的感知、满意度及使用情况等大量信息，评论信息为研究竞争对手的商品售卖情况、品牌形象等提供了有效的数据基础。根据需要，评论信息既可以从天猫、淘宝、京东、美团、汽车之家、豆瓣等平台类网站获取，也可以从竞争企业的官网、官方公众号、官方微博获取，还可以从雪球网等平台获取用户对竞争企业的评价等。

③论坛数据。论坛是一个开放或半开放式的讨论空间，用户在论坛中可以较为平等地与具有共同兴趣的其他用户讨论。在朋友圈、微博、今日头条等占据了用户大量

资讯阅读时间的今天，垂直类论坛还具有很强的生命力，在这类论坛中可以获得许多有价值的信息。常见的论坛有百度贴吧、汽车之家、雪球网、房天下、阿里云开发者论坛等。

④新闻数据。包括竞争企业公开的公关新闻、第三方媒体曝光的竞争企业新闻等。新闻数据能够有效地帮助竞争情报工作者了解竞争企业的发展现状，或者是竞争企业试图对外展现的发展现状等。采集新闻数据可以从新闻类数据库、各新闻网站官网、各企业官网、百度新闻与今日头条等资讯聚合类网站和应用中获得。

⑤学术文献数据。文献指由人专门建立的、用来传递或储存情报的对象。出版或手抄文字、磁带、照相或电影胶片记载下来的任何情报都可理解为文献。而学术文献指的是科研成果所形成的文献材料。常用的学术期刊数据库与索引网站有 Web of Science、IEEE Xplore、中国知网、万方数据等。

⑥财经数据。企业财报数据可以从收费的数据库中获得，如国泰安数据库、美国证券交易数据 SEC.gov、巨潮资讯等，也可由财经类网站获取相关数据，如新浪财经、东方财富网、中财网、黄金头条、StockQ、Quandl、Investing 等。此外，优矿、米框等量化投资策略平台也提供了大量金融财经类数据接口，可以获取准确有效的金融财经数据。

⑦专利数据。包括 SooPat 数据库、中国专利数据库等。

⑧统计年鉴。主要来源包括中华人民共和国国家统计局国家数据、CEIE、万得金融数据库、中国统计信息网等。

⑨招聘信息。从招聘信息中可以了解到竞争企业的人才策略，从而了解到竞争企业的经营策略。招聘信息可以从拉勾网、中华英才网、猎聘网、智联招聘网等采集。

3.2.2 数据采集方法

针对不同的数据源，有多种数据采集方法。例如，许多企业在各个业务模块均有电话客服和电子邮件地址，通过电话询问或电子邮件方式能够得到许多有效信息。在企业宣传自身产品、促成交易的展销会或博览会等场合，可以通过传单、展板、口头咨询等方式获得关于竞争企业的信息。对于公开资源，如学术文献、企业财报、专利信息等，可以从公开数据库直接下载获得。

在大数据时代，伴随着互联网信息的爆炸式增长，依靠传统的人工手段显然难以快速准确地获取所需信息。在拥有足够的资源支撑时，日志采集和传感器采集成为重要的数据采集方式。日志文件数据一般由数据源系统产生，用于记录数据源执行的各种操作活动，比如网络监控的流量管理、金融应用的股票记账和 web 服务器记录的用户访问行为。很多互联网企业都有自己的海量数据采集工具，多用于系统日志采集，如 Hadoop 的 Chukwa、Cloudera 的 Flume、Facebook 的 Scribe 等。这些工具均采用分布式架构，能满足每秒数百 MB 的日志数据采集和传输需求。基于传感器的数据采集系统也在逐渐突破技术限制，可以采集相关对象的表情、认知、情感、语言、行为等数据。

正如前述内容所表达，互联网已成为竞争情报的重要数据源，随着人们对竞争情报愈发重视，互联网信息采集、整理与分析成为情报部门非常重要的一项工作。但在成本限制条件下，如何耗费较少资源从互联网中快速准确地获取主题信息成为情报部门亟须解决的问题。互联网主题信息采集指的是根据竞争情报分析的需求，指定主题内容，在互联网有限的网络空间内有选择性地对与预先定义好的主题相关的页面进行采集。技术研究方面，当前国内外专家学者主要关注的内容为互联网主题信息采集技术和策略，常见的有基于内容采集、基于超链接分析、综合内容评价和链接结构分析等不同类型。从技术视角看，面向全体网络用户的通用搜索引擎采集是主要的数据采集方式，但在实际应用中，为满足特定用户的专业需求，采用网络爬虫获取互联网信息是大数据环境下竞争情报数据采集的重要方式之一。网络爬虫是一种按照一定的规则、自动地抓取万维网信息的程序或脚本，被广泛用于互联网搜索引擎或其他类似网站，可以自动采集所有其能够访问到的页面内容。使用爬虫采集网络数据，可以对网页超文本进行解析得到所需信息，也可以对 HTTP 传输中的数据进行解析得到所需信息，可以使用 Scrapy 进行网页抓取、使用 BeautifulSoap 进行网页解析或使用火车头、八爪鱼等软件进行网页数据采集。

3.3 竞争情报大数据的组织方法

在大数据时代，不断产生越来越多无序的、复杂结构的数据，如何寻求合理的方法进行数据组织变得愈发重要。数据组织是指利用一定的规则、方法和技术对信息的外部特征和内容特征进行描述和揭示，并按给定的参数和序列公式排列，使数据从无序集合转换为有序集合的过程。针对多源异构数据，数据组织主要方法有分类导航、分众分类、标签聚合、关联数据、领域本体和知识图谱等。

3.3.1 分类导航

分类导航指利用人工或自动分类方法,将某一学科下的信息资源与服务集成到一个整体门户中,提供该主题下的链接入口,以形成知识体系。其对资源的定位功能,起到了知识连接、知识转化、知识控制的作用[①]。分类导航需要针对定位目标来考虑分类的层次标准,各级提供信息的详略程度决定了用户体验。在进行自动分类时,采用的方法较多来自机器学习、统计学等学科,最后以导航条、目录树、列表、下拉菜单等形式进行呈现[②]。

知识导航是在分类导航基础上引入语义知识层的产物,其主流技术为主题图(Topic Maps),即描述信息资源中蕴含的知识结构,并将知识与信息链接到一起的方法,用于复杂信息资源的导航,被誉为"信息世界的GPS"。徐颂等将主题图技术运用到城市信息导航建设中,提升了用户获取的信息含量[③]。夏立新等在主题图技术构建政务门户的基础上,加入了检索服务和可视化功能,使得服务更加个性化[④]。然而在主题图模式下,主题图的指代并不明确。主题图可以表示具体或抽象的实体,包含类和对象,同时主题图和信息资源相互独立、非一一对应,一个主题图可以描述多个信息资源,而一个信息资源也可以对应多个主题图。

3.3.2 分众分类

分众分类(Folksonomy)是 Web2.0 环境下提出的信息组织方法,最先由美国人 Thomas Vander Wal 在 2004 年提出。Thomas Vander Wal 认为分众分类是自下而上的社会分类法。维基百科将其定义为基于用户的平面化标签分类机制,通过自发性的非等级标签而方便地进行信息聚类分类的协同工作。定义表述中有两个特点:一是用户参与,二是以词为类。因此,可以简单地说,分众分类的原理是向参与用户提供一种协同构建与共享各自资源标签的开放式平台,通过用户自己制定分类标准和提交资源标签对信息资源进行自主分类,在社会性协作过滤机制的作用下形成的相对稳定的信息组织方式[⑤]。P.

---

① 张宇萌,张树华. 信息服务与知识导航[J]. 中国图书馆学报,2003,29(1):55-57.
② 张会平,周宁. 分类导航的设计与实现[J]. 情报杂志,2005,24(3):88-90.
③ 徐颂,翟军,沈立新,等. 基于主题图的城市信息门户知识导航[J]. 科学技术与工程,2008,8(4):1018-1021.
④ 夏立新,徐晨琛. 基于主题图的电子政务门户知识导航系统构建研究[J]. 图书馆论坛,2010,30(6):184-187.
⑤ 刘永,张春慧. 分众分类的特点与应用策略研究[J]. 情报科学,2015,33(6):11-14.

Jason Morrison 比较了分众分类系统与搜索引擎、分类目录的检索效果，结果发现搜索引擎与分类目录查准率高于分众分类系统，但在查全率上几乎相当，适当处理查询后，可以提高分众分类系统的性能，由此认为分众分类研究是有前途的，可以促进 Web 系统的检索效率[1]。

国内外已有相当数量基于分众分类法的服务系统，根据被标注资源对象不同主要分为两种：一种是标注资源链接，社会性书签工具是其典型代表，如国外标注网址的 Delicious，标注参考书目的 CiteULike、Connotea，国内标注网址的天天网摘、抓虾、仙果和标注用户读书评价的豆瓣网；另一种是标注实体资源，如标注照片的 Flicker、标注视频的 YouTube、标注目标的 43things。宾夕法尼亚州立大学图书馆的"PennTags"项目引入分众分类用于图书分类，用户自行对图书添加 tag，系统统计并记录标注次数超过 57 次的 tag，并以标签云图的形式呈现给用户。除了实际应用分众分类，在理论研究上，有分众分类在政务信息公开中的应用研究[2]；分众分类系统用于企业知识共享专家推荐系统[3]；分众分类系统应用于群体变化监测及网络社区管理[4]；分众分类系统用户知识创新发现；基于分众分类的网摘服务与内容提供商合作向搜索引擎发展；基于分众分类的专业信息服务[5] 等；刘洋曾对分众分类法在电子政务领域的应用提出设想，认为可以应用标签建设政务信息书签，以提高政府信息的利用率[6]。

3.3.3 标签聚合

标签指由一个或若干词汇组成的简短的、强描述性的文本信息。标签聚合指对来源分散的标签数据进行采集、筛选、组织、整合和呈现的信息组织与检索方式，以满足用户复杂的信息需求。网络信息环境的变化与用户信息需求的多样化要求社会化标注系统必须实现标签资源聚合。现有标签聚合主要基于标签共现、语义关联度或语义本体，单

---

[1] MORRISON P J. Tagging and searching: search retrieval effectiveness of folksonomies on the world wide web [J]. Information processing and management, 2008 (1): 1-18.
[2] 邓璐芗, 许鑫. 分众分类在政务信息公开中的应用研究 [J]. 情报杂志, 2011, 30 (4): 165-171.
[3] 梁凯春, 蔡淑琴, 林森. 基于分众分类的专家推荐算法研究 [J]. 武汉理工大学学报（信息与管理工程版）, 2007, 29 (4): 87-90.
[4] MICHAEL M. Anomalous tagging pattern scan show communities among users [EB/OL].(2010-07-20) [2018-10-20].http://www.ecscw07.org/posters.html.
[5] 刘高勇, 汪会玲. 基于 Wiki 和 Folksonomy 的专业信息服务研究 [J]. 图书情报工作, 2008 (10): 122-124.
[6] 刘洋. 大众分类法的应用现状及前景分析 [J]. 现代经济信息, 2010 (5): 205-206.

个或组合使用主题词表法、分众分类法、社会网络分析、文献计量、本体、关联数据等方法,得到海量标签之间的关系。其他相关技术包括云计算、可视化、数据挖掘等[①]。

其中,社会网络分析方法是标签统计常用的方法,可以在标签共现的基础上,进行网络的密度、聚类系数、节点度和凝聚子群分析[②]。通过标签聚类,可以得到标签之间潜在的关联程度与演变模式。然而社会网络分析方法在处理过程中需要克服同根异形噪音的瓶颈。为了消除歧义、实现语义规范化,可以引入语义本体,借助本体的同义、继承、相关关系来划分层级,需要预先既定的主题词表或分类规范。例如,毕强等首先利用分众分类法实现标签资源聚合,再利用密度、关联性等指标分析豆瓣网标签资源结构,用主题词表挖掘标签语义关联,识别标签的层级结构,接着利用社会网络分析法,依据标签间的层级和共现关系,编制标签关系矩阵,聚合标签资源,形成不同标签子群[①]。

标签聚合的一个典型应用是将标签运用在勾画用户的属性特征方面,形成用户画像。用户画像是基于一系列真实数据建立的目标用户模型,可以完善产品的运营,提升用户的体验[③]。刘海鸥等基于多维标签的图书馆用户画像细致地刻画了读者全貌,建立了情境化推荐系统为读者提供精准的个性化知识推荐服务[④]。

3.3.4 关联数据

关联数据是由互联网之父 Tim Bemers. Lee 提出的一种数据发布和链接方式,用来在语义网中使用 URI 和 RDF 发布、分享、连接各类数据、信息和知识,发布和部署实例数据和类数据,从而可以通过 HTTP 协议揭示并获取这些数据,同时强调数据的相互关联、相互联系及有益于人机理解的语境信息[⑤]。关联数据并非新的数据,而是数据的一种新的展示方式,其价值在于通过资源描述框架 RDF 数据模型,将网络中的非结构化数据和采用不同标准的结构化数据转换成遵循统一标准的结构化数据,以便于机器理

---

① 毕强,赵夷平,孙中秋.社会化标注系统资源聚合的实证分析[J].情报资料工作,2015,36(5):30-37.
② 李亚婷,马费成.基于标签共现的社会网络分析研究[J].情报杂志,2012,31(7):103-109.
③ 田娟,朱定局,杨文翰.基于大数据平台的企业画像研究综述[J].计算机科学,2018,45(S2):58-62.
④ 刘海鸥,姚苏梅,黄文娜,等.基于用户画像的图书馆大数据知识服务情境化推荐[J].图书馆学研究,2018(24):57-63,32.
⑤ 白海燕.关联数据及 DBpedia 实例分析[J].现代图书情报技术,2010(3):33-39.

解[①]。基于互联网，关联数据是一种有丰富关联性和数据利用场景的基础设施，三元组的描述方式可以更有效地描绘非结构化的关系，此外，网络上开放的关联数据也有助于资源的共享与复用。

当前的关联数据在数字人文资源方面与图书馆书目资源方面的应用较为广泛。夏翠娟等采用关联数据形式，将家谱数据开放给大众，并支持时间与空间的维度进行映射以可视化地呈现，支持通过关键字段进行查询[②]。关联数据在国内外企业知识集成与知识管理等方面也得到初步应用，全球十大汽车公司之一雷诺就在维修库将术语库用URI形式标识并组织，减少了异构系统集成提高了数据库整合的效率[③]。全球知名媒体公司BBC建立了BBC世界服务存档系统，通过创建相应电视节目与广播的关联数据，有效地管理存档[④]。

3.3.5 领域本体

本体指概念模型的明确的规范说明[⑤]。通过构建领域本体，将领域内知识进行概括与组织，提供对该领域知识的共同理解。在大数据环境下，面对海量的非关系型数据，本体在信息检索、处理和分析中的作用日益凸显。本体用于描述知识的语义，是语义网体系结构中的关键组成部分，它的引入使得知识管理的内涵得到了扩展。研究者们纷纷将其应用于各自领域的知识管理研究中。在本体构建方法上，大致分为两类，传统的构建方法对现有的叙词表或分类表进行改造后生成本体；在大数据环境下，传统构建方法在概念获取、关系构建等方面难以跟上数据快速增长的需求，因此，很多学者开始研究利用现有的信息资源，通过统计和数据挖掘等手段，辅以人工半自动生成本体。

企业本体模型是存在于企业间公共的、知识化的描述，有利于同企业事物相关的知识在异构的不同系统间实现共享，可以作为基于知识的企业级应用的基础。对企业本体，需要时刻满足特定企业特点，自动适应企业知识架构。王英林等针对该需求给出了

---

① 陈涛，张永娟，刘炜，等.关联数据发布的若干规范及建议[J].中国图书馆学报，2019，45（1）：34-46.
② 夏翠娟，刘炜，陈涛，等.家谱关联数据服务平台的开发实践[J].中国图书馆学报，2016，42（3）：27-38.
③ 陈菁华，吴浈.关联数据驱动的企业信息资源集成研究[J].情报科学，2014，32（10）：44-47，60.
④ RAIMOND Y，FERNE T，SMETHURST M，et al. The BBC world service archive prototype[J]. Web semantics：science，services and agents on the world wide web，2014（27）：2-9.
⑤ GRUBER，THOMAS R. A translation approach to portable ontology specifications[J]. Knowledge acquisition，1993，5（2）：199-220.

可以自由扩展的解决方案①。鞠可一等将数据挖掘方法应用在企业本体构建中，可以降低领域专家的主观干扰②。

3.3.6 知识图谱

本体为知识图谱的产生提供了基础，知识图谱也是对本体的丰富和扩展，这主要体现在实体层面。知识图谱是结构化的语义知识库，用于以符号形式描述物理世界中的概念及其相互关系。其基本组成单位是"实体—关系—体"三元组及"实体—属性—属性值"，实体间通过关系相互联结，构成网状的知识结构③。知识图谱的利用价值在于它形成了 Web 的知识层，建立了概念间的链接关系，能够在网页之上以较小代价组织互联网资源。知识图谱本质上是一种语义网络，它与传统语义网络最大的区别是其能够基于大数据技术、自然语言处理技术，以及深度学习技术，进行智能化构建④。

国内外已经建立了大批规模庞大、开放共享的知识图谱，主要服务于自然语言处理、推荐系统、自动问答、语义搜索、自动翻译等业务场景，具有代表性的大规模知识图谱包括 YAGO、DBpedia、Freebase、NELL、谷歌 Knowledge Graph 及中文通用知识图谱 Zhishi.me、百度"知心"、搜狗"知立方"等⑤，在商业领域有阿里巴巴的电商认知图谱、京东的企业知识图谱。相关学者也面向具体应用场景构建特定领域的知识图谱，并研究其中的方法和技术。例如，刘志辉等从知识组织的视角，构建了一种面向科技创新决策的知识图谱，验证其在科技创新监测评估场景中应用的可行性与有效性⑥。在企业内部，金贵阳等构建了工程异构数据的知识图谱，提升了工程人员获取信息的效率⑦。

---

① 王英林，王卫东，王宗江，等.基于本体的可重构知识管理平台[J].计算机集成制造系统，2003，9（12）：1136-1144.
② 鞠可一，葛世伦.基于数据挖掘技术创建企业本体[J].微计算机信息，2006，22（18）：228-230.
③ 刘峤，李杨，段宏，等.知识图谱构建技术综述[J].计算机研究与发展，2016，53（3）：582-600.
④ 李振，周东岱，王勇."人工智能+"视域下的教育知识图谱：内涵、技术框架与应用研究[J].远程教育杂志，2019，37（4）：42-53.
⑤ 李艳燕，张香玲，李新，等.面向智慧教育的学科知识图谱构建与创新应用[J].电化教育研究，2019，40（8）：60-69.
⑥ 刘志辉，魏娟霞，张均胜.基于知识图谱的科技创新指标自适应计算方法研究[J].情报学报，2019，38（8）：826-837.
⑦ 金贵阳，吕福在，项占琴.基于知识图谱和语义网技术的企业信息集成方法[J].东南大学学报（自然科学版），2014，44（2）：250-255.

3.4 竞争情报大数据的分析方法

大数据分析是大数据理念与方法的核心,是指对海量、类型多样、增长快速且内容真实的数据(即大数据)进行分析,从中找出可以帮助决策的隐藏模式、未知的相关关系及其他有用信息的过程。情报分析亦称信息分析或情报研究,是根据社会用户的特定需求,以现代信息技术和软科学研究方法为主要手段,以社会信息的采集、选择、评价、分析和综合等系列化加工为基本过程,形成新的、增值的情报产品,为不同层次科学决策服务的社会化智能活动[①]。传统的竞争情报分析方法,从宏观上可区分为定性分析方法、半定量分析方法及定量分析方法[②],本书第 2 章概述了部分传统竞争情报分析方法。大数据环境下,竞争情报分析一方面沿用各类传统的情报分析方法;另一方面也要引进竞争情报分析领域适用的大数据分析方法并进行创新,充分挖掘大数据中蕴含的情报价值。目前常用的情报数据分析方法包括统计学方法、机器学习方法与关系网络分析方法等几大类,由于方法的继承和理论体系转化,不同类别的方法也有重合交叉。

3.4.1 统计学方法

大数据分析中的统计学方法主要包括相关与回归分析、时间序列分析、多元统计分析。

(1) 相关与回归分析

相关分析是分析因素间关系的基本方法,通过相关图绘制和各种相关系数的计算,可以判断因素间相关的类型、方向、程度。回归分析在大数据分析中是一种预测性建模技术,用来发现变量之间的因果关系,从统计学视角看,大数据分析中最常用的是线性回归模型和逻辑斯特回归模型。

(2) 时间序列分析

时间序列分析主要基于时间序列动态数据,利用统计学方法描述和探索现象随时间发展变化的过程和数量规律,主要面向预测的数据分析方法。时间序列分析就其发展的历史阶段和所使用的统计方法来看,有传统时间序列分析和现代时间序列分析。

传统时间序列分析中,对于不包含趋势性、季节性、周期性的平稳时间序列进行预

---

① 张晓军. 情报、情报学与国家安全:包昌火先生访谈录 [J]. 情报杂志,2017,36 (5):1-5.
② 李超,周瑛,周焕,等. 大数据环境下情报分析方法与情报分析软件探讨 [J]. 现代情报,2017,37 (7):151-158,165.

测可采用移动平均法、指数平滑法。对于长期趋势性序列进行预测时，采用线性或非线性的趋势外推方法，使用的方程有线性方程、二次曲线、指数曲线、修正指数曲线、龚伯兹指数曲线、逻辑斯蒂曲线等。对于包含季节性因素、周期性因素的序列，往往需要进行季节变动和周期波动的测定、剔除季节因素和周期性的影响。传统时间序列分析往往处理的数据规模有限，预测精度也有限。

现代时间序列分析中的经典随机时间序列模型主要有自回归（AR）模型、移动平均（MA）模型、自回归移动平均（ARMA）模型、整合移动平均自回归（ARIMA）模型等，通过随机模型的构建分析序列自身变化的规律，从而进行未来趋势预测。

(3) 多元统计分析

多元统计分析是对多个观察对象和指标之间关联规律进行研究的方法，是从统计学中发展的一种综合分析方法，包含多元方差分析、多元线性回归与相关分析、判别分析、主成分分析、因子分析、聚类分析、对应分析、典型相关分析等。

3.4.2 机器学习方法

机器学习是一门多领域交叉学科，与统计学有着密切关系，因此众多统计学方法也是机器学习的基础性方法，但与统计学方法不同，机器学习在数据分析时更关注模型的泛化能力、预测的精确度/召回率、算法的计算复杂度等问题，直接用数据集进行模型验证。机器学习有多种不同的内容划分，本书将机器学习概述为以下几类。

(1) 有监督学习

有监督学习（Supervised Learning）是利用标注样本训练学习器的方法，主要分为回归和分类两种。回归有线性回归（Linear Regression）、岭回归（Ridge Regression）、套索回归（Lasso Regression Least Absolute Shrinkage and Selection Operator）、多项式回归（Polynomial Regression）等。分类是机器学习的典型任务之一，相关算法主要有逻辑斯蒂回归（Logistic Regression）、贝叶斯分类、支持向量机（SVM）、K近邻（KNN）、决策树（Decision Tree）等。

(2) 无监督学习

无监督学习（Unsupervised Learning）是对无标注样本进行学习的方法，无监督机器学习方法包括降维方法、聚类方法、关联方法等。

常用的降维方法有主成分分析法、因子分析法、线性判别分析法LDA、深度自编码器AutoEncoder、多维尺度分析法MDS、核化主成分分析法KPCA、t-SNE（t分布随机邻域嵌入)、LLE（局部线性嵌入法）等。

常用的聚类方法包括原型聚类法（K-means 聚类法、学习向量量化法 LVQ、高斯混合聚类法等）、密度聚类（DBSCAN 法、OPTICS 法）、层次聚类法等。

常用的关联方法包括关联分析法等。

（3）半监督学习

半监督学习（Semi-Supervised Learning）是利用有限的标注样本和大量的无标注样本进行机器学习的方法。未标记样本虽未直接包含标记信息，当它们与有标记样本是从同样的数据源独立同分布采样而来，则它们所包含的关于数据分布的信息对建立模型将大有裨益。让学习器不依赖外界交互、自动地利用未标记样本来提升学习性能，就是半监督学习法。半监督机器学习法包括种子扩展法、半监督 SVM 法、半监督图学习法、基于分歧集成的半监督法等。

（4）集成学习

集成学习（Ensemble Learning）通过构建并结合多个学习器来完成学习任务，有时也被称为多分类器系统、基于委员会的学习等。集成学习的一般结构为：先产生一组"个体学习器"，再用某种策略将它们结合起来[1]。根据个体学习器的生成方式，目前的集成学习方法大致可以分为两类：个体学习器间存在强依赖关系、必须串行生成的序列化方法，代表为 Boosting，如基于 Boosting 集成法的 Adaboost Tree 算法、GBDT 算法（包括 GBDT 算法及其优化算法 XGBoost 算法、LightGBM 算法等）；个体学习器间不存在强依赖关系、可同时生成的并行化方法，代表为 Bagging 和随机森林，如基于 Bagging 集成法的随机森林算法及深度随机森林算法等。

（5）深度学习

深度学习（Deep Learning）是机器学习领域中一个新的研究方向，更接近于机器学习最初的目标——人工智能。深度学习是具有多层结构的机器学习模型。深度学习模型具有非常强大的表示能力，能对数据特征的分布进行非常复杂的描述，因此也容易出现过拟合，一般需要较大的数据量才能训练出泛化能力较高的深度学习模型。根据应用领域，深度学习模型包括应用于图像数据的卷积神经网络 CNN 模型、应用于音频等时间序列的递归神经网络 RNN 模型和长短期记忆 LSTM 模型等。

---

[1] 机器学习之集成学习［EB/OL］.（2018-11-10）［2019-11-05］. https://blog.csdn.net/perfect1t/article/details/83684995.

(6)强化学习

强化学习(Reinforcement Learning),又称再励学习、评价学习或增强学习,是机器学习的范式和方法论之一,用于描述和解决智能体(Agent)在与环境的交互过程中通过学习策略以达成回报最大化或实现特定目标的问题[1]。强化学习的常见模型是标准的马尔可夫决策过程(Markov Decision Process,MDP)。按给定条件,强化学习可分为基于模式的强化学习(Model-based RL)和无模式强化学习(Model-free RL),以及主动强化学习(Active RL)和被动强化学习(Passive RL)。求解强化学习问题所使用的算法可分为策略搜索算法和值函数算法两类,主要有Sarsa、Q learning、Policy Gradients、Actor-Critic、Deep-Q-Network等。

机器学习在经济管理中已有较多的应用。在管理学领域,胡海青等利用SVM模型与BP神经网络对供应链金融下的中小企业信用风险评估进行了研究[2];林成德等利用随机森林对企业进行信用评估研究[3];汤俊研究了机器学习技术在反洗钱监控上的应用[4];杨一文等利用SVM对模型金融数据进行了时间序列预测[5];钱苏丽等利用SVM模型建立了电信客户流失预测模型[6]。在情报学领域,林萍等利用LDA主题模型研究了网络舆情的演化[7];范宇等[8]、王博等[9]利用LDA主题模型对专利信息进行降维和分析;李勇男

---

[1] 邱锡鹏.神经网络与深度学习[EB/OL].(2019-10-26)[2019-11-05]. https://nndl.github.io/nndl-book.pdf.

[2] 胡海青,张琅,张道宏.供应链金融视角下的中小企业信用风险评估研究:基于SVM与BP神经网络的比较研究[J].管理评论,2012,24(11):70-80.

[3] 林成德,彭国兰.随机森林在企业信用评估指标体系确定中的应用[J].厦门大学学报(自然科学版),2007(2):199-203.

[4] 汤俊.基于客户行为模式识别的反洗钱数据监测与分析体系[J].中南财经政法大学学报,2005(4):62-67,143-144.

[5] 杨一文,杨朝军.基于支持向量机的金融时间序列预测[J].系统工程理论方法应用,2005(2):176-181.

[6] 钱苏丽,何建敏,王纯麟.基于改进支持向量机的电信客户流失预测模型[J].管理科学,2007(1):54-58.

[7] 林萍,黄卫东.基于LDA模型的网络舆情事件话题演化分析[J].情报杂志,2013,32(12):26-30.

[8] 范宇,符红光,文奕.基于LDA模型的专利信息聚类技术[J].计算机应用,2013,33(S1):87-89,93.

[9] 王博,刘盛博,丁堃,等.基于LDA主题模型的专利内容分析方法[J].科研管理,2015,36(3):111-117.

等利用决策树模型对涉恐人员的情报信息进行快速分类[①]。

3.4.3 关系网络分析方法

关系数据描述的是实体与实体之间的联系，如人与人之间的交际关系、企业与企业之间的关联交易关系等。通过关系数据可以生成一张大网，也称为网络数据或图数据。关系网络分析法是对关系数据的分析方法，可以实现社群识别、信息传播、欺诈发现等。情报领域常用的关系网络分析方法是社会网络分析法，包括节点点度分析、网络图中心势分析、凝聚子群分析、关联性分析、结构洞分析、角色分析、关系数据的假设检验 QAP 分析等。

在关系网络数据分析方面，目前已经有了比较多的相关实践。在社会学领域，张文宏[②]、林南等[③]、赵延东等[④]利用社会网络分析法研究了社会资本与地位取得；马光荣等[⑤]、杨汝岱等[⑥]、胡枫等[⑦]研究了农民社会网络与借贷行为之间的关系。在管理学领域，石秀印[⑧]、石军伟等[⑨]利用社会网络分析方法，研究了企业绩效与企业家社会资本之间的关系；曹廷求等[⑩]、刘海明[⑪]研究了信用担保网络的信用风险传染。在旅游学领域，学者们利用社会网络分析方法在旅游流研究中也有不少发现，如刘法建等[⑫]学者采用中国旅游年鉴与入境旅游者抽样调查数据，研究了国内各省间的入境旅游流网络结构

---

① 李勇男，蒋东龙，梅建明．基于基尼系数的决策树在涉恐情报分析中的应用［J］．情报杂志，2017，36（4）：29-32，53．
② 张文宏．社会资本：理论争辩与经验研究［J］．社会学研究，2003（4）：23-35．
③ 林南，俞弘强．社会网络与地位获得［J］．马克思主义与现实，2003（2）：46-59．
④ 赵延东，罗家德．如何测量社会资本：一个经验研究综述［J］．国外社会科学，2005（2）：18-24．
⑤ 马光荣，杨恩艳．社会网络、非正规金融与创业［J］．经济研究，2011，46（3）：83-94．
⑥ 杨汝岱，陈斌开，朱诗娥．基于社会网络视角的农户民间借贷需求行为研究［J］．经济研究，2011，46（11）：116-129．
⑦ 胡枫，陈玉宇．社会网络与农户借贷行为：来自中国家庭动态跟踪调查（CFPS）的证据［J］．金融研究，2012（12）：178-192．
⑧ 石秀印．中国企业家成功的社会网络基础［J］．管理世界，1998（6）：187-196，208．
⑨ 石军伟，胡立君，付海艳．企业社会资本的功效结构：基于中国上市公司的实证研究［J］．中国工业经济，2007（2）：84-93．
⑩ 曹廷求，刘海明．信用担保网络的负面效应：传导机制与制度诱因［J］．金融研究，2016（1）：145-159．
⑪ 刘海明．信用担保网络的经济效应分析［D］．济南：山东大学，2016．
⑫ 刘法建，张捷，陈冬冬．中国入境旅游流网络结构特征及动因研究［J］．地理学报，2010（8）：1013-1024．

与动因；章锦河等[1]通过国家旅游局针对国内旅游抽样调查的数据分析旅游流的空间场效应；杨国良等[2]利用四川统计年鉴数据论证旅游流规模符合齐夫定律；陈浩等[3]根据旅行社旅行线路数据和长途客运线路数据研究珠江三角洲城市群旅游流网络结构；姚占雷等[4]利用游记中景区的共现现象对华东地区5A级景区的冷热分布进行了分析；滕茜等[5]研究了游客感知下上海市旅游景点的互动过程及其与官方宣传的上海市旅游景区联动机制之间的差异；蔚海燕等[6]利用游客的数字足迹重现旅游流网络，研究了上海市旅游流网络在上海迪士尼开业前后的结构变化。在传播学领域，平亮等[7]、康伟[8]、丁兆云等[9]研究了微博上的网络舆情信息传播；陈蓓蕾[10]、罗晓光等[11]、许玉等[12]利用社会网络分析方法研究了消费者口碑传播现象及其对消费者决策行为的影响。在情报学领域，许鑫等[13]、郭金龙等[14]、翟姗姗等[15]研究了学术博客中学者交流与知识传播之间的关系；邱均

---

[1] 章锦河，张捷，李娜，等.中国国内旅游流空间场效应分析[J].地理研究，2005（2）：293-303.
[2] 杨国良，张捷，艾南山，等.旅游流齐夫结构及空间差异化特征：以四川省为例[J].地理学报，2006（12）：1281-1289.
[3] 陈浩，陆林，郑嬗婷.基于旅游流的城市群旅游地旅游空间网络结构分析：以珠江三角洲城市群为例[J].地理学报，2011（2）：257-266.
[4] 姚占雷，许鑫，李丽梅，等.网络游记中的景区共现现象分析：以华东地区首批国家5A级旅游景区为例[J].旅游科学，2011，25（2）：39-46，72.
[5] 滕茜，杨勇，布倩楠，等.基于网络文本的景区感知及互动研究：以上海为例[J].旅游学刊，2015，30（2）：33-41.
[6] 蔚海燕，戴泽钒，许鑫，等.上海迪士尼对上海旅游流网络的影响研究：基于驴妈妈游客数字足迹的视角[J].旅游学刊，2018，33（4）：33-45.
[7] 平亮，宗利永.基于社会网络中心性分析的微博信息传播研究：以Sina微博为例[J].图书情报知识，2010（6）：92-97.
[8] 康伟.基于SNA的突发事件网络舆情关键节点识别：以"7·23动车事故"为例[J].公共管理学报，2012，9（3）：101-111，127-128.
[9] 丁兆云，贾焰，周斌.微博数据挖掘研究综述[J].计算机研究与发展，2014，51（4）：691-706.
[10] 陈蓓蕾.基于网络和信任理论的消费者在线口碑传播实证研究[D].杭州：浙江大学，2008.
[11] 罗晓光，溪璐路.基于社会网络分析方法的顾客口碑意见领袖研究[J].管理评论，2012，24（1）：75-81.
[12] 许玉，宗乾进，袁勤俭，等.微博负面口碑传播研究[J].情报杂志，2012，31（7）：6-10，24.
[13] 许鑫，翟姗姗，姚占雷.学术博客的学科交互实证分析：以科学网博客为例[J].现代图书情报技术，2015（Z1）：13-23.
[14] 郭金龙，许鑫.图情与互联网博客交流网络实证分析[J].现代情报，2012，32（1）：172-177.
[15] 翟姗姗，许鑫，夏立新.学术博客中的用户交流与知识传播研究述评[J].现代图书情报技术，2015（Z1）：3-12.

平等[①]、张玉峰等[②]、张洋等[③]研究了竞争情报学者间的合作关系；曹玲等[④]利用词共现方法分析了竞争情报领域的研究热点；毛彦妮等[⑤]利用共链网络分析方法研究了国内电子商务企业的竞争态势与竞争关系；戴泽钒等[⑥]利用企业间用户重合度量化企业间竞争关系并分析了企业间竞争态势；唐晓波等[⑦]利用企业产品市场共通性量化企业间竞争关系并分析了手机市场的企业竞争情况。

3.5 多层竞争网络可视化方法

大数据时代，竞争是复杂多变的，竞争对手之间的竞争关系往往是多维度、网络状的复杂关系。对于竞争情报分析工作而言，构建竞争网络并可视化呈现是大数据环境下竞争情报分析的创新点之一。

3.5.1 多层网络定义

单个网络中所有的节点和连边均是同质的，但现实世界中无论是节点所代表的对象，还是连边所代表的联系都存在异质性。如何在网络科学中更精确地体现节点和连边的不同特质是促使多层网络理论形成的科学原动力。

多层网络（Multiplex/Multilayer Network）的概念源于复杂网络研究中对"超网络（Super-network/network of Networks）"的研究，其侧重于刻画网络节点之间链接含义的多样化、权重的差异化特性，不断突破单个网络节点和连边同质性的限制。基于节点异

[①] 邱均平，王菲菲. 基于SNA的国内竞争情报领域作者合作关系研究[J]. 图书馆论坛，2010，30（6）：34-40，134.
[②] 张玉峰，龙飞，王志芳. 基于社会网络视角的竞争情报人员之间知识协作研究[J]. 情报科学，2012，30（1）：16-20.
[③] 张洋，刘锦源. 基于SNA的我国竞争情报领域论文合著网络研究[J]. 图书情报知识，2012（2）：87-94.
[④] 曹玲，杨静，夏严. 国内竞争情报领域研究论文的共词聚类分析[J]. 情报科学，2010，28（6）：923-925，930.
[⑤] 毛彦妮，王菲菲. 基于共链网络分析的国内电子商务网站竞争力探析[J]. 图书情报工作，2012，56（18）：93-98，126.
[⑥] 戴泽钒，朱奕帆，许鑫. 基于用户重合度的竞争对手识别方法[J]. 情报理论与实践，2018，41（9）：57-62.
[⑦] 唐晓波，雍菲. 基于聚类分析的企业竞争对手社会网络分析[J]. 图书情报工作，2012，56（4）：75-79.

质、连边异质和同类节点间是否存在连边的组合，目前多层网络已形成以下几种代表形式[①]，如表3-1所示。

表3-1 多层网络代表形式

连边性质	节点同质	节点异质	
		同类节点不存在连边	同类节点存在连边
连边同质	单个网络	二分网或K分网	带有色点的单个网络
连边异质	多维型多层网络	依存型多层网络	带有色连边的依存型多层网络

目前多维型多层网络尚没有统一的概念界定，不同的研究者也用不同的术语来表示，如 Multilayer Networks、Multilevel Networks、Multi-relational Networks、Multi-dimensional Networks 等。多维型多层网络的实质是为了突破传统单个网络中连边同质性的限制，最初研究者们用不同的颜色标记网络中不同的连边，即 Colored-edge Network，但这一做法必然产生一对节点存在多重连边问题。要避免这一问题，研究者便开始运用不同的分层来表示不同的联系类型，于是便形成了多维型多层网络。严格的多维型多层网络的特点是在每一层中都存一个单个网络，每一层网络的节点集相同或存在一定的交集，而层与层之间不存在连边，或者仅同样节点之间存在连边，每层网络内的连边具有不同的属性，因此多维型多层网络的层数等于连边的类型数。

3.5.2 多层网络构建技术与可视化方法

Boccaletti S 等将多层网络视为类似于一个由 n 个单个网络组成的网络集，每个单个网络构成一个网络层，以 (G, C) 表示整个多层网络，其中 G 是由一组单个网络组成的集合，C 是包含所有不同层间连边的集合，进而形成网络层内的邻接矩阵和网络层间的邻接矩阵[②]。同时提出了将其他类型网络转换映射为多层网络的方法，具体如下。

（1）时态网络

时态网络可表示为具有一组层的多层网络，如图3-1所示。在每个时间 t=1、2、3

---

① 张欣. 多层复杂网络理论研究进展：概念、理论和数据［J］. 复杂系统与复杂性科学，2015，12（2）：103-107.

② BOCCALETTI S, BIANCONI G, CRIADO R. The structure and dynamics of multilayer networks［J］. Physics reports，2014，544（1）：1-122.

时，不同的图形表征了系统组成部分之间相互作用的结构。图 3-1 右边相应的多层网络表示其中每个时刻都映射到不同的层。

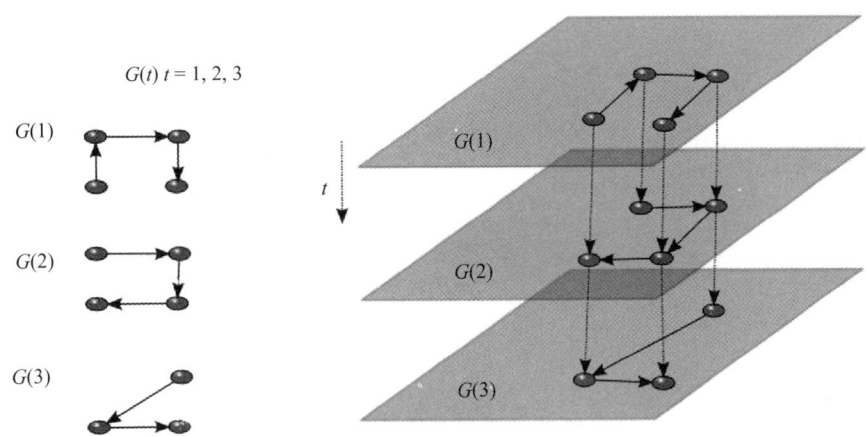

图 3-1　将时态网络映射到多层网络示意

（2）交互网络

交互网络可以建模为一个多层网络，其交叉层对应于网络之间的相互作用，如图 3-2 所示。左侧的每个网络对应右侧的不同层。

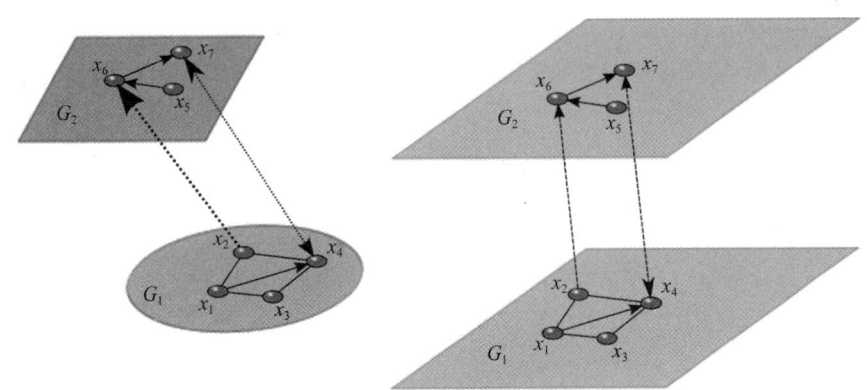

图 3-2　交互网络到多层网络直接映射示意

（3）超网络

如图 3-3 所示，左侧的一组节点定义 3 个超链接（H_1，H_2 和 H_3），每个超链接映射到由其节点的完整图组成的层。

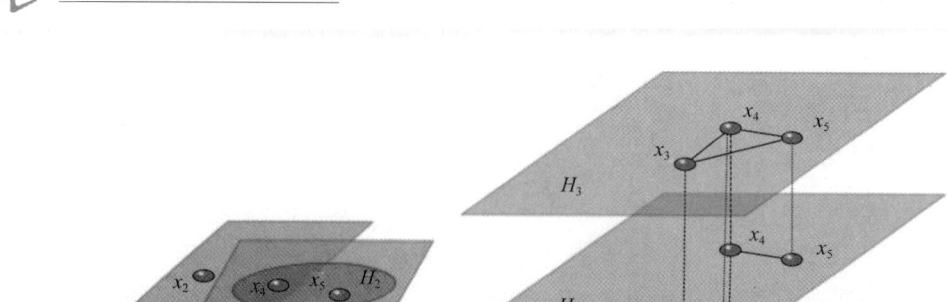

图 3-3　超图转换为多层网络示意

3.5.3　多层网络分析方法

单个网络拓扑性质分析已形成一套较为完善的体系，如度/节点重要性、度相关性、聚类系数、平均路径长度等指标。如何分析多层网络的拓扑性质目前尚在探索阶段，最初的做法是将多层网络中不同层的节点和连边以各种权重的形式进行归并，从而形成单一网络，再依据传统的单一网格拓扑描述方法来进行。但这一做法越来越受到学界的质疑，对多层网络进行归并的同时，必然会丢失一些重要的信息，同时还存在权重如何设定的问题。

国内外不少研究者开始建立适合多层网络特点的拓扑性质描述体系。Battiston F 等以向量的形式将单一网络中的度中心性、介数中心性和接近中心性拓展至多层网络[1]，但存在如何就节点重要性进行排序的问题。Albert R 等提出了一种对多层网络节点介数中心排序的算法，并发现这一算法比传统赋权式的排序算法在中位节点的排序上更为合理[2]。其他学者还提出了多层网络上特征向量中心性的衡量方法、多层网络中聚类系数的衡量算法等。但到目前为止多层网络拓扑性质的描述尚未形成完善的参数体系和模型算法。

---

[1] BATTISTON F, NICOSIA V, LATORA V. Structural measures for multiplex networks [J]. Physical review E statistical nonlinear & soft matter physics, 2014, 89 (3): 28-44.

[2] ALBERT R, BARABASI A. Statistical mechanics of complex networks [J]. Reviews of modern physics, 2001, 74 (1): 47-97.

3.6 本章小结

本章梳理了大数据分析方法在竞争情报领域的应用框架，包括需求分析、数据采集、数据组织、数据分析、数据可视化等关键步骤。

竞争情报工作需要从数据中提炼出信息，从信息中总结出知识发现来辅助决策，缺少有效数据的竞争情报工作是无米之炊。常见的数据源有政府数据、科研数据、商业数据、互联网数据。政府公开数据和科研数据共享程度更高，但其在竞争情报分析中的应用领域相对较窄；商业数据是企业之间发生交易等行为产生的数据，保密性较高，一般只可以获取到自身企业拥有的商业数据；相对于商业数据，互联网数据具有较高的公开程度与较高的商业价值，企业竞争情报工作中可以更多考虑互联网数据的采集。本章总结了互联网数据的若干种类型及其采集来源，方便企业根据自身需要找到合适的数据源。此外，本章还简单介绍了互联网数据采集的几种技术方法，方便使用者根据自身需要选择合适的方法获取互联网上的数据。

获取了数据之后，对于数据的有效组织能提高后续数据处理与分析的效率，同时由于非结构化、无序、异构的数据越来越多，情报工作要想从不同数据源、不同类型的数据中挖掘整理出信息与知识，就需要更有效的数据组织方法。本章主要概述了分类导航、分众分类、标签聚合、关联数据、领域本体、知识图谱几种数据组织方法。

大数据背景下，传统的情报分析方法已经无法适应当前需要处理海量数据、实现快速响应的竞争情报需求。本章介绍了统计学、机器学习与关系网络分析三大类的数据分析方法。在竞争情报工作中，面向大数据分析的统计学方法主要有回归与相关分析、时间序列分析、多元统计分析等方法；机器学习方法包括有监督学习、无监督学习、半监督学习、集成学习、强化学习、深度学习等主要模块，近几年机器学习方法在工业界已经有了较多实践与成果，竞争情报工作可以引入更多成熟的机器学习方法；关系网络数据方面包括社会网络分析、社区识别、知识图谱等，目前在经济管理、情报学领域应用更多的是社会网络分析方法。

本章还介绍了多层网络的可视化方法，包括多层网络的构建、分析与可视化等。

第 4 章
竞争情报大数据采集与监测

大数据时代，伴随着互联网信息爆炸式增长，依靠传统的人工手段越来越难以从互联网上快速准确地获取所需信息。随着人们对竞争情报愈发重视，互联网信息的采集、整理与分析成为情报部门的一项重要工作。面对上述矛盾，如何在耗费较少资源的前提下，从互联网上快速准确地获取主题信息成为情报部门亟须解决的问题，情报人员也迫切希望面向主题的互联网信息获取工具能够更完备地搜集领域信息，并且具有自动发现领域内主要资源的能力[①]。此外，数据采集之后，一类典型的应用是大数据监测。例如，可以利用主题模型进行主题监测，利用意见挖掘方法进行评论意见监测和情感分析，本章将研究基于此的数据监测技术方案。

4.1 互联网主题信息采集策略与系统框架

目前网络信息采集技术已经相对比较成熟，但仍然存在诸多不足，如难以覆盖呈指数级增长的互联网信息、搜索结果与用户查询的相关度不高、难以满足用户个性化的搜索需求等。网络信息采集朝着个性化、领域化、分类化、智能化的方向发展，这使得面向情报获取的互联网主题信息采集需要设计适用的采集策略和系统框架。

4.1.1 互联网主题信息采集研究与实践现状

互联网主题信息采集是指根据用户指定的主题内容在互联网有限的网络空间内，选择性地对那些与预先定义好的主题相关的页面进行采集，发现与主题相关的信息资

---

① 李晓明，闫宏飞，王继民. 搜索引擎：原理、技术与系统[M]. 北京：科学出版社，2005：25-30.

源,为用户提供专业化、个性化的信息服务。常见的互联网主题信息采集技术和策略如下。

基于内容的主题信息采集。在搜索引擎内部建立一个针对主题的词表,搜索引擎爬行器根据其内设的词表对网上的信息进行索引。不同系统词表建设的复杂度大不相同,现在此类词表的建设越来越多地引入了知识表示的方法。

基于超链接分析的主题信息采集。通过对链接进行分析,可以找出各个网页之间的引用关系,由此可以很容易地按照引用关系将大量网页分类。这与传统的引文索引也比较相似。

其他主题信息采集技术和策略,如结合基于内容评价和链接结构分析的算法。在实际应用开发中也有不少原型和策略可资借鉴。

目前国外这方面的研究成果较为丰富,Chakrabarti 等提出了一种基于主题的网络采集工具,该工具通过对样本网页的学习获取采集主题,并以此为依据进行互联网采集[1]。Aggarwal 等提出了根据页面之间的链接关系进行 Web 主题信息采集的方法[2]。Nie 等提出了一种对象级链接分析模型——PopRank,用于判定网页链接的重要程度,相对于传统 PageRank 算法,该模型的准确性更高[3]。

在国内,从事主题采集方面研究的学者也较多。杜义华等通过建立网页资源库,结合网络爬虫、内容分析等技术,实现了互联网信息采集系统,并能够对所采集信息进行规整和分类[4]。宫进等首先为待下载的站点定制一套下载模板,再根据模板进行网页下载和内容抽取,并实现了自动更新的功能[5]。罗立宏等针对通用搜索引擎采集结果不够准确的问题,提出了基于规则的智能网络蜘蛛搜索方法并予以实现[6]。许鑫等结合12580

---

[1] CHAKRABARTI S, VAN DEN BERG M, DOM B. Focused crawling: a new approach to topic-specific web resource discovery [J].Computer networks, 1999 (11): 1623-1640.
[2] AGGARWAL C C, Al-GARAWI F, PHILIP S Y. Intelligent crawling on the world wide web with arbitrary predicates [C]. Proceedings of the 10th International Conference on World Wide Web.Hong Kong: ACM, 2001: 96-105.
[3] NIE Z Q, ZHANG Y Z, WEN J R, et al. Object -level ranking: bringing order to web objects [C]. Proceedings of the 14th International Conference on World Wide Web. New York: ACM, 2005: 567-574.
[4] 杜义华,及俊川.通用互联网信息采集系统的设计与初步实现[J].计算机应用研究,2005(1): 187-189, 210.
[5] 宫进,胡长军,曾广平.互联网信息定向采集系统的设计与实现[J].计算机应用,2007(S1): 16-17.
[6] 罗立宏,陈志.基于语义分析的垂直搜索网络蜘蛛[J].计算机工程与设计,2008(18): 4662-4665, 4812.

网络信息采集的餐饮垂直搜索原型系统提出信息采集、信息更新、信息抽取等垂直搜索引擎实际应用中的若干策略①。姚双良提出了一种基于主题的 Deep Web 聚焦爬虫框架，该框架能够很好地适应特定主题的结构化 Deep Web 信息采集，提高了采集效率②。谷俊等设计了面向互联网的主题采集，作为情报获取的重要手段，面对爆炸式增长的互联网信息资源，设计并实现一套由采集准备、URL 分析及提取、模板学习、正文抽取等阶段组成的主题采集工具③。马志强等针对主题信息采集系统存在的采集效率低和可扩展性差等问题，研究分布式采集系统架构，设计了一种基于局域网的多节点服务器架构主题采集系统④。盛亚如等提出利用主题网络爬虫的概念和方法，运用正则表达式去匹配出网页中所需要的特定信息数据，有效地增强爬虫程序的适用性，缩短用户获取信息的时间⑤。郑正等为了快速地采集与定位创业政策信息，设计了一种基于主题网络爬虫的爬行策略和网页相关度算法⑥。

4.1.2　互联网主题信息采集策略

（1）通用引擎采集

现有的通用搜索引擎以其针对海量网页的爬取技术、索引能力及相对成熟的网页链接评价体系，为互联网普通用户提供了较好的信息检索服务，针对海量的互联网信息，有着较高的查全率。然而通用搜索引擎主要考虑面向全体网络用户而进行大规模的网页信息爬取，其无法满足对特定领域信息检索服务的专业性、个性化、准确性要求，查准率较低。

（2）主题爬虫采集

为了提高情报人员获取信息的速度，很多企业采用了网络爬虫来获取互联网信息，

---

① 许鑫，黄仲清. 垂直搜索引擎应用中的若干策略探讨：以 12580 餐饮垂直搜索为例［J］. 现代图书情报技术，2009（2）：62-70.
② 姚双良. 基于主题的 Deep Web 聚焦爬虫研究与设计［J］. 西北师范大学学报（自然科学版），2013，49（2）：40-43，48.
③ 谷俊，翁佳，许鑫. 面向情报获取的主题采集工具设计与实现［J］. 图书情报工作，2014，58（20）：91-99.
④ 马志强，张泽广，李昊甦，等. 基于分布式架构的主题信息采集系统［J］. 计算机工程与设计，2015，36（4）：1094-1097，1121.
⑤ 盛亚如，魏振钢，刘蒙. 基于主题网络爬虫的信息数据采集方法的研究与应用［J］. 电子技术与软件工程，2016（7）：168-169.
⑥ 郑正，赵飞，周昕旸. 基于主题网络爬虫的创业政策信息采集研究与实现［J］. 电脑知识与技术，2017，13（14）：49-51.

期望通过网络爬虫减轻情报人员的信息搜集负担。主题爬虫（面向主题的垂直搜索引擎）通常使用一个智能化的网络爬虫，通过预先设定的种子链接集，利用协议访问并下载页面，在采用各种算法分析页面与主题的相关性后提取出待访问的链接，预测链接指向主题相关页面的可能性，再以各种不同的爬行策略循环迭代地访问 Web，搜索结果经专业人士加工后可形成面向某一主题的垂直门户。

(3) 通用引擎与主题爬虫相结合的采集

虽然通用引擎采集和主题爬虫采集都采用了爬虫技术，但策略有较大差异。通用搜索引擎主要基于广度优先搜索策略（Breadth First Search，BFS）。而由于只针对某个特定主题或领域，面向主题的垂直搜索引擎更多的是基于深度优先搜索策略（Depth First Search，DFS），也更侧重时效性，不过在主题信息采集的相关度判断中需要占用较多计算资源和时间。因此利用传统主题信息采集方法在实现上较复杂，效率较低。受到网民日常使用互联网习惯的启发，本研究通过模拟信息用户向通用搜索引擎提交查询并获得搜索反馈结果这一过程，提出利用机器自动提交指定关键词，甚至提交关键词和指定网址的方式对通用搜索引擎进行类元搜索的主题定向信息采集方案。这一方案利用通用搜索引擎广度优先的抓取策略，可以满足高性能的互联网特定信息采集；同时再利用垂直搜索主题爬虫对重要程度高的权威网站进行深度抓取，可兼顾两种策略优点，有效控制信息采集范围和方向，规避计算资源不足和技术实现复杂等问题，具有较高的应用性和可行性。

(4) 领域主题词表生成及定向采集优化

由于采用向通用搜索引擎自动提交关键词并采集返回 URL 链接的方案，选取适当的领域相关主题关键词形成该领域的主题词表，成为信息采集方案的首要步骤，且主题词表的优劣在相当程度上影响了系统后续的信息采集内容和效果。具体的步骤包括：①由领域专家给出相关领域的权威网站作为基础语料来源，通过对权威网站网页内容的整站抓取获得领域语料资源；②对抓取的语料资源进行中文切分词和词频统计，获得高频词表，再由领域专家对高频词表中的高频词汇进行整理，人工选取出与领域相关的词语；③对从高频词表中选取出的领域主题词进行上位词、下位词、同义词、近义词扩展，去除重复词汇，从而最终形成相关领域的主题词表，在信息采集系统后续的采集中将不断收集相关领域的新词汇，在发现领域新词后加入领域主题词表中，形成系统性的反馈机制，从而不断对主题词表进行更新维护；④除使用领域主题词表外，大数据环境下，也可以对特定主题进行领域本体构建，或者使用已有的领域本体，并且将用户提交的关键词放入领域本体中进行进一步拓展，形成较为全面的领域术语集合。

4.1.3 互联网主题信息采集系统框架

基于以上分析，本章采用通用搜索引擎与垂直搜索引擎相结合的互联网主题信息采集策略，构建了一个互联网主题信息采集系统框架，如图 4-1 所示。系统有两个采集入口，即针对通用搜索引擎构建的类元搜索的信息采集入口和针对重要权威网站构建的垂直信息采集入口。

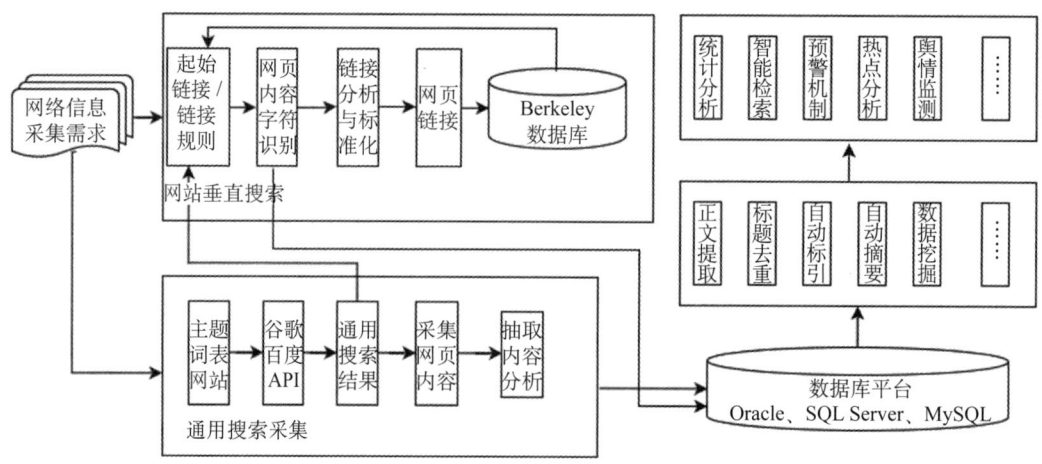

图 4-1 互联网主题信息采集系统框架

系统中，通用引擎采集部分首先由网络信息采集需求确定检索主题，并确定出该领域的主题词表作为搜索关键词集合，选择一定量的目标网站以控制采集范围。选择 Google、百度等搜索引擎，根据预先设定的检索式，将关键词和目标网站提交给通用搜索引擎，并抓取返回的相关链接放入数据库中，完成 URL 采集。同时配合垂直搜索爬虫，深度抓取权威网站的 URL 链接并入库。对数据库中的 URL 进行去重等处理后，采集网页内容，建立与主题领域相关的网络信息内容数据库，完成采集任务。

系统在网络信息采集的基础上还可以建立更多文本处理应用，如基于网页正文内容的分类聚类可以提供更好的信息组织；设置标签可建立基于标签云的导航；利用自动摘要技术可提供专题简报服务；对网络信息传播的趋势分析可辅助建立态势分析预警机制；使用情感分析技术可进行用户偏好识别。

4.2 面向竞争情报的主题信息采集关键技术研究

大数据时代，互联网信息采集是竞争情报大数据采集的重要渠道。面对企业情报部门日益强烈的完备性和自动化互联网主题信息采集需求，本章 4.1 节设计了互联网信息采集策略和系统框架，尝试融合通用与垂直搜索引擎相结合，以链接分析与网页文本分析为基础，以用户提出的检索词为匹配条件，实现互联网信息的定题采集。在面向竞争情报的定题数据采集实现中，尚有很多需要解决的问题，包括采集防屏蔽方法、正文URL 筛选、模板构建与内容抽取、网页正文筛选、采集后去重等。本节研究解决上述问题的关键技术或策略，并实现一个面向主题的数据采集。

4.2.1 采集防屏蔽方法策略

互联网数据采集中，涉及长时间大规模的遍历访问经常会被目标网站屏蔽，目前一般采用的防屏蔽技术主要有轮转访问 / 分时任务、IP 地址轮换、模拟浏览器等[1]。

考虑到在采集过程中需要访问一些需要用户登录后才能继续访问的网站，如论坛、SNS 社区、博客、微博等，可以采用以模拟浏览器技术为主并结合其他屏蔽技术的防屏蔽策略。许多主流网站的登录机制都采用 Cookie 来处理和存储网络会话信息，实现模拟浏览器的操作需要了解被采集网站对 Cookie 的操作原理后编程实现，也有一些工具可以自动处理 Cookie，如 .Net Framework 中提供的 Web Browser 控件。以自动登录新浪微博，并提交检索式获取网页源文件为例：分析新浪微博（http://t.sina.com.cn）的登录页面，未能查找到账户提交的链接地址；考虑利用新浪 SSO 单点登录页面（http://login.sina.com.cn）的登录地址提交登录信息；SSO 可使用户在多个应用系统中只需要登录一次即可访问所有相互信任的系统，待登录网页加载完成后，再跳转至新浪微博地址并提交检索关键词，获得检索反馈网页的源文件。

4.2.2 基于链接类型的 URL 筛选

（1）网页链接的分类

网站 URL 的生成方法并没有统一的规定，每个网站中所提供的 URL 形式也都不尽相同，但是现有的绝大部分行业门户网站出于提高访问速度、防止黑客攻击等目的，

---

[1] BRIN S, PAGE L. The anatomy of a large-scale hypertextual web search engine [J]. Computer networks and ISDN systems, 1998, 30 (1-7): 107-117.

通常会按照一定的目录结构为动态网站创建静态页面,辅以固定格式的 URL。对这些 URL 进行深度分析后,有些学者发现貌似无规律的网站 URL 其实也有章可循[①],如图 4-2 所示。

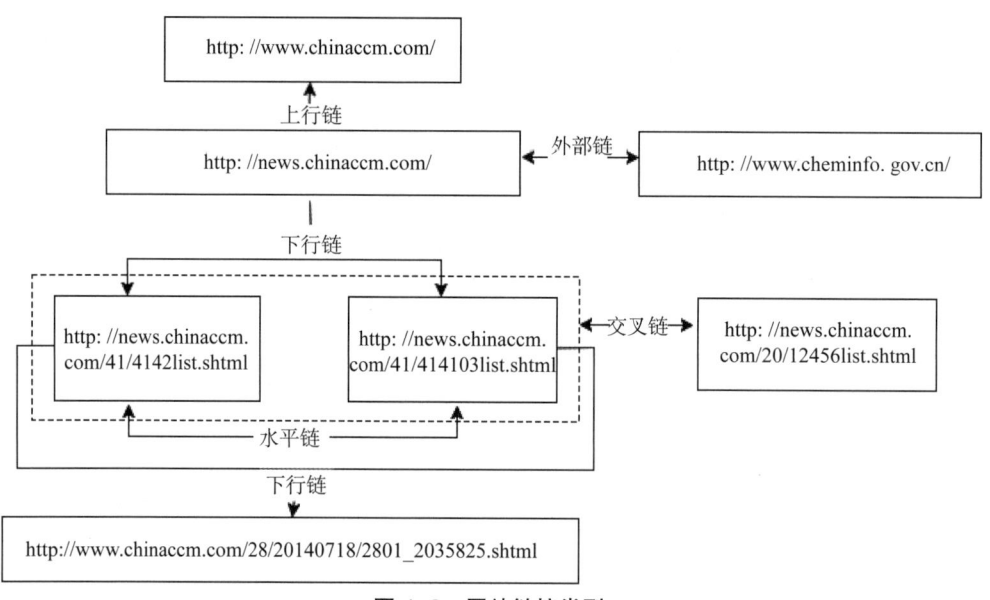

图 4-2 网站链接类型

图 4-2 以中华商务网为例,展示了一般网站的基本链接类型,包括下行链、水平链、上行链、外部链和交叉链。另外,在网页链接中还存在框架链和暗网链。

1) 下行链

目标页面是当前页面的下级页面,通常是提供更详细的列表或正文的页面,在 URL 格式上表现为当前页面的子目录。

2) 水平链

目标页面与当前页面处于同一级目录中。一般来说,如果两个页面之间的链接关系为水平链,通常有几种可能性:①两个页面同为列表页面,页面上显示为同一个大栏目下的子栏目列表;②同为内容页面;③由于有些网站目录结构不太清晰,不同类型的网页有时会放在同一目录下,无法直接判断出网页之间的关系,需要进一步加以区分,此类链接也属于水平链的范畴。

---

① 余智华. WWW 站点的分析与分类 [D]. 北京:中国科学院计算技术研究所,1999:35-48.

3）上行链

目标页面为当前页面的上级页面，在 URL 格式上表现为当前页面的上级目录，或者当前域名的上级域名，如 http://www.abc.com 与 http://News.abc.com。

4）外部链

目标页面不是当前页面所在网站，在 URL 格式上表现为与当前页面的一级域名不同。这种链接所指向的网页一般与用户所需的内容关联不大，通常为广告链接或友情链接等。

5）交叉链

目标页面不属于当前页面所在目录，但是与当前页面的路径深度相同。因此，如果当前页面为内容页面，那么交叉链所指向的目标页面极有可能也是内容页面。

6）框架链和暗网链

框架链一般以 `<iframe></iframe>` 的形式存在，比较容易识别。但经过观察，一般新闻动态类网站不太会采用此类链接来展示信息，因此本研究不予考虑。暗网链一般以 `<form></form>` 形式出现，在 Action 属性中指向了 Form 提交的地址，一般出现在专利、论文或标准检索平台中。对于此类链接，需要使用用户提供的检索词集合进行模拟检索，并将检索结果以样例的形式反馈给用户，由用户最终确定是否采集。

（2）链接提取规则

主题信息采集的主要目标是抓取互联网上含有正文内容的页面，剔除非列表或索引页面。用户在输入种子 URL 时，通常会指定采集目标网站的主站地址，如 http://www.abc.com；同时，为了提高采集结果的召回率，利用搜索引擎检索时，系统也会将搜索引擎匹配到的 URL 转换为该目标网站的顶级 URL 后再进行采集。因此，外部链指向的网页基本不符合用户的采集主题需求，可以舍弃。

观察发现，在网页采集过程中，下行链、水平链和交叉链极有可能成为正文网页的首选链接。以网站首页为例（图 4-3）：①首页页面中通常包含栏目（菜单）页面、内容页面、广告及友情链接等几种类型的链接，栏目页面链接和正文页面链接相对于首页均为下行链，需要保留；②在栏目页面中，包含栏目页面、正文页面、广告等类型的 URL，其中栏目页面的链接属于水平链或交叉链，而正文页面的链接属于下行链，需要经过 URL 去重判断后保留；③在正文页面中，除指向首页和栏目页面的上行链之外，还包括了指向其他内容页面的水平链和交叉链，因此，水平链和交叉链需要保留，而上行链也需要进行重复检测，判断其是否已经在待采集队列中。

图 4-3　网站首页链接类型分布

另外，单纯的链接规则抽取一般无法达到较高的准确性，还需要通过对链接的上下文进行分析，才能进一步提高链接抽取的准确率。本研究主要对链接中的文本进行判定，确定其为正文网页还是列表网页，再确定其提取方法。通常门户网站中指向正文的链接都会包含一个比较长的锚文本（即标题），因此，可以利用链接中的文本长度进行区分，文字长度超过一定阈值的链接处理为内容网页链接，同时与用户提供的检索词进行匹配，将符合条件的放入下载列表中，而将长度小于阈值的链接处理为列表网页链接，放入监控队列进一步处理。由此，通过指定深度的采集，能够提取出目标网站的所有正文页面。

（3）链接提取方法

根据上述链接提取规则，可以利用种子 URL 对网站进行链接提取。

定义 1：Link Collection 存储属于下行链、水平链和交叉链的 URL 集合，同时包括这些 URL 的链接文字、链接类型等信息。

定义 2：Page URL Collection 存储指向内容页面的 URL 集合，这些 URL 可以直接进行下载、模板学习等后续处理。

定义 3：Node URL Collection 存储指向列表页面的 URL 集合，这些 URL 可以根据用户设定的采集深度确定是否需要继续提取该页面上的 URL。

具体过程为：①判断目标网站是否需要登录，如果需要登录，则进行网站登录操作，并记录 Session；②访问种子 URL，提取页面中的所有链接，判断其链接类型，符合链接提取规则的存入 Link Collection 中；③递归访问 Link Collection 中的 URL，根据链接提取规则，提取页面上属于下行链、水平链和交叉链的 URL，存入 Link Collection 中；④对 Link Collection 进行循环访问，判定其是否属于内容页面链接，若属于内容页面链接，则放入 Page URL Collection 中，否则放入 Node URL Collection 中；⑤对于 Page URL Collection 中的 URL，可以保留下来，用于后续步骤的处理，Node URL Collection 中的链接，则根据用户设定的网站采集深度，确定是否需要进一步提取 URL。

4.2.3 基于模板的网页正文抽取

经过 URL 的筛选和提取，Page URL Collection 中的 URL 基本都指向了正文页面，可以直接下载下来。但是这些页面上除了有正文信息外，还包含了大量的广告、栏目链接、脚本、网页样式等不相关的内容，会导致用户的检索结果不准确，需要将其剔除，仅保留标题、内容等主要信息。

现在绝大多数网站是通过一套或几套网页模板来生成动态或静态网页，在这种网页中，其页面结构基本没有变化，只是网页中的正文内容是从数据库中调出的[①]，显示会有所不同，如图 4-4 所示。

---

① 王琦，唐世渭，杨冬青，等. 基于 DOM 的网页主题信息自动提取［J］. 计算机研究与发展，2004（10）：1786-1792.

图 4-4 中华商务网正文网页结构

以中华商务网为例，该网站所发布的正文页面包括四大主体部分。页面的顶部属于页面头（TOP），包括菜单、登录区域等；右侧包含广告和其他推荐资讯等链接；左侧为正文部分，也是需要进行抽取的主要部分；页面的下方是页面尾（Bottom），包括网站地图链接和版权声明。

由此可见，通过模板的学习，生成一个或一系列目标网站的正文抽取模板，可以实现对目标网站页面内容的抽取。在前面的步骤中，已经将指向网页内容的 URL 提取了出来，因此本模块的主要作用便是通过对这些 URL 的访问，形成正文抽取模板，并根据模板实现正文抽取，具体流程如图 4-5 所示。

(1) 预处理

在预处理部分，系统从待处理 URL 集合中随机抽取 2 个 URL 并访问，对得到的源码进行规范化和简化处理，供后续步骤使用。预处理包括编码转换和噪音信息过滤两个步骤。

1) 编码转换

互联网上网页的常见编码方式包括 gb2312、unicode、utf-8、gbk、big-5 等。系统访问网页时，需要将其转换为默认编码，否则在读取时会出现乱码的情况。系统在转换编码方式时采用两种方法：①在用户提交种子 URL 时，填入采集站点的字符编码，字符

第 4 章
竞争情报大数据采集与监测

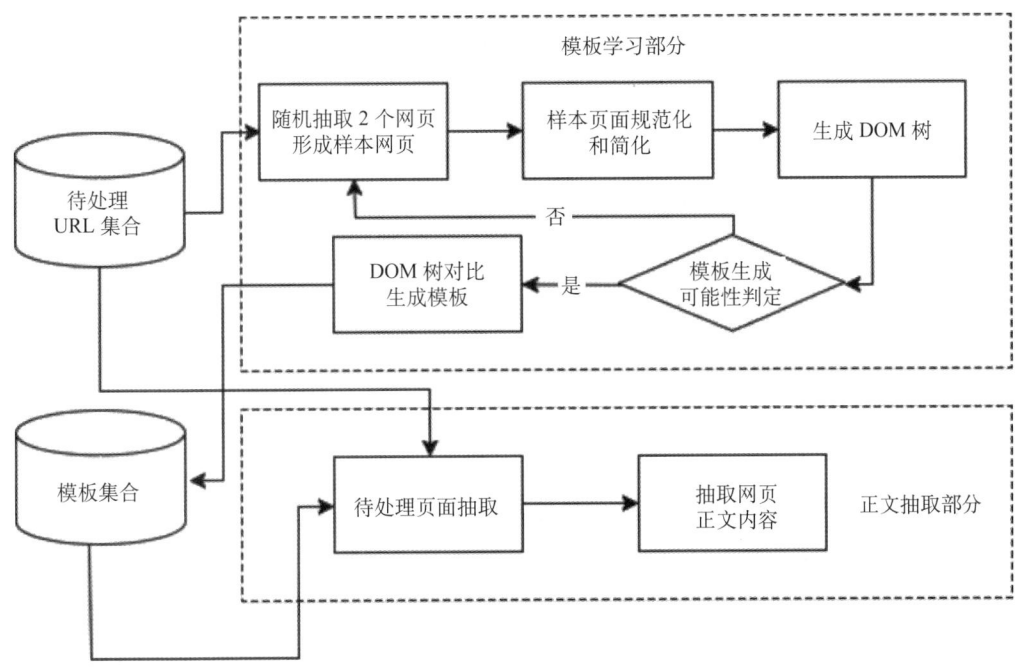

图 4-5　模板学习与正文抽取流程

编码可以从 < meta http - equiv = "Content Type" content = "text / html；charset = utf - 8" /> 中获取；②如果用户未提供站点的编码或通过搜索引擎获取的 URL 无法直接给出站点编码时，采集工具则会从目标页面返回的 HttpResponse 头信息中自行获取。系统根据站点的编码信息访问网页并将其转换为系统默认编码，以实现采集网页编码格式的统一。

2）噪音信息过滤

噪音信息过滤的主要目的为将网页上与正文内容无关的标签进行筛选和过滤，提高后续模板学习的效率。噪音信息主要包括 <link>、<script>、<style>、<input>、<object> 等标签及其包含的内容。需要说明的是，<img> 标签中所包含的是图片信息，图片信息可能出现在网页结构中，也可能出现在正文中。但由于本部分研究的主要内容是提取网页正文并交给搜索引擎工具处理，最终向用户展示的是检索结果和目标网页的链接，无须包含正文中的图片。因此，<img> 标签也可以作为噪音信息进行过滤。本研究使用正则表达式匹配的方式剔除噪音信息。

（2）模板学习

经过预处理后的网页 HTML 源码可以利用 Html Agility Pack 工具包转换为 DOM 树。Html Agility Pack 工具包是 .NET 下的一个 HTML 解析类库，可以将 HTML 源码直接转换 DOM 树。同时,还支持用 XPath 来解析 HTML,处理 HTML 非常便捷。通过遍历 DOM 树,对样本网页进行比较,即可得到正文的抽取模板。

1)节点类型

出于提高网页美观程度、增加广告和访问量等目的,互联网上的 Web 站点会在正文页面展示一些辅助信息,这些信息与正文内容并无太大关系。这些内容所在的节点在 HTML 表示中通常是不太发生变化的,而正文内容则会根据页面的不同而不同。因此,本研究认为 HTML 源码中的 DOM 节点可以分为静态节点、动态节点和混合节点。

定义 4:静态节点(STATIC)为对比的两个样本网页中,从叶子节点开始到当前节点属性和内容均相同的节点。

定义 5:动态节点(DYNAMIC)为对比的两个样本网页中,与当前节点属性或内容不同的节点。如果动态节点过多,则可能表示随机抽取的两个网页分属于不同的模板,需要回到前面的步骤中重新抽取 URL。

定义 6:混合节点(MIX)为对比的两个样本网页中,既包含静态子节点也包含动态子节点的节点。

其中,判定为静态节点的部分属于两个样本网页的相同部分,可以作为模板节点,动态节点的部分可能包含了需要抽取的正文内容,而混合节点需要进一步判定。

2)节点比较与模板生成

Wang Jiying 和 Lochovsky F H 提出了基于模板的网页内容抽取 DSE(Data-rich Section Extraction)算法[1]。这是一种基于文档对象模型的方法,抽取效率较高,但还存在一些不足。DSE 算法认为,如果节点的标签名和属性相同,则两个节点完全相同,这种方法脱离了网页的内容。例如,现有网站很多是使用标签 <p></p> 或 <div></div> 为正文进行分段的,如果按照 DES 算法,标签和属性均相同即属于相同节点,则会在正文抽取部分丢失真正的正文信息;DES 算法会把相同节点剔除,也增加了丢失正文的可能性。因此,本研究对其进行了改进,增加了内容判定的部分,并保留相同节点,确保信息抽取的完整性和准确性。节点比较样,如图 4-6 所示。

---

① WANG J Y, LOCHOVSKY F H. Data-rich section extraction from HTML pages [C]. Proceedings of the Third International Conference on Web Information Systems Engineering.WISE 2002. Singapore:IEEE,2002:313-322.

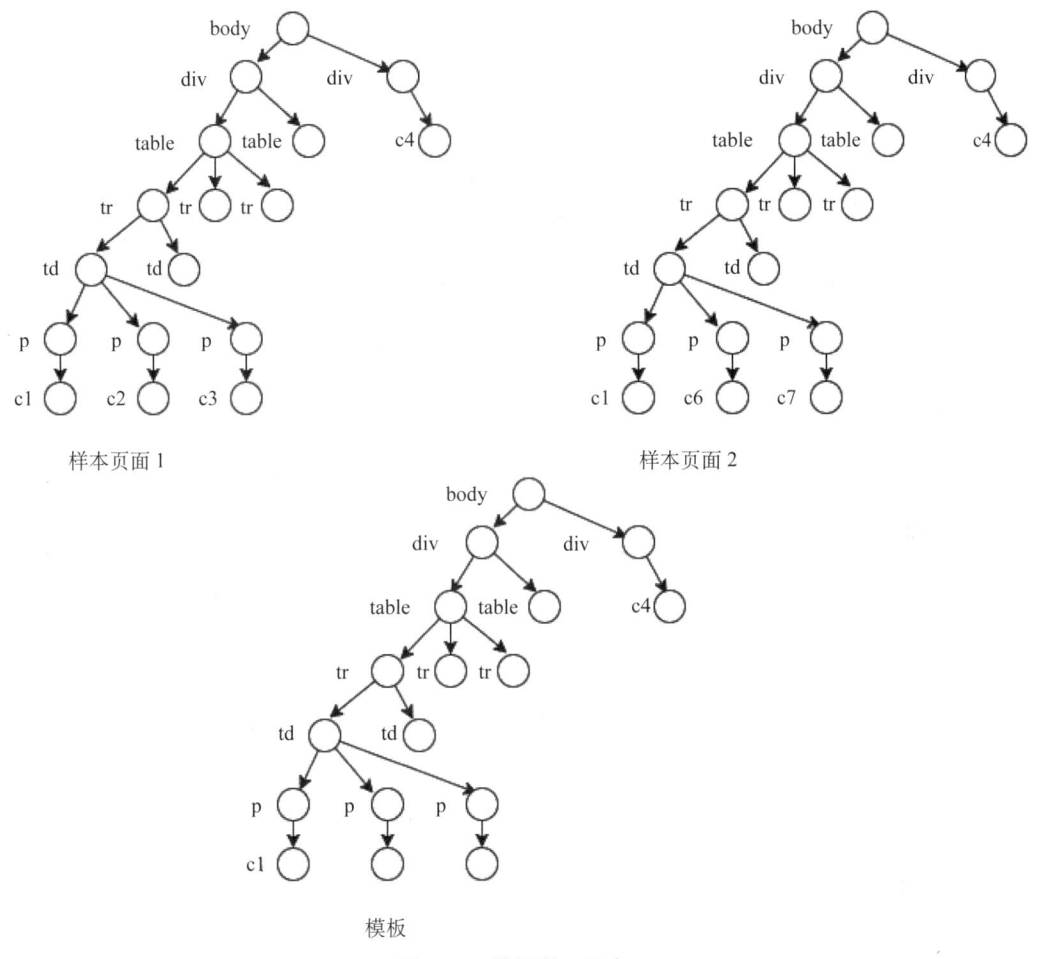

图 4-6 模板学习示意

图 4-6 是一个简化的节点比较和模板学习示意图,通过节点比较,会生成包含 STATIC、MIX 和 DYNAMIC 3 类节点的网页抽取模板,而其中 DYNAMIC 型节点即为需要进行正文内容抽取的节点。具体比较过程如下:① ($body_1$, $body_2$) 节点为父节点,因此暂定该节点为 MIX 类型。② (div_{11}, div_{21}) 节点也为父节点,暂定为 MIX 类型,而 (div_{12}, div_{22}) 中有相同的文本内容,因此可以界定为 STATIC 类型节点。③ ($table_{11}$, $table_{21}$) 为父节点,定为 MIX 类型;右侧 ($table_{12}$, $table_{22}$) 节点为叶子节点,节点标签与属性相同,且该节点中并没有文本内容,因此定为 STATIC 类型节点。④同理,(tr_{11}, tr_{21})、(td_{11}, td_{21}) 均为 MIX 类型节点;(p_{11}, p_{21}) 的标签、属性和文本内容均相同,定为 STATIC 节点;(p_{12}, p_{22}) 和 (p_{13}, p_{23}) 节点虽然标签和属性相同,但是文本内容不同,为 DYNAMIC 类型节点。

经过第一轮判定后，DOM 树中的节点类型基本可以确定。但是在第一轮判定中有子节点的父节点均被定为 MIX 类型节点，这是不合理的，会影响正文抽取的精度。因此，还需要对 MIX 类型的节点重新梳理，即遍历 MIX 类型节点的子节点，如果这些子节点及其下级节点均为 STATIC 类型，那么该父节点则需要调整为 STATIC 类型。这样，就可以生成用于目标网站内容的抽取模板，以 XML 格式保存。

（3）正文抽取

基于正文抽取模板，便可以开展网页中正文内容的抽取工作。抽取过程与模板生成的过程类似，具体步骤为：①提取待采集队列中的一个 URL 进行访问，返回 HTML 源码；②对 HTML 源码进行编码转换和噪音信息过滤；③根据 HTML 生成 DOM 树；④用模板的 DOM 树与待处理 DOM 树进行匹配，抽取 DYNAMIC 类型节点中的正文内容。

另外，为了提高不同类型页面的区分度，一个综合性的行业门户网站通常会使用 2~3 套模板来发布不同类型的新闻[1]，那么使用上述抽取方法时可能出现无法匹配的情况，说明待处理页面可能需要使用新的模板进行正文抽取。因此，系统会将该页面单列出来，再进行一次模板学习，生成新的模板后再进行正文抽取。

情报分析工作具有快速及时的特点，因此互联网信息采集也必须遵循快速获取的规则。传统的基于自然语言处理的正文抽取方法，虽然抽取准确率较高，但是比较耗费时间，对于计算机的资源需求也较高，不太适用于快速采集。而本研究所采用的基于模板匹配的方法，不管是模板学习还是模板匹配部分，仅需要比较 DOM 树上的同级节点即可。若 DOM 树的高度为 H，每层节点的最大数量为 N，那么最大计算次数也仅 H^N 次。如果在比较过程中碰到了不同节点，会直接将该节点标记为 DYNAMIC 类型节点，无须对其子节点进行比较，因此实际计算次数远小于 H^N 次，其速度相对快于基于自然语言的方法。另外，基于自然语言的抽取方法需要人工配合进行语料的学习，也会耽误大量的采集时间，而本研究所提出的模板学习方法则不需要太多的人工干预，可节约采集时间，符合情报工作的要求。

4.2.4 采集后去重方法

由于互联网信息冗余度高，网页重复、转载现象严重，因此在采集到的网页数据库中经常出现两个或多个正文内容完全相同或极其相似的网页。这些重复的网页内容会给后续的文本处理工作带来额外的系统开销，因此通常在处理文本前会对这些重复的网页

---

[1] 万晶. Web 网页正文抽取方法研究［D］. 南昌：南昌大学，2010：18-28.

进行去重（消重）。常见的去重策略有网页 URL 比对去重和基于内容的去重。

(1) 网页 URL 比对去重

网页 URL 比对去重主要根据抓取网页 URL 来判断不同时间和不同来源获取的网页是否出自同一 URL 地址。在部分大规模采集系统中，由于数据库内 URL 链接数量巨大，往往采用先对 URL 进行哈希（散列）运算，通过对哈希值建立索引的方式判断去重。该方法简单易行，效率较高，能够消除相当数量的重复网页，但在实际应用中仍然会遇到网站间新闻转载及多个不相同 URL 链接指向同一网页等情况，使得 URL 比对去重方法不能完全解决抓取网页内容重复这一问题，因此在应用中还须与其他去重技术配合使用。

(2) 基于内容的去重

基于内容的去重指在对原始网页进行网页净化和正文信息抽取后，对网页内容进行查重去重处理。主要方法是通过采用网页相似度检测方法，根据计算得出的网页相似度对网页中的主要内容进行识别。去重主要分为文档对象的特征抽取、特征的压缩编码、文本相似度计算等。

文本相似度计算是去重的一项重要技术，主要通过距离函数和相似系数来反映。

距离函数：若用某种距离来表示数据对象之间的相似性，则距离较近的数据对象性质较相似，距离较远的数据对象则差异较大。常用的距离函数有汉明距离、明考斯基距离、曼哈顿距离、欧氏距离、切比雪夫距离等。

相似系数：两个数据对象越相似，则相似系数值越接近 1；数据对象越不相似，则相似系数值越接近 0。常见的相似系数有夹角余弦和相关系数。

文本相似度计算可基于汉明距离，更多应用是基于向量空间模型的[①]。虽然有学者认为基于向量空间模型的 TF-IDF 方法仅基于统计，只考虑了词在上下文中的统计特性，而没有考虑词本身的语义信息。但由于目前语义分析技术尚不成熟，大多数应用系统仍然使用基于统计理论的方法，这其中基于向量空间模型的 TF-IDF 方法最为成熟且效果较好。

另外，基于后缀树的中文新闻重复网页识别算法可用于网络新闻或 RSS 采集去重[②]。本研究采用基于文本向量空间模型和余弦相似度计算的网页标题去重方案。由于

---

① 罗立宏，陈志. 基于语义分析的垂直搜索网络蜘蛛［J］. 计算机工程与设计，2008（18）：4662-4665，4812.

② 董慧. 基于本体论和数字图书馆的信息检索［J］. 情报学报，2003（6）：648-652.

该方案将文本内容中的词语作为特征，具有准确性较高的优点，且该方案稍加修改即可实现基于网页正文内容的去重和分类聚类等处理，具有很强的通用性。基于内容的网页标题去重方案首先需要依次对标题进行自动切分词、分词权重计算等处理，形成基于标题的文本向量空间；然后计算标题之间的相似度，并与设定的阈值进行比较，以判断是否相似。

(3) 相似度阈值设置

相似度阈值的选择十分重要，可采用样本数据实验结合领域专家经验的方法提取阈值。此处以某领域新闻网页采集后的去重为例，说明相似度阈值设置的一般方法。首先，可选择典型转载文章的标题进行相似度计算，如标题"新华侨涌入：为韩国华社带来新希望—移民—滴答网"和标题"新华侨涌入：为韩国华社带来新希望—无忧雅思网"在若干样本数量的标题样本集中（1104条新闻）进行相似度计算，结果如表4-1所示。

表4-1 样本数量与标题相似度对应关系

样本数量/个	两个标题的相似度
10	0.443 242 284
50	0.510 504 143
100	0.524 589 203
500	0.539 288 097
1000	0.518 699 707

属于同一新闻内容在不同网站的转载应进行去重处理，且根据对不同样本量和相似度结果的对比可以发现，过小样本量对于相似度数值的影响较大，且相似度数值偏小，而达到一定数量的样本则使相似度数值趋于近似，且基本都超过0.5。通过对类似标题样本的大量实验，可得出一个阈值参考下限为0.5。

不过，若阈值选择为0.5会出现过度去重的现象，如标题"缅甸华侨华人为孔子课堂捐款组图—教育频道—新华网"与标题"缅甸华侨华人为台湾灾区同胞捐款—华人—新华网"就会被认为是相同标题而被去重，因此需要找到避免过度去重的阈值上限。Bun等对句子向量进行聚类分析的经验表明，句子向量在聚类中具有一个最佳角度为

35.26°[①]，即当句子向量空间中两向量夹角不大于35.26°时，这两个向量所代表的句子可以归为一类。由于标题与句子长度相近，可认为是类似样本，因此得出一个阈值参考上限为 COS（35.26°）= 0.816 540 811 885 7。

本例实际应用中选择阈值为0.8，通过实验发现使用该阈值在具有一定样本量的情况下具有很好的效果，相比前述基于URL比对去重有着较高的精度，相比基于正文内容的去重有着较高的效率，且在同样实验环境、同样样本数量（1104条新闻）取得相近效果的情况下节省了近60%的处理时间。

4.2.5 基于词频统计的正文过滤

对于检索词集合的处理，本研究使用谷俊[②]的领域本体研究成果，将用户输入的检索词放入领域本体中进行进一步拓展，形成较为全面的领域术语集合。对于扩展后术语集，再由人工确定每个术语的权重，并增加至检索词集合中。在URL提取部分，系统将符合用户检索词的URL全部放入了待采集队列。匹配规则为：如果URL的指向页面中的文本（含正文文本、锚文本、广告文本等）匹配到检索词集合中的任意一个词，均表示该网页符合采集要求，可以采集。这种做法能够确保最大限度地抓取与用户检索意图相关的网页，但是也会带来大量的非主题相关网页。主要原因是：检索词可能会出现在锚文本或广告文本里而非正文中；即使检索词出现在正文中，正文也极有可能是一笔带过，并非代表了文章的主旨。

如果对这些网页不加筛选地进行采集，会造成采集结果不准确，不仅会加重情报人员辨识有效信息的负担，也会浪费计算机资源。因此，需要在存储和索引所采集的网页之前，再进行一次筛选，以确保所采集信息的准确性。

一般说来，某个词在正文中出现的频次越多，越能说明它代表了文章的主题。但是正文的内容长短不一，网页上发布的消息报道短的可能只有几十个词，而较长的研究报告可能有几百上千个词。利用简单的词频统计则极有可能过滤掉比较重要的网页。因此，需要将检索词的词频与正文中术语的总数放在一起考虑正文的匹配度。

另外，用户在添加检索词时，会根据所采集主题的需求为每个检索词赋予权重值，如"（不锈钢，0.9）、（设备，0.5）、（产线，0.3）"，其权重代表了检索词在正文中的重

---

① BUN K K, ISHIZUKA M. Topic extraction from news archive using TF* PDF algorithm [C] // Proceedings of the 3rd International Conference on Web Information Systems Engineering. Singapore：IEEE CS Press，2002：73-82.

② 谷俊. 中文专利本体半自动构建系统设计 [J]. 图书情报工作，2013，57（3）：105-111，146.

要程度，也可以作为正文筛选的重要依据。具体过程为：

①对于已经抽取的网页正文部分，使用 ICTCLAS 中文分词工具进行分词处理，去除"的""了"等无意义的虚词，形成正文词汇集合 T，计算正文词汇总数 Count（T）。

②对用户检索词集合中的项目进行遍历，计算每个检索词在文中出现的频次，记为 Count（t_i）。

③如果用户提供的检索词在正文词汇 t_i 集合 T 中没有出现，则有两种可能：t_i 不在分词工具的词库中，因此无法识别，正文文本中本身就没有词 t_i。因此，针对第一种情况，采用字符串比对的方式进行第二次匹配，如果还无法得到 Count（t_i），说明正文中没有 t_i，那么 t_i 得分为 0。

④利用以下公式计算网页得分，超过一定阈值的网页则允许下载和进一步处理。

$$\text{Score}(P) = \sum_{i=1}^{n} \frac{\text{Count}(t_i)}{\text{Count}(T)} \times rt_i , \qquad (4-1)$$

其中，Count（t_i）表示第 i 个检索词的词频，Count（T）表示页面正文中所有词的总数，rt_i 表示第 i 个检索词用户设定的权重。

正文过滤的结果会与已下载的页面及页面的 URL 一起提交给 Solr 搜索引擎工具生成索引，供情报人员检索浏览，完成整个主题信息采集流程。

4.2.6 面向竞争情报的主题信息采集实现

（1）系统实现

系统实现以 C# 作为开发语言，为了提高系统的使用效率，使其能够适应多用户、多任务运行模式，系统配置与管理部分采用 B/S 架构，拥有系统账号的用户均可以访问 Web 管理平台，在平台上进行设定采集任务、配置采集类型、查看采集进度和采集结果等操作；在服务器端，系统使用单机版采集程序，该程序可监控用户提交的采集任务并进行采集，实时返回采集结果，如图 4-7 所示。

此外，为了提高采集速度，采集程序部分使用了多线程的采集方法，最多可同时运行 100 个采集线程，对计算机的硬件配置要求较高。因此，使用一台服务器执行采集任务，硬件配置为 2 路双核 CPU，频率为 2.51 GHz，硬盘为 1 T，内存为 16 G，操作系统为 Windows 2008 Server，数据库管理系统为 SQL Server 2008 R2。

第4章 竞争情报大数据采集与监测

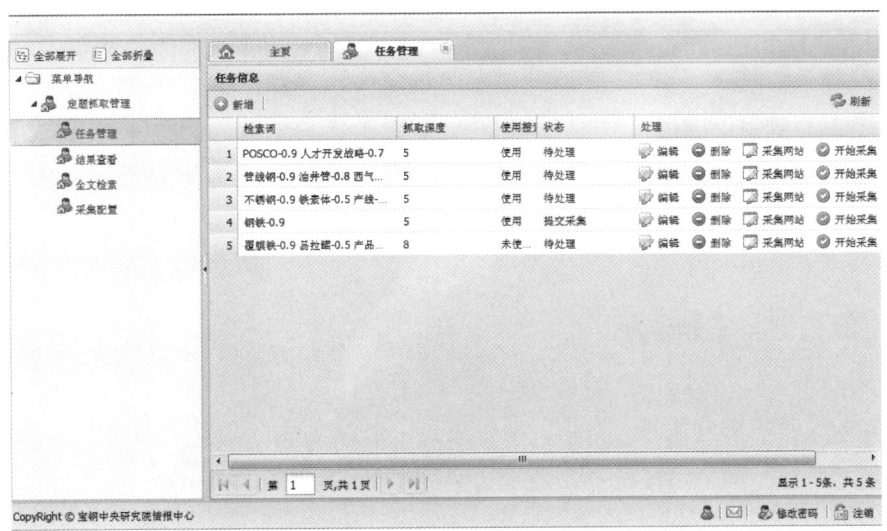

图 4-7 主题采集工具配置界面

(2) 结果分析

目前该工具已经应用于某国有大型钢铁企业的情报工作。到目前为止,共设定了采集任务 241 个,用户自行提供的领域检索词 1000 余个,经本体扩展后的检索词共计 6000 余个。为了验证该工具的采集效果,笔者随机提取了 5 个已经运行的采集任务,分别从 URL 识别和最终的正文过滤两个部分各提取 1000 条结果进行人工判断。其中,对 URL 识别的正文页面进行分析,可以判定本书所提出的内容网页 URL 识别方法的准确性;对正文过滤的结果进行分析,则可以了解按检索词及其权重进行筛选的准确率。结果如表 4-2 所示。

表 4-2 主题采集准确率

任务编号	URL筛选网页数/个	正确网页数/个	准确率	正文过滤网页数/个	正确网页数/个	准确率	综合准确率
1	1000	956	95.60%	1000	988	98.80%	94.45%
2	1000	981	98.10%	1000	979	97.90%	96.04%
3	1000	985	98.50%	1000	983	98.30%	96.83%
4	1000	974	97.40%	1000	996	99.60%	97.01%
5	1000	959	95.90%	1000	985	98.50%	94.46%
平均	—	971	97.10%	—	986.2	98.62%	95.76%

从表 4-2 可以看出，系统所使用的方法无论是在 URL 筛选还是在正文过滤方面准确率都较高。其中 URL 筛选部分，准确抽取含正文的内容网页平均数达 971 个，平均准确率达到了 97.10%；在关键词正文过滤部分，准确过滤的网页平均数达到了 986.2 个，平均准确率达到 98.62%。综合准确率反映了本系统的整体采集效果，平均为 95.76%，处于较高水平，基本适用于企业的互联网主题信息采集工作。

4.3 主题模型与主题监测

面对与情报需求有关的大数据，情报人员一个最直接的需求是数据监测，即这些数据到底关乎什么主题，当前热点和敏感话题是什么，数据反映了用户的何种倾向，演变趋势如何。有关此类的数据监测工作在公关关系处理、负面信息预警、网络营销、产品满意度监测等方面起到重要作用。因此，互联网数据采集之后，竞争情报大数据监测也是情报人员的任务之一。本节研究基于主题模型的主题监测方法与应用，下一节研究意见挖掘方法及其在数据监测中的应用。

主题模型（Topic Model，TM）是一种新型文本内容分析方法，它利用机器学习算法来发现文件集（语料库）中隐藏的主题结构，不仅可以计算生成整个语料库的主题，还可以自动给出每个文件按照主题呈现的内容结构，即抓取每个文件的内容[1]。

近年来，随着文本挖掘等技术的不断深入研究，国内外的研究成果也层出不穷，抽取文本主题的方式有隐性语义索引（Latent Semantic Indexing，LSI）[2]、潜在狄利科雷分配（LDA）主题模型[3] 及随机映射（Random Projection，RP）[4] 等模型。由于深度学习技术的发展，主题模型的发展有了很大进步。2013 年，Mikolov 等[5] 提出了 word2vec 模

---

[1] 王小红. 主题模型为科学与人文融合提供新契机 [N]. 中国社会科学报，2018-12-06 (7).
[2] SEBASTIANI F. Machine learning in automated text categorization [J]. Acm computing surveys, 2002, 34 (1): 1-47.
[3] BLEI D M, NG A Y, JORDAN M I. Latent dirichlet allocation [J]. Journal of machine learning research, 2003, 3 (4-5): 993-1022.
[4] BINGHAM E, MANNILA H. Random projection in dimensionality eduction: applications to image and text data [C] // Knowledge discovery & data mining, 2001: 245-250.
[5] MIKOLOV T, SUTSKEVER I, CHEN K, et al. Distributed representations of words and phrases and their compositionality [C] // Advances in neural information processing systems, 2013: 3111-3119.

型[1]可以用于计算文本中特征词的分布式表达（一种低维稠密的向量表示），利用特征词与它的上下文之间的关系将特征词表示为一个低维的实数向量，这种向量可以更好地表达词的句法和语义信息[2]。在此基础上，Mikolov等进一步提出doc2vec模型用于文本信息抽取，仅用10^2数量级维度就可以更好地表示一篇文本[3]。下面将介绍几种主题模型。

4.3.1 LSI模型与pLSI模型

主题模型的起源是隐性语义分析（Latent Semantic Indexing，LSI）模型[4]，这种主题模型在信息检索和文本挖掘等领域的应用较为广泛。它是指通过将词—文档矩阵映射到一个低秩空间，在这个低秩空间下进行相似度的计算和查询。

隐性语义分析基于这样一个假设：词语出现在某一个文档中及两个词语出现在同一段上下文中不是完全随机的，而是某种潜在语义结构在起作用。这种潜在的语义结构决定了词语、句子、文档之间的共现关系，如果能把这种潜在语义结构提取出来，就可以消除词语用法的多样性和词语使用的随意性对检索产生的偏差[5]。LSI模型利用统计理论揭示了词语、句子和文本之间的联系，能够有效地揭示这种潜在的语义结构。

隐性语义分析利用矩阵奇异值分解（Singular Value Decomposition，SVD）的方法进行主题建模，通过提取出前k大奇异值及相应的奇异向量进行矩阵重构，得到一个秩为k的近似矩阵，用来表示最初的词汇——文本矩阵[6]。从语义的角度上，该矩阵能够将原始文本中，词之间、句子之间及文档之间的共现关系表达出来。

---

[1] MIKOLOV T，CHEN K，CORRADO G，et al. Efficient estimation of word representations in vector space［J］. arXiv preprint arXiv，2013.

[2] MIKOLOV T，YIH W，ZWEIG G. Linguistic regularities in continuous space word representations［C］// HLT-NAACL，2013：746-751.

[3] LE Q V，MIKOLOV T. Distributed representations of sentences and documents［J］. arXiv preprint arXiv，2014.

[4] PAPADIMITRIOU C H，RAGHAVAN P，TAMAKI H，et al. Latent semantic indexing：a probabilistic analysis［C］// Seventeenth ACM sigact-sigmod-sigart symposium on principles of database systems. ACM，1998：60-78.

[5] 刘云峰，齐欢，HU X，et al. 潜在语义分析权重计算的改进［J］. 中文信息学报，2005，19（6）：66-71.

[6] 王英杰. 基于潜在语义分析的文本摘要技术研究［D］. 济南：山东大学，2014：31-39.

但是，LSI 模型假设一个文本只包含一个主题，这显然不符合实际情况[①]。此后，Hofmann T 提出了概率潜在语义索引（probabilistic Latent Semantic Indexing，pLSI）模型[②]，该模型将文档看作不同主题的概率分布，从概率统计角度对 LSI 进行新的诠释，解决了 LSI 一个文本只包含一个主题的局限性。但是 pLSI 采用对训练集文档拟合的方法获得文档主题的概率分布，容易出现过拟合的现象，而且不适用于处理训练集以外的文档。

4.3.2 LDA 模型

潜在狄利科雷分布（Latent Dirichlet Allocation，LDA）是近年来受到较多关注的一种文档主题发现模型，它是一种基于概率的主题发现模型，能够提取文本隐含主题的非监督学习模型，可以用来识别大规模文档集或语料库中潜藏的主题信息。LDA 主题模型是一个 3 层贝叶斯概率模型，包含词、主题、文档 3 层结构。LDA 模型认为，每个文档均由多个主题混合，而每个主题是固定词表上的一个多项式分布，文档到主题服从 Dirichlet 分布，主题到词服从多项式分布。因此，LDA 主题模型将每一篇文档视为一个词频向量，于是可以将原始文本信息转换为便于建模的数字信息。

LDA 模型参数稳定，不受文档数量影响，且潜在语义挖掘和泛化学习能力较强，具有优秀的降维能力和良好的拓展性，在主题发现研究中有较好的应用。例如，阮光册[③] 提出了 LDA 主题发现模型结合 How Net 知识库进行信息分析的方法，对网络评论进行主题发现研究；唐晓波等构建了基于微博热度的 LDA 模型，对微博热点进行挖掘研究。通过 LDA 建模挖掘出相关主题，有利于人们进一步理解海量原始文本中隐含的语义，进而完成信息检索、文本分类和关联判断等多项任务。

4.3.3 word2vec 模型

word2vec 是 2013 年谷歌开源的一款将词表示为实数值向量的高效工具。该模型经过训练将文本内容处理表示为 K 维向量运算，文本之间的相似程度就是用向量空间的相似度来表示。通过 word2vec 处理的词向量可以做很多自然语言处理的研究，比较热门的应用如词聚类、寻找同近义词及词性分析等。

[①] 梁晓贺，田儒雅，吴蕾，等. 微博主题发现研究方法述评［J］. 图书情报工作，2017，61（14）：141-148.

[②] HOFMANN T. Probabilistic latent semantic indexing［C］// Proceedings of the 22nd Annual International SIGIR Conference. New York：ACM Press，1999：50-57.

[③] 阮光册. 基于 LDA 的网络评论主题发现研究［J］. 情报杂志，2014，33（3）：161-164.

word2vec 采用包含 CBOW（Continuous Bag-Of-Words）和 Skip-Gram 两种模型，利用上下文信息预测当前词的思想来生成词向量，如图 4-8 所示，CBOW 模型和 Skip-Gram 模型均包含输入层、投影层和输出层。其中 CBOW 模型利用上下文预测当前词，而 Skip-Gram 模型利用当前词预测其上下文[①]。

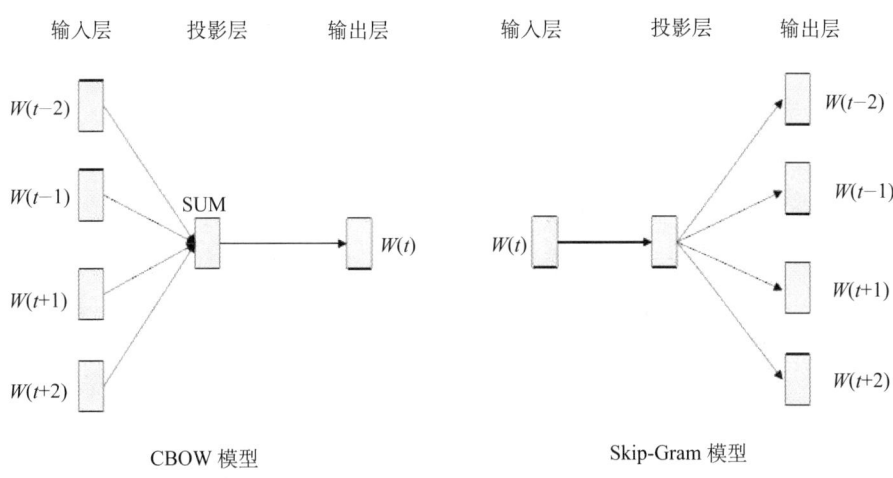

图 4-8　CBOW 模型与 Skip-Gram 模型

训练文档集经过 word2vec 模型训练，文档集中的文本作为输入，输出的是每个词的向量表示。通过计算词向量之间的余弦距离，可以计算特定词与文本之间的相似度。例如，两个 n 维向量 $\boldsymbol{a}$ $(x_{11}, x_{12}, x_{13}, \cdots, x_{1n})$，$\boldsymbol{b}$ $(x_{21}, x_{22}, x_{23}, \cdots, x_{2n})$，计算向量 $\boldsymbol{a}$ 和 $\boldsymbol{b}$ 的余弦值的公式如下，余弦值越大，表示语义越相近。

$$\cos(\theta) = \frac{\sum_{k=1}^{n} x_{1k} x_{2k}}{\sqrt{\sum_{k=1}^{n} x_{1k}^2} \sqrt{\sum_{k=1}^{n} x_{2k}^2}} 。 \tag{4-2}$$

在此基础上发展的 doc2vec 模型的目的是求解一个句子或一篇文本的向量表示。它的训练模型及优化模型和 word2vec 模型非常相似，可以看作 word2vec 模型在训练的时候额外添加了一个表征某一文本的向量（形式上与 word2vec 词向量一样），doc2vec 也有两种模型，分别是 PV-DM 模型和 PV-DBOW 模型。

---

① 朱磊. 基于 word2vec 词向量的文本分类研究 [D]. 重庆：西南大学，2017：14-21.

4.3.4 主题监测

在情报工作中，信息或数据监测是情报人员的一项重要工作。信息监测往往通过信息监测系统实现数据的采集、知识抽取、数据分析等流程。从互联网信息或数据处理的全过程看，当系统应用主要以主题发现与跟踪、倾向分析、趋势分析、公关预警等为目的时，本章图4-1所示的互联网主题信息采集系统即可以看成一个数据监测系统。有关系统的框架与数据采集、知识抽取等关键技术前文已经详述，本小节通过一个实例研究展示基于LDA模型的主题监测。

随着经济发展和人们收入的提升，旅游业发展迅速。大量游客在出游后会通过网络平台来表达和分享旅游体验，也有越来越多的旅游者利用网络搜集旅游信息。网络游记是旅游者基于自身旅游体验主动发表的文字作品，不管是何种类型的游记，都是旅游者对旅行的记录，都能从中提取出旅游者的经历与体验。所以通过对游记文本进行分析，可以从中把握旅游目的地在旅游者心中的形象，以及了解旅游者的行为偏好等，为旅游目的地未来的管理与营销提供引导和借鉴，从而可以进一步提高旅游质量，在景点和旅游者之间形成共赢。从情报分析视角看，利用游记文本进行主题发现，是监测景区发展动态和游客期望偏好的一种有效手段。

例如，利用游记文本对苏州园林游客感知特征进行研究。通过词频统计信息可以发现苏州园林旅游的显性主题特征，得到的结果如图4-9所示，接下来用LDA文档主题生成模型来发现游记中的隐性主题特征。图4-10是通过LDA算法所生成的游记主题信息，不同象限代表不同的主题。可以看到，第一类主题是苏州园林的风景，四大名园均列其中。同时，园林的朝代、建筑也是游客们的关注点。而在显式词频统计中没看到的"荷花"在LDA主题生成模型中突显出来，这说明苏州园林中的荷花是景区的一个亮点。第二类主题更偏重于旅游要素，包括酒店、时间、公交等，以及与周边城市和景点的联动。第三类主题是苏州除了苏州园林以外的一些景点要素，包括苏州水上乐园、苏州金鸡湖景区及苏州温泉、苏州主题公园等，说明游客在游览苏州园林之余，注重的是苏州的城市休闲文化。第四类主题是游览的一些情绪和心得，包括印象、心情等。

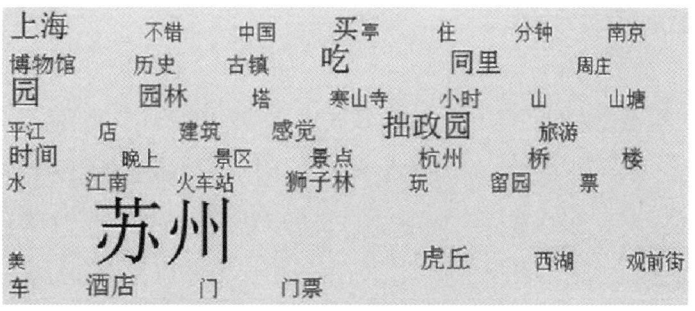

图 4-9　游记文本显性主题特征

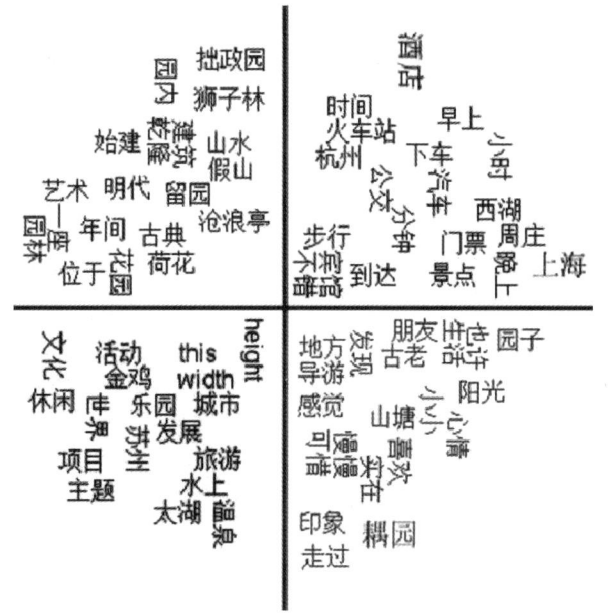

图 4-10　游记文本隐性主题特征

通过以上显性主题和隐性主题分析可以看出，显性主题分析展示出了游客在游览中的多目的地出行，而隐性主题分析补充体现了不同目的地游客的关注点。例如，在园林类游览时，两种主题分析均突显出了四大园林在游客中的名气，但隐性主题生成模型能进一步发现游客在游记中多有提及园林的朝代、花园、荷花及建筑；在城市与交通中，除了上海、杭州、酒店与火车站这类信息以外，隐性主题分析还突出了公交等关注点；除此之外，隐性主题生成模型还突出了苏州其他游玩项目，如金鸡湖景区、水上乐园、温泉等；也体现出了游客游览园林的心情等情怀感悟，即隐性主题分析更突出了游记中的细节，为旅游地的宣传营销提供了有益的情报。

4.4 意见挖掘方法及应用

随着互联网的迅速发展，人们越来越倾向于在 Web 上发表自己的观点和评论。相比传统的社会调查方法，从新闻、产品论坛和博客等网络载体上获取评论文本具有方便、快捷和代价小等优点。近年来从主观性文本中抽取观点逐渐成为一个热门的研究课题。以抽取观点为任务的意见挖掘技术被广泛应用于电影、数码相机和汽车等领域，抽取结果有利于人们的决策及商家的反馈改进。从竞争情报视角而言，意见挖掘是大数据环境下信息监控的重要途径，具有很大的应用价值，是大数据时代竞争情报研究中的重要部分。意见挖掘自问世以来就引起了广泛的关注，基于自然语言处理的数据抽取方法和情感分析也成为国内外自然语言处理和数据挖掘领域的一个研究热点。

Kim 等[1]认为意见（Opinion）由 4 个元素组成，分别是主题（Topic）、持有者（Holder）、陈述（Claim）和情感（Sentiment），这 4 个元素之间存在着联系，即意见持有者对某主题发表具有某情感的陈述。目前意见挖掘的主要任务是抽取评价对象（Feature）、意见（Opinion）、评价对象与意见的搭配及意见的情感倾向（褒义 Positive 和贬义 Negative 等）。李俊[2]认为意见挖掘的任务可以分为 3 个子任务：意见信息抽取、情感分析和意见摘要。其中意见信息抽取任务又包括对特征（评价）对象及特征（评价）词的抽取，评价特征有多种形式，一般为显式特征和隐式特征[3]。本节目的在于探索基于自然语言处理的数据抽取方法，将总结基于核心句的描述对象抽取方法，探讨评论数据中隐式属性抽取方法，并探索基于 SVM 的情感分类方法。

4.4.1 基于核心句及句法关系的评价对象抽取

（1）评价对象抽取方法现状

关于评价对象抽取国内外也有较多的研究。国外方面，Kim 等[4]利用标注观点相关

---

[1] KIM S M，HOVY E. Determining the sentiment of opinions ［C］. Proceedings of the 20th International Conference on Computational Linguistics（COLING-04），2004：1367-1373.
[2] 李俊. 面向产品评论的意见挖掘研究综述［J］. 现代计算机，2013（5）：11-16.
[3] 马晓君，刘亚雪，魏晓雪，等. 航空公司微博评论的意见信息抽取研究：以国航、南航和东航为例［J］. 系统科学与数学，2017，37（4）：1072-1091.
[4] KIM S M，HOVY E. Extracting opinions, opinion holders, and topics expressed in online news media text［C］. Proceedings of ACL/COLING Workshop on Sentiment and Subjectivity in Text. Sydney，Australia：2006：1-8.

的语义角色来确定观点的持有者和主题;Hu 等① 使用关联规则挖掘频繁项集作为产品候选评价对象;Choi 等② 使用了条件随机场模型(Conditional Random Fields,CRFs)并且结合模式匹配方式进行了评价对象抽取;Zhang 等③ 利用了名词词性组合和 NP、VP 等组块生成候选评价对象集,利用语言模型及短语依存树,然后通过一定的策略缩小候选评价对象的范围;Chen 等④ 在对网上消费者评论进行意见挖掘时把 CRFs 方法和 L-HMMs 等方法进行对比分析,发现利用 CRFs 进行试验的准确率较高;Batcha 等⑤ 提出一种以自动摘要方法为基础的 CRFs 方法,该方法可以区分并提取出正确特征信息;Liao 等⑥ 提出一种词典和 CRFs 相结合的方法,首先通过探索词的句法和语义知识、依赖结构、短语结构和基于词嵌入的语义相似度获取领域词典,然后通过 CRFs 方法提取目标,最后将领域词典和提取的目标相结合,并取得了良好的效果。

国内方面,蒙新泛等⑦、张盛等⑧、徐冰等⑨ 也使用 CRFs 进行评价对象抽取,并且都是基于词性特征;张姝等⑩ 基于属性词和评价词的上下文、词性和语义等特征利用

---

① HU M Q, BING L. Mining and summarizing customer reviews[C]. Proceedings of the ACM SIGKDD International Conference on Knowledge Discovery & Data Mining(KDD-2004). Seattle, Washington, USA, 2004: 168-177.
② CHOI Y J, CARDIE C, RILOFF E et al. Identifying sources of opinion with conditional random fields and extraction patterns[C]. HLT/EMNLP'05. Vancouver, Birtish Columbia, Canada, 2005: 355-362.
③ ZHANG Q, WU Y B, Li T. Mining product reviews based on shallow dependency parsing[C]. SIGIR'09.Boston, MA, USA, 2009: 726-727.
④ CHEN L, QI L L, WANG F. Comparison of feature level learning methods for mining online consumer reviews[J]. Expert systems with applications, 2012, 39(10): 9588-9601.
⑤ BATCHA N K, AZIZ N A, SHAFIE S I. CRF based feature extraction applied for supervised automatic text summarization[J]. Procedia technology, 2013(11): 426-436.
⑥ LIAO C, FENG C, YANG S, et al. A hybrid method of domain lexicon construction for opinion targets extraction using syntax and semantics[J]. Journal of computer science and technology, 2016, 31(3): 595-603.
⑦ 蒙新泛,王厚峰.基于 CRF 的对象抽取及对象抽取的领域特定性研究[C]//第一届中文倾向性分析评测会议论文集.北京:第一届中文倾向性分析评测委员会,2008:32-37.
⑧ 张盛,李芳.基于迭代两步 CRF 模型的评价对象与极性抽取研究[J].中文信息学报,2015,29(1):163-169.
⑨ 徐冰,王山雨.句子级文本倾向性分析评测报告[C]//第二届中文倾向性分析评测会议(COAE2009)论文集.北京:第二届中文倾向性分析评测委员会,2009:69-73.
⑩ 张姝,贾文杰,夏迎炬,等.基于 CRF 的评价对象抽取技术研究[C]//第一届中文倾向性分析评测会议论文集.北京:第一届中文倾向性分析评测委员会,2008:70-76.

CRFs进行评价对象抽取;潘凤鸣等[①]基于自定义的6个组块如评价对象NP组块、情感表达EM组块等使用CRFs进行评价对象的抽取;刘非凡等[②]利用层级隐马尔科夫模型(Hierarchical Hidden Markov Models,HHMMs)识别产品评价对象;何婷婷等[③]结合情感词位置;王会珍等[④]考虑"强调"和"称"等主张词的影响;王素格等[⑤]和张玉杰等[⑥]结合领域和句法规则;宋晓雷等[⑦]利用词形和词性模板,采用模糊匹配方法进一步获得小范围的候选对象集,再通过双向Bootstrapping方法识别出产品评价对象;刘鸿宇等[⑧]结合词频、PMI和名词剪枝算法筛选评价对象;濮小佳等[⑨]基于词性、属性词典和用户词典利用CRFs进行评价对象的第一步抽取,在未抽取的句子上再利用NP组块获得候选子集,进一步通过主张词和情感词密度及领域知识等方式获得最终的评价对象。

任远远等[⑩]基于文本的语义和语言分析对笔记本电脑评论的特征进行标注和识别,该试验得到良好的准确率和召回率,F值最高为84.54%。杜慎芝[⑪]将情感对象识别问题看成序列标记问题,利用条件随机场(CRFs)模型在句子级的微博文本上进行对象标注,模型综合利用多种特征改善识别准确度。马晓君等[⑫]在条件随机场中采用词、词性、依

---

① 潘凤鸣,王宇轩,常富洋,等. DUTIR COAE2009评测报告[C]//第二届中文倾向性分析评测会议(COAE2009)论文集. 北京:第二届中文倾向性分析评测委员会,2009:107-116.
② 刘非凡,赵军,吕碧波,等. 面向商务信息抽取的产品评价对象识别研究[J]. 中文信息学报,2006,20(1):7-13.
③ 何婷婷,闻彬,宋乐,等. 词语情感倾向性识别及观点抽取研究[C]//第一届中文倾向性分析评测会议论文集. 北京:第一届中文倾向性分析评测委员会,2008:89-93.
④ 王会珍,张春良,等. 观点句和评价对象一体化抽取技术研究[C]//第二届中文倾向性分析评测会议(COAE2009)论文集. 北京:第二届中文倾向性分析评测委员会,2009:83-91.
⑤ 王素格,李红霞,等. 中文文本观点分析技术研究[C]//第二届中文倾向性分析评测会议(COAE2009)论文集. 北京:第二届中文倾向性分析评测委员会,2009:92-101.
⑥ 张玉杰,潘文彬,等. CISTR:中文文本倾向性分析评测报告[C]//第二届中文倾向性分析评测会议(COAE2009)论文集. 北京:第二届中文倾向性分析评测委员会,2009:144-152.
⑦ 宋晓雷,王素格,李红霞. 面向特定领域的产品评价对象自动识别研究[J]. 中文信息学报,2010,24(1):89-93.
⑧ 刘鸿宇,赵妍妍,秦兵,等. 评价对象抽取及其倾向性分析[J]. 中文信息学报,2010,24(1):84-89.
⑨ 濮小佳,黄亿华,等. 中文倾向性分析及评价对象抽取研究[C]//第二届中文倾向性分析评测会议(COAE2009)论文集. 北京:第二届中文倾向性分析评测委员会,2009:117-127.
⑩ 任远远,王卫平. 中文网络评论的产品特征提取及情感倾向判定[J]. 计算机系统应用,2014,23(11):22-27.
⑪ 杜慎芝. 基于条件随机场的微博情感对象识别研究[D]. 广州:广东工业大学,2014:16-35.
⑫ 马晓君,金爽,杨淑田. 中国电子商务平台产品评论意见挖掘:基于条件随机场模型的实证研究[J]. 系统科学与数学,2015,35(11):1327-1346.

存句法分析及是否评价句特征对魅族手机语料进行意见信息抽取，结果以93.33%的准确率表明实验的有效性。

（2）基于核心句及句法关系的评价对象抽取方法思路

总结国内外评价对象抽取的相关研究可以看出，目前抽取评价对象常用两类方法：一种方法是基于一些语言特征利用隐马尔科夫模型（HMM）或条件随机场（CRFs）等机器学习模型进行训练获得模型；另一种方法是先根据NP和VP等句法结构获得候选特征集，然后利用规则进一步筛选获得最终结果。对于前一种方法需要寻找一些如词性、句法结构和语义等语言特征，一般能获得较高的精确率，但召回率通常较低；而后者需要确定缩小特征范围的规则和模板，通常召回率较高而精确率较低。

鉴于目前常用方法存在的问题，本研究试图通过一种能够结合两种方法优点的途径来抽取评价对象，即基于核心句的描述对象抽取方法。首先提出利用核心句进行学习的思想，继而确定了10种句法关系作为语言特征，将原始句和核心句分别基于词、词性和句法关系利用CRFs模型进行学习和比较，在后期又利用二次学习的方式进一步提高抽取性能。

如果基于词性特征，利用机器学习模型进行训练时，由于句子中通常包含不止一个名词或名词词组（评价对象的常见形式为名词或名词组块），学习后并不能获得较高的召回率。例如，对于如下两个例句：

例句1：病毒和黑客也一样，你不知道何时会出现，因此只有平时做好防范工作，当病毒发作或黑客入侵时，才能将损失减到最低限度。（评价对象：病毒和黑客）

例句2：城市发展说，金光大厦的销售表现能够逆流而上，相信是因为它靠近新加坡管理大学、超级市场、商店和地铁站，并在2001年就可以入住。（评价对象：金光大厦的销售表现）

两个例句中除评价对象外还包含其他的名词或名词词组，如第一个例句中的"你""损失""限度"等，第二个例句中的"城市""它""新加坡管理大学""超级市场"等。当基于词性特性进行训练时，每个句子中若与评价对象相同词性的短语越多，则建模越困难。根据规则寻找核心句的方法可以克服这一问题，设想如果能够去掉句子中的一些与评价对象无关的片段后再交由CRFs训练，这样既能进一步提高CRFs的精确率，同时召回率也能得到提升。

（3）核心句的寻找方法

所谓核心句为依据一定的规则将原句进行处理后得到的新句，新句一般为原句的核心片段，如果原句不符合任何规则，则保持不变。通过观察我们发现，部分句子中除以往文献中提到的若干如"认为""听说""觉得"等主张词外，还有一些如"据……报道"和"……说"等短语也会影响评价对象的抽取，另外，对于一些由"但是"和"而"等转折词开头构成的句子，其评价对象往往位于转折词后面的句子中。例如：

例句3：据法新社报道，美国专家怀疑造成巨大损失的蠕虫病毒来源是香港，但是调查相当困难，专家认为犹如大海捞针。（评价对象：调查）

例句4：据佳登室内设计装饰的工程设计师郑小姐受访时说，她和黄先生夫妇俩沟通之后，便依照他们的需求进行设计，而最后完成的装修效果，令双方都感到十分满意。（评价对象：装修效果）

基于这些语言特征，同时考虑到尽量不丢失原句中表示倾向性的短语和句子，在对数据分词和标注词性的基础上我们确定了如下7条规则：

规则1：删除所有括号及括号内的序列，左括号包含"[""【""（""""，右括号包含"]""】""）""""，左右括号可任意配对。

规则2：删除"据……报道"序列。

规则3：若句子以名词或名词词组开头，后跟词性为动词的"说"或"说"之前含一个形容词，则将包含"说"及其前面的词删除，若"说"后紧跟标点符号，则删除该标点。

规则4：若句子以名词短语（如机构名、人名和一些专有名词）开头，后面紧跟如"认为""相信""觉得"等主张词（词性需为动词），则将此名词短语及主张词删除。主张词选用知网的38个主张词。

规则5：若一个单句（不含标点符号的单个句子）中含"从……来看"或"从……来说"，则删除该序列。

规则6：若一个单句内含"当……时"或"当……时候"，且"当"为单独的一个介词，"时"或"时候"为名词，则删除该序列。

规则7：若句子开头含"但""但是""而""然而""不过"这几个转折词，且转折词后紧跟人名、机构名和外来词等名词或名词短语，则删除转折词前的句子及转折词本身；若转折词后不含名词短语，则删除时保留整个句子的第一个名词或名词短语；特殊的，若转折词后为"它""他""她""它们""他们""她们""其"等指代词，则同样需要保留整个句子的第一个名词或名词短语并删除指代词；另外，若整个句子包含多个转折词，则依据最后一个转折词进行处理。

将句子按照以上7条规则顺序处理后，即可利用CRFs模型进行学习。例如，对于例句3：

步骤1：匹配规则2，句子处理后变为"美国专家怀疑造成巨大损失的蠕虫病毒来

源是香港,但是调查相当困难,专家认为犹如大海捞针";

步骤2:匹配规则4,句子处理后变为"美国专家怀疑造成巨大损失的蠕虫病毒来源是香港,但是调查相当困难,犹如大海捞针";

步骤3:匹配规则7,句子处理后变为"调查相当困难,犹如大海捞针";

例句3的核心句即为"调查相当困难,犹如大海捞针"。

需要指出的是,对于不同的语料,抽取核心句的规则会有所不同。我们随机抽取了新浪网"奇虎360与腾讯纷争"的200条新闻评论,发现规则1、5、6的覆盖率较低,规则7的覆盖率较高。本部分旨在提出利用核心句来提高CRFs的精确率,具体核心句的规则设定需具体考虑,如语料在同一个领域,则可寻找更佳的规则以使其更好地发挥核心句的作用。

(4)基于条件随机场的对象标注方法

条件随机场模型由John Lafferty和Andrew McCallum于2001年提出[1],是一种十分流行且有效的有监督学习算法。

条件随机场模型是对于给定长度为n的一组观察序列$O=\{O_1, O_2, \cdots, O_n\}$,$S=\{S_1, S_2, \cdots, S_n\}$为输出状态序列。对于参数为$f$的线性CRFs,其状态序列的条件概率为

$$P(S \mid O) = \frac{1}{Z_\infty} \exp(\sum_{n=1}^{N} \sum_{k=1}^{K} l_k f_k (s_{n-1}, s_n, o, n)), \quad (4-3)$$

其中,归一化因子Z_∞为

$$Z_\infty = \sum_{S} \exp(\sum_{n=1}^{N} \sum_{k=1}^{K} l_k f_k (s_{n-1}, sn, o, n)), \quad (4-4)$$

其中,$f_k(s_{n-1}, s_n, o, n)$是一个任意的特征函数;l_k是特征函数$f_k(s_{n-1}, sn, o, n)$的权重。给定一个输入序列D,标注任务就是获取搜索概率最大的S^*,使得

$$S^* = \arg_S \max P(S \mid O)。 \quad (4-5)$$

CRFs是隐马尔科夫和最大熵模型的扩展,它具有两者的优点,同时又克服了这些模型的缺点,它不是对单一标记归一化后再进行全局搜索,而是基于整个观察序列求解一个最优的标记序列,避免了标记偏置问题。

CRFs这样的序列化标注模型在命名实体识别任务上具有良好的表现,由于评价对

---

[1] LAFFERTY J D, MCCALLUN A, PEREIRA F C N. Conditional random fields:probabilistic models for segmenting and labeling sequence data [J]. Proceedings of icml, 2001, 3(2):282-289.

象抽取也可以看成一个序列化标注问题，所以可以利用 CRFs 进行对象标注。

以往的工作主要是基于词、词性及对象是否在用户词典中出现这些特征利用 CRFs 进行标注，但是对象是否在用户词典中出现需要在训练时进行额外的人工处理，且用户词典中词的数目和种类与处理时间及领域均有较大的关联，对于混合领域的对象标注问题并不是一个较好的解决方案；而词和词性信息不够丰富，所以我们试图寻找一种与领域无关的简单且有效的特征。通过观察发现，评价对象的句法模式常常有章可循，我们确定了长度不超过 5 个词的如下 10 种句法模式：

模式 1：定中关系 + 定中关系 + 定中关系 + 定中关系 + 主谓关系（ATT-ATT-ATT-ATT-SBV）；

模式 2：定中关系 + "的"字结构 + 定中关系 + 主谓关系（ATT-DE-ATT-SBV）；

模式 3："的"字结构 + 定中关系 + 定中关系 + 主谓关系（DE-ATT-ATT-SBV）；

模式 4：定中关系 + 并列关系 + 主谓关系（ATT-COO-SBV）；

模式 5：定中关系 + 数量关系 + 主谓关系（ATT-QUN-SBV）；

模式 6：数量关系 + 定中关系 + 主谓关系（QUN-ATT-SBV）；

模式 7："的"字结构 + 定中关系 + 主谓关系（DE-ATT-SBV）；

模式 8：定中关系 + 主谓关系（ATT-SBV）；

模式 9：状中结构 + 主谓关系（ADV-SBV）；

模式 10：主谓关系（SBV）。

在实际的特征标注过程中，按照从模式 1 至模式 10 顺序将这 10 种句法模式标出，句子中其余不含此模式的位置用默认标记标注。

对于所提出的句法模式，我们同样考察了新浪网 "奇虎 360 与腾讯纷争"的 200 条新闻评论，实验结果显示有 32% 的句子中的评价对象符合这 10 种句法模式，可以说明模式具有较好的适用性。

（5）评论数据意见抽取实例研究

本部分以对抓取的苏州园林网络评论进行意见挖掘为例，基于词、词性和句法模式利用 CRFs 模型抽取评论句中的评价对象。基于之前核心句及句法关系的评价对象抽取的实验结果，本研究选词、词性和若干个长度不超过 5 个词的典型的评价对象句法模式（结构）作为 CRFs 的语言特征。句法模式如 "状中结构 + 主谓关系"（如 "今日游客"），其以主谓关系为中心，在实际标注过程中，由程序自动按照模式顺序将设定的句法模式标出。本部分使用的实验数据为 2015 年 2 月从携程网、同程网和驴妈妈旅游网上采集的游客对于苏州园林的游记评论,最终选取了有评价对象的 4697 条评论,包含 4906 个评价对象。由两名标注者对评论句中的评价对象、观点和极性进行标注,最后由第三名标注者进行统一,如对于评论句"苏州园林中的建筑物都很气派",人工标注出评价对象、观点和极性,即{苏州园林中的建筑物,很气派,1}。

在使用 CRFs 进行评价对象抽取前,首先通过自行编写的 Python 程序将评论语句按照所选择的特征转化为组块(Token)的格式。评价对象的抽取特征包含了词、词性和设定模式的句法结构,使用 CRFs(本研究使用了 CRF++0.58)进行训练需要使用的特征模板,词、词性和句法模式所选择的特征窗口均为 5,范围是 $\{-2, -1, 0, 1, 2\}$。

将标注后的数据文件交由 CRF++0.58 进行训练,利用上述模板生成模型,然后基于模型对待标注的评论句进行学习,使用 5 折交叉验证。将学习后的文件交由 conlleval 工具统计精确率(Precision,P 值)、召回率(Recall,R 值)和调和均值(F-measure,F 值)。对于 4697 条评论句中的 4906 个评价对象,本算法共找到 3812 个,其中正确的为 3559 个,P 值、R 值、F 值分别为 93.36%、72.54% 和 81.65%。将基于词和词性特征利用 CRFs 进行评价对象抽取的结果作为 Baseline 与本研究提出的方法做比较,实验对比结果如图 4-11 所示。

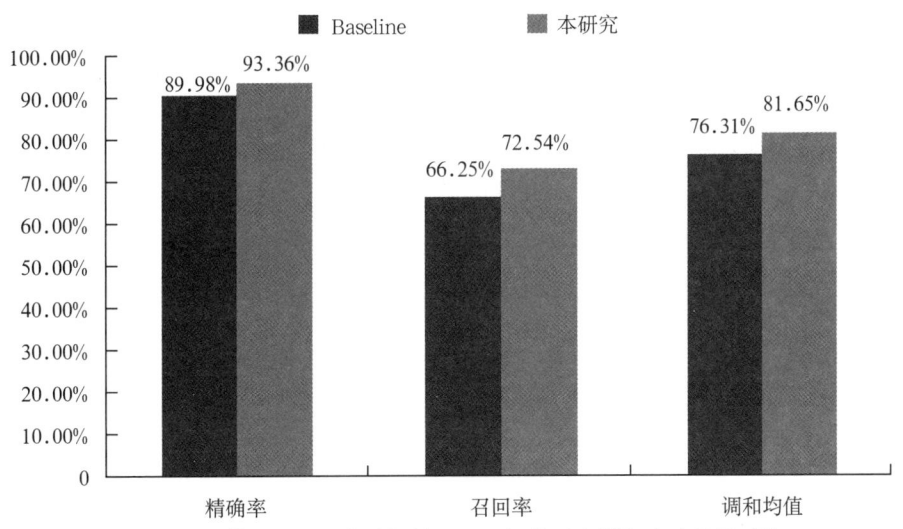

图 4-11 基于不同语言特征的 CRFs 评价对象抽取实验结果对比

从实验结果分析来看,评价对象抽取的 F 值为 81.65%,该结果在目前的同类研究中相对较好。但是也可以看到,算法执行后 P 值较高,R 值还有一定的提升空间,究其原因是有部分评价对象因为网络评论句本身表现形式自由,因此在词性和句法模式上难以用统一的固定模式去限制和选择,所以导致有些评论句未抽取出评价对象,由此 R 值并不理想。而从另一个方面来看,只要是模式规范或相对规范的句式则抽取的准确率都很高,由此可以获得较理想的 P 值。从两类实验结果比较来看,增加句法模式这一语言特征对于 CRFs 的特征抽取是有帮助的(F 值提高了 5.34 个百分点)。

4.4.2 评论数据中隐式属性抽取方法

(1)基于字典的多策略属性抽取方法

在产品领域,用户可以通过意见挖掘的结果获知商品各方面性能的评价,从而指导自己的消费,商家则可以知晓用户对产品各方面属性的评价从而改善商品质量或服务,因此产品领域的意见挖掘成为信息检索和自然语言处理等相关领域的一个热门话题。

而因为用户在网络上使用的语言比较自由,因此,隐式属性(Implicit Feature)在网络评论中很常见,如"Q5 买不起啊,太贵了"。这个句子中的意见为"贵",属性没有直接出现,实际应为"价格",这种非字面的隐含在句子中的属性称为隐式属性;而待评价的对象或待评价的对象属性(简称属性)如果是直接包含在句子中,这种属性则被称为显式属性(Explicit Feature),如"Q5 的动力很强劲,外观也招人喜欢"中 Q5 的"动力"和"外观"。Hai Z 等使用的手机论坛的真实语料中有 20% 不包含显式属性,隐式属性的抽取对意见挖掘系统和问答系统等的精度提升有重要帮助,但其抽取较为困难,目前的抽取结果尚未达到理想程度[①]。

Liu 等最早提出了构建显式的 Feature-Opinion 对,通过此映射关系抽取隐式属性的思想[②]。目前隐式属性的主要抽取策略仍然是先通过某种算法生成显式的 Feature-Opinion 对,再寻找包含隐式属性的评论句中的意见以确定相应的属性。常见的算法有基于领域数据和字典、K-means 等聚类算法及正则化的 PLSA 方法等。例如,Zhuang L 等对电影评论中的特殊位置和长度的短语进行固定的属性确定,并根据某些意见词的常见使用习惯将它们与电影相关的属性匹配构建 Feature-Opinion 对[③];Su Q 等在汽车领域

---

① HAI Z, CHANG K, KIM J J. Implicit feature identification via co-occurrence association rule mining[C] // International Conference on Computational Linguistics and Intelligent Text Processing. Springer-Verlag,2011:393-404.

② LIU, BING, HU, et al. Opinion observer: analyzing and comparing opinions on the Web[C]. International World Wide Web Conference,2005:342-351.

③ ZHUANG L, JING F, ZHU X Y. Movie review mining and summarization[C] // Proceedings of the ACM 15th Conference on Information and Knowledge Management. ACM,2006:43-50.

定义了若干类属性,通过 PMI-IR 算法对词典中的形容词及它们的同义词确定其对应的属性,从而形成 Feature-Opinion 对[1],基于这些匹配关系通过包含隐式特征的评论句中的形容词确定其对应的属性;Su Q 等又通过迭代地在事先创建好的属性和意见词上应用相互加强聚类算法得到属性簇和意见簇,将单个属性和意见词之间的关联扩展到属性簇和意见簇之间的关联,从而形成属性和意见之间的关系对[2];Hai Z 等用句法结构产生属性和意见之间的共现矩阵从而产生关联规则,并使 K-means 算法进行属性聚类从而生成 Feature-Opinion 对[3];Zhang Y 等提出基于关联的共现矩阵方法[4],不仅利用属性和意见之间的关系,而且还利用特征和一些与特征有联系的词;仇光等提出一种基于正则化思想的新主题建模框架,并在该框架下抽取评论信息中的 Feature-Opinion 对[5];Poria 等提出一种基于规则的方法,利用常识性的知识和句子依存树来检测英文中的隐式和显式属性[6];Xu H 等则通过扩展流行的主题模型 LDA 构建显式主题模型,从而进行隐式属性抽取[7]。这些方法基本将评论句中的属性和意见词做了限制。例如,Su Q 等所写文献中规定了动力性、操控性、外观、内饰、经济性、工艺性和市场性这 7 个与汽车相关的属性[8];仇光等所写文献中规定了 Sound、Settings、Battery 和 Screen 这 4 个手机、电视机、

---

[1] SU Q, XIANG K, WANG H, et al. Using pointwise mutual information to identify implicit features in customer reviews [M] // Computer processing of oriental languages. Beyond the orient: the research challenges ahead. Heidelberg: Springer, 2006: 22-30.

[2] SU Q, XU X, GUO H, et al. Hidden sentiment association in chinese web opinion mining [C]. Proceedings of the 17th International Conference on World Wide Web, 2008: 959-968.

[3] HAI Z, CHANG K, KIM J J. Implicit feature identification via co-occurrence association rule mining[C] // International Conference on Computational Linguistics and Intelligent Text Processing. Springer-Verlag, 2011: 393-404.

[4] ZHANG Y, ZHU W. Extracting implicit features in online customer reviews for opinion mining [C] // International Conference on World Wide Web. ACM, 2013: 103-104.

[5] 仇光,郑淼,张晖,等. 基于正则化主题建模的隐式产品属性抽取 [J]. 浙江大学学报(工学版),2011,45(2): 288-294.

[6] PORIA S, CAMBRIA E, GELBUKH A, et al. A rule-based approach to aspect extraction from product reviews [C]. Proceedings of the 2nd Workshop on Natural Language Processing for Social Media(Social NLP),2014: 28-37.

[7] XU H, ZHANG F, WANG W. Implicit feature identification in Chinese reviews using explicit topic mining model [J]. Knowledge-based systems,2015(76): 166-175.

[8] SU Q, XU X, GUO H, et al. Hidden sentiment association in chinese web opinion mining [C]. Proceedings of the 17th International Conference on World Wide Web,2008: 959-968.

MP3播放器和数码相机领域的代表属性[①];其他文献也大多选择形容词或带有领域特征的一些词作为初始的意见词,限定了待评价对象和意见词的范围,完整性和扩展性较差。

针对这些问题,本小节提出基于多词性精简意见词簇和领域常用语的属性词构建"{属性,意见,权重}"字典抽取评论句中隐式属性的方法,同时考虑了基于相似度对意见词进行聚类等方面的必要性,在利用字典中的意见确定隐式属性时又考虑了词性和句法结构等特征。

与主流方法一样,本方法同样利用包含显式属性的评论句构建若干个Feature-Opinion对(规则),通过隐式属性评论句中的Opinion获取其隐藏的属性,但是本方法与现有方法相比主要有几处不同:①基于领域常用语对属性词进行聚类,准确性更高。②意见词使用了动词、名词、非状中结构(ADV)结构的形容词和副词及它们的组合,并且考虑了不同词性的优先顺序,这比以往方法大多只考虑一两种词性并不考虑词性的顺序在完整性和健壮性上有了提高。③在创建好Feature-Opinion规则后匹配意见词时使用相似度函数,这种方法大大提高了匹配率。

下面将介绍基于字典的多策略属性抽取方法。

(2)构建字典

利用包含显式属性的评论句构建字典,字典的形式为:

{属性,意见,权重}。

实际构成若干条规则:

属性 → 意见(权重)。

1)多词性精简意见词簇的确定

Su Q等利用PMI-IR算法对包含隐式属性的评论句中的"漂亮""强劲"和"昂贵"等形容词确定隐式属性;[②]Hai Z等确定非ADV结构的形容词或副词作为候选意见词集,但是实际其他词性的词也有可能是意见词。[③]例如:

---

① 仇光,郑淼,张晖,等.基于正则化主题建模的隐式产品属性抽取[J].浙江大学学报(工学版),2011,45(2):288-294.

② SU Q, XIANG K, WANG H, et al. Using pointwise mutual information to identify implicit features in customer reviews [M] // Computer processing of oriental languages. Beyond the orient: the Research challenges ahead. Heidelberg: Springer, 2006: 22-30.

③ HAI Z, CHANG K, KIM J J. Implicit feature identification via co-occurrence association rule mining [C] // International Conference on Computational Linguistics and Intelligent Text Processing. Springer-Verlag, 2011: 393-404.

例句 1：专门听了 47.58 的音响，还可以。

例句 2：刚提车的 10 多天一侧玻璃升降和后视镜的收放有异响。

例句 3：音响很有质感！

例句 1 中的意见词是"可以"，其词性为动词（v）；例句 2 中的意见词是"异响"，其词性为名词（n）；例句 3 中的意见词是"有质感"，其词性为动词 + 名词（v+n）。类似例句 3 这类意见词中包含这些词性的组合，在评论句中也较为常见。为了提高字典的精确率、完整性和健壮性，本研究选择手工标注含显式属性的评论句中的意见词，这些词的词性为非 ADV 结构的形容词和副词、动词和名词及它们的组合，同时为了提高后续利用词典抽取隐式属性的准确率，在标注时尽量选择意见词的精简方式，忽略一些修饰用的词，如"十分好看"中的"十分"等，并对否定形式进行特殊标注。

另外，有些意见词是同义词，如"好看"和"美丽"、"澎湃"和"磅礴"及"结实"和"扎实"等。如果将它们分开处理，则后续的权重和意见词匹配都会受影响，因此本研究利用哈尔滨工业大学社会计算与信息检索研究中心同义词词林扩展版（简称同义词词林），基于同一词条属于同一含义这个基本特性，将意见词中的同义词进行聚类，同时将未在语料库中出现的同义词作为意见词的补充，最终形成意见词簇。

2）基于领域常用语的属性词确定

有些文献选择了一些领域相关的属性词作为显式属性，但在实际的评论句中不仅包含这些领域相关的属性词，还常常会包含其他一些名词或名词词组。

在显式属性确定上，本研究采用了两个步骤：

步骤一：构建属性词领域常用语表。如车、外观、空间、舒适性、发动机、油门、刹车等。

步骤二：按领域常用语表标注并进行扩展。

例句 4：座椅还算舒服，摩擦力一流，电动靠腰也挺好。

例句 5：座位是个问题，感觉很宽，驾驶位没啥包裹感。

例句 4 和例句 5 中包含了"座椅"和"座位"属性词，它们其实表达了同一含义，因此本书按照领域常用说法进行标注，将例句 5 中的属性词标为"座椅"，这样在后续意见词与属性间的权重确定时可以更准确。类似的词还有很多，如"外观""外形"和"样子"等，标注时根据领域常用语将它们统一标为"外观"。

3）权重的确定

在评论产品属性时，说法会有很多种，如形容汽车的外观时常常使用"大气""漂亮""时尚"等词，但是"漂亮"这样的词也可以用来形容汽车的内饰。同时，"漂亮"或"大气"等词一般不会用来形容"发动机"和"油门"等属性，因此可以基于语料库确定某些意见词簇对某个属性的贡献程度。例如，对于属性和意见词簇搭配，如图4-12所示。

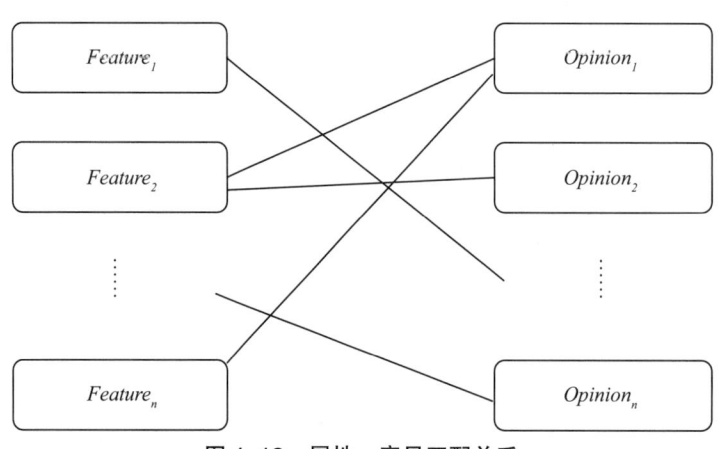

图 4-12 属性—意见匹配关系

对 $Opinion_i$ 来说，假设其与各 $Feature$ 之间的匹配总次数为 N，与某一个 $Feature_j$ 的匹配次数为 k，则基于此属性和意见簇（同一意见簇内的意见词若对应同一属性，则按总计值计算）构建的一条记录为分数越高表明该意见词出现时对应属性的可能性越大，并且对于任意一个意见词簇，与其匹配的所有属性满足以下条件：

$$\sum_{i=1}^{n} \text{Score}(\forall Opininon \leftrightarrow Feature_i) = 1。 \quad (4-6)$$

（2）多策略隐式属性抽取算法

对于包含隐式属性的评论句来说，可以通过寻找句子中的意见词匹配已创建的字典，获取相应的隐式属性。由于评论句的复杂性，实际处理过程中往往需要考虑多方面的问题。

1）意见词的确定

意见词的确定可以仍然使用上面创建字典时使用的若干词性和句法结构要求的词或短语，并且由于形容词表示意见的情况最多，所以在匹配时优先考虑形容词，同时还需要基于不同的词性选择不同的阈值进行处理。

2）意见词匹配算法

在实际处理过程中不能仅简单地进行匹配，因为句子中意见词的复杂程度不一，如果进行完全匹配的话往往会导致很多意见词无法匹配的情况。例如，对于以下的评论句：

例句6：坐进去就感觉很美观。

例句7：不是我说，一钻进去就觉得美观大方。

例句8：试坐了下感觉包裹性一般，要再考察下。

例句9：我坐了下感觉还行，包裹性不错。

例句6和例句7、例句8、例句9中两组形容词对应的属性都一样，但两者不能完全匹配，这种情况下如果给出一个所有情况都不匹配后的默认值如"车子"则过于简单。可以看到这两组词比较相似，由此本研究认为只要两者的相似度大于或等于某个阈值则可以认为两个意见词对应的属性是一致的。利用Jaccard相似系数计算词对之间的相似度。

$$J(A, B) = \frac{|A \cap B|}{|A \cap B|} \text{。} \tag{4-7}$$

样本 A 和样本 B 是两个 n 维向量，这里是两个词或短语，所有维度的取值都是0或1。如果按照两个词对（首先进行分词）的向量为 A（1 0）和 B（1 1），如 J（"美观""美观大方"）=1/2，A（1 1 0）和 B（1 0 1），如 J（"包裹性一般""包裹性不错"）=1/3 等考虑，本研究设置1/3为阈值。

3）算法框架

创建好字典后，将网络上爬虫抓取的隐式评论句分词，将每一条评论句按预定词性和句法选择意见词，获得候选意见词集，利用多策略融合算法与字典中意见词进行匹配获得相应的属性。每一条评论句中的候选意见词在字典中进行意见词匹配时均使用多策略融合算法，该算法涉及词性、句法结构和相似度等内容，具体的算法步骤如下。

步骤一：词性为非ADV结构的形容词（包含形容词的词组）的候选意见词（可以有多个）与已经创建好的字典中的意见词进行匹配，选择完全匹配和相似度大于阈值的记录，根据权重选择属性；如果步骤一未找到合适的属性，则转步骤二。

步骤二：选择大于一定阈值的余下的词或短语（非ADV结构的副词、动词、名词词组、形容词+名词等）按顺序进行匹配，与步骤一一样进行匹配，抽取合适的属性。

步骤三：如果步骤二也未抽取成功，则将属性设为默认值"车子"。

4.4.3 基于支持向量机的情感分类方法

情感分类方面,可以根据情感分类的粒度将其分为两大类:一是单个词汇的情感分类,二是短语、句子和文档的情感分类。与评价对象抽取一样,机器学习算法也是主流的情感分类技术。

据以往实验结果表明,基于支持向量机(SVM)的情感分类方法具有明显优势。PANG B 等[1]和唐慧丰等[2]分别使用 NB、ME 和 SVM 这 3 种经典的机器学习算法对英文文本和中文文本进行情感分类并进行比较,包亮等[3]也在混合领域的语料上做了相似的工作,几个实验结果都可看出 SVM 在情感分类上具有明显优势。

本部分以苏州园林网络评论进行意见挖掘为例,利用 SVM 分类算法对评论句中蕴含的情感进行分类。在实验中采用词作为向量空间模型的文本特征,考虑到数据稀疏问题,选择部分特有词性的词作为文本特征。唐慧丰等选取了名词、动词、形容词和副词这 4 种词性进行了实验,结果表明这 4 种词性的合集已经能够近似地反映整个文档的情感特征[2]。本小节又补充了名词修饰词、习语和缩略语,实验结果表明性能有所提高。因此,本小节选用的词共有 7 种。本小节选择最常用的权重计算函数 TFI-DF 表示特征,使用经典的特征选择方法信息增益(IG)选择特征。

实例数据同 4.4.1 小节相同,也为网上采集的游客对于苏州园林的游记评论,最终选取了有评价对象的 4697 条评论,包含 4906 个评价对象。

对于 4697 条评论句中标出的观点表达,利用自行编写的 Python 程序选择其中的名词、动词、形容词、副词、名词修饰词、习语和缩略语这 7 种词性的词或短语,并利用 TFI-DF 权重函数计算它们的权重。利用著名的数据处理工具 Weka 将处理后的 VSM 表示文件导入 Weka 中。首先利用 Weka 中的信息增益函数进行特征选择,使用默认参数值,然后使用分类算法 SVM 进行情感分类。本研究使用台湾大学林智仁教授等开发的 LIBSVM 并将其加入 Weka 中,使用线性核函数(Linear),参数使用默认值,同样采用 5 折交叉验证,实验结果如图 4-13 所示。

---

[1] PANG B, LEE L, VAITHYANATHAN S.Thumbs up? Sentiment classification using machine learning techniques [C]. EMNLP'02, 2002: 79-86.
[2] 唐慧丰,谭松波,程学旗. 基于监督学习的中文情感分类技术比较研究 [J]. 中文信息学报,2007, 21 (6): 88-94.
[3] 包亮,张莉,许鑫. 苏州园林网络评论意见挖掘研究 [J]. 微型机与应用,2016, 35 (13): 86-89.

```
=== Detailed Accuracy By Class ===

              TP Rate   FP Rate   Precision   Recall   F-Measure   ROC Area   Class
              0.992     0.467     0.947       0.992    0.969       0.762      pos
              0.533     0.008     0.884       0.533    0.665       0.762      neg
Weighted Avg. 0.943     0.418     0.94        0.943    0.936       0.762

=== Confusion Matrix ===

    a    b    <-- classified as
  4161   35  |   a = pos
   234  267  |   b = neg
```

图 4-13 用 SVM 进行情感分类的实验结果

将唐慧丰等提出的选择 4 种词性利用 SVM 进行情感分类的结果作为 Baseline，与本文提出的方法做比较，实验结果对比如图 4-14 所示。

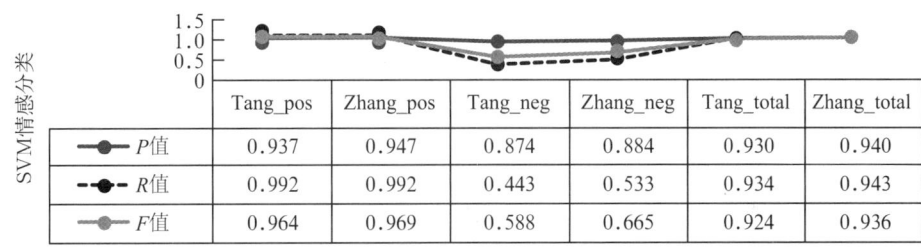

图 4-14 基于不同语言特征表示的 SVM 情感分类实验结果对比

从实验结果来看，基于 7 种词性，利用 TFI-DF 作为权重计算函数，IG 作为特征选择方法，SVM 作为分类算法可以获得较为理想的实验结果，表明了所选择的策略和算法是正确的。另外，从实验结果也可以看到，贬义情感分类的 R 值很低（0.533），表明有较多的贬义情感没有正确确定，究其原因是本研究所用的实验数据中包含贬义情感的评论句比例很低（10.7%），因此难以获得较高的召回率。而与唐慧丰等选择 4 种词性的特征表示方法相比，本研究提出的方法在贬义情感识别上有比较好的表现，R 值提高了 9.0%，F 值提高了 7.7%，在褒义情感识别上性能也有所提高，整体来看 F 值有 1.2% 的提高。

4.5 本章小结

大数据时代，互联网信息成为竞争情报的重要数据源，这一方面为情报人员全面获取信息提供了保障；另一方面也给他们快速准确地获取所需信息带来了挑战。如何快速准确地从互联网上按主题获取信息，成为情报人员工作的一个难点。在采集数据后，情报人员需要快速整理和组织数据，并发现数据中蕴含的内容。因此，信息监测是数据采集后情报人员的又一项任务。

  本章主要基于互联网主题信息视角进行竞争情报大数据采集与监测研究。首先，受到网民日常使用互联网习惯的启发，本章通过模拟信息用户向通用搜索引擎提交查询并获得搜索反馈结果这一过程，提出利用机器自动提交指定关键词，甚至提交关键词和指定网址的方式对通用搜索引擎进行类元搜索的主题定向信息采集方案，据此，本章采用通用搜索引擎与垂直搜索引擎相结合的互联网主题信息采集策略，构建了一个互联网主题信息采集系统框架。其次，在面向竞争情报的定题数据采集实现中，尚有很多需要解决的问题，包括采集防屏蔽方法、正文 URL 筛选、模板构建与内容抽取、网页正文筛选、采集后去重、正文过滤等。本章研究了解决这些问题的关键技术或策略，其中 URL 分析与提取采用基于链接类型的 URL 筛选方法，实现正文网页 URL 的筛选，模板学习和正文抽取部分采用基于 DOM 树的节点比对方法，完成模板的构建与正文抽取。实验结果表明，本章所提出的主题采集方式采集准确率较高，能够适应情报主题信息采集的需求。最后，在竞争情报大数据监测方面，本章提出基于主题模型进行主题监测，基于意见挖掘监测用户的舆论和情感倾向。据此，本章梳理了监测方法的流程，提出部分关键技术，并采用实际数据进行验证，以期所构建的方法体系在公关关系处理、负面信息预警、网络营销、产品满意度监测等方面可以起到作用。

第 5 章
竞争情报大数据存储与组织

数据分析离不开数据管理，数据管理是利用计算机硬件和软件技术对数据进行有效的收集、存储、处理和应用的过程。随着计算机技术的发展，数据管理经历了人工管理、文件系统、数据库系统 3 个发展阶段。在数据库系统中所建立的数据结构，更充分地描述了数据间的内在联系，便于数据修改、更新与扩充，同时保证了数据的独立性、可靠性、安全性与完整性，减少了数据冗余，提高了数据共享程度及数据管理效率。数据管理的目的在于充分有效地发挥数据的作用，其中实现数据有效管理的关键是数据存储与组织。对于竞争情报有大量需求的企业来说，企业大数据存储方法与数据组织及应用是重要的研究课题。

5.1 面向大数据的企业数据存储

随着大数据时代的到来及云计算、物联网等技术的快速发展，人类产生的数据量每年呈指数级增长，此外数据类型与格式的变化和扩展性、响应速度等方面的需求也给传统的数据存储与处理技术带来了很大挑战。本节主要从数据仓库、数据集市、数据湖、Hadoop、ElasticSearch 等方面介绍数据存储方法，并分析其理论基础与基本架构，旨在为应对大数据带来的挑战而诞生的新技术提供关键理论与技术支持，为更准确地认识基本框架提供参考。

5.1.1 传统数据仓库用于企业数据存储

数据仓库是计算机和数据应用发展到一定阶段的必然产物，其目的是建立一种体系化的数据存储环境，将分析决策所需的大量数据从传统的操作环境中分离出来，使分散、不一致的操作数据转换为集成、统一的信息[①]。关于数据仓库的定义有多种不同的看法，但业界公认的数据仓库概念创始人 Inmon 的定义为：数据仓库是一个面向主题的、集成的、稳定的、随时间变化的、用来支持管理人员决策的数据集合[②]。数据仓库是技术和软件套件，它能够从操作系统收集数据，并将这些数据整合，并统一到中央数据库中，然后对数据进行分析、处理。

与以往的关系型数据库不同，数据仓库不再是单一地采用表格的形式来进行记录和储存，不再要求统一的结构化查询语言来完成联机事务处理[③]，数据仓库的主要工作对象是多维数据，所以也称为多维数据库。数据仓库的一般体系结构如图 5-1 所示，图中底层是多个数据源，一般情况下这些数据源可以是关系型数据或其他类型，如 GIS、XML、EXCEL 等。ETL（Extract-Transform-Load）是数据抽取（Extract）、转换（Transform）、清洗（Cleaning）、装载（Load）的过程。ETL 按照统一的规则从数据源抽取出所需数据，经过数据清洗和转换，期间可能还会进行过滤（Filter）、汇总（Summary）或与其他信息合并（Merger），最终按照数据仓库模型将数据调入仓库中。通过 ETL 可以将企业中分散、零乱、标准不一致的数据整合到一起，为前段应用提供规范统一的数据源。ETL 是 BI 项目的一个重要环节，通常情况下，在 BI 项目中 ETL 会花掉整个项目至少 1/3 的时间，ETL 设计的好坏直接关系着 BI 项目的成败。数据仓库搭建完成后，企业可以投入面向主题的各种应用，如查询分析、报表生成、OLAP 等。

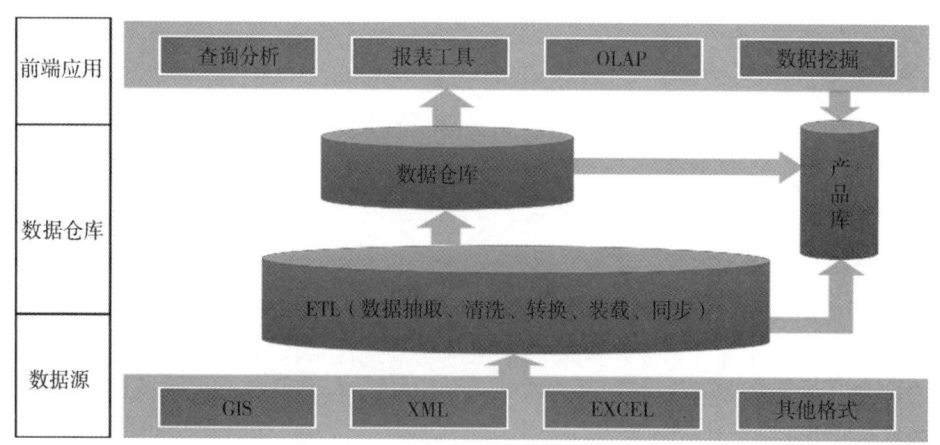

图 5-1 数据仓库的一般体系结构

---

① BISCHOFF, ALEXANDER T. 数据仓库技术［M］. 成栋，魏立原，译. 北京：电子工业出版社，1998：6-12.
② INMON W H. 数据仓库［M］. 王志海，林芳芳，等译. 北京：机械工业出版社，2003：4-16.
③ 池太威. 数据仓库结构设计与实施：建造信息系统的金字塔［M］. 北京：电子工业出版社，2009.

数据仓库应用于企业数据存储已有较长时间。据美国 Meta Group 市场调查机构的资料表明，全球 2000 家大公司中已有 90% 将互联网和数据仓库这两项技术列入其企业发展规划中或已经率先采用[①]。在我国，数据仓库在 CRM、银行、保险业及证券业等领域也有成功案例。例如，2000 年中国银行省、市两级金融管理信息系统是中国银行广东省分行承担开发的国家"八五"科技攻关项目，该系统在工程组织和总体方案设计上采用数据仓库及 OLAP 理论，成为中国银行省、市分行实行科学管理的有力工具；2008 年东北大学、中国海洋大学、清华大学等高校联合科研机构与公司，共同设计了国家海洋数据仓库系统，构建了统一标准的国家海洋数据仓库系统框架，实现国家、省市县等各级海洋数据的数据仓库管理，为"数字海洋"系统提供了有力的数据支撑[②]；2015 年上海某三甲医院基于面向服务的体系架构，采用 HL7、CDA、IHE 等国际标准和规范，建立了以临床数据仓库为核心的大数据信息集成平台[③]；到 2018 年，数据仓库在地理信息系统[④]、教学测评[⑤]、商业银行[⑥]等方面的应用都有了进一步发展。

5.1.2 大数据环境下的数据集市价值

数据集市（Data Market）来源于数据仓库[⑦]，数据仓库作为企业级应用，其涉及范围和投入成本往往巨大，它的建设很容易形成高投入、慢进度的大项目。这一切都是设计者和使用者所不希望看到和不能接受的。使用者要求在部门内部获得一种适合自身应用、容易使用且自行定向而方便高效的开放式数据接口工具，正是这种需求使数据集市应运而生。

数据集市分为两种类型：独立型数据集市和从属型数据集市[⑧]。从属型数据集市是一种更小、更集中的数据仓库。原始数据从数据仓库流入不同的部门以支持这些部门的

---

① 侯筱婷. 基于数据仓库、OLAP 和数据挖掘技术的数据分析、展现与预测 [D]. 西安：西安电子科技大学，2007：45-53.
② 宋杰. 面向多类型数据源的数据仓库构建及 ETL 关键技术的研究 [D]. 沈阳：东北大学，2008：13-21.
③ 吴正一，崔迎慧，陆耀，等. 以临床数据仓库为核心的医院大数据平台构建 [J]. 中国医院管理，2015，35（11）：13-15.
④ 王磊. 数据仓库技术在地理信息系统中的应用 [J]. 信息技术与信息化，2018（11）：72-74.
⑤ 张端鸿，刘波，卞月妍. 院校数据仓库架构与建设的过程研究 [J]. 高校教育管理，2017，11（2）：26-33.
⑥ 周飞，刘梦娜，张晖，等. 商业银行数据仓库系统中 ETL 的设计与实现 [J]. 软件工程，2018，21（11）：42-45.
⑦ 陈宇翔，鲍鸿. 数据集市技术 [J]. 微机发展，2002，12（6）：23-25.
⑧ 朱建秋. 数据仓库系列讲座之三：数据集市与数据仓库 [J]. 中国计算机用户，2003（13）：56-57.

定制化使用，这些部门级的数据库就称为数据集市，如图 5-2 所示。一个数据集市就是一个部门的数据集合。数据集市是为特定部门的决策支持而组织起来的一批数据和业务规则，习惯上称它们为"主题域"。不同部门有不同的"主题域"，因而也就有不同的数据集市。

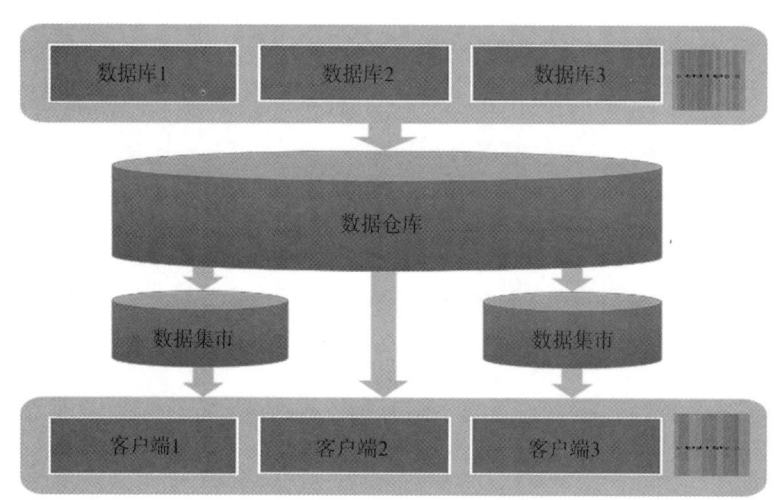

图 5-2 有数据集市的数据仓库系统

独立型数据集市是为了满足特定用户的需求而建立的一种分析型环境，能快速解决某些具体问题。但是，多个独立型数据集市的累积，是无法形成一个企业级的数据仓库的。这是由数据仓库与数据集市本身的特点决定的。表 5-1 显示了数据仓库与数据集市之间的主要不同点。多个独立数据集市增长到一定规模后，由于没有统一的数据仓库协调，企业会增加一些信息孤岛，仍难以从整个企业视角分析数据。

表 5-1 数据仓库与数据集市的对比

对比方面	数据仓库	数据集市
数据来源	遗留系统、CLTP 系统、外部数据	数据仓库
范围	企业级	部门级
主题	企业主题	部门主题
数据粒度	最细的粒度	较粗的粒度
数据结构	规范化结构	星形模式和雪片模式
历史数据	海量的历史数据	适度的历史数据

续表

对比方面	数据仓库	数据集市
索引	高度索引	高度索引
优化	处理海量数据、数据探索	便于访问和分析、快速查询

数据集市由于其建立周期短、灵活性强的特点，在科学研究、商业应用领域都有发展。在科研领域，数据集市上有大量可用于科学研究的数据，如微博用户关系数据、豆瓣图书评分数据[①]、电商评论、交通信息、地理信息[②]及上网日志等[③]。这些数据不仅数量庞大，而且种类繁多，可以满足多种科研需求。在商业领域，大数据引发人们开始重新审视数据、技术、思维对效率、价值和利润的影响[④]。基于大数据资源的用户行为模式挖掘、用户需求识别、用户行为偏好分析，对于潜在合作伙伴发现、精细用户群体划分、定向广告投放和市场营销、多维度科学评估、智能监测预警等具有重要意义，尤其是在当前传统行业转型升级和大众创业、万众创新的背景下，商业领域是大数据价值发现最具有生命力和吸引力的领域之一，面向特定商业分析需求的数据集市为数据存储提供了快捷、高价值、低成本并存的途径。

5.1.3 保留原始数据的企业数据湖

数据湖（Data Lake）概念最早在 2011 年由 CITO Research 网站的 CTO 和作家 Dan Woods 提出。初衷是用来处理非结构化的海量数据，可以在不需要移动数据的情况下进行数据计算。数据湖是一种在系统或存储库中以自然格式存储数据的方法，它有助于以各种模式和结构形式配置数据，通常是对象块或文件。数据湖的主要思想是对企业的所有数据进行统一存储，从原始数据（这意味着源系统数据的精确副本）转换为用于报告、可视化、分析和机器学习等各种任务的数据。

[①] 王永，张勤，杨晓洁. 中文网络评论中产品特征提取方法研究[J]. 现代图书情报技术，2013(12)：70-73.

[②] ZHANG S，WANG Z. Correction：inferring passenger denial behavior of taxi drivers from large-scale taxi traces[J]. Plos one，2016，12(2)：e0171876.

[③] 刘梦超，肖基毅，陈荣，等. 数据挖掘在用户上网行为分析中的应用研究[J]. 电脑知识与技术，2012，8(31)：7409-7412.

[④] 赵栋祥，陈烨，张斌. 数据集市及其在交易中的价值[J]. 图书情报工作，2017，61(13)：5-12.

数据湖和数据仓库的区别[1]，主要是数据仓库的数据进入数据池之前是预先分类的，这可以指导其后面如何进行数据分析，而数据湖是以其本机格式保存大量原始数据，包括结构化的、半结构化的和非结构化的数据，在需要数据之前，是没有定义数据结构和需求的。表 5-2 显示了数据湖不同于数据仓库的主要特点。

表 5-2 数据仓库与数据湖的对比

对比方面	数据仓库	数据湖
数据	结构化数据	结构化、半结构化、非结构化数据
处理	定义数据再存储	原始数据
成本	较高	较低
敏捷性	较低	高
安全性	高	较低

当前，Hadoop 是实现数据湖的最常用技术手段。EMC 公司发布的新一代 EMC Isilon 横向扩展 NSA 数据湖[2]，包括全新的产品、特性和性能，让企业数据湖能够轻松扩展至边缘位置和公有云中。GE 航空公司在 2013 年开始试点项目[3]，收集来自 25 家航空公司、15 000 架次航班的数据。每次航班产生约 14 GB 的度量数据。数据湖的方法让 GE 能够集成所有的飞行数据，并对大量数据集进行分析。2016 年，宇视发布 SMV 安防机器视觉战略，其中很重要的一点就是充分认识 AI 对于安防数据的变革诉求，以视图服务化体系模式，云存储中通过构建"视频原始数据池""图片原始数据池""半结构化数据池""结构化数据池""归档数据池"等多个数据池的联动，并根据数据特点引入 SSD、硬盘、磁带库等不同存储介质来适配数据访问模型，在统一的数据治理框架下，通过安防标准和 TCO 的统一考量体系，借助不同介质控制数据的流转，达到数据生命周期管理的最佳实践，真正构建出高效有用的安防数据湖。

---

[1] CAMPBEII, CHRIS. Top five differences between data lakes and data warehouses [EB/OL].（2015-01-26）[2017-05-19].https：//www.bluegranite.com/blog/bid/402596/top-five-differences-between-data-lakes-and-data-warehouses.
[2] 刘华. EMC 数据湖：Isilon 新产品要打通边缘、核心和云 [J]. 中国数字医学，2015，10（12）：94.
[3] EMC. GE 尝试"数据湖"[J]. 上海国资，2014（10）：79.

5.1.4 基于 Hadoop 的企业分布式数据存储

Hadoop 最早是作为一个开源搜索引擎项目 Nutch 的基础平台而开发的,后来随着项目的进展,Hadoop 被作为一个单独的开源项目进行开发,成为 Apache 基金会开发的首要项目[①]。Hadoop 开源的目的是使编写和运行用于处理海量数据的应用程序更加容易[②]。Hadoop 与前文介绍的传统数据仓库之间的主要区别是:传统数据仓库通常部署在单个关系数据库中,而这个数据库则起到中央存储的作用。相比之下,Hadoop 及其 HDFS 文件系统是跨多个机器,并用来处理海量异构数据的,而这是任何单台机器都达不到的能力,而且 Hadoop 可以部署到任何低性能的机器上,以集群的形式存在,硬件成本低[③]。

Hadoop 集群是一个主从设备结构(Master/Slave),包含一个单独的主节点(Master)和多个从节点(Slave)服务器。这里的一个单独的主节点的含义是系统中只存在一个逻辑上主节点。一个逻辑的主节点可以包括两台物理主机,即两台主服务器、多台从服务器。图 5-3 反映的是两台主服务器组成双管理者集群,SecondaryNameNode 是 NameNode 的备份。其中主节点服务器包含管理者(NameNode)和作业跟踪器(JobTracker),而每个从节点服务器都包含工作者(DataNode)和任务追踪器(TaskTracker)。

NameNode 是 Hadoop 集群内最关键的进程,维护着存储了文件系统映像的文件,并直接管理 DataNode 的行为。JobTracker 可以监督 MapReduce[④]作业的运行。通常,一个作业会分为多个任务,并行处理,JobTracker 可以分配和管理这些任务。而 TaskTracker 管理着它所在节点所有任务的运行情况,接受分配的任务并汇报每个任务的运行情况。Hadoop 作为一个分布式系统平台,具有高可靠性、高拓展性、高效性和经济性等优点[⑤]。不过,由于从设备是孤立的,没有共享的状态,主从节点的通信延迟可能是一个问题。例如,在实时系统中,这种模式只能应用于可以分解的问题。

---

① 霍树民.基于 Hadoop 的海量影像数据管理关键技术研究[D].长沙:国防科学技术大学,2010:12-31.
② 林文辉.基于 Hadoop 的海量网络数据处理平台的关键技术研究[D].北京:北京邮电大学,2014:16-27.
③ 费仕忆.Hadoop 大数据平台与传统数据仓库的协作研究[D].上海:东华大学,2014:21-33.
④ LAMMEL, RALF. Google's MapReduce programming model-revisited[J]. Science of computer programming, 2008, 70(1):1-30.
⑤ 乔媛媛.基于 Hadoop 的网络流量分析系统的研究与应用[D].北京:北京邮电大学,2014:22-29.

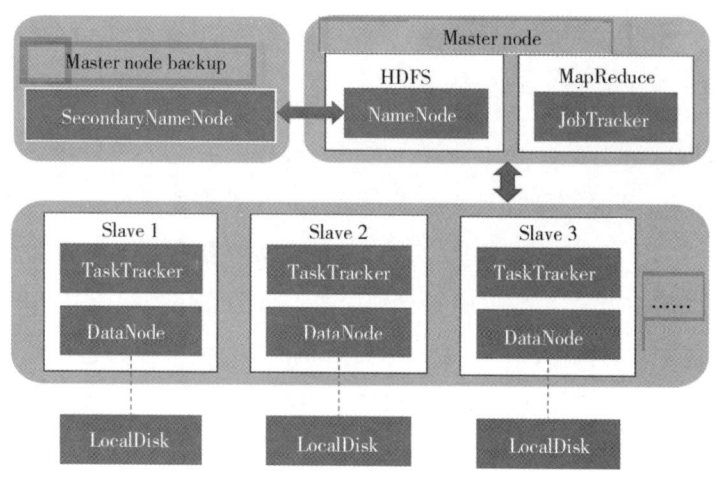

图 5-3　Hadoop 集群框架

Hadoop 在很多大型网站上都已经得到了应用，如 Amazon、Facebook、Yahoo!、IBM 等[1]。由于大数据的发展，数据存储管理模式不断演化，从传统的集中文件存储，发展到以 Hadoop 为代表的分布式文件系统管理，再到分布式 NoSQL 非关系型数据库[2]，Hadoop 一度被认为不适合存储时空大数据[3]。2016 年，夏大文基于 Hadoop 中的 MapReduce 并行处理模型搭建了面向移动轨迹大数据的分布式计算平台[4]，挖掘出交通时空特征、实时交通流量等数据背后蕴藏的有价值信息，解决了时空大数据在 Hadoop 中的存储问题。2018 年，鲁帅帅基于 Hadoop 设计了油气钻井信息分布式数据仓库[5]，对石油钻井信息海量数据抽取和存储，以及对石油钻井信息分布式数据仓库的数据抽取和粒度设计进行了研究。

5.1.5　基于 ElasticSearch 的企业数据存储与利用

ElasticSearch 是一个开源的实时分布式搜索和分析引擎，它主要应用于海量数据的

---

[1]　邓自立. 云计算中的网络拓扑设计和 Hadoop 平台研究[D]. 合肥：中国科学技术大学，2009：44-63.
[2]　关雪峰，曾宇媚. 时空大数据背景下并行数据处理分析挖掘的进展及趋势[J]. 地理科学进展，2018，37（10）：1314-1327.
[3]　王凯，曹建成，王乃生，等. Hadoop 支持下的地理信息大数据处理技术初探[J]. 测绘通报，2015（10）：114-117.
[4]　夏大文. 基于 MapReduce 的移动轨迹大数据挖掘方法与应用研究[D]. 重庆：西南大学，2016：12-32.
[5]　鲁帅帅. 大数据环境下油气钻井信息分布式数据仓库系统研究[D]. 西安：西安石油大学，2018：24-39.

检索、日志分析等场景。它是基于 Lucene 开发的，不但拥有 Lucene 的所有特性，而且提供了更多的高级操作接口。由于 ElasticSearch 全文搜索引擎基于 RESTfuI Web 接口，所以它是独立于应用的。ElasticSearch 可以非常简单地实现分布式搜索，它自己就带有分布式管理模块，可以方便、迅速地进行集群的横向扩展并自动化地进行集群的负载均衡，从而高效、稳定地对 PB 级海量数据进行检索与分析。ElasticSearch 应用于云计算中，能够达到实时搜索，稳定、可靠、快速、安装使用方便。官方客户端在 Java、.NET（C#）、PHP、Python、Apache Groovy、Ruby 和许多其他语言中都是可用的。ElasticSearch 模块结构如图 5-4 所示。

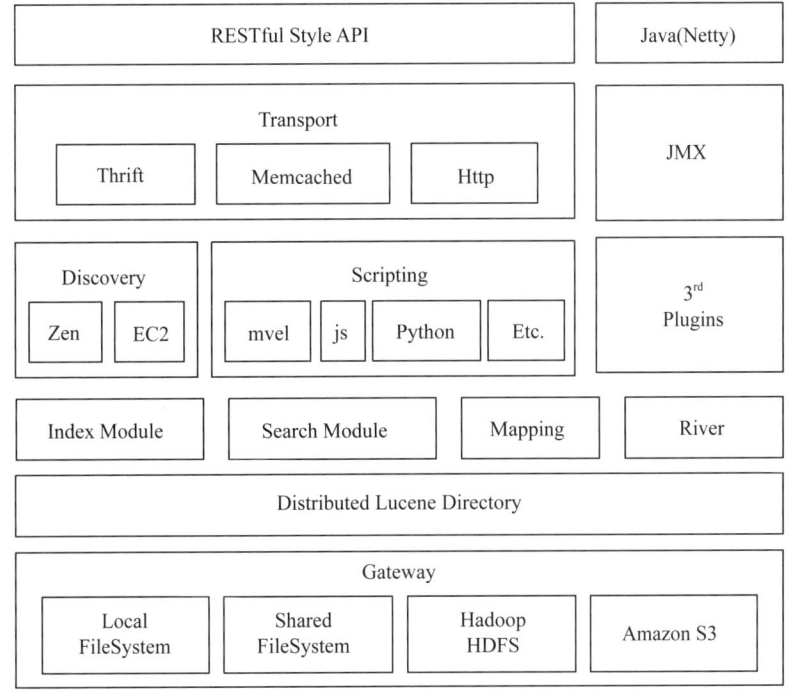

图 5-4　ElasticSearch 模块结构

传统项目中，搜索引擎是部署在成熟的数据存储的顶部，以提供快速且相关的搜索能力。这是因为早期的搜索引擎不能提供耐用的存储或其他经常需要的功能，如统计分析功能。ElasticSearch 是提供持久存储、统计等多项功能的现代搜索引擎。使用 ElasticSearch 作为存储具有突出的优势。例如，一台服务器出现故障，可以通过复制数据到不同的服务器以达到容错的目的。因此，在较多考虑数据存储与分析利用时，可以使用 ElasticSearch 作为主要的后端。在另外一些应用场景中，由于 ElasticSearch 不能提供存储的所有功能，需要在现有系统数据存储的基础上增加 ElasticSearch 支持①。

目前，ElasticSearch 实时分布式搜索框架已经有了许多成功的使用案例。GitHub 使用 ElasticSearch 对超过 1300 亿行的源码进行检索，并且用户量和数据量还在持续增长；维基百科使用 ElasticSearch 对 PB 级数据实现了全文检索、高亮展示关键词、针对输入的关键词进行搜索建议等功能②。白俊等设计了基于 ElasticSearch 实时进行大日志数据搜索的软件集成方案，基于硬件创建虚拟机环境，根据搜索条件使用 ElasticSearch 得到需要的列表，使得即使日志增加，搜索反应时间不会线性增加③。陈亚杰等面对海量的天文数据的高性能检索和查询需求，提出基于 ElasticSearch 分布式搜索引擎④。姜康等基于 ElasticSearch 的水利元数据搜索与共享平台，提出针对水利异构数据的解决方案并对海量数据建立索引⑤。张建中等针对大数据时代下图书馆文献的存储和检索难题，运用 HDFS 分布式文件系统实现图书馆文献资源的海量存储，采用 ElasticSearch 分布式索引技术对资源进行分布式索引和检索，构建了一个高效的、分布式的数字图书馆检索系统⑥。中国舰船设计研究中心组织完成了统一归档信息系统（一期）的开发与实现，在 Hadoop 的基础上加入了 ElasticSearch，搭建了统一分布式归档信息系统⑦。

在企业层面，ElasticSearch 更是获得了众多公司的青睐。例如，新浪 ELK（Elasticsearch、Logstash、Kibana）架构中，将 ElasticSearch 作为实时日志分析服务的核心技术，服务于微博、微盘、云存储、弹性计算平台等 10 多个部门的多个产品的日志搜索分析业务，每天处理约 32 亿条（2 TB）日志⑧。此外，阿里巴巴利用 ElasticSearch 构建挖财自己的日志

---

① ElasticSearch 的使用场景深入详解［EB/OL］.（2016-08-17）［2019-11-18］. https：//blog.csdn.net/wojiushiwo987/article/details/52227541.
② 曾亚飞.基于 ElasticSearch 的分布式智能搜索引擎的研究与实现［D］.重庆：重庆大学，2016：18-27.
③ 白俊，郭贺彬.基于 ElasticSearch 的大日志实时搜索的软件集成方案研究［J］.吉林师范大学学报（自然科学版），2014，35（1）：85-87.
④ 陈亚杰，王锋，邓辉，等.ElasticSearch 分布式搜索引擎在天文大数据检索中的应用研究［J］.天文学报，2016，57（2）：241-251.
⑤ 姜康，冯钧，唐志贤，等.基于 ElasticSearch 的元数据搜索与共享平台［J］.计算机与现代化，2015（2）：117-121，126.
⑥ 张建中，黄艳飞，熊拥军.基于 ElasticSearch 的数字图书馆检索系统［J］.计算机与现代化，2015（6）：69-73.
⑦ 江涛.基于 Hadoop+ElasticSearch 的统一归档信息系统设计与实现［C］//中国造船工程学会.2018年数字化造船学术交流会议论文集.2018：4.
⑧ 高英举.DockOne 技术分享（十二）：新浪是如何分析处理 32 亿条实时日志的［EB/OL］.（2015-01-14）［2019-11-18］. http：//dockone.io/article/505.

采集和分析体系[1]，有赞利用 ElasticSearch 进行业务日志处理[2]。

5.2 基于本体的企业数据组织方法

企业数据类型多样，涉及的内容繁杂，本节以大型制造企业的专利情报数据组织为例，研究基于领域本体的数据组织方法。专利信息涵盖了制造型企业中大部分的新技术、新方法，对于情报人员来说具有巨大作用，而改变传统的专利检索模式，揭示专利文献中的隐含知识，需要运用领域本体对专利信息进行重新组织。本节以面向冶金行业的应用为例，使用统一本体开发过程方法，构建钢铁行业专利文献本体模型 STEEL_ONTO。

5.2.1 UPON：统一本体开发过程

根据互联网行业信息的特点及 STEEL_ONTO 的构建目标，我们使用 UPON 方法来构建目标本体。UPON 基于统一软件开发过程（UP），使用 UML 语言搭建本体开发时所需的框架模型。在开发过程中，UPON 方法具有基于用例驱动的迭代性（Use-Case Driven Interative）和增量性的特点。其优势主要体现在以下 4 个方面：减少大规模本体构建过程中所花费的时间和成本；建立迭代和增量更新机制，确保最终本体的质量；明确各种类型的专家在构建本体过程中的角色和承担的任务；开发过程中所产生的中间成果随时都可以被其他应用程序所使用[3]。

UPON 并非传统"瀑布式"的开发模式，而是具有迭代性特点。每次迭代都是在上一次的基础上获取和理解新需求，修正整体开发过程，使得结果越来越接近最终的产品和用户需求，整个开发为螺旋式上升的渐进过程。UPON 由周期（Cycle）、阶段（Phase）、迭代（Interation）、工作流（Workflow）4 个主要部分组成。每个开发周期都包含起始阶段（Inception）、细化阶段（Elaboration）、构建阶段（Construction）和交付阶段（Transition）等。在每个阶段，都需要对目标本体的版本进行更新。同时，为了减小开发风险，提高

---

[1] 王福强. 构建挖财自己的日志采集和分析体系［EB/OL］.（2015-03-12）［2019-11-18］. https://afoo.me/columns/tec/logging-platform-spec.html.
[2] 有赞统一日志平台初探［EB/OL］.（2016-04-23）［2019-11-18］. https://tech.youzan.com/you-zan-tong-ri-zhi-ping-tai-chu-tan/.
[3] NICOLA A DE, MISSIKOFF M, NAVIGLI R. A software engineering approach to ontology building[J]. Information systems, 2009（2）: 258-275.

成功的概率，阶段还被进一步分解成需求、分析、设计、开发和测试等工作流，并不断迭代，图 5-5 展示了 STEEL_ONTO 的开发流程。

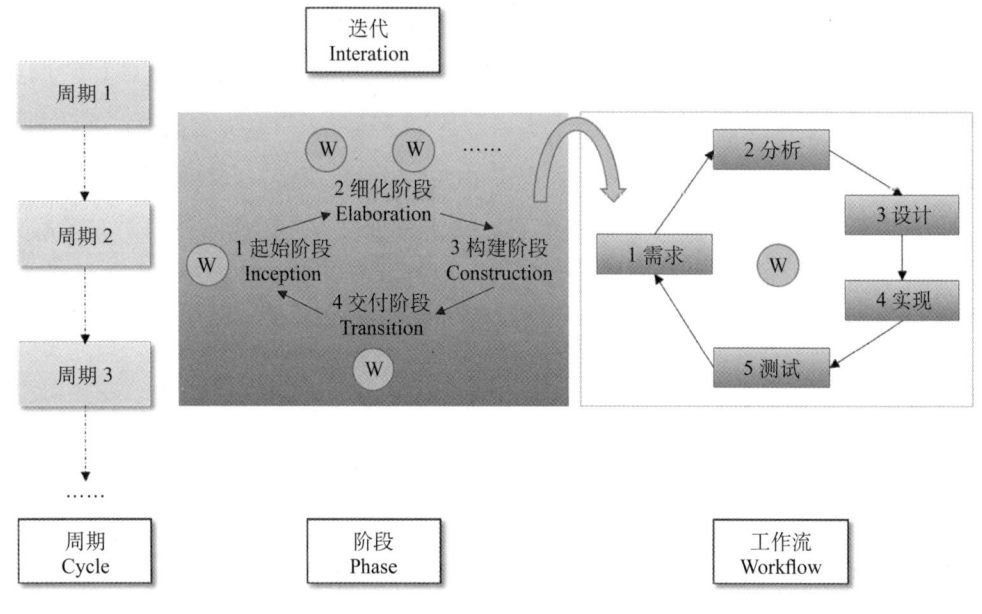

图 5-5　STEEL_ONTO 的开发流程

每个阶段（Phase）都由一系列工作流（Workflow）组成，通过工作流的不断循环和迭代，完成某一阶段的任务。在起始阶段主要是明确需求和对概念进行初步分析；在细化阶段，需要对基本概念进行分析，搭建基本框架（包括初步设计，构建本体雏形），同时，还必须对本体中涉及的概念进行分份的解析和扩展；在构建阶段，需要进行本体的详细设计和实现；测试部分工作放在了交付阶段，通过测试，逐步完善并完成目标本体的构建。与此同时，重新开始一个新的开发周期，构建新版本的目标本体。

在本体的开发过程中，各个阶段的成果都是增量更新的且侧重点有所不同。首先，需要搜集目标领域的相关术语，将其收入通用词表（Lexicon）中；其次，对词表中的术语进行解释，并进行扩充和细化，形成专用术语表（Glossary）；最后，对术语表中的术语建立关联，从而形成语义网络，并构建出最终本体。

5.2.2　面向特定主题的本体构建方法

基于上述思想，本研究按照 UPON 的开发流程，将 STEEL_ONTO 的构建过程分解为起始阶段、细化阶段、构建阶段和交付阶段 4 个阶段进行。

(1) 起始阶段

起始阶段的主要任务是识别和获取需求,包括:确定目标领域和应用范围;确定构建本体的目的;绘制流程图;创建应用词表(Application Lexicon);确定能力问题(Competency Question);构建相关用例模型。

1) 确定目标领域和应用范围

为了明确本体模型所反映的领域目标,首先必须确定本体的领域范围[①]。如果目标本体规模很大,则需要将其分解成多个小型本体。在本研究中,我们确定了钢铁冶金行业为目标本体的主要应用领域;同时,还需要抽取出这个领域中最主要的概念及其特征,将其细化至适当的粒度,并做出定义,为后期的开发做好准备。

2) 确定构建本体的目的

在本研究中,构建本体是为了更好地诠释冶金行业中的信息,建立起钢铁相关的主要概念及其语义关联,并为企业管理者和相关情报人员从新闻信息中发现隐含知识、开展情报研究等提供服务。

3) 绘制流程图

这里需要绘制出本体实际应用场景的流程图,体现业务流程及其所处的应用环境,流程图必须反映出真实应用场景中的各类需求。

4) 创建应用词表

通过收集相关应用文献和领域专家提供的专业术语,创建应用词表(Application Lexicon)。

5) 确实能力问题

能力问题(Competency Question,CQ)是本体必须要回答的概念级别的问题[②],这些问题是由领域专家与用户经过讨论后得到的。同时,这些CQ级问题可以在交付阶段被用来验证目标本体覆盖范围的广度和深度。根据本体应用的主要目的,CQ可分为两种:资源获取型问题和资源集成型问题,如表5-3所示。

---

① USCHOLD M, KING M. Towards a methodology for building ontologies [C] // Workshop on Basic Ontological Issues in Knowledge Sharing in IJCAI. Montreal,1995:142-143.
② GRUNINGER M, FOX M S. Methodology for the design and evaluation of ontologies [C] // Proceedings of the Workshop on Basic Ontological Issues in Knowledge Sharing in IJCAI. Montreal,1995:203-206.

表 5-3 能力问题片段

编号	CQ	编号	CQ
1	炼钢需要经过哪些步骤和工序	6	热轧工艺包括哪些
2	不锈钢有哪些类型	7	船板的制造使用了哪些技术
3	薄带连铸有哪些方法	8	电工钢有哪些品种
4	镀锌板的应用产品有哪些	9	解决轧制平整问题的方法有哪些
5	汽车板的制造工艺是什么	10	企业 A 主要产线包括哪些

6）构建相关用例模型

UML 中的用例是描述本体应用的基础，用例可以将用户的需求与本体中所表述的知识关联起来。同时，用例还可以表达本体应用程序的操作流程，并对 CQ 列表中的各种询问进行描述和解答。

起始阶段的工作会产生诸如"能力问题（CQ）""用例模型""应用词表（AL）"等一系列文档，为下一阶段的工作奠定基础。

（2）细化阶段

在前面的工作中，我们收集了各种专业术语，并创建了应用词表，在细化阶段我们需要对这些概念进一步提炼和重构，利用范围更加宽泛的领域词表（Domain Lexicon, DL）对其进一步拓展，建立参考词表（Reference Lexicon，RL），再通过对 RL 中的术语添加解释说明，创建专用参考专用术语表（Reference Glossary，RG）。

1）构建领域词表

通过获取领域资源，对各种信息资源（包括新闻动态、行业标准、主题词表等）进行分析，抽取出目标领域的相关概念，构建出领域词表。

2）创建参考词表

参考词汇表可以对应用词表和领域词表中的术语集合进行合并后得到。在两个集合合并后，产生一个相交集合和两个不相交集合（图 5-6）。我们使用了"包含原则"，进一步筛选集合中的相关词汇：参考词表（RL）中应该包括所有的相交部分的词汇；经过用户和领域专家的确认后，可适当选入一些交集之外的词汇。经过补充，一方面词汇交集得到了拓展；另一方面与目标本体密切相关的交集之外的词汇也得以保留。

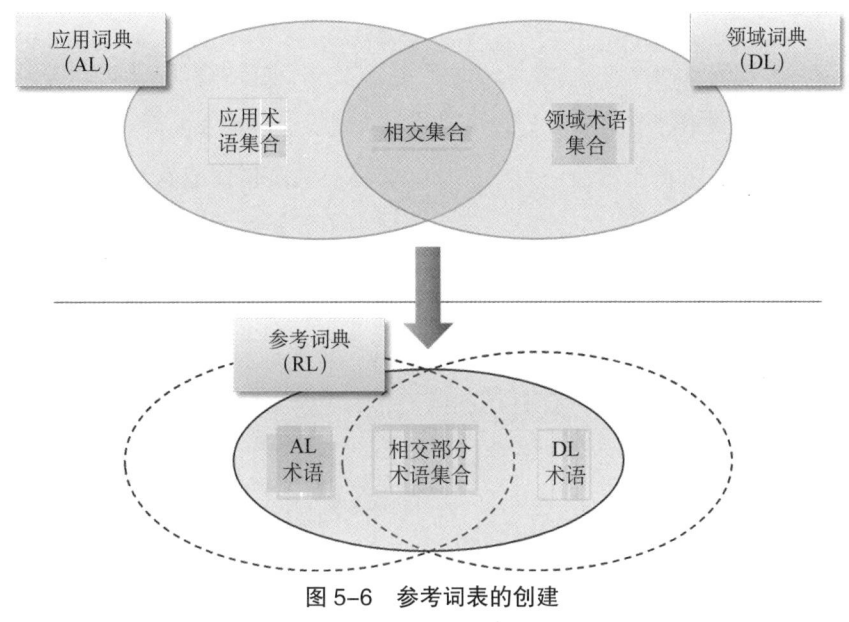

图 5-6　参考词表的创建

3）描述应用模型

使用 UML 图来描述应用模型。UML 图一方面可以用于描述应用模型；另一方面也可以用来对最终本体进行验证。UML 图中所有的类、参与者和活动的定义必须与本体中的概念保持一致，图 5-7 展示了 UML 图的样例。

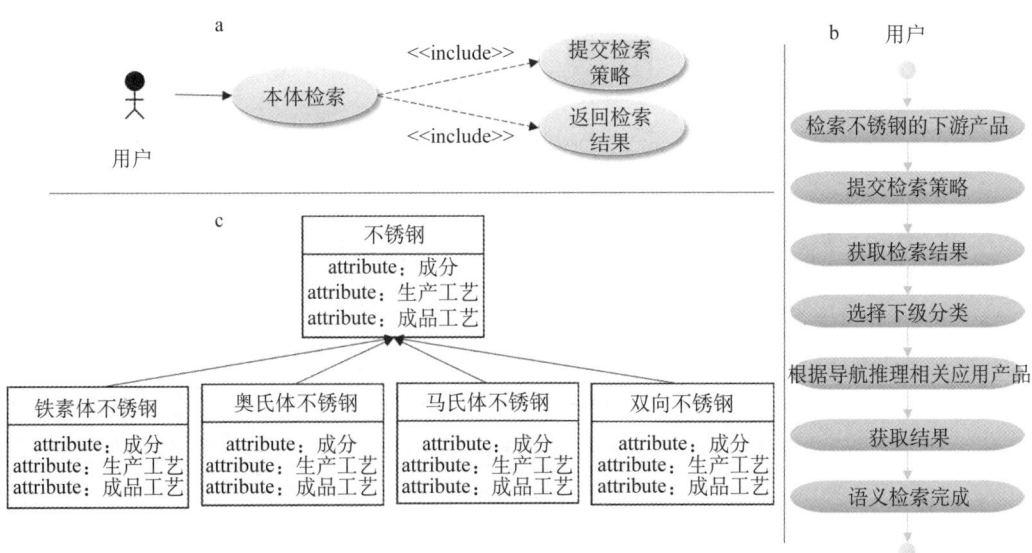

图 5-7　UML 图样例

4）构建参考专用术语表（RG）

可以在参考词表（RL）的基础上，对相关概念词汇进行解释和说明，得到参考专用术语表。实际上，对RL中的词汇进行语义描述并建立起关联后，参考词表就已经转换为参考专用术语表了。所有术语的定义和语义描述必须来自权威的专业知识源，经领域专家和用户的筛选和认可后方可确定。表5-4展示了部分参考术语样例。

表5-4 参考专用术语表（RG）样例

术语	语义描述
抗氧化钢	在高温下有较好的抗氧化能力且具有一定强度的钢
轧制	将金属坯料通过一对旋转轧辊的间隙（各种形状），因受轧辊的压缩使材料截面减小、长度增加的压力加工方法。这是生产钢材最常用的生产方式，主要用来生产型材、板材、管材。分冷轧和热轧
电镀铬	电镀硬铬一般应用于模具产品的表面。经处理后，模具、工件有如下优点：表面平整、光洁、易于脱模；不会生锈；镀的过程中原零件变形小，表层镀铬后可增强硬度（HR65以上），耐高温达500℃，耐腐蚀、防酸、耐磨损
不锈钢	指耐空气、蒸汽、水等弱腐蚀介质和酸、碱、盐等化学侵蚀性介质腐蚀的钢，又称不锈耐酸钢。实际应用中，常将耐弱腐蚀介质腐蚀的钢称为不锈钢，而将耐化学介质腐蚀的钢称为耐酸钢。由于两者在化学成分上的差异，前者不一定耐化学介质腐蚀，而后者则一般均具有不锈性。不锈钢的耐蚀性取决于钢中所含的合金元素
连铸	连续铸钢的简称。在钢铁厂生产各类钢铁产品过程中，使用钢水凝固成型有两种方法：传统的模铸法和连续铸钢法。与传统方法相比，连铸技术具有大幅提高金属收得率和铸坯质量、节约能源等显著优势。连铸的具体流程为：钢水不断地通过水冷结晶器，凝成硬壳后从结晶器下方出口连续拉出，经喷水冷却，全部凝固后切成坯料的铸造工艺过程

(3) 构建阶段

构建阶段的主要任务是通过梳理专用参考词表中的词条及关系，建立起词条之间的概念等级，并确定各种属性和公理，从而创建本体基本框架，将概念及关系从语言维度提升至概念维度。本研究在分析阶段已完成了大部分实体、参与者、活动及其关系的构建，设计部分的工作主要是将其形式化，建立基本的概念层次模型，并确定它们之间的主要关系。最后，使用编码工具对目标本体进行编码实现。

1）构建主要概念集合

对于新闻动态中的概念关系的组织，本研究使用子－父类关系（Kind-of）来组织概念结构。在这里本研究利用UML结构模型，结合本体分析过程中的应用目的，确定本体的分类体系，主要包含 4 个主要概念集合和其他一些辅助概念集合，主要概念包括竞争对手、产线、经营管理、工艺与设备、钢铁产品、重点热点技术、应用产品等，除了主要概念集合，还需要用辅助概念对本体雏形进行扩展，进一步丰富和完善现有本体，包括信息来源、发布者、发布时间等。

2）构建概念层次和主要关系

目前，本体概念模型构建与扩展的方法主要有 4 种[①]：① 自顶向下（Top-Down）方法：即鉴别出领域中所有综合抽象概念，然后逐步细化为具体概念；② 自底向上（Bottom-Up）方法：即先确定领域中的所有具体概念，然后通过二义性处理、归纳、概念聚类等处理手段泛化（Generalize）形成综合性的抽象概念；③ 混合（Hybrid）方法：先定义顶层的综合性抽象概念和底层的特殊性具体概念，然后分别细化和泛化，逐渐关联到同一中间层概念；④ 由里而外（Inside-Out）或核心扩展（Middle-Out）方法：也是一种混合扩展策略，但起点是中间层概念，即首先确定领域中的核心概念，然后扩展出其他同层、上层和下层概念。核心扩展法目前被认为是最有效的构建方法，因为"核心"概念往往反映了目标领域中的重要信息。在明确概念结构和主要关系后，结合 UML 类图，使用 Part-of 或 Kind-of 等关系对其进一步扩展，从而生成一系列结构关系图（图 5-8）。

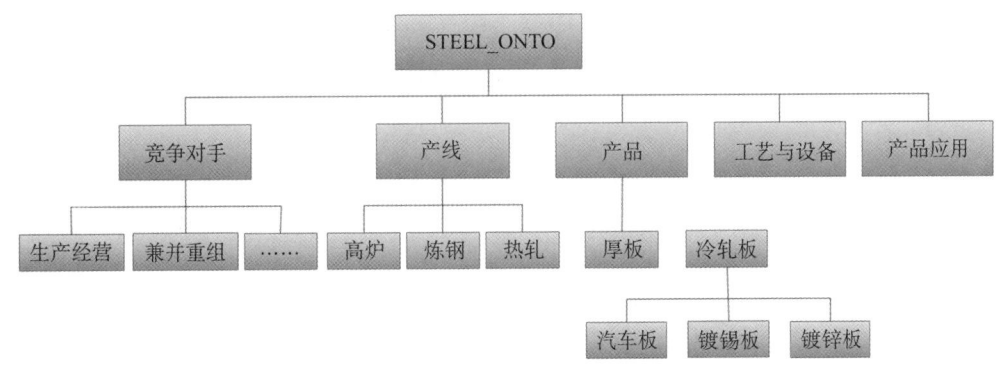

图 5-8　STEEL_ONTO 概念结构片段

3）编码实现

在构建好本体的概念层次和概念之间的关系后，需要使用规范的描述语言对本体进行编码实现。选择本体描述语言时需要考虑到选用语言的表达能力，复杂关系的计算

---

① 谷俊，王昊．基于领域中文文本的术语抽取方法研究［J］．现代图书情报技术，2011（4）：29-34.

能力及现有系统可接受的程度等。基于以上考虑，本研究使用了语义网开发中最常用的 OWL 语言（Web Ontology Language）①进行本体的编码实现。

本研究使用 Protégé 作为本体编码工具。Protégé 是斯坦福大学为知识获取而开发的一个工具，主要应用于知识的获取及现存本体合并和排列，可以免费下载并公开源代码，再加上其支持中文，Protégé 已经成为目前国内使用最为广泛的本体编辑工具和基于知识的框架。Protégé 的主要特点有：知识模型的可扩展性；友好的本体导入导出功能；友好的开发界面；强大的功能插件体系和开放的模块化风格等。

除了概念和关系，本体构建时还应考虑到概念间约束（公理），公理包括层次约束（概念之间的不相交关系或上下级关系）和逻辑约束（概念之间使用逻辑表达式进行关联）等。

（4）交付阶段

本研究从多个角度对本体的质量进行测试和验证②，包括语法质量（Syntactic Quality）、语义质量（Semantic Quality）、实用性（Pragmatic Quality）和社会性（Social Quality）。

因为语法质量在前面的 OWL 编码时得到验证，而本体的社会性只能在本体发布后才能得到评定，所以测试工作主要是考察本体的语义质量和实用性。语义质量可以使用推理机对本体的完整性进行验证，如 Racer 或 Pellet。在测试过程中，除了需要判断是否有互相矛盾的概念，还需要验证模型结构是否正确，如类目体系中是否有死循环现象、类和属性是否真正建立起了关联等。而实用性测试则可以从准确性、合理性和完整性等 3 个角度来考虑。

准确性（Fidelity），判断一个本体是否真正覆盖了目标领域。

合理性（Relevance），合理性需要和完整性放在一起进行考虑，验证本体的需求是否真正得到了满足，包括：本体是否完全覆盖了所应用的领域，可让领域工程师利用本体中的概念对已有的 UML 图进行语义标注，看这些概念是否能够完整地标注 UML 图，或者测试能否使用这些概念构建起一个应用模型；是否可以使用本体中的概念来回答能力问题（CQ）列表中的所有提问。

完整性（Completeness），一个本体如果能够解决预订的问题，并且能够满足其所有

---

① 王昊. 基于本体的 CSSCI 学术资源网络模型构建及应用 [D]. 南京：南京大学，2008：70-81.
② USCHOLD M, KING M. Towards a methodology for building ontologies [C] // Workshop on Basic Ontological Issues in Knowledge Sharing in IJCAI. Montreal, 1995：142-143.

的需求和限制条件，则说明这个本体是完整和有效的[①]。因此，可以通过验证本体目标和范围，或者使用本体中的概念来回答能力问题（CQ）来对本体的完整性进行评估。

5.2.3 领域本体自动扩充方法

（1）STEEL_ONTO 事件模型

为了提高 STEEL_ONTO 自动扩充的效率和准确性，针对单个信息文档中关键事件、事件要素和事件之间关系的抽取与表示需求，我们在 STEEL_ONTO 中增加了一个事件下位本体模型，用于解释互联网动态信息中的新闻信息和研究报告信息。

认知科学认为人们是以"事件"为单位体验和认知世界的。因此，利用机器学习、自然语言处理等技术从新闻报道、博客日志等文本中抽取出事件和参与事件的时间、地点、人物等实体，识别出实体间的关系，能够有效地帮助人们理解事件。然而，目前广泛使用的分类、聚类、摘要、推荐等文本处理技术，都是面向文档进行处理的，无法提供足够的语义信息描述事件。因此，基于事件和语义层次进行文本处理的技术成为自然语言处理、信息抽取和信息检索中的重要研究内容。

事件建模涉及事件的定义、事件信息的表示和存储。目前已有的事件模型主要包括以下几种：

事件概率模型：新闻文档的内容、时间等属性可以用来表示新闻事件，一个新闻事件可以被表示为人、时间、位置和关键词按某种概率构成的集合。

原子事件模型：原子事件表示为由一个动词或一个动作性名词连接的两个命名实体构成的三元组 <Nm，Ti，Nn>。三元组之间可以建立关联形成实体图，基于关联图生成文本摘要。

结构化事件模型：事件模板将事件信息与事件相关的特定的组织、人或人为的实体关联起来，实现结构化表示。

通用事件模型：通用多媒体事件模型为描述事件的时间、空间、信息、实践、结构化和原因等特征提供了多种描述因子进行描述。

本体事件模型：利用本体对事件进行描述。

本研究借鉴了上述事件模型中的优点，围绕动态信息中 5W1H 的基本描述元素，从事件信息、事件关系和事件媒体 3 个方面进行本体模型构建。

[①] 王昊，苏新宁. 基于本体的 CSSCI 学术资源网络模型构建及其应用研究［J］. 情报学报，2010，29（2）：331-341.

事件信息：为了表示事件，首先需要描述机构、对象等参与事件的实体。由于事件发生在特定时间、空间结构中，因此事件要素还需包含动作的时间和空间特征。由此可得到"Space""Time""Events""Objects""Agents"等概念。

事件关系：事件及其包含的动作可能会与其他事件（或动作）相关。这些关系可以是时间和空间上的并现，或者有时间顺序、因果关系及事件集成关系，形成"Situation""Constellation""Precedes""Follows"等关系。

事件媒体：事件可以由多种媒体承载，如声频、视频、文本等。由于本研究仅关注互联网上的行业动态信息，因此定义了概念"Document"和"Topic"描述这些动态信息的特征。

（2）主要概念和属性

STEEL_ONTO 事件本体模型主要包括 Happening、Event、Situation、Action、Constellation、Agent、Time、Place、Document、Topic 等（图 5-9）。

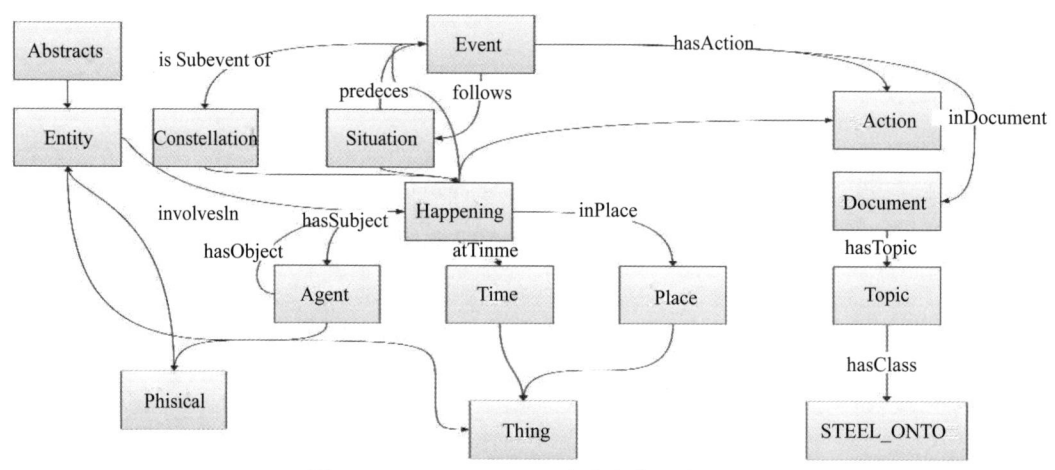

图 5-9　STEEL_ONTO 事件本体概念模型

Happening 是所有类型事件的父类，它有 4 个子类：Event 表示在有限时间范围内发生在外部世界的独一无二的事情；Situation 与 Event 的区别在于它们能在不同时间范围内存在；Action 也指发生的事件，但它没有一个自然的结束点；Constellation 是指具有关联关系的事件集。Happening 类的属性 hasCause 和 hasEffect 表示事件的因果关系，即"Why"。

Event 表示动态事件的概念。一个 Event 由触发词标识，并总是具有特定的事件类型，这些信息用于表示新闻事件的"What"要素，包括 Business、Conflict、Contact、

Justice、Movement、Personnel 和 Transaction 几种子类。

Situation 描述事件发生之前及后续状态，Precedes 和 Follows 属性可以描述 Situation 与 Event 之间的关系。

Constellation 是一系列具有相关关系（如因果关系）的事件的集合。它能够描述由一个关系事件引起的，并被相关子事件推动发展的一个完整的事件。

Agent 是 Group 和 Person 的父类，用于表示事件中的 Who/Whom 要素，即施事者和受事者。

Action 表示事件的动作。一个事件由一系列连续的没有结果的动作组成。

Time 表示事件的发生时间，它是 LogicaTime、PhysicalTime 和 RelativeTime 的父类，分别表示逻辑时间、物理时间和相对时间。

Place 表示事件发生的地点，它是 LogicalPlace、PhysicalPlace 和 RelativePlace 的父类，分别表示逻辑地点、物理地点和相对地点。

Document 是事件的载体，它具有指向网络信息页面的 URL。

Topic 是文档层次的概念，与信息内容的分类相关，与 STEEL_ONTO 进行关联，对其内容进行分类和后续处理。

（3）自动扩充

本部分以"Krakatau Posco 印尼钢厂点火运营"为例，展示本体自动扩充的过程。

动态信息中通常涉及多个事件，但一般只有一个关键事件（包含关键事件的句子为主题句），其他事件则是对关键事件进行补充说明。从图 5-10 中可以看出，主题句为第一句，关键事件以"点火运营"触发。相关事件要素包括"12月23日""浦项""喀拉喀托钢铁""印尼芝勒贡地区""Krakatau Posco""点火运营"，这些事件要素与触发词一起构成了事件的 5W 元组，而"浦项与印尼国营钢厂喀拉喀托钢铁在印尼芝勒贡地区的综合钢厂 Krakatau Posco 点火运营"为 How（表 5-5）。此外，利用文档中的其他信息与 STEEL_ONTO 本体进行关联，则可以找到分类信息。

12月23日周一浦项与印尼国营钢厂喀拉喀托钢铁在印尼芝勒贡地区的综合钢厂 Krakatau Posco 点火运营，上述两家钢厂主要负责人及 500 名相关人士参与了点火仪式。

该合资钢厂是浦项在东南亚地区的首个综合钢厂，浦项和喀拉喀托钢铁已经投入 27 亿美元。据悉浦项拥有此综合钢厂 70% 的股份，但双方签订的合同有标明喀拉喀托钢铁有权利把当前的 30% 股份提升至 45%。

图 5-10　本体自动扩充样例

表 5-5 5W1H 识别样例

5W1H	内容
What	点火运营
When	12 月 23 日
Where	印尼芝勒贡地区
Who	浦项，喀拉喀托钢铁
Whom	Krakatau Posco
How	浦项与印尼国营钢厂喀拉喀托钢铁在印尼芝勒贡地区的综合钢厂 Krakatau Posco 点火运营

这样，利用关键事件主题句识别[①]和事件 5W1H 要素抽取方法[②]，进行事件语义要素的自动抽取，形成诸如"<浦项，点火运营，Krakatau Posco>""<浦项，isTypeOf，Agent>""<喀拉喀托钢铁，isTypeOf，Agent>""<12 月 23 日，isTypeOf，Time>"等三元组，利用 OWL 语言进行表示，最终完成 STEEL_ONTO 本体自动扩充。

5.3 基于关联数据的科技企业数据组织方法

大数据不仅具有数据量大的特征，还具有结构相异、类型不同、来源多样的特征，经过交叉复用之后可以挖掘出更多的数据价值。对于科技企业而言，从企业本身到政府部门再到社会公众，已积累起海量的类型不同、结构相异的数据。这些多源数据隶属于不同部门，通常产生于多个领域的各类系统，有各自的专门用途，其数据又具有不同结构，因此，对这些数据进行数据融通与共享非常困难，对其进行跨域关联与分析的研究及应用就更为少见。为了对科技企业的多源数据进行交叉复用以挖掘更多的数据价值，本节在对企业的多领域数据进行采集、预处理的基础上，进行跨域关联和数据分析，以期得到有价值的分析结果和决策建议。

---

① 王伟，赵东岩，赵伟. 中文新闻关键事件的主题句识别[J]. 北京大学学报（自然科学版），2011，47（5）：789-796.
② WANG W, ZHAO D, ZOU L, et al. Extracting 5W1H event sematinc element from Chinese online news [C]. Proc. of the 11th Int. Conf. on Web-Age Information Management，2010：644-655.

5.3.1 数据采集及预处理

(1) 数据采集

针对科技企业工作的特点，从信息抓取、自动抽取关键词、自动生成摘要及自动分类入手，结合已有的领域本体，尝试找出科技企业大数据的处理方法，提高效率。首先，对原始数据源实施互联网科技企业信息的抓取，抓取后的信息再交由自动关键词抽取模块进行关键词的抽取。此外，还对抓取的结果信息进行自动摘要的处理，从而完成对企业某一维度的标注及自动分类处理，完成信息的获取、组织和标引过程，使得海量、无序的科技企业信息在经过上述步骤处理后能够基本有序，便于查找。

本节使用的所有数据来自爬取的公开数据，使用蓝天采集器及 Python 等工具对科技企业大数据进行抓取。官网作为企业向外传达信息最直接的窗口，有大量的文本、图片、视频信息可以挖掘，网站的各个子目录均为采集的目标，此外，财经新闻、上市公司公报和百科类数据也是采集目标。财经新闻包括新浪财经、网易财经、凤凰财经等新闻数据。上市公司公报包括企业年报数据等。数据获取之后采用纯文本形式存储在 XML 文件中，使用基于 MapReduce 框架的 LSH（局部敏感哈希）算法或根据企业名称唯一性进行去重处理。具体采集流程如下：

步骤 1：从企业队列中获取一个非空采集事务对象。如果获取到空事务对象，则执行事务调度。

步骤 2：判断采集事务的深度是否超过最大的深度。从当前采集事务对象中获取其当前事务对象所在的采集深度，如采集深度未超过系统配置的站点采集深度，则继续步骤 3。

步骤 3：判断采集事务的类型。如果是网页采集事务，则执行步骤 4；如果不是网页采集事务，则执行步骤 5。

步骤 4：判断是新网页还是未完成的网页链接。如果此采集事务访问地址不在历史抓取库中，则按新发现的网页进行采集即步骤 7；如果此采集事务在历史抓取库中，从历史抓取库中获取此网页地址的上次采集信息，即访问地址、访问时间、页面大小、更新频率、根域名。计算上次访问时间与本次访问当前时间的间隔时间是否已经超过更新频率，如果已经超过，则比较当前网页地址的页面内容大小与上一次页面内容大小。如果相等，则不进行采集；如果不相等，则继续步骤 6。

步骤 5：如果是媒体或文件链接，则执行相应的采集文档处理；如果是非法链接，则记录此异常链接。

步骤 6：获取此网页链接页面源码，更新历史访问库中此网页地址的采集信息，执行步骤8。

步骤7：采集新任务网页，获取此网页链接页面的源码，在历史访问库中增加此网页地址的访问记录。

步骤8：执行网页清洗抽取。该网页清洗抽取步骤用于从网页源码中提取指定的特征信息，清除网页源码中的无用信息或噪声数据，然后再从清洗好数据中提取出需要的信息。

（2）数据预处理

经过数据采集，在预处理阶段需要对采集的信息进行初步处理，把各维度相关信息分离出来用作后续处理，而无用信息需要剔除。数据预处理阶段需对数据进行数据判别、清洗、结构化、符号化和格式化。首先，判别数据是否语义完整、准确和可用。其次，过滤掉非完整、非一致、非准确的数据。再次，以科技企业研究对象的基本事件为中心，在不同层次、用不同分析方法获取数据资料元数据。最后，对于不同的数据源建立统一的数据索引结构分类，在这个过程中首先要完成数据的标准化与规范化工作。

为了适应科技企业数据的多样化需求，通过JDBC、Web Services、FTP等方法实现异构系统与异构数据对接，运用XML技术和智能语义分析技术进行数据处理和标记，采用H-Tree方法建立索引服务体系，实现批量化的数据统一适配器。对于异构数据，通过面向HRA分析模型，建立标准事件模型及标准数据元映射服务，使数据转化为标准化结构化的数据集合。通过调用建立的索引服务，实现科技企业大数据管理的标准化与规范化，完成科技企业数据的整合与归集。

此处预处理的数据是指存储在文件系统中的数据，主要是企业描述数据和感知数据，包括企业基本信息、客户感知信息、新闻媒体信息、公开信息和对应的观测数据等。根据类型的不同，数据通常会以EVIL、文本文件、Excel表格、数据库表等形式存放，尽管格式不同，但是预处理的基本流程和目的都是一致的。将这些数据文件解析、去除重复数据：如对于同一个地点，在语义标注的过程中只需要创建一个Location实体，然后通过在企业实体与位置实体间用位于（Location At）属性连接即可，因此重复的位置信息需要去掉；去除无效数据，对于空白数据、不完整数据、不满足精度条件的数据及乱码数据，通过设定默认值、直接删除等方式处理，降低标注过程的数据量和复杂性。

5.3.2 基于RDF的关联数据组织方法

关联数据概念由Tim Berners-Lee于2006年提出，是指以机器可读的、带有明确含义的、能够与外部数据集互相关联的方式发布和共享各种数据、信息与知识。可以看出，从技术上讲，关联数据是一种在互联网上发布和共享任何资源的一种方式。

（1）URI 命名

在互联网中，资源可以分为信息资源与非信息资源。信息资源可以是任何数据信息，通常以特定编码的文件形式存在。非信息资源则表示世界中的各种实体对象与抽象对象。利用本体进行语义标注，首先需要制定资源命名规范，即在创建实例时为其提供唯一性的 URI 标识。结合互联网企业数据的特征，总结以下 6 条 URI 命名规范：①简单明了。URI 命名不易使用过于复杂、冗长的词汇。②见名知意。能够根据名称就知道是什么数据、数据的作用等。③唯一性。由于 URI 是资源的名称，因此应当尽量避免出现命名冲突。④一致性。对于同一类数据、资源应当采用相似的命名方式，方便用户理解，同时也便于机器自动生成和统一处理。⑤持久性。资源名称通常不建议修改，这是由于其他数据可能会有到该资源的链接，修改命名可能会引起链接失效，但其代表的资源实体中的数据取值是可以修改的。⑥可直接访问。根据关联数据第三条原则，应尽量能够通过 URI 直接访问资源，重定向等方式会导致访问延迟。

在具体的实施过程中，我们通常使用公司、组织等的域名作为 URI 的前缀，方便做到直接访问，并进行一些集合查询操作，通过使用统一前缀还可以压缩数据空间。描述一个实体，如网宿科技股份有限公司，可用如下方式命名：

```xml
<？ xml version="1.0" ？ >

<rdf：RDF
xmlns：rdf="http：//www.w3.org/1999/02/22-rdf-syntax-ns#"
xmlns：cd="http：//www.recshop.fake/cd#">
<rdf：Description
rdf：about="http：//www.recshop.fake/cd/Empire Burlesque">
  <cd：name>" 网宿科技股份有限公司 "</cd：name>
  <cd：country>China</cd：country>
  <cd：registered capital>2432006245</cd：registered capital；>
  <cd：year>2000</cd：year>
</rdf：Description>
.
</rdf：RDF>
```

此 RDF 文档的第一行是 XML 声明。这个 XML 声明之后是 RDF 文档的根元素：<rdf：RDF>。xmlns：rdf 命名空间，规定了带有前 rdf 的元素来自命名空间 "http：//www.w3.org/1999/02/22-rdf-syntax-ns#"。xmlns：cd 命名空间，规定了带有前缀 cd 的元素来自命名空间 "http：//www.recshop.fake/cd#"。<rdf：Description> 元素包含了对被 rdf：about 属性标识的资源的描述。元素：<cd：artist>、<cd：country>、<cd：company> 等是此资源的属性。

RDF（Resource Description Framework）是一种用于描述互联网中资源的通用标记语言。互联网中的资源（如一个企业在互联网中的表示）具有一些属性（如企业具有"名称"这一属性），而这些属性拥有对应的值（如名字这一属性对应的值是"网宿"）。在 RDF 中用主体、谓词、客体来表示互联网中的资源、属性、属性值，而主体、客体通过谓词建立了关系，由三者组成的一个陈述称为三元组，RDF 是关联数据的基础之一。

Tim Berners-Lee 给出了在互联网上发布关联数据需遵循的一系列建议和原则，主要包括：

原则 1：采用 URI 作为资源的名称标识。

原则 2：采用 HTTP 协议作为获取这些资源的协议，以便进行资源查找。HTTP 协议技术成熟、应用广泛，用户只需要遵从 HTTP 协议并提交 URI，就可以获得相应的资源。

原则 3：当用户通过 URI 查找资源时，以 RDF 的形式提供有价值的信息。

原则 4：通过在资源之间建立关联，当使用者使用一种资源时，就可以通过关联关系获取更多相关的资源。

通过第 1、第 2 条原则可以看出，URI 在关联数据中不仅用于区分不同资源，还起着资源定位的作用，可以通过 URI 获取这些资源。通过第 3、第 4 条原则可以看出，关联数据强调在资源之间尽可能多地建立有效链接，这就要求其中的 RDF 文档尽量不用"空白节点"，并且尽量少用普通文字（数字、字符、文字等）。关联数据 4 个原则确保了资源之间需要建立必要的关系，这样发布的资源就可以与已有资源形成一个有机整体，而不仅仅是一个个"孤岛"。通常用本体模型来描述资源之间的关联关系，而在具体关联上则依靠 RDF 文件中的大量链接来实现。

(2) 语义标注

在命名之后要进行语义标注。语义标注是语义信息增加的过程，语义标注分为手动标注和自动标注两种方式。对互联网文档的自动标注最常见的两种方式：基于机器学习的方式，其原理是利用各种机器学习算法对数据集进行训练，并根据结果调整参数；基于模式匹配的方式，其原理是通过自然语言处理、信息提取等方式获取相关概念并打上标签，其中的概念通常用本体或元数据描述。可以看出，这两种标注方法都比较适合互联网中文本（Text）内容较多的情况，无论是机器学习还是模式匹配，最主要的目的是识别文本中自然语言代表的概念、属性等，但互联网中的数据尤其是感知数据很少是文本形式。

语义标注流程：待标注的数据以文件的形式存在，根据其格式不同，需要使用不同的解析器。标注过程中，若对应的属性不存在，则不需要将空值保存在结果中。对于实例名，可以记录在数据库中，当按照命名规则给实例分配 URI 时，需要先查询数据库，不存在则创建，存在说明已有相关实例，只需要以属性连接的形式引用即可。下面介绍企业描述数据和感知数据语义标注流程，并通过举例来说明标注流程和结果，其他互联网数据可通过类似的流程来实现。

1）企业描述数据标注流程

输入：企业描述数据和 IOT Onto 本体模型。

输出：RDF 形式的数据。

Function annotSensor（sensorFiles，OntoFile）

步骤 1：解析 IC3T Onto 本体模型，获取其中的概念、数据属性、对象属性。

步骤 2：根据格式，解析待标注的文件，获取设备类型、名称、ID 等数据。

步骤 3：按 URI 命名原则生成实例名。

步骤 4：判断实例名是否存在。若存在则说明实例已存在，结束本条数据的处理；否则获取移动性、经度、纬度、海拔、安装时间、状态、电量等信息。

步骤 5：创建描述实例。添加数据属性 Name、Is Mobile、Device ID、Max Value、Min Value、State 等，其中的 Max Value、Min Value、Is Mobile 等若不存在则需要额外说明；添加对象属性，如 Location At 等，经度、纬度、海拔等会形成 Location 实例，判断该 Location 实例是否存在，存在则直接使用，否则就创建。

步骤 6：将结果保存为 RDF 格式文件。

2）感知数据标注流程

输入：企业感知数据和 IOT Onto 本体模型。

输出：RDF 形式的数据。

Function annotObservation（observationFile，OntoFile）

步骤1：解析 IOTse Onto 本体模型，获取其中的概念、数据属性、对象属性。

步骤2：解析待标注的文件，获取设备 ID、时间戳。

步骤3：按照 URI 命名原则为感知数据实例分配名称。

步骤4：判断实例名是否已存在。若存在，直接结束本条数据的处理；否则获取感知数据具体值等。

步骤5：创建感知数据实例。添加数据属性 Value、Start Time、End Time、Encoding、Timestamp 等；添加对象属性，如 Observatees By、Location At、Hasee Unit 等，经度、纬度等会形成 Location 实例，判断该 Location 实例是否存在，存在则直接使用，否则就创建。

步骤6：将结果保存为 RDF 格式文件。

（3）构建关联关系

互联网企业信息的基本单位是文件，并通过超链接的形式将所有联网数据整合到一起。超链接的具体含义只有人能够理解。引入语义技术后，RDF 三元组成为承载有效信息的最小单位，通过在三元组之间建立链接，从而将信息连成网络。因此，在构建关联的过程中需着重考虑关系的类型和性质。

根据关联的对象是否是描述同一事物，关联关系分为映射关系和非映射关系。由于映射关系是描述同一事物两个实体间的关系，因此在建立映射时，最主要的是考虑两个实体的相似性。对于非映射关系，无法用统一的方法来建立，需要人为制定关联的规则。

根据构建的关系是否是双向，分为双向关系和单向关系。双向关系在数据结构上表示为带有双向箭头的有向图，举个简单的例子：有两个表示位置的实例 p1 和 p2，通过判定其符合"临近"关系的范围，则需要构建 p1 到 p2 的"临近"关系，也需要构建 p2 到 p1 的"临近"关系。而单向关系只需 p1 到 p2 或 p2 到 p1 有一项"临近"关系即可。

根据建立链接的两个实体是否属于同一组织或项目，可分为内部关联关系和外部关联关系。内部关联涉及的数据属于同一组织或项目，较少涉及版权纠纷。当两个实体不属于同一组织或项目时，两者建立的链接为外部关联关系。

另外，在数量较少或对关联的准确性要求极高的情况下，手动建立关联关系也是一个不错的选择，手动构建适用于所有形式的关联，其准确性也高于自动构建方法。

(4) 发布关联数据

按照关联数据发布原则，数据提供者将数据发布到互联网上，并允许其他用户查找和使用这些数据。将关联数据发布到互联网上，可以参照以下步骤。

步骤1：以RDF的形式表示数据集内的所有数据，并提供唯一的URI实体命名。

步骤2：将RDF链接至网络上的其他数据源，以便用户能够访问到该数据。

步骤3：提供用于描述所发布数据的元数据模型（本体等形式），方便用户评估发布数据的质量，并根据情况选择不同的获取方式。

5.3.3 企业知识图谱构建

企业知识图谱可以帮助用户迅速了解企业历史、发展、现状、合作伙伴及企业发展趋势等知识，方便企业自身进行规划和管理，同时方便企业供应商、客户及投资人等了解企业状况，进而指导消费、合作及投资等行为。

在构建企业知识图谱的过程中，经过HTML解析就可以得到企业的结构化数据，利用企业本体技术和语义网络OWL可将所有企业融合成企业关系网。对于科技企业，由于其数据关联一般出现在新闻或上市公司公报中，因此需要对新闻数据或公报数据进行中文分词，将文本划分为句子的集合，然后对所有的句子进行词性标注、句法分析，采用基于条件随机场模型（CRFs）的ANSJ中文分词工具识别命名实体，根据当前中国国民经济行业分类标准GB/T 4754—2011为行业分类，对抽取出来的事实进行交叉验证，这里采用知识推理、知识主语和宾语词性检测等方法。由于一般新闻文章中对公司名称都使用简称，因此需要将这些简写的公司名称进行实体链接到百科数据。

本研究使用基于词包的实体上下文余弦相似度来计算两个实体之间的距离，手工标注一定的实体链接关系对作为基准数据，然后在该基准数据上将上下文相似度最高的实体对进行链接，根据链接实体对的准确率和实际链接效果来确定阈值，将距离小于该阈值的实体对映射在一起。这样企业之间就拥有了很多间接关系。对于抽取出来的关系，采用资源描述框架RDF进行知识表达。最后对所有的三元组或多元组进行存储。图5-11给出了科技企业知识图谱平台搭建流程。

在对企业知识图谱进行全局分析的过程中，重点对图谱中实体的重要程度及其之间的关联强度进行可视分析。将属于同一实体类型的节点看成一个"超"节点，忽略底层细节，生成一个新的图，既保留了图的整体结构，又可以从全局呈现集合间的关系。整个图谱中出现的同类型实体的个数作为该类型实体节点的权值，在图中用节点的大小表示；连接实体类型相同的边的条数作为该类型边的权值，在图中用线的粗细来表示。

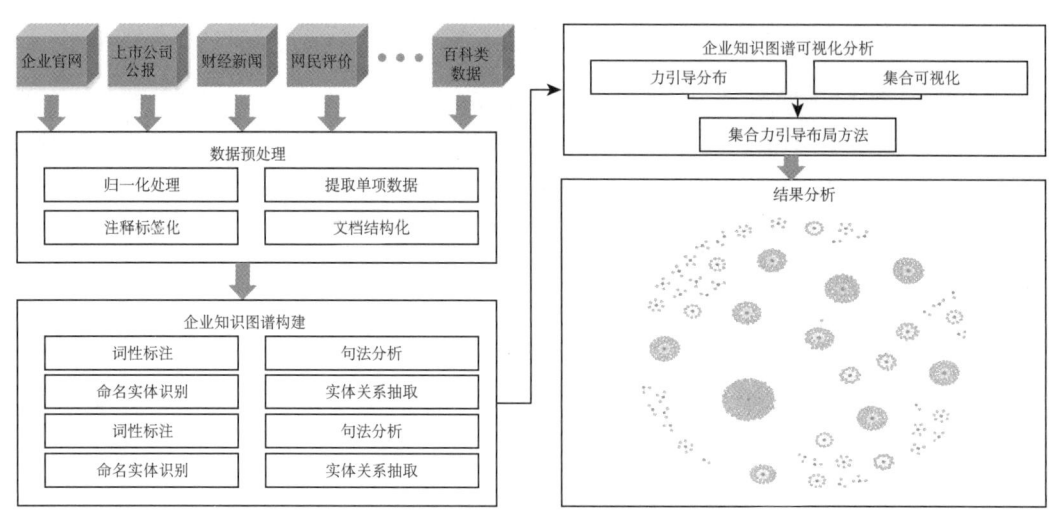

图 5-11 科技企业知识图谱平台搭建流程

另外，在对企业知识图谱进行全局分析的过程中，可以从全局层次发现规律，但是更详细的信息会被隐藏起来。因此，应采用细节和全局相结合的方式进行分析。在对企业知识图谱进行详细分析的过程中，所有的实体和实体之间的关系将被全部展开，采用最小生成树算法将代表相同类型实体的节点连接成线，形成一个集合。这样既可以清晰地看到每个具体实体的权值和具体实体之间的关系，也可以清晰地呈现出相应的集合信息。

5.4 本章小结

通过大数据存储与组织，一方面为企业建立各类数据系统提供了所需的硬件设备和运行环境，实现快速、可靠地将大数据记录在存储设备中；另一方面可实现企业对多源异构数据的整合分析，为大数据应用提供数据基础。本章首先从数据仓库、数据集市、数据湖、Hadoop、ElasticSearch 等方面介绍数据存储方法，并分析其理论基础与基本架构。其次，在实际应用中，企业数据类型多样，内容繁杂，数据组织是应用中需要突破的关键瓶颈。在大数据环境下，面对海量的非关系型数据，本体在信息检索、处理和分析中的作用日益凸显，本章以大型制造企业的专利情报数据组织为例，研究基于领域本体的数据组织方法，以面向冶金行业的应用为例，使用统一本体开发过程方法，构建了钢铁行业专利文献本体模型 STEEL_ONTO。最后，关联数据可以在语义层面上建立关联，并且具有框架简洁、标准化、自助化、去中心化、低成本的特点，可为真正的语义网铺平道路，是一系列最佳实践的集合，本章以科技企业为例，在对企业多领域数据进行采集、预处理的基础上，进行跨域关联和数据分析，得到了有价值的分析结果和决策建议。

第 6 章
面向领域的技术情报分析

情报只有与具体的领域或行业背景相结合才能产生更大的价值和意义。本章将选择科技论文计量分析、专利检索与分析、潜力人才挖掘与评价、面向技术预见的竞争情报等几个典型的技术情报应用领域展开情报分析应用研究。科技论文计量分析基于上海市科创中心建设背景开展，专利检索与分析注重本体关系获取、语义检索系统构建等方法技术的实现，科技潜力人才挖掘注重基于人才学术画像构建中的标签拓展方法和技术，面向技术预见的竞争情报系统涉及内容繁杂，本章注重系统模型和框架的设计，期望能够为特定领域的情报需求者和技术竞争者提供更加科学的信息评价和分析方法，助力其获取更加精准的情报信息，为技术决策者做出更加科学合理的决策提供支持。

6.1 上海市科创中心建设下的科技论文计量分析

全球科技创新中心（Global Hubs of Technological Innovation）的概念最早由《连线》杂志提出，它是指科技创新资源密集、实力雄厚、文化发达、氛围浓郁、科技辐射带动力较强的城市或区域，也是全球新知识、新技术、新产品的发源地和主要产生中心[1]。《国民经济和社会发展第十三个五年规划纲要》（简称《纲要》）进一步强调了发挥科技创新在全面创新中的引领作用。《纲要》指出，要引导创新要素聚集流动，构建跨区域创新网络，充分发挥高校和科研院所密集的中心城市、国家自主创新示范区、国家高新技术产业开发区作用，支持北京、上海建设具有全球影响力的科技创新中心[2]，从而使

---

[1] 王新浩，诸旖，祝培莉，等．商业银行助力上海市科创中心建设［J］．党政论坛，2015（8）：17.
[2] 中华人民共和国国民经济和社会发展第十三个五年规划纲要［EB/OL］.（2016-03-18）［2018-11-18］.
http：//www.sastind.gov.cn/n112/n451217/c6361621/content.html.

第 6 章 面向领域的技术情报分析

其成为"国际科创中心城市"。文献计量分析及其结论有助于主管部门了解科创中心建设情况与产出效应。本部分从上海市发文情况、上海市激光领域论文发表的统计视角分析上海市科创中心建设情况。

6.1.1 上海市 2011—2017 年发文分析

在 Web of Science 的 SCI 数据库中对上海市 2011—2017 年发表的论文进行检索分析，了解在科创中心建设前后上海市科技论文的产出情况。

（1）发文数量分析

在 SCI 数据库中，以 CI=Shanghai，语种为英语，文献类型为科技论文（Article）或会议论文（Proceeding Paper），时间跨度为 2011—2017 年进行检索，共检索出 197 376 篇论文，即在 2011—2017 年上海市共在 SCI 上发表 197 376 篇论文，这是一个可观的数量。图 6-1 展示了上海市每年在 SCI 上的发文数量。可以看出，上海市在 SCI 数据库中的发文量是逐年递增的，从 2011 年发表了 18 833 篇论文、2012 年发表了 21 322 篇论文到 2017 年的 37 154 篇论文，在这几年间都是处于上升的态势，这表明上海市的科研水平在不断提升中。

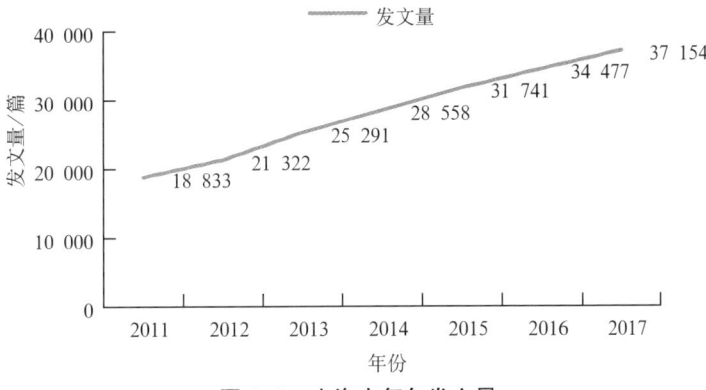

图 6-1 上海市每年发文量

（2）发文增长速率分析

从每年的发文量可以看出在这几年间上海市发文量的大趋势变化，但是为了更加清楚地体现上海市在 SCI 数据库发文的增长变化，下面进一步对上海市发文量的增长速率进行分析，计算指标为论文增长速率，结果如表 6-1、图 6-2 所示。从图 6-2 和表 6-1 可以看出在 2011—2013 年的增长速率比较高，在这期间发文增速较快。2014 年以后增速虽然开始有所下降，但是增长速率都为正数，上海市的科研能力仍在不断增长中。

表 6-1　上海市发文增长速率统计

年份	发文量 / 篇	增长速率
2011	18 833	
2012	21 322	0.132 162
2013	25 291	0.186 146
2014	28 558	0.129 176
2015	31 741	0.111 457
2016	34 477	0.086 198
2017	37 154	0.077 646

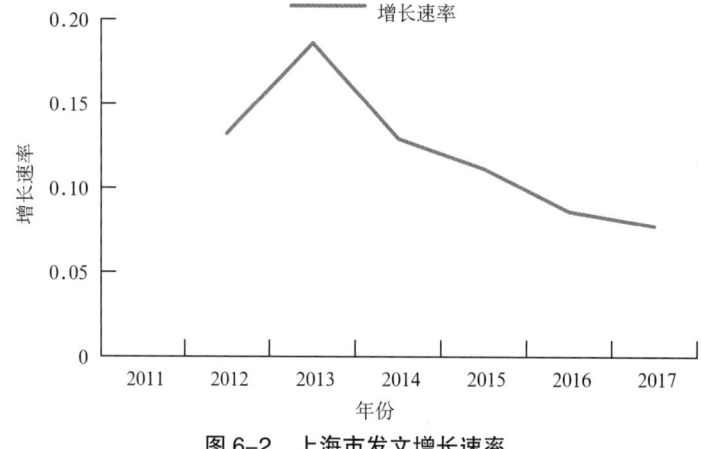

图 6-2　上海市发文增长速率

（3）高产机构分析

对 2011—2017 年每年的高产机构 TOP10 进行统计分析，结果如表 6-2 所示，表中 1 表示 TOP1，10 表示 TOP10。

表 6-2　上海市 2011—2017 年 TOP 10 高产机构

TOP	2017 年	2016 年	2015 年	2014 年	2013 年	2012 年	2011 年
1	上海交通大学	上海交通大学	上海交通大学	上海交通大学	上海交通大学	上海交通大学	上海交通大学

续表

TOP	2017年	2016年	2015年	2014年	2013年	2012年	2011年
2	中科院上海生物所	中科院上海生物所	中科院上海生物所	中科院上海生物所	中科院上海生物所	中科院上海生物所	中科院上海生物所
3	复旦大学	复旦大学	复旦大学	复旦大学	复旦大学	复旦大学	复旦大学
4	同济大学	同济大学	同济大学	同济大学	同济大学	同济大学	同济大学
5	上海大学	华东理工大学	华东理工大学	华东理工大学	华东理工大学	华东理工大学	华东理工大学
6	华东理工大学	上海大学	上海大学	上海大学	华东师范大学	华东师范大学	华东师范大学
7	中国科学院大学	华东师范大学	华东师范大学	华东师范大学	上海大学	上海大学	上海大学
8	华东师范大学	第二军医大学	第二军医大学	第二军医大学	第二军医大学	第二军医大学	第二军医大学
9	上海中医药大学	中国科学院大学	东华大学	东华大学	上海生物科学研究所*	上海生物科学研究所*	上海生物科学研究所*
10	东华大学	东华大学	上海生命科学研究院*	上海生命科学研究院*	东华大学	东华大学	东华大学

* 全称：中国科学院上海生命科学研究院。

从表6-2中可以看出，在这7年间，上海市高产机构都是高校和科研院所，其中表现最为突出的就是上海交通大学，这是一所综合性研究高校，上海交通大学的发文量连续7年居于第1位。总体来看，在2011—2017年，上海市高产机构具有以下特点。第一，排在前4位的机构没有变化，上海交通大学一直以领先态势不断发展进步中，发文量远高于其他机构。排在第2、第3、第4位的中科院上海生物所、复旦大学、同济大学也在不断发展中，每年发文量都有增长。第二，TOP10高产机构实力不均衡，存在较大差距，发文量之间有断层，如2017年排在第1位的上海交通大学比第2位的中科院上海生物所多发文3382篇，排在第4位的同济大学比第5位的上海大学多发文2273篇，这些都是比较明显的断层。第三，各个机构的发文量都在不断增长中，虽然排名有上升有下降，但是总体增长趋势是不变的，这也证明了上海市的科研水平在不断提升中。

（4）主要研究方向分析

根据 Web of Science 提供的研究方向分类，对 2011—2017 年发表论文的主要研究方向进行分析，统计排在前 10 位的研究方向，具体结果如表 6-3 所示。

表 6-3　上海市 2011—2017 年 TOP10 研究方向

TOP	2017年	2016年	2015年	2014年	2013年	2012年	2011年
1	化学	化学	化学	化学	化学	化学	化学
2	工程	工程	工程	工程	工程	工程	物理学
3	材料科学	材料科学	材料科学	材料科学	材料科学	材料科学	工程
4	物理学	物理学	物理学	物理学	物理学	物理学	材料科学
5	科学技术其他主题	科学技术其他主题	科学技术其他主题	科学技术其他主题	科学技术其他主题	科学技术其他主题	生物化学分子生物学
6	肿瘤学	肿瘤学	肿瘤学	生物化学分子生物学	生物化学分子生物学	生物化学分子生物学	科学技术其他主题
7	细胞生物学	生物化学分子生物学	生物化学分子生物学	肿瘤学	数学	数学	数学
8	生物化学分子生物学	细胞生物学	数学	数学	药理学药学	药理学药学	药理学药学
9	计算机科学	数学	计算机科学	药理学药学	肿瘤学	光学	光学
10	数学	计算机科学	研究性实验医学	光学	光学	计算机科学	计算机科学

可以看出，化学是上海市科研一个非常重要的研究方向，连续 7 年占据第 1 位，从 2011 年上海化学领域研究的发文量为 3931 篇，到 2017 年的 6269 篇，这说明化学是上海市科研的重点和优势研究方向。2011 年排在前 4 位的是化学、物理学、工程、材料科学。从 2012—2017 年，排在前 4 位的稳定在化学、工程、材料科学、物理学，物理学的排名下降到第 4 位，显而易见化学、工程学、材料科学领域近几年来一直是上海市的强项和重点。除此之外，生物医药、计算机科学领域的研究也在不断进步发展中。

（5）高被引论文分析

SCI 领域内高被引论文（Highly Cited Paper）是指与同年在同一领域发表的所有其他论文相比，被引次数排名在前 1%，如论文发表在 2011 年，其被引次数达到了 2011

年其所属学科所有论文的前 1%，则这篇论文就是高被引论文。无论从理论上来讲，还是从现实角度衡量，在原本水平就很高的 SCI 论文中，高被引论文更是高水平论文的代表，因此，通过对每年高被引论文的分析，可以反映该年发文的质量。表 6-4 给出了上海市高被引论文的统计情况，表 6-5 给出了几个指标解释。

表 6-4 高被引论文统计

年份	高被引论文数量	h 指数	每项平均引用次数	被引频次总计	占年总发文量的比例
2011	203	169	293.63	59 607	1.08%
2012	260	173	308.13	80 113	1.22%
2013	292	160	209.79	61 259	1.15%
2014	353	145	170.42	60 159	1.24%
2015	407	128	137.98	56 158	1.28%
2016	434	97	87.12	37 808	1.26%
2017	495	64	42.97	21 269	1.33%

表 6-5 各项指标及其定义 / 公式简介

指标	定义 / 公式
篇均引用次数（TC_Ave）	即每篇论文的平均引用次数，其计算方式见如下公式：$$TC\_Ave = \frac{TC}{TP}$$ 其中 TC 是总被引频次；TP 是论文总数
h 指数（h-index）	h 指数是指至多有 h 篇论文分别被引用了至少 h 次，它既能反映学术论文的影响力大小，又能同时反映其重要论文产出数量多少
被引总频次（TC）	论文从发表起至笔者检索时间总被引频次

从高被引论文数量上来看，2011 年上海市共产出高被引论文 203 篇，之后每年逐步增长，到 2017 年，上海市产出 495 篇高被引论文，可见，高水平论文的数量逐年增加，上海市高水平科研能力稳步上升。

另外，这里统计的每年论文的 h 指数、篇均引用次数、被引频次总计指标不做纵向比较，因为从理论上讲论文发表时间越早，被引用的时间窗口越长，越容易被引用。另外从现实角度看，论文具有生命周期，一般而言，论文在发表之后的 2~6 年到达被引次数的峰值,之后逐渐被人遗忘。不论从哪个角度看,2017年论文的总被引频次同2011年的总被引频次相较是不合理的。但通过这3个指标我们可以看出高被引论文在所属年度的高影响力。

(6) 高被引学者分析

近年来,美国科睿唯安(Clarivate Analytics)公布了全球"高被引科学家(Highly Cited Researchers)"名单。通过对 Web of Science 数据库近11年的论文分析,对21个学科领域论文对应年度的"他引次数"进行排序,排名在前1%的论文为该领域的"高被引论文",这些论文的作者则入选该学科领域"高被引学者"。"高被引学者"是作为第一作者、通讯作者发表论文的被引总次数在本学科研究者中处于顶尖水平的学者。入选"高被引科学家名单",意味着该学者在其所研究的领域已具有了世界级影响力。通过对每年科睿唯安公布的榜单中统计的上海市高被引学者,进行对比分析可以看出上海市高水平人才的变化情况。

因科睿唯安只公布了2001年、2014年、2015年、2016年、2017年的榜单,所以本节统计2014—2017年的数据如表6-6至表6-9所示。以下分析只针对全球高被引科学家名单中第一所属单位标示为 China 的学者。在该部分统计高被引科学家数使用的单位为人次,一个科学家如果同时入选两个领域的高被引科学家,则算两人次。

表6-6 2014年上海市高被引科学家榜单

序号	姓名	单位	方向
1	樊春海	中科院上海应用物理所	化学
2	樊春海	中科院上海应用物理所	材料科学
3	韩斌	中国科学院上海生命科学研究院植物生理生态研究所	植物学与动物学
4	廖世俊	上海交通大学	数学
5	郑平	上海交通大学	工程
6	廖世俊	上海交通大学	工程
7	沈红斌	上海交通大学	生物学与生物化学
8	田禾	华东理工大学	材料科学
9	田禾	华东理工大学	化学

续表

序号	姓名	单位	方向
10	赵东元	复旦大学	化学
11	方晓生	复旦大学	材料科学
12	李富友	复旦大学	化学
13	赵东元	复旦大学	材料科学
14	何吉欢	东华大学	工程

表 6-7 2015 年上海市高被引科学家榜单

序号	姓名	单位	方向
1	樊春海	中科院上海应用物理所	化学
2	施剑林	中科院上海硅酸盐研究所	材料科学
3	沈红斌	上海交通大学	生物学与生物化学
4	廖世俊	上海交通大学	数学
5	田禾	华东理工大学	化学
6	李富友	复旦大学	材料科学
7	赵东元	复旦大学	化学
8	赵东元	复旦大学	材料科学
9	李富友	复旦大学	化学
10	方晓生	复旦大学	材料科学
11	沈波	东华大学	工程
12	何吉欢	东华大学	工程

表 6-8 2016 年上海市高被引科学家榜单

序号	姓名	单位	方向
1	樊春海	中科院上海应用物理所	材料科学
2	樊春海	中科院上海应用物理所	化学
3	施剑林	中科院上海硅藻盐研究所	材料科学
4	马毅	上海科技大学	工程学

续表

序号	姓名	单位	方向
5	张大兵	上海交通大学	植物学与动物学
6	廖世俊	上海交通大学	数学
7	余亦华	华东师范大学	化学
8	田禾	华东理工大学	材料科学
9	田禾	华东理工大学	化学
10	赵东元	复旦大学	材料科学
11	李富友	复旦大学	材料科学
12	方晓生	复旦大学	材料科学
13	李富友	复旦大学	化学
14	赵东元	复旦大学	化学
15	陈志刚	东华大学	材料科学
16	沈波	东华大学	工程学

表6-9 2017年上海市高被引科学家榜单

序号	姓名	单位	方向
1	樊春海	中科院上海应用物理所	化学
2	施剑林	中科院上海硅藻盐研究所	材料科学
3	马毅	上海科技大学	工程学
4	王如竹	上海交通大学	工程学
5	张大兵	上海交通大学	植物学与动物学
6	钱冬	上海交通大学	物理学
7	余亦华	华东师范大学	化学
8	唐漾	华东理工大学	计算机科学
9	田禾	华东理工大学	化学
10	赵东元	复旦大学	材料科学
11	夏永姚	复旦大学	材料科学
12	李富友	复旦大学	材料科学

续表

序号	姓名	单位	方向
13	吴宇平	复旦大学	工程学
14	赵东元	复旦大学	化学
15	方晓生	复旦大学	材料科学
16	李富友	复旦大学	化学
17	沈波	东华大学	工程学

根据2014年科睿唯安发布的全球高被引科学家榜单，中国高被引科学家2014年入榜人次为134次，上海市有14人次，共10位科学家入选，有4位科学家入选两个方向。中科院上海应用物理所的樊春海、华东理工大学的田禾、复旦大学的赵东元入选化学和材料科学两个研究领域，上海交通大学的廖世俊入选数学和工程两个领域。从学者入选的双领域分布也可以看出上海市的高被引学者研究方向为化学和材料科学的较多。科睿唯安共评估了全球的21个学科，上海市只有6个方向入选。化学领域入选有4人，材料科学入选有4人，3人入选工程领域，植物学与动物学、生物学与生物化学、数学领域各有1人入选。结合主要研究方向看，显而易见化学、材料科学领域一直都是上海市的强项和重点。高水平学者上海交通大学和复旦大学入选人次相同，在上海市机构中排在第1位，都是3人入选4次。

2015年，中国入选科睿唯安全球高被引科学家榜单的入榜人次为144，上海市有12人次，共10位科学家。2015年入选两个方向的学者只有两位，复旦大学李富友和赵东元同时入选材料科学和化学领域。在评估的21个学科中，中国有17个学科入选，2015年上海市有5个方向入选。化学领域和材料科学领域入选都有4人，工程领域入选两人，数学、生物学与生物化学领域各有1人入选。复旦大学以5人次入选成为在上海市机构中排在第1位。

2016年上海市入选全球高被引科学家榜单的科学家有16人次，12位科学家，该年中国入选高被引科学家的有185人。同时入选两个研究方向的有4人，复旦大学的赵东元、李富有，中科学上海应用物理所的樊春海，华东理工大学的田禾，他们同时都入选的领域为化学和材料科学。入选人次最多的领域是材料科学，7人入选，排在其后的是化学领域，5人入选，两人入选工程学领域，植物学与动物学、数学领域各有1人入选。2016年，上海市在5个学科榜单上有名，中国总体在17个学科榜单上有名。高被引科学家最多的上海市机构仍是复旦大学。

2017年上海市入选全球高被引科学家榜单的科学家有17人次，共15位科学家，中国入选的人次为249次。入选两个研究方向的学者同2015年一样，复旦大学李富友和赵东元同时入选材料科学和化学领域。同时，复旦大学以7人次入选，成为上海市高被引科学家最多的机构。2017年上海市在6个学科榜单上有名，化学和材料科学仍然是入选人次最多的研究方向，都是5人次。工程学有4人入选，植物学与动物学及第一次入选的物理学和计算机科学领域都有1人入选。

总体来看，上海市的高被引学者的研究领域分布在化学和材料科学领域较多，工程学领域也在发展中。但是在21个评估学科中，中国近几年有17个学科榜单上有名，上海市高被引科学家都集中在5或6个研究方向，在其他研究方向上还是需要进一步发展。高被引科学家上海市科学家的入选人次增长不稳定，2015年少于2014年，之后2015—2017年持续增长，但是增长较缓慢。

6.1.2　上海激光领域论文国内合著网络与引文网络比较研究

国内外对论文合著网络与引文网络的单独分析已是相当深入，但是将引文网络与合著网络结合起来进行分析的文献还不多。将知识流动理论与论文合著网络及引文网络相结合进行分析具有重要的研究价值。本书主要采用合作网络分析和引文网络分析，同时还选择h度（h-degree）、h强度（h-strength）、h子网几个新兴网络指标来衡量合作网络和引文网络的网络特征。

h度（d_h）定义为：带权网络中节点n的h度，指n至多与$d_h(n)$个其他节点之间有权重不低于$d_h(n)$的联系[1]。另外，还有对应的h中心度、h中心势、h比率，以及有向网络中h入度与h出度等指标。h强度（h_s）定义为：网络中的h强度指该网络中，至多有h_s条联系分别具有不小于h_s的强度[2]。

本部分以上海激光领域研究为实验对象，从网络指标、h子网h度、具体节点、主题内容等方面对Web of Science核心合集中的国内合著网络和引文网络进行比较和研究，揭示上海市与各省（区、市）之间的论文合著与引用现状及差异，明确其获得的智力支持情况。数据时间范围限定在2013—2015年，原因是2014年习近平总书记提出了

---

[1] ZHAO S X, ROUSSEAU R, FRED Y Y. h-Degree as a basic measure in weighted networks [J]. Journal of informetrics, 2011, 5（4）: 668-677.

[2] 赵星. 带权信息网络之计量测度研究[D]. 杭州：浙江大学，2014：13-37.

第6章 面向领域的技术情报分析

上海科创中心建设,因此设置其前后各一年的时间,考察在这一历史时间段中上海在国内科技合作中的地位,从而研究如何更好地贯彻响应国家号召进行科技建设与发展。采集数据并进行数据清洗后,借用相关软件进行整合分析,结果如下。

(1) 合著网络分析

1) 国内合著网络

首先使用 Gephi 的 ForceAtlas2 布局绘制构建国内合作整体网络,如图 6-3 所示。

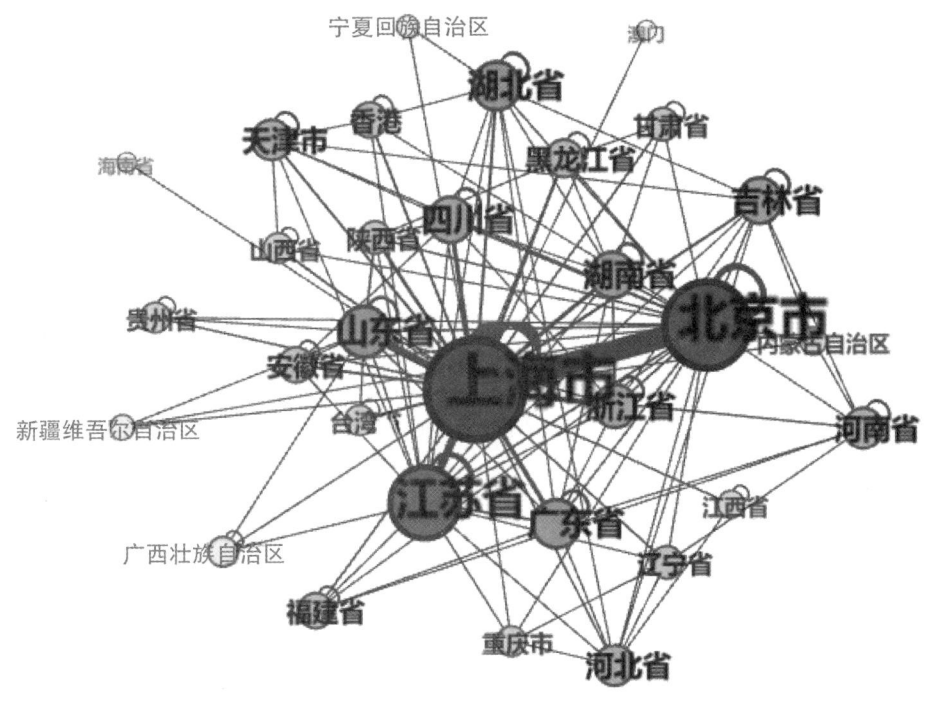

图 6-3 国内合著网络

图 6-3 中的节点与边都按照节点度大小展现,可以看到图中上海市与北京市的合作最为密切,这两个节点也可看作此网络的中心节点。

2) 基本指标

与上海市合作最多的 10 个地区情况,如表 6-10 所示,可以看到,与上海市合作紧密的地区的节点度和节点强度基本都排名靠前。在除上海以外的 30 个省(区、市)中,对节点度排名,这 10 个地区中有 6 个位列前十,有 9 个处于排名的前一半;而节点强度则有 8 个排名处于前十,并且 10 个地区全部处于排名前半部分,说明与上海市紧密合作的大都是该网络的中心节点。

表 6-10 与上海市合作最紧密的 TOP10 节点

节点	与上海市合作次数/次	节点度	节点度排名	节点强度	节点强度排名
北京市	552	25	2	726	2
江苏省	184	19	3	267	3
山东省	178	11	4	241	4
广东省	80	10	5	132	5
四川省	79	9	7	132	6
湖南省	67	9	8	110	7
浙江省	64	8	11	98	8
陕西省	53	6	15	93	9
黑龙江省	43	6	14	55	12
台湾	37	3	23	41	14

3）描述性统计

国内合著网络中，共包含 31 个省（区、市）节点，共 137 对合作，各省（区、市）之间的合作基本情况如表 6-11 所示。

表 6-11 国内合著网络概况

	最大值	最小值	中位数	平均值	标准差
合作地区数	31	1	6	8.129	6.593
	最大值	最小值	中位数	平均值	标准差
合作次数	2530	1	42	167.161	457.233

（2）引文网络分析

1）引文网络

同样使用 Gephi 的 ForceAtlas2 模型进行布局，使用节点度和联系强度分别对节点大小颜色和连线的粗细进行渲染。从图 6-4 可以看到上海市与国内各省（区、市）之间的引用情况，上海市和北京市是网络中权重最大的两个节点，湖北省、浙江省、山东省等节点次之。

第 6 章
面向领域的技术情报分析

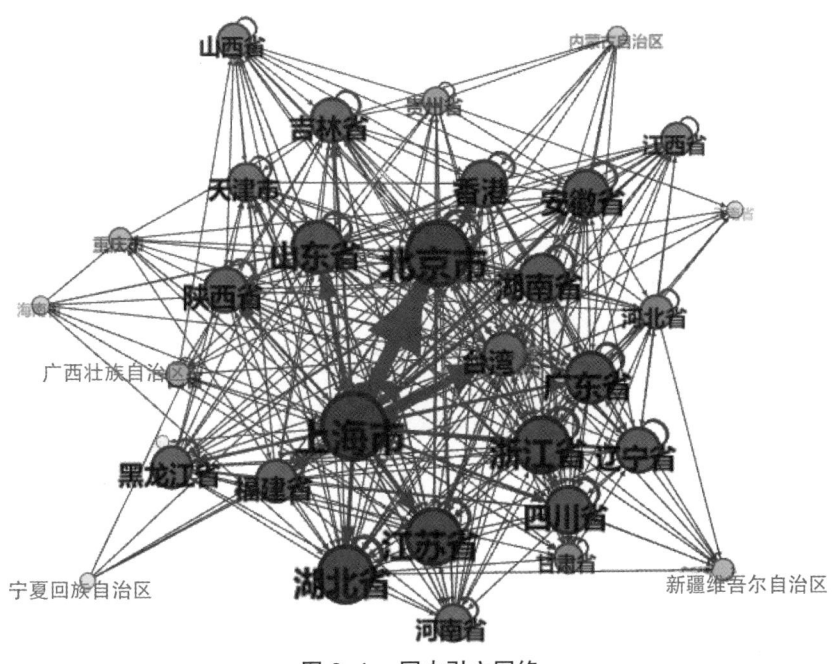

图 6-4 国内引文网络

2）基本指标

国内引文网络上海市施引次数 TOP10 节点的出入度数据，如表 6-12 所示。

表 6-12 国内引文网络上海市施引次数 TOP10 节点的出入度数据

节点	上海市施引次数/次	节点出度	节点入度	节点出强度	节点入强度	入度/出度	入强度/出强度
北京市	2587	27	28	2593	4507	1.037	1.738
台湾	1305	9	24	233	2035	2.667	8.734
山东省	776	21	21	1127	1473	1.000	1.307
江苏省	679	23	23	1117	1084	1.000	0.970
湖北省	508	24	23	265	736	0.958	2.777
香港	461	17	19	189	703	1.118	3.720
浙江省	438	20	26	396	839	1.300	2.119
广东省	404	23	18	577	655	0.783	1.135
湖南省	397	21	17	499	694	0.810	1.391

续表

节点	上海市施引次数/次	节点出度	节点入度	节点出强度	节点入强度	入度/出度	入强度/出强度
黑龙江省	368	17	14	322	626	0.824	1.944

根据各节点的入强度/出强度（或入度/出度）比值，可以将节点分为以下 4 类。

①入强度/出强度＞1。该类节点的入强度大于出强度，说明其主要角色是知识流出。

②0＜入强度/出强度＜1。该类节点的入强度小于出强度，说明其主要角色是知识流入。

③入强度/出强度无意义。该类节点的出强度为 0，说明其在此网络中只承担知识流出的角色。

④入强度/出强度 =0。该类节点的入强度为 0，说明其只承担知识流入的角色。

此外，同一类节点的入度/出度和入强度/出强度类型并不一定一致，如湖南省、黑龙江省等节点的入度/出度小于 1，但是其入强度/出强度却大于 1，说明其虽然进行引用的节点比较多，但是引用量并不大，反而是获得少量节点的引用情况比较频繁。这类地区也属于知识流出型的节点。

在此引文网络中，北京市的节点出入度和出入强度都较高，并且入度/出度和入强度/出强度值都较接近 1，可认为是该引文网络的核心骨干节点；台湾的节点出度和出强度不高，但是入度和入强度较高，应是本领域的创新领导者；江苏省的出入度和出入强度都较高，但是其入度/出度和入强度/出强度值相比其他节点都偏低，可认为是积极追随者。

3）描述性统计

本引文网络中，共有 32 个节点，476 项引用，各地区间的引用基本情况如表 6-13 所示。

表 6-13　引文网络概况

施引次数	最大值	最小值	中位数	平均值	标准差
	15 623	0	188.5	789.53	2752.66
被引次数	最大值	最小值	中位数	平均值	标准差
	7681	0	94	789.53	1520.46

从表 6-13 可知，引文网络中各地区的引用与被引情况相差巨大，表明有的地区与其他地区间的知识流动非常频繁，而有的地区则非常少。

(3) 国内合著网络与国内引文网络指标对比

在以上文献计量的基础上，对二者进行多维度对比，以得出进一步的结论。

1) 主要指标比较

从表 6-14 可知，基本上所有指标都是国内引文网络高于国内合著网络。首先，在网络节点测度上，虽然两者节点数量相近，但是引文网络的总节点度约为合著网络的 2 倍，而节点强度则约为 4.5 倍。其次，在网络联系测度上，两者差异进一步扩大，引文网络的联系数量约为合著网络的 3.5 倍，联系总强度值更是达到 8 倍以上，这些指标值说明国内引文网络的节点联系远比合著网络紧密。这也从网络全局测度的图密度指标得到反映。此外，可以看到两个网络的平均路径长度都远小于理论上的六度分隔距离，说明两个网络确实使得各地区间的知识交流变得更加容易。在中心性测度指标上，两个网络的度中心性范围和接近中心性范围较为接近，而中介中心性与向量中心性的范围相差较大，可能的原因是这两个指标都容易出现马太效应，重要的节点在此指标上的控制能力格外强大。最后，是对网络核心区域的测度，通过对比两个网络各自的 h 子网可以发现，两个 h 子网几乎包含了整个网络的绝大部分信息，但是网络规模得到了很大缩减，并且在网络核心区域两者的差异与整体网络时非常类似，极大地简化了网络分析的复杂性，同时验证了 h 子网的有效性。下面是对两个网络 h 子网 h 度的具体说明。

国内合著网络与国内引文网络指标对比情况，如表 6-14 所示。

表 6-14 国内合著网络与国内引文网络指标对比

指标类	指标名	合著网络	引文网络
网络节点测度	节点数量	31	32
	总节点度	230	451
	平均节点度	7.419	14.094
	总节点强度	3984	17 792
	平均节点强度	128.516	556
网络联系测度	联系数量	137	476
	平均联系数量	4.419	14.875
	联系总强度	3190	25 265
	平均联系强度 S_{avg}	23.285	53.078

续表

指标类	指标名	合著网络	引文网络
网络全局测度	图密度	0.295	0.48
	平均聚类系数	0.644	0.69
	平均路径长度	1.753	1.522
网络中心性测度	度中心性范围	1～31	1～31
	中介中心性范围	0～194.119	0～58.542
	接近中心性范围	30～59	31～61
	向量中心性范围	0.037～0.406	0.012～0.243
核心网络测度	H强度	21	57
	H子网_节点数	17	22
	H子网_联系总数	21	57
	H子网_联系总强度	2620	20 995
	H子网_联系平均强度 $S_{h\text{-}avg}$	124.762	386.333
	$S_{h\text{-}avg}/S_{avg}$	5.358	7.279

注：对值较大的网络的指标数据做了背景深色处理。

2) h子网h度

国内合著网络与国内引文网络的节点度及其h度情况如表6-15、表6-16所示。

表6-15 国内合著网络节点度TOP10节点h度

节点	节点度	h度	节点	节点度	h度
上海市	30	17	湖北省	10	3
北京市	25	9	四川省	9	3
江苏省	19	4	湖南省	9	5
山东省	11	5	吉林省	9	3
广东省	10	5	河北省	9	3

表 6-16 国内引文网络被上海市引用最多的 TOP10 节点 h 度

节点	出 h 度	入 h 度	入 h 度/出 h 度	入 h 度/出 h 度排名
北京市	17	17	1.000	5
台湾	4	14	3.500	1
山东省	11	8	0.727	9
江苏省	15	9	0.600	10
湖北省	8	7	0.875	7
香港	5	8	1.600	2
浙江省	9	8	0.889	6
广东省	10	8	0.800	8
湖南省	7	8	1.143	3
黑龙江省	7	8	1.143	3

从表 6-15、表 6-16 中可知，节点的节点度和 h 度这两个指标可能会存在很大的差别。例如，上海市与北京市的节点度相差不远，而其 h 度却几乎相差一倍，说明这两个节点的关联节点数相近，但是与每个节点的联系强度则是上海市远高于北京市。有些节点不管是在网络总体中还是在核心网络内，都发挥同样的作用，如台湾和香港都是知识流出；而有些节点虽然获得上海市的大量引用，总体上的入度/出度和入强度/出强度也反映了其知识流出程度不弱于知识流入，但是缩小到核心范围后可以清晰地发现其本质上还是以知识流入为主，如山东省和江苏省等。说明整体网络与其核心网络的节点间联系并不一定保持一致。

之后构建两个网络的 h 子网，通过计算得到国内合著网络的 h 强度为 21，国内引文网络的 h 强度为 57，筛选出联系强度大于等于各自 h 强度的节点并构建网络（图 6-5），可以清晰地看出网络中的主要节点及其联系情况。

3）具体节点比较

在整体分析了国内合著网络和国内引文网络之间的差异后，通过具体节点与上海市关联紧密度、中心度及 h 度 3 个方面在两个网络间的差异来确定进一步分析的对象，选择的对象是存在于国内合著网络或国内引文网络 h 子网中的核心节点。

a 国内合著网络 h 子网　　b 国内引文网络 h 子网

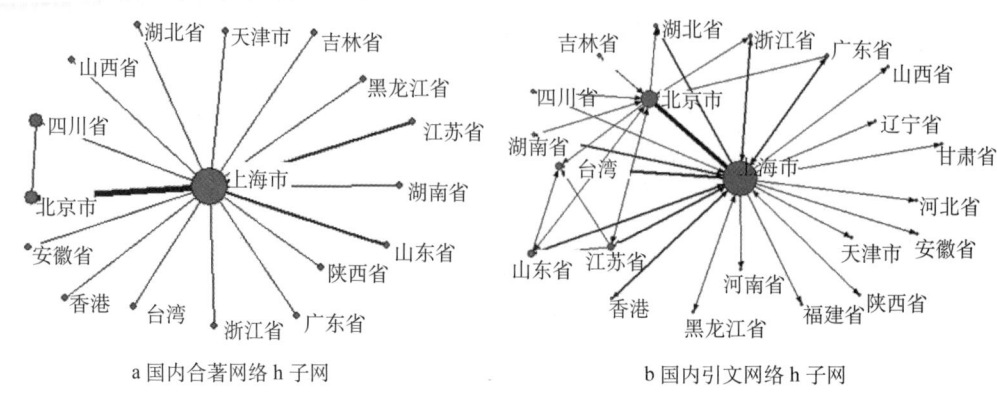

图 6–5　国内合著网络 h 子网与国内引文网络 h 子网

图 6–6a 反映的是国内节点与上海市的关联紧密度。为了更好地反映节点在整个网络中的核心程度，通过中心度指标对两个网络中的节点进行比较，如图 6–6b 所示。最

a 核心节点关联紧密度分布　　b 核心节点中心度分布

c 核心节点 h 度分布（出）　　d 核心节点 h 度分布（入）

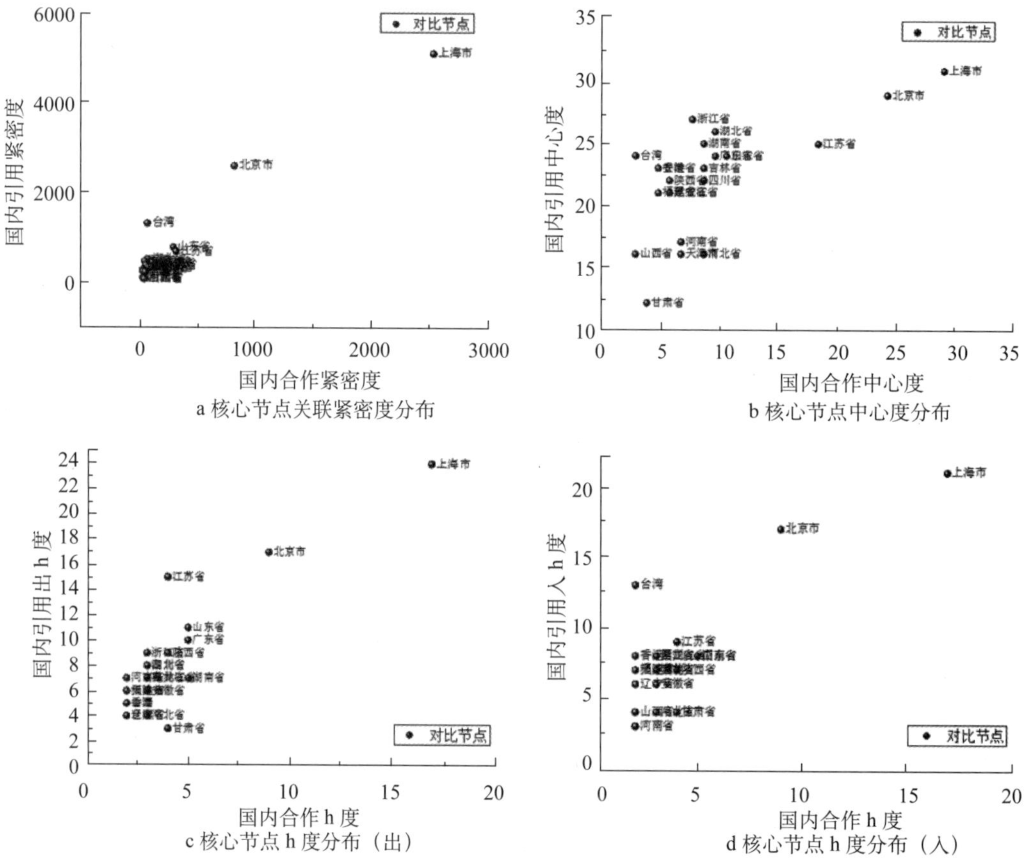

图 6–6　国内合著网络与国内引文网络

后通过两个网络的 h 度情况进行分析，即图 6-6c 和图 6-6d。图 6-6a、图 6-6b 和图 6-6d 中，节点与原点连线的斜率越大，说明该节点在引文网络中的重要性相对其在论文合著网络中的重要性越大，那么节点对上海市和其他节点提供的引用支持越重要。图 6-6c 中，节点与原点连线的斜率越大，说明节点的知识引入程度相对合作来说越高。综合以上 4 个子图可以得出，为上海市提供智力支持的节点中的骨干角色是北京市，创新领导者是台湾，积极追随者是江苏省；上海市从北京市获取知识的途径是引用与合作并重，从台湾获取知识的途径主要通过引用。

(4) 核心节点分析

为了更有针对性地基于文献进行讨论，选择以上分析中具有代表性意义的 4 个核心节点，通过分析其关键词及摘要数据，总结主要研究方向。这 4 个节点分别是：上海市（源节点、国内骨干节点）、北京市（国内骨干节点）、江苏省（国内积极追随者）、台湾（国内创新领导者）。

1) 关键词共现分析

首先使用 Citespace 软件对各节点进行关键词共现分析，以找出各个节点的研究重点。表 6-17、表 6-18 分别是上海市和 3 个典型节点的共现频率最高的 10 个关键词及其词频。

表 6-17 上海市关键词及词频

上海_关键词	词频	上海_关键词	词频
Pulses（脉冲）	148	Emission（发射）	48
Generation（产生，生成）	121	Absorption（吸收）	48
Operation（操作，运行）	74	mu-m（微米）	46
Microstructure（微结构）	60	fiber laser（光纤激光器）	45
Power（功率）	51	Spectroscopy（谱学）	45

表 6-18 国内典型节点关键词及词频

北京_关键词	词频	江苏_关键词	词频	台湾_关键词	词频
generation（产生，生成）	148	microstructure（微结构）	51	generation（产生，生成）	45
Pulses（脉冲）	144	behavior（特性，行为）	32	ablation（烧蚀）	38
microstructure（微结构）	112	generation（产生，生成）	31	thin-films（薄膜）	32

续表

北京_关键词	词频	江苏_关键词	词频	台湾_关键词	词频
ablation（烧蚀）	91	Temperature（温度）	26	Nanoparticles（纳米颗粒）	31
Power（功率）	69	Operation（操作，运行）	23	Locking（锁相）	30
spectroscopy（谱学）	68	Steel（钢铁）	22	Dynamics（动力学）	27
operation（操作，运行）	66	ring laser（环形激光器）	21	Films（薄膜）	27
emission（发射）	64	Simulation（模拟，仿真）	20	Spectroscopy（谱学）	26
Light（光，光束）	64	Pulses（脉冲）	20	Fabrication（制造）	25
Behavior（特性，行为）	63	Alloy（合金）	20	Operation（操作，运行）	25

可以发现，各节点的主要关键词基本都是围绕着脉冲、功率、谱学等物理学领域研究，然而也可从中发现一些各自的特点，如上海市最主要的共同研究方向是对激光的操控等；国内创新节点台湾的关注点除了应用材料外还有相关理论；而其他节点则没有过多的理论方面的研究，更加关注具体实验操作及材料的研究。

2）摘要高频词分析

使用 Python 的结巴分词程序包对摘要数据进行分词和词频统计，统计结果如表 6-19 和表 6-20 所示。

表 6-19 上海市摘要高频词及词频

上海_高频词	词频	上海_高频词	词频
Laser（激光）	3926	Mu（微米）	483
Pulse（脉冲）	938	Electron（电子）	474
Nm（纳米）	892	Fiber（纤维）	467
Power（功率）	866	Optical（光学的）	463
Energy（能量）	645	Plasma（等离子体）	379

表 6-20 国内典型节点摘要高频词及词频

北京_高频词	词频	江苏_高频词	词频	台湾_高频词	词频
Laser（激光）	6055	Laser（激光）	1775	Laser（激光）	2145

续表

北京_高频词	词频	江苏_高频词	词频	台湾_高频词	词频
Nm（纳米）	1365	Surface（表面）	374	Nm（纳米）	466
Power（功率）	1196	Nm（纳米）	347	Optical（光学的）	410
Pulse（脉冲）	1069	Power（功率）	311	Power（功率）	369
Fiber（纤维）	942	Pulse（脉冲）	242	Pulse（脉冲）	324
Mode（模）	882	Wavelength（波长）	235	Mode（模）	323
Optical（光学的）	854	Temperature（温度）	229	Surface（表面）	287
Energy（能量）	822	Optical（光学的）	216	Fiber（纤维）	248
Wavelength（波长）	733	Fiber（纤维）	201	Energy（能量）	247
Temperature（温度）	716	Energy（能量）	182	Films（薄膜）	235

与关键词分析结果类似，各节点的高频词统计结果十分相近，都是在研究激光理论及其相关材料。一个有意思的现象是3个典型节点的摘要中都存在大量的fiber（纤维），联系关键词分析结果可以知道这几个节点都在重点关注光纤激光器，其中台湾更是集中于对薄膜方面的研究，说明在该领域我国研究者目前十分重视对激光器材料方面的研究，特别是光纤和薄膜等。

综合以上研究可得出以下结论。

首先，在激光研究领域，上海市在国内的主要智力支持者是北京市和台湾，前者是两个网络中的骨干角色，上海市应保持引用与合作并重的知识引入策略，而后者主要通过被引为上海市提供智力支持，起到创新领导的角色，上海市及其他追随者应该加强与台湾的合作。由于合作中存在知识的双向流动，而引用只存在知识的流入，因此，通过加强与领先地区的科研合作能够平衡上海市知识交流中的地位，并在合作中激发科研创新。

其次，在整体上北京市与上海市的联系最为紧密，之后是江苏省、山东省等地区，这说明这些地区是本研究领域的积极参与者，是整个科研网络中的重要节点，有望与上海市共同成为全球科技创新中心，国家及政府应积极推动这些地区的科技发展。而对于那些与上海市、北京市等科研骨干地区联系不多的省（区、市）也要加强引导，促进其科技发展。

最后，激光领域国内较先进的区域注重对理论体系和材料实验的同步研究，而积极追随者的研究重点更加偏向于实验操作和相关应用材料。因此，在知识的获取过程中，上海市应该着重关注动力学、谱学等理论的探索，同时加强对光纤和薄膜等材料的研究。并且由于激光领域涉及光学、热力学、量子力学、电子电气工程学、材料学等多种学科，上海市应加强多学科交叉研究。

6.1.3 上海激光领域论文国际合作分析

本部分仍然以上海市科创中心建设过程中的重点工程——激光领域为例，探讨全球科创中心城市建设背景下的上海市科研状况，从而明确在具体研究领域上海市与国际节点的科研交流情况及各区域的研究重点。研究方法与6.1.2节相同，以下从6个不同的角度对结果进行分析讨论。

（1）整体网络对比

国际合作网络与国际英文网络如图6-7所示，其中美国、德国、日本等国家不管在合作网络中还是在引文网络中都是非常重要的中心节点，并且都与上海市有着非常紧密的联系。

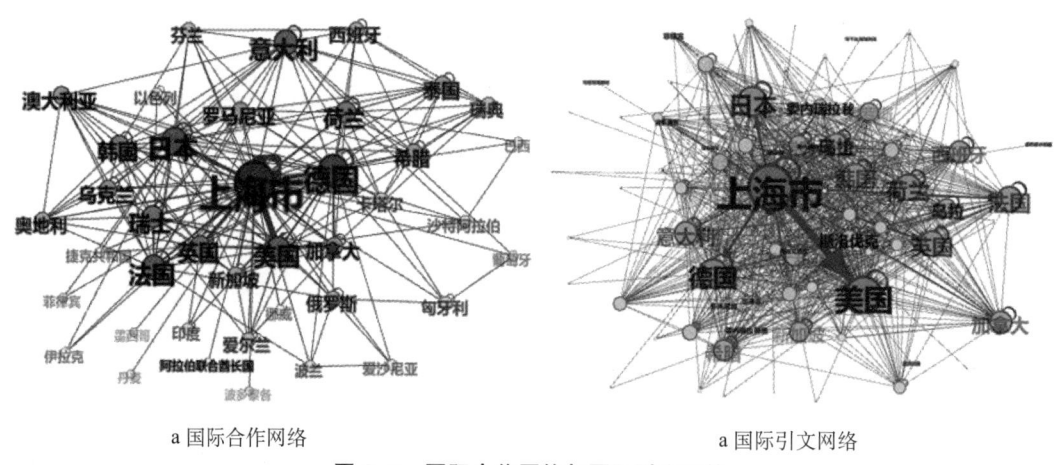

a 国际合作网络　　　　　　　　　　a 国际引文网络

图6-7　国际合作网络与国际引文网络

（2）描述性统计对比

描述性统计结果如表6-21、表6-22所示，国际合作网络共包含40个国家节点，共208对合作，而引文网络中共有98个节点。

表 6-21　国际合作网络概况

合作地区数	最大值	最小值	中位数	平均值	标准差
	40	1	9	9.850	8.070
合作次数	最大值	最小值	中位数	平均值	标准差
	1931	1	21.5	111.825	317.401

表 6-22　国际引文网络概况

施引次数	最大值	最小值	中位数	平均值	标准差
	58 792	0	0	974.163	6051.618
被引次数	最大值	最小值	中位数	平均值	标准差
	29 912	0	38.5	974.163	3415.997

整体上引文网络的联系较密,而节点间的差异也较大。值得注意的是国际引文网络中施引与被引次数的分布中位数为 0,这是由获取数据的特殊性造成的。

(3) 基本指标对比

分别列出两个网络中最重要的 10 个节点,即与上海市合作最多的 10 个国家和上海市施引最多的 10 个国家,如表 6-23、表 6-24 所示,可以看到与上海市联系紧密的国家的基本网络指标,如节点度、节点强度都有很高的取值,说明是网络的中心节点。两个表中节点基本保持一致,唯一的不同是合作网络中的新加坡和瑞士在引文网络中被替换成了意大利和西班牙。

表 6-23　国际合作网络与上海市合作最紧密的 TOP10 节点

节点	与上海市合作次数/次	节点度	节点度排名	节点强度	节点强度排名
美国	304	18	4	535	2
日本	130	22	3	203	4
德国	115	27	2	273	3
英国	99	15	7	172	5
加拿大	64	10	13	137	6
新加坡	53	8	20	98	7

续表

节点	与上海市合作次数/次	节点度	节点度排名	节点强度	节点强度排名
法国	51	18	18	97	8
韩国	29	13	10	52	10
瑞士	18	15	15	84	9
俄罗斯	17	8	21	48	13

表 6-24 国际引文网络上海市施引次数 TOP10 节点的出入度数据

节点	上海市施引次数/次	节点出度	节点入度	节点出强度	节点入强度	入度/出度	入强度/出强度
美国	16 916	64	37	5381	23 800	0.578	4.423
德国	6055	49	33	3056	10 109	0.673	3.308
日本	4767	47	34	3888	6637	0.723	1.707
法国	3565	37	32	1120	5524	0.865	4.932
英国	3513	35	34	1594	5361	0.971	3.363
意大利	2084	31	32	659	3405	1.032	5.167
加拿大	2050	36	24	1784	2885	0.667	1.617
韩国	1558	37	28	854	2062	0.757	2.415
俄罗斯	1318	21	27	316	1875	1.286	5.934
西班牙	1030	30	28	348	1521	0.933	4.371

（4）核心网络对比

为了了解两个网络的核心部分情况，使用节点 h 度来衡量节点重要程度，使用 h 强度来衡量节点间联系程度。国际合作网络中节点度最高的前 10 位节点的 h 度如表 6-25 所示。从表 6-25 中可知，各国的节点度与 h 度基本保持相同的趋势，但在某些节点上两者还是存在着差异，如德国与日本的节点度明显高于美国，但是其 h 度却有所不及，这说明美国与其他节点的联系数量多且强度大，而日本等国家与其他节点的联系虽然更多，但是联系强度却比较弱；同时节点度相同的节点其 h 度却可能存在较大不同，如美国、法国和意大利。

第6章 面向领域的技术情报分析

表6-25 国际合作网络节点度TOP10节点h度

节点	节点度	h度	节点	节点度	h度
上海市	39	12	法国	18	5
德国	27	7	英国	15	5
日本	22	5	瑞士	15	4
美国	18	8	荷兰	14	4
意大利	18	4	韩国	13	3

表6-26国际引文网络出h度与入h度指标分析是国际引文网络中节点的出入h度情况，当分析局限于网络的核心部分时，节点之间的入h度/出h度比值的差异变得相当小，如美国、日本等节点在整体网络范围的入h度/出h度值差异较大，但是在核心网络中各节点比值十分接近，并且都在1左右。这类节点不管是在网络总体中还是在核心网络内，都是十分重要的组成部分。在核心网络中，各节点间地位相似，都起到骨干作用，但没有一个特别明显的领先者。

表6-26 国际引文网络出h度与入h度指标分析

节点	出h度	入h度	入h度/出h度	入h度/出h度排名
美国	25	27	1.080	7
德国	20	23	1.150	4
日本	21	20	0.952	9
法国	15	19	1.267	3
英国	15	16	1.067	8
意大利	14	18	1.286	2
加拿大	16	14	0.875	10
韩国	11	12	1.091	6
俄罗斯	9	12	1.333	1
西班牙	10	11	1.100	5

对国际合作网络的高强度联系进行筛选后可得该网络的h强度为18，保留网络中

强度大于 18 的联系，可得到图 6-8a 所示的 h 子网，节点大小代表节点度，连线粗细代表节点间联系强弱；国际引文网络 h 子网的 h 强度恰好为 100，因此，筛选出总联系强度大于等于 100 的节点并构建网络图 6-8b。整体上，两个网络的核心子网具有明显的差异，特别是在节点数和联系数方面，国际引文网络 h 子网都远超过国际合作网络 h 子网，但是两者的重要节点仍是非常相近，说明这些节点在两类网络中具有相似的地位。

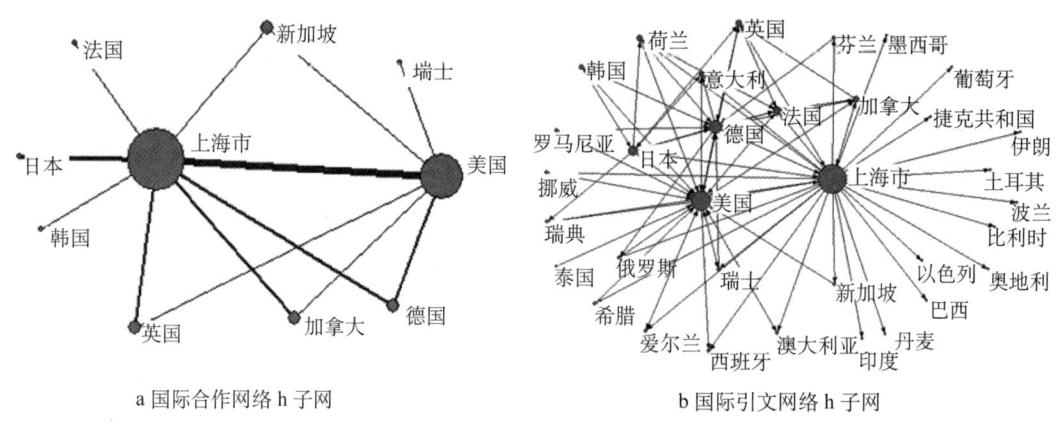

图 6-8　国际合作网络 h 子网与国际引文网络 h 子网

(5) 具体节点对比

通过分析具体节点与上海市联系紧密度、中心度及 h 度在两个网络间的差异来确定进一步分析的对象，选择节点的标准是存在于国际合作网络或国际引文网络的 h 子网中的核心节点。

对节点在两个网络中与上海市的联系紧密度做对比，结果如图 6-9 所示。

在图 6-9 中，美国、德国等国家与上海市的合作紧密度及引用紧密度排名都非常高，说明美国、德国是与上海市产生知识交流的枢纽节点；墨西哥、捷克共和国等节点在两个网络中的紧密度排名都非常落后，说明其与上海市的交流很少。

中心度的对比如图 6-10 所示，可以看到，上海市、美国、德国、日本等节点都在两个网络中占有重要地位，其中美国更偏向于引用中心度，德国更偏向于合作中心度。

使用出 h 度和入 h 度指标对两个网络的顶端数据进行分析，结果如图 6-11 所示。

从分布结果中发现，当以国际合作 h 度为横坐标，国际引用出 h 度为纵坐标时，所有节点都近似地分布在同一直线附近，说明核心节点中国际范围的合作和对其他国家的引用程度基本保持一致趋势。将纵坐标换成国际引用入 h 度时，节点分布则显得较为混乱，其中美国、德国等发达国家依然是最为核心的节点，其被引和合作都非常频繁。而罗马尼亚和泰国等节点的国际被引和国际合作都很稀少，说明其是整个网络的边缘跟随者角色。

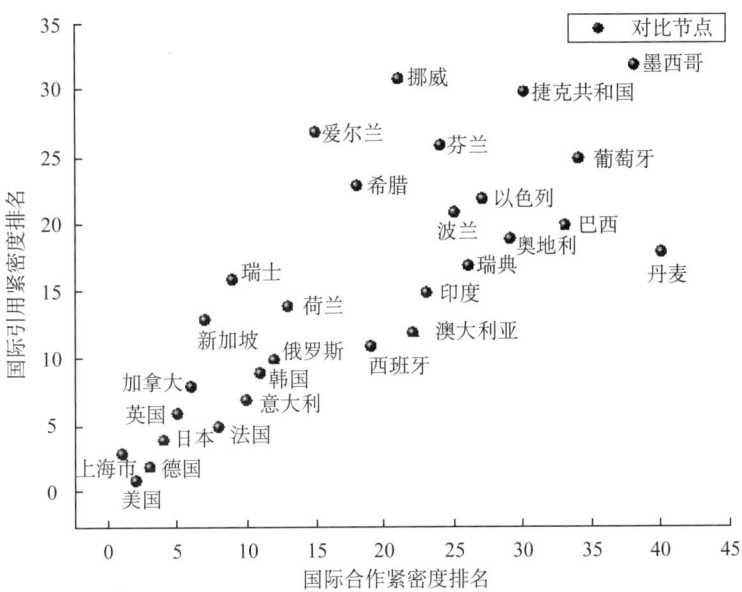

图 6-9　国际合作网络与国际引文网络节点关联紧密度排名分布（去除异常点）

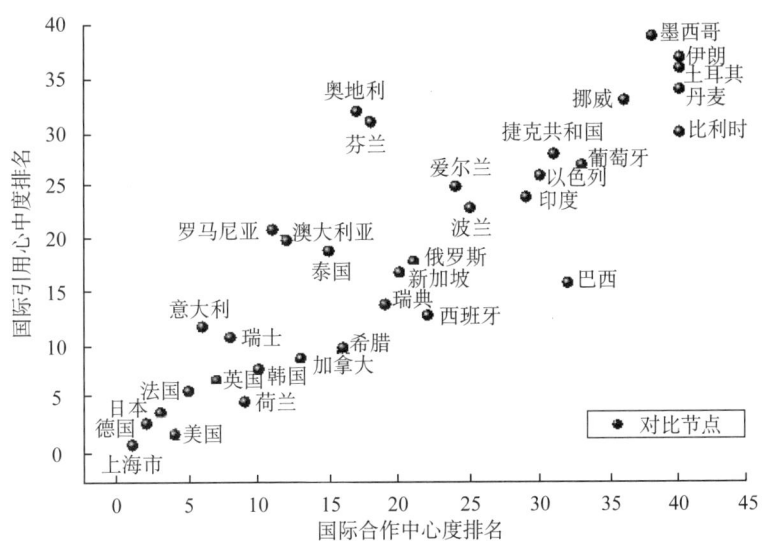

图 6-10　国际合作网络与国际引文网络节点中心度排名分布

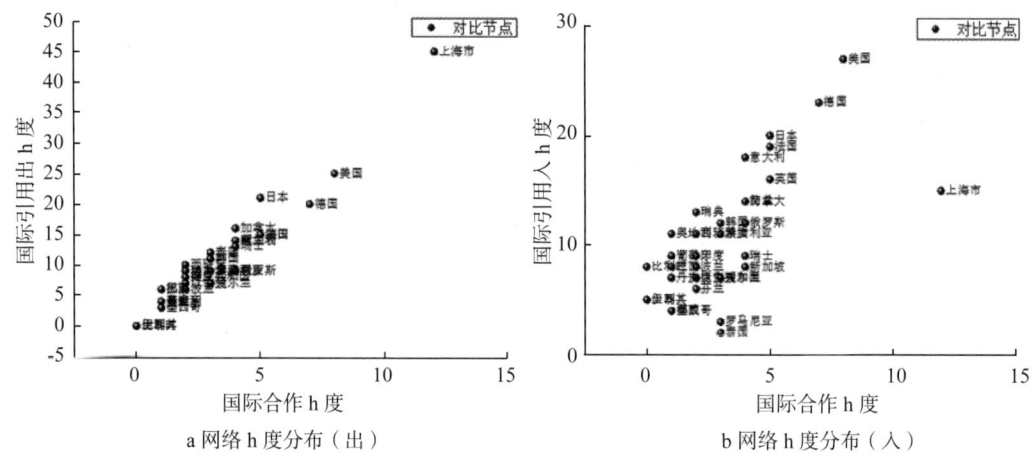

图 6-11　国际合作网络与国际引文网络 h 度分布（出 + 入）

以上分析先后从各国与上海市的科研交流情况、网络节点与整体科研交流情况、考虑权重的节点知识流入流出情况进行递进分析。由于引用只产生知识的流入，而合作产生知识的双向流动，因此，从引用中获取的智力支持相对于合作来说更大。在以上二维坐标图中，若节点在两个网络中的排名越靠前，在引文网络中的重要性相对合作网络越大，说明此节点对上海市的智力支持程度越高。整体上可以明显地发现，美国、德国与日本等国家处于网络核心位置，是本领域上海市知识引入网络中的骨干角色；上海市与其他节点的合作频繁，获取智力支持的途径是合作与引用并重，说明上海市在国际上是本领域的积极追随者；而罗马尼亚和泰国等国家的国际被引与国际合作都很稀少，说明其是边缘追随者的角色。

（6）主题内容对比

以上分析针对网络整体及其节点的基本性质展开，接下来基于其具体文献内容进行讨论，选择以上分析中具有代表性意义的 3 个节点，分别为：上海市（源节点、国际积极追随者）、美国（国际骨干节点）、泰国（国际边缘追随者）。

表 6-27 是 3 个典型节点共现频率最高的 10 个关键词及其词频，表 6-28 是国际典型节点摘要高频词及词频。

表 6-27　国际典型节点关键词及词频

上海 _ 关键词	词频	美国 _ 关键词	词频	泰国 _ 关键词	词频
Pulses（脉冲）	148	Pulses（脉冲）	300	Laser（激光）	6

续表

上海_关键词	词频	美国_关键词	词频	泰国_关键词	词频
Generation（产生，生成）	121	Ablation（烧蚀）	274	ablation（烧蚀）	4
Operation（操作，运行）	74	Generation（产生，生成）	216	Liquid（液体）	4
Microstructure（微结构）	60	Spectroscopy（谱学）	194	Efficacy（功效）	3
Power（功率）	51	Laser（激光）	182	Underwater（水下的）	3
Emission（发射）	48	Dynamics（动力学）	181	Skin（表皮）	3
Absorption（吸收）	48	Temperature（温度）	173	Femtosecond（飞秒）	3
mu-m（微米）	46	System（体系，系统）	155	Irradiation（辐照）	3
fiber laser（光纤激光器）	45	Radiation（辐射）	133	Spectroscopy（谱学）	3
Spectroscopy（谱学）	45	Irradiation（辐照）	125	Environment（环境）	3

表6-28　国际典型节点摘要高频词及词频

上海_高频词	词频	美国_高频词	词频	泰国_高频词	词频
Laser（激光）	3926	Laser（激光）	13 879	Laser（激光）	190
Pulse（脉冲）	938	Nm（纳米）	2072	Patients（病人）	54
Nm（纳米）	892	Pulse（脉冲）	2016	Nm（纳米）	34
Power（功率）	866	Energy（能量）	1977	Mm（毫米）	27
Energy（能量）	645	Optical（光学的）	1752	Skin（表皮）	27
Mu（微米）	483	Surface（表面）	1744	Clinical（临床的）	27
Electron（电子）	474	Power（功率）	1635	Treated（治疗）	26
Fiber（纤维）	467	Mu（微米）	1512	YAG（钇铝石榴石）	25
Optical（光学的）	463	Electron（电子）	1511	Melasma（黄褐斑）	24
Plasma（等离子体）	379	Temperature（温度）	1492	Water（水）	24

从表6-27、表6-28可以看出，3个节点的论文之间存在明显差异，首先在关键词对比中可以发现国际骨干美国的研究更偏重于激光理论，积极追随者上海市更偏重于实验操作，而边缘追随者泰国则更偏向于研究激光的功效。这在节点摘要高频词分析中有

更加明显的体现，泰国发表在国际核心期刊上的论文基本是对激光的临床研究，结合具体高频词可以更进一步判断其研究内容是在美容整形方面，而对激光本身的理论及实验研究十分缺乏。

本书通过以上分析，得到了以下几个有意义的研究结论。

在激光研究领域，上海市是国际上的积极追随者，通过对比国外科技创新中心发展模式，本书认为其可以参照东京模式（引进吸收向自主创新转化模式）[①]和牛津郡模式（政府与市场协调推进）[②]来发展。结合文本分析结果，本书认为上海市在吸取国际上已有科研成果的同时，应更注重相关理论的研究，努力成为国际骨干角色甚至是创新领导者。

上海市应该加强与骨干国家的合作与引用，适当减少与边缘追随者的科研合作。虽然该领域研究较为落后的地区也有一定的理论及技术可以借鉴，但是总体上与发达国家的交流更能促进自身发展。例如，整体网络中美国的节点度不是最高，但是它与其他发达国家的联系非常紧密，丝毫不影响其成为 h 子网中最核心的节点，上海市可以借鉴其少而密的交流策略。

上海科技创新中心建设的落地正是由蛋白质、上海光源等一系列具体领域研究构成的。因此，为全面探究全球科创中心建设的道路，同样需要关注蛋白质科学、活细胞成像、集成电路研发、微小卫星工程等上海市重点建设项目。为了更好地了解这些领域的科研发展状况，可以获取上海市及其他节点被引最多的论文全文数据，进行文本分析，绘制全球领域重点研究方向图谱，从而得到更加全面清晰的研究主题和发展趋势。

6.2 专利检索与分析

专利承载着重要的技术信息、法律信息、经济信息，是衡量一个地区科技创新能力的重要指标，也是提高企业核心竞争力的重要手段，在技术创新诉求日益增长的背景下，专利成为科技情报获取的重要来源。但是，光有专利数据不足以支撑得出有价值的情报结论，检索与分析是必备前提。

---

① 国家开发银行研究院和中国金融信息中心联合课题组. 全球科创中心对标分析［J］. 开发性金融研究，2015（1）：119-128.
② 陈搏. 全球科技创新中心评价指标体系初探［J］. 科研管理，2016（S1）：289-295.

6.2.1 中文专利中本体关系的获取

对于情报部门来说,从专利中抽取相应的知识,构建基于专利文献的本体库,为专利检索和专利分析提供帮助是一项非常有意义的工作。本部分探讨中文专利中本体关系获取的方法及实现。

目前,本体关系抽取的方法主要有基于规则的方法和基于统计的方法,以这两种方法为基础,国内外专家学者基于不同类型文本的特点,实现了一系列特定的关系抽取方法。但是就目前已有的研究成果来看,虽然有一定的效果,但仍然存在费时费力、关系不明确等局限性。因此本研究尝试将上述两种方法结合起来,以提高本体非分类关系抽取的准确率。

本部分结合专利摘要描述的语言特点,尝试先通过规则匹配的方式获取关系子句,形成较为统一的语言描述规则,再利用CRFs方法抽取出每个关系子句中的术语,以降低人工标注的成本,最终完成本体关系的构建。关系抽取流程如图6-12所示。

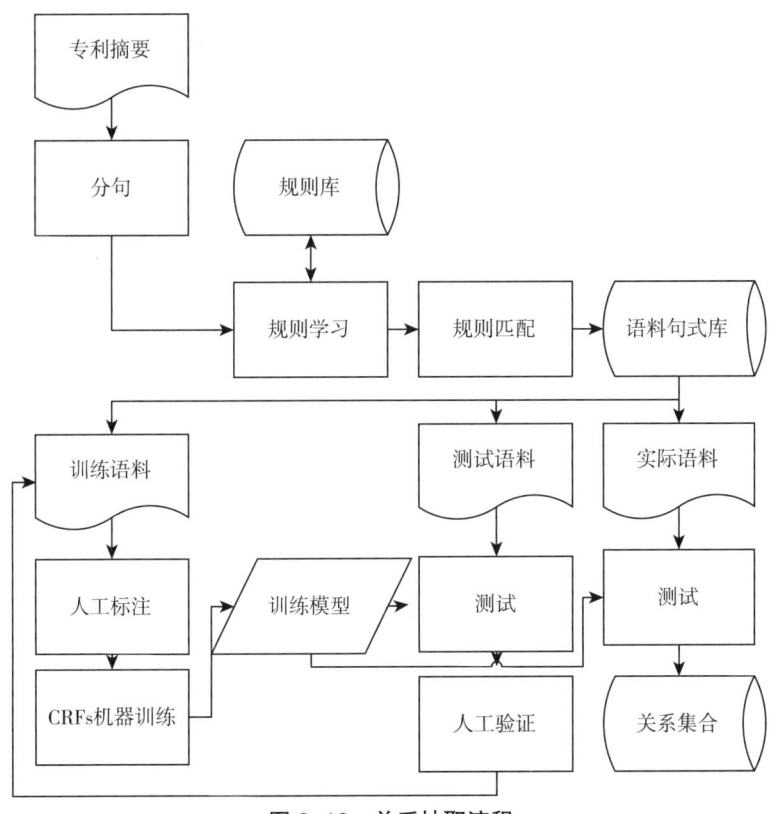

图6-12 关系抽取流程

主要流程为：①专利摘要语料首先经过句子拆分，形成独立的具有完整含义的子句；②经过人工的规则学习，形成规则库，并运用规则对其他语料进行匹配，形成语料句式库；③对于已经形成的句式库，由人工进行训练语料的标注，并利用CRFs进行训练，生成训练模型；④用训练模型对测试语料进行测试，测试结果由人工验证其准确率和召回率，并对训练语料进行调整和补充后重新训练，直到准确率和召回率达到一定的阈值为止；⑤利用修正后的训练模型对实际语料进行识别，结合规则匹配结果，实现本体关系集合的构建。

(1) 基于规则的句式学习与抽取

1) 专利文献句法特点分析

普通的论文摘要文本和新闻文本由于没有明确的规定，写法比较口语化，定制的抽取规则比较复杂。而专利文献由于是法律文献，其摘要部分的写法在国家知识产权局的相关法规中有明确的规定，即专利的摘要内容中必须含有"技术领域""技术问题""技术方案""用途"4个部分，因此，相对于其他文本来说，利用规则的定义来区分专利摘要中的上述4种关系比较容易。这4个部分可以理解为专利文献的4个属性，基本上能够描述专利的主要内容，如图6-13所示。

> 本发明公开了一种大功率双向液压式开铁口机。属于炉前用开铁口机技术领域。其主要包括冲击机构、回转机构和钻具组件，冲击机构中缸体内的冲击活塞在振打圈与振打杆之间，高压蓄能器和低压蓄能器与缸体连接，换向阀组件置于缸体外侧。开口机上设有水雾除尘口和油气润滑系统。本装置由于活塞质量大，作用面大，换向阀通流面大，使本装置具有更大的冲击功和频率；设有高、低压蓄能装置，使开口机匹配更合理，容易实现配套自动化操作；外置式换向阀设计使对故障的诊断及产品维修带来更大的方便，提高炉前作业功效。

图6-13 专利摘要样例

其中：①"公开了一种大功率双向液压式开铁口机"表示技术的内容，前缀为"公开了"；②"属于炉前用开铁口机技术领域"表示技术领域，前缀为"属于"；③"其主要包括……和油气润滑系统"为技术方案，特征词为"包括"；④"使本装置具有更大的冲击功和频率""容易实现配到自动化操作""提高炉前作业功效"等是用途和效果，特征句式为"使……具有""容易实现""提高"。因此，我们可以利用每个属性的句法特征进行抽取。

此外，专利文献为标准格式的文献，为了规范专利摘要的内容，国家知识产权局还要求在摘要信息中，属性之间应当使用句号进行明显的分割。撰写要求的规范化对于利用规则进行关系的抽取十分有利。

2）抽取规则

通过阅读大量的专利文献，分析专利摘要的句法特征，可以发现其句法特征有章可循。例如，描述技术领域的句式一般包含"涉及""属于""为解决"等词汇；设备类专利的技术方案句式中一般包含"组成""构成"等词汇，化学成分类专利的技术方案句式中一般包含"组成""百分比"等词汇，而工艺类专利技术方案句式中一般包括"步骤""规程"等词汇；对于技术功效，一般会有"解决""提高""防止"等词汇。因此，本书根据这些特征，总结出当前语料库的句式触发规则138个，样例如表6-29所示。

表6-29 句式触发规则片段

关系	触发规则	关系	触发规则
技术领域	涉及……方法	技术内容	公开了……
	对……工艺		主要解决……弊端
	用于……		本发明可……
	涉及……领域		目的在于……
	涉及……		优点是……
	用于……		使……更
	为解决……问题		提高……
	属于……领域		降低……
技术方案	特征在于……	技术功效	防止……
	特征……		具有……作用
	技术特征为……		节省……
	特征如下：……		可对……
	包括……		使得……提高
	由……组成		使……增强
	其中……		可使……

3）基于规则的子句抽取方法

利用规则进行的关系抽取需要经过规则学习和规则匹配两个阶段。

在规则学习阶段，首先抽取部分专利摘要，并将其按"。"进行子句拆分，每个子句都是能够表达完整意义的句子；再利用中科院汉语分词系统对每条子句进行分词，形成最小语言单位；由人工对分词结果进行阅读和学习，按照"领域句式""特征句式""组件/工艺句式""效果句式"分别进行抽取规则的标注；利用正则表达式匹配方法对学习结果进行验证，并对错误结果进行调整，最终完成当前记录规则的构建。

在规则匹配阶段，运用人工提取的抽取规则，对所有的专利摘要进行匹配，最后由领域专家对匹配结果进行测试和验证，并将结果反馈至规则学习部分，为规则的修订提供依据。

经过几轮的迭代，最终形成满足当前语料需求的规则库和句式库。规则的学习界面如图6-14所示。

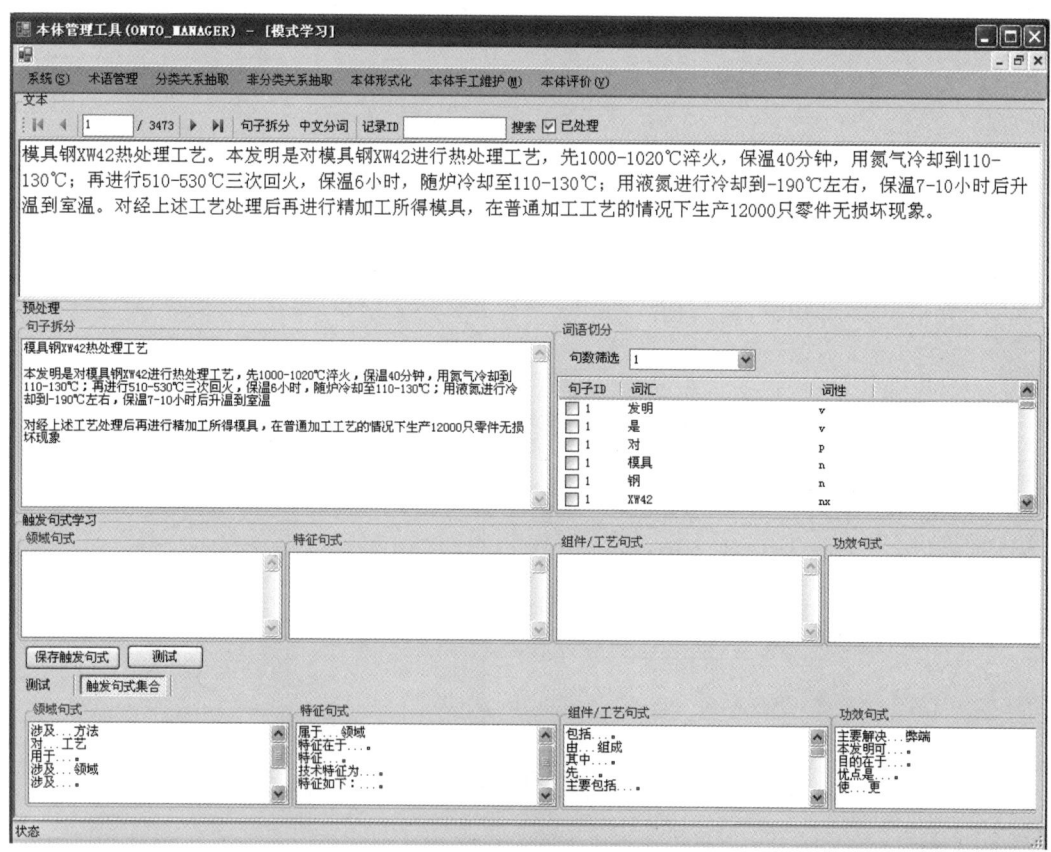

图6-14 规则学习界面

4）抽取结果

本研究共进行了 5 轮规则的修订，每次修订均在前一轮规则匹配的结果上，由专家确认后在已有规则的基础上进行修正，确保语料中的关系子句能够正确抽出，测试结果如表 6-30 所示。

表 6-30　规则抽取测试结果

序号	轮次	规则数量/条	专利数量/条	抽取准确率
1	第一轮	59	3264	52.30%
2	第二轮	87	3264	79.63%
3	第三轮	102	3264	85.47%
4	第四轮	113	3264	89.61%
5	第五轮	123	3264	90.45%

可以看出，经过了 5 轮规则修订，规则数量达到 123 条，抽取准确率也达到了 90% 以上，基本可以满足下一步术语抽取的需求。

(2) 基于条件随机场的术语子项抽取

经过规则匹配处理后，得到了符合专利摘要中所描述的 4 种关系的关系句式集合。但是从表 6-30 可以看出，经过 5 轮迭代，关系子句的抽取准确率达到了较高的水平，但是这仅为 3000 余条专利的抽取结果。在规则制定的过程中，我们邀请了 3 位专家对规则进行了制定，耗时 2 周左右，而这仅是对子句进行抽取，并未涉及句子中术语的抽取。可以看出，依据规则进行抽取的准确率虽然较高，但是单纯依靠专家进行规则的制定比较费时费力，面对大规模的语料有些力不从心。因此，本研究认为可以依赖相对成熟和便捷的统计算法，从相应的关系句式中进行术语抽取，形成带有"关系"属性的术语集合。在这里，本研究选择基于条件随机场（CRFs）的抽取方法进行术语子项的抽取。

1）标注集合

本研究采用 B（Begin）、I（Internal）、E（End）和 O（Other）等标注符号作为每个语义单元的表达方法，其中 B 表示术语首部、I 表示术语中部、E 表示术语尾部、O 表示其他。由于专利中只包含技术术语，而其他类型的术语并没有体现，因此不需要对标注集合再进行分类，只需要按照 BIEO 方式进行标注即可。例如，输入序列 x={ 涉及 \v，一 \m，种 \q，钒 \n，钛 \n，铁水 \n，镁 \n，脱 \v，硫 \n，专用 \vn，调 \v，渣 \ng，剂 \ng……\w 属于 \v，钢铁、n，冶金 \n，领域 \n}，可以标注为 y={O, O, O, B, I, E, B, I, E, O, B, I, E, O, O, B, E, O}。

2）特征集合

特征的选择对于基于条件随机场的术语识别十分重要，本部分对特征模板进行细分，包括上下文特征、词性特征。

①上下文特征。术语总是存在于特定的上下文语境中，一旦术语上下文的分布存在一定的规律性，那么便可以利用该规律抽取出术语。

②词性特征。实验证明，仅凭上下文特征并不足以准确地完成术语抽取，还需要辅助以上下文和术语所在词汇本身的词性特征，词性信息对于术语的抽取具有启发作用。

③对于中文来说，常常会出现术语前有若干个修饰词，此外，由于 ICTCLAS 分词系统本身的缺陷，往往会把一些词汇误分成独立的词。例如，一 \m，种 \q，钒 \n，钛 \n，铁水 \n，镁 \n，脱 \v，硫 \n，专用 \vn，调 \v，渣 \ng，剂 \ng，其中一种、脱硫等词汇被拆成单个词。因此，在上下文中，仅仅依靠术语的前 1 个词和后 1 个词的特征并不能完全代表术语所存在的语境。所以，本部分以前后两个词作为窗口进行特征集合的构建。

特征集合，如表 6-31 所示。

表 6-31 特征集合

序号	特征	说明
1	%×[−2, 0]	术语的前两个词
2	%×[−1, 0]	术语的前一个词
3	%×[0, 0]	术语本身
4	%×[1, 0]	术语后一个词
5	%×[2, 0]	术语后两个词
6	%×[−1, 0]/%×[0, 0]	术语前一个词和术语本身
7	%×[0, 0]/%×[1, 0]	术语本身和术语后一个词
8	%×[−2, 1]	术语前两个词的词性
9	%×[−1, 1]	术语前一个词的词性
10	%×[0, 1]	术语本身的词性
11	%×[1, 1]	术语后一个词的词性

续表

序号	特征	说明
12	%×[2, 1]	术语后两个词的词性
13	%×[-2, 1]/%×[-1, 1]	术语前两个词的词性和前一个词的词性
14	%×[-1, 1]/%×[0, 1]	术语前一个词的词性和后一个词的词性
15	%×[0, 1]/%×[1, 1]	术语本身的词性和术语后一个词的词性
16	%×[1, 1]/%×[2, 1]	术语后一个词的词性和术语后两个词的词性
17	%×[-2, 1]/%×[-1, 1]/%×[0, 1]	术语前两个词的词性、术语前一个词的词性和术语本身的词性
18	%×[-1, 1]/%×[0, 1]/%×[1, 1]	术语前一个词的词性、术语本身词性和术语后一个词的词性
19	%×[0, 1]/%×[1, 1]/%×[2, 1]	术语本身词性、术语后一个词的词性和后两个词的词性

3) 基于 CRFs 的子项抽取方法

基于 CRFs 的子项抽取采用人工标注部分训练语料，利用 CRF++ 工具包对已标注的语料进行训练，生成训练模型，使用训练模型对剩余语料进行测试，最后由领域专家验证抽取结果。具体步骤为：

①按照"领域""特征""工艺/组件""功效"分类对规则抽取的结果进行筛选，便于人工标注的结果按照上述 4 个分类生成不同的训练语料。

②对于分类中的单个句式，先利用中科院计算所的 ICTCLAS 分词系统进行分词，对分词的结果利用 BIEO 方式进行人工标注，并将结果保存。

③对于标注的结果，利用 CRF++ 进行学习，生成训练模型。CRF++ 是一款用于条件随机场序列标注的工具，特别适用于命名实体识别、信息抽取和文本分块等自然语言处理。在 CRF++ 中，使用 crf_learn 命令进行训练语料的学习，具体方式为：

crf_learn template_file train_file model_file

其中，template_file 为模板文件，train_file 为已标注的训练文件，model_file 为训练的结果模型。

④CRF++ 工具包学习后，会生成 model_file 模型文件。利用模型文件，便可以对测试语料进行测试了。CRF++ 使用 crf_test 命令进行语料测试，具体方式为：

crf_test -m model_file test_files

其中，model_file 表示训练模型，test_file 为用于测试的语料文件。

⑤测试结果交由领域专家进行验证，并根据验证结果不断地对训练语料进行调整，直到满足一定的条件停止。

(3) 实验结果及分析

从国家知识产权局的专利检索系统中随机下载了国际分类号为 C21 的专利数据 3000 余条进行实验，第一轮利用规则共计抽取 18 891 条子句，按照"领域""特征""工艺/组件""效果"分别进行人工标注，共计标注了 8000 条训练语料，其余随机挑选 2000 条为测试语料。测试结果如表 6-32 所示。

表 6-32 基于 CRFs 的术语子项抽取结果

分类	测试数量	正确数	准确率
领域	500	438	87.60%
特征	500	417	83.40%
工艺/组件	500	463	92.60%
效果	500	324	64.80%

从表 6-32 可以看出，抽取准确率相对较高，特别是"工艺/组件"分类，准确率达到了 92.60%，而"效果"分类的准确率较低，仅为 64.80%。究其原因，主要包括以下几点。

一是专利文摘具有其特殊性，相关法规要求专利摘要必须按照一定的规则撰写。经过前期的规则筛选后，每个分类下的子句语言描述方式较为一致，特别是"工艺/组件"类，其描述方式基本为"包括：……""先……再……"等，有利于术语的识别。

二是训练语料的规模较小。条件随机场（模型 CRFs）对于训练语料的规模较为敏感，由于人力资源的限制，上述每个分类只抽取了 2000 条进行训练，规模并没有达到实际应用的要求。

三是"效果"分类中的子句相对于其他分类，语言描述形态各异，自由度较大，增加了识别的难度，导致识别效果不佳。在以后的研究中，需要通过增加训练语料的规模来提高识别的准确率。

由于关于钢铁冶金类专利术语抽取和关系构建的报道较少，本部分将抽取结果与作者之一的前期成果[①]进行了简单对比，结果如表 6-33 所示。

表 6-33 抽取结果对比

算法名称	平均抽取准确率	是否按关系抽取
串频最大匹配算法	86.73%	否
规则和 CRFs 结合算法（含"效果"分类）	82.10%	是
规则和 CRFs 结合算法（不含"效果"分类）	87.87%	是

从表 6-33 可以看出，本研究提出的算法抽取准确率为 82.10%，低于串频最大匹配算法的术语抽取准确率，而当我们把"效果"分类从中排除后，平均准确率则达到了 87.87%，超过了串频最大匹配算法的术语抽取准确率，这主要是因为"效果"分类的术语抽取准确率较低，影响了总体效果。但是，串频最大匹配算法仅仅可以抽取出文本中的术语，无法抽取出相应的关系，还需要在得到抽取结果后另行选择关系抽取方法，影响了本体关系抽取的效率。因此，在解决了"效果"分类准确率低的问题后，本实例所提出的算法在本体关系抽取方面有更强的应用性。

6.2.2 面向专利本体的语义检索系统设计

面对海量专利，现有的大多数专利检索系统似乎无法满足用户的检索需求。一方面，现有专利检索系统以关键词匹配的方式进行检索，其检索过程和结果中易出现"忠实表达""表达差异""词汇孤岛"[②]等不可回避的问题，影响了检索结果的准确性；另一方面，检索结果缺乏推理过程，无法对用户思路进行引导和启发，提高了用户通过检索获取知识的难度。为辅助专利检索与分析效率的提高，构建基于语义网的专利检索系统，能够有效提高检索结果的精度和覆盖范围。

（1）系统结构设计

系统的主要模块包括语义检索、语义推理、趋势分析、相似专利检测、重要专利识别和新技术术语识别等。

面向专利本体的语义检索系统基于 Java 开发，相较于其他专利语义检索系统，本系统除了增加检索结果推理功能之外，还提供基于语义扩展检索结果的分析功能，包括趋

[①] 谷俊，王昊. 基于领域中文文本的术语抽取方法研究 [J]. 现代图书情报技术，2011（4）：29-34.
[②] 董慧. 基于本体论和数字图书馆的信息检索 [J]. 情报学报，2003（6）：648-652.

势分析、相似专利检测分析和重要专利检测分析。由于其全程都需要本体模型和搜索引擎的支持，因此，本系统在应用层引入 Jena 工具包和 Lucene 工具包。Jena 工具包主要用于结合本体的语义扩展检索和自动推理，Lucene 工具包的作用则是专利文献的全文搜索。系统结构如图 6-15 所示。

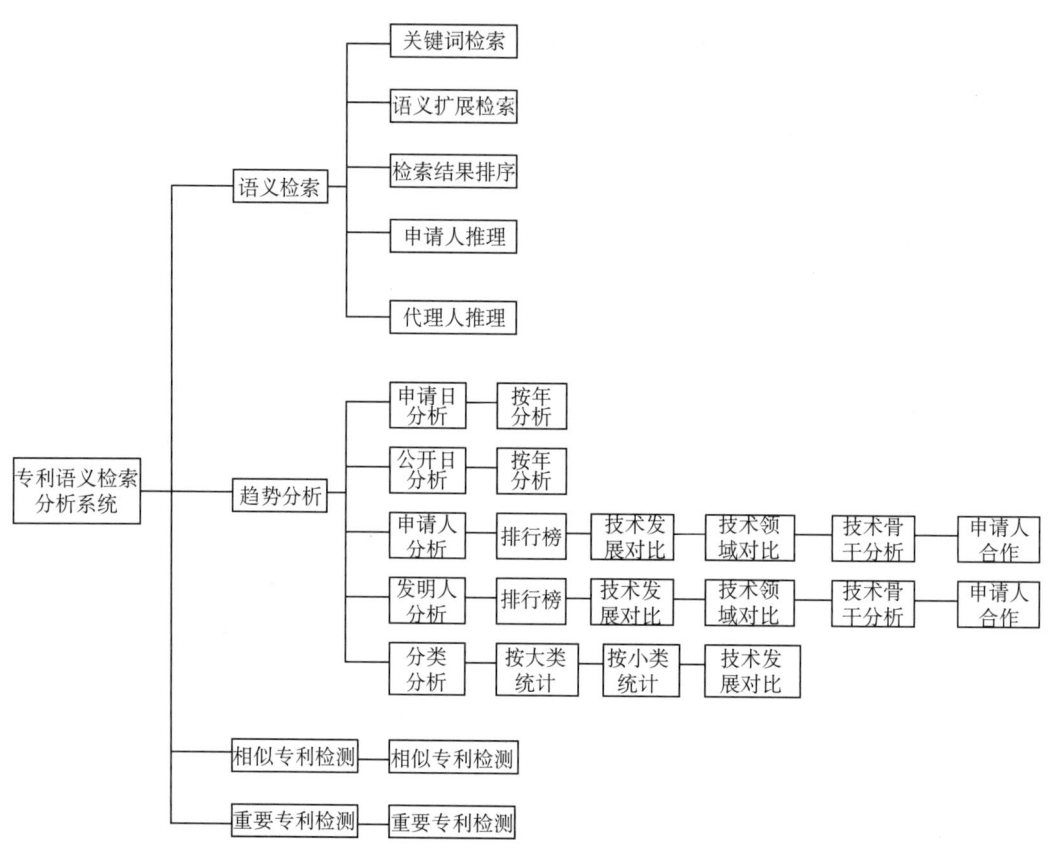

图 6-15 专利语义检索分析系统结构

"语义检索"模块主要利用构建好的本体模型对用户的检索词进行扩展后检索，包括普通关键词检索、语义扩展检索、检索结果排序（按时间和相关度排序）等检索模块，还包括申请人推理和代理机构推理等语义推理模块。

"趋势分析"模块利用本体模型对用户的检索词进行扩展检索后，再根据相应的分析模型对检索结果进行定量的统计分析。包括申请日分析、公开日分析、申请人分析、发明人分析和分类分析等模块。

"相似专利检测"模块主要结合 TFIDF 权重的文档相似度算法计算检测专利与源专

利的文档相似度，再利用最大有序子序列匹配算法对对比专利中的句子进行比较，提取重复率最大的句子。

"重要专利检测"模块主要是在用户进行语义扩展检索后，利用预先构建好的评价模型对结果集合进行评测，提取出可能的最重要的专利。

（2）系统流程设计

系统构建的目的是基于已有的专利本体，通过语义推理提高检索结果的准确性，并在此基础上根据专利情报工作实践，提供相应的增值分析功能，系统流程如图6-16所示。

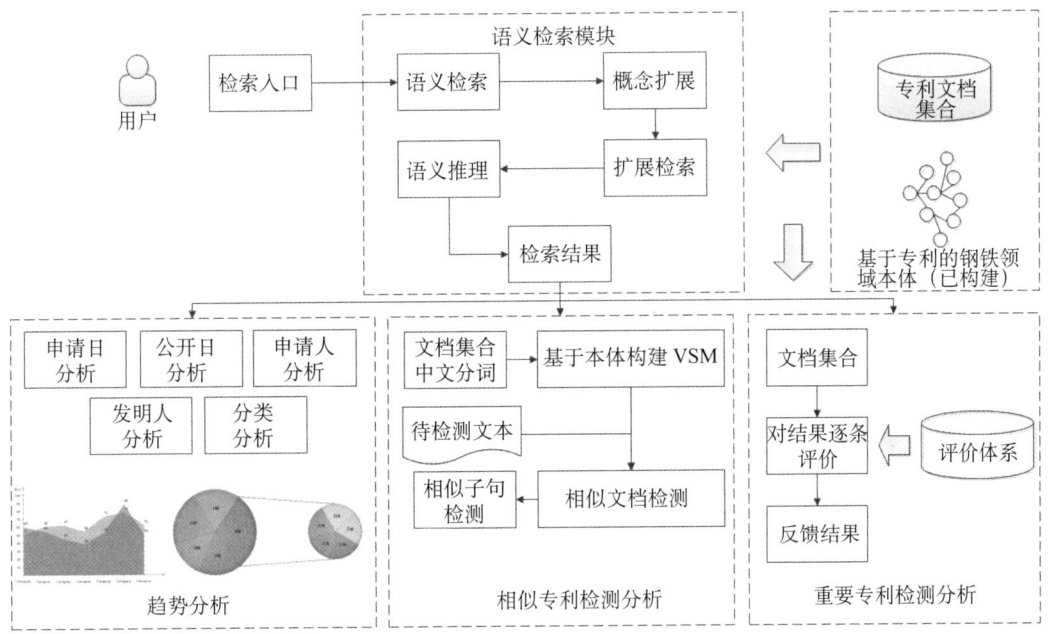

图6-16 专利语义检索分析系统流程

从图6-16可以看出，用户使用系统时，可以通过检索入口完成语义检索、趋势分析、相似专利检测分析和重要专利检测分析等活动。

在语义检索模块，系统对用户输入的检索词进行语义扩展后再进行检索，并对检索结果中的相关发明人和专利权人进行进一步语义推理，得出相关发明人和专利权人列表，供用户选择查看。

对于语义检索的结果，用户可根据需要对其进行简单的趋势分析，系统会根据检索结果集合中的专利文档进行日期、人物、机构、分类等方面的分析，从而帮助用户从宏观层面了解所检索技术的当前发展趋势。

如果用户需要查看现有专利中是否有与自己研究相似的专利，则可以利用"相似专利检测分析"模块，上传待检测文档，系统会利用已构建的领域本体结合文档相似性和子句相似性检测技术，对钢铁领域专利数据库中的所有专利进行比较并得出结论，帮助用户了解相关技术动态和专利侵权的可能性。

对于语义检索的结果，用户还可以对集合中较为重要的专利文献进行识别。系统利用已经构建好的评价体系和规则，对检索结果中的专利进行逐条评价，并将得分较高的专利文档抽取出来作为候选专利，供用户查看。

6.2.3 面向专利本体的语义检索系统构建

本部分尝试在前期研究基础上[①]，利用已有钢铁领域本体，结合 Jena 本体工具包和 Lucene 搜索引擎工具，构建一套基于领域本体的语义检索系统，实现专利的语义检索与推理。

（1）语义检索模块

专利语义检索实际上就是利用本体模型对用户提供的检索词进行扩展和推理，让计算机理解用户的检索意图，从而提高检索的准确性，此外，申请人和代理人推理功能则可以扩大用户的检索宽度。检索流程如图 6-17 所示。

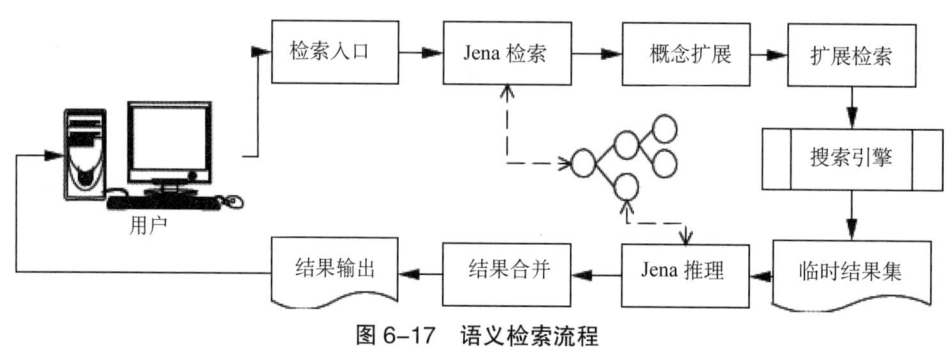

图 6-17 语义检索流程

该模块由"检索入口""Jena 检索""概念扩展""Jena 推理""结果合并"等几个子模块组成。为了分析语义检索与普通关键词检索的区别，在该模块中还增加了"关键词检索"的普通检索功能。

①检索入口。首先使用 ICTCLAS 分词系统对用户提交的检索词进行中文分词，并

---

① 谷俊．中文专利本体半自动构建系统设计［J］．图书情报工作，2013，57（3）：105-111.

与人工维护的停用词表进行匹配,去除停用词,最后将分词结果拼装成字符串数组提交给后台的推理引擎进行进一步语义扩展处理。

② Jena 扩展检索。利用已生成的本体模型,对检索词数组进行循环语义扩展。该模块采用了 Jena 语义工具包提供的 SPARQL 查询语言进行语义扩展,通常采用以下几种方式进行:a. 如果检索词在本体模型中匹配到了相应的上位类,那么直接扩展到该类的下级子类;b. 如果检索词在本体模型中匹配到了相应的类,但是该类没有下级类,那么则扩展为该类的所有同级类。扩展结果拼接成以逻辑符"OR"连接的字符串,并提交给搜索引擎进行检索。SPARQL 查询语句样例,如图 6-18 所示。

```
PREFIX class:<http://www.maggicasttle.com/ontology/#>
PREFIX rdfs:<http://www.w3.org/2000/01/rdf-schema#>
select ? g
where
{ ? g rdfs:subClassOf class:ClassName}
```

图 6-18　SPARQL 获取下级类的查询语句

③ Jena 推理。搜索引擎经语义扩展后的概念术语进行检索后,产生临时搜索结果集合。为了帮助用户扩大检索视角,系统还对临时结果集中的每条专利文献,根据其在本体中的实例,推理得出对应的专利权人、代理人等信息,并提交给用户层进行处理。图 6-19 展示了获取相关专利权人的查询语句。

```
PREFIX class:<http://www.maggicasttle.com/ontology/#>
PREFIX rdfs:<http://www.w3.org/2000/01/rdf-schema#>
select ? g
where
{ ? g hasPatentee class:200660049736.3}
```

图 6-19　SPARQL 获取相关专利权人的查询语句

④ 结果合并。使用 Struts 框架进行对检索临时结果集和推理集进行合并显示。a. 将临时结果集按照专利号、申请号、名称、申请人、发明人等字段格式存储在对象集合 Result Model 中;b. 将推理集以字符串形式存储在泛型变量 List 中,并将上述两个集

合变量赋值给 Action 类的属性，提供属性的访问方法；c. 在 jsp 页面显示时，分别使用 <s：iterator value="Org"> 和 <s：iterator value="Result"> 等标签获取相应的值。

⑤语义检索结果分析。经过语义检索，用户输入的简单关键词或者句子会被系统利用本体进一步扩展，查全率得到大幅提高。为此，本研究随机以 5 个关键词进行检索，并对结果进行分析（表6-34）。

表6-34 语义扩展检索结果对比

检索词	普通检索命中	概念扩展	扩展检索命中	召回率提高
吹氧	150	模锻，钢液预测温度，吹氧，动态模型，顶底复吹转炉，束射流，锻造，脱碳……	323	115.33%
脱硫	383	脱硫，孔喷，致密纳米晶体，等温淬火铸铁件，保温砖，空间式低温热处理炉……	895	133.68%
铁矿石	118	镁砂，熔炼铁矿石，铁矿石……	132	11.86%
还原	552	非金属化合物，真空吹氧，空气分离，联煤，氮基，还原……	672	21.74%
金属	1101	水力喷射部分，高炉出铁砂口，铁类物料，保温，铝镁合金脱氧剂，还原剂……	3315	201.09%
				平均 96.74%

从表6-34可以看出，经语义扩展后，召回率平均增加96.74%。以"铁矿石"为例，扩展后的检索词除了"铁矿石"之外，还包括"镁砂""熔炼铁矿石"等词汇，命中数量由118条记录增加到132条记录，召回率提高了11.86%。而实验中召回率提高幅度最大的是检索词"金属"，由于实验数据中的内容大部分都与"金属"有关，与"金属"有关的词汇都列入了检索范围，因此，召回率得到了大幅提高，为201.09%。可见，语义扩展检索能够帮助用户扩大检索范围，减少因"词汇孤岛"等问题而导致的检索失败。

（2）趋势分析模块

该模块的主要功能是对于用户检索后的结果，按照列表分析和交叉分析方法对相应字段进行统计分析，结果以图表形式展示给用户。包括"概况分析""申请日按年统计""公开日按年统计""申请人排行""申请人技术发展对比""申请人技术领域对比""申请人技术骨干分析""申请人技术合作分析""发明人排行""发明人技术发展对比""发明人技术领域对比""发明人合作分析""分类大类统计""分类小类统计""分类技术发展对比"等子模块。由于该模块利用的是语义检索的结果，分析过程与常见的分析方法类似，此处不再赘述，处理流程如图 6-20 所示。

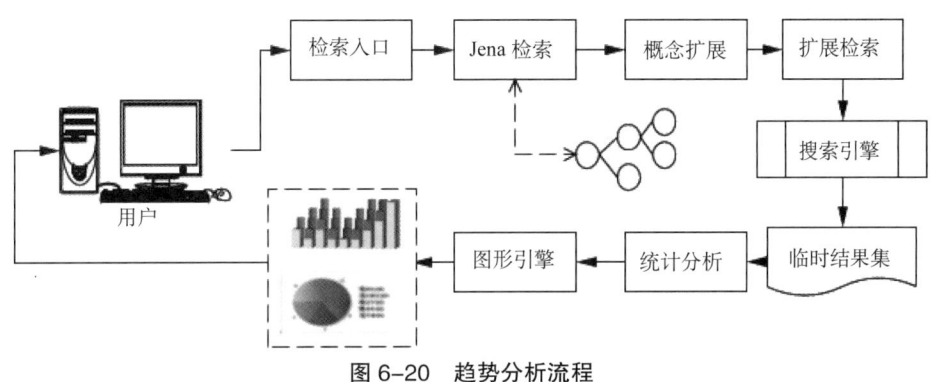

图 6-20　趋势分析流程

图 6-20 中的主要环节为：①系统利用后台的本体模型对用户输入的检索词进行语义扩展；②将扩展的概念集合提交给搜索引擎进行相关检索；③检索结果反馈至分析引擎，分析引擎根据需要进行相关的统计分析，包括申请日分析、公开日分析、申请人分析、发明人分析和技术分类分析等，主要分析方法为列表分析和矩阵分析；④分析结果提交给前台的图形引擎生成最终的专利地图。

第一种分析方法是列表分析。

列表分析（List Analysis）是按照某个特定的著录项对检索结果中的文档进行数量统计，并将结果以名称（如公开日统计）或统计数量（如发明人排行）按照一定顺序进行排列。对于拥有唯一值的著录项可以直接进行统计，如果著录项中包含多个值，则需要对该项进行拆分后进行统计。统计方法为：

①顺序取出检索结果中的文档，并得到指定统计项的字段值。如果该字段包含多个值，则对该字段的值进行拆分；如果预先定义的哈希表的键不包含取出的值（名称），则将该值存入哈希表中，其中哈希表的键为名称，值为 0；如果预先定义的哈希表的键包含取出的值，则将对应的哈希表元素的值增加 1。

②待文档全部取出后，对哈希表按照指定顺序进行排列并将结果输出。

第二种分析方法是矩阵分析。

矩阵分析（Matrix Analysis）可以按照两个指定的著录项对专利文献进行交叉统计（如申请人、申请年），并以图表形式展示统计结果。与列表分析相比，矩阵分析多了一个分析维度，分析结果更加明晰。分析方法为：

①顺序取出检索结果文档，并得到指定两个统计项的字段值，分别为 Str1 和 Str2；如果字段值中含有多个值，则需要对其进行切分；如果预先定义的行哈希表中没有找到 Str1，则创建新的键 Str1 和值，值为列哈希表；如果列哈希表中没有找到 Str2，则创建新的键 Str2，值为 0；如果行哈希表中找到了 Str1，则再查找对应的列哈希表中是否含有 Str2，如果有，则将原先的值加 1，否则，创建键值为 Str2 的条目，值为 0。

②循环完成后，按照指定的规则对行哈希表和列哈希表进行排序，并将结果输出。

分析结果的部分样例如下：

由于在分析之前的语义检索阶段，系统对检索词进行了自动扩展，召回率大幅提高，因此，分析阶段所使用的数据来源更加丰富，从而确保了分析结果的准确性，分析结果样例如图 6-21 所示。

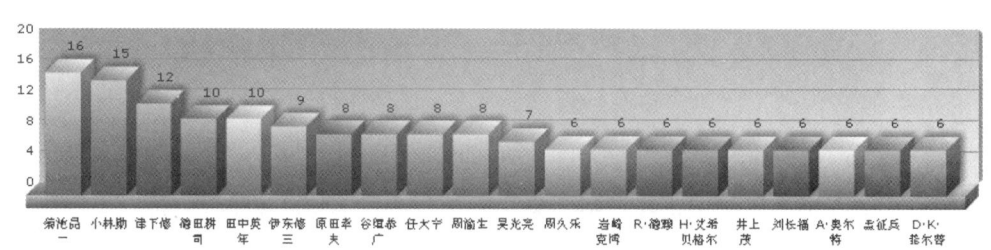

图 6-21 部分趋势分析结果样例

（3）相似专利检测模块

"相似专利检测模块"的主要功能是根据用户提供的相关专利摘要、结项报告摘要或研发的技术要点等，与专利库中的专利进行比对，以发现与之相似的专利文献，并通过阈值筛选计算出相似语句，辅助用户进行专利侵权和被侵权预警。

该模块主要有两个方面的功能：①将关注的竞争对手新公开的专利摘要导入，与专利库中的内容进行比对，以发现竞争对手是否对自己的专利构成侵权；②将本企业在某项技术研发过程中的主要工艺方法的描述部分导入系统，与专利库中的内容进行比对，发现自己的科研成果是否对其对手构成侵权，以及时调整研发策略。流程如

图 6-22 所示。

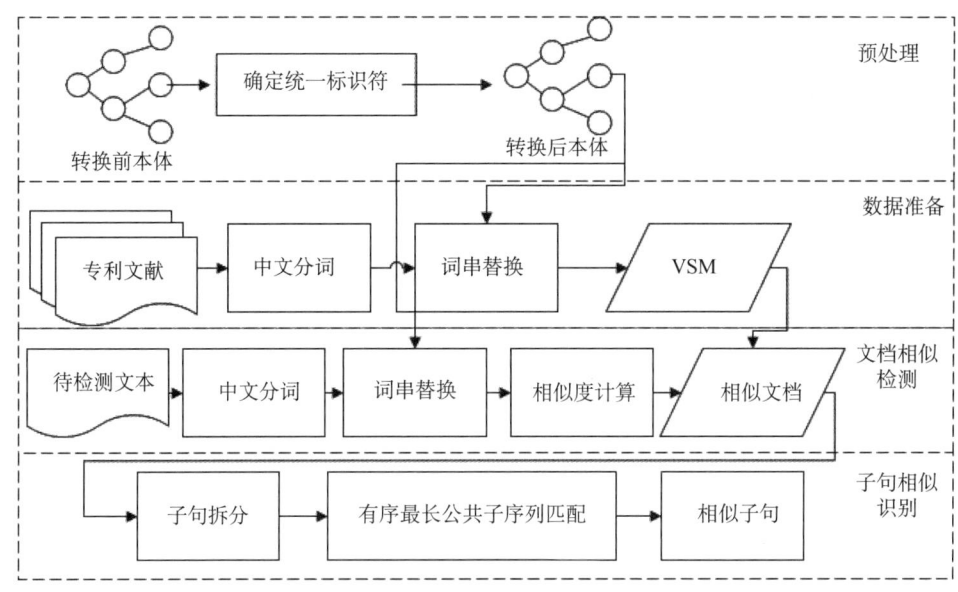

图 6-22　专利相似检测流程

接下来依次介绍各个流程的具体操作过程。

第一是预处理。在进行相似专利判断时，本体模型中共有父类的类目可以认为具有相同或者相近的意义，可以表述为相似概念，因此，系统利用本体模型将文档中的相似术语进行统一编码替换为全球唯一标识符（Globally Unique Identifier，GUID），以避免同一事物不同叫法造成的统计误差。

第二是数据准备。系统首先要对相似文档进行测算，因此，在数据准备阶段需先将已有的专利文献转换成向量空间模型，具体过程为：①利用 ICTCLAS 中文分词系统对文档进行分词，并引入停用词表，将分词后的停用词去除，形成分词结果序列；②利用本体模型，将文档中相应的术语替换为编码格式；③计算分词序列中每个词（或者 GUID 标识符）的 TFIDF 值；④将 TFIDF 值作为特征权重，构成 VSM 模型。

第三是文档相似性检测。对于待检测文本，经过分词，标识符替换和 TFIDF 值计算等步骤后，形成文档向量，再利用余弦相似度计算方法（式 6-1）进行相似度计算。

$$\text{Sim}(D_1, D_2) = \frac{\sum_{k=1}^{n} w_{1k} \times w_{2k}}{\sqrt{\left(\sum_{k=1}^{n} w_{1k}^2\right)\left(\sum_{k=1}^{n} w_{2k}^2\right)}} \quad (6-1)$$

其中，W_{1k}、W_{2k}分别表示文本D_1和D_2第K个特征项的权值，$1 \leqslant k \leqslant n$。

对于计算结果，系统预先设定相似度阈值为0.5，将相似度大于0.5的文档抽取出来，放入候选文档集合中，便于下一步处理。

第四是基于有序最长公共子序列匹配的句子相似度识别。在得到相似文档之后，为了体现系统的提醒和警示作用，还需要通过对相似文档进一步分析，以找出相似的句子提供给用户，目前具有代表性的相似句子测算方法为最长公共子序列计算。

最长公共子序列最先由Hirschberg D S提出[①]，他认为最长公共子序列算法是计算句子之间相似度的有效手段。其识别一般使用穷举搜索法，但是这种方法需要耗费大量的执行时间，不适用于大规模文档的比对。因此，该系统在其基础上，采用有序最长公共子序列的方法[②]对句子进行相似度判定，先将文档中的特征按一定顺序进行排列，再利用最长公共子序列方法匹配，具体步骤如下：

定义1：待检测专利文档DT，表示用于专利相似检测的输入文档。dt为DT中的子句。

定义2：源专利文档集合ST，表示作为检测依据的来源文档。st为ST中的子句。

①对DT中的句子按照句号、分号等符号进行拆分，形成句子集合dt。

②对ST中的每一篇文档ST_i，按照句号、分号等符号进行拆分，形成句子集合st。

③对dt进行中文分词处理，对于去除停用词后形成的术语集合，按照字母顺序进行排列，得到有序术语集合$X=\{x_1, x_2, \cdots, x_m\}$。

④对st进行中文分词处理，去除停用词，并按照字母顺序对术语进行排列，形成有序术语集合$Y=\{y_1, y_2, \cdots, y_m\}$。

⑤确定最长公共子序列，将$X=\{x_1, x_2, \cdots, x_m\}$中的第1个词与$Y=\{y_1, y_2, \cdots, y_m\}$中的第1个词进行比对，如果相同，则继续比对下一个词，否则，从X中提取第2个词与Y中的第1个词进行比对，以此类推。若从第i个词开始，X与Y中的每个词都相同，则匹配成功，否则失败，再将X对ST_{i+1}中的st进行比对，直到发现相同的有序词串Z或匹配结束。

---

① HIRSCHBERG D S. Algorithms for the longest common subsequence problem［J］. Journal of the ACM，1977，24（1）：664-675.

② 冷强奎，秦玉平，王春立. 基于句子相似度的论文抄袭检测模型研究［J］. 计算机工程与应用，2011，47（24）：199-201.

第6章 面向领域的技术情报分析

⑥由于专利文献的特殊性,不大可能出现类似论文抄袭中的连续词串匹配的情况,因此,只要出现了相同的词,最大公共子序列的长度都应当加1。

⑦利用公式计算 X 与 Y 的相似度。

$$\text{sim}(X, Y) = \frac{\text{len}(Z)}{\text{len}(X) + \text{len}(Y)/2} \qquad (6-2)$$

⑧人工确定相似度阈值为 t,如果 $\text{sim}(X, Y) \geqslant t$,则认为两句相似,输出 Z;否则认为其不相似。

⑨计算结束。

(4) 重要专利检测模块

该模块的主要功能是在得到检索结果后,根据系统中预设好的评价体系,逐一计算结果中专利文献的得分,超过阈值的专利被提取出来,起到对相关领域重要专利的提示作用,进一步缩小可能为重要专利的文献范围,为用户对重要专利进行进一步筛选提供帮助。

本模块从技术属性、法律属性和经济属性3个总指标对专利进行评价,以测算专利的重要性。其中技术属性拆分为国际专利分类号数量、权利要求项数量等子指标;法律属性拆分为法律状态和专利存活期等子指标;经济属性拆分为专利家族规模、合作者数量和发明人数量等子指标。评价指标确定过程另行撰文,此处不再赘述。系统将该评价体系固化在系统内,尝试对用户的检索结果进行自动计算和筛选(表6-35)。

表6-35 重要专利评价指标体系

一级	二级	权重	评级				
			1	2	3	4	5
技术属性(A)	国际专利分类号数量(A1)	0.015 64	≤2个	3个	4个	5个	≥6
	权利要求项数量(A2)	0.019 89	≤2个	3个	4个	5个	≥6
法律属性(B)	法律状态(B1)	0.065 23	驳回	初审	公布	实质审查	授权
	专利存活期(B2)	0.018 99	≤3	3~5年	5~8年	8~10年	≥10
经济属性(C)	专利家族规模(C1)	0.023 81	无	≤2个	3个	4个	≥5
	合作者数量(C2)	0.028 44	无	1个	2个	3个	≥4
	发明人数量(C3)	0.024 08	1个	2个	3个	4个	≥5

具体流程如图6-23所示。

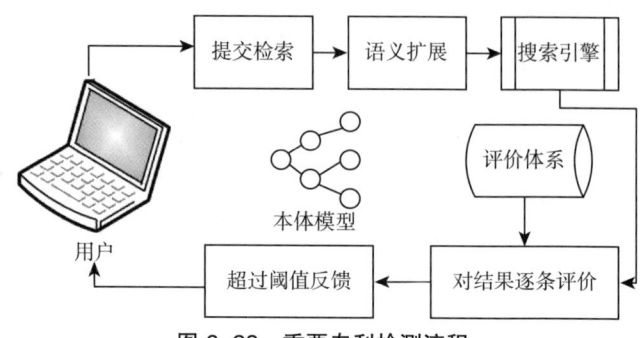

图6-23 重要专利检测流程

对语义检索的结果，按照表6-35中提供的评价体系逐条进行评分。其中，国际专利分类号数量（A1）、权利要求项数量（A2）、专利家族规模（C1）、合作者数量（C2）和发明人数量（C3）需要对源文档中的字段进行拆分后计算总数得到；专利存活期（B2）需要用当前年减去专利公开年得到。具体算法为：

①遍历检索结果。

②对每一件专利，分别提取其国际专利分类号、权利要求项、专利家族、合作申请人和发明人等字段，使用";"进行拆分，得到国际专利分类号数量 $Count_{IPC}$、权利要求项数量 $Count_{Pri}$、专利家族数 $Count_{PF}$、合作申请人数量 $Count_{Apl}$ 和发明人数量 $Count_{Invt}$。

③提取专利的法律状态，按照驳回1分、初审2分、公布3分、实质审查4分、授权5分的评分标准转换为相应的分值 P_{law}。

④提取专利公开年份，辅以专利的法律状态，与当前年份进行比较，得到专利存活期。例如，专利A在1999年公开，但是在2001年就处于失效状态，那么专利A的存活期便为2年。再按照小于3年1分、3~5年2分、5~8年3分、8~10年4分、大于10年5分的评分标准将存活期转换为相应分值 P_{year}。

⑤按照式6-3进行计算，得出每篇专利的分值。

$$\begin{aligned}score(D) =\ &Count_{IPC} \times 0.015\,64 + Count_{Pri} \times 0.019\,89 + \\ &Count_{PF} \times 0.065\,23 + Count_{Apl} \times 0.028\,44 + \\ &Count_{Invt} \times 0.024\,08 + P_{law} \times 0.065\,23 + P_{year} \times 0.018\,99\end{aligned} \quad (6-3)$$

根据指定的阈值筛选计算结果，符合条件的专利反馈给用户，作为候选的重要专利，为用户进一步分析评价提供依据。

第6章 面向领域的技术情报分析

(5) 系统运行环境

由于本系统主要面向终端用户,因此采用 B/S 系统架构,不需要客户端安装应用程序。开发环境为 Eclipse Indigo For J2EE,开发语言使用 Java,使用 Spring+Struts+Hibernate(SSH)作为开发框架,数据库管理系统采用 Sqlserver 2005,运行环境为 Windows 2008 服务器操作系统,以 Tomcat 7.0 作为 Web 服务器。原型系统部分界面如图 6-24 所示。

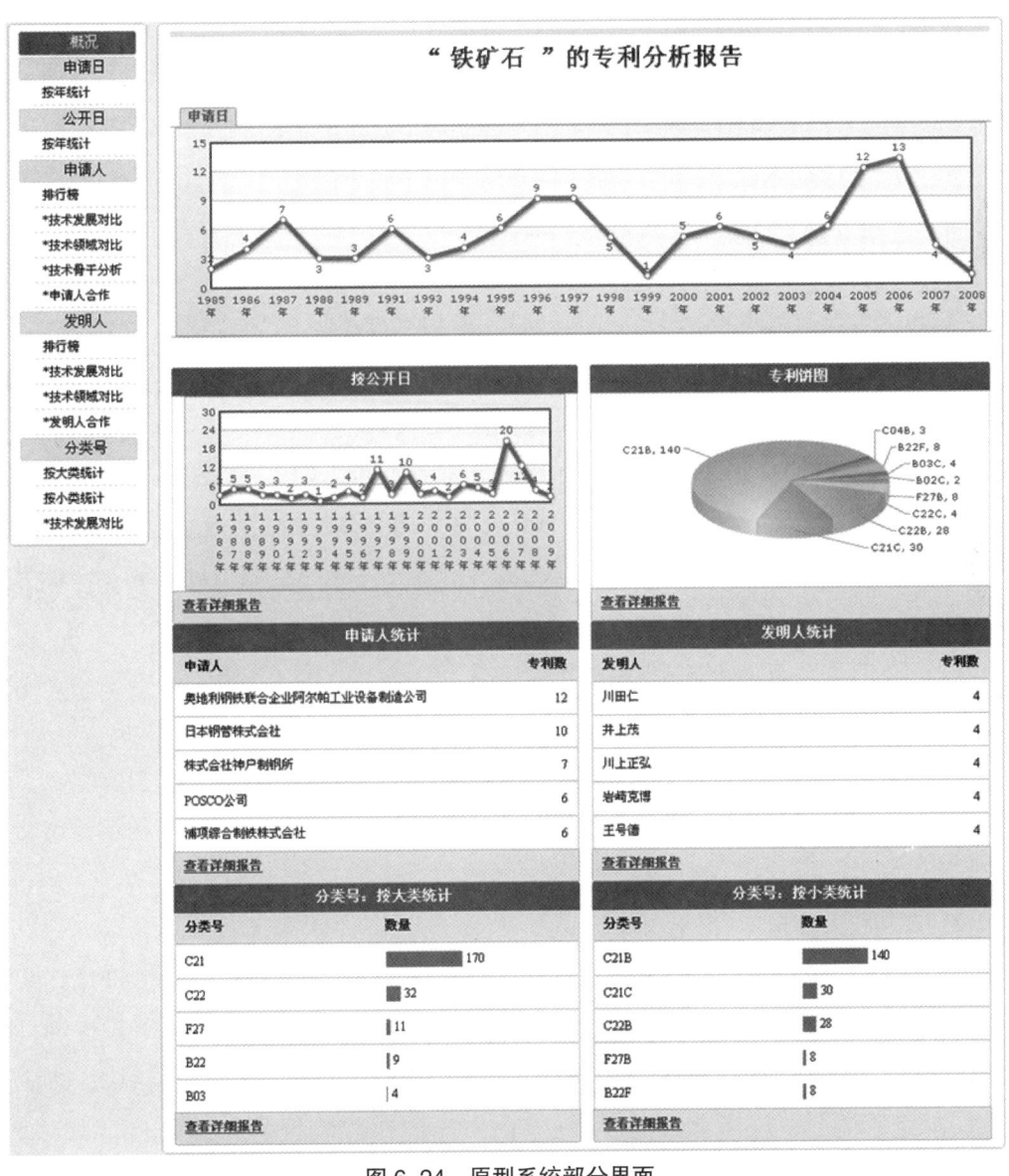

图 6-24 原型系统部分界面

6.2.4 我国医药领域专利引用分析

前面介绍了面向专利本体的语义检索系统的构建及中文专利中本体关系获取的CRFs模型,并经过了进一步的实验验证。但是在实际专利检索当中,往往直接借助现有的专利数据库进行检索分析,每个数据库也都有各自的特色。例如,在德温特数据库具有较强大的专利引文分析功能,Patentics数据库在语义检索方面做得比较出色,incoPat数据库在可视化和界面的友好性、数据的范围上比较有优势等。本部分将借助特定的数据库介绍我国医药领域专利布局的现状①。

对中国医药行业的专利进行计量分析,能够从整体上发现行业的发展态势及国家之间的相互影响,同时能够挖掘出中国医药领域聚焦的技术要点,进而探究现阶段中国医药行业的一些发展策略。

本部分的分析数据来源于 USPTO 专利数据库。美国全国经济研究所(NBER)将医药类专利单独作为一类,对应的美国现行分类号为 424,514,128,600,601,602,604,606,607,435,800,351,433,623,共 14 个小类。

本次数据采集使用 USTPO 平台上的高级检索功能,采集时间段为 2002—2013 年共计 12 年的相关数据。以 435 这一类为例,检索公式为:ISD/1/1/2002->12/31/2013 AND CCL/435/$ AND ACN/CN,其中 ISD 为发布时间;CCL 为现行美国分类号;ACN 为专利权人所在国家。最后选取 2002—2013 年这 12 年间的专利数据 1033 条用于分析,涉及引用记录 10 836 条,1033 条专利数据中包括被引专利 128 条,被引次数 373 次。

(1) USPTO 医药领域中国专利的整体情况

1)时间分布

1033 条中国专利数据按照时间进行年度数量统计,如图 6-25 所示,可发现除了个别细微的波动外,2002 年之后呈持续增长的整体态势,而 2010—2013 年的增长速度尤为显著。

2)专利权人分布

数据表明,1033 条专利从属于 600 个专利权人,其中个人专利权人有 82 个,共拥有 102 项专利;大学 56 所,共拥有 224 项专利;企业 377 家,共拥有 728 项专利;研究所 72 家,共拥有 168 项专利;医疗机构 12 家,共拥有 12 项专利;政府组织只拥有 1

---
① 许鑫,朱颖婷.我国医药领域专利分布及引用研究 [J]. 医学信息学杂志,2015,36(4):58-63.

项专利（由于一项专利可能并不只有一个专利权人，所以上述累加专利数为1235项，而非1033条）。

其中，个人只占了整个专利权人的13.67%，这与医药研发高投入高风险的特征有一定关系。在机构专利权人中，企业专利权人数量占了62.83%，占比超过六成，拥有的专利数量也最多，占了58.95%，是医药领域专利申请的主要力量；其次是学术型组织或专业研究所，包括大学和研究所，专利权人分别占比为9.33%和12.00%，专利数量占比为18.14%和13.60%。

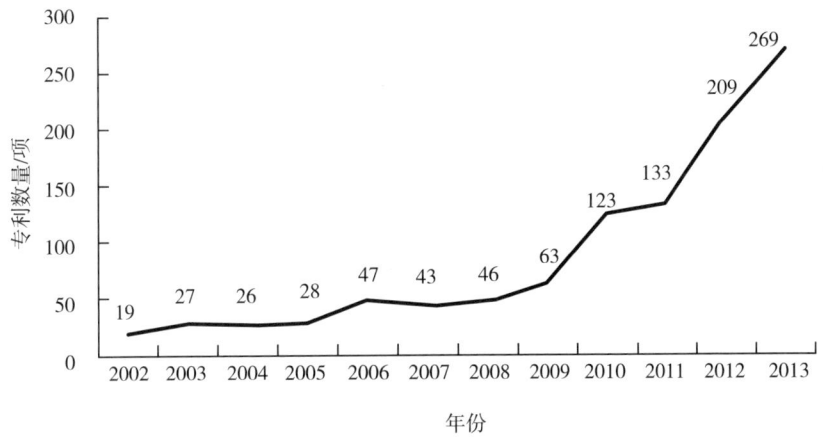

图 6-25　医药领域 USPTO 中国专利时间数量分布

3）高产出专利权人分布

进一步对专利权人拥有专利的情况进行分析，拥有专利数超过10项的专利权人共有15家，其中包括5所大学（香港中文大学, 36项；清华大学, 30项；香港大学, 29项；香港理工大学, 17项；香港科技大学, 13项）；4家研究所（中国科学院上海药物研究所, 22项；中国科学院上海生命科学研究院, 13项；军事医学科学院毒物药物研究所, 10项；中国医学科学院药物研究所, 10项）和6家企业（深圳迈瑞电子有限公司, 85项；鸿海科技集团, 21项；鸿富锦精密工业（深圳）有限公司, 15项；博奥生物有限公司, 10项；上海艾力斯医药科技有限公司, 10项；港大科桥有限公司, 10项），全部为组织机构，没有个人专利权人。这15家专利权人可以看作中国医药领域专利产出的核心所在。

(2) USPTO 医药领域中国专利后向引用分析

1）中国专利后向引用整体情况

从上述专利后向引用的时间分布来看，其呈抛物线发展态势，如图6-26所示。

1970年之前的专利引用率一直比较低,从 1971 年开始引用的总数量逐步提高,直到 2001 年到达顶峰,而从 2002 年又开始逐步回落。1970 年之前的专利很少被引用的最主要原因是当时的大部分专利技术已经落后于当前科技,处于更新换代的末端,故不会被大量引用,而 2002 年后呈回落趋势主要是由专利引用的滞后性造成的。

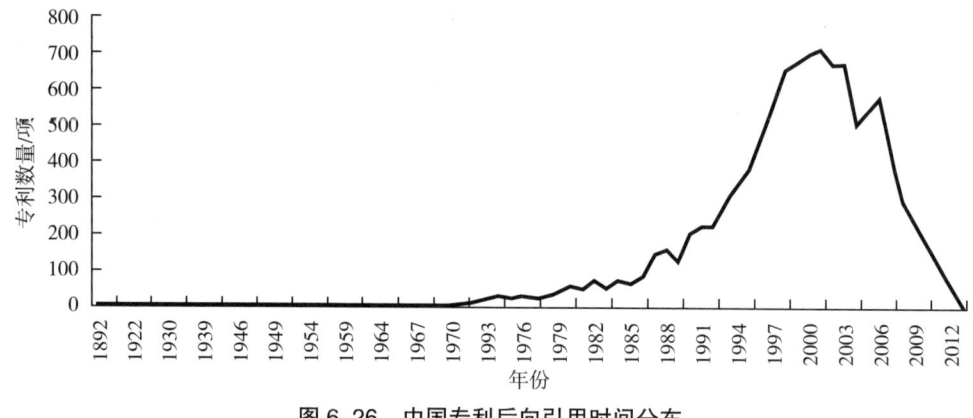

图 6-26 中国专利后向引用时间分布

USPTO 医药领域 1033 条中国专利后向引用的 10 836 条记录的国家分布情况,其中 WO(世界知识产权组织)和 EP(欧洲专利局)两个组织并不具备实质审查和授权专利的能力,WO 申请专利时一般是通过专利合作条约(PCT)的途径进行专利申请,而 EP 则是直接向欧洲专利局所递交的欧洲专利申请,只有在进入具体国家或在某国生效后才会被授予专利号,因此,WO 和 EP 所包含的专利还未被授权到具体的某个国家。除了引用中国本身专利及尚不明确国别的专利外,美国、加拿大和日本是中国专利引用最多的 3 个国家来源。

2)高引用专利的国家分布和权利人分析

USPTO(2002—2013 年)中国专利后向引用的 10 836 条引用记录中,所有不重复的后向引用专利数共计 7486 项,选取其中引用次数超过 5 次作为高引用专利,共有 97 项。高引用专利引用总次数为 653 次,平均每项引用 6.73 次。这其中,来自美国的高引用专利共 27 项,引用次数为 181 次,来自日本的高引用专利共 16 项,引用次数为 111 次,位居第 1 和第 2 位,可见这两个国家的专利质量相对较高,对中国医药领域的专利也影响较大。而我国医药领域高引用专利中来自中国自身的仅有 11 项,与美日尚有一定差距,也体现了中国现阶段医药领域研发还是以借鉴美日先进技术为主,自身积累传承为辅;此外,以色列 9 项专利的 61 次引用,加拿大 6 项专利的 41 次引用,世界知识

第6章 面向领域的技术情报分析

产权组织6项专利的40次引用,也对中国医药领域专利有一定的影响。从专利权人的角度来看,上述97项专利中有23项专利相对于USPTO属于国外专利,无法得知专利权人,剩下的74项专利来自40个不同的专利权人,表6-36列出了综合引用次数超过10次的专利权人列表,并根据中国专利引用专利数进行排名。17个专利权人中有6家美国公司,3家以色列公司,2家日本公司,但没有1家中国公司,高引用专利所属的公司可以说是中国医药行业核心技术的参考来源,这也表明中国医药领域的一些基础研发和核心技术仍需要引进其他先进国家的研究。

表6-36 中国专利高引用专利的专利权人列表

专利权人	Country	国家	被中国专利引用专利数/项	被中国专利引用次数/次	被中国专利平均引用次数/次
TOA Medical Electronics Co., Ltd.	JP	日本	9	65	7.22
Miles Inc.	US	美国	5	30	6.00
Baxter International Inc.	IL	以色列	4	26	6.50
Coulter Electronics, Inc.	US	美国	3	22	7.33
Sysmex Corporation	JP	日本	3	20	6.67
Bayer Corporation	US	美国	3	20	6.67
Coulter International Corp.	US	美国	3	18	6.00
Purdue Research Foundation, Inc.	IN	印度	2	18	9.00
Organogenesis Inc.	MA	摩洛哥	2	16	8.00
Medtronic, Inc.	US	美国	2	14	7.00
Aesculap AG &Co. KG	DE	德国	2	14	7.00
Biomedical Design, Inc.	GA	加蓬	2	14	7.00
Abbott Laboratoires	IL	以色列	2	13	6.50
Ludwig Institute For Cancer Research	US	美国	2	12	6.00
CrossCart, Inc.	CA	加拿大	2	12	6.00
Hycel Diagnostics	FR	法国	2	12	6.00
American Hospital Supply Corporation	IL	以色列	2	12	6.00

3）高引用专利的关键词分析

高引用专利可以看作中国现阶段医药领域技术研发的聚焦点，或者说是中国医药行业现阶段急需的技术支撑。本研究从所有高引用专利的题录信息中提取关键字，然后对其进行词频统计，词频大于等于 3 的关键词包括溶解试剂（28）、白细胞（26）、假肢（10）、血红蛋白（6）、红细胞（6）、生物组织（5）、血管（4）、动脉瘤夹（4）、生物瓣（3）。其中，排在第一位的溶解试剂通常会与白细胞、血红蛋白、红细胞等共同出现，主要是关注如何从血液中分离或提取以上这些物质的溶解试剂（裂化试剂）；而排名第二的白细胞除了上述研究主题外，还与白细胞的测量方法有关，如差分测量等；假肢方面的研究主题则方向比较分散，主要有接肢结构、替代用生物材料等。可见溶解试剂、白细胞计量和假肢这 3 个方面是我国医药行业现阶段最主要的关注点。

（3）USPTO 医药领域中国专利前向引用分析

1）整体情况

本研究分析所用的 1033 条中国专利中，曾发生过被引的专利有 128 项，共被引 373 次。从图 6-27 可以看出这 373 条被引记录的时间分布，可以明显看出中国专利被引次数不断增长的趋势，在 2009 年之后尤为明显，可见中国对于整个医药领域专利的影响正在逐渐增大。2014 年的明显回落与专利引用的滞后有关，同时 2014 年的数据本身也不完整。

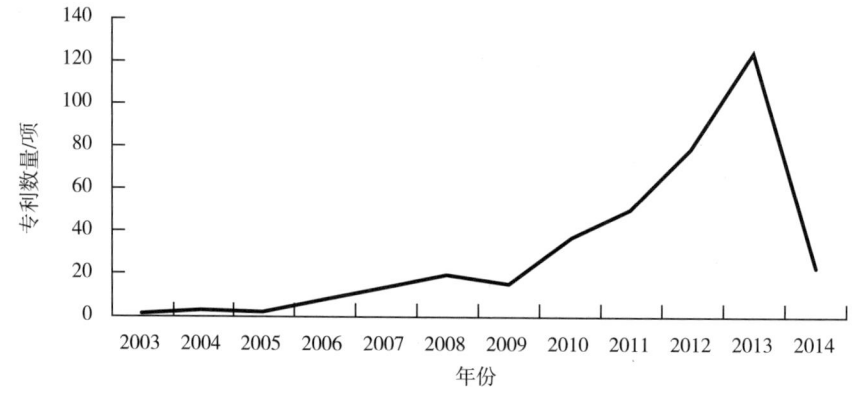

图 6-27　中国专利前向引用时间分布

中国专利被引的国家分布，除了中国自身外，美国引用中国专利 82 次，占总量的 21.98%，加拿大引用中国专利 56 次，占总量的 15.01%，摩洛哥引用中国专利 52 次，占总量的比例为 13.94%，加上中国自引的 87 次，这 4 个国家占总被引次数的 74.26%。

第6章 面向领域的技术情报分析

2）中国专利高被引的专利权人分布

在 128 项发生被引的专利中，被引次数超过 5 次的专利同引用专利一样被定义为高被引专利，共有 21 项专利被引 182 次，平均被引次数为 8.66 次，如表 6-37 所示。除香港大学拥有 2 项专利被引外，其他专利权人都只有 1 项专利被引，其中 11 家医药企业 11 项专利被引 103 次，5 位个人 5 项专利被引 38 次，3 所大学 4 项专利被引 30 次，2 家研究所 2 项专利被引 13 次，被引相对比较分散，影响力较小。从被引次数上来看，来自企业专利数量和被引数量相对于其他类型的专利权人占有一定优势，可见 USPTO 中国医药类专利中能对其他国家产生少量影响的还是以医药类企业为主。

表 6-37 中国专利前向引用中高被引专利权人列表

专利权人	中文名称	类型	被引专利数/项	被引次数/次
Si Chuan Heben Biotic Engineering Co. Ltd.	四川禾本生物工程有限公司	企业	1	17
The University of HK	香港大学	大学	2	17
Yu; Long	/	个人	1	14
Zensun (Shanghai) Science & Technology Limited	泽生科技	企业	1	14
Zhang; Hao	/	个人	1	13
Shanghai Genomics, Inc.	上海睿星基因技术有限公司	企业	1	12
Shanghai Mendel DNA Center Co., Ltd.	上海孟德尔基因研究有限公司	企业	1	12
Unilab Pharmatech, Ltd.	联合制药集团	企业	1	10
CC Technology InvestmentCo, Ltd.	CC 科技投资有限公司	企业	1	8
Shanghai SINE Pharmaceutical Corporation Ltd.	上海信谊药厂有限公司	企业	1	8
Tsinghua University	清华大学	大学	1	8
Institute for Viral Disease Control and Prevention	中国疾病预防控制中心	研究所	1	7
Capital Biochip Company, Ltd.	博奥生物	企业	1	6
Nanning Maple Leaf Pharmaceutical Co., Ltd.	南宁枫叶药业有限公司	企业	1	6
Beijing Textile Research Institute	北京纺织科学研究所	研究所	1	5

续表

专利权人	中文名称	类型	被引专利数/项	被引次数/次
Chan; Eric Sun-Yin	/	个人	1	5
Ko; Thomas Sai Ying	/	个人	1	5
Ocean University of China	中国海洋大学	大学	1	5
Shanghai CP Guojian Pharmaceutical Co., Ltd.	上海中信国健药业股份有限公司	企业	1	5
Tianjin Fusogen Biotech Co., Ltd.	扶素生物	企业	1	5
总计			21	182

3)中国专利高被引专利的关键词分析

高被引专利可以看作中国现阶段医药行业关注的研究重点,也是对其他国家可能产生影响的输出技术。对所有高被引专利的关键词词频统计,与高引用专利的关键词词频统计类似。鉴于中国专利中高被引的专利数量并不多,所以关键词所体现出来的研究方向也比较分散,包括药物/制剂(4)、DNA(2)、SARS(2)、假肢(2)、医用物品/仪器(2)。此外,EPSP、心肌、止血材料、细胞疫苗、人工皮肤、吡啶酮、微生物、肿瘤、河豚毒素等词亦有出现。

通过以上我国医药领域专利引用情况的计量分析,可以发现以下几点问题:①中国专利在2002—2013年这12年间的后向引用与前向引用数量相差巨大,一些重点关注领域的关键技术都为其他国家所掌握。②虽然在后向引用高引用专利国家分布排名中中国排在第三,但在后向引用高被引专利权人排名列表中却没有一家国内机构入选,可见中国医药行业的研发不但整体偏弱,也缺少有一定影响力的专利权人机构。③虽然我国专利整体的产出不断增加,但其质量却有待商榷。④中国大陆高校医药领域的研究还比较薄弱,或者没有得到很好的输出。⑤我国现阶段医药领域技术关注的重点是溶剂试剂、白细胞计量及假肢研究等,但专利高产出的医药类企业却较多关注医疗器械,并不符合整个行业的研究趋势。

6.3 科技潜力人才挖掘与评价指标

科技领域的潜力人才定义为"具备一定的科研能力,对社会、科学研究具有一定贡献,并且在当前的工作环境中具有较强的未来胜任能力的科研人才"。科技领域的潜力人才具备较高的发掘特质和潜能,潜力人才的技术研究方向也在一定程度上代表着未来技术的导向。通过对科技领域的潜力人才进行挖掘分析,可以为人才储备及未来热点技术研究方向提供参考。潜力科技人才的发现可以通过构建人才学术画像实现,领域人才研究热点分析可以通过高频词匹配实现。挖掘出潜力人才后,可以构建适宜的评价指标体系展开人才评价活动。

6.3.1 人才学术画像构建

构建人才学术画像首先要确定数据集,数据应该能够满足多维度画像构建的需要,接着进行标签构建,并分析研究热点和潜在研究方向。潜在研究方向的分析可以基于标签的扩展来进行。本部分概述人才学术画像构建的框架,后面部分详细分析人才学术标签扩展方法。

(1) 数据集构建

人才学术画像构建一般涉及以下类型的数据。

1) 基本信息

基本信息包含了学者的姓名、性别、职称、单位、学科、承担课程、研究方向及所获奖励。基本信息对于人才类型和所处的发展阶段分析具有重要的作用。

2) 学术活动

学术维度的数据包括科技人才的期刊论文信息和会议论文信息。采用的是 Web of Science 数据库的数据,包含出版物类型(期刊、书籍、丛书及专利)作者及团队作者信息、论文信息、基金资助信息、文献被引数、使用数、Web of Science 类别等信息。

3) 研发活动

技术研发数据可以评价科技人才在运用层上的贡献,考察成果转化效益的情况,对应用技术开发类人才更具公平性。技术研发数据主要选择专利数据,具体信息包含专利类型、专利引用及专利描述。

4) 社交活动

ResearchGate 是科研人员主流的学术社交媒体,不仅促进了科研人员的沟通交流,也加快了科研成果的传播。将科技人才的社交活动纳入人才评价数据源是为了通过对学术社交网络信息的分析,可以判断在知识扩散路径中科技人才的地位,分析科技人才的影响力。社交活动的数据包含学者的就职单位、研究成果数量、总阅读量、总引用数、简介、技能和知识标签、职业履历、合著者、粉丝、关注的人、引用的作者、文献被引的作者、研究项目、研究成果等信息。

（2）标签构建

事实标签构建。首先，使用 ResearchGate 上数据的标签，通过统计匹配的方式将人才的职业履历信息及知识技能数据转换为基本的事实标签，如学科领域、研究方向及知识技能标签；其次，从人才的原始数据中抽取人才的所获奖励标签对人才的事实标签进行补充。

在对科技人才构建事实标签的基础上，构建科技人才的模型标签。首先是学术水平，根据科技人才的类型对科技人才的论文成果和技术成果等设定相应的权重，得到科技人才的学术水平标签。团队合作力主要通过科技人才研究成果的合著人数及合著规模进行计算和评价。公众传播力通过科技人才在 ResearchGate 上的粉丝数、文章阅读数等数据进行标签构建。预测标签包含研究热点值和潜在研究方向预测。研究热点值是识别人才的研究趋势和领域的研究热点的匹配度，通过分析热点值可以得出人才研究内容是否符合行业需求。潜在研究方向是通过与科技人才相关主题研究者的研究内容和科技人才自身的研究领域标签的相似度计算，对人才的标签进行扩展。

本部分构建的人才画像框架如图 6-28 所示。

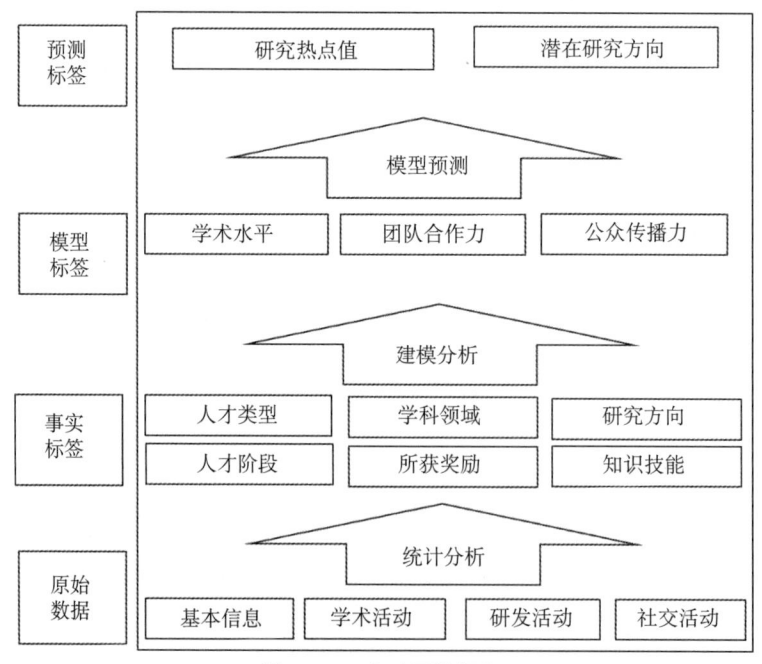

图 6-28 人才画像框架

6.3.2 基于合作网络的人才学术标签扩展

基于合作网络对科技人才的学术标签进行扩展需要经过以下步骤：首先对文献中的作者名称进行清洗，其次需要找出较为稳定的、能够进行知识流动的科研团队，最后进行标签扩展，由于扩展的标签是科技人才的潜在研究领域，所以需要确定各扩展标签的权重，表示其在该方向发展的可能性。

（1）数据清洗

大量学者难免会有重名现象的发生，因此，需要从采集数据中识别出相同个人的所有数据。可以从作者单位、发文时间和合作者进行识别。首先考虑作者单位，若作者所在单位相同，且发文时间连续，则将其视为同一作者；若作者所在单位相同，但发文时间存在很大间隔，如间隔阈值取 5 年，则认为间隔前后为两名作者。若作者所在单位不同，有可能是因为同一作者供职单位发生变化导致的，但是一名作者单位发生变化后，往往仍会与原单位合作对象进行一定合作，因此，通过其合作者及合作者所在单位，判断是否是同一作者。识别之后赋予每位重名的作者一个唯一标识符。

此外，期刊中的作者名存在拼写不规范的现象，同一作者的姓名可能存在多种拼写形式，如学者赵继成可能存在以下的姓名拼写："Zhao Jicheng""Zhao Ji-cheng""Zhao, Jicheng""Zhao, Ji-cheng""Zhao JC""Zhao J-C""Zhao J.C.""Zhao J.-C."等。因此，对于同一作者不同写法的名称需要进行规范化处理。

（2）识别团队

数据清洗后，需要在合著网络中找出较为稳定的、能够进行知识流动的科研团队。本研究采用聚类的方法识别团队，首先构造相异矩阵，接着以相异矩阵作为输入进行聚类分析，将合作紧密的作者聚成类簇，从而识别出科研团队。

首先统计作者之间的合著次数，形成一个 $N \times N$ 的矩阵，N 为作者总人数，矩阵的值为行上的作者与列上作者合作的论文数，若行与列上作者相同，则该值为该作者的发文总量。

为了消除合作频次悬殊造成的影响，用 Ochiia 系数将合著矩阵转换成为相关矩阵（相似矩阵），方法是将合著矩阵中的每个值都除以与之相关的两个作者总发文量开方的乘积。

如此转换后，得到相关矩阵，矩阵中对角线数值为 1，表示某个作者与自身的合作紧密程度。相关矩阵中其余数值表明相应两个作者之间合作的紧密程度，数值越大则表明作者之间的合作越紧密；反之，合作越不紧密。但是聚类时输入的值代表的意义是距离，即数值越大，则作者之间的距离越大，合作越不紧密，因此，用 1 减去相关矩阵中的数据，就可以得到相异矩阵作为聚类时的输入。

使用两步聚类法（TwoStep Cluster Algorithm）对相异矩阵进行聚类。两步聚类算法是在 SPSS Modeler 中使用的一种聚类算法，是 BIRCH 层次聚类算法的改进版本。加入了自动确定最佳簇数量的机制，使得方法更加实用。算法分为两个阶段：①预聚类（Pre-clustering）阶段。采用了 BIRCH 算法中 CF 树生长的思想，逐个读取数据集中的数据点，在生成 CF 树的同时，预先聚类密集区域的数据点，形成诸多小的子簇（Sub-cluster）；②聚类（Clustering）阶段。以预聚类阶段的结果——子簇为对象，利用凝聚法（Agglomerative Hierarchical Clustering Method），逐个地合并子簇，直到期望的簇数量。

（3）标签扩展

识别出稳定的科研团队后，即可对同一团队内的科技人才进行标签扩展。如果两名科技人才之间的合作次数过低，则认为两人之间还没有形成足够的知识流动，在此以 3 为阈值，若两人之间的合作次数小于 3 次，则将合作网络中两者连线删去。假如两名科技人才在合作网络中的路径超过 3，则保留连线，说明两人之间有较为紧密的合作。所以对在合作网络中有路径联通，且路径长小于等于 3 的科技人才 A 与 B 进行标签扩展。把科技人才 A 没有而科技人才 B 有的标签 b_1，b_2，…，b_n 加上权重赋给 A。两人的合作次数越多，越可能产生知识流动，A 在 B 领域能够开展研究的可能越大，权重也就越高，但不会超过 A 本身的研究领域权重，所以扩展后的标签权重应与两者合作次数与 A 发文量的比值呈正比。若两人之间不是直接相连，则合作次数取值为 1，同时两人联通的路径越长，则知识流动的可能性会急剧降低，因此，扩展后的标签权重应与两人之间最短路径长度的平方成反比。由于 B 在研究中也会有所侧重，在进行标签扩展时，也需要考虑到 B 标签 b_n 的权重，b_n 的权重越高，说明 B 越擅长这个领域，b_n 扩展给 A 时，其权重也应当越高，扩展后的权重应与 B 标签 b_n 的权重呈正比。具体计算公式为 A 扩展标签权重 $=0.1 \times AB$ 间合作次数 $\div A$ 的发文量 $\times B$ 标签权重 $\div AB$ 间路径长度^2。

上述方法是在两位科技人才之间进行标签扩展，当一位学者与其他多位学者均可以进行标签扩展时，扩展的同一个标签就可能会有多个权重。这时的标签权重不能取该标签多个权重的总和，因为若学者数量足够多，扩展标签的权重会超过该学者原本的学术标签，这显然是不合逻辑的。权重也不能取平均，考虑以下情况，假设学者 A 与 B 都与 C 足够相似，A 与 B 均没有 C 学者的标签 c_1，且 A 学者与 C 的相似度大于 B 学者与 C 的相似度，但是因为与 A 相似的科技人才数量远高于 B，在均值时导致扩展标签 c_1 的值低于 B 的值，这同样是不合理的。所以当一位学者与其他多位学者相似程度均足够高时，扩展标签的权重应取多个权重中的最大值,才能体现该学者在这一学术标签上的研究潜能。

6.3.3 基于主题关联的人才学术标签拓展

除了基于合作网络对科技人才的学术标签进行扩展,还可以根据科技人才之间研究领域、研究主题的相似程度对学术标签进行扩展。科技人才的研究领域、研究主题是以文本的形式展现的,所以科技人才研究主题的相似程度问题可以转化为文本相似度计算问题处理。首先要提取文本特征,将文本特征转化为数值特征;其次选择一种相似度方法计算两名学者研究主题的相似程度;最后进行标签扩展,确定各扩展标签的权重,表示科技人才在该方向发展的可能性。

(1) 特征提取

向量空间模型(Vector Space Model,VSM)是由 G. Salton 等在 20 世纪 60 年代提出的,其把文本简化为以项的权重为分量的向量表示,把计算过程简化为空间向量的运算,使得问题的复杂性大大减低。此外,向量空间模型对项的权重评价、相似度的计算都没有做出统一的规定,只是提供一个理论框架,可以使用不同的权重评价函数和相似度计算方法,这使得此模型有广泛的适应性。在向量空间模型中,每个文档都被表示为形如 $D_i=(d_{i1},d_{i2},\cdots,d_{in})$ 的 N 维向量,其中 D 代表文档,d_{ij} 是代表文档集中第 i 个文档中的项 T_{ij} 的权重,项的选取即特征提取的过程[1]。前文提到构建科技人才的学术标签,学术标签是科技人才科研产出的关键词,用学术标签作为其研究主题的特征具有合理性,故我们以学术标签作为其研究主题的特征。在此 D 代表学者,d_{ij} 则是第 i 位学者在第 j 个学术标签上的权重,N 为所有科技人才学术标签去重后的总数。

确定特征项后,还需要确定项的权重。常见的权重确定方法有 3 种:一是布尔型;二是基于词频;三是基于 TF-IDF。布尔型的做法是,在文档中出现过某一单词,则在该文档向量中该单词特征项的值为 1,反之则为 0。基于词频的方法是统计单词的出现个数来计算权重。为了避免在长文本中,单词的出现次数会大于短文本,从而可能造成的不公平问题,将单词在文档中出现的个数除以文档中的总词数,所得的商即为权重。基于 TF-IDF 的方法在基于词频方法的基础上,综合考虑了单词的逆文档频率,进一步体现了单词在文档中的重要程度,与单纯的词频相比更具区分度。在实际实验中,效果最佳的方式通常是以 TF-IDF 作为权重,因此本研究也基于 TF-IDF 的方法计算权重。

---

[1] 朱华宇,孙正兴,张福炎. 一个基于向量空间模型的中文文本自动分类系统[J]. 计算机工程,2001,27(2):15-17.

计算出 TF-IDF 的值后，为确保比较的公平性，需要对向量进行归一化处理，从而得到最终结果。其计算过程为，将一位学者原始标签权重记为 x，归一化后标签权重记为 y，其标签权重最大值记为 max，标签权重最小值记为 min，则有 $y=\dfrac{x-\min}{\max-\min}$。因为向量空间的向量维度 N 是所有科技人才学术标签去重后的总数，而科技人才的标签不会完全一致，所以向量中必会出现值为 0 的项，则公式可以简化为 $y=\dfrac{x}{\max}$。

（2）相似度计算

将文本转化为向量后，便可以计算向量之间的相似度。常用的相似度计算方法有两种：余弦相似度和皮尔森相关系数。

余弦相似度（Cosine Similarity）是以两个向量的内积空间的夹角的余弦值作为衡量它们之间相似度的标准。当两个向量有相同的方向时，余弦相似度的值为 1；两个向量夹角为 90°时，余弦相似度的值为 0；两个向量指向完全相反的方向时，余弦相似度的值为 −1。在比较过程中，向量的规模大小不予考虑，仅考虑向量的指向。余弦相似度通常用于两个夹角小于 90°的向量，所以余弦相似度的值域为 [0, 1]。相似度越大，余弦相似度的值越大。

皮尔森相关系数（Pearson Correlation Coefficient）两个变量线性相关度的统计量，相关系数绝对值越大表明变量间相关性越强[①]。

在计算向量的相似度时，多采用余弦相似度方法，本研究也选择余弦相似度进行计算，其计算公式为：$\text{similarity}=\dfrac{A\cdot B}{|A||B|}$。两两对科技人才进行比较，形成一个 $n\times n$ 的矩阵，n 为学者人数。计算结果如表 6–38 所示。

表 6–38 科技人才研究领域相似度（部分）

学者	Chain-Tsuan Liu	Jianguo Lin	Hanlin Liao	...	Pei Xu	Shiping Zhu	Haiying Liu
Chain-Tsuan Liu	1.0000	0.2508	0.1717	...	0.1050	0.0944	0.1909
Jianguo Lin	0.2508	1.0000	0.1190	...	0.0662	0.0489	0.1597
Hanlin Liao	0.1717	0.1190	1.0000	...	0.0759	0.0449	0.0847
...	...	...	...	...	...	...	...

---

① 傅城州，汤庸，贺超波，等. 基于标签相似度计算的学术圈构建方法［J］. 计算机科学，2016，43（9）：52-56.

续表

学者	Chain-Tsuan Liu	Jianguo Lin	Hanlin Liao	⋯	Pei Xu	Shiping Zhu	Haiying Liu
Pei Xu	0.1050	0.0662	0.0759	⋯	1.0000	0.1425	0.0718
Shiping Zhu	0.0944	0.0489	0.0449	⋯	0.1425	1.0000	0.0590
Haiying Liu	0.1909	0.1597	0.0847	⋯	0.0718	0.0590	1.0000

（3）标签扩展

计算得到余弦相似度后，即可根据余弦相似度确定权重，进行标签扩展。如果两名科技人才之间的余弦相似度太低，可以认为两人的研究主题相似度很低，一人无法在另一人的研究领域展开工作，也就不应该进行标签扩展。因此，以 0.3 为阈值，若相似度低于 0.3，则不进行标签扩展；若相似度大于等于 0.3，则将科技人才 A 没有而科技人才 B 有的标签 b_1，b_2，⋯，b_n 加上权重赋给 A。两人的相似度越高，A 在 B 领域能够开展研究的可能越大，权重也就越高，扩展后的标签权重应与相似度呈正比。人的精力有限，无法做到样样精通，同一人的研究也会有所侧重，在进行标签扩展时，也需要考虑到 B 标签 b_n 的权重，b_n 的权重越高，说明 B 越擅长这个领域，b_n 扩展给 A 时，其权重也应当越高，扩展后的权重应与 B 标签 b_n 的权重呈正比。具体计算公式为 A 扩展标签权重 =0.1× 相似度 ×B 标签权重。以 Hanlin Liao 与 Jun Qu 两位学者为例，两人之间的相似度为 0.5457，Jun Qu 有权重为 0.0896 的标签 interfacial 而 Hanlin Liao 没有，则将 interfacial 作为 Hanlin Liao 的拓展标签，其权重为 0.0049，以此类推进行标签扩展。对两位学者的题录信息进行人工阅读，发现 Hanlin Liao 的研究方向是热喷涂、冷喷涂、雾化等离子喷射等金属材料表面处理技术研究，Jun Qu 的研究方向是先进材料和润滑剂的摩擦性能、钛合金的摩擦特性改善、奥氏体不锈钢的低温碳饱和等，两位学者均对金属表面摩擦有所研究，证明该方法对学者研究方向相似程度判断的正确性，以此为依据进行标签扩展是合理的。

上述方法是在两位科技人才之间进行标签扩展，当一位学者与其他多位学者相似程度均足够高时，扩展标签就可能会有多个权重。与基于合作网络进行标签扩展时同理。扩展标签的权重应取多个权重中的最大值，才能体现该学者在这一学术标签上的研究潜能。假如一个标签既通过合作网络进行拓展又通过研究主题进行拓展，则该权重也应当取两者中较大的值。

6.3.4 领域人才研究热点分析

领域人才研究热点的分析是将领域研究热点与人才研究趋势进行匹配，从而确定不同人才的研究方向。其中，领域热点与人才研究热点的发现均采用高频关键词统计的方法。

（1）领域研究热点分析

采集 Elsvier 和 Springer 数据库材料科学（Material Science）研究方向所有期刊论文的题录信息作为领域数据，时间跨度为1956—2017年，共抓取论文题录数据55 696条。

关键词是学术论文核心思想的凝练，在论文中所占篇幅虽然很少，但却是论文的精华所在[①]。其可以清晰地表征、提示论文的主题内容，同时有助于论文的检索。因此，通过对领域文献关键词的分析，可以探索该领域的研究热点和前沿。

本研究选择 M% 选取法选择高频词，M=20，具体操作步骤为：首先对关键词进行数据清洗，统一大小写为小写，然后进行词干提取，来统一单词的单复数和词性变化，处理后共得到 84 338 个关键词，总词频为 269 188；其次统计词频，对词频由高到低进行排序，截取累计百分比到20%的关键词作为高频关键词，共得到高频关键词273个，前50个高频关键词如表6-39所示。统计每一年份高频关键词的出现情况，所得的结果即为材料科学领域热点的变化情况。

表 6-39 前 50 个高频关键词

序号	关键词	累计百分比	序号	关键词	累计百分比
1	microstructur	0.61	10	russian metallurgi	3.09
2	mechanical properti	1.03	11	thin film	3.27
3	nanoparticl	1.38	12	composit	3.43
4	metallurgical transact	1.73	13	oxid	3.59
5	o	2.05	14	corros	3.76
6	austenit	2.31	15	tio2	3.91
7	martensit	2.53	16	steel	4.06
8	ferrit	2.74	17	nanocomposit	4.21
9	photocatalytic act	2.92	18	structue	4.36

---

① 刘则渊，尹丽春.国际科学学主题共词网络的可视化研究［J］.情报学报，2006，25（5）：634-640.

续表

序号	关键词	累计百分比	序号	关键词	累计百分比
19	neutron techniqu	5.47	35	fracture tough	6.56
20	weld	5.60	36	silver nanoparticl	6.68
21	photoluminesc	5.73	37	thermal conduct	6.79
22	sol–gel	5.85	38	gold nanoparticl	6.90
23	nanostructur	5.97	39	optical properti	7.02
24	residual stress	6.09	40	thermoelectr	7.12
25	tio	6.21	41	sinter	7.23
26	heat treat	6.33	42	dielectric properti	7.34
27	x-ray diffract	6.45	43	solar cel	7.45
28	fatigu	4.50	44	aluminum alloy	7.55
29	carbon nanotub	4.64	45	surface investig	7.66
30	coat	4.78	46	ceram	7.75
31	graphen	4.92	47	friction stir weld	7.85
32	graphene oxid	5.06	48	strength	7.95
33	contact angl	5.20	49	magnetic properti	8.04
34	hard	5.33	50	nanowir	8.13

(2) 人才研究趋势分析

人才研究趋势分析方法思路与领域热点发现相同。以 Yu AiBing 为例，首先对关键词进行数据清洗，统一大小写为小写，然后进行词干提取，来统一单词的单复数和词性变化，处理后共得到 1088 个关键词，总词频为 2063；其次统计词频，对词频由高到低进行排序，截取累计百分比到 20% 的关键词作为高频关键词，共得到高频关键词 16 个，高频关键词如表 6-40 所示。

表 6-40 Yu Aibing 高频关键词

序号	关键词	累计百分比	序号	关键词	累计百分比
1	discrete element method	5.14	2	computational fluid dynam	8.00

续表

序号	关键词	累计百分比	序号	关键词	累计百分比
3	blast furnac	10.18	10	dense medium cyclon	16.34
4	multiphase flow	11.34	11	gas-solid flow	17.11
5	discrete particle simul	12.22	12	granular dynam	17.84
6	mathematical model	13.04	13	simul	18.57
7	granular materi	13.86	14	fluidiz	19.24
8	particle pack	14.69	15	heat transf	19.92
9	packed b	15.51	16	pack	20.60

统计每一年份高频关键词的出现情况，对其进行可视化展示，如图6-29所示。

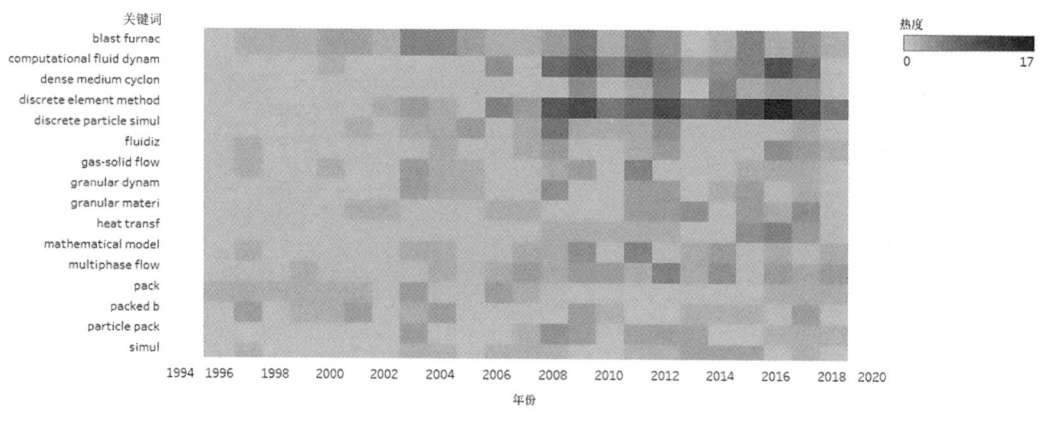

图 6-29　Yu Aibing 高频词的年份变化

从图 6-29 可以看出 Yu Aibing 在 1996—2001 年，其高频关键词集中于"packing""packed b""blast furnace"方面，说明其研究重点在颗粒填充领域；在 2001—2007 年，其高频关键词集中于"blast furnace""gas-solid flow""granular dynam"方面，说明其研究重点在颗粒动力学、气固流动模型上，逐步从工艺研究转向理论研究；从 2008 年开始，其高频关键词集中于"discrete element method""computational fluid dynam"，说明其研究重点在将离散元方法应用到计算流体动力学上，说明其对颗粒填充理论有着深刻的了解，运用计算机对颗粒填充进行模拟建模。

(3) 领域人才研究热点匹配度计算方法

如果一个学者的研究领域与领域热点匹配程度较高,可以认为其研究价值高,且研究能力强。领域热点与科技人才研究趋势在上文中都使用二维矩阵的形式表示,其中行代表高频关键词,列代表年份,但是两个矩阵之间无法计算相似度,因此需要将矩阵展平成向量进行比较。但是由于展平后,两者向量的长度不同,且同一位置的值代表的含义不同,所以即使将两个矩阵展平也无法直接进行比较。向量长度不同的原因在于两点:第一点,列的长度不同,领域热点的矩阵的列是该领域有文献发表的所有年份,科技人才研究趋势矩阵的列是学者有文献发表的年份,两者不等同。第二点,行的长度不同,这是由于领域热点的矩阵的行是从该领域所有文献中提取高频关键词,而科技人才研究趋势矩阵的行是从学者所发表的所有文献中提取的高频关键词,所以两者不等同。这两点同时导致了矩阵同一位置的值含义不同。因此,要计算两者的匹配程度,需要先对两个矩阵进行预处理。

首先,对行进行处理。将所有学者提取的高频关键词和领域中提取的高频关键词作为行,去重后作为新矩阵的行。之所以要所有学者提取的高频关键词而不是将每一个学者提取的高频词加上领域中提取的高频关键词分别转化,是因为要保证每位学者转化后行的长度保持一致,否则合并后长度较短的学者在计算时会更占优势。其次,统一列的长度,将领域中有文献发表的所有年份作为新矩阵的列。不以学者发表论文的年份作为列,同样是为了保证计算的公平性,如果以学者发表论文的年份作为列,那么发表论文年份较少的学者在计算时更占优势。将所有矩阵转化为新矩阵后,将矩阵按行转化为向量,向量的相似度计算仍使用余弦相似度,比较领域热点向量和每一位科技人才的向量相似度,所得的值即为科技人才与领域热点的匹配程度。

6.3.5 科技潜力人才评价指标

挖掘出科技潜力人才后,可以进一步构建科技人才评价指标体系,选择适宜的评价指标权重确定方法和指数综合模型,以便对科技人才进行综合评价,从而有助于科技人才自我认知和改进,也有助于相关部门开展科技潜力人才的识别、选拔和激励活动。整个评价活动中,评价指标的构建非常关键,本部分研究科技潜力人才评价指标构建及其权重计算问题。后续实证研究时,根据本部分的评价指标体系,采集全各评价指标的数据,进行数据无量纲化处理后,加权合成即可得到评价对象的评价结果。

(1) 科技潜力人才评价指标体系构建

第一大类指标是大数据环境下关于科技潜力人才研究领域的描述和他们在知识传播活动中的作用,如表6-41所示的二级指标研究领域和一级指标知识传播。这里的研究领域并非传统意义上的研究领域,而是根据作者的文献、社交平台数据通过NLP方法抽取的信息,相对于传统方法,这个研究领域指标更加符合实时性和领域跨界的需求。关于三级指标研究热点,是将人才所有的研究领域中的细分技术点的研究内容和数量与他所在领域的细分技术点进行对比,以判断他研究的内容与当前领域研究热点内容的匹配程度,匹配度越高,则研究热点指标数值越大。

表6-41 科技潜力人才指标权重

一级指标权重	二级指标权重	三级指标权重	合并权重
基本背景 21.40%	教育经历 58.58%	学历 22.58%	2.83%
		毕业院校类别 25.35%	3.18%
		是否有留学经历 20.11%	2.52%
		师承 31.95%	4.00%
	职业生涯 41.43%	单位类型 30.35%	2.69%
		职称 24.09%	2.14%
		是否有跨单位流动 24.09%	2.14%
		是否有行政任职经历 21.47%	1.90%
研究活动 38.14%	研究领域 18.25%	是否有多个研究领域 50.00%	3.48%
		研究领域当前热度 50.00%	3.48%
	论文产出 36.51%	论文数量 16.78%	2.34%
		SCI 或 SSCI 占比 26.65%	3.71%
		论文影响力 29.92%	4.17%
		发文期刊质量 26.65%	3.71%
	专利产出 28.99%	发明专利数量 26.88%	2.97%
		实用新型专利数量 30.17%	3.34%
		外观设计专利数量 19.00%	2.10%
		专利引用数 23.94%	2.65%
	项目申请 16.26%	国家级项目数量 34.61%	2.15%
		省级项目数量 21.80%	1.35%
		市级项目数量 21.80%	1.35%
		资助额度 21.80%	1.35%

续表

一级指标权重	二级指标权重	三级指标权重	合并权重
知识传播 21.40%	科研团队合作 64.06%	合著人数 52.89%	7.25%
		合著规模 47.11%	6.46%
	公众传播 35.95%	url 点击量 13.96%	1.07%
		下载量 17.59%	1.35%
		博客数量 13.96%	1.07%
		微博数量 12.44%	0.96%
		评论量 12.44%	0.96%
		转发量 15.67%	1.21%
		点赞量 13.96%	1.07%
科技奖励 19.07%	领域相关奖项 50.00%	国家级奖项数量 47.12%	4.49%
		省级奖项数量 26.44%	2.52%
		市级奖项数量 26.44%	2.52%
	人才计划 50.00%	国家级计划数量 38.49%	3.67%
		省级计划数量 27.21%	2.59%
		市级计划数量 34.30%	3.27%

对于知识传播，本研究提出了两个二级指标，包含科研团队合作和公众传播。在创新驱动大环境下，科技活动对个人的创新要求更加严格和专业，个人的创新能力必须要在团队合作和分工明确的环境下才能发挥出最大作用。因此，在科研团队合作中本研究通过学者的合著人数和合著规模进行考核，将人才在团队中的贡献和协同创新能力作为评价的重要考核内容。知识传播中的公众传播指标参考前期学者在替代计量学上的研究，选取 7 个三级指标，包含 url 点击量（bit.ly、Facebook）、下载量（PLoS、PubMed、Figshare、Dryad、ArXiv、Slideshare、CNKI、万方、维普）、博客数量（Research Blogging、Postgeonomic Blogs、Science Seeker、科学网）、微博数量（Topsy、Twitter、新浪微博、Facebook、Google+、Vimeo）、评论量（Slideshare、Vimeo、Amazon、Youtube、Facebook、Reddit、Slideshare、Source-Forge、豆瓣、当当网）、转发量（Facebook、科学网）和点赞量（Github、Vimeo、Facebook、YouTube、Google+）。每个指标的数据来源尽可能覆盖当前主要社交或知识传播平台，前面指标后的括号中内容为可能的数据来源。

第二大类指标是科技人才评价的传统指标，这类指标集合主要是为了增加模型的健壮性。在胜任力模型理论和潜力理论的指导下，通过总结学者们前期对于科技人才的评价指标，本研究在传统评价指标中建立科技人才的潜力人才评价的一级指标主要包括基本背景、研究活动（除第一类指标的研究领域外）、科技奖励。这3个传统的一级指标考虑了潜力人才外在的成果和绩效表现，又考虑了潜力人才的内在研究动力和成长因素，具体各级指标如表6-41所示。其中，多数指标为定量指标，可直接统计相关数据，对于一些传统类型的定性指标，可按以下方式或类似方式做量化处理：①学历，博士标记为3；硕士标记为2；本科标记为1。②毕业院校类别，取最高学历院校，QS世界排名前100标记为3；前500标记为2；前1000标记为1；无标记为0。③是否有留学经历，3年及以上标记为3；2～3年标记为2；1～2年标记为1；其他标记为0。④师承，单位类型、跨单位流动，根据具体评价目的选择1～3分量表量化即可。

（2）指标权重测定方法

由于指标体系包含定性和定量指标，引入专家经验不可避免。本研究选择了几个一级指标和几个二级指标作为模型的基础，为了验证指标的合理性和科学性，同时增补一些专家经验，本研究拟通过网络德尔菲法和层次分析法来进行指标的完善和权重的测定。

1）网络德尔菲法

网络德尔菲法是一种成熟的专家调查法，在评价指标体系建立中得到了广泛的应用。本研究通过网络德尔菲法确定指标重要程度和进行指标的完善。首先，建立潜力人才评价课题小组，课题小组共有5名成员，包含两名教授、一名研究员、两名研究生。小组的首要任务是根据潜力人才评价的主题，制作专家问卷咨询表，选择适合领域的专家，对专家的意见和反馈进行汇总，整理和分析，具体步骤如下。

确定专家选择条件和选择专家。本研究构建的是关于潜力人才评价模型，所以选择人力资源和企业管理领域的专家进行调研。经过课题小组的协商和决定，选出了20名专家作为问卷调查对象。

问卷调查的关键是设计问卷调查。本研究采用的是李克的5级量表，分成5个等级，重要程度按照1～5分排列，重要程度最低为1分，最高为5分。问卷包含三层指标的重要性调查和完善指标的问题。本研究采用网络问卷工具——问卷星发放问卷，专家对每一项指标的重要程度在1～5分区间内进行打分，问卷工具会自动计算专家的打分情况进行统计。

发放问卷进行调查，组织专家调研。专家的意见逐渐趋于稳定，确定对潜力人才评价的各级指标。其中,一级指标 5 项、二级指标 10 项、三级指标 39 项。

2)新增指标的处理

根据专家咨询问卷,部分专家在指标补充问题,提出自己的补充意见。本研究对于专家提出的问题采用的做法是:对于专家提出的指标,本研究首先观察是否已经包含在现有指标中,如果没有,再对指标的科学性和可测量性进行评估,最后决定是否加入现有指标。例如,其中一名专家在一层指标中提出将社会网络的发达程度及学习新知识的能力作为一层指标。在潜力人才基本背景中补充指标——所在城市创新环境及创新成本。经过小组讨论,认为城市创新环境和创新成本概念相对比较宽泛,其实人才的创新基本依托于就职的企业和机构,因此,企业和机构的创新环境可以作为评价指标之一。但由于在我们的评价体系中,已经存在了"科研团队合作"这一指标,能够反映出企业和机构创新环境的区别。因为机构创新环境不够,创新成本太高,那么科研团队的合作规模的发展会受到限制。另外,一位专家在一层指标中补充创造发明,这个指标已经包含在研究活动的专利产出中。因此,通过几轮问卷调查,专家对于指标的认知已经趋于一致和稳定。

3)指标权重计算方法

科技潜力人才评价模型的指标权重计算方法主要是提出的指数标度法[1]和层次分析法权重计算[2]。

指数标度法是基于传统构造判断矩阵存在的弊端提出的。运用层次分析法关键在于应用合适的标度系统确定各元素两两比较的比例标度,构造判断矩阵。而标度是将人们的定性分析转化为定量分析的桥梁。不同的标度系统所构造的判断矩阵不仅一致性不同,由判断矩阵所得出的排序序值及顺序也不相同。

朱庆华提出的指数标度法,指数标度 an ($n=0 \sim 8$,$a=1.316$)则全面克服了 $1 \sim 9$ 标度的缺陷,效果优于 $1 \sim 9$ 标度,是一个具有良好数学结构,且与实际排序相符的优秀标度系统。它的准确性、客观性更强,定量化程度更高。$1 \sim 9$ 标度与指数标度的关系是:

$$k = a^{k-1}(k = 1,2,9).\tag{6-4}$$

---

[1] 朱庆华,韩晓静,杜佳,等. 中文政府网站评价指标体系的构建与应用[J]. 图书情报工作,2007,51(11):67-70.

[2] 郑文昌. 构造满足不同阶数判断矩阵一致性检验 Excel 模型[J]. 宁德师范学院学报(自然科学版),2014,26(2):113-117.

基于指数标度的层次分析法权重的计算过程有以下关键步骤。

①计算满分频度。在本研究中，满分频度即该项指标打5分的专家人数比例，其值在0～1。满分频度值越大，说明对该对象打满分的专家越多，因而该对象的相对重要性越大。

②用指数标度构造判断矩阵。在应用指数标度时，为了在权重确定上完全使用客观数值，本研究采用以下方法来计算 n 值：对各级指标或同一级指标下任意两个指标A、B，若指标A的满分频度为 x，指标B的满分频度为 y，则指标A相对于指标B的优劣程度为：

$$a_{ij} = a^{(x-y)/(100/8)}。 \quad (6-5)$$

将总量定为100，按照1～9标度，分为8个等份，每一个等份为100/8=12.5，以12.5作为绝对比较标度。其中 ij 表示A指标/B指标。

该值即为构成判断矩阵的标度。同理，可以计算出所有的判断矩阵。

③计算权重并进行一致性检验。计算判断矩阵最大特征根对应的特征向量，并将向量归一化，此即各项指标的权重。具体计算时，有和法、方根法等。这些计算方法的结果一般相近，实际操作时可自行选择。接着，根据判断矩阵一致性检验公式，计算随机一致性指标，进行一致性检验。

④若是多层指标体系，则采用加权平均方式将多级指标向上合成，生成最终各具体指标在总评价目标下的合成权重。

（3）科技潜力人才评价指标权重计算

本研究的咨询问卷一共调研了20名专家，最后回收了19份问卷，咨询问卷的回收率是95%。根据问卷回收的数据，首先对问卷各项指标进行集中性和协调程度检验。专家意见集中程度通过包括均数和满分比进行检验。专家意见协调程度说明参与研究的专家对每项指标的评价是否存在较大分歧，通过计算各指标的变异系数来确定。指标删除与否的标准是均值小于3.5且变异系数小于0.25。在各项指标检验中，是否有国外工作经历指标的均值为3.263 157 895，变异系数为0.246 902 419，没有通过指标检验，综合讨论后将这个指标进行删除。

通过问卷指标的检验，对保留的指标进行权重计算。下面是第一层指标的计算过程。第一层指标包含基本背景、研究活动、知识传播、科技奖励。

首先计算各个指标的满分度，具体如表6-42所示。

表6-42 科技潜力人才一级指标满分度

一层指标	选择满分人数	满分度
基本背景	4	0.210526316
研究活动	9	0.473684211
知识传播	4	0.210526316
科技奖励	3	0.157894737

其次计算判断矩阵值，$a_{ij} = a^{(x-y)/(100/8)}$，结果如表6-43所示。

表6-43 科技潜力人才一级指标判断矩阵

x	y	$x-y$	$(x-y)/12.5$	$1.316^{(x-y)/12.5}$
21.05	47.36	−26.31	−2.1048	0.561035321
21.05	21.05	0	0	1
21.05	15.78	5.27	0.4216	1.122737641
47.36	21.05	26.31	2.1048	1.78241897
47.36	15.78	31.58	2.5264	2.001188869
21.05	15.78	5.27	0.4216	1.122737641

根据判断矩阵计算权重，具体如表6-44所示。

表6-44 科技潜力人才一级指标权重

A	建造判断矩阵区				计算权重区		求最大特征根区	
	B1	B2	B3	B4	W	WT	$(AW)_i$	λ_{max}
B1	1	0.561	1	1.122	0.890715335	0.21396246	0.855833901	
B2	1.782	1	1.782	2.001	1.58768968	0.381385586	1.525513979	3.999925563
B3	1	0.561167228	1	1.122	0.890781706	0.213978403	0.855897679	
B4	0.891265597	0.499750125	0.891265597	1	0.793764733	0.19067355	0.762680014	
一致性检验	CI=−2.48122E−05，RI=0.89，CR=−2.78789E−05，一致性检验通过							

根据计算过程可以看出，基本背景的权重是 0.213 962 46，研究活动的权重是 0.381 385 586，知识传播的权重是 0.213 978 403，科技奖励的权重是 0.190 673 55。其他层指标权重的计算和第一层指标的计算一致。科技潜力人才的指标权重具体见表 6-41，为了更好地显示，权重用百分数表示。

6.4 面向技术预见的技术竞争情报系统框架

科技情报的获取与分析不仅与论文产出、专利分析、人才挖掘有关，还应该关注技术发展的动态监测。对于企业而言，当前的商业环境正处于由大数据驱动的变革创新时期，谁能够充分有效挖掘出大数据的价值，谁就能够率先抢占商机。

传统的技术预见在大数据时代面临着多方面的挑战，主要体现在以下几个方面：①大数据环境下情报人员获取信息的来源更加广泛，也更加海量。但面对海量且类型繁杂的网络数据时，情报人员在获取和整理相关信息时所耗费的时间也越来越长。②随着信息规模的不断膨胀，情报人员难以及时对采集到的每条信息进行人工阅读和标引，从而无法在短时间内梳理出每条信息的要点和语义关系，容易导致情报分析素材的丢失。③传统的技术预见分析多依靠专家经验予以判断分析，如德尔菲法、专家会议法等。面对巨大的数据规模，专家团队根据自己的理解和经验不易对收集的信息进行全面系统的深入分析，从而可能造成情报分析结果的片面，无法产出准确的情报产品，也就无法满足企业对情报产品质量的要求。此外，以任务为导向的间歇性的技术预见活动也会造成时间、人力及经济成本的巨大浪费。

大数据时代的到来，不仅给企业技术需求带来了变革，也给其情报需求也带来变化。传统的企业竞争中，由于市场的不完全竞争，企业所需情报主要是市场情报，通过其进而获得更好的细分市场和客户。现代企业竞争中，新科技革命不断引发新的创新热潮，产品创新的地位越来越凸显，而产品创新很大程度在于技术的创新，这就使得服务于技术创新的技术竞争情报（Competitive Technical Intelligence，CTI）的地位越来越重要。

6.4.1 基于CTIS的技术预见模型

基于技术竞争情报系统（Competitive Technical Intelligence System，CTIS）的技术预见过程，不仅需要固化传统技术预见中的核心流程，还需要应对传统技术预见中面临的各类技术挑战。虽然现有自然语言处理、数据挖掘、知识工程等技术已有很大发展，工具自动化程度也比较高，但其应用过程仍十分复杂，不仅涉及知识的运用和工具的选择，还需要各类专家的人工参与。因而，基于CTIS的技术预见的每个阶段都需要有人工的参与，充分体现了"人机结合"的设计思想，可以具体包含数据准备、技术扫描、技术分析和情报服务等主要环节（图6-30）。

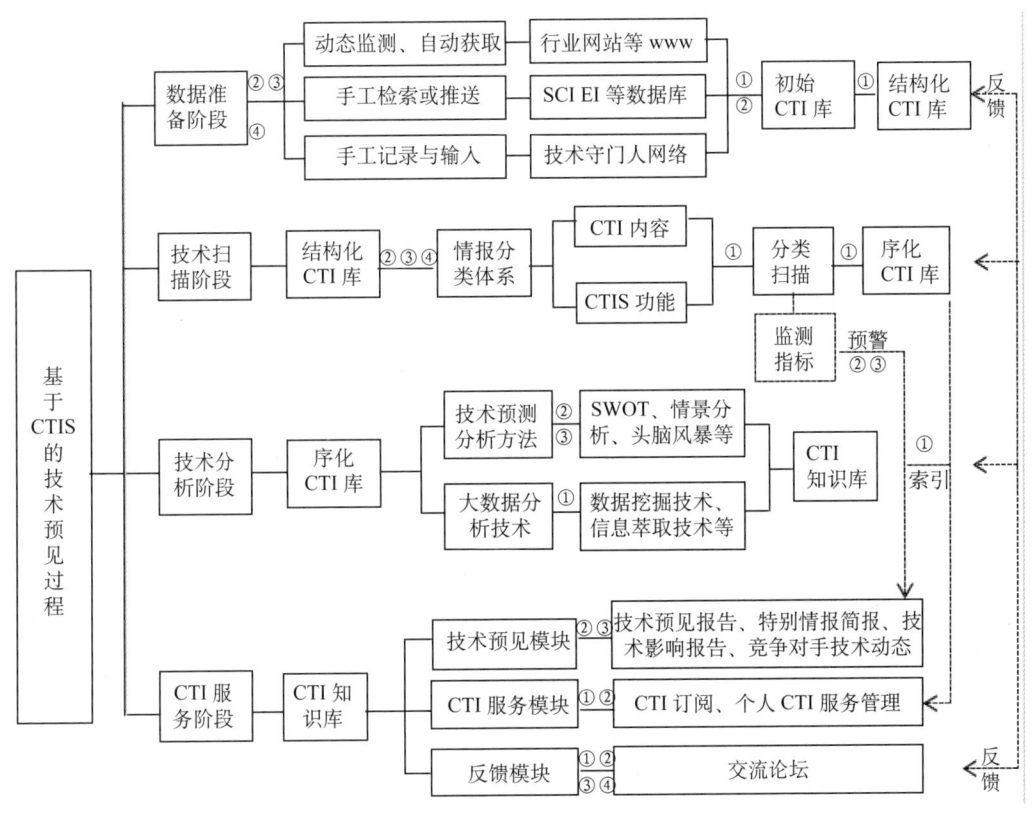

图6-30 技术竞争情报系统主要环节

（注：图中序号表示实施过程中任务完成对象：①为计算机技术人员、②为情报人员、③为专家团队、④为领导团队）

（1）数据准备阶段

该阶段的任务是根据技术预见的需求，进行基础数据的获取和预处理工作，最终建立结构化CTI库。在基础数据的获取上，由领导团队根据企业信息需求，结合专家知识和情报人员的检索技术，选定信息源并检索。信息源应包括非结构化的互联网、结构化的数据库和人际情报网络。其中，互联网将会是最主要的信息源，包括门户网站、行业网站、企业内部记录信息（ERP、CRM、SCM、OA等系统数据和企业通告、简报、文件等内部数据)、社交类网站和新近提出的预测市场平台[①]等。结构化数据库包括以收录科技文献为主的 EI、SCI 文献库及专利数据库。人际情报网络是必要的补充情报来源,其中技术守门人网络是最重要的[②]。从不同信息源的获取上说,互联网信息可通过计算机自动完成获取任务,一般是网络蜘蛛(网络爬虫);数据库信息的获取可通过情报人员的手工检索完成或者利用数据库的自动推送提醒来完成;而人际情报网络则由情报人员手工记录与导入,并予以关键字段、标签标注。以上所有的数据获取后皆存储于初始 CTI 库中,接着便可进行去重和清洗的数据预处理工作,建立起结构化 CTI 库。

(2) 技术扫描阶段

该阶段的任务是利用特定的分类体系对结构化 CTI 库进行分类扫描,建立起序化 CTI 库。该分类体系是由领导团队根据企业规模、企业所处环境的复杂程度、企业经营的内容和重点关注,加上专家团队、情报人员参照各根类体系来制定的信息分析的分类标准。一般来说,可以按 CTI 的内容分为竞争环境、竞争战略和竞争对手三大类;也可以根据 CTIS 功能划分为竞争环境监测、竞争对手分析、竞争策略制定、竞争对手跟踪、技术跟踪、信息安全保障及企业危机预警七大类[③]。当分类体系建立完成后,再由计算机进行自动分类及分类统计,形成序化 CTI 库。

需要注意的是,在分类体系建成进行情报扫描时应特别注意分类体系中信息的数量记录和趋势变化,以完成对弱信号的探测与跟踪。可根据专家咨询和行业经验来判断每个类别信息量变化的规律,给分类组织中每个类别设定相关监测指标的阈值。一旦超过设定阈值,就必须有情报人员的判断和分析介入,先简报给专家团队,再由专家团队的组织论证,判断是否属于具有重大影响的异常动态。根据前人的研究,可设置的监测指标主要有度量领域发展规模的文献总量指标 $T_{n.p}$ 和反映文献量异常动态的成长性指标 $A_{r.p.p}$[④]。

(3) 技术分析阶段

该阶段的主要任务是在序化 CTI 库的基础上综合集成分析,通过一定的分析方法,确定出具有重要意义的关键技术及相关分析结果。在分析方法上,需要强调传统的人工技术预测方法和计算机大数据分析技术的融合。传统技术预测方法中,宏观和中观层次

[①] 彭靖里,胡凝珠,Jeanne. 杨. 技术竞争情报在战略性新兴产业技术预见中的应用:以 2030 年云南生物医药产业技术预见为例 [J]. 竞争情报,2013 (1):17-19.

[②] 彭靖里,Jeanne. 杨,李建平. 企业技术竞争情报中的技术守门人及其作用述评 [J]. 图书情报工作,2013 (10):96-99.

[③] 易聪. 基于 Web 挖掘的企业竞争情报系统构建研究 [D]. 武汉:华南理工大学,2011:16-34.

[④] 韩红旗,张巍. 技术监测和专利情报分析的理论和方法 [J]. 数字图书馆论坛,2009 (10):5-6.

的技术预见主要使用德尔菲法、情景分析法、专家会议法等，过程中也可穿插使用文献计量、专利计量等方法；微观层次的技术预见，如具体商业环境下针对某个细分领域或某家企业的技术预见，会更注重战术预测，可使用一些成熟的模型或数学方法来定量分析。大数据分析技术中数据挖掘有着广泛应用，其可以对各类交易数据、行业网站资讯、社交网站评论等数据进行挖掘和发现。

分析确定预见结果时，应特别注重 Martion 强调的科技推动与市场需求的平衡[①]，即在确定领域关键技术中，不能一味地根据技术发展来选定关键技术，市场需求及技术带来的社会、经济影响也需要深入考虑。当预见结果确定时，可将预见结果及整个分析过程中得出的阶段性成果放入 CTI 知识库中。

（4）CTI 服务阶段

该阶段的任务是面向企业内部，通过系统的服务界面扩散预见结果，提供各项 CTI 服务，并进行技术预见的反馈修正工作。在扩散预见结果前，企业可进行预见结果的小范围测试，侧重听取企业意见，也可在预测市场平台中进行短时间测试。原因是企业员工才是真正的实践者，防止其碍于权威或制度不能充分表达意见，从而导致技术预见结果的偏差或在实施过程中受到阻碍。一旦预见结果确定后，需要将预见结果与相应的扩散目标（决策层等）进行有效沟通，相应的形式可有多种，如技术预见报告、特别情报简报、技术影响报告及竞争对手技术动态报告等。

基于企业信息安全的考虑，服务平台应由员工凭工号登入，根据不同部门和职位设定相应权限。同时，CTI 订阅和个人 CTI 服务管理也能够提高 CTIS 的利用率和服务水平。员工可根据系列标签，如技术动态、行业新闻、竞争对手等选择性订阅，也可通过检索入口，对加以索引的序化 CTI 库和 CTI 知识库进行相应权限的阅读。在交流论坛中，员工可对技术预见的任何相关话题进行讨论，包括对预见结果、预见结果的实施评价和经验总结，技术预见中的相关人员应密切关注此论坛。此外，情报人员也可在此阶段中对员工进行在线问卷调研以深化反馈、总结效果。

6.4.2 CTIS 框架设计

面向技术预见的 CTIS 建设目标是希望该系统能够帮助企业持续动态地关注涉及领

---

① BEN R M. Matching social needs and technological capabilities: research foresight and the implications for social sciences (paper presented at the OECD workshop on social sciences and innovation) [D]. Tokyo: United Nations University, 2000: 32-45.

域的技术动态，了解自身的竞争态势，分析出对未来最有经济和技术价值的关键技术，以及通过大数据技术的引入来确保技术预见结果的准确性。要实现这样的目标，数据是基础，技术是保证，人机协作是途径，其中技术实现是重点，这不仅要求系统能够高效地采集数据（网络数据采集技术）和存储数据（数据仓库技术），还需要对信息进行有效处理（自动归类及分类统计等）和分析（数据挖掘、信息分析）等，一个面向技术预见的企业 CTIS 应该至少包括 4 个部分，如图 6-31 所示。

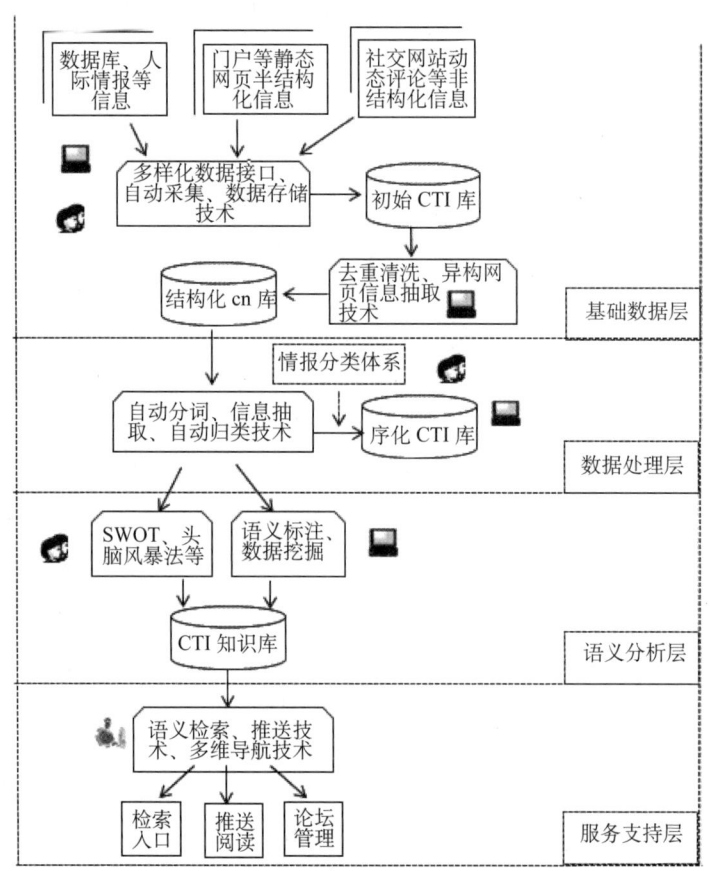

图 6-31　面向技术预见的 CTIS 框架

基础数据层通过提供不同的数据接口，将由计算机自动采集和检索导入、手工录入的信息存储在初始 CTI 库中。由于异源数据中"脏数据"和异构数据的存在，还需要对初始 CTI 库中数据进行查重清洗，并将半结构和非结构化的信息进行信息抽取和结构化处理，存储于结构化 CTI 库中。如何自动采集互联网大数据，以及对半结构化、非结构化数据的结构化处理是这部分的难点。

数据处理层将结构化 CTI 库中的信息按照情报分类体系进行归类组织并分类统计，以支持对预警功能的实现，并形成序化 CTI 库支持下一阶段的具体分析。这部分的难点是如何实现高效准确地自动分类。

语义分析层需要对序化 CTI 库的信息进行实体、关系抽取，必要时还要引入领域本体并进行语义标注，在此基础上进行数据挖掘，如聚类分析、多维分析、关联分析等；而专家团队等人员可根据序化 CTI 库的相关资料，结合计算机自动分析结果，采用 SWOT、头脑风暴等方法进行研判，在此基础上把以二维数据关系为主的序化 CTI 库拓展成多维关联的 CTI 知识库。这部分的难点在于结合具体业务需求的数据挖掘技术的具体应用。

服务支持层需要技术人员对服务网站的维护和管理，通过提供语义检索、多维导航、自动推送、交流论坛等功能来服务和支持技术预见工作的开展。这部分的难点在于语义分析技术的实现和应用。

6.4.3 CTIS 关键模块

（1）互联网信息采集模块

在基础数据层中，虽然互联网信息的采集不能覆盖所有所需信息，但互联网数据的全面有效采集是基础数据采集中最为重要且最难实现的模块，它是 CTIS 能够实现技术预见最为基础的保障。互联网是一个庞大而复杂的异构数据环境，每一个站点都可以看作一个异构数据源，各站点间的信息组织各不相同，对其的采集涉及的技术主要有主题爬虫、元搜索、定时器等。主题爬虫用于主题比较集中（如企业主站、门户信息等），相互关联的 URL 就可以囊括主题相关的页面，主题筛选命中率较高；而元搜索适用于主题在全网中分散较广的情况。

以主题爬虫为例，其基本思路是按照事先给出的主题，分析超链接和已经下载的网页内容，来预测下一个要爬行的 URL，保证尽可能地多下载与主题相关的网页、尽可能少地下载无关网页。在具体实现中，通过对页面链接抽取，将抽取的链接集放入缓存中，用于下一阶段的 URL 去重和主题相关度分析。同时可以通过网站监控组件实时发现互联网中新出现的信息中是否包含所需关注的信息，通过周期性发送 HTTP 请求实现对关注站点的实时监控。周期和监控 URL 列表可以由用户自行定制，周期越短，扫描频率越高，对于信息的更新发现延迟越短，实时性越强。

（2）信息自动分类模块

信息的处理与组织是信息分析的基础，在 CTIS 中信息自动分类模块是采集后的重点。自动分类时，一般首先需要对结构化 CTI 库的文本信息进行分词，然后是信息抽取，从文本中抽取指定的信息（如事件、人名、公司名、地址等命名实体）并将其形成结构化的数据填入数据库中供用户查询使用。实体识别和关系抽取的目的在于识别和采集海量文本中企业相关实体之间的关系，为情报分析、自动问答等应用提供服务。信息抽取的实现主要有两种方法：知识工程方法和自动训练方法，前者由专家对语料库进行分析、调整从而人工置顶规则、模板，后者给出标注集，通过机器学习来推导模板和模板的自动填充规则。在此基础上就是文本自动分类的实现了，自 20 世纪 90 年代以来，基于机器学习的文本分类便逐渐成为文本分类的主流技术，常用 VSM 来表示文本的语义特征，将文本按照词的维度进行向量化，然后进行降维处理。例如，可以采用 TFIDF 选取必要的文本特征，在此基础就可以通过机器学习自动分类了。

（3）大数据挖掘与分析模块

面向技术预见的 CTIS 情报分析是将传统技术预测方法和大数据环境下的数据挖掘分析充分结合，这其中既包括数据处理与分析用大数据基础平台的搭建，也包含着数据（文本）挖掘新方法的应用。MapReduce 和 R 语言的应用大大提高了大数据处理分析的效果。MapReduce 是一种简洁的并行计算模型，它在系统层面解决了扩展性、容错性等问题，其通过接受用户编写的函数，自动地在可申诉的大规模集群上并行执行，从而可处理和分析大规模的数据。R 语言主要用于统计分析、绘图和操作环境，它针对大数据对广泛使用的统计算法进行了优化，能够在短时间内从大量的数据中发现有意义的信息。微博、短信、社交网络等这些新型数据的大量涌现，针对其动态、实时特征，数据流挖掘和复杂网络分析方法等也随之兴起。另外，数据流挖掘是对数据进行单边扫描，快速处理数据，提供实时近似结果的技术，如窗口技术和概要数据结构技术等；还有用于链接挖掘的社会网络分析方法，其通过网络中的关系分析探讨网络的结构及属性特征，其挖掘的重要任务包括基于链接的节点排序、基于链接节点的分类、聚类等。

（4）语义检索模块

企业 CTIS 用户界面中，员工除了可以阅读技术预见报告外，还可以对自己感兴趣的信息进行检索与订阅。通过提供语义检索服务改善传统信息检索的检准率问题，并通过检索中员工偏好的收集来主动推送个性化信息，节省员工获取所需信息的时间，提升员工的使用体验，这也将大大提高企业 CTI 库的使用率。

语义检索通常使用本体描述语言来描述语义实体、属性和关系,其流程是:用户通过检索界面以表单、关键词或者自由文本等形式输入检索条件,系统首先对检索条件进行一定的解析,转化为本体查询语言(如 RDQL),在语义信息库中找到符合条件的三元组(本体实例),再在文档库中找出与这些三元组相匹配的文档,并将其提供给用户。这个过程中,查询目标分析、语义相似分析和用户偏好分析是最为关键的环节。由于该检索入口面向的是企业员工,其个人信息及检索行为容易收集与监测,可通过要求员工对推荐的资源进行反馈和评价,也可由系统自动对员工的行为,如页面点击次数、页面停留时间、页面访问顺序等日志进行挖掘来完成用户跟踪。

6.5 本章小结

技术情报大量存在于企业生产经营活动的各个环节及其他组织的情报活动之中,各个领域都有自己的重要情报,情报只有与具体的领域或者行业背景相结合才能产生更大的价值和意义。面向领域的技术情报分析,不仅要关注领域本身的情报需要,还要结合特定的情报分析方法,才能以更高的效率获取到更加精准的情报。首先,本章从科技论文计量分析视角,以激光领域为例分析上海市在科创中心建设背景下的科研产出和发展情况。主要将知识流动理论、引文网络与合著网络结合起来进行分析,文献计量分析及其结论有助于主管部门了解上海市科创中心建设情况与产出效应。其次,本章进行了专利检索与分析的相关研究。本章研究了中文专利中本体关系获取的方法,结合专利摘要描述的语言特点,尝试先通过规则匹配的方式获取关系子句,形成较为统一的语言描述规则,再利用 CRFs 方法抽取出每个关系子句中的术语,从而完成本体关系的构建。再次,为辅助专利检索与分析效率的提高,本章设计并构建了一个面向专利本体的语义检索系统,能够有效地提高检索结果的精度和覆盖范围。关于专利分析方面,本章以医药领域为例,对中国医药行业的专利进行计量分析,尝试从整体上发现行业的发展态势,同时挖掘出中国医药领域聚焦的技术要点,进而探究现阶段中国医药行业的一些发展策略。关于科技潜力人才挖掘,本章提出了人才学术画像构建的流程,并重点研究了基于合作网络和主题关联的人才学术标签扩展方法。此外,本章构建了潜力人才评价指标体系,为科技人才评价活动提供基础性参考标准。最后,本章构建了面向技术预见的技术竞争情报系统框架,概述了其中的关键流程和模块。

第 7 章
面向行业的市场情报分析

行业市场情报涉及范围广泛,包括与市场主体特征、市场主体行为、市场环境、市场态势、产品的市场口碑等众多影响行业发展的各类因素相关的情报。互联网时代,市场情报分析工作需要捕捉可能的行业信号,紧密监测一些突发事件的演变与发展,进行市场预警,充分利用网络新闻、搜索数据、社交媒体数据、用户评论等数据源,挖掘有价值的行业市场情报。本章将探讨信号分析方法、事件分析方法、共现分析方法、网络口碑分析方法在行业市场情报挖掘中的应用问题。主要内容既包括情报分析方法应用的一些技术环节处理,也涉及在典型行业或与市场环境有关的热点事件中应用情报分析方法的步骤、框架、范式等。

7.1 信号分析方法及应用

本部分介绍信号分析的相关概念,并探讨信号分析方法在电纸书行业的应用。

7.1.1 信号及信号分析

信号来源于信息,但并不是所有信息都是信号,对于企业或决策者有价值的信息才能构成信号。现阶段对于信号的内涵还没有统一的界定,Porter 将信号定义为"竞争对手所表现出来的能够直接或间接表现其意图、动机、目标或内部情况的行为"[1];Fahey 定义为"个人在某种具体环境背景下由竞争者过去、当前或未来的状态或行为的数据和

---

[1] USKALI T. Paying attention to weak signals: the key concept for in-novation journalism [J]. Innovation journalism, 2005 (4): 25.

第 7 章
面向行业的市场情报分析

信息而得出的推论"[①]。从这个定义中可以得出信号的三要素，即信息、环境和人。

信号按揭示趋势的信息量大小分为强信号和弱信号[②]。Ansoff 将弱信号定义为"用来预测不可知变化的信息"[③]。弱信号往往是模糊的、不确定的、与大量"噪音"混杂在一起的。

信号按发送信息的意图分为真实信号和虚假信号。需根据后续市场行为来判断信号的真伪，因而信号分析是一个持续的过程。

比较常见的市场信号可以分为 3 类：①敌意信号，如价格渗透；②承诺信号，如对某一产品的承诺；③结果信号，即带有结果的信号[④]。

对事件出现的各种征兆或迹象进行解释、质疑、假设、数据补充、验证和评价的过程称为信号分析[⑤]。这个过程的各个环节是彼此联系、不断循环的。信号分析是在信息不完全的条件下进行的，关键在于发现捕获重要的信号，并对其进行理性深入的分析，挖掘其背后的含义，得出能满足决策需要的情报。

信息、环境、人是信号的三要素，因而信号分析也离不开这 3 个方面。首先，信号分析是基于信息的情报分析方法，只有关注客观信息，如新品发布、战略合作协议的签订等，才能提高信号分析的准确度。其次，信号分析面对的是一个复杂的环境，具有不确定性，因而在对信号进行分析解读时不能孤立地看待信号，要将信号与环境相联系，把握信号之间的关系，如因果关系、伴生关系等，以便更好地把握信号。最后，信号分析强调逻辑推理，与作为分析主体的人密切相关，因而情报分析人员的经验、认知水平等方面素质对分析结果有较大的影响。

7.1.2 信号采集与信号辨别

信号采集首先需确定扫描范围。一个行业的环境是十分复杂的，要想对行业有准确的把握，就要先确定一个逻辑清楚、层次分明的采集范围，在此基础上开展采集工作，

---

① 费伊. 竞争者：以才智、谋略与绩效取胜 [M]. 朱舟，译. 北京：中国人民大学出版社，2004：95-96.
② 沈固朝. 信号分析：竞争情报研究的又一重要课题 [J]. 图书情报工作，2009，53（20）：11-14.
③ ANSOFF H I. Implanting strategic management [M]. New York：PrenticeHall Inc.，1984：34-38.
④ 汪克夷，冯桂平. 基于市场信号的竞争反应预测 [J]. 东南大学学报（哲学社会科学版），2007（3）：18-22.
⑤ 沈固朝. 情报预测和预警研究要关注信号分析 [J]. 图书情报工作，2009，53（20）：10.

以避免混乱和遗漏的情况。可以从情景层、战略层、战役层、战术层 4 个层次着手[①]。在此基础上，要借助引导性问题来采集信号。范围层次的确定只是一个框架，具体采集工作可以通过引导性问题不断完善，如竞争者与哪些单位合作？合作的条件责任是什么？目前行业中关键技术是什么？力图达到的技术目标是什么？顾客的心理需求是什么？主要的营销渠道有哪些？

针对所确定的范围会收集到大量的信息，然而对于这些信号应先做初步的评价。信息、环境、人是信号及信号分析重要的 3 个方面，因此，辨别信号也从这二者出发，判断信号的真实性、联系性、客观性。

首先，信号分析是基于信号的分析方法，因此，信号的真实准确是保证分析结果价值的基础。有时信号发送方出于试探或迷惑对手的目的会释放一些虚假信号，另外有些信号只是"噪声"用以干扰情报的获得。通过辨别信号对收集到的信号进行过滤，去掉虚假信号和噪声，为接下来整理和解读分析信号做准备。其次，信号与环境之间、信号之间往往有各种联系，通过对于信号联系性的辨别可以对一些模糊或间接的信号不断加以强化，以更好地判断信号的真实性。最后，由于信号分析受到主体即分析人员主观的影响，因此在辨别信号时要重视信号的客观性以消减主观影响，即重视确认的行为而不是相关人员非正式的言语。另外，分析人员在进行信号分析研究之前需要对所研究的领域进行一定程度的学习了解，以更好地进行信号的辨别。

7.1.3 信号组织与信号分析

通过信号的辨别对信号进行过滤、筛选留下有价值的信号，然而从零散杂乱的信号中很难看出其中隐藏的情报，因而需要对信号进行整理组织。包括给信号建立标签，既为接下来的组织工作做准备，也便于日后分析解读信号；对信号进行分类聚类，将信号重组以便于揭示信号内涵并整理出几个主要的分析主题；通过拼接某一主题的信息碎片，绘制情报主题拼图，反映此主题的部分面貌或全景。在重组、绘制主题拼图的过程中，一般可以通过"时间轴"更好地看到某一行业的发展轨迹，通过对信号间关系的把握更好地分析信号，当然通过时间顺序也有助于发现信号间的关系。另外，在组织信号的过程中，如有新的信息需求，可通过再次搜集不断完善补充。

对信号分类重组、绘成主题拼图后，就要对其进行分析解读，挖掘出尽可能多的有价值的情报。进行信号分析时需了解 6 个要点：信号的内容是什么；信号的环境背景是

---

① 刘千里，童悦. 信号分析的若干理论与方法探析 [J]. 图书情报工作，2009，53（20）：15-19.

什么；信号的意图是什么；信号揭示了什么；是否存在确认和否定信号；潜藏于信号之下的动机是什么[①]。通过对信号内容、背景的解读分析可以掌握某一行业的现状，通过对意图、动机的解读分析可以预测该行业的发展趋势。

由于时间、成本、资源等方面的限制，主题拼图是在信息不完全的状况下绘制的，因此在分析时应抓住关键的信号，由表及里地把握其发展规律。时间中虽有断点，但仍能看出行为模式和信号的导向[②]。此外，分析人员在分析时要注意不受经验、情感或思维定式等的影响，尽量保持客观理性的状态。

7.1.4 纵向信号挖掘与横向信号防控

基于信号分析的突发事件网络舆情预警分为两个维度：信号纵向挖掘和信号横向防控。

某些突发事件发生之前，事件策划者往往会通过网络有意或无意地留下一些关于事件即将发生的征兆。信号纵向挖掘是指运用信号分析方法，对这些征兆进行纵向、深入的挖掘，通过信号的搜集、辨识、解读和利用，分析出策划者的意图，预测策划者的行动。此过程在纵向上一层层深入地展开，力求挖掘出有深度、有价值的信息。这样相关部门就可以在事件发生前预警，及时采取行动，在萌芽状态避免突发事件的发生。

一些突发事件发生后，在网络上会引起网民大众的密切关注。经过网民们的迅速传播，使得突发事件无论在网上还是网下都被更多的人知晓，影响力越来越大，甚至会引发轩然大波。突发事件在横向上传播可以分为开始阶段、扩散阶段、爆发阶段和衰退阶段，在每个阶段，信号显示出不同的特点。信号横向防控就是指运用信号分析方法，明确当前突发事件传播所处的阶段，及时控制突发事件的进一步恶化，将不良影响降低到最小。表7-1概括出了两个维度的不同点。

表7-1 信号挖掘两个维度的不同点

维度	时间	关注点	信号	方向	目的
信号纵向挖掘	突发事件发生前	突发事件策划者留下的作案征兆	事前征兆	纵深	挖掘出信号背后策划者真实的意图
信号横向控制	突发事件发生后	突发事件传播所处阶段的舆情特点	舆情特点	横向	防控突发事件的恶性扩散

---

① 沈固朝，等. 竞争情报的理论与实践[M]. 北京：科学出版社，2008：412.
② 方微，邵波. 基于弱信号分析的企业风险识别[J]. 图书情报工作，2009，53（14）：80-83.

7.1.5 电纸书行业信号分析实例

2011 年，电纸书（电子阅读器）凭借环保、绿色阅读的理念受到追捧，主要硬件终端生产商、内容资源供应商迅速发展扩张，传统出版业、电信移动运营商纷纷进入这一领域，政府部门也越来越重视这个行业的发展。在这样的背景下，下文尝试采用信号分析法对电纸书行业进行分析探讨。

（1）电纸书行业的信号采集和辨别

采集信号的方法有很多，包括互联网检索、期刊文献、市场调查、专家咨询、人际网络等，针对电纸书行业的信号采集主要采用互联网检索的方式，借助引导性问题从 4 个层面展开，如表 7-2 所示。

表 7-2 电纸书行业的信号采集

层次	主要内容	引导性问题
情景层	政治、经济、文化等大环境。重视政府文件、政府会议报告、官方发言、法律法规的制定、修改等信息	·国内政治环境如何？ ·经济前景如何？ ·电子数字方面有什么新的法规政策？ ·社会潮流是什么？ ·……
战略层	·主要竞争者：Kindle、汉王、方正、索尼、盛大、番薯等； ·潜在竞争者：传统出版集团、电信运营商等； ·潜在替代品：平板电脑、智能手机等； ·供应商：元太科技、E-ink； ·顾客	·该行业的主要竞争者是谁？ ·谁是行业的领导者？ ·电纸书行业核心技术是什么？ ·未来技术目标是什么？ ·彼此之间有怎样的合作关系？ ·进入该行业有什么壁垒？ ·潜在替代品有哪些？ ·未来会有什么新的替代品？ ·目标客户群主要为哪些人？ ·……
战役层	对战略层波特五力各方面情况的进一步具体化	·主要竞争对手、供应商等的优势劣势是什么？ ·他们的市场战略是什么？ ·营销渠道是什么？ ·顾客有什么新的需求？ ·……

续表

层次	主要内容	引导性问题
战术层	对战役层更进一步的细化	・该行业主要产品的功能特性是什么？ ・各品牌的价格是多少？ ・产品的售后服务情况如何？ ・销售情况如何？ ・是否货源充足？ ・……

通过网络搜索从 4 个层次收集各类相关资讯信息，对其进行初步判断，对于信息"噪声"及虚假信号加以识别并删除，对于较为模糊和间接的信号做进一步的搜集以强化佐证该信号，不断完善补充信号采集的结果，经过整理后入库，最终形成 282 条电纸书行业资讯的信号记录集，包括公司、资讯、时间、来源、场合、类别、标签等字段。

（2）电纸书行业的信号组织

基本确定信号的采集结果后对其进行组织。先逐一建立标签，然后进行分类重组并绘制主题情报拼图。本部分截取一段时间，挑选了期间部分关键信号绘制了一个电纸书行业的时间序列图，如图 7-1 所示。

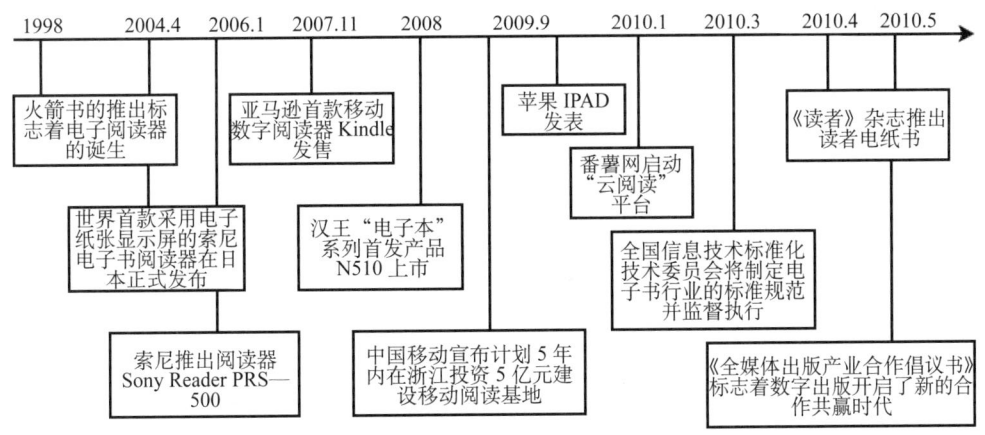

图 7-1　电纸书行业部分事件序列简示

为了更好地了解行业的现状，把握其发展趋势，可以从几个不同的方面将信号分类聚类，绘制主题拼图，以更具体、更深入地分析行业状况。本部分选择政府、产品技术、内容资源、组织联盟 4 个方面来绘制部分主题拼图（图 7-2），考虑到以下因素，即：①电纸书行业发展受到政府力量如政策、法律法规等的影响；②电子阅读器作为终端产品，产品的技术、功能特性是重要的一方面；③电纸书行业的发展与其阅读资源（内容建设）密切相关；④随着行业的迅猛发展，市场竞争越发激烈，行业状况越发复杂，组织联盟不断出现。

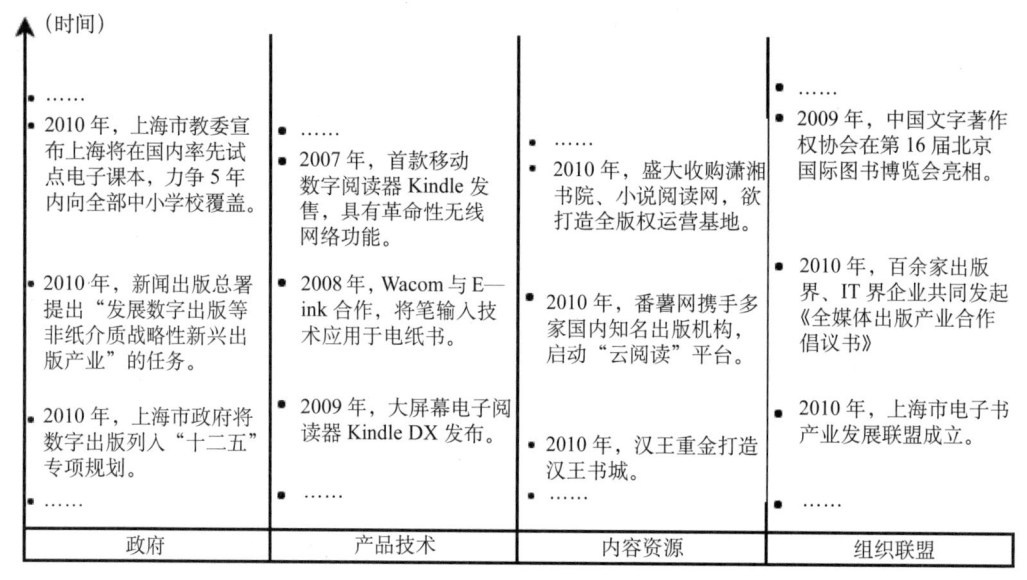

图 7-2　电纸书行业部分主题

（3）电纸书行业现状与趋势分析

1）政府

电纸书作为注重自主创新的高科技新兴行业，是政府部门重视并重点扶持的对象。另外，电纸书相较于纸质书的一个重要优势在于其环保性，环保理念正符合可持续发展、低碳经济的目标，因而得到政府的大力支持。另外，政府有关部门也看到了电纸书行业制度法规方面的欠缺，意识到其紧迫性、重要性，正在积极进行法律制度的建立。

2）产品技术

各方厂商纷纷进入电纸书行业，不仅有较多的终端硬件生产商，传统出版业、移动电信运营商等也不断推出自己的电子阅读器，加上成本较低的"山寨机"，竞争十分激烈。产品要获得消费者的喜爱并愿意购买还需要不断创新。对相关产品发布资讯做进一步分析可以看出：显示屏技术是电纸书获得成功的关键；显示屏技术的突破和 3G 的应用有利于用户体验，用户间即时交流、个性化的应用，如社区、RSS 订阅、评论等也将是电纸书的发展趋势。

3）内容资源

电纸书无书不成，内容资源是获得竞争优势的关键。随着技术的普及和产品的增加，电子阅读器的价格会下降，利润空间减少，竞争的重点会转移到内容上，有无丰富的电子资源将决定着企业的生死存亡。

4）组织联盟

随着电纸书行业越来越热门，越来越多的力量参与进来，相关组织的建立有利于行业的规范，合作联盟的方式有利于行业的扩张，组织联盟将在电纸书行业发挥重要作用。

7.2 事件分析方法及应用

本部分基于典型应用场景介绍事件分析方法及其应用，包括新闻报道中的事件识别方法、基于搜索数据的已知事件分析。本部分内容为基于事件的情报分析提供了可行的参考框架。

7.2.1 互联网新闻报道中的事件识别方法及应用

本部分主要介绍互联网新闻报道中突发事件或典型事件的识别方法，主要探讨如何利用词语本身的语言学特性来实现新事件识别，并通过事件识别为行业分析提供有益的情报。

(1) 新闻报道中的事件识别方法框架

本研究通过识别构成一个事件的词语描述来探测新事件的产生，其中那些经过分词处理得到的词或短语称为词元（Element of Terms，ET），特定时段内被广泛关注的词元称为热点词元（Hot Element of Terms，HET）。事件识别活动是一个热点词元发现及其合理有序组合的过程，且事件可以由这些热点词元之间的稳定组合所构成的词语描述来表示，所以通过热点词元发现和新词语检测，可以识别新事件。进一步地，根据事件相关性的判断可以进行事件库更新，并在此基础上进行事件深度分析。事件识别与分析方法的主要框架如图 7-3 所示。

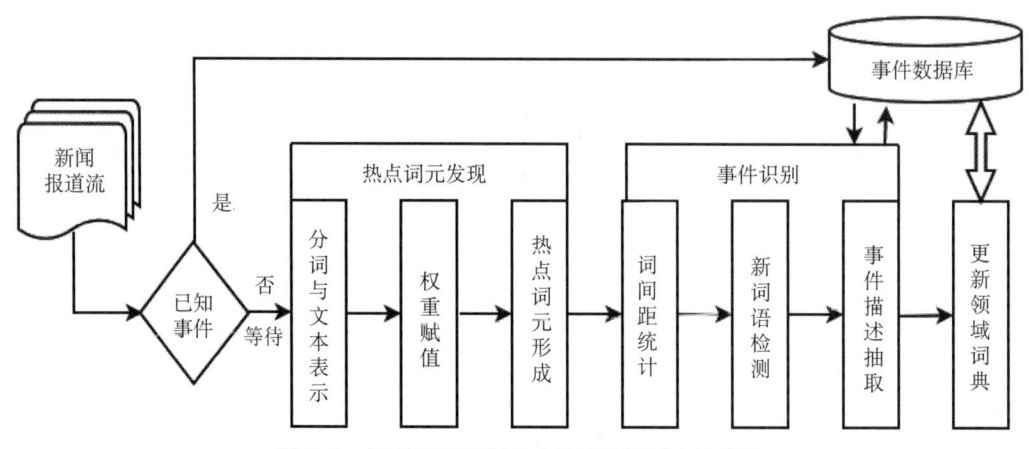

图7-3 互联网新闻报道中的事件识别方法描述

(2) 事件识别方法的主要过程

1) 热点词元发现

Bun 等研究发现，新出现或变化的词语对于新闻来源上的差异有着较强的敏感性[①]。本研究认为不同时刻产生的新闻报道对各词元的赋值是有差异的，所以在参考TF-PDF模型的基础上，本研究将每天产生的所有新闻报道的标题，按小时形成24个片段，继而对每个片段内的所有词元进行权重计算，并通过求和等运算操作，最终获取新闻报道标题的词元权重。此外，在相同时段内的所有新闻报道中，若某一新闻报道包含了多条相似报道，那么它所包含的词元的权重应与没有相似报道的新闻报道有所不同。为了体现这种差异现象，本研究引入了相似报道数因素加以测量。词元权重的具体计算方法如下：

$$W_j = \sum_{t=1}^{T}\left(\left(|F_{jt}|\exp\left(\frac{n_{jt}}{N_t}\right)\right)\times(1-r)+\frac{n_{jt}+m_{jt}}{N_t+M_t}\times r\right), \quad (7-1)$$

$$|F_{jt}| = \frac{F_{jt}}{\sqrt{\sum_{k=1}^{K}F_{kt}^2}} \quad (7-2)$$

其中，W_j 为词元 j 的权重；F_{jt} 为词元 j 在时刻 t 内的所有报道中出现的总数；n_{jt} 为时刻 t 内包含词元 j 的报道总数；N_t 为时刻 t 内包含的报道总数；K 为某时刻内包含的词元总数；T 为包含的时段总数（以小时为单位）；m_{jt} 为时刻 t 内词元 j 所在的报道中含有的

---

① BUN K K, ISHIZUKA M. Topic extraction from news archive using TF* PDF algorithm [C]. Proceedings of the 3rd International Conference on Web Information Systems Engineering, 2002: 73-82.

相似报道总数；M_t为时刻t内所有报道含有的相似报道总数；r为调节因子（$0 \leqslant r \leqslant 1$），以反映相似报道数的影响力。当$r=0$时，表示相似报道数对词元权重赋值没有影响；当$r \leqslant 1$时，表示相似报道数对词元权重赋值影响强烈（研究发现r在 0.4～0.5 取值最为适合，本部分后续研究中取值为 0.41）。此外，相似报道数取决于报道来源的广泛与否，因而也反映了报道来源的多元化对词元权重赋值的影响。

2）词间距策略

事件特征描述的相对稳定现象，反映在构成事件特征描述的词元之间存在着相对稳定的近邻现象，它们可以通过词间距（Distance between two Segmental Words，DSW）衡量，如表 7-3 所示。

表 7-3　热点词元与词间距实例

编号	热点词元	词元词性	标题1	标题2	标题3	标题4	标题5	标题6	标题7	标题8
1	解救	v	2	1	5	1	3	7	3	0
2	乞讨	v	3	2	6	2	4	8	4	6
3	儿童	n	4	3	7	3	5	9	5	7
4	行动	vn	7	4	0	4	6	0	6	0
5	关注	vn	0	6	2	6	0	12	0	0
6	微博	n	0	10	0	0	0	2	8	0
7	教授	n	0	0	1	5	1	1	0	0

注：词元词性的选择，参考中国科学院计算技术研究所汉语词性标记集 V5.0。

表 7-3 中，标题 1 至标题 8 的数值，代表了各个词元是否在标题中出现及出现的位置序号，能够反映各个词元（如解救、乞讨、儿童、行动）在某时段内的相邻情况，其中词元"乞讨"和"儿童"先后出现（DSW=1）多达 8 次，说明该时段内以上两个词元之间存在着相对稳定的近邻现象。那些表征近邻现象的词元构成了事件特征描述的主要部分。因此，如何高效、稳定地获取词间距信息，也成为研究关注的重点。本研究获取词间距信息的步骤如下：

预处理：以某一时段内出现的热点词元为过滤规则，依次扫描该时段内产生的新闻报道标题，把热点词元在标题中出现的位置及其词性等信息存入临时表（表 7-3）。

①声明变量 i（初始值为 1），获取临时表中的记录总数（记为 n）和获取临时表中的报道总数（记为 m）；

②若 i 不大于 m，跳至步骤③，否则，跳至步骤⑧；

③初始化数组 ETPosition [n]，同时将标题 i 中热点词元的位置信息依次赋值给该数组；

④从数组 ETPosition 中依次取出两个位置信息做差运算，计算热点词元间的词间距；

⑤若词间距为1，表明对应的热点词元是紧邻的，同时按照一定的格式（表7—4）存入候选事件表且把出现次数置为1；若相关热点词元间的词间距信息已存在，则已有出现次数加1；

⑥若数组 ETPosition 中的位置信息计算完毕，释放数组 ETPosition，跳至步骤⑦，否则，跳至步骤④；

⑦计算下一个标题所携带的词间距信息（i++），跳至步骤②；

⑧词间距统计完毕。

把那些词间距为1的词元称为"近邻词元"，即事件描述碎片（Fragments of Event Description，FED），按照词元本身所携带的位置序号，决定其先后位置关系并进行组配，形成事件描述碎片集合，为事件特征描述的抽取提供原始数据。

3）事件识别

特定时段内事件描述碎片的存在状态，决定了一个事件的产生与否，或它是否得到了持续关注，而与某一事件相关的新闻报道在特定时间段内，有着相对集中的趋势。因此，通过观察事件描述碎片在特定时段内出现的频次，能够识别出事件及其被关注的程度。事件描述碎片集合的实例如表7-4所示。

表7-4 事件描述碎片集合实例

词元1	词元2	词元1的位置	词元2的位置	出现频次	报道总数	频次报道比
街头	救助	9	8	2	26	0.0769
儿童	行动	9	10	5	26	0.1923
关注	微博	5	4	1	26	0.0385
乞讨	儿童	3	4	17	26	0.6538
解救	乞讨	2	3	11	26	0.4231

本研究主要综合表中的出现频次和频次报道比等因素，来决定是否产生一个事件，

即用出现频次来反映事件描述碎片的活跃程度,用频次报道比来揭示事件描述碎片在整个报道中的关注强度。实验发现,在一个事件描述碎片集合中,满足出现频次不小于15或频次报道比不小于0.15时,能够较好地识别一个事件,如表7-4识别了一个"解救乞讨儿童行动"事件。当然用这些事件描述碎片按照位置信息直接堆砌来描述一个事件是不太严谨的,它往往需要进行修饰与完善,而这不是本研究关注的重点。具体事件识别策略如下。

预处理:以表7-4中词元位置信息升序排列的方式,获取事件碎片里的词元信息,把词元、位置、出现频次等信息依次存入数组FED、Position、Pnum,声明字符串变量MergeEvent、ClassEvent和整型变量MergeNum、ClassNum。其中,字符串变量初始值为空、整型变量初始值为0。

①从数组Position中依次取出两个位置信息做差运算;

②若差值为0且数组FED对应的词元相同,跳至步骤③,否则,跳至步骤④;

③取出一个相关词元,存入字符串MergeEvent,同时把两者的频次信息做和运算并存入MergeNum;

④从数组FED中依据位置顺序取出词元并拼接成事件描述碎片,存入字符串ClassEvent,同时把对应的频次信息做和运算并存入ClassNum;

⑤若数组Position中的位置信息计算完毕,跳至步骤⑥;否则,跳至步骤①;

⑥若MergeNum不大于ClassNum,事件表示为字符串ClassEvent、MergeEvent顺序拼接,反之,则反序拼接;

⑦事件识别完毕,释放数组FED、Position、Pnum。

4)事件相关性判断

特定时段内识别出的事件有两层意思:新出现的事件,在以往时间片中是不存在的;已有事件的延续,先于当前时间片而存在,且在当前时间片中得以强化或持续关注。这使得事件间的相关性计算变得极为重要。

相关研究表明,目前广为流行的向量空间模型(Vector Space Model,VSM)存在着向量空间中各词彼此独立、词的顺序被忽略、一词多义和一义多词问题被忽略及其缺乏理论基础等诸多缺陷,不适应于研究中事件描述碎片的词元间彼此依赖、按需组合等现状。Zhou M以系统理论为基础,认为两个系统的相似应表现为构成系统的各要素间的相似状态,且系统相似度取值的主要因素包括各自组成要素的个数、系统与各级子系统的要素构成、要素的权重、相似元及其相似度等,同时提出了系统相似模型(System

Similarity Model, SSM)[①]。该模型在理论上采取了更加符合人类认知科学的思想,其数学定义为,给定系统 $A = \{a_1, a_2, \cdots, a_m\}$,$|A| = m$ 和系统 $B = \{b_1, b_2, \cdots, b_n\}$,$|B| = n$,其中 a_i ($1 \leq i \leq m$) 和 b_j ($1 \leq j \leq n$) 为系统要素,其权重分别用 $x_i > 0$ 和 $y_j > 0$ 表示。假定系统之间相似元个数为 p ($p \leq \min\{m, n\}$),记为 $s_1, s_2, \cdots, s_p \in A \times B$,设它们分别为 $<a_1, b_1>$、$<a_2, b_2>$、$\cdots<a_p, b_p>$,其相似度分别为 u_i ($1 \leq i \leq p$),系统相似度 $Q(A, B)$ 的计算如下:

$$Q(A, B) = \frac{\sum_{i=1}^{p} u_i X_i^2}{\sqrt{\sum_{i=1}^{m} X_i^2} \sqrt{\sum_{i=1}^{p} u_i^2 X_i^2 + \sum_{i=p+1}^{n} y_i^2}} \tag{7-3}$$

将事件看作系统,它包含一系列事件描述碎片,且事件描述碎片是由一个个热点词元组成的,同时把一个个热点词元看作构成系统的要素,并通过构建两事件间的热点词元相似元,以寻找事件之间的相关关系。假设阈值为 T,新事件因子为 F,已有事件集合为 $B=\{b_1, b_2, \cdots, b_n\}$,$|B| = n$,且 b_i ($1 \leq i \leq n$) 为热点词元,候选事件为 A,并将候选事件 A 与已有事件进行相关性计算,得到新事件因子集合 $F=\{1-Q(A, B_1), \cdots, 1-Q(A, B_n)\}$。若满足 $T \leq F_{\min}$,则表明候选事件 A 为新出现的事件;若满足 $T > F_{\min}$,则候选事件 A 为已有事件,把它整合到 $F_{\min}$ 对应的事件中,如图 7-4 所示。

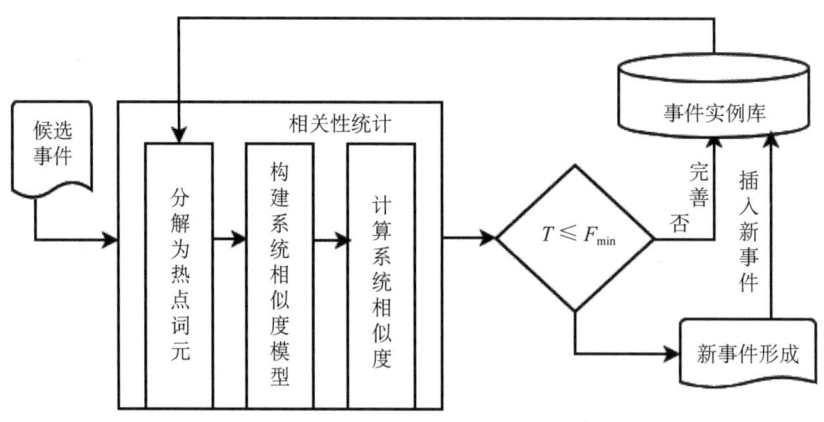

图 7-4 新事件识别流程

[①] ZHOU M. Some Concepts and mathematical consideration of similarity system theory [J]. Journal of system science and system engineering, 1992, 1 (1): 84-92.

(3) 上海车展事件识别

本部分通过实例展示互联网新闻报道中事件识别方法的应用。本研究利用自主开发的互联网信息采集和分析平台,以新浪新闻搜索作为采集数据的入口,通过提交指定关键词(如上海+车展)的方式采集那些发布在2011年上海国际汽车展(简称"上海车展")开幕前后一周(2011年4月12—26日)的有关上海车展的所有新闻报道,共计10 917条。其中,新闻报道总数为6887条,相似报道总数为4030条,采集日期为2011年5月4日。

1) 事件识别与空间关注

通过对样本中的标题以天为单位进行热点词元检测,找到当天新闻报道的关注点,然后将得到的热点词元逐一和该天的新闻报道标题进行词间距统计分析,以把握这些热点词元之间距离远近的客观分布状态,再将词间距为1的词元按照词元出现的位置前后关系进行组合,拼接成事件,如表7-5所示。

表7-5 新闻报道样本中识别出的事件和发文量

事件名	发文量/篇	生成时间
车展	150	2011年4月12日
车展	180	2011年4月13日
车展	230	2011年4月14日
车展	306	2011年4月15日
上海车展	148	2011年4月16日
上海车展探馆	139	2011年4月17日
上海车展	509	2011年4月18日
2011款新车亮相上海	969	2011年4月19日
新车上海车展	903	2011年4月20日
亮相上海车展	850	2011年4月21日
上海车	671	2011年4月22日
—	151	2011年4月23日
车展	182	2011年4月24日
—	805	2011年4月25日
上海车展	694	2011年4月26日

说明:表中的符号"—",表示当天没有发现事件。

表 7-5 逐一呈现了 2011 年 4 月 12—26 日的事件序列。在对上述系列事件做相关性判断的基础上，本研究认为该应用场景中出现了两个事件：上海车展探馆（2011 年 4 月 17 日）和 2011 款新车亮相上海（2011 年 4 月 19 日）。进一步分析发现，随着开幕式的临近，探秘上海车展中各个展馆的方位、车型承载量、品牌入驻情况等，成为热点并形成"上海车展探馆"事件；以上海车展开幕为契机，各品牌厂商的 2011 年新款车型纷纷曝光，且受到了各类网络媒体的广泛关注，形成"2011 款新车亮相上海"事件，这一热点一直持续到 4 月 21 日。从展期日程安排和表 7-5 的发文量来看，21 日及其后续展期为非媒体日，媒体报道热情一路走低，并在 23—24 日（双休日）跌至低谷，之后尽管媒体报道热情有所反弹，但因基于公众视角的自由性、多样化而没有形成有意义的热点事件。

本研究进一步对车展开幕及其前后一周的新闻报道进行空间信息抽取，采用基于词性识别的暗抽取策略，即对新闻报道样本中的正文进行地域信息抽取，同时将市级及其以下的地域信息，归入其对应的省（区、市）。以把握其所涉地域空间的分布状态。上海车展开幕当天（2011 年 4 月 19 日）的国内地域空间涉及 23 个省（区、市），这也从侧面证实了此次车展在全国范围内的影响力，如图 7-5 所示。

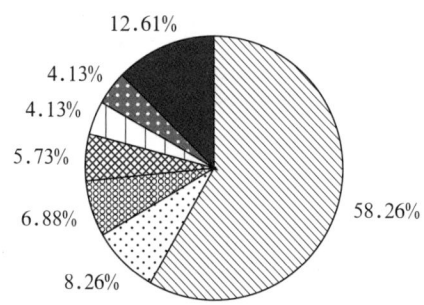

图 7-5 上海车展开幕当天的国内地域空间分布（不包含上海）

（注：其他指那些在样本总体中出现次数小于 10 的省（区、市）的出现次数之和）

2）热点事件的深度分析

上述实验演示虽然可以呈现并解读车展开幕前后发生的热点事件和媒体的关注点，但是仅从宏观上把握只是事件分析活动的一个方面，现实的情报分析往往需要进一步深入事件本身进行深度挖掘，因而，此处进一步以 2011 年 4 月 19 日发生的"2011 款新车亮相上海"事件为前提，利用该事件发生当天的相关新闻报道（共计 969 条），按照品牌的展馆分布统计了各品牌的曝光情况，进而寻找80款首发新车型所属的厂商并揭示各厂商的曝光情况，如表7-6、表7-7所示，以探究他们在车展活动中的具体表现。

表7-6 上海车展各品牌排行榜（TOP20）

名次	展馆	品牌	词频	名次	展馆	品牌	词频
1	W2	东风汽车	789	11	E4	标致	339
2	E5	大众汽车	673	12	E1	别克	337
3	E2	广汽集团	536	13	E4	雪铁龙	312
4	W3	丰田	478	14	E2	比亚迪	293
5	E5	奥迪	473	15	E1	雪佛兰	291
6	W1	一汽集团	463	16	E7	奔驰	285
7	E3	日产	420	17	W3	奇瑞汽车	276
8	W2	福特	402	18	W2	长安汽车	272
9	E6	宝马	396	19	E2	本田	265
10	W2	吉利汽车	382	20	E3	现代	257

表7-7 80款首发新车型所属厂商排行榜（TOP20）

名次	厂商	词频	车型数量	名次	厂商	词频	车型数量
1	上海大众	479	2	11	上汽乘用车	239	2
2	奥迪	473	2	12	沃尔沃	223	1
3	梅赛德斯—奔驰	414	4	13	三菱汽车	208	1
4	福特	402	5	14	马自达	203	2
5	宝马	396	3	15	海马汽车	194	4
6	上海通用汽车	380	5	16	华泰汽车	170	1
7	雪铁龙	312	2	17	迷你	161	1
8	奇瑞汽车	276	4	18	华晨汽车	160	5
9	长安汽车	272	3	19	东风标致	152	2
10	吉利汽车	271	5	20	兰博基尼	143	1

其中，各展馆内的品牌数据取自新浪网汽车频道，首发新车型的数据取自腾讯网汽车频道。需要说明的是，文中所指的曝光情况，是用参展品牌在车展样本中出现的次数（即"词频"）来衡量的。

国产车在本届车展上集体发力，约占参展整车总量的82%，这为进一步了解和认识国产车在行业中的影响力或知名度提供了可能。因而，本研究关注了国内自主品牌及其厂商在车展中的排行情况，它们在排行榜中所占的比例依次为20%、30%。由此可见，国内自主品牌厂商在大力推进自主创新的同时，应当有意识地树立品牌形象，注重品牌宣传。特别是在互联网媒体发展的今天，各种各样的网络媒体形式为企业低投入高产出的品牌宣传和网络营销提供了可能，国产厂商应该有意识地应用互联网，关注社会化媒体，重视网络意见领袖，更好地利用大型会展活动这一行业盛会平台。

7.2.2 基于网络搜索数据的金融危机事件识别及分析

本部分基于搜索数据的已知事件分析，主要构建一个基于网络搜索的事件分析框架。该框架涵盖事件相关网络资讯的采集、事件静态词表构建、事件动态演化分析、搜索数据的统计挖掘等主要环节。在具体的情报活动中，基于网络搜索数据往往能提供重要的情报数据源。本部分以2008年美国金融危机事件为例，探讨网络搜索与金融危机传导的关系，基于统计学方法得出中美金融危机传导的时延。

(1) 网络搜索相关研究

通过对用户搜索数据的分析研究可以清晰地发现大众的关注热点，利用搜索引擎中用户的搜索数据也可以预测未来趋势。2009年上半年，谷歌公司的几名软件工程师通过观察发现，每当流感季节开始时，与流感有关的查询词被搜索的数量就会增加。基于这一发现，他们通过筛选、计算从2003—2008年5000万个最常用的搜索词中得到与流感相关性最强的45个关键词，并利用这45个关键词的搜索量时间序列，对美国8个地区的流感发病情况分别做了预测，结果表明谷歌流感趋势跟踪流感的准确率能达到97%～98%[①]。同时，由于数据获取的实时性，用这一方法对病例的估测要比CDC（美国疾病控制与预防中心）要早1～2周。国内研究者也对广东省2009年甲型H1N1流

---

① JEREMY G, MATTHEW H M, RAJAN S. Patel, et al. Detecting influenza epidemics using search engine query data [J]. Nature, 2009, 457 (2): 1012-1014.

感流行与网络搜索情况进行了相关性分析[①]，并梳理了国外互联网搜索数据与流感预警的相关研究[②]。随着这一领域研究成果的发布，其研究方法也迅速从传染病学的领域向经济社会领域扩散，在零售产品销售预测、房地产市场预测、失业率预测等微观、中观及宏观经济领域取得了丰富的研究成果。Hyunyoung Choi 和 Hal Varian 将搜索关键词的词频作为变量加入线性回归模型中，对零售、汽车、房屋和旅游 4 个行业的销售量进行分析，结果表明，将相关关键词的词频作为解释变量引入季节性 AR 模型和固定效应模型后能够改善模型预测效果，特别是对汽车和房屋建设的预测精度分别提高了 18% 和 12%，效果十分明显[③]。上述这些研究多将网络搜索数据作为一个变量加入原有模型并实证其效果，本节则主要以网络搜索数据作为定量分析的基础，构建一个面向宏观事件分析的框架。

（2）事件分析框架

金融危机事件已被金融研究领域专家充分研究，其传导特性也可与网络搜索的趋势变化进行相关性分析，故本部分选择 2008 年美国金融危机作为事件分析框架的实例，考虑到中英文双语的问题，在样本选择和词表生成上都兼顾了美国和中国，基本框架如图 7-6 所示。

后文将围绕本框架展开，其中互联网上相关事件的信息采集与分类（A）、事件的静态词表构建（B）、事件的动态演化分析（C）是重点内容，虽然也是以 2008 年金融危机为例，但还是分析框架中相对通用的部分。（D）、（E）、（F）是具体围绕金融危机及金融危机传导展开的检验分析和策略提出，在行文的时候嵌入在主要的分析流程中，但可以充分体现此分析框架的作用和价值。

（3）基于事件网络资讯的静态词表构建

1）事件信息表征的分类

通过信息表征金融危机事件，现有研究者多习惯站在经济学的角度，采用国际货币基金组织提出的划分标准，即货币危机、债务危机、银行危机、次贷危机 4 种类型，但本研究对象是搜索数据，以及这些数据所体现的特征和用于事件分析的作用，而且绝大多数的互联网搜索引擎用户并非金融领域专业人士，显然这种分类方式并不适用。金融

---

① 康敏，钟豪杰，杨芬，等. 广东省 2009 年甲型 H1N1 流感流行与网络搜索情况的相关性分析[J]. 热带医学杂志，2011，11（6）：629-632.
② 李锐，王增亮，张志杰，等. 互联网搜索数据与流感预警[J]. 中华流行病学杂志，2013，34（1）：101-103.
③ CHOI H，VARIAN H. Predicting the present with google trends[R]. Working paper，2009：2-10.

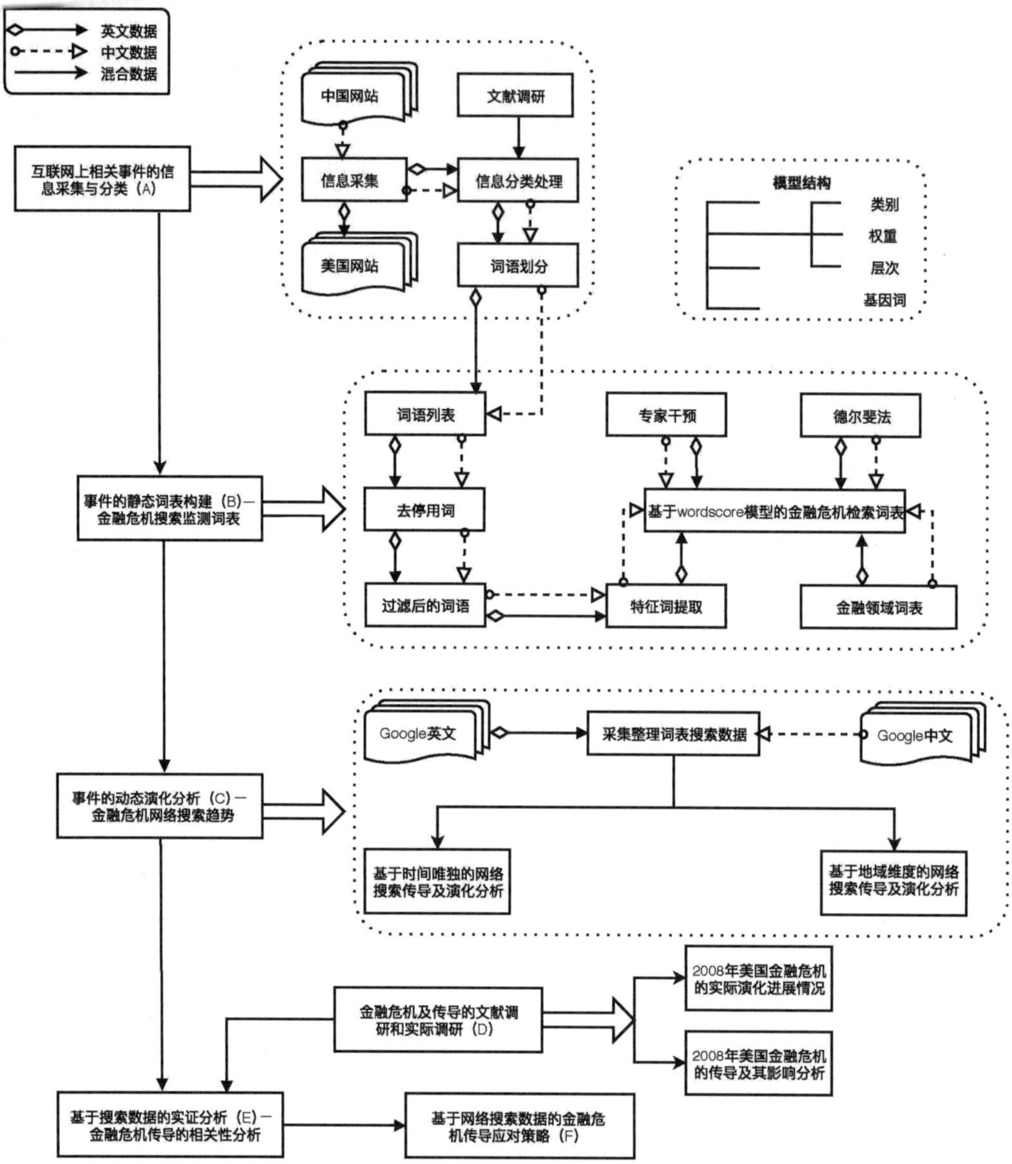

图 7-6 基于网络搜索的事件分析框架

危机作为一类可传导的重大事件或问题，在事件新闻报道中，主要的报道模式有3类，即现状描述类、原因分析类和应对措施类。而初始样本数据源也是各大网站的金融危机相关报道，故按此分类具有一定的信息区分度，也避免了单一词表对事件表征的单一，不利于在网络搜索数据基础上进一步分析金融危机发生、演化的过程中及人们关注焦点的转移。在咨询金融领域专家后，本研究最终确定将金融危机的相关网络信息划分为现状描述类、根源探索类和应对措施类。

2）初始样本数据的选取

为了充分获取金融危机相关网络信息，对初始样本数据网站的选择将兼顾中国和美国两个区域，同时还将兼顾门户类网站和财经类专业网站两种类型。

从美国 2012 年最大的 10 个新闻网站中，按照其市场占有率及与采集相关的可访问性、可获取性等指标，在综合考虑了独立用户数量和各大网站在新闻报道上一定程度的同质化等情况后，选择了 CBS News 和消费者新闻与商业频道（Consumer News and Business Channel，CN-BC）作为英文门户类网站代表。同样，按照中国门户新闻网站 2012 年的统计排名，以"金融危机"为关键词，选取了新浪网和财经网作为初始样本数据采集的来源网站之一。

3）采集策略与采集结果

本研究中，数据抓取工具选择了火车采集器（http://www.Locoy.com）。数据抓取前需要对采集器进行一系列的配置，包括给定种子网址、多级网址提取规则、目标页面内容提取规则（标题、发表时间、正文）、数据发布策略等。表 7-8 是 2002 年 1 月至 2012 年 12 月时间段内，以"金融危机"为检索词从上述 4 个网站所采集到的网络资讯的条数。

表 7-8　网站采集结果

国家	网站名称	数据量/条	国家	网站名称	数据量/条
美国	CBS NEWS	40 182	中国	新浪网	339 887
	CN BC	12 009		财经网	20 535

4）数据处理

①样本数据的分类。本研究中，考虑到领域特性，我们选择通过人工编码分类的方式将上述样本数据分为现状描述类、根源探索类、应对措施类 3 类。统计汇总结果如表 7-9 所示。

表 7-9　"金融危机"相关样本数据分类情况

国家	应对措施类	根源探索类	现状描述类
中国	29%	17%	54%
美国	20%	24%	56%

从表 7-9 可以看出，在所有金融危机相关的新闻文本中，中美都是现状描述类的文本数据量最大，占到了 50% 以上的比例；根源探索类和应对措施类两者之间的比例则相差不大；相对而言，中国应对措施类新闻所占比例稍微高出根源类 10%。其后将利用基于改进的 WordScor 方法来相对客观地建立一个小型的分类词表，用以表征金融危机事件的网络信息特征。

② WordScore 方法。WordScore 是一种文本挖掘的计算机自动处理方法，可以在很大程度上提高分析结果的客观性。它是由 Laver、Benoit 和 Garry 提出的一种基于文本的加权评价方法，最初用于党派间的政策分析，后被广泛应用于各学科领域信息分析[①]。WordScore 方法的基本思想是将词语（Word）当作数据（Data），通过对文本中词语出现频次的计算，反映其内容特征或价值倾向，从而进一步解读和分析该政策，其主要步骤如下。

步骤 1：适当的参考文本集 $R=\{r_1, r_2, \cdots, r_n\}$，并对每份文档赋予权值 A_{rd}，即文档 r 对政策领域 d 的映射程度；

步骤 2：本集进行分词处理后，针对每篇文献 r 做词频统计得到 F_{wr}。然后计算每个词语 w 的条件概率分布：$P_{wr} = \dfrac{F_{wr}}{\sum r F_{wr}}$；

步骤 3：词语列表中每个词语 w 在政策领域 d 的价值表现力：$S_{wd} = \sum_r (F_{wr} \cdot A_{rd})$；

本部分借鉴 WordScore 方法前期词表建立部分，但不涉及测试集的计算，即在确定一个相对合理的分类体系后，对金融危机相关文本进行标注和处理，建立一个基于 WordScore 的金融危机事件相关的、用于监测网络搜索的静态词表。

③ 专业词表的过滤。为了方便大批量的分词处理和词频统计，需要先对每个类别下的文本数据进行合并处理，处理完成后，中国和美国各自对应的 3 个类别下各有一个 TXT 文件。本研究搜集整理了网络上金融危机相关的词语列表，其中既包括中国商务部官方给出的金融危机词汇表，也有中外学者们[②]总结的相关列表[③]，还有国内外相关网站（http://thorntonecon.Wikispaces.com）上列出的词汇（http://www.vocabulary.com）。

词表过滤完成后，分别记录下每个词语在 3 类文件中的频次（即出现次数）。后期

---

① MICHAEL L, KENNETH B, JOHN G. Extracting policy positions from political texts using words as data [J]. American political science review, 2003, 97 (2): 311-330.
② 谭汉英. 与金融危机相关的英语词汇 [J]. 英语知识, 2010 (4): 20.
③ MIHUT S. The economic crisis vocabulary [J]. Ovidius university annals, economic sciences series, 2010 (2): 475-477.

第7章 面向行业的市场情报分析

结合分词后统计出的总词数，计算出 3 个类别下每个词语的频率，然后比较词频大小，将词语归属于其词频最大的所在类别。表 7-10 展示了部分英文专业词语的频次和频率统计，可以看到其中有的词语倾向性非常明显，如"bad debt"，这种词语就可直接填充到词表中，但也有词频区分度较小的词语，如"the Dow"，类似这些词语，后面将引入专家干预来进一步判断其具体类别。

表 7-10 英文专业词语词频统计表（部分）

词汇	现状描述类		根源探索类		应对措施类	
	频次	频率 *100	频次	频率 *100	频次	频率 *100
adjustable rate mortgage	133	0.20%	91	0.30%	19	0.08%
bad debt	520	0.78%	284	0.94%	60	0.25%
Baltic Dry Index	27	0.04%	5	0	7	0.03%
CDO	1700	2.56%	726	2.41%	246	1.03%
trade imbalance	19	0.00%	36	0.12%	1	0.00%
Credit crunch	3061	4.59%	1217	4.04%	120	0.50%
Credit line	240	0.36%	57	0.19%	100	0.42%
the Dow	6849	10.27%	3113	10.33%	1964	8.22%
Economic downturn	513	0.77%	208	0.69%	180	0.75%
Tax reduction	93	0.14%	30	0.10%	79	0.33%
Federal Reserve	3141	4.71%	774	2.57%	1056	4.42%
……	……	……	……	……	……	……

④分词与词频统计。本研究中文分词选用中国科学院的 ICTCLAS，英文分词选取了 Lucene 自带的 Anlyzer 分词包。中英文分词的大体流程主要包括文本输入、专业词表过滤、词汇分割、去停用词、结果输出等几个部分。在停用词表选择上，选用了哈工大信息检索研究中心论坛提供的中文停用词表和数据堂（科研数据共享平台）提供的英文停用词表。最终统计出中国和美国 3 个类别的文本文件的中英文分词总数（表 7-11）。

表 7-11 中、英文分词结果统计

国家	现状描述类	根源探索类	应对措施类	总计
中国	46 376 975	16 772 030	35 401 264	98 550 269
美国	6 669 400	3 014 129	2 390 030	12 073 559

利用 Excel 数据透视表功能分别对中、英文 3 个类别下的词语进行词频计算，经统计后发现数据呈帕累托分布，即每个类别下的词汇经过词频排序后，前 20% 的词语能够表达这一类别 80% 的含义，就 3 个类别中的数据进行了筛选，只提取词频排名前 20% 的词汇，经处理后，英文数据平均每个类别下为 60 个词汇，中文则平均为 100 个词汇。

将 3 个类别中提取出来的数据放在同一个表格中做比较分析，发现无论中文还是英文，大部分词语都同时出现在 3 个类别之中，但是在顺序上有差异，即词频不相同。表 7-12 分别展示了部分中英文的高频词汇统计数据。由于前期数据的采集与"金融危机"相关的文献，所以这些词语的重叠也从另一个侧面证明了它们已经能够表征金融危机的大部分信息。同时，不同类别下词频的不同则使得词语对金融危机信息所属 3 个类别的倾向有所区分，后面就可以根据这种倾向性来构建词表，当 3 个类别下出现同一个词语时，将其归属于词频较大的相应类别下。

表 7-12 部分中英文高频词汇统计

词语	词频统计 *10			词语	词频统计 *10		
	现状描述类	根源探索类	应对措施类		现状描述类	根源探索类	应对措施类
中国	0.11	0.10	0.08	bank	0.13	0.14	0.12
金融	0.06	0.08	0.07	market	0.13	0.12	0.1
市场	0.08	0.07	0.07	percent	0.12	0.10	0.08
美国	0.06	0.07	0.05	financial	0.12	0.11	0.1
银行	0.05	0.06	0.05	stock	0.11	0.07	0.07
危机	0.05	0.05	0.04	debt	0.1	0.11	0.12
投资	0.04	0.04	0.05	crisis	0.1	0.08	0.09
发展	0.04	0.04	0.05	credit	0.08	0.08	0.04
政府	0.04	0.04	0.04	rate	0.08	0.05	0.04

续表

词语	词频统计 *10			词语	词频统计 *10		
	现状描述类	根源探索类	应对措施类		现状描述类	根源探索类	应对措施类
风险	0.03	0.04	0.02	mortgage	0.07	0.10	0.06
……	……	……	……	……	……	……	……

⑤词表构建。基于上文中对"金融危机"相关新闻文本进行过滤得到的专业领域词表,和通过分词处理筛选得出的词表,经由5名相关领域专家组成的小组,在综合每一个词语 w 的词频 F_{wr},以及词语本身的语义,对金融危机静态分类词表进行了填充。在处理的过程中,当一个词同时出现在3个类别里,首先通过词频来直接判断,如"Obama"一词在应对措施类的词频(*100)为0.8,远大于根源探索类的0.10和现状描述类的0.10。如果这个词在2个或3个类别中词频高度接近,就会通过专家引入语义来辅助判断。表7-13显示该词表的结构和部分词语,其中语言分类一级并无具体作用,只是为了尽可能地使词义一致的中英文能够相互形成对应关系,也使得后文中研究美国与中国金融危机传导趋势时,保证分析因子的一致性。

表7-13 金融危机相关静态分类词表(部分)

价值领域	语言分类	价值基因词
现状描述类	中文	市场、银行、危机、美元、股票、交易、指数、信贷紧缩、信用品级……
	英文	market、bank、crisis、financia、stock、credit crunch、credit rating……
根源探索类	中文	金融、债务、风险、华尔街、美国、次贷危机、贸易、抵押贷款……
	英文	credit、debt、risk、wall street、asset、the sub—prime crisis、mortgage……
应对措施类	中文	投资、发展、政府、政策、改革、美联储、减税、扩大内需……
	英文	base rate、treasuries、Obama、the federal reserve、tax reduction……

(4) 基于搜索数据的事件动态演化分析

1) 基于词表的搜索数据采集与整理

前面构建了面向事件分析的领域分类词表,接下来就需要从搜索引擎中分别下载、整理中国和美国网民有关这些词的搜索记录,以期从时间、空间等维度进一步分析事件。

本研究搜索引擎选择的是占据互联网搜索引擎市场主导地位的 Google,可以通过检索式本身的中英文表达和将国别设定为中国或美国来分别考察中美两国用户的检索行为特征。需要说明的是,在事件分析框架中需要计量分析的并非单个词汇,而是事件分类词表中每个类别下词汇组的汇总分析计算,所以就必须得到每个词的具体搜索数据,Google 趋势不仅提供了趋势图,还为登录用户提供词汇的搜索情况下载。同时,基于同一搜索引擎采集到的数据其统计策略相同,具有可比较性,也更有说服力。

在完成所有数据的前期处理后,还需要将每一组的词汇数据按月统计,求得平均值,以作为此组数据当月的关注度,最后绘出每组数据的关注度趋势图,分别从时间和地域的维度来进行比较分析。

2) 基于时间维度的事件动态演化分析

图 7-7 以美国用户搜索数据为样本,构建基于时间维度的网络搜索演化趋势图。其中,现状描述类趋势线上几次波峰点分别是 A (2007 年 8 月)、B (2008 年 3 月)、C (2008 年 9 月),根源探索类趋势线上几次波峰点分别是 D (2008 年 1 月)、E (2008 年 10 月)、F (2009 年 2 月),应对措施类则分别是 G (2008 年 10 月)、H (2009 年 3 月)、I (2010 年 4 月)。

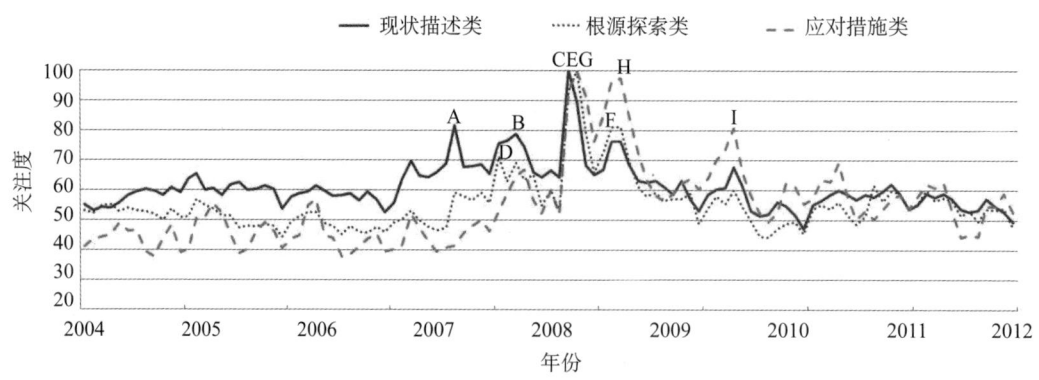

图 7-7 基于时间维度的网络搜索趋势(美国)

(注:数字 100 表示最大搜索量)

图 7-8 是以中国用户搜索数据为样本，构建基于时间维度的网络搜索演化趋势图。其中，现状描述类趋势线上出现了两次大的波峰分别为 A（2007 年 8 月）和 B（2008 年 10 月），根源探索类趋势线上只在 C（2008 年 10 月）出现了一次较为明显的波峰，应对措施类则分别在 D（2008 年 11 月）、E（2009 年 4 月）和 F（2010 年的 11 月）出现了 3 次较高的波峰。

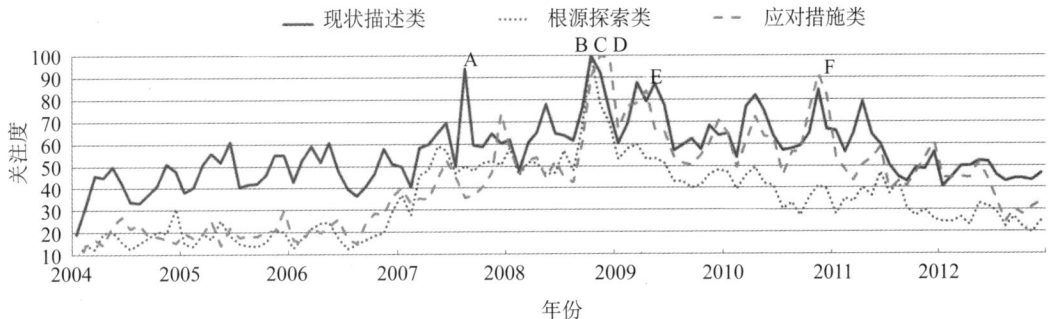

图 7-8 基于时间维度的网络搜索趋势（中国）

（注：数字 100 表示最大搜索量）

对比图 7-7 和图 7-8，可以发现一些共性。整体来看 3 条曲线，可以发现其波动趋势相对一致，只是时间和程度上稍有不同；现状描述类的上升趋势和出现峰值的时间点都明显早于后两类，因此判断现状描述类词汇的敏感程度较其他两类稍强；在 2008 年 12 月以后，应对措施类的关注度出现了反超，一度代替现状描述类词汇成为领跑者，这种趋势一直持续到 2010 年。另外，对比中英文数据还可以发现，在 2004—2006 年，中文 3 种数据的均值线与相应的英文类均值线的平均差值为 20，究其原因应该与当时中国的互联网发展较为落后有关。这些都是与实际情况相符合的。

进一步关注事件演化中网络搜索数据形成的峰值，可以将时间维度上的 3 类英文搜索记录数据合并，求其均值，绘出美国金融危机相关的网络搜索整体趋势图（图 7-9）。

2007 年以前，整体关注度都处于围绕 55 的均值线正常波动范围。从 2007 年 8 月开始一路都呈现上升趋势，直至 2009 年年底才重新靠近均值线，但进入正常的范围内是在 2010 年后半年。表 7-14 中列举了几个较为关键的峰值点及与之对应的金融危机实际演化过程中的实例。

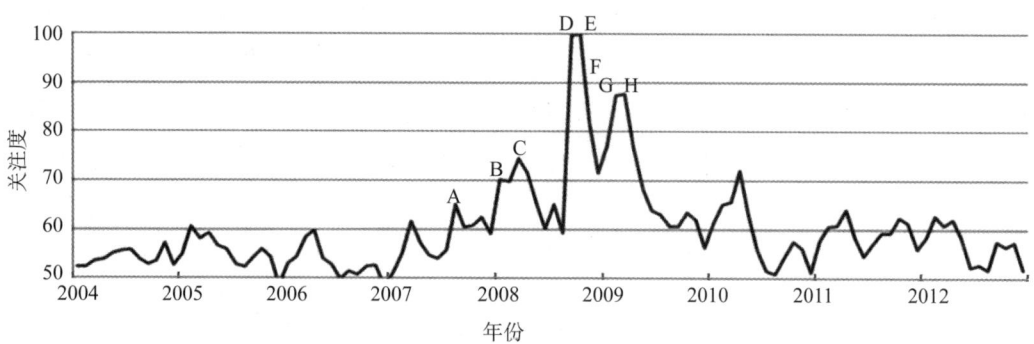

图 7-9 金融危机相关的网络搜索整体趋势（美国）

（注：数字 100 表示最大搜索量）

表 7-14 美国搜索趋势图主要峰值点列表

峰值点	时间	金融危机的发展传导实例
A	2007 年 8 月	世界各地央行及美联储先后注资救市；全球股市暴跌；二季度美国房价指数现 20 年最大跌幅
B	2008 年 1 月	全球惊现 "1·21" 股灾
C	2008 年 3 月	美联储为摩根大通收购贝尔斯通提供担保
D	2008 年 9 月	美国政府接管房利美和房地美；雷曼兄弟申请破产；华盛顿互惠银行倒闭；美林被收购
E	2008 年 10 月	美国总统布什签署 7000 亿美元金融救援方案；美联储、欧洲央行、英国央行和中国人民银行等联手采取降息措施
F	2008 年 11 月	中国政府宣布两年投资约 4 万亿元的经济刺激计划
G	2009 年 2 月	新任总统奥巴马签署总额 7870 亿美元的经济刺激计划
H	2009 年 3 月	各国央行再次降息，政府接管高额 "有毒资产"，且追加救市预算

同样在时间维度上，将中文 3 个类别的数据合并求得均值以后，绘出中国金融危机相关的网络搜索整体趋势图（图 7-10）。由于中国并没有遭受严格意义上的金融危机，时间点的区分不如美国那么明确，所以在对应关系上也无法像美国整体趋势图那样一一列举分析说明。

具体解读数据可以看出，2007 年以前的关注度都处于围绕 26 的均值线正常波动的范围内，从 2007 年开始呈现上升趋势，且在 2007 年至 2008 年 9 月间围绕一个临时的均值线呈现相对稳定的状态,可见次贷危机引发的市场恐慌并未大规模地传导至中国。

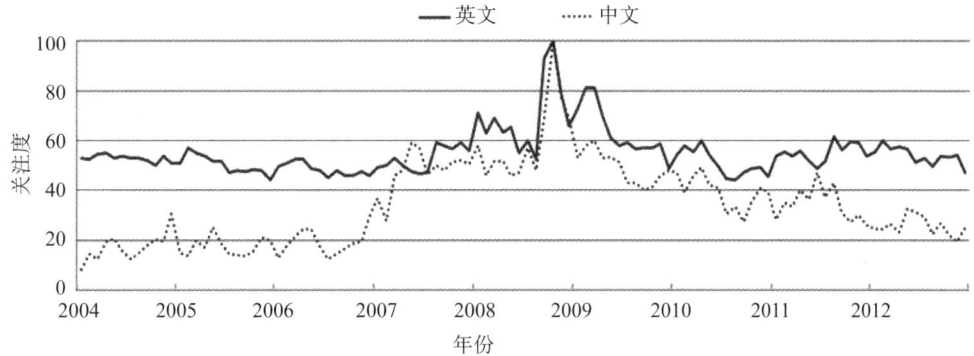

图 7-10　根源探索类中英文网络搜索趋势(中美对比)

(注:数字 100 表示最大搜索量)

关注度的最大峰值出现在 2008 年 10 月和 11 月(分别对应图中点 A、B),这一时间段的中国市场情况为:倒闭潮席卷东莞代工企业,钢铁行业迎来寒冬,金融衍生品行业和银行业 10 月也在金融危机的冲击中遭受重创,恐慌情绪开始扩散,市场出现大幅波动。为遏制金融危机在我国的进一步蔓延,2008 年 11 月政府制订了经济刺激计划,百日内连续 5 次下调利率。但市场信心并没有因为政府的力挽狂澜而出现迅速的恢复,不过恐慌情绪还是在一定程度上得到了遏制,股市在 10 月跌至最低点 1664 后 A 股逐渐回调,到 12 月沪指一度回暖至 2000 以上,关注度的走势也逐渐呈现回落趋势,至 2011 年开始回落到正常范围内。

3)基于地域维度的事件动态演化分析

经过时间维度的分析可以看出,中国和美国的趋势图在时间上有某种延续性,为了验证这种猜测,可以进一步从地域维度来分别对 3 种类别下的中英文词组做对照分析,图 7-11、图 7-12、图 7-13 分别为现状描述类、根源探索类和应对措施类中英文数据网络搜索趋势图。

图 7-14 为中美两国金融危机相关网络搜索整体趋势图,也是上述几类数据的叠加,对比分析可以有助于探讨两国的危机传导情况。

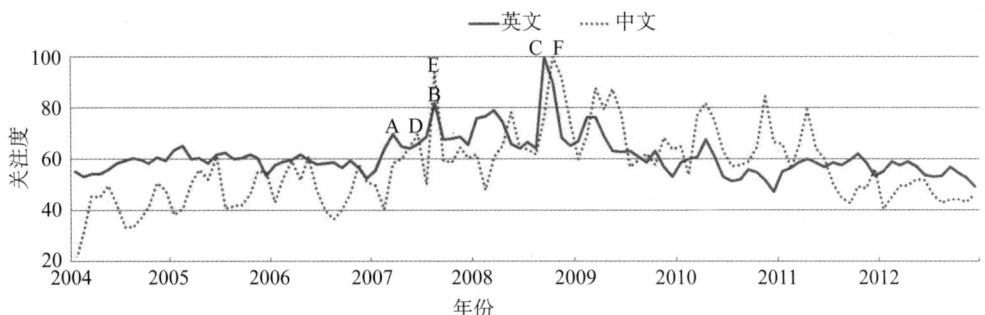

图 7-11　现状描述类中英文网络搜索趋势（中美对比）

（注：数字 100 表示最大搜索量）

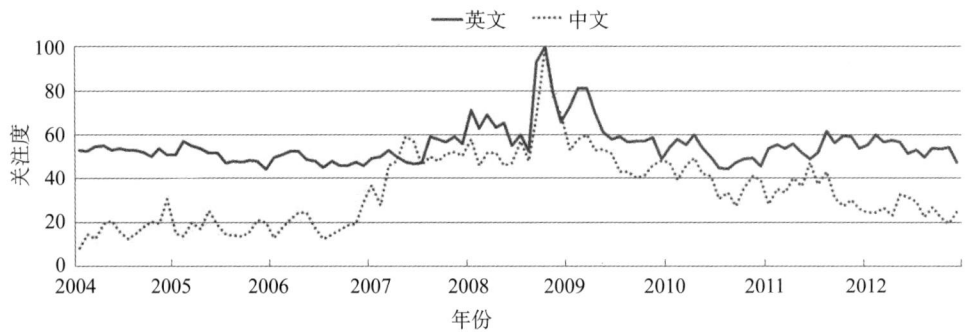

图 7-12　根源探索类中英文网络搜索趋势（中美对比）

（注：数字 100 表示最大搜索量）

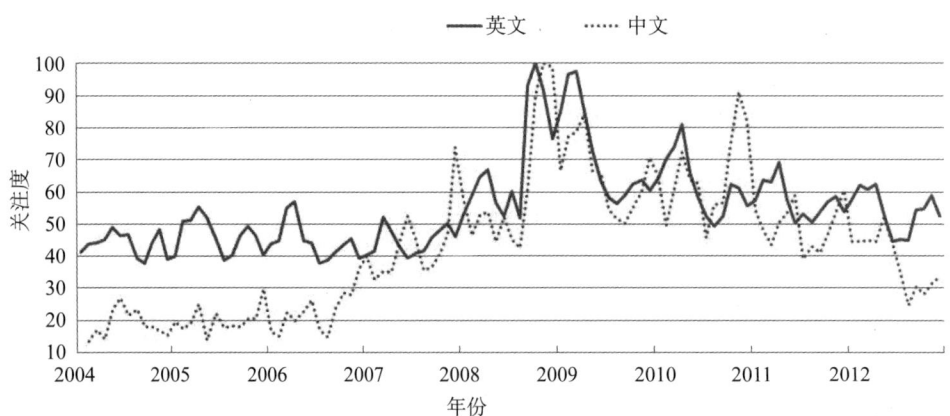

图 7-13　应对措施类中英文网络搜索趋势（中美对比）

（注：数字 100 表示最大搜索量）

第 7 章
面向行业的市场情报分析

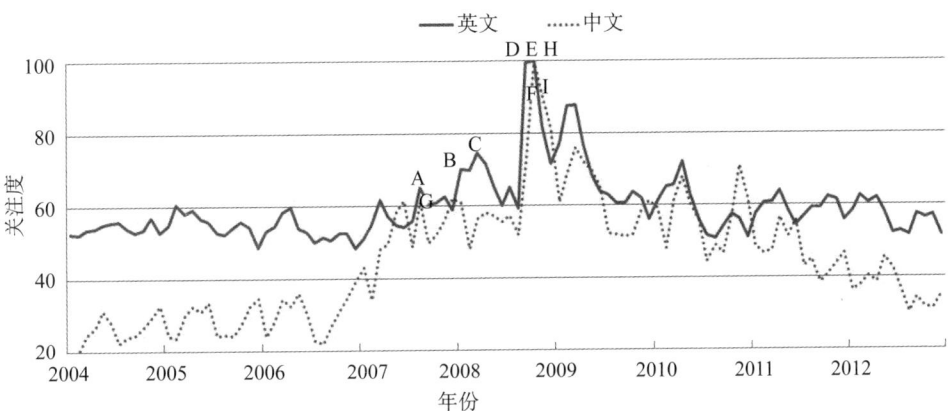

图 7-14 金融危机相关的网络搜索趋势（中美对比）

（注：数字 100 表示最大搜索量）

为了方便说明，同样利用图 7-14 曲线的峰值点和具体实例做一个粗略的对比列表（表 7-15）。

表 7-15 中美搜索趋势图主要峰值点列表

峰值点	时间	金融危机的发展传导实例
A、G	2007 年 8 月	世界各地央行及美联储先后注资救市；全球股市暴跌；二季度美国房价指数现 20 年最大跌幅
B	2008 年 1 月	全球惊现 "1·21" 股灾
C	2008 年 3 月	美联储为摩根大通收购贝尔斯通提供担保
D	2008 年 9 月	美国政府接管房利美和房地美；雷曼兄弟申请破产；华盛顿互惠银行倒闭；美林被收购
E、H	2008 年 10 月	美国总统布什签署 7000 亿美元金融救援方案；美联储、欧洲央行、英国央行和中国人民银行等联手采取降息措施
F、I	2008 年 11 月	中国政府宣布两年投资约 4 万亿元的经济刺激计划

4）基于网络搜索数据进一步挖掘分析

对于事件分析并不能局限于分类词表的构建和动态演化分析，还应该进一步挖掘网络搜索数据分析背后可能有的规律，进而能结合实际领域提出一些有价值的意见或建议，这样才能体现本研究事件分析框架的可扩展和价值。利用上述数据，我们可以进一步验证中美搜索之间的传导关系（某种意义上也是金融危机传导的表征），也可以 2008 年 9 月金融危机爆发将相关数据分为爆发前和爆发后进一步对比分析。

① 金融危机网络搜索的中美整体数据相关性分析。将上述时间段内原始的中美数据按周为单位进行整理，显示两者的相关系数为 0.722 913，属于"正相关关系"，同时拟合度也相对较高，模型整体显著，也就是说中国的搜索模式与美国的搜索模式呈现出一定程度的线性相关。接下来，通过按周挪动时间轴，获取相关性最高的统计值，以确定传导的时间间隔，可发现美国的搜索数据与 4 周后中国搜索数据的相关性最高，即传导时间为 4 周。

② 金融危机爆发前后的中美搜索数据相关性分析。选取金融危机期间波动最为明显的一个时间段（2006—2010 年），将其分为爆发前（2006 年 1 月至 2008 年 8 月）和爆发后（2008 年 9 月至 2010 年 12 月），把相关数据一分为二，按危机爆发前和危机爆发后继续统计分析。数据显示在金融危机大规模爆发前，中美数据相关性非常低，也没有传导时间间隔；而在危机爆发之后，传导时间在第 4 周达到最大值，且相关性非常明显，因此，可以认为中国市场是在美国金融危机爆发后，恐慌情绪才迅速蔓延的，这与实际情况也是符合的。

③ 表征金融危机 3 个类别搜索数据的相关性分析。结合上述现状描述类、根源探索类和应对措施类 3 个分类，还可以进一步分析，在每一个统计结果中 P 值都明显小于 0.01 的情况下，简要地给出了回归统计的基本数据，如表 7-16 所示。现状描述类的传导最为迅速，仅为 1 周；其次是应对措施类，时间间隔为 2 周；而根源探索类传导时间最长，为 4 周。同时还可以看出，3 类中应对措施类的相关性统计值最好，现状描述类稍低，根源探索类最低。可见在危机传导的过程中，人们最先开始关注的是现状描述类，而对现状的持续关注极易导致群众的恐慌心理，这种焦虑会将人们的注意力转向对市场上各种应对措施的关注，如果能够在这一个时间范围内出台相关救治措施，必然能对安抚公众情绪、稳定市场起到极其巨大的作用。

表 7-16　中美搜索模式的分类回归统计（移动后）

统计项	现状描述类	根源探索类	应对措施类
时间轴移动量	1 周	4 周	2 周
Multiple R	0.755 115	0.726 075	0.782 036
R Square	0.570 198	0.527 185	0.611 581
Adjusted R Square	0.568 532	0 525 331	0.610 069
标准误差	9.437 228	9.855 296	10.10 298
观测值	260	257	259

7.3 共现分析方法及应用

Web 文本挖掘是大数据环境下情报分析的重要方法技术，本部分乃至本书的很多分析方法与应用都是基于 Web 文本展开的，在行业态势分析这一应用情境中，Web 文本同样是重要的情报源。笔者曾提出一套基于网络信息的 Web 文本挖掘应用流程：①采集针对某一行业的网络信息，经过滤和清洗后将网页题名、摘要、正文、URL、来源、发布时间等信息抽取入库；②从时间和空间两个维度分别展现相关主题的发展演变及空间分布；③进而选择合适的 Web 文本挖掘方法（词频、共现、分类、聚类等）对网页内容进行有针对性的挖掘分析；④结合上述时空维度展现分析和挖掘分析探讨行业发展态势，如图 7-15 所示。

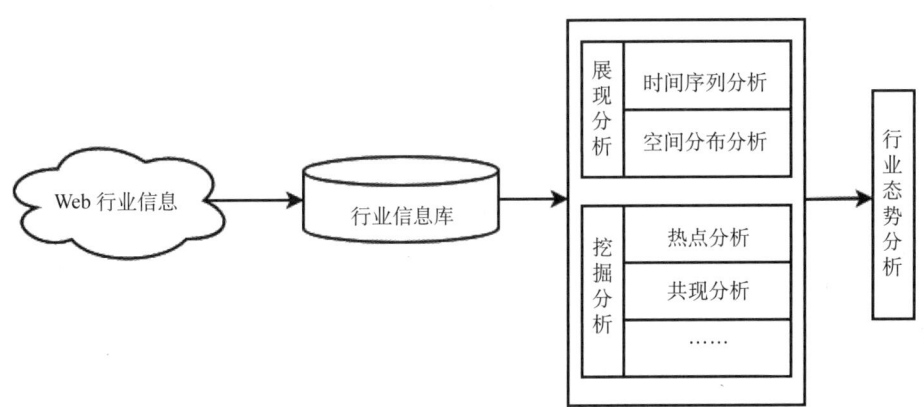

图 7-15 基于 Web 文本挖掘的行业态势分析流程

其中，共现分析是研究对象间关系的重要方法，本部分将以基于 Web 文本的词汇共现分析为基础，选择有代表性的应用场景进行市场态势分析或市场主体的行为分析。

7.3.1 基于观众感知的世博会企业赞助行为分析

企业是重要的市场主体之一，企业行为是经济管理活动关注的焦点。本部分以 2010 年上海世博会这一大型事件活动中的企业赞助行为为研究对象，以世博会观众在百度空间、新浪博客、网易博客中相对自由表达的感受为研究依据，借助共现分析方法，分析消费者感知赞助企业信息的特点及 2010 年上海世博会赞助企业信息传递过程中的互动性行为及其在营销学上的意义。

(1) 样本与数据

鉴于世博会具有独特的内涵和特征，利用世博会传播和推广企业品牌具有巨大的商业价值。众多国际、国内企业因此成为2010年上海世博会不同级别的赞助商。其中，全球合作伙伴是上海世博会赞助体系中最高级别的赞助企业；高级赞助商是级别仅次于合作伙伴的赞助企业；第三等级的赞助商即活动赞助商（如活动冠名赞助）。世博会赞助企业从各行业的重要企业中选定，最后形成了包括东方航空、均瑶牛奶、百威啤酒等在内的56家赞助商。其中来自上海和北京的企业分别为25家和15家，占世博会赞助企业总数的44.6%和26.8%，其他省份和地区的企业7家，占12.5%。另有9家企业来自其他国家和地区，其中IBM、可口可乐、思科、百威啤酒等4家为美资跨国公司。这些赞助企业可进一步分为在国民经济中具有特殊地位的企业（如国家电网公司、中国石油）、国际性跨国公司（如IBM、SIEMENS）、行业领军企业（如联想集团、贵州茅台）及科技型新兴企业（如宇达电通、高德软件）等类型，世博会成为这些赞助企业向世界展示和提升品牌形象的国际性舞台。

本部分选用百度空间、新浪博客、网易博客的媒体平台作为样本数据的来源，借助网站内容采集软件火车头采集器，针对上述网站的相关版块，定义相应的采集规则，编制相关采集模块，采集了发表在2010年4—9月有关2010年上海世博会的博文信息，并剔除因主题漂移而与世博会相关性不高及重复转载的博文，最后获取有关世博描述的博文59 279篇。然后运用社会网络分析方法，对各世博会场馆及各赞助企业进行共现分析，探寻消费者对赞助企业口碑信息的感知模式和方式。

(2) 世博会赞助企业共现分析

为分析世博会不同赞助企业之间信息传递的交互性过程，本研究借助信息科学的方法和计算机技术，对海量博客信息进行系列加工，以挖掘出其中潜藏的信息，在此基础上对赞助企业进行共现分析。

鉴于世博场馆在企业信息传递过程中的调节性作用，本研究将网络博客中的世博会场馆信息纳入，以全面分析赞助企业信息共现机制。当两个世博会赞助企业、两个世博会场馆或某个场馆和某个企业相关的关键词共同出现在同一篇博客时，表明这两者之间具有一定的内在关系，并且出现次数越多，表明关系越密切、距离越近。具体来说，网络博客文本中不同赞助企业在该总体中分布状态的要素及其共同被提及的次数（称为"共现次数"）反映了不同世博赞助企业之间的共现程度；赞助企业与世博会场馆间的共现次数反映了世博会场馆的调节性效应，而不同世博会场馆间的共现次数则体现了世博会

第7章 面向行业的市场情报分析

场馆的节点性效应。

在统计共现次数时,利用正则表达式在字符串匹配等处理上高效、精准的优点,设计相关计算策略构建共现处理平台,并借助计算机自动完成统计过程。

1) 世博会赞助企业共现效应

本研究利用自主开发的词频统计和主题共现文本处理平台,计算出2010年上海世博会赞助企业间的共现次数,并采用目前较为成熟的社会网络分析方法,分析世博会赞助企业之间存在的交互性现象。先对56个赞助商进行词频统计,选择词频排在前20位的企业计算出每个赞助企业与其他赞助企业之间的共现矩阵,再借助社会网络分析方法与可视化工具Net Draw,将赞助企业共现阵列转换输出形成2010年上海世博会赞助企业的社会网络图。为直观展示世博会赞助企业之间的网络结构特征,选择基于全部数据的社会网络共现图(图7-16)和共现频次高于25(阈值)的社会网络共现图(图7-17)进行对比分析。

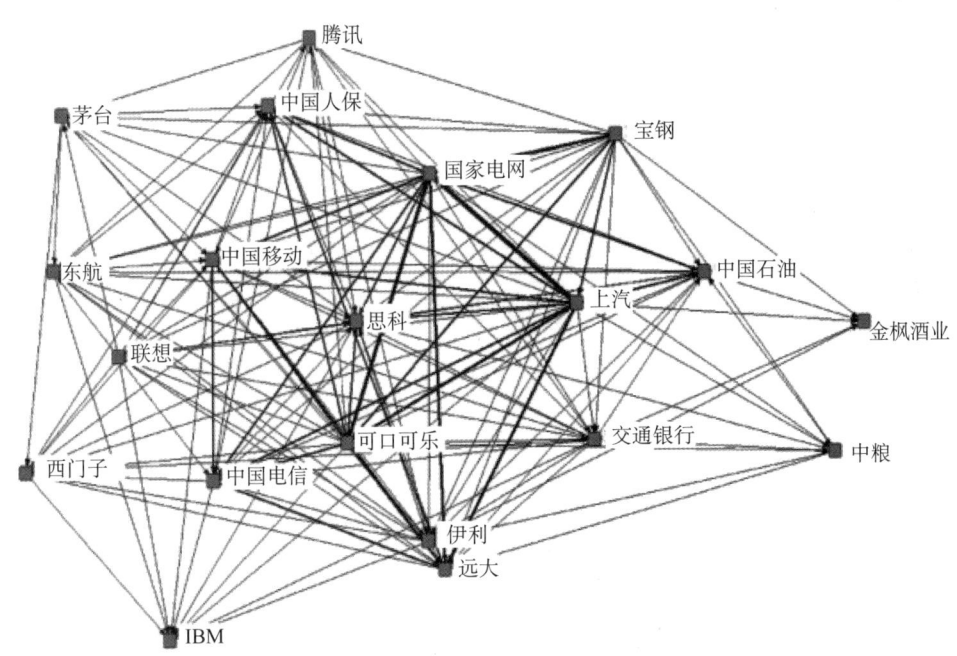

图7-16 2010年上海世博会赞助企业共现示意(基于全部数据)

图7-16和图7-17的每个节点代表一个世博会赞助企业,显示了世博会不同赞助企业在观众记忆和体验中的连接和关联;节点间连线的粗细不同,表示不同的赞助企业之间的联系强度不同。对两图进行对比分析发现:国家电网公司、上汽集团和可口可乐

居于核心位置,大量的其他上海世博会赞助企业都与它有着共现现象;图7-16的社会网络示意图显示,除中国移动、伊利牛奶外,处于核心位置的世博会赞助企业基本上都建有自己的场馆,显示出场馆在世博会赞助企业口碑信息传递过程中起到了很好的调节和加权作用。此外,从地理位置上看,国家电网、可口可乐等场馆均位于世博会黄浦江以东的D片区,观众能够在适宜的步行距离范围内进行参观,在世博会观众的参观体验中显示出较强的关联度;上汽集团——通用汽车馆、远大馆位于黄浦江以西的E片区,他们与国家电网、可口可乐等世博会赞助企业之间也出现了共现现象,说明此时距离并没有成为阻碍观众从参观体验中获得对这些赞助企业共同感知的程度。

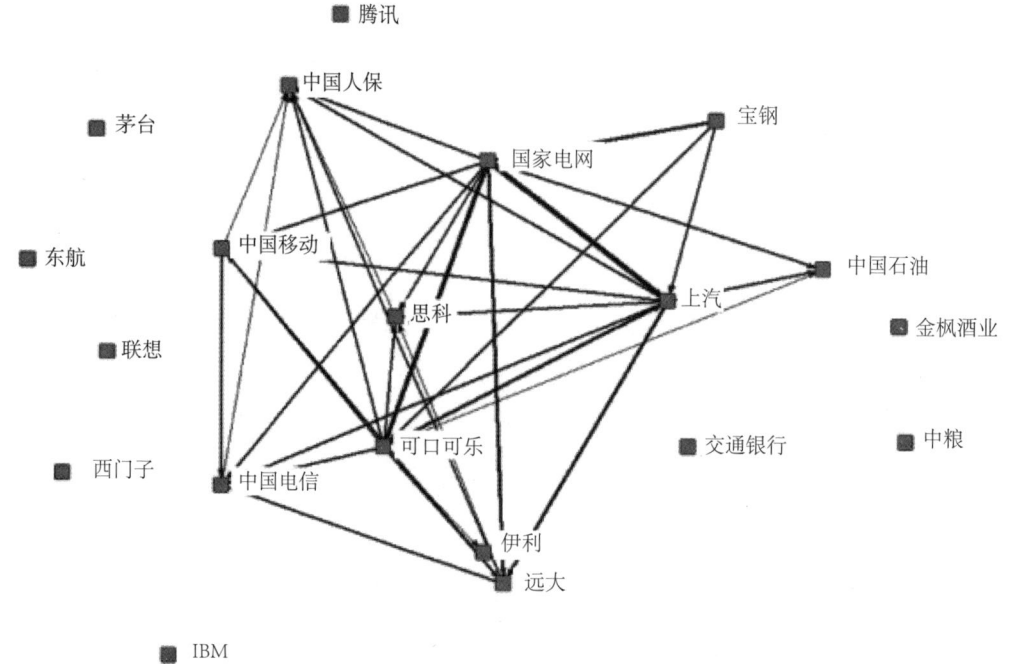

图7-17 2010年上海世博会赞助企业共现示意(共现频次>25)

国家电网、可口可乐、上汽集团等世博会赞助企业之间的共现,显示了这些赞助企业在口碑信息传递过程中产生了相互强化的现象,说明这些世博会赞助企业之间的联动合作具有现实可能性。不过,通过对两图的比较分析也可以发现,金枫酒业、腾讯等世博会赞助企业却出现了明显的"边缘化"现象,且这些赞助企业均没有自建场馆等设施,说明不同的世博会赞助企业在观众心目中冷热不均,同时也反映出国家电网、可口可乐等实力型企业结合自建场馆对其他企业产生了强烈的"屏蔽"现象。后者若要提升在观众心目中的知名度和形象，取得更好的赞助效果，需采取其他形式的手段和方法来加以弥补。

2）世博会场馆的调节性效应

鉴于自建场馆对世博会赞助企业口碑信息传递的调节作用，本研究进一步考察一般性场馆与世博会赞助企业口碑信息传递之间的关系。上海世博会场馆是世博主题演绎的重要载体，分为独立馆群、联合馆群、企业馆群、主题馆群和中国馆群。其中，独立馆的建筑群集中在黄浦江边，每栋建筑由一个国家出资建设，用于展示该国的科技成果；联合馆建筑群中，一部分是由一些国家联合建造，一部分是由我国出资建造，然后租赁给参展国使用；企业馆建筑群是国内外参展企业的参展场所。上海世博会场馆不仅是展示世界先进科技、独特文化的舞台，也是各国建筑文明的体现，因而世博会场馆一直是世博会观众关注的焦点，这也进一步反映在其对世博会赞助企业口碑信息记忆和认知的过程中。通过对世博会观众网络博文的分析，可以得到前 20 位的上海世博会赞助企业和场馆之间的共现矩阵数据。进一步，在世博会赞助企业与场馆共现矩阵的基础上，选择基于全部共现数据的世博会场馆与赞助企业的社会网络共现图（图 7-18）及共现频次高于 300（阈值）的世博会场馆与赞助企业的社会网络共现图（图 7-19），进行对比分析。

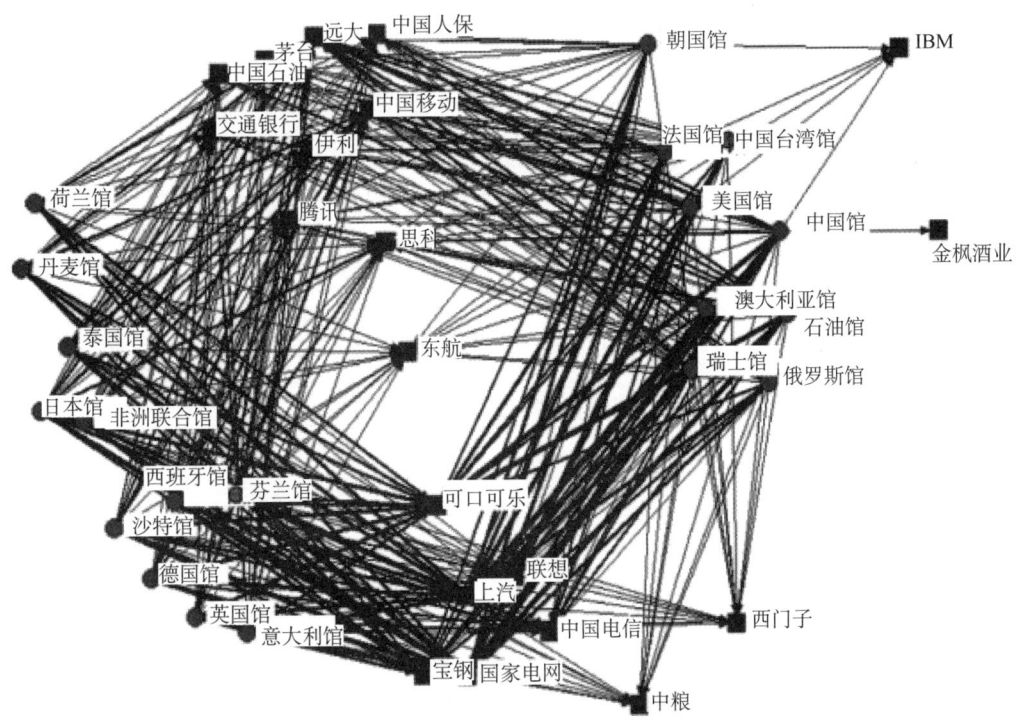

图 7-18　2010 年上海世博会场馆与赞助企业共现示意（基于全部数据）

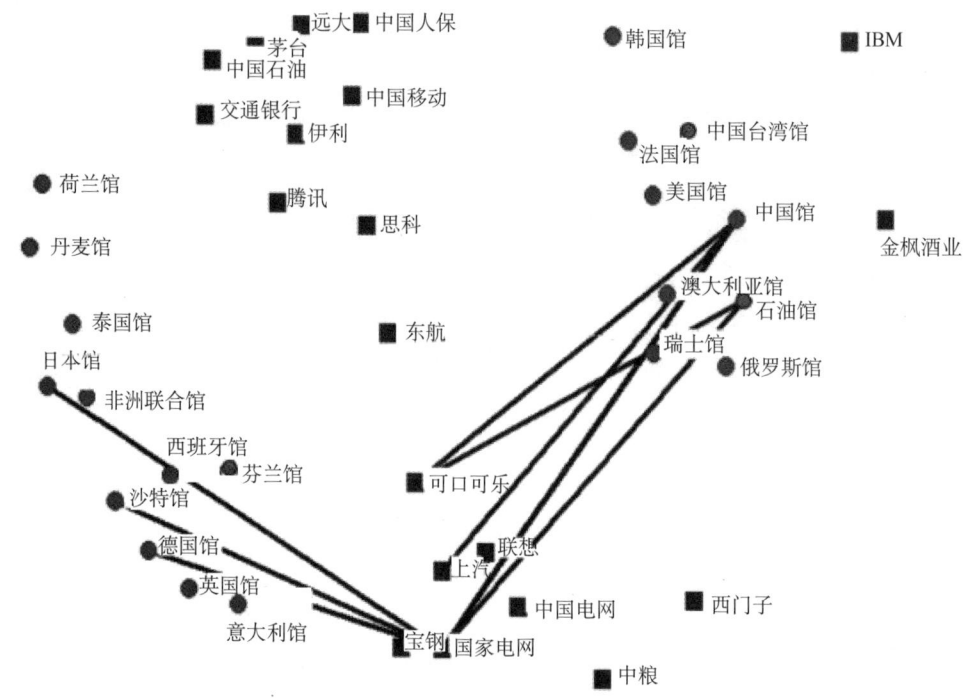

图 7-19　2010 年上海世博会场馆与赞助企业共现示意（共现频次＞300）

从图 7-19 可以看出，"国家电网—中国馆""上汽集团—中国馆"和"可口可乐—中国馆"处于网络的中心位置，其关联程度最大。中国国家馆以其象征中华文化精神与气质的独特造型及"东方足迹""寻觅之旅""低碳行动"等主题展区内容最为引人注目，对于国家电网、上汽集团等赞助企业的口碑信息传递有着较强的调节作用。沙特馆、日本馆、德国馆等热门场馆也显示出与国家电网公司之间较强的关联性。然而水晶石数字科技有限公司、中国印钞造币、资生堂等世博会项目赞助商的有关信息却基本被"屏蔽"在知名场馆之外，在世博会观众心目中并未形成有效的关联，因而这些赞助商需要有效地识别和借助有关场馆的调节作用进行形象和品牌的宣传与塑造。

3）世博会场馆的节点性效应

世博会场馆是世博会各种信息交合的重要节点，而不同信息节点之间的互动性机制正是关键的"中介性"作用机制。共现通过"认识论层次的价值"分析不同场馆之间在观众感知过程中的特定联系，可以发现不同场馆之间"出人意料"的联系或问题。由此，本研究以前 20 位上海世博会场馆之间共现矩阵数据为基础，选取基于全部数据的场馆和共现频率高于 500（阈值）的场馆构建"可视化"的社会网络图进行对比分析，如图 7-20、图 7-21 所示。

第 7 章
面向行业的市场情报分析

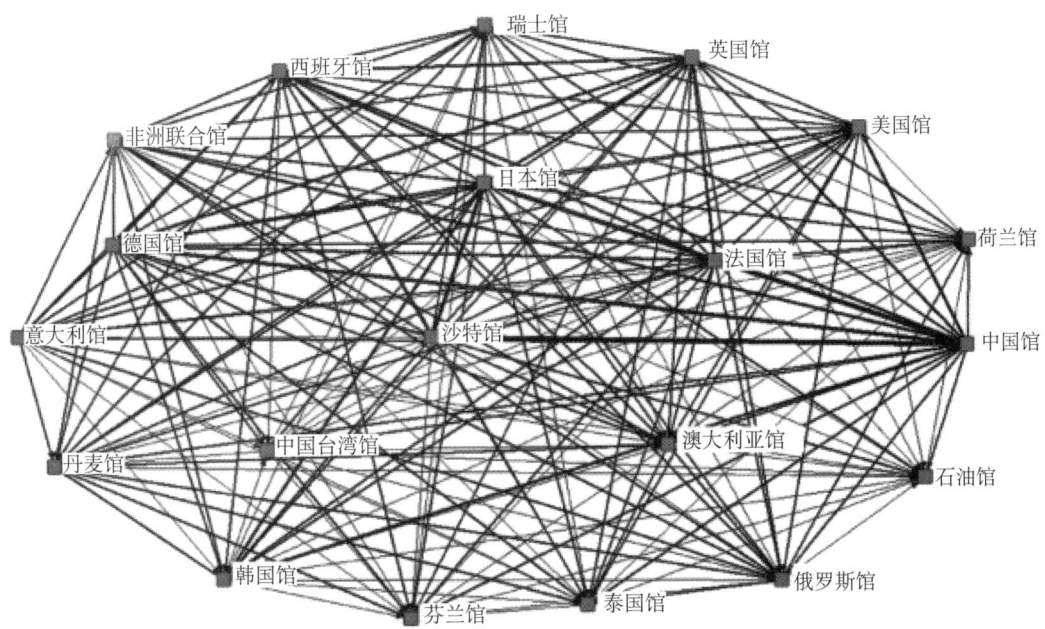

图 7-20　2010 年上海世博会场馆共现示意（基于全部共现数据）

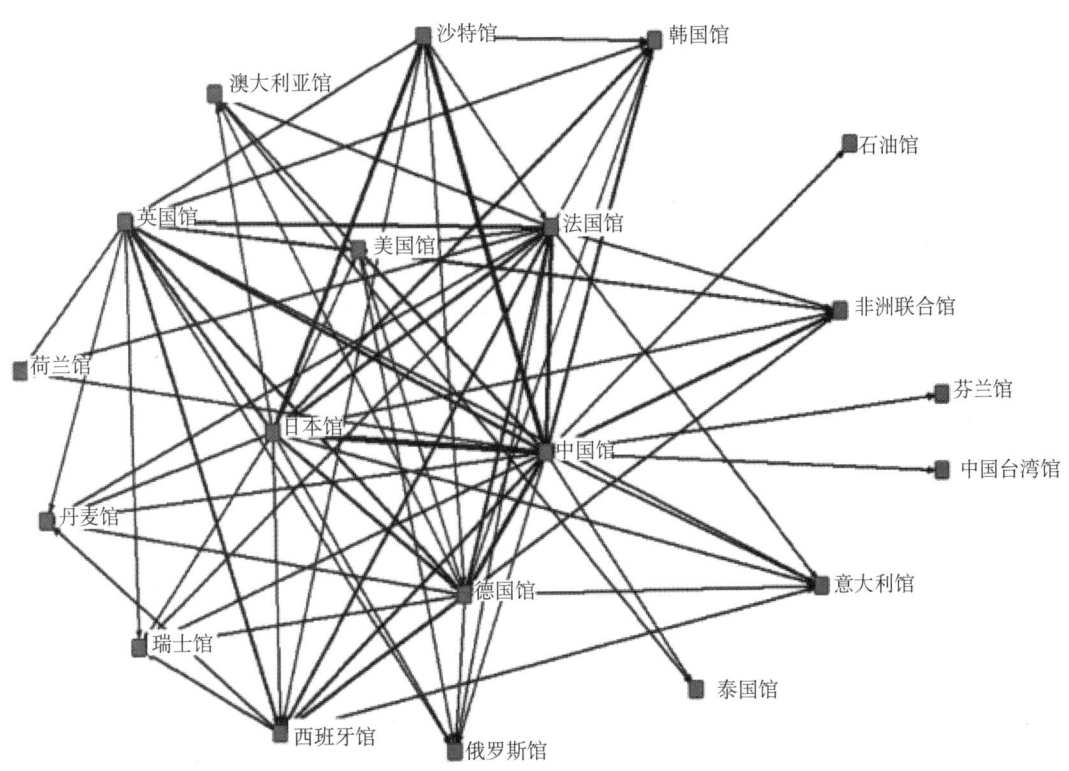

图 7-21　2010 年上海世博会场馆共现示意（共现频次 >500）

可以看出，世博会场馆之间形成了两个最为显著的共现群体。第一个场馆共现群体以中国馆为中心，连接日本馆和沙特馆，构成了共现网络中心（图7-20），是2010年上海世博会观众信息感知合作交流网络中最为重要的节点。该场馆共现群体主要位于世博园的A片区，除了场馆具有鲜明的特色之外，地理位置邻近，容易在世博会观众感知过程中形成关联。第二个次级共现场馆群体以法国馆为中心，连接英国馆、德国馆、美国馆、丹麦馆、芬兰馆及非洲联合馆等，并与中国馆紧密连接。该场馆共现群体主要位于世博园的C片区，尤其是法国馆、德国馆、英国馆等场馆的地理位置十分接近，成为上海世博会观众关注较多的场馆群。对世博会场馆的共现分析发现，中国馆是整个世博会观众关注的焦点，几乎所有场馆都与其存在交流关系，它还在其他场馆共现群体之间起到连接和过渡的桥梁作用，是网络中的中枢性节点。

因此，世博会赞助企业要想提升企业和品牌形象信息的传递效能，需要关注重要的节点性场馆，通过依托或联合的方式，提升企业的口碑信息传递与品牌效能。要结合世博会场馆之间的互动性，找准切入点，将赞助企业的有关信息融入相关场馆中，借助世博会观众自身的传播力和影响力，让赞助企业产品和品牌信息在不同场馆之间形成内在社会网络，并实现最大限度的传播，最终推动产品的销售。

7.3.2 用户评论与要闻动态对比的旅游市场分析

目前，越来越多的人通过网络来表达或记录其在旅游过程中的真实体验和感受（即网络游记），而政府旅游部门也通过实时分享政府政策和管理动态促进当地旅游景区（点）的宣传和旅游业的发展（即要闻动态）。作为一种相对自由而原真的表达形式，网络游记反映了游客和政府旅游部门对旅游景区（点）的基本偏好。由于不同的目的和需求，政府旅游部门和游客对景区（点）的认知并不完全一致，政府旅游部门关注的重点景区（点）与游客的需求也存在差异。正确认识两者之间的差异不仅能够使旅游资源和旅游景区（点）的发展和规划更符合游客的需求，也能够有效提高政府旅游部门的旅游宣传效果和投资回报率。鉴于此，本部分通过对有关网络平台上游客撰写的网络游记和政府旅游部门发布的要闻动态进行研究，分析上海旅游景区（点）的冷热均衡状况、联动效应及差异，就如何综合使用各类信息提出相应的政策建议。

（1）研究样本与方法

本部分以上海市20个3A级及以上景区（点）为研究对象，选取有关网络文本进行分析。此外，为了在以下的图表中显示简洁清晰，有关景区（点）名称一律用简称替代，分别为上海科技馆、野生动物园、东方明珠、东方绿舟、方塔园、佘山国家森林公园、豫园、上海博物馆、金茂大厦、太阳岛、世纪公园、大观园、陈云故居、城市规划馆、东平国家森林公园、上海动物园、共青森林公园、朱家角、古猗园和射击俱乐部。本部分选择的研究样本分为两个部分：游记样本和要闻动态。

本研究通过共现处理平台处理样本数据，统计不同类型样本中景区的出现次数和共现次数两个指标。就出现次数而言，以计算景区 A 在网络游记中的出现次数为例，若 A 在 1 个网络游记样本中出现，则记出现次数 1 次，将 A 在所有网络游记样本中出现次数相加就是 A 在网络游记样本中的出现次数。景区在要闻动态中出现次数的计算方法与此相同。为避免 1 个景区在 1 个样本中多次出现而导致数据偏移，采用只计算 1 次的方法，无论某一景区在某一个样本中出现几次，均记出现次数为 1。

为了进一步分析不同景区之间的联系，本研究通过社会网络分析对游客和政府旅游部门对于不同景区认识之间的关系进行量化分析，并通过社会网络关系矩阵可视化地描述为社会网络关系图，以直观地对上海市 3A 级及以上的样本景区共现的联动效应进行分析，并对比分析网络游记共现和要闻动态共现的差异。

（2）景区联动性及其差异分析

1）景区联动效应

旅游产品通常由多个景区组合而成，并通过为游客提供多样化的旅游体验促进组合景区的共同发展。由此，不同景区之间借此产生了相应的联动效应。为了研究不同景区之间的联动效应，本研究分别基于网络游记和要闻动态，计算上海旅游景区在网络游记和要闻动态中的共现次数。不同景区的共现反映了游客或政府旅游部门对两个或更多景点的集中偏好程度。网络游记中某一景点与其他景点的共现次数可以表示游客对该景点偏好的集中程度，该景点与其他景点的共现次数越多，景点间的联动效应越强。同样，要闻动态中某一景点与其他景点的共现次数可以表示政府旅游部门对不同景区的共同重视程度，也体现了不同旅游景区在政策管理措施中的联动程度。

进一步，使用社会网络分析的方法生成上海旅游景区间的网络游记和要闻动态共现矩阵，然后使用可视化工具 NetDraw 分别生成相对应的社会网络图。为了更加清晰地反映景区共现的联动效应，本部分以共现次数 10 为临界点，分别得到共现次数大于 10 的网络游记社会网络图（图 7-22）和要闻动态社会网络图（图 7-23）。

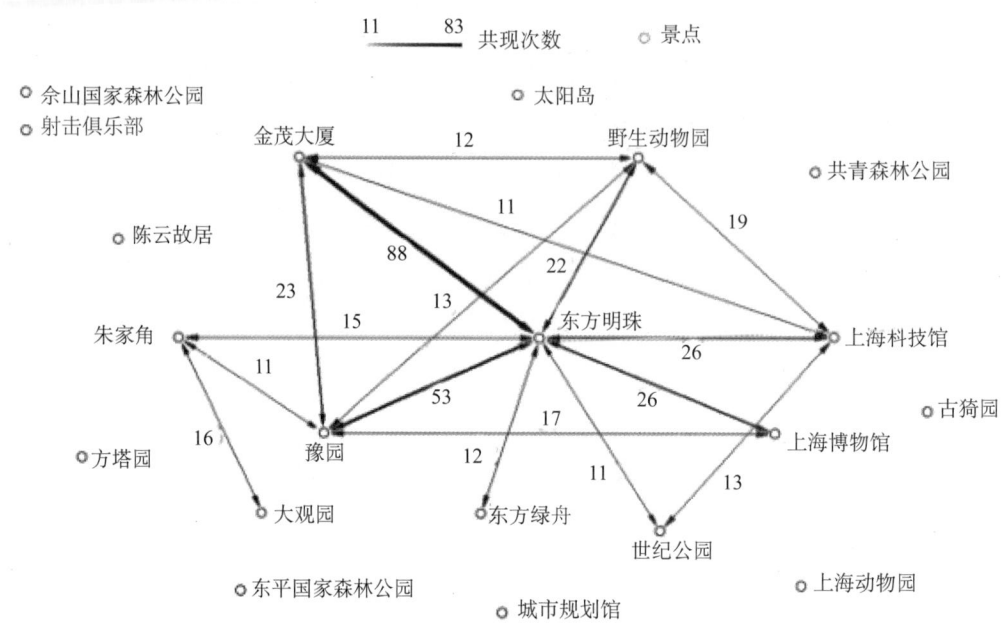

图 7-22 上海旅游景区游记社会网络

(注：图中标示的数据为景区共现的次数)

由图 7-22 可知，东方明珠是网络游记共现的核心景区，与金茂大厦、豫园、上海科技馆、上海博物馆、野生动物园、朱家角、东方绿舟、世纪公园 8 个景区均产生了明显的联动效应。其中，东方明珠与金茂大厦、豫园的联动尤为显著，三者形成了上海景区网络游记共现的核心区域。一方面，从景区本身所具有的特点来看，作为上海市的地标式建筑，东方明珠已经成为游客到沪旅游必去的景点之一，而金茂大厦作为上海的又一标志性建筑，88 层的观光厅能够让人登顶而一览上海全景，成为越来越多的游客争相到访的关键景区；豫园则充分展示了中国古典园林的建筑与设计风格，再加上附近有多处颇具上海特色的美食小吃，受到了游客的极大青睐。另一方面，从游客体验的角度来看，游客更加偏爱具有当地特色、知名度较高的观光体验型景区。同时，由于旅游时间和消费成本的约束，游客多希望能够在较集中的时间段和地理区域上游览尽可能多的景点，金茂大厦和豫园都紧密围绕着东方明珠而又各具特色，充分满足了游客的这一需求，在游记样本中表现出强烈的联动效应。

此外，东方明珠外围共现次数大于 10 次的有金茂大厦、豫园、上海科技馆、野生动物园、上海博物馆、朱家角、东方绿舟、世纪公园、大观园 9 个景区。将这些景区与热门景区的名单做对比，可知其中的 8 个景区均是热门景区，这说明网络游记中上海热门景区之间具有较强的联动效应，这也体现了游客对这些景区的集中性偏好。

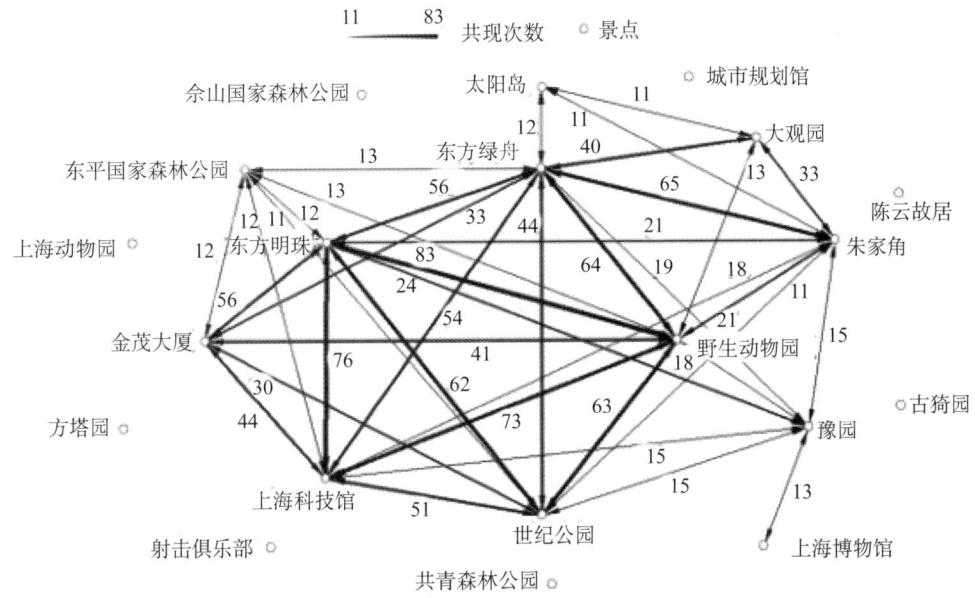

图 7-23 上海旅游景区官方社会网络

（注：图中标示的数据为景区共现的次数）

景区在要闻动态中的共现反映了政府旅游部门政策措施对不同景区的集中重视程度。由图 7-23 可以看出，要闻动态社会网络图中并没有突出的某一个共现核心景区，且各景区共现次数偏大，总体分布平均。东方明珠、野生动物园、东方绿舟、上海科技馆、朱家角 5 个景点共同形成官方共现的核心域，与周围景区均产生较强的联动效应。这 5 个景区同样也是热门景区，说明政府旅游部门在景区发展过程中注重不同景区间的联动效应，借助热门景区的带动作用从整体上提升上海旅游业发展水平。

2）网络游记与要闻动态联动效应差异分析

为了分析上海旅游景区在网络游记和要闻动态中的联动效应的差异，本部分分别统计和计算了每个景区在网络游记和要闻动态中分别与其他景区共现的程度，如图 7-24 所示。从总体上看，上海旅游景区在要闻动态中的共现景区数走势较为平坦，表现出较强的均衡性。特别是东方明珠、野生动物园、金茂大厦、朱家角、上海科技馆这 5 个景区的官方共现景区数具有高度的一致性，均为 18 次，且在数值上也大于它们的网络游记共现景区数，显示出这 5 个景区在政府旅游部门政策措施中具有较强的互动性联动效应。而上海旅游景区的网络游记共现次数走势则存在较多的波动，呈现出与要闻动态联动效应较明显的差异，且对热门景区来说这种表现尤为明显，表明热门景区并未对其他景区在游客感知和偏好中产生较好的联动性影响。

此外，网络游记和要闻动态共现矩阵数据显示，上海旅游景区在政府旅游部门政策措施中的联动效应多高于游客体验过程中的实际联动效应。在20个上海旅游景区中，17个景区的要闻动态共现景区数大于网络游记共现景区数，差值最大的是佘山国家森林公园，只有3个景区的网络游记共现景区数大于相应的要闻动态共现景区数，分别为豫园、上海博物馆、陈云故居。这或许说明虽然政府旅游部门在景区发展过程更多地注重景区间的联动，但是政策效果可能并未达到预期，导致上海旅游景区在游客感知过程中与之偏离的现象。

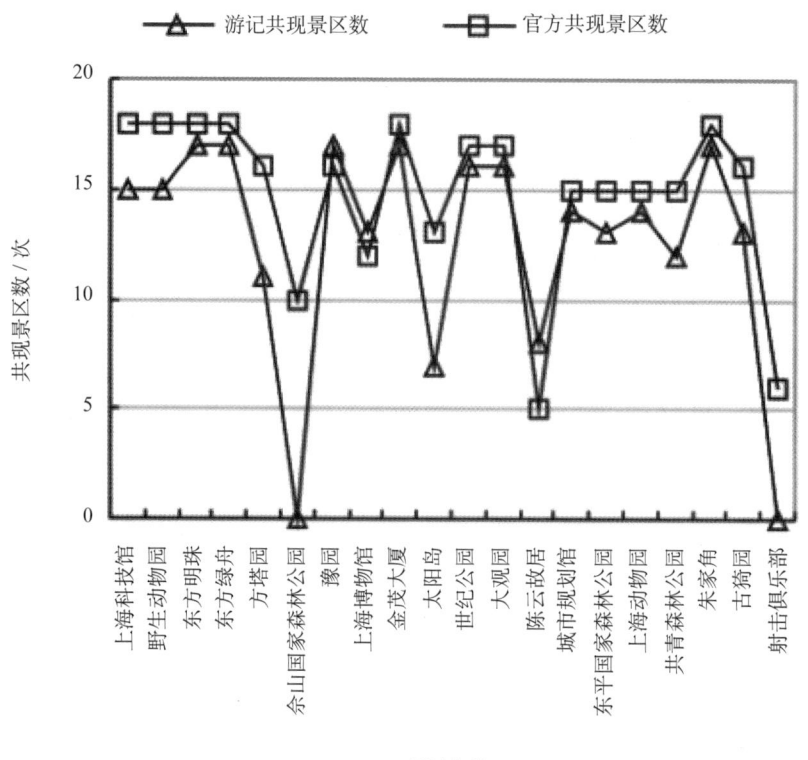

图7-24 上海旅游景区游记共现、官方共现景区数对比

3）游客和政府旅游部门偏好差异分析

为了进一步分析在上海旅游景区联动过程中，游客和政府旅游部门对每一个景区偏好的差异状况，本部分以景区间的共现数据为研究对象，用独立样本t检验的方法对样

本中的每一个景区进行差异性分析,找出游客与政府旅游部门偏好的差异,并根据差异表现给出相应的建议。检验的具体方法如下:以上海科技馆为例,将上海科技馆与其他景区的游记共现次数作为组别1,将上海科技馆与其他景区的官方共现次数作为组别2,利用 SPSS 软件处理数据,结果如表 7-17 所示。

表 7-17 游记共现、官方共现次数的独立样本 t 检验结果汇总

景区名称	游记均值	官方均值	t 值	标准误差值	游记偏好	官方偏好
上海科技馆	6.00	19.65	−2.356**	5.793 04		√
上海野生动物园	6.25	21.75	−2.494**	6.214 48		√
东方明珠	14.50	22.25	−0.990	7.830 57		√
东方绿舟	3.85	22.40	−3.583***	5.176 71		√
方塔园	1.20	1.70	−1.360	0.367 78		√
佘山国家森林公园	0	1.55	−3.639***	0.425 97		√
豫园	8.40	7.75	0.202	3.220 23	√	
上海博物馆	3.95	2.70	0.747	1.674 22	√	
金茂大厦	9.75	12.80	−0.525	5.814 90		√
太阳岛	0.40	2.45	−2.242**	0.914 43		√
世纪公园	4.65	16.45	−2.441**	4.833 41		√
大观园	3.35	7.65	−1.699	2.530 39		√
陈云故居	0.55	1.30	−1.248	0.600 77		√
城市规划馆	2.75	2.60	0.205	0.730 09	√	
东平国家森林公园	1.80	4.70	−2.390**	1.213 30		√
上海动物园	2.75	2.50	0.287	0.871 70	√	
共青森林公园	1.55	3.30	−1.979*	0.884 29		√
朱家角	5.55	11.85	−1.768*	3.564 26		√
古猗园	2.45	3.45	−1.122	0.891 33		√
射击俱乐部	0	0.80	−2.707**	0.295 58		√

注:"√"表示游记均值和官方均值中数值较大的一方;"***"、"**"、"*"分别为 1%、5%、10% 显著水平,说明上海旅游景区在官方偏好与游客偏好之间存在显著性差异。

由表 7-17 可知，政府旅游部门偏好与游客偏好之间存在显著性差异的上海旅游景区共有 10 个，其中 5A 级以上景区 2 个，分别为上海科技馆和上海野生动物园；4A 级景区 7 个，分别为东方绿舟、佘山国家森林公园、太阳岛、世纪公园、东平国家森林公园、共青森林公园、朱家角；3A 景区有 1 个，为射击俱乐部。由样本的均值可知，这 10 个景区的偏差表现为：政府旅游部门政策管理重视程度大于游客的实际偏好，这说明官方对这些景区存在过度宣传或资源低效利用的现象，这些景区可能是官方希望通过政策引导重点推进和发展的对象，但在其宣传过程中并没有得到同等程度的游客偏好。实际上，政府旅游部门对上海科技馆和东方绿舟等景区重视程度相近且均较高，其中东方绿舟的宣传力度甚至与东方明珠持平，但这种大力度的宣传并没有得到相应的游客偏好。这主要是由于上海科技馆和东方绿舟虽各具特色和规模，但并不能满足各种类型游客的需求，且由于地理位置与其他景区相距较远，要受到现实中时间和费用上的限制。鉴于此，为避免今后的政策宣传产生类似偏差，有必要对偏差景区进行更加深入的分析，对现有政策做出相应调整，以确保资源的高效利用。

此外，有 10 个景区政府旅游部门与游客偏好之间无显著性差异，其中 5A 级景区为东方明珠；4A 级景区有方塔园、豫园、上海博物馆、金茂大厦、大观园、陈云故居、城市规划馆、上海动物园、古猗园，共 9 个。这 10 个景区的偏差表现为：6 个景区的官方偏好程度大于游客的偏好程度，4 个景区的官方偏好程度小于游客的偏好程度。由此可知，政府旅游部门政策管理措施对这些景区的重视程度与景区本身的受欢迎程度是相匹配的，也表明政府旅游部门的政策管理措施发挥了相应的引导作用，实现了旅游资源的高效利用。对于这类景区，可采取联动策略，进一步增强该类景区间的联动效应，以促进相关景区的均衡快速发展。

7.4 网络口碑分析及应用

网络口碑简单而言是网络用户通过论坛、博客、微博、视频网站等网络社区和其他网民分享并讨论的关于公司、产品或服务的信息，是将传统口碑概念移植到网络环境中。因为网络环境与线下环境的差异，网络口碑更能表现出信息传播的显著优势，影响到商业领域的品牌、产品及服务的信誉度。互联网上关于公司、产品或服务的信息融入了用户的意见倾向和情感，大数据环境下，利用文本情感分析方法技术进行网络口碑分析是当前研究和应用的热点问题之一，同时，网络口碑分析也是互联网时代情报人员了解行业市场态势的有效手段。本书第 4 章曾研究了作为实现竞争情报大数据监测功能方法之一的意见挖掘的相关内容,其中探讨了文本情感分析中的一些技术处理过程,但主要关注点在评论意见的抽取和隐式属性的抽取。不同于前述内容,本部分主要提出一种适宜于网络商品评论信息处理的文本倾向性分析方法,为网络口碑分析提供方法基础,在不同的具体应用情境中,文本倾向分析方法的过程、细节和应用步骤需要适时调整。此外,本部分选择商业领域的热点事件进行网络口碑分析,选择文本情感特征明显的影视评论数据进行电影口碑分析。通过以上内容的研究,我们期望在网络口碑分析的方法技术、流程、范式等方面提供具有价值的参考。

7.4.1 网络口碑分析中文本倾向性分析方法

(1) 文本倾向性分析研究概述

文本倾向性分析(Text Semantic Orientation)是目前文本挖掘领域的研究热点,涉及自然语言处理、信息检索、数据挖掘等领域。文本倾向性分析也是一种特殊的文本分类。文本分类是指按照一定的规则来确定一篇文本的分类,而文本倾向性分析与传统的基于主题的文本分类有所不同,其主要用来判别一段文本中表达的观点、对一件事物的好恶及态度倾向等信息。本部分所研究的文本倾向性分析是指给定一段文本,由机器来自动判断该文本所表达内容带有的情感倾向性,有时这类问题又被称作情感分类(Sentiment Classification)[1]、观点鉴别(Opinion Classification)[2]、褒贬分类[3] 等。

文本倾向性分析是一个相对复杂的过程,通常包含 3 个子问题:文本的主客观分类,即区分出文本内容是主观还是客观的陈述;文本的极性分类(Polarity Classification),又称为正负面倾向分类,即判断文本内容是正面的肯定赞赏还是负面的否定批判;判定文本情感倾向性的强弱程度,如说是强烈反对、一般反对、中立、一般赞扬、强烈赞扬等,这一问题有时又称为等级推理(Rating Inference)。本部分主要关注前两个方面,即文本的主客观分类和极性分类问题。

---

[1] PANG B,LEE L,VAITHYANATHAN S. Thumbs up?sentiment classification using machine learning techniques [C]. Proceedings of Conference on Empirical Methods in Natural Language Proessing,2002:79-86.

[2] SALVETTI F,LEWIS S,REIEHENBACH C. Automatic opinion polarity classification of movie reviews [J]. Colorado research in linguistics,2004,17(1):1-15.

[3] 刘康,赵军. 基于层叠 CRFs 模型的句子褒贬度分析研究[J]. 中文信息学报,2008,22(1):123-128.

本部分提出一种基于词性的 N-Gram 模型用以抽取文本中的主观部分，进而计算文本的极性及强度，该分类方法在保持较高性能的同时获得了一个比较理想的准确率；还构建了实验中所用极性词典，含有正面情感词条 4560 条，负面词条 4369 条，该词典可以为今后文本倾向性分析的研究提供重要资源；在此基础上还开发了文本倾向性分析工具，用于网络商品评论信息的文本分析。

（2）常用文本分类模型与技术

一个典型的文本分类处理流程如图 7-25 所示。

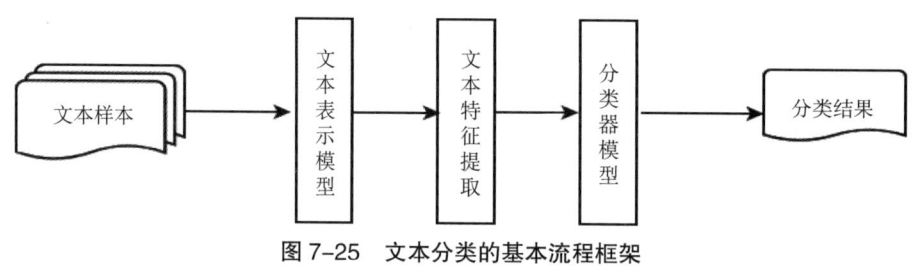

图 7-25　文本分类的基本流程框架

1）文本表示模型与文本特征提取

最常用的文本表示模型是 Salton 等于 1975 年提出的向量空间模型（Vector Space Model，VSM），因较好的实用效果被广泛应用于数据挖掘、信息检索等领域研究中。不过，用文本表示模型生成的特征中可能存在很多噪声，一般需要特征压缩对一些不太重要的特征予以去除，从而起到降低向量空间维数的作用。

文本特征压缩的研究大体可以分为特征选择和特征加权两个方面，两者不是相互独立的，不同的特征加权模式对应着不同的特征选择方式，实际应用中可以将文本特征选择和文本特征加权归结为文本特征抽取一并处理。目前常用的文本特征选择方法有互信息法（Mutual Information，MI）[1]、信息增益（Information Gain，IG）[2]、统计（CHI）等方法[3]，常用的文本特征加权计算模式有布尔函数、词频函数、信息熵权重、TF-IDF（Term Frequency-Inverse Document Frequency）函数等。

---

[1]　PANINSKI L. Estimation of entropy and mutual information [J]. Neural computation, 2003, 15 (6): 1191-1253.
[2]　YANG Y M, PEDERSON J O. A comparative study on feature selection in text categorization [C] // Proceedings of the 14th International Conference on Machine Learning. Bled: Morgan Kaufmann, 1997: 258-267.
[3]　SEBASTIANI F. Machine learning in automated text categorization [J]. ACM computing surveys, 2002, 34 (1): 1-47.

2）基于统计的文本分类模型

文本在被表示为计算机可读取的文本特征向量形式后，可以使用多种分类器算法在文本样本集合上构建分类器，完成文本分类任务。大量的分类算法建立在统计学的基础上，通过比较文本特征向量与预定义类别的特征向量之间的相似度来进行归类。常用的算法模型包括朴素贝叶斯（Naïve Bayes，NB）模型、最大熵（Maximum Entropy）模型[1]、支持向量机（SVM）模型[2]等。

3）语义倾向的分析方法

语义倾向分析是一种结合词语语义与统计方法分析文本类别的方法，这一方法在英文领域得到了广泛的研究及应用。但中文跟英文有较大的差异，在对文本进行倾向性分析时，对中文文本的处理有其特殊的地方。中文文本是按句子进行分割的，词语之间无间隙，因而在中文文本处理中的切分与英文大为不同。

在应用语义倾向性方法时经常涉及语义相似度和语义相关度两个概念。语义相似度是指两个词语在不同的上下文中可以互相替换使用，而不改变文本含义和句法、语义结构的程度，相当于是同义词的概念。而语义相关度包含了语义相似度的概念，指在句法分析中一个短语结构中的两个词能够组成修饰关系、主谓关系、同指关系的程度，是一种搭配修饰的概念。语义相似度有两类常见的计算方法，根据本体（Ontology）或分类体系（Taxonomy）来进行计算，利用大规模语料库进行统计。第一种方法通常从义项入手计算语义相似度；第二种方法则是在语料中计算每个词的特征词向量，然后利用这些向量之间的相似度（用向量的夹角余弦计算）作为这两个词的相似度。本部分的语义相关度则根据词语在句法树中的位置来计算。

（3）一种文本倾向性分析方法

1）极性词典的构建

词汇的褒贬义是一个词语语义的重要组成部分，明确标注词语情感义的常用词汇语言资源是文本倾向性分析的重要基础，所以极性词典的构造工作也就成为后续研究工作开展的前提和基础。本研究构建情感极性词典用到的中文资源包括：《知网》（HowNet）资源；张伟等乃编纂的《学生褒贬义词典》；史继林等编著的《褒义词词典》；杨玲等

---

[1] 李荣陆，王建会，陈晓云，等. 使用最大熵模型进行中文文本分类 [J]. 计算机研究与发展，2005，42（1）：94-101.

[2] OSUNA E，FREUND R，GIROSI F. An improved training algorithm for support vector machines [C] // Proceedings of the 1997 IEEE Workshop on Neual Networks for Signal Processing. New York：IEEE Press，1997：276-285.

编著的《贬义词词典》；哈尔滨工业大学信息检索研究室发布的《同义词词林》（扩展版）。

本研究构建的极性词典结构如图 7-26 所示，它主要由 4 个部分组成，包括基本极性词典、领域极性词典、网络极性词典和未登录词语计算词典。

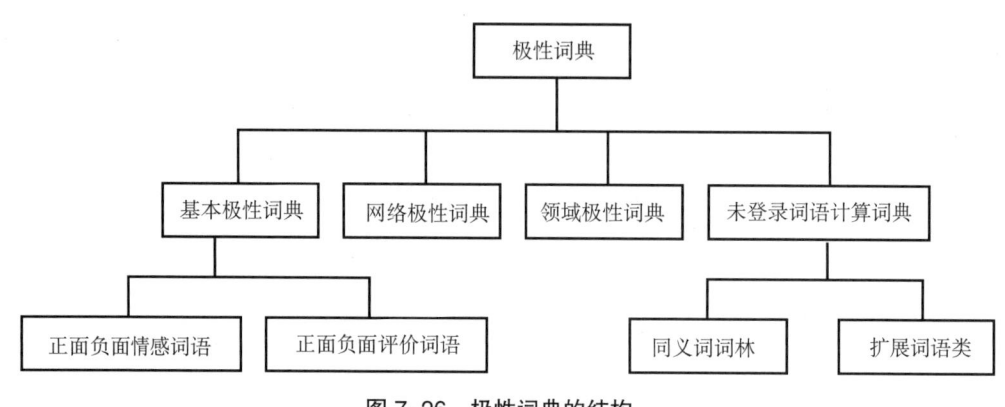

图 7-26　极性词典的结构

极性词典的查找先后顺序是领域极性词典、基本极性词典、网络极性词典和未登录词语计算词典。本研究所使用的极性词典包含正面情感词条 4560 条、负面情感词条 4369 条，现阶段还在不断更新和丰富中。

2）文本主观性识别模式

在传统的文本分类中，最常用的文本表示模型是向量空间模型，但是这一模型在语义应用方面效果并不明显。因此，本研究从词性出发，结合文本的统计和结构方面的内在规律，构建了一种基于词性的 N-Gram 模型。其主要思想是将文本中的词语按照其语法功能进行词性标注，再用文本中连续出现的 N 个词性的顺序进行组合成为一个项，以此来对文本进行表示。具体而言，首先把文本信息中的复合语句，也就是含有多个主谓关系的句子进行分割，然后进行分词和词性标注，接着对分词标注好的词语信息进行匹配。当 $N=1$ 时，指的是单一词语的词性匹配，意义不大；当 $N=2$ 时，是一种较为简单实用的模型，例如：

我非常喜欢看这本书。

分词并词性标注后的结果为"我（代词）非常（副词）喜欢（动词）看（动词）这（代词）本（量词）书（名词）。（标点符号）"，则该语句的 2-Gram 模型是"代词—副词，副词—动词，动词—动词，动词—代词，代词—量词，量词—名词"，其中"代词—副词"即为一个 2-Gram 项，反映主观情感倾向的 2-Gram 项被称为 2-Gram 主观模式，如该例子中的非常（副词）喜欢（动词）这一"副词—动词"模式。

本研究通过实验方法获取和总结文本倾向性的 N-Gram 主观模式，具体算法由以下几个步骤组成。

步骤1：通过采集工具获取大量包含主观句和客观句的文本语料（主要是网络信息）。

步骤2：采用人工标注实验的方法筛选和标定其中主观性与客观性相对明确的句子。

步骤3：使用中文自动分词与词性标注工具进行分词与词性标注（使用 ICTCLAS）。

步骤4：对每一个主观句子提取全部连续的 N-Gram 模式。

步骤5：从中再提取能有效表达文本情感倾向性的 N-Gram 主观模式。

在大量文本实验基础上，总结出效果较好的几种 N-Gram，主观提取模式如表 7-18 所示。

表 7-18 N-Gram 主观提取模式

序号	第一个词	第二个词
1	副词	动词
2	形容词	名词
3	副词	形容词
4	形容词	形容词
5	名词	形容词

3）文本倾向性判断及强度计算

文本倾向性判断首先是基于文本主观性识别模式和极性词典加以确定，而对于那些不具有清晰语法结构的网络评论文本可能无法与上述模式匹配，这时可以采用统计的方法进行计算，即分词及词性标注后对所有词语的极性值求和。

有了基于词语和其搭配模式的极性判别方法后，需要进一步对极性强度进行计算，其主要思想是根据不同的程度修饰词来判断词语极性的强度，方法是对这些修饰词设置不同的系数，需要确定的是修饰词不能改变被修饰词的极性，最多只能改变强度大小。词语极性分为三类：褒义（Positive）、贬义（Negative）、中性（Mid），原始极性强度分别设置为 +2、−2、0。词语的极性强度会随着不同程度的级别修饰词语而扩大或减小，程度级别词语分为以下几类，包括"极其/最"这一程度级别的词语集为 L_1，修饰系数为 3；包括"非常/很"这一程度级别的词语集为 L_2，修饰系数为 2；包括"比较"这一程度级别的词语集为 L_3，修饰系数为 1.2；包括"稍微"这一程度级别的词语集为 L_4，系修饰数为 0.8。

整个文本的极性强度通过计算整篇文本中所有观点词的极性强度获得。对一篇文本可以从 N-Gram 主观提取模式提取出主观性语句的文本，对这些主观性语句的极性值求和便作为该文本的极性值；而对于那些不具有清晰的语法结构、未能通过 N-Gram 主观提取模式提取出主观性语句的文本，则对所有词语的极性值求和作为该文本的极性值。具体的算法由以下几个步骤组成。

步骤 1：对文本进行 N-Gram 主观提取模式提取。

步骤 2：对能够进行 N-Gram 主观提取模式匹配的文本中的匹配词语进行筛选，选取除了名词以外的词语进入步骤 3；对于那些不具有清晰的语法结构未能通过 N-Gram 主观提取模式提取出主观性语句的，则选取所有词语进入步骤 3。

步骤 3：通过领域极性词典判断极性，在领域极性词典中查找该词语。如果匹配则确定极性，然后执行步骤 6，不匹配则执行步骤 4。

步骤 4：在基本极性词典中查找该词语。如果匹配则确定极性，然后执行步骤 6；如果不匹配则在扩展极性词典中继续查找该词语，如果匹配则确定极性，然后执行步骤 6，不匹配则执行步骤 5。

步骤 5：对未登录词语的极性进行判断。首先在扩展词语词典中寻找，如果匹配则确定极性，然后执行步骤 6；否则对该词语进行同义词扩展，使用《同义词词林》的扩展计算其极性公式，然后执行步骤 6。

步骤 6：计算词语极性强度，根据已确定的极性和修饰程度进行计算。

步骤 7：检查该词语是否被否定修饰。若被否定关系所修饰，对取值进行反操作，否则不改变。

步骤 8：对可以从 N-Gram 主观识别模式提取出主观性语句的文本，计算这些主观性语句的极性值并求和作为该文本极性值。而对那些不具有清晰语法结构，且未能通过 N-Gram 主观提取模式提取出主观性语句的文本，则对所有词语的极性值求和作为该文本的极性值。

4）文本倾向性分析方法测评

文本倾向性分析中用到的评价方法一般沿用了文本主题分类的评价指标，包括准确率（Precision）、召回率（Recall）和 F-measure[①]。本研究对 F-measure 计算公式中的准确率和召回率平等对待。F-measure 又被称为 F1 值。

中文情感挖掘语料 ChnSentiCorp 是由中国科学院计算技术研究所收集整理供自然语言处理学习研究人员使用的一个公开语料库。语料库主要包括 3 个领域：酒店、电脑(笔记本)与书籍。该语料库为平衡语料库，其中包含正负类文本各 2000 篇，褒义文本和贬义文本都已经人工标注好，直接进行测试即可。测评结果如表 7-19 所示。

表 7-19 基于 ChnSentiCorp 的文本倾向性分析测评

方法	Precision	Recall	F1
Run_Positive	0.744 387	0.651 297	0.694 738
Run_Negative	0.812 319	0.621 135	0.703 978
AVG	0.778 353	0.636 216	0.699 358
BEST	0.812 319	0.651 297	0.703 978

测评结果显示，该算法贬义文本的准确率略高于褒义文本的准确率，褒义文本的召回率略高于贬义文本，平均下来有着可以接受的 78% 的准确率和 64% 的召回率，F1 值均在 0.7 左右，可达到文本倾向性应用领域的一般需求。随着极性词典的进一步完善和主观提取模式的进一步提炼，其结果会越来越好。同时，该倾向性分类算法比较简洁，不涉及复杂性较高的计算，实现性能较好，适宜用于海量网络信息文本的倾向性分析上。

7.4.2 吉利收购沃尔沃事件的网络口碑分析

企业并购是企业扩张的重要方式之一，大的并购也会引起利益相关群体的关注。本部分希望从用户视角了解他们对热点事件，如并购事件的态度及关注的焦点和倾向。在此背景下，通过对具有代表性的网络用户群体的新浪微博进行并购事件相关信息采集分析，以了解并购中网络口碑的特点及变化，并进一步研究并购中的品牌策略。

(1) 并购案例选择及数据准备

1) 吉利收购沃尔沃事件

2010 年 3 月 28 日，在瑞典哥德堡，中国浙江吉利控股集团有限公司与美国福特汽车公司正式签署收购沃尔沃汽车公司的协议，获得沃尔沃轿车公司 100% 的股权及相关

[①] 李荣陆. 文本分类若干关键技术研究 [D]. 上海：复旦大学，2005：18-26.

资产。在整个沃尔沃出售事件中，有以下一些关键时间节点。

2008年12月4日，美国福特汽车在美国宣布出售旗下沃尔沃轿车公司。

2009年2月5日，中国浙江吉利控股集团有限公司收购沃尔沃轿车公司事宜获国家发展改革委批准。

2009年3月10日，吉利集团聘请英国著名投资银行洛希尔公司担任顾问以竞购沃尔沃轿车公司。

2009年8月31日，外媒称吉利集团已经正式提交竞购福特旗下沃尔沃品牌的竞购书。

2009年10月28日，美国福特汽车宣布吉利汽车成为沃尔沃轿车优先竞购方。

2009年11月27日，美国福特汽车宣布就沃尔沃的知识产权条款与吉利集团达成一致。

2010年3月23日，吉利汽车北京分公司注册资金由2000万元增资至71亿元。

2010年3月28日，吉利集团以18亿美元正式收购沃尔沃轿车公司。

2010年3月30日，吉利集团董事长李书福在北京召开并购沃尔沃轿车公司协议签署媒体见面会。

2）样本数据的选择和采集

本研究选取新浪微博进行网络口碑的样本采集，首先微博作为流行的互联网社会化媒体，对于热点事件有着很高的关注度及很强的即时性；另外新浪微博是目前中国用户数最大的微博产品，其新浪微博作为互联网社会化媒体的代表可以随时随地将看到的、听到的、想到的事情及自己的思想和观点通过电脑或手机与朋友分享、讨论和传播。2010年3月，新浪微博用户已超过500万个，成为具备典型意义的网络口碑信息源，这也是本研究所关注的吉利收购沃尔沃事件成功的关键节点月份。

数据采集时依次选取"吉利""沃尔沃"等词语或词语组合作为检索词，并将筛选条件限定为"原创"，逐月采集出现在新浪微博上的话题，时间跨度为2009年9月至2010年4月（数据采集时间为2010年5月4日）。在新浪微博中，一个页面包含不超过50条微博数据的<li>标签，其中既有研究所关注的微博属性信息，也有"伪信息"，本研究依次遍历<li>标签，提取研究中需要的作者、正文、发布时间、转发及评论数等信息。

（2）并购事件中的网络口碑分析

1）话题数量时间演变分析

自2009年8月31日"中国吉利汽车已经正式提交竞购福特旗下沃尔沃品牌的竞购书"信息发布以来，吉利并购沃尔沃事件受到网民的持续关注，并在成功并购的一段时间内达到了高潮，如表7-20所示。

表 7-20 吉利并购沃尔沃事件中话题数量逐月变化一览

话题	2009年9月	2009年10月	2009年11月	2009年12月	2010年1月	2010年2月	2010年3月	2010年4月	合计
吉利	62	130	127	637	370	312	2557	1947	6142
沃尔沃	50	89	147	613	303	203	2549	1587	5541
吉利+沃尔沃	39	94	99	470	154	95	2189	1241	4381

注：表中数据已做规范化处理，剔除了噪音信息，如"吉利话""吉利事"等话题。

回顾整个并购过程，吉利汽车作为中国汽车业的典型代表，在后经济危机时期表现出强劲的海外并购势头，并得到国内银行、地方政府乃至中央政府部门的大力支持，无疑成为国民关注的焦点话题，在整个事件中网民参与讨论与日俱增。

此外，鉴于"吉利"话题总数始终大于"沃尔沃""吉利·沃尔沃"话题总数，网民似乎更加关注"吉利"品牌本身，即这一并购事件的发起者。新浪微博聚集的多数网民，对吉利作为中国企业进军海外市场这一事件，有着强烈的民族认同感。为了更加深入地了解吉利成功并购的话题变化情况，本研究选取"2010年3月28日吉利成功并购沃尔沃"这一重要时间节点为中心，依次统计了前后两天的微博数量，用以反映网民对这一事件的敏感程度，如表 7-21 所示。

表 7-21 吉利成功并购沃尔沃（前后两天）微博数量变化一览

话题	2010年3月26日	2010年3月27日	2010年3月28日	2010年3月29日	2010年3月30日
吉利	57	65	1525	32 228	735
沃尔沃	27	38	1461	2984	723
吉利+沃尔沃	21	27	1315	2546	561

可见，在品牌发生变化的重要时间节点上，微博对于品牌本身极其敏感，随着事件的消退，其敏感性也逐渐下降。

2) 网络口碑热点分析

常见的热点分析方法是对目标文本进行分词处理，保留特征词语，剔除干扰词语，借助一定的权重赋值算法，对特征词语计算权重，并根据权重的大小，选出目标文本中所包含的热点。本研究参考 TF* PDF 算法，对"吉利 沃尔沃"话题下的所有微博正文共 4372 篇，以月为单位，进行分词、权重计算等处理，并以热点的方式找到了不同时期网民的关注点及关注点发生的变化，见表 7-22。

表 7-22 吉利并购沃尔沃新浪微博热点逐月变化一览（TOP10）

TOP	2009年9月	2009年10月	2009年11月	2009年12月	2010年1月	2010年2月	2010年3月	2010年4月
1	福特	品牌	并购	福特	品牌	品牌	品牌	品牌
2	天仙配	福特	品牌	品牌	福特	市场	福特	市场
3	联姻	全球	股权	达成	高层	北京	协议	瑞典
4	出售	癞蛤蟆	新闻	财团	到访	福特	资金	企业
5	瑞典	天鹅	价值	协议	并购	车型	技术	福特
6	品牌	产品	回应	技术	工会	生产	签署	产权
7	参与	并购	传闻	知识	财经	公司	交易	知识
8	高盛	瑞典	福特	产权	瑞典	并购	瑞典	研发
9	名单	知识	轿车	战略	市场	协议	签约	技术
10	公布	产权	公司	出售	协议	媒体	并购	签约

注：①每月对应的热点，均按照权重大小，从上到下依次排列；②笔者从权重较高的 20 个热点中，依次选取 10 个具有代表性的热点作为研究对象；③热点选取规则：排除共有高频词（如"吉利""沃尔沃"等）和无意义的动词（如"成为""期待"等）。

在整个并购过程中，热点演变按照事件的发展过程大致可分为 3 个阶段，为猜疑期、酝酿期和转型期。猜疑期，即 2009 年 9—11 月，多是在"2009 年 8 月 31 日，外媒称中国吉利汽车已经正式提交竞购福特旗下沃尔沃品牌的竞购书"这一关键时间节点诱发下，展开有关吉利汽车是否有能力并购沃尔沃的讨论，其中既有"天仙配"的美誉赞赏，也有"癞蛤蟆"想吃"天鹅"肉的讥讽嘲笑，然而并购朝着有利的方向发展，即"新闻回应"等渠道开始对之前出现的猜疑加以澄清，使口碑重新回到"并购"上。酝酿期，即 2009 年 12 月至 2010 年 1 月，多是围绕官方活动展开的，并形象地展现了双方的协商过程，即从"知识产权"等方面"达成出售协议"发展到双方"高层到访"，这为并购的成功做了很好的铺垫。转型期，即 2010 年 2—4 月，主要以吉利成功并购沃尔沃为中心，网络口碑经历了一次大跳跃，即并购前"媒体"报道了"生产车型"，并对并购后的"市场"给予关注;并购过程中,在"瑞典签署协议"并进行了"资金技术交易";并购后,如何消化吸收沃尔沃的"知识产权",形成具有自主"研发"的"品牌"形象。品牌在并购前后都是用户讨论的中心。

总体来说,此次并购事件中,网络口碑始终围绕并购本身及并购中可能出现的问题展开记录式讨论,为并购活动提供了网络舆论参考,也从侧面反映出吉利并购沃尔沃这一事件得到了社会的认可。

3)网络口碑情感分析

在整个并购过程中,网民所表现出来的态度取向,在热点分析中无法体现,但网络口碑情绪的取向,对事件本身有着重要影响。借助情感分析工具 ROST 对"吉利 沃尔沃"话题下聚集的所有微博正文 4372 篇,以月为单位,进行了情感分析,如图 7-27 所示。其中,在整个并购过程中,网民所表露出的积极情绪总数高达 2636 篇,占 60.29%。这说明整个网络环境对该事件是认可的,并赢得了较好的网络口碑,这对并购后沃尔沃品牌再造、吉利汽车结构调整、战略部署及市场研发等都是非常有利的。

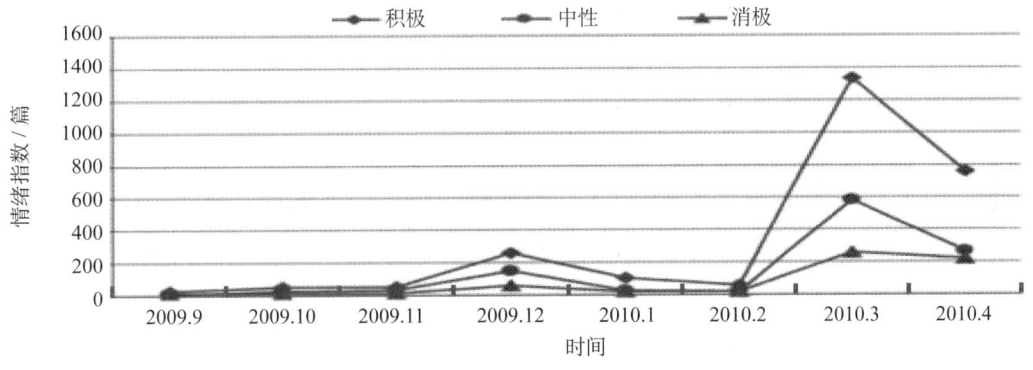

图 7-27 吉利并购沃尔沃新浪微博情绪逐月演变趋势

(注:图中的情绪指数表示积极、中性、消极等情绪下所聚集的微博正文篇数)

由图 7-27 可知,积极情绪在整个并购过程中始终处于优势地位。伴随事件的发展逐步走向高潮,且在并购成功的 3 月达到高潮,其中积极情绪数为 1337 篇,占所有积极情绪数的 50.72%,并在该月情绪数中占据 61.33% 的比例。可见,多数网民倾向于认同这一并购,并引导了这一网络舆论走势。不可否认,吉利汽车作为中国汽车业的突出代表,选择在经济大环境相当不景气的情况下大手笔收购国外老牌知名汽车企业,极大地激发了国民/网民的民族意识和强烈自豪感。

4) 典型观点内容分析

在话题数量—时间演变分析、网络口碑的热点与情感分析时，主要围绕新浪微博中的每条微博数据展开论述，并没有对微博数据所对应的评论、转发等特征加以分析。评论数、转发数等指标表征网民对某条信息产生了一定的认同或理解，以及该信息对网民行为所造成的影响程度，此类指标与阅读次数或浏览量相比，更具有现实分析意义，反映了一定的态度取向。

数据处理阶段发现网民似乎更加关注于分享他们所感兴趣的信息，但很少对其发表观点或看法，即一般而言，在微博数据中转发数大于评论数。在"吉利 沃尔沃"话题下聚集的4372条微博数据中选取转发数较大的前10条作为典型观点，如表7-23所示。

表7-23 吉利并购沃尔沃微博观点网民互动TOP10

作者	微博正文	转发数	评论数	时间
赵广喜	签约现场图片来了，吉利正式与福特签署收购沃尔沃协议，用了18亿美元。	1321	365	2010/3/28 21：15
头条新闻	【吉利汽车正式签约收购沃尔沃100%股权】吉利汽车刚刚正式签约收购沃尔沃100%股权，涉及金额约20亿美元，成最大中国海外汽车并购；工信部部长李毅中出席签约仪式。	235	123	2010/3/28 20：59
王石	吉利汽车成功筹得21亿美元，预计最迟3月31日签署正式协议收购沃尔沃，这将创下中国收购海外整车资产的最高金额纪录。据悉收购资金来自金融机构及地方政府……	151	116	2010/3/11 17：17
传媒第三只眼	2006年的时候曾有个台州商人对我说李书福做吉利时，口袋里总共才50万，而那50万很多都还是来自银行，我那时就有200万纯现金了。今天李书福浙江吉利集团正式出资……	130	59	2010/3/28 22：39
苗炜	沃尔沃要真是被吉利买到了，大概就是世上公认最安全的车，被民间流传最不安全的车给买了。这滑稽。	97	59	2010/3/28 22：39
董路	【资本最大】吉利收购了沃尔沃，资本市场，英雄莫问出处。以前有说法"如果一辆车，前面看着像奔驰，后面看着像宝马，那一定是吉利"；从今往后，这个说法将改为……	92	44	2010/3/28 21：51
封新城	我只是瞎猜吉利和沃尔沃这场戏，李书福到底扮演什么角色呢？	81	50	2010/3/30 11：10

第 7 章
面向行业的市场情报分析

续表

作者	微博正文	转发数	评论数	时间
刘东华	吉利收购沃尔沃终成正果！李书福用 18 亿美元获得沃尔沃轿车 100% 的股权和包括知识产权在内的相关资产，是中国人这么多年来买到的最高端的世界品牌和最优良资产……	68	42	2010/3/28 22：17
王冉	北京时间今晚九点吉利将要签约收购沃尔沃，祝贺李总，不知他今晚会梦到谁。（据说两会上他说他以前常在梦里见到总书记）	61	77	2010/3/28 19：58
新浪财经	吉利的几个中国同行表达了些不同声音。奇瑞董事长尹同跃称"奇瑞要坚持走自己的路，不上海外的当"。长安汽车前总裁尹家绪则说："福特都没做好，中国车企又能强在哪呢？"	55	48	2010/4/1 22：35

数据来源：新浪微博。

由表 7-23 可以看出，10 条代表典型观点的微博中，有 8 条发生在吉利成功并购沃尔沃以后，其中并购成功当天占了 6 条。网络口碑对品牌本身的变化是比较敏感的，网民更是倾向于对已发生或正在发生变化的品牌表达自己的观点或态度。分析表述的观点可以进一步看出，当天的 6 条微博以支持和祝贺为主，主要的质疑发生在寻求并购的过程中和并购后的几天内，如苗炜和封新诚的观点。

此外，本研究还依次统计了上述 10 个观点所包含的评论信息，共有 975 条评论。值得注意的是，评论内容并没有预先设想的那么聚焦，且多数内容存在"跑题"现象，缺乏网络意见领袖，网民的群聚效应或群体特征还不够明显。另外，也缺少官方消息，即使是"头条新闻"和"新浪财经"也仅仅是网络媒体的声音，未见并购方和被并购方的官方表述，更未见有关方与网民的互动交流，对网络社会化媒体还缺少必要的重视，在事件网络口碑的关注和网络上的品牌维护等方面，并购双方可能还未有精力涉及。

7.4.3 豆瓣网电影用户在线评论情感分析

用户在线评论是网络口碑的直接反映，用户在线评价通常分为打分评价与评论评价两种形式。打分评价是用户对产品给出的等级评分，使用方便、操作简单；评论评价用以描述用户对产品的情感态度和认同度，多由几十到几百个字组成，能够较为清晰完整地表达用户的感受。目前有些网站的内容具有大量评论评价，但是没有一个相应的打分系统。例如，百度贴吧的帖子、知乎网站的回答、AcFun 的视频等，用户一般会希望看到能直观反映其他用户总体认同度的打分评价，网站也会希望据此进行排序和推荐，因此，本部分希望在验证打分与文本评论的一致性前提下获得两者的回归方程，从而通过文本评论预测和获取用户打分，进而有助于检索结果排序或形成有效推荐。本部分选择豆瓣电影作为研究对象，对其评价数据进行实例分析，为电影网络口碑分析提供有效的方法技术。同时，本部分的研究也为相关部门了解电影行业市场态势提供了参考信息。

（1）数据与方法

本部分进行分析的方法主要是文本情感分析。本研究使用武汉大学情感分析软件 ROST EA 工具进行分析，该软件采用基于词典的方法进行情感分析，即通过构建一个情感词典统计待分析文本中的正向情感词数目和负向情感词数目，依据他们的差值来进行情感极性的判定，可以得到每部电影正向、负向、中立情绪的评论比例，将其汇总后与电影评分数据进行结合分析即可获得打分评价与评论评价的拟合程度。

首先从豆瓣电影网站获取所需的评价数据，包括评论评价和打分评价。一方面，对获取到的评论评价使用 ROST EA 工具进行情感分析，将其根据积极、中性、消极情绪分为 3 类。根据这 3 类情绪计算出每部电影的原始综合情绪值。另一方面，对获取到的打分评价根据其等级评分情况计算精准评分。将计算所得的原始综合情绪值与精准评分进行相关分析，若相关性高说明两者较为一致，则评论评价的综合情绪值基本可以代替打分评价。之后为情绪强度分配权重寻找最佳综合情绪值。由于用户情感倾向不仅有正、负之分，还可进一步划分为高、中、低 3 种强度，本研究用以进行情感分析的 ROST EA 工具也对"积极"和"消极"两种情感倾向进行了强度区分，3 种强度的情感倾向权重比为 1：1：1。一般认为情感越极端，可能用户评价就越不客观：一是极端的情绪易造成非理性的评价；二是由于评论评价由用户自由填写，内容不受限制，可以较完整地表现用户情绪，而打分评价受到评分等级本身的限制，不能超过其规定的范围，因而导致评论评价表达的情绪与打分评价之间的偏差会加大。因此，本研究认为若改变情感倾向的强度可能会对两者相关性造成影响，为此通过改变原始综合情绪的等级赋权获得基于强度区分的综合情绪，将其与打分评价进行相关性分析以获取最佳综合情绪值。再使用回归分析获取回归模型，从而根据评论自动进行高可信度打分。获得回归模型后再对其进行检验，把前述评价数据作为训练集，将其经回归方程计算所得值与影片精准评分的差值作为两者偏差度，再使用其他评价数据验证此模型的准确性，若偏差度在训练集所得范围内则认为通过验证测试。

第 7 章 面向行业的市场情报分析

为进行分析，共拟获取豆瓣电影中 100 部电影下的用户评价数据，本研究将其中 80 部影片的评价作为训练数据，将另外 20 部的评价作为验证数据，数据获取情况如表 7-24 所示。

表 7-24 数据概况

序号	电影名称	评论总数/条	评分	序号	电影名称	评论总数/条	评分
1	《世博总动员》	660	2.2	24	《赛尔号大电影 4》	210	4.3
2	《齐天大圣前传》	385	2.2	25	《画壁》	31 996	4.4
3	《B 区 32 号》	2858	2.3	26	《江山美人》	2584	4.5
4	《未来战争 2022》	104	2.4	27	《2012 世界末日》	2325	4.6
5	《悟空大战二郎神》	132	2.4	28	《鸳鸯绑匪》	139	4.7
6	《特工艾米拉》	629	2.7	29	《不二神探》	36 196	4.7
7	《堵车》	839	2.7	30	《露水红颜》	11 844	4.8
8	《我是中国人》	150	2.8	31	《一万年以后》	3161	5
9	《人间蒸发》	1039	2.8	32	《生死新纪元》	1461	5.1
10	《肉体创伤》	95	2.9	33	《贵族大盗》	4964	5.2
11	《一路狂奔》	882	3.1	34	《功夫之王》	10 781	5.2
12	《孤岛惊魂》	11 762	3.2	35	《摩登年代》	7941	5.3
13	《光速侠》	144	3.2	36	《致命追踪》	365	5.4
14	《午夜火车》	646	3.2	37	《迈阿密风云》	1478	5.5
15	《无界之地》	215	3.3	38	《蝎子王 2》	516	5.7
16	《结婚狂想曲》	381	3.4	39	《澳门风云》	29 441	5.7
17	《孤胆义侠》	337	3.6	40	《宙斯之子》	5557	5.9
18	《刺陵》	12 869	3.7	41	《德古拉元年》	4559	6.1
19	《骇客交锋》	1602	3.9	42	《海扁王 2》	14 479	6.2
20	《战国》	12 401	3.9	43	《失孤》	17 302	6.3
21	《白幽灵传奇》	3625	4	44	《宿醉 3》	12 364	6.4
22	《蜜月》	358	4.1	45	《特种部队 2》	22 782	6.4
23	《激浪青春》	878	4.1	46	《变形金刚 4》	76 550	6.6

续表

序号	电影名称	评论总数/条	评分	序号	电影名称	评论总数/条	评分
47	《海神号》	3069	6.6	64	ET外星人	14 363	8.5
48	《敢死队》	33 244	6.7	65	《模仿游戏》	42 167	8.5
49	《龙门飞甲》	70 151	6.7	66	《王牌特工》	86 306	8.5
50	《白夜行》	11 593	6.8	67	《人工智能》	31 118	8.6
51	《西游降魔篇》	127 363	7.1	68	《大鱼》	42 071	8.7
52	《碟中谍3》	9174	7.2	69	《V字仇杀队》	81 952	8.8
53	《记忆裂痕》	5105	7.2	70	《当幸福来敲门》	81 068	8.9
54	《X战警》	12 008	7.5	71	《指环王3》	29 250	9.1
55	《金蝉脱壳》	32 900	7.6	72	《星际穿越》	134 190	9.1
56	《速度与激情6》	49 110	7.6	73	《泰坦尼克号》	85 122	9.1
57	《环太平洋》	99 820	7.7	74	《放牛班的春天》	70 344	9.2
58	《赛车总动员》	7399	7.7	75	《忠犬八公的故事》	97 771	9.2
59	《黄飞鸿》	2876	7.8	76	《海上钢琴师》	98 222	9.2
60	《后天》	21 274	7.9	77	《盗梦空间》	162 373	9.2
61	《假如爱有天意》	41 933	8.2	78	《十二怒汉》	34 052	9.3
62	《冰河世纪》	24 783	8.4	79	《阿甘正传》	100 949	9.4
63	《终结者2》	10 687	8.5	80	《肖申克的救赎》	141 750	9.6

使用DataScraper获取的原始数据十分混乱，每条数据分散在不同行，且包含一些xml标签，如"＜评论内容＞""＜时间＞"等，并且有各种无意义字符，需要使用Notepad++和Excel等工具对这些数据进行整理清洗，清洗后用于情感分析的数据是每行表示一条评论的数据集合。

（2）瓣网电影在线评论情感分析

1）情感分析

使用ROST EA工具进行分析，获得所有80部电影的总体情感分布，包括积极情绪、中性情绪和消极情绪，定义三者之和为原始综合情绪$Z0$，即：

$$Z0 = Jq \times 1 + Zq \times 0 + Xq \times (-1), \qquad (7-4)$$

其中，Jq 代表积极情绪所占比例，Zq 代表中性情绪所占比例，Xq 代表消极情绪所占比例。由于豆瓣电影本身的评分体系不精确，所以另外根据其等级评分情况计算精准评分，以此代表产品认同度：

$$J = (5 \times Wx + 4 \times Sx + 3 \times Tx + 2 \times Ex + 1 \times Yx)/100\% \times 2, \qquad (7-5)$$

其中，J 代表精准评分，Wx 指五星评价所占百分比，Sx 指四星评价所占百分比，Tx 指三星评价所占百分比，Ex 指二星评价所占百分比，Yx 指一星评价所占百分比。由于评价本身为五级制，欲转化为十进制，故需将所得结果乘以二。

使用 SPSS 软件对原始综合情绪和精准评分做相关分析以观测两者是否有较紧密的关联，发现两者相关性高达 0.930，并且显著性检验值为 0.000，说明两者高度一致。

2）综合情绪计算

ROST EA 工具对"积极""消极"两种情感倾向的划分标准为："高度消极"，情感倾向值处于 $(-\infty, -25)$；"中度消极"，情感倾向值处于 $[-25, -15)$；"轻度消极"，情感倾向值处于 $[-15, -5)$；"中性"，情感倾向值处于 $[-5, 5]$；"轻度积极"，情感倾向值处于 $(5, 15]$；"中度积极"，情感倾向值处于 $(15, 25]$；"高度积极"，情感倾向值处于 $(25, +\infty)$。三种强度的情感倾向权重比为 1∶1∶1。为探讨改变情绪强度对两者相关性的影响，对情感倾向程度的等级赋权进行调整以获得基于强度区分的综合情绪。为了了解不同权重下的情况又不过于复杂，在此设置 6 种不同加权方式进行对比，轻度、中度、高度情绪权重比分别为 1∶2∶3；1∶2∶4；1∶3∶5；3∶2∶1；4∶2∶1；5∶3∶1。

$$Z1 = Qj \times 1 + Zj \times 2 + Gj \times 3 + Zq \times 0 + Qx \times (-1) + Zx \times (-2) + Gx \times (-3)$$
$$Z2 = Qj \times 1 + Zj \times 2 + Gj \times 4 + Zq \times 0 + Qx \times (-1) + Zx \times (-2) + Gx \times (-4)$$
$$Z3 = Qj \times 1 + Zj \times 3 + Gj \times 5 + Zq \times 0 + Qx \times (-1) + Zx \times (-3) + Gx \times (-5)$$
$$Z4 = Qj \times 3 + Zj \times 2 + Gj \times 1 + Zq \times 0 + Qx \times (-3) + Zx \times (-2) + Gx \times (-1)$$
$$Z5 = Qj \times 4 + Zj \times 2 + Gj \times 1 + Zq \times 0 + Qx \times (-4) + Zx \times (-2) + Gx \times (-1)$$
$$Z6 = Qj \times 5 + Zj \times 3 + Gj \times 1 + Zq \times 0 + Qx \times (-5) + Zx \times (-3) + Gx \times (-1)$$

其中，$Z1 \sim Z6$ 代表 6 种基于强度区分的综合情绪，Qj 代表轻度积极的情绪比例，Zj 代表中度积极的情绪比例，Gj 代表高度积极的情绪比例，Zq 代表中性情绪的所占比例，Qx 代表轻度消极的情绪比例，Zx 代表中度消极的情绪比例，Gx 代表高度消极的情绪比例。最后获得各种权重情况下综合情绪与精准评分的相关程度，如表 7-25 所示。

表 7-25 相关性对比

权重	Z0	Z1	Z2	Z3	Z4	Z5	Z6
相关性	93.00%	92.60%	92.20%	91.70%	91.90%	91.30%	91.40%

表 7-25 的结果显示，原始综合情绪与精准评分的相关性最强，相关度为 0.930，但其他几种权重下的相关性程度都与其比较接近，说明：评论评价与打分评价具有较高的一致性，打分评价可以代替评论评价反映用户对产品的认同度。不仅当评价情绪的情感强度增强时，打分评价与基于强度区分的综合情绪之间的相关性下降，并且当评价情绪的情感强度减弱时两者相关性也下降。可能的原因是当总体评价情绪越平淡时，打分评价越接近评分体系的平均值，难以鲜明地体现用户的产品认同度，而综合情绪计算时将中性情绪记为 0，使得用户的情感倾向有较大区分度，因此两者相关性降低。另外，实验结果说明 ROST EA 工具的情感强度权重设置比较合理。

3）回归分析

由于一些网站没有打分机制，为在此情形下帮助其了解用户总体认同度、优化检索结果排序和进行有效推荐等，尝试使用回归分析的方法实现基于评论的高可信度自动打分。通过 SPSS 工具的线性回归分析得到综合情绪与精准评分的回归方程，从而计算和预测评分。由于经过对比发现打分评价在经强度区分的情感倾向权重比为 1∶1∶1 时两者相关性最高，此处"综合情绪"指上述分析中相关性最高的原始综合情绪。

本研究将综合情绪作为自变量，评论总数作为独立变量，精准评分作为因变量；采用进入的回归方式；在"统计量"栏中选择"估计"以输出系数 B 的估计值、t 统计量等；选择 Durbin-Watson 以进行 DW 检验；选择"模型拟合"输出拟合优度统计量，如 R^2、F 统计量等；在"绘制"栏中，选择"直方图"绘制标准化残差的直方图，选择"正态概率图"绘制标准化残差分布与正态概率比较图；选择 ZPRED 为纵坐标，ZRESID 为横坐标绘制残差与 y 的预测值的散点图，检验误差变量的方差是否为常数；在"Bootstrap"栏中选择执行 bootstrap，样本数为 1000，置信水平为 95%。进行回归分析，得到的模型整体情况如表 7-26 所示。

表 7-26 模型概况

参数	R	R^2	调整 R^2	DW 值
值	0.949	0.900	0.898	1.746

由表 7-26 可知，本模型的最终 R^2 值为 0.898，即 89.8%，DW 检验值为 1.746，按照 α=0.05、样本量 n=80、自变量个数 k=2 查表得，对应的 DW 检验临界值 d_L 和 d_U 分别为 1.586 和 1.688。因为符合 $d_U \leqslant d \leqslant 4-d_U$，故不存在自相关。另外，发现常量与综合情绪的偏差都为 0.005，标准误差分别为 0.102 和 0.407，评论总数的偏差为 2.009×10^{-8}，标准误差为 2.041×10^{-6}，总体上三者的偏差与标准误差都较小；三者双侧显著性水平都为 0.001，说明结果显著，拒绝原假设，以上结果说明本研究并未因数据样本量较少造成结果的较大偏差，研究可信度较高。

其他分析结果为：最终进入模型的变量有综合情绪和评论总数两项；本模型 F 检验的 Sig. 值为 0.000，通过了有效性检验，因此模型有效；t 检验的 Sig. 值为 0.000，远小于 0.05，可见回归系数显著。模型各项系数如表 7-27 所示。

表 7-27 模型系数

变量	常量	综合情绪	评论总数
值	5.372	7.635	1.321×10^{-5}
偏差	0.005	0.005	$2.009 \times 10^{10-8}$
标准误差	0.102	0.407	$2.041 \times 10^{10-6}$
显著性水平（双侧）	0.001	0.001	0.001

由此得到回归模型：

$$J = 7.635 \times Z + 1.321 \times 10-5 \times P + 5.372, \tag{7-6}$$

其中，J 代表精准评分，Z 代表综合情绪，P 代表评论总数。为确保模型有效，继续对其进行异方差性检验和多重共线性线性检验。检验结果显示，残差基本服从正态分布；另外随着自变量的变化，残差无明显变化，说明误差变量的方差为常数，回归模型不存在异方差性，也不存在严重的多元线性问题，模型有效。

4）回归模型检验

上文经过回归分析得到了用以计算评分的回归方程，即：

$$J = 7.635 \times Z + 1.321 \times 10 - 5 \times P + 5.372。 \tag{7-7}$$

将用于拟合回归方程的 80 部影片的 J、Z、P 值代入方程，获得 80 个 J 值，分别将其与影片精准评分做差值计算，可以得到 80 个偏差值，统计后发现偏差值处于 (−1.320, 1.463) 区间内，此区间即为回归方程计算结果可接受的偏差范围，认为当测试数据的偏差值在这个区间内时通过验证。将另外 20 部影片的 J、Z、P 值代入方程，获得 20 个新的 J 值，将其分别与此 20 部影片的精准评分做差值计算，结果如表 7-28 所示。

表 7-28 测试结果

电影名称	精准评分	J 值	差值
《南泥湾》	2.504	3.497	1.091
《美人邦》	3.514	4.423	0.909
《心战》	4.226	3.601	−0.625
《狂蟒之灾 4》	4.458	3.215	−1.243
《匆匆那年》	5.320	5.279	−0.041
《热血之路》	5.592	6.556	0.964
《狂暴飞车》	5.754	5.853	0.099
《甜蜜杀机》	6.066	7.459	1.393
《遇见波莉》	6.412	7.561	1.149
《地心末日》	6.638	6.496	−0.142
《青少年》	6.668	5.524	−1.144
《狼图腾》	6.980	6.739	−0.241
《达·芬奇密码》	7.120	6.753	−0.367
《生化危机》	7.746	6.986	−0.760
《猩球崛起》	7.942	8.239	0.297
《穿越美国》	8.180	8.179	−0.001
《岁月神偷》	8.610	7.679	−0.931
《罗马假日》	8.942	9.724	0.782
《龙猫》	9.120	9.784	0.664
《美丽人生》	9.438	9.394	−0.044

可见 20 部测试电影的总体偏差值处于区间（−1.243，1.393）中，包含在预期的偏差范围内，说明回归方程通过验证测试；其中，9 部影片的偏差值为正，11 部影片的偏差值为负，说明拟合结果处于较为中心的位置；15 部影片的偏差值处于（−1，1）区

间内，4 部影片偏差值在（-0.1，0.1）内，说明拟合精度较高。因此，认为可以根据此方程获取具有较高可信度的影片评分。

7.5 本章小结

本章探讨面向行业的市场情报分析方法及应用，分别介绍信号分析方法、事件分析方法、共现分析方法、网络口碑分析方法，并给出相应案例，结合具体案例分析各类方法在行业中的应用过程和效果。

首先，本章介绍了情报研究领域的信号、信号分析的概念，信号采集、信号辨别、信号组织的方法，基于突发事件的信号预警的维度，并给出一个电纸书行业信号分析的实例。

其次，本章基于典型事件探讨了事件分析方法及其应用。一是介绍互联网新闻报道中的突发事件或典型事件的识别方法，主要研究如何利用词语本身的语言学特性来实现新事件识别，并通过事件识别为行业分析提供有益的情报。二是在具体的情报活动中，基于网络搜索数据往往能提供重要的情报数据源，本章基于搜索数据对已知事件进行分析，构建了一个基于网络搜索的事件分析框架。该框架涵盖事件相关网络资讯的采集、事件静态词表构建、事件动态演化分析、搜索数据的统计挖掘等主要环节。本章以 2008 年美国金融危机事件为例进行了分析。词频共现分析是研究对象间关系的重要方法，本章还以基于 Web 文本的词汇共现分析为基础，选择有代表性的应用场景进行市场态势分析或市场主体的行为分析，一是基于观众感知的世博会企业赞助行为分析，二是基于用户评论与要闻对比的旅游市场分析。

最后，本章介绍基于网络口碑的行业市场情报分析方法。包括：提出基于模式抽取和匹配基础上的文本倾向性分类算法，并进行测评；以吉利收购沃尔沃为例，对并购事件中的网络口碑进行研究；口碑分析中进一步融入情感分析，通过抓取豆瓣电影的用户评价，使用 ROST EA 工具进行情感分析得到评论评价的综合情绪值，将其与打分评价进行相关分析，考虑评论文本的情感强度赋权对结果造成的差异，在此基础上通过回归分析构建回归模型并对其进行检验。

本章通过对几种方法的详细梳理和应用研究，以期为行业实践提供可参考的大数据环境下的市场情报分析框架。

第 8 章
基于多层竞争网络的企业竞争情报分析

当今的商业世界正在经历着前所未有的巨大变化，全球化贸易和生产改变了以往的产业格局，信息技术将世界连通在一个共同的网络上。新兴的商业模式兴起，可供交易的产品和服务越来越丰富，生产企业和最终消费者之间的中间环节越来越少，互联网极大地改变了传统的商业模式和行业生态。本章重点围绕大数据时代企业竞争情报活动的新变化，创新企业竞争情报分析方法，基于多层竞争网络的构建来聚焦回答"我的市场定位是什么？""我的竞争优势从何而来？""谁是我的竞争对手？""如何可视化分析结果？"这些企业竞争情报活动中的核心问题，以科学应对大数据时代带来的新挑战。

8.1 数据驱动的竞争情报分析框架

在大数据时代，跨界打击现象成为常态，弯道超车事件频繁发生。市场需求变化的加速，使得许多企业在短时间内被忽略的竞争对手所取代了。例如，柯达的胶卷相机市场被佳能、索尼等企业的数码相机所吞噬；诺基亚从手机产业的领导者到被收购也不过数年；以团购起家的美团早已涉足出行领域（美团打车、共享汽车）等，2018 年 4 月还收购了摩拜单车。在竞争市场快速变化的环境中，企业和竞争情报研究人员须重新审视竞争对手识别这项工作的重要性，快速、及时发现企业竞争对手，洞察企业所处竞争环境，这对于企业的生存与发展具有巨大价值。只有能够根据市场变化快速调整定位、抓住转瞬即逝的市场机会的企业才能适应这个时代。

现在，越来越多的企业认识到现有的竞争对手分析方法难以准确识别出自己真正的竞争对手，致使企业无法在竞争态势发生变化前做好准备，甚至被新兴的竞争对手淘汰。在现有的竞争对手识别应用中，企业通常以行业标杆企业为最大竞争对手，而在现实环境中，对企业未来经营绩效产生重要影响的可能是新兴的同行企业，可能是企业的上游供应商，甚至是来自其他行业的企业。然而，现有的竞争对手识别方法不足以适应快速变化的市场环境，这缘于现有的竞争对手识别方法（以指标法、战略群组法、专利信息分析法为代表）所固有的静态、主观、高成本等特点，使得它们在市场环境较为稳定的情况下是有效的，但在市场处于急剧变化阶段时，传统的竞争对手识别方法是滞后的，它不能及时监控竞争环境的变化，可能忽视潜在的跨界竞争者，也容易遗漏新兴的企业。因此，精准识别竞争对手与竞争产品，并对其进行深层次的挖掘分析，是企业决策者必须认真考虑的问题，是开展竞争情报分析研究的前提和主要内容之一。

与此同时，互联网经济的兴起带来了更复杂的商业模式、更多样化的产品和服务形式，这些新技术、新理念驱动下的互联网企业使得传统企业面临的竞争态势更加复杂和多变。面对上述变化，企业不仅需要精准获悉自身的竞争对手（或产品），更需要从多维尺度、全方位对自身所处的竞争环境进行掌控，以便于适时厘清企业自身所处的竞争态势，继而制定相关策略。企业竞争态势分析是在行业分析的基础上，进一步分析企业中竞争压力的来源和强度，从而做好对竞争对手的防范。随着大数据的作用日益凸显，数据驱动的新技术、新方法成为企业竞争情报活动的新趋势。在大数据环境下，面对多源、繁杂的数据，企业应更重视数据价值，着力借以多源数据拼图进行360°全景画像实现对企业竞争态势的全方位监视，而传统专注于专利技术、宏观分析的竞争态势分析方法，在当前环境下亟须拓展。

为此，本章提出数据驱动下基于多层竞争网络构建的企业竞争对手识别方法及竞争态势分析模型，并选取特定行业案例，聚焦解决大数据环境下企业如何进行竞争对手（或产品）的精准识别、如何科学感知企业所处的竞争态势、如何可视化展示竞争情报分析结果等问题，以期为相关应用实践提供新的视角与参考。数据驱动的企业竞争情报分析的基本思路与框架如图8-1所示。

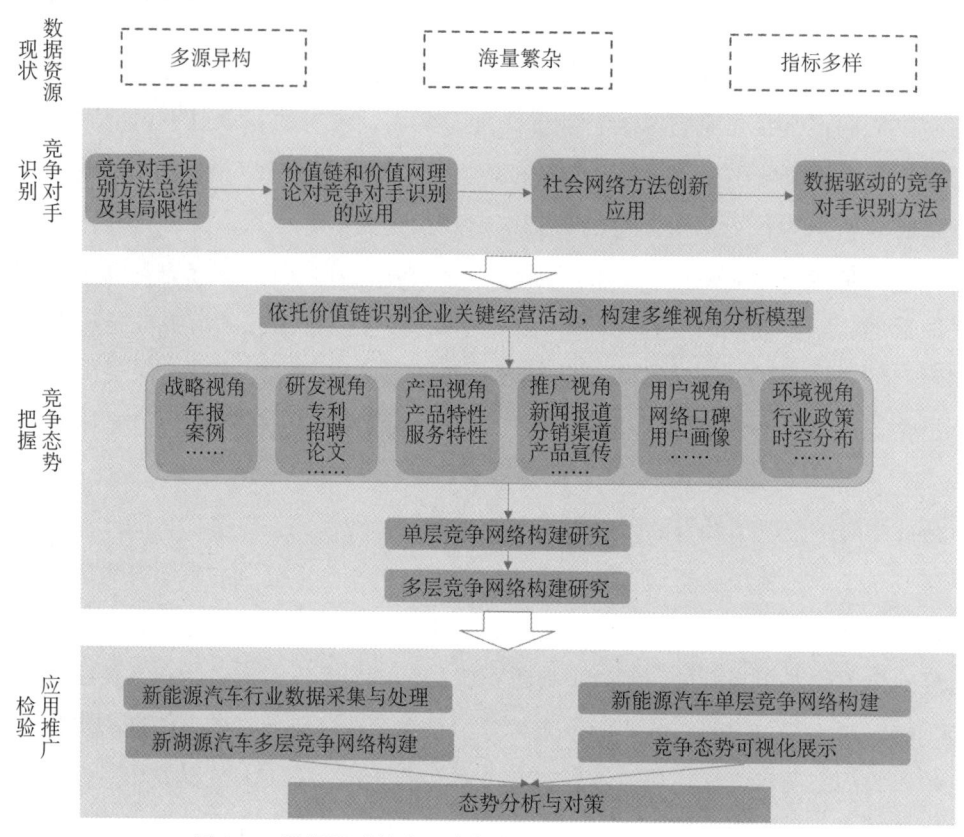

图 8-1 数据驱动的企业竞争情报分析的基本思路与框架

8.2 数据驱动的竞争对手识别方法

8.2.1 互联网时代商业模式的变化

商业模式具有多重定义，Shafer 在 2005 年将学者们提出的各种商业模式要素进行整理，将其划分为战略选择、价值网络、价值创造和价值获取 4 个方面，因此，他们将商业模式定义为企业为了从价值网络中创造和获取价值所进行的战略选择[1]。Shafer 的研究表达了这样一个观点，即商业模式反映的是企业价值创造的逻辑[2]。

---

[1] SHAFER S M, SMITH H J, LINGER J C. The power of business models [J]. Business horizons, 2005（48）：199-207.
[2] 曾楚宏，朱仁宏，李孔岳. 基于价值链理论的商业模式分类及其演化规律 [J]. 财经科学, 2008（6）：102-110.

第8章
基于多层竞争网络的企业竞争情报分析

互联网时代的深入发展，促使传统以供给为导向的商业模式渐趋走向没落，而以需求为导向的商业模式受到更多青睐。2014年11月，李克强总理出席首届世界互联网大会时指出，互联网是大众创业、万众创新的新工具。2015年7月4日，国务院印发《关于积极推进"互联网+"行动的指导意见》（国发〔2015〕40号），鼓励产业创新，促进跨界融合，推进互联网与传统产业相结合，增强各产业创新与发展能力。互联网改变了交易场所，丰富了交易品类，减少了中间环节[1]，对传统的商业模式产生了冲击，其具体变化体现在：①社群平台替代技术研发作为企业的主要隔绝机制，用户规模与用户黏性成为更有效的竞争壁垒，甚至超过了技术壁垒的重要性；②社群成为企业的异质性资源，并对产品设计起到决定性作用，大众化的产品设计逐渐被垂直的、具有针对性的产品设计所取代；③跨界竞合成为常态，不同行业间的合作与竞争越来越频繁，阿里巴巴与天弘基金合作做起了金融，华为与莱卡合作开发手机镜头，饿了么并入阿里版图，美团收购摩拜单车。从产业层次看，互联网一步步消解着各行各业之间的边界，虚拟经济与实体经济结合，平台型生态系统的商业模式发展，使得更多的产业边界变得模糊。从企业组织角度看，随着社会分工的进一步细化，虚拟化组织大量出现，企业组织跨边界成为可能。从知识结构的角度看，互联网降低了信息不对称，提高了信息的传播能力，使跨产业的人才出现成为可能[2]。

工业经济时代的价值创造逻辑是通过规模化生产降低产品成本，通过分销渠道覆盖与中心化的宣传手段将产品销售出去，这种商业逻辑的基础是市场是静态或变化缓慢的。在互联网时代，用户对个性化产品的需求越来越多，需求变化也越来越快，传统的价值创造逻辑已经难以适应市场的变化，企业发生的变化主要有：①通过减少抵达最终消费者的环节来让渡更多价值；②通过提高企业产品迭代的速度来适应快速变化的用户需求；③通过跨界合作来满足用户更多方面的需求，并降低企业成本，寻求更多市场机会；④采纳更多去中心化、碎片化的宣传方式，用户口碑能比电视广告带来更多的销售增长。

互联网经济时代改变了工业经济时代的价值创造逻辑，使企业间的竞争越来越激烈，也越来越复杂。在工业经济时代，企业间的竞争虽然激烈，但竞争变化缓慢，企业受到的竞争压力也有限。例如，国美电器和苏宁电器多年间一直处于直接竞争关系，两家企业的线下门店常常开设在相邻的街道上，价格战十分激烈，但受益于家电市场的蓬

---

[1] 李海舰，田跃新，李文杰. 互联网思维与传统企业再造[J]. 中国工业经济，2014，56（10）：135-146.
[2] 罗珉，李亮宇. 互联网时代的商业模式创新：价值创造视角[J]. 中国工业经济，2015，57（1）：95-107.

勃发展，两家企业在激烈竞争中企业规模也在不断扩大。然而，从以京东为首的电子商务平台开始增加家电品类开始，线下家电商场受到强烈冲击，电子商务平台拥有更好的融资优势、更全的商品品类、更低的获客成本，商品标准化程度极高的家电品类线上销售优势明显，相互竞争了多年的国美与苏宁，在电商平台短短数年的冲击下不得不寻求转型。互联网经济下企业间的竞争会越来越难以预料，企业可能受到各个行业竞争对手的冲击，而在威胁发生之前企业可能并无察觉；企业间的竞争也变得越来越激烈，互联网经济下赢者通吃，少数企业最终将占据最大多数市场份额，一家经营多年的企业可能在很短的时间内被挤出市场。为了适应互联网经济下竞争环境的变化，企业有必要采取更为快速与准确的竞争对手识别方法。

8.2.2 价值链与竞争对手识别

企业竞争对手是"对于企业而言，在关键经营环节上可以取代本企业的其他企业"，而价值链与价值网理论可以帮助我们识别企业的关键经营环节。在一条产业价值链上，不同的企业可以大致分为技术研发企业、生产制造企业和销售企业3种，随着市场环境和产业的发展，它们在价值链中的地位也会发生变化，如制造业产业集群发展到一定程度，生产制造企业的核心地位会被技术研发和服务企业所替代[1]。服务企业和技术研发企业通过核心竞争力来取得价值链中的核心地位有两种不同的模式[2]。

（1）以服务营销企业为核心的需求价值链

需求价值链是服务营销企业为核心企业的价值链。该模式下，价值链运行的驱动力来自服务营销企业所控制和掌握的市场信息和销售渠道。常见的如沃尔玛、麦德龙等企业均是通过控制销售渠道来组织整条产业链的产供销活动。在该模式中，服务营销企业掌握着消费者需求的第一手信息，占据了上游产品抵达消费者的最终销售渠道，对整条价值链的开发、设计、生产、物流等决策具有最大的影响力。一般而言，需求价值链存在于消费者需求具有时效性的产业，如传统的快销、服装、餐饮及后来的智能手机、娱乐、游戏等产业。由于消费者需求变化迅速，需求价值链对消费者需求必须有精准的把握，并且能做到即时设计、即时生产和即时销售，因此作为接触消费者的第一线，服务营销企业成为需求价值链产生价值的关键，往往起到组织起整个产业链的作用。例如，

---

[1] HUANG Z, LI S X, MAHAJAN V. An analysis of manufacturer-retailer supply chain coordination in cooperative advertising [J]. Decision sciences, 2002, 33 (3): 469-494.
[2] 黎继子，蔡根女. 价值链/供应链视角下的集群研究新进展 [J]. 外国经济与管理，2004，26（7）：8-11.

沃尔玛了解消费者需求变化，根据这些信息要求上游供应商调整生产和物流，实现整条价值链的价值最大化，同时，沃尔玛自身面对供应商具有较好的议价能力，使其在这条价值链中获得最为丰厚的受益。手机行业也是一个用户需求快速变化的行业，一开始手机市场的竞争是价格和质量的竞争，并且由于市场需求巨大，供不应求，手机行业的竞争是生产制造能力的竞争；随着进入手机市场的企业增加，供大于求，手机行业的竞争核心转变成对用户需求的把握。例如，诺基亚以过硬的生产能力和工业设计能力脱颖而出，但随着用户对手机功能需求的增加，以苹果为首的智能手机取代了诺基亚，成了手机产业价值链的新核心。从以上例子可以看出，用户需求变化迅速的产业在成熟后，一般会演变出以服务营销企业为核心的需求价值链，在这条价值链中，能最充分拥有用户需求信息、快速响应用户需求变化的企业，将成为价值链的新核心。

（2）以技术研发企业为核心的种子价值链

种子价值链是以技术研发为核心企业的价值链。该模式下，价值链运行的驱动力是技术研发企业拥有的某些关键技术（如同种子），价值链上的企业运用这些技术生产产品，然后将产品推向市场。在种子价值链中，市场与技术研发的关系较弱，因此，技术研发企业倾向于从产业集群中分离出来，集中在科技领先的地域。这类技术研发企业类似于"中场产业"，如云计算、光电子、集成电路等技术含量较高、附加值较高、市场较为稳定的产业。在种子价值链中，技术企业的技术与研发能力是保持价值链持续产生价值的关键，这些高新技术企业成为价值链的核心。

在实践中，一般需要首先识别出企业所处的价值链，分析该价值链是以服务营销为核心的需求价值链还是以技术研发为核心的种子价值链，同时明确企业在该价值链中所处的地位。在确定了企业及其所在价值链后，对企业价值创造过程进行进一步细分，从中识别出企业经营的关键环节。

8.2.3 数据驱动的竞争对手识别方法

本章中竞争对手定义为"对于企业而言，在关键经营环节能够替代本企业的其他企业"，并选取"替代作用"用以表征竞争强度的指标。两家企业相互间的可替代性越强，可认为两者之间的竞争越激烈。替代作用一般可以用重合程度来衡量，两家企业在某个环节的重合程度越高，那么它们之间相互替代的能力就越强。在研发环节，专利领域的重合程度越高，两家企业的研发可替代性越强，它们之间的竞争就越激烈，如联想在收购IBM个人电脑业务之前，两家企业在个人电脑专利方面的重合程度较高；在生产领域，生产资源的重合程度越高，两家企业的生产竞争就越激烈；在销售领域，分销渠道的重合度越高，企业之间的竞争就越激烈，如随着电子商务的发展，线上线下购物的用户群体越来越趋同，一个热衷于线上购物的人也可能同时在每周末会去超级商城采购生活用品，因此，线下超市与线上电商平台产生了激烈的竞争，沃尔玛、苏宁等传统商场推出其在线购物平台，阿里巴巴、京东等电子商务平台积极布局线下网点；在服务业领域，用户重合程度越高，两家企业之间的竞争就越激烈，如以短视频社交为主要服务的快手APP，它的主要竞争对手并不是同样经营短视频社交服务的美图、秒拍等APP，因为快手的主要用户群体来自三四线及以下城市，美图的主要用户群体是女性，秒拍的主要用户群体是一二线城市白领与学生，3家企业的用户重合程度不高，对于快手而言，它的潜在竞争对手是同样在三四线城市拥有海量用户规模的今日头条，而今日头条也推出了短视频相关业务；在技术密集型行业，影响企业长期竞争能力的是企业的人才储备，利用招聘信息的重合程度可以识别出企业在当前技术领域存在的竞争对手有哪些。

从价值链和价值网的视角出发，以关键环节的重合程度为指标，本章构建出数据驱动的竞争对手识别方法，由以下几个过程组成。

（1）识别企业关键经营环节

利用价值链理论，首先识别出企业内外部价值链，区分企业所处价值链是以服务营销为核心的需求价值链，还是以技术研发为核心的种子价值链。其次分析企业在整条价值链中所处的位置，是研发、设计、生产、销售、还是分销环节等。最后根据企业经营所覆盖的价值链环节，分析哪些环节是企业的竞争力来源，哪些环节对整条价值链具有最重要的作用，按照重要性强弱识别出影响企业竞争力的关键经营环节。

（2）设置候选竞争对手

分析本企业产品满足的用户需求，寻找满足了用户同质需求的其他产品，生产这些产品的企业就是候选竞争对手。在这一步骤中，应找到尽可能多的候选竞争对手，包括当前同行业竞争对手、生产替代品的竞争企业、产品功能有相似点的其他企业等。本方法后续步骤均可以由计算机程序自动完成，因此，设置更多候选竞争对手并不会对本方法的执行时间造成明显影响，同时可以避免遗漏了潜在的、新兴的竞争对手。

（3）寻找衡量关键环节重合程度的指标

在识别出企业关键经营环节之后，确定指标衡量候选竞争对手在这些关键环节对本企业的替代作用。在价值链的各个环节，可以表征替代性的指标有所不同。例如，在研发环节，专利的重合程度越高，两家企业研发能力的可替代性就越强，它们之间的竞争就越激烈,因此,可用专利重合度来表征候选竞争对手对本企业的替代作用。在产品生产环节,两个产品的属性重合程度越高,它们相互替代的可能性就越大,竞争就越激烈,如智能手机的产品属性已经包括像素、焦距范围、图像处理技术等,智能手机对于数码相机而言就是一个强有力的竞争对手,因此,可用产品属性重合度来表征以产品为关键经营环节的企业间竞争强度。在销售环节,用户重合度越高,产品的竞争就越激烈,因此,可用用户人群重合度来表征企业间的替代程度。

(4)计算企业之间的关键环节重合度

衡量企业之间关键环节重合度的指标不同,采用的计算方法也不尽相同。例如,以研发为关键环节的企业,利用专利和人才招聘信息表征研发重合度,前者可以计算专利所属领域的重合度、专利内容的文本相似度,后者可以计算招聘信息的文本相似度;以产品为关键环节的企业竞争强度,可以使用产品属性的余弦相似度计算结果来表征;以销售为关键环节的企业间竞争强度,可以通过计算用户列表的重合度、经销商列表的重合度得到。

本小节以销售关键环节的用户重合度计算为例,具体说明计算关键环节重合度的方法思路。采集候选竞争对手的用户列表,计算候选竞争企业的用户列表与本企业用户列表的交集,得到企业之间用户重合度,该指标表征了企业之间的替代性。当两家企业满足了用户的同质需求时,对于企业的共同用户而言,这两家企业是可以相互替代的。

值得注意的是,企业之间用户重合度表征了替代性的概念,但仅用替代性无法准确表示企业之间的竞争强度。考虑以下情况:某月甲公司有 10 000 名顾客,乙公司有 100 名顾客,甲乙两家公司有 50 名共同顾客。当甲公司举办了一场促销活动,将 50 名共同顾客吸引到甲公司,此时乙公司就损失了 50% 的客源;当乙公司举办了一场促销活动,将 50 名共同顾客吸引到乙公司,此时甲公司只损失了 0.5% 的客源。因此,企业之间的竞争强度是有方向的,两家企业中用户规模较小的那家公司会受到更大的竞争压力。定义公司 A 对公司 B 的竞争强度如式 8-1,该数值越大,B 公司受到 A 公司的影响越大。

$$\text{A对B的竞争强度} = \frac{\text{A与B的用户重合数量}}{\text{B企业的用户数量}} \quad \quad (8\text{-}1)$$

(5)识别竞争对手

量化了企业两两之间竞争强度之后,将计算出来候选竞争企业对本企业的竞争强度按照从大到小排序，竞争强度越高，该企业对于本企业所造成的竞争压力越大，是越需要重视的竞争对手。根据企业需要，从候选竞争企业中选取一定数量作为企业的竞争对手。

(6) 识别竞争环境

重复步骤 (4)，计算竞争企业两两之间的竞争强度。然后以企业为点，企业间竞争关系为线，企业之间竞争强度作为线的权重，绘制网络图，该网络图就是企业所处的竞争环境。利用社会网络与复杂网络的分析方法，挖掘网络背后潜在的信息，分析企业所处的竞争环境，为企业决策提供支持。例如，利用社会网络中的点度分析，可以识别竞争网络中的核心企业，这些企业的存在对竞争格局的形成具有重要作用；利用社会网络中的子群分析，可以将竞争网络划分为若干个竞争子群，对竞争网络在宏观上进行进一步划分；利用社会网络中的角色分析，可以识别出企业在竞争网络中的地位，是处于主动进攻的优势地位，还是处于受到多家企业竞争的劣势地位；利用复杂网络中的随机图模型分析，可以探索竞争网络形成背后的动力因素，分析哪些因素对最终竞争网络的形成起了重要作用。

以 A 企业为标的企业，绘制了识别 A 企业的竞争对手和竞争环境的流程图，以直观展示计算过程，如图 8-2 所示。

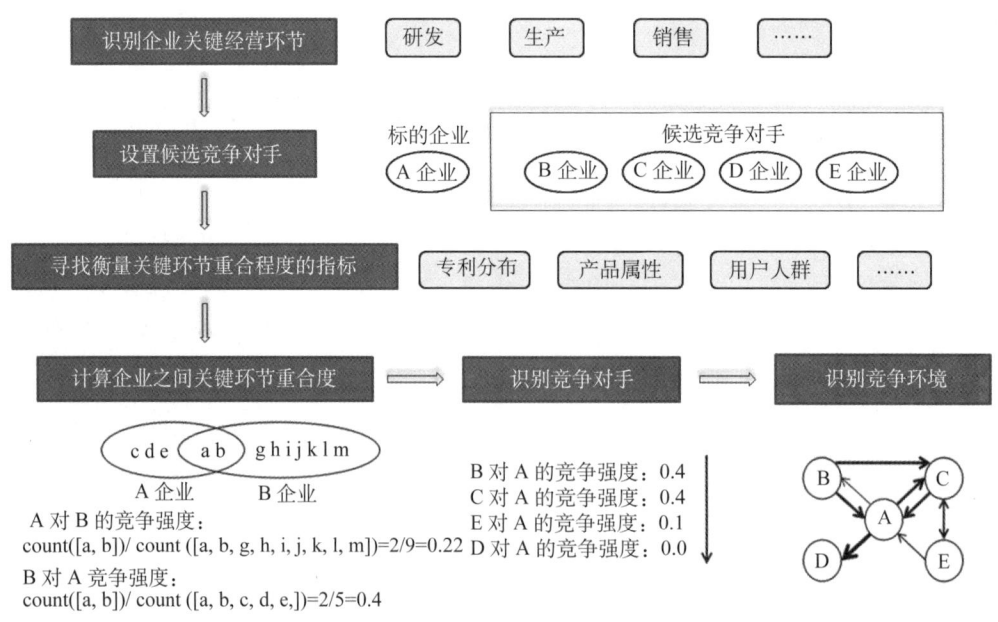

图 8-2　数据驱动的企业竞争对手识别流程

8.3 数据驱动的企业竞争态势分析模型

8.3.1 企业竞争的"5+1"多维视角分析框架

在以往的企业竞争情报活动中，通常依据企业的最终产品或服务来确定企业竞争对手，并以产品或服务为核心展开竞争分析，如阿里巴巴、京东与亚马逊的核心产品都是电子商务平台，因此它们是直接竞争对手，竞争分析也常着眼于电子商务平台的各项指标。然而，当今市场的竞争并不是单一维度的竞争，除了电子商务平台，由于阿里巴巴与京东平台中包含大量第三方商家，因此，这两家电子商务企业在物流配送环节、供应链环节、商家治理水平等方面也存在竞争关系；同时，为了应对特殊时段的流量高峰（如"双十一""网络星期一"等），阿里巴巴与亚马逊均拥有大量服务器，由此也衍生出了两家企业的云服务业务，该业务反过来为平台上的商家提供了 IT 架构、数据分析等能力，提高了电子商务平台整体的服务能力，因此，阿里巴巴与亚马逊在云服务领域也存有竞争。

简言之，对竞争对手的定义与识别不能再仅仅局限于一个产品、一个视角，甚至是一个领域中。同样随着竞争的加剧，企业间的直接竞争也不再集中于产出和最终产品上，而是关乎企业从战略定位、研发、产品、销售、用户反馈等各个环节，使得企业竞争"无处不在、无时不有"。

本章则借鉴价值链理论，把企业一系列相互关联的价值创造活动作为识别竞争对手的多维视角，继而将企业的价值链划分成战略定位、研发设计、产品生产、营销推广和客户关系 5 个环节，覆盖一家企业运营的基本流程，同时考虑到外部环境因素对于价值链各环节的影响作用，由此通过对企业各个维度的竞争对手识别，最终得到企业的多维竞争网络。企业竞争的"5+1"多维视角分析框架如图 8-3 所示。

（1）战略层

战略是企业的宗旨和一系列目标、意图或目的，以及为达到这些目的而制定的主要方针和计划的一种模式，这种模式决定着企业正在从事或应该从事何种经营业务，以及应该属于何种经营类型，它涉及企业所有的关键活动，而且与企业的外部环境紧密相连。迈克尔·波特对价值链理论分析的结果也发现，企业的竞争优势主要集中在与战略相关的活动上。因此，战略虽然不是价值链中的一个环节，但事关全局，其影响覆盖了企业所有经营活动。企业战略可以在年报中体现，通过研究历年年报中的信息，不仅可以了解企业经营状况，还能够发现企业未来的经营战略。此外，借以对企业案例等的研究能够在一定程度上识别企业所遵循的商业模式，而商业模式本身则有助于理解企业的战略甚至预测下一步的行动。

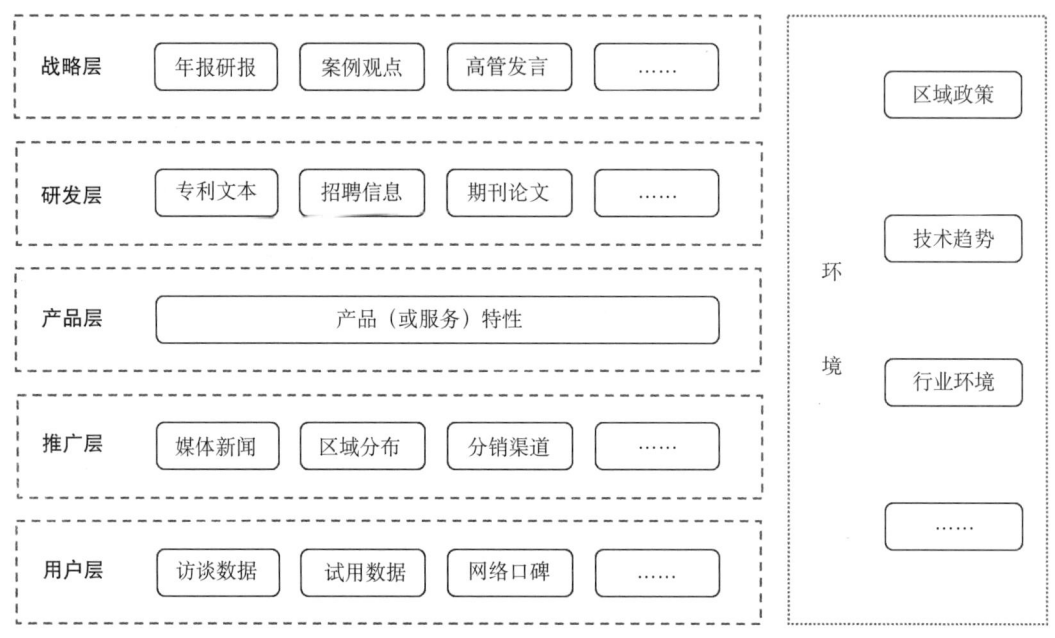

图8-3　企业竞争的"5+1"多维视角分析框架

（2）研发层

研发在最初的价值链概念中被定义为辅助活动，但随着市场开放程度提高、市场竞争加剧，技术能力成为企业获得竞争优势的一个重要来源，许多企业将研发能力视为核心竞争力。而专利是衡量企业研发技术能力的一个数据来源，通过专利数量可以粗略评估企业研发能力，通过专利分类号可以发现企业技术投入的领域，通过专利内容可以研究企业关心的技术关键，因此，利用专利数据对企业间技术竞争进行衡量，也是学界、业界的一个重要关切点。此外，从企业发布的招聘信息及招聘的人才结构中分析企业对于研发各环节的投入程度，如发现企业对动力装置研发人才的需求、对控制系统人才的需求等。

（3）产品层

企业一系列价值创造环节的产物是交付到最终客户手中的产品或服务，产品综合体现了企业的研发、采购、生产、仓储、运输等能力，同时，产品的属性特征体现了生产阶段企业对产品的定位。因为产品是企业价值创造的最终产物，并且产品之间容易进行客观比较，因此，竞争产品、竞争企业的识别常常基于产品属性的比较。在企业没有对产品进行进一步定位之前，产品的客观属性往往决定了它所面临的竞争环境。例如，联想笔记本与戴尔笔记本在产品属性上相似度高，它们之间是典型的竞争产品，同时，基于产品属性还可以进一步细分竞争关系，如高端笔记本之间的竞争、游戏笔记本之间的竞争等。

(4) 推广层

营销推广也是企业价值链中的一个重要环节，营销推广能让企业接触到对其产品或服务有需求的客户，实现企业的价值创造过程。营销推广环节包含广告投放、新闻曝光、分销渠道等环节。其中，广告投放体现了企业对自身产品的定位，如奇虎360自身定位的关键词是"安全"，为网民、企业提供安全相关的软件或硬件产品；新闻曝光体现了媒体对企业的感知，也通常影响最终客户对企业的感知，而媒体感知到的企业定位常常与企业自身定位有偏差，如在媒体的报道中，奇虎360"安全"的定位并没有充分体现，而负面的信息更容易吸引媒体报道；分销渠道体现了企业对自身产品消费人群在地域上的定位，如星巴克在中国多定址于较为高档的商场、写字楼，快手APP主要在三四线城市进行广告投放等。

(5) 用户层

用户是企业产品或服务的最终消费者，企业价值链通过满足用户需求从而实现价值创造。在竞争对手识别中有这样一个困境，根据产品属性只能识别出同类型的产品，对其他形态却满足用户相同需求的产品却无能为力。例如，光盘与U盘在产品属性上差异巨大，但都满足了用户数据存储的需求，因此，拥有更好的擦写能力的U盘最终取代了光盘在数据存储市场上的份额。科特勒认为，从顾客视角出发，竞争产品能够满足相同顾客需求的一类产品[1]，客户对产品的定位最终决定了产品之间的竞争。目前也发展出了一批从客户视角识别竞争对手的方法，如品牌转换分析法[2]、微博共同关注分析法[3]和用户评论情感分析法[4]等。客户对产品的感知定位，一方面，可以从客户对产品的评论数据中获取，如对于车辆的评论中，"内饰豪华""高端""档次"等词语出现较多的车辆，用户更关心该车辆与社会地位的关系，该类车辆的竞争对手是其他品牌高端车型；如果

---

[1] KOTLER P. Principles of marketing [M]. New Jersey: Prentice Hall, 2010: 529-530.
[2] 王知津，周鹏，韩正彪. 基于决策树算法的竞争对手识别模型研究 [J]. 情报理论与实践，2013 (3): 1-5, 24.
[3] 周知. 基于微博用户共同关注的竞争对手识别策略研究 [J]. 情报探索，2014 (10): 46-49.
[4] 肖璐，陈果，刘继云. 基于情感分析的企业产品级竞争对手识别研究：以用户评论为数据源 [J]. 图书情报工作，2016 (1): 83-90, 97.

用户评论以"自驾游""动力足""控制感"居多,那么该类车辆的竞争对手是其他品牌的 SUV 车型。另一方面,可以从客户的购买行为中发现客户对产品的感知定位,如在餐饮领域,通过顾客餐饮消费的时间和人数,可以发现顾客的餐饮需求是"工作餐""家庭聚会""商务"等。

(6) 环境

竞争环境是指与企业经营活动有着直接、间接的现实关系和潜在关系的各种力量和相互关系的总和。广义的竞争环境指的是企业外部环境和内部环境的总和;狭义的竞争环境指的是企业所处的自然环境、社会环境,即外部环境。竞争环境分析是为企业经营决策提供经济、技术、社会、政治等全方位环境情报的系统方法。以企业的决策规划为导向,不断寻找和发现外部环境中可能影响企业组织生存和发展的各种征兆,已成为企业取得成功不可或缺的一部分,受到企业界的重视。竞争环境分析包括现状分析、趋向分析、协同分析等内容:①现状分析是全面分析对企业产生重要影响的各种政治、经济、社会、技术因素,寻求这些外部因素与企业战略目标、管理工作间的关联,分别对各种要素的重要性进行比较分析,识别出其中的机会和威胁,如分析企业所处的空间环境、地理位置等因素对于企业发展所需的资源配置状况的影响;②趋向分析是在复杂多变的竞争环境中,不仅需要确定竞争环境中的主要影响因素,还需要搜集相关信息后,对这些因素可能发生的变化进行预测,如对于涉及多个行业的政策进行分析,预测其对相关行业产生的影响,根据政策重合程度识别相关行业内的潜在竞争对手;③协同分析是指企业内部环境与外部环境(包括宏观环境、产业环境)协调一致,内部环境能够快速响应外部竞争环境的各种变化,外部环境能够支持企业内部战略发展的调整,如评估企业所处的环境产业链对于企业现状与未来发展的支持程度。

8.3.2 单层竞争网络构建

本章所指的"单层竞争网络"源于企业竞争多维视角分析框架下各层次的企业竞争网络,并根据数据来源的差异进行个性化构建。而单层竞争网络构建同样可以采用关键指标重合程度,遵循图 8-2 所示流程,并综合运用社会网络分析方法进行关联揭示。其中,可以用网络节点表示企业,网络中的线表示企业之间竞争强度,用替代性指标(通常使用相似度或重合度等)计算竞争强度,线越粗表示企业之间竞争强度越大。

依据数据来源,可以形成以下不同的竞争网络,本小节重点描述常见且数据易获得的 8 类单层竞争网络所涉及的关注点、关键指标及应用策略等。

(1) 年报竞争网络

战略一般不对外公开,因此,为了分析企业战略竞争态势,可以间接地从企业披露的财务报表中获取。企业年报是在有关规定下,对企业一年的运行状况进行的总结。企业年报一般包括企业的人事变动情况、主要的财务数据及目标、财务报告等项目。年报分析,是对企业一年内的运行状况进行分析,为相关部门制订发展计划提供了借鉴,为促进企业更好的发展提供了理论基础,实现了各个部门之间合理有效的沟通,将企业运行中的各个部门都联系在一起,进一步促进企业的发展。通过对企业历年年报中财务指标的变动情况分析,可以掌握企业经营状况和发展轨迹,从中推测出企业的短期战略和中长期战略方向。

(2) 案例竞争网络

管理案例研究一直是管理理论创建的重要研究方法。优秀的管理案例在写作前往往需要大量的调研、访谈等一手资料信息的收集,对案例研究对象进行全面充分的了解,大量案例的写作得到了企业的支持,因此,在案例文本中隐含着丰富的企业非公开信息,对案例文本的分析可以提炼出企业的战略计划和行动,案例间的相关性分析可以发现不同企业间的战略重合或冲突。

(3) 专利竞争网络

专利是每一家有实力的企业必争的高地,是企业的核心竞争力之一,获取专利权后,可在特定领域限制竞争对手的抄袭,为己方企业赢得竞争优势。由于专利数据公开可获得,专利成为情报学中研究企业技术能力的一个重要数据源,基于专利数据可以构建企业间专利竞争网络。

一条专利数据通常包含申请人、发明人、专利分类号、标题、摘要、内容、主权项、专利类别、法律状态等字段。专利分类号反映了企业研发投入的领域,两家企业之间专利分类号相似程度越高,它们之间研发投入的相似程度就越高,因此技术竞争更加激烈;标题、摘要、内容、主权项等文本内容进一步阐述了企业的技术研发范畴,基于这类文本数据进行分析可以更准确地识别企业之间的技术竞争关系,如在电池管理系统研发方面的竞争、在锂电池研发方面的竞争等。

(4) 人才竞争网络

企业的人员构成,包括学位、工作内容等一般不会直接对外公开,这对研究企业间的人才竞争造成了难度。但企业的人才策略反映在了企业对外公开的招聘信息中,一条招聘信息通常包括职位名称、工作内容、专业要求、学历要求、所属部门等,具有时效性高、数据易获取、真实性高等优点。同时，企业招聘岗位不仅代表企业所需人才的特征，也反映出其未来的规划。例如，谷歌在创立汽车自动驾驶项目之前需要大量招聘机器学习、路径规划等方面的人才；亚马逊在推出 Echo 智能音响前大量招聘智能硬件人才等。

通过招聘信息中的部门信息，可以发现企业的哪些部门正在扩张，说明企业有这一类人才需求，如智能硬件人才、机器学习人才、销售人才等；通过招聘信息中的工作内容，可以更细致地发现企业人才储备的目的，如新能源汽车企业大量招聘计算机视觉、深度学习方面的人才，那么它可能要发力无人驾驶领域，两家有同样招聘需求的企业会在人才领域产生激烈竞争；通过招聘信息中的工作地点信息，可以发现企业对各地区人才的争夺，如腾讯、华为等互联网公司在成都开设更多的招聘岗位，说明它们在争夺成都地区人才方面有激烈的竞争。

（5）产品竞争网络

产品是指能够供给市场，被人们使用和消费，并能满足人们某种需求的任何东西，包括有形的物品及无形的服务、组织、观念或它们的组合[①]。产品是企业价值的最终体现和载体，企业通过研发、包装推广产品，使消费者购买其产品，最终转化成利润。在本网络中，剔除了产品的附加属性，如品牌等影响因子，只考虑其本身客观可测量因素。

根据产品的类型不同，产品的属性也不同，如数码相机的产品属性包括像素、传感器类型、最大光圈、闪光灯、连拍速度、机身防抖、机身内存等，手机的产品属性包括屏幕尺寸、CPU 型号、机身内存、前置摄像头像素、后置摄像头像素、光圈大小等。对于同一品类的产品，可以通过产品属性的相似程度来计算两个产品竞争强度的大小，如两辆价格区间接近、加速性能较好、车内空间较大的汽车产品，它们的竞争强度就较大。但对于类型不同的两个产品，我们就难以计算它们的产品竞争网络，如智能手机虽然对数码相机市场造成冲击，但仅通过产品属性我们无法得到它们之间的竞争关系，因此，传统的基于产品属性的竞争对手识别方法在跨界竞争方面有缺陷，产品竞争网络只适用于识别同类型的竞争对手。

（6）媒体传播竞争网络

在推广层，企业的产品被最终客户所获知，除了广告推广、占据分销渠道、销售人员直销等方式，媒体新闻的传播也是一个重要的曝光途径。在互联网时代，新闻来源多样，除了传统的纸质媒体和电视媒体，还包括新浪、网易等门户媒体，微博、朋友圈等自媒体。同时，新闻的目的也具有多样性，门户网站等更加具有官方色彩，一部分属于

---

① KOTLER P. Principles of marketing [M]. New Jersey: Prentice Hall, 2010: 224-225.

企业的推广渠道，另一部分属于媒体方对企业的潜在评价。例如，媒体认为受众关注某企业产品，那么为其撰写新闻的时效和频率必然更高，可以间接体现第三方媒体对企业的竞争力评价。新闻实际上反映的是媒体对企业的感知定位，新闻内容反映了媒体关心企业的哪些方面，同时也影响了大众对于企业的感知。通过媒体传播竞争网络的构建，可以反映企业在大众和媒体视角的竞争态势。

(7) 分销渠道竞争网络

分销渠道属于企业营销推广环节中一个重要部分，其作用是让产品可以顺利交付到最终客户手中。分销渠道指企业内部和外部的代理商和经销商，通过这些组织，企业产品才得以顺利上市行销。代理商或经销商，就是在某一区域和领域拥有销售或服务的单位或个人，一些代理商和经销商还承担着企业产品的售后等增值服务。代理商和经销商是企业的产品行销渠道，经销商的位置分布体现着企业的经营战略、市场定位、竞争目标等信息，如有些企业经销商密布沿海区域而中西部地区稀少，有可能其产品定位为高端奢侈品或运输不便的产品；而代理商和经销商分布比较均衡则可以认为其产业庞大有实力，或是其产品定位大众，如顺丰等快递物流企业。通过企业分销渠道的地理位置分布，可以发现企业间在分销层面的竞争关系。

采集到企业的分销渠道地理位置信息，可以研究其分销的地理分布，如星巴克的店铺集中在一线城市商圈和写字楼，COCO奶茶的店铺分布在学校、居民住宅区、商业街等地方，反映了这两家企业在目标市场定位上的不同。通过分销渠道地理位置的重合程度，可以计算企业在分销层面的竞争强度，如星巴克与KOI奶茶虽然主营的产品不同，但它们的店铺均集中在一线城市商圈和写字楼，价格区间也较接近，它们在分销渠道的层面上是竞争对手。

(8) 口碑竞争网络

"口碑"在《辞海》中的解释是"比喻众人口头上的称颂"。网络口碑与传统口碑之间的区别主要在于网络口碑基本上通过SNS、论坛、微博等互联网媒介传播[1]。网络口碑是消费者通过互联网媒介完成的彼此间的信息交换[2]。Park等研究表明，口碑对消费者购买意愿具有显著影响，产品的口碑不仅代表着已消费者的评价，更会影响潜在消

---

[1] VOYER P A. Word-of-mouth processes within a services purchase decision context [J]. Journal of service research, 2000, 3 (2): 166-177.
[2] CHATTERJEE P. Online reviews: do consumers use them [J]. Advances in consumer research, 2001, 28 (1): 129-134.

费者的购买意愿[1]。企业产品的口碑数据常见于购物网站或点评网站中消费者对产品的评论信息，从评论中我们可以得到用户对企业产品的感知，从而得到用户心智中对产品的定位，两个产品在用户心智中的定位越接近，它们相互替代的可能性就越大，竞争也就越激烈。例如，数码相机与智能手机，基于产品属性我们无法识别它们之间的竞争关系，但用户对智能手机的评论中有大量"拍照好看""夜景功能强大""像素高"等词，基于用户评论数据我们就能够识别出智能手机对数码相机的跨界竞争。

8.3.3 多层竞争网络构建与竞争态势分析

（1）多层竞争网络构建

多层竞争网络的构建需要考虑各单层竞争网络中节点与连边的同异质问题，即不同的节点属性或连边属性如何区分。具体而言，需要通过事先定义多个节点同质、连边的含义相异的单层竞争网络，通过同质的节点连接多个单层竞争网络形成多维型多层竞争网络，该网络的维度即连边的类型数，研究中连边的类型数等于单层竞争网络数。在多层竞争网络的可视化构建中，本章借鉴 Boccaletti S 等人提出的超网络方法，即把不同类别的连边映射到多个平面网络，网络与网络之间以同质化的节点虚线形式连接，如图 8-4 所示。

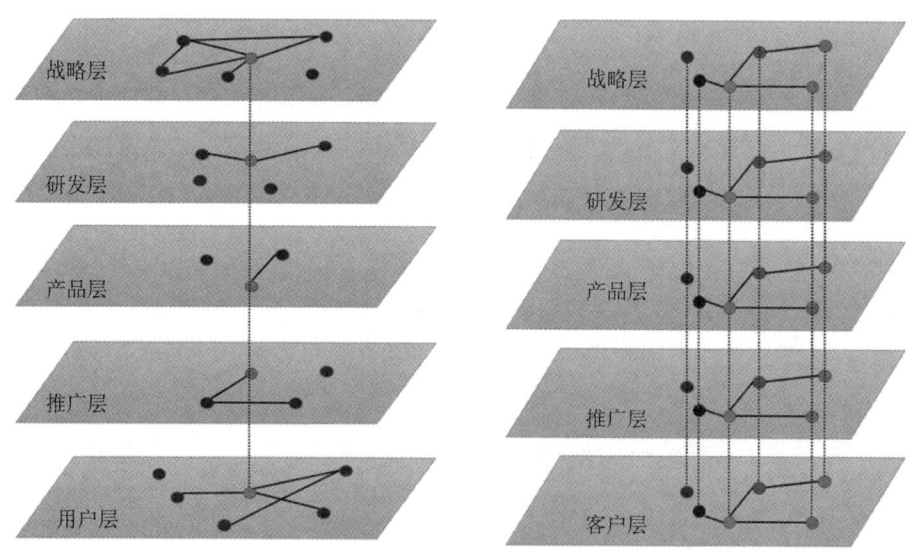

图 8-4 多层竞争网络分析方法

---

[1] HO C Y. An empirical study on factors affecting word-of-mouth effects upon on-line [D]. Yongin City: Dankook University, 2003: 2-10.

第 8 章
基于多层竞争网络的企业竞争情报分析

正如本书第3章所言,如何分析多层竞争网络的拓扑性质目前尚在探索阶段,很多相关研究具有理论不完善或构建过于复杂的问题。因此,本章着重于在单层竞争网络的构建分析基础上,结合价值链进行多层竞争网络间的含义分析和解读。通过对多维型多层竞争网络的可视化展现,分析企业在研发、产品、推广和客户层上的综合竞争力,从纵向上发现自身在不同价值链阶段的竞争对手变化,从横向上分析每一层所处的竞争环境,从整体上定位未来的、潜在的、不同维度的、真正的竞争对手。

需要注意的是,根据前文定义的企业多层视角,每一个价值链层可以包含多个网络,如研发层包括专利网络、人才网络等,但在构建多层竞争网络时,多个处于同一层的网络无法合并,所以在实际操作上,每一层只选择其一。此外,在多层竞争网络展现时根据分析目的的不同有两种连接同质化节点的方法。一种见图8-4左侧部分,表示当通过单个节点连接多层竞争网络时,每一层上的网络分布都应是根据边权决定的,如力导图分布、HuYiFan分布等,因此可以专注于分析该连接节点在各层上的表现,对企业而言,可以发现自身在整个过程中的竞争地位和表现,针对性制定策略;另一种见图8-4右侧部分,表示当每层基于同一布局、使所有节点成为连接节点时,区别仅在于边权,可以通过分析边权在各层上的变化,发现整个产业中竞争核心区的变化,了解竞争态势。

(2) 基于多层竞争网络的企业竞争态势分析模型

企业竞争态势分析即以标的企业为线索,分析多层竞争网络下企业的竞争优劣势,把标的企业在每一层上的竞争强度抽象用为宽度表示,如在客户层上竞争强度大、竞争关系复杂,即定义为宽,反之为窄。从侧视角度观察多层竞争网络,可以把标的企业的竞争态势抽象成气球形、梨形、沙漏形、苹果形,如图8-5所示,各种竞争态势的描述分析见表8-1。多层竞争网络的优势在于各层之间的结合可以在一定规则内随意拆分和组合,如同一价值链层中就有多个网络可供替换。根据图8-3所示的企业竞争多维视角分析框架,我们可以针对不同层次形成的单层竞争网络进行组合比较分析,可以比较企业对自身定位的准确性,提出相关意见或建议。

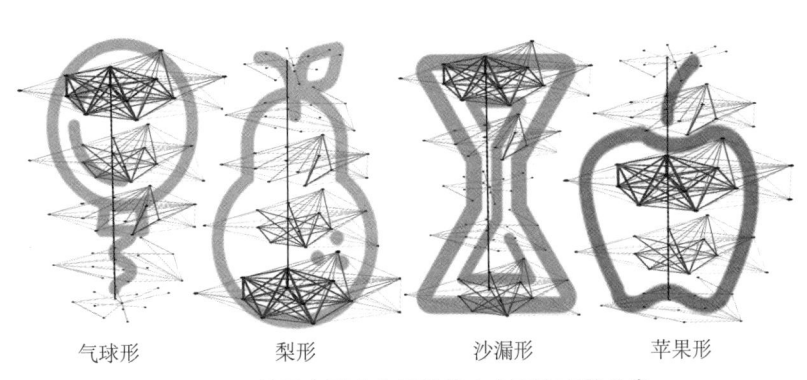

气球形　　　梨形　　　沙漏形　　　苹果形

图 8-5　基于多层竞争网络的企业竞争态势分类

表 8-1 基于多层竞争网络的企业竞争态势模型解读

类型	要点描述	分析及对策
气球形	企业与其他企业在战略层形成强竞争关系且在专利层涉猎广泛、专利数量多，价值链下游的新闻推广和用户层与其他企业相似度低	• 优势是在媒体和用户视角下该企业产品具有独特性，应调研外部市场的良好反映，抓住机会改变企业内部的产品设计和研发技术储备 • 劣势是技术上和产品定位上与其他企业同质化严重，需加大研发投入，设计具有新特性的产品
梨形	企业与气球型相反，在价值链上游战略、专利和产品层竞争小，而下游推广和用户层与其他企业相似度很高	• 优势是研发强势且技术独特，并且产品定位独特，避开竞争高峰区。建议加大市场投入抢占市场，使优势最大化 • 劣势是推广和用户竞争激烈，外部风险大，建议企业在推广上重点宣传产品的独特性，引导用户需求，增大优势减少威胁 • 下游竞争与上游不符，说明用户视角下产品定位与企业自身设计不符，建议审视企业对产品的定位是否有误
沙漏形	企业在价值链上游和下游与其他企业相似程度很高，遇到强竞争关系，而价值链中游的产品层避开了同质化，推广较有新意	• 优势是企业产品独特，在推广上也发挥了产品的不同定位特性。建议把握这样的产品优势和推广机会，加大市场投入 • 劣势是在技术研发上并非领先，容易被其他企业取代，在用户反馈上也不如预期，和同类产品相似。建议企业加强研发，并考虑自身产品的创新点是否脱离用户实际需求
苹果形	企业与沙漏型相反，在战略和用户层处于低竞争强度区，而产品竞争大，推广冲突高，同质化程度较严重	• 优势是企业技术强且技术领先，但技术优势没能转化成产品优势，产品和推广依旧同质化严重。企业应审视自身产品设计和定位，重点研究新技术的应用，化技术为真正的优势 • 劣势是产品同质化竞争，加上外部推广的强竞争威胁。企业应考虑收缩、合并产品线，把有限资源集中投入较优质的产品，避免无谓浪费

8.4 新能源汽车行业竞争态势分析

8.4.1 新能源汽车背景

在当前全球能源变革发展趋势和我国产业绿色转型发展的背景下，传统以燃油为代表的汽车行业已处于重要转型期。时至今日，荷兰、印度、挪威、德国、法国、英国等多个国家已给出全面禁售燃油车的时间表，以荷兰、挪威为代表的国家于 2030 年最先执行，我国相关部门已于 2017 年 9 月透漏开始研究制定传统燃油汽车停产停售的时间表。

上述变化，正在倒逼传统车企转型。因此，清晰刻画新能源汽车行业竞争态势，能够帮助车企做好决策，为政府相关部门提供参考，转型期跨界更为激烈，弯道超车现象易出现，能够更好地检验模型，这也成为本章选择新能源汽车作为研究对象的一个重要考量。

(1) 新能源汽车的定义

传统能源汽车指以汽油、柴油等作为燃料的内燃式发动机汽车,而新能源汽车则是使用清洁的、可再生的能源作为其动力的汽车。由于新能源汽车是在近年来低碳经济背景下的发展产物,从全球范围来看,该产业的发展时间不长,且处于起步阶段,在学界其概念尚未统一。

目前国内学者普遍认同的一个定义,源自我国工业和信息化部制定的《新能源汽车生产企业及产品准入管理规则》(2009年),即新能源汽车是使用非常规的车用燃料作为其动力来源(或使用常规的车用燃料、采用新型车载动力装置),结合车辆在动力控制和驱动方面的先进技术,形成技术原理先进,具备新结构、新技术的汽车。它主要分为纯电动汽车、混合动力汽车、燃料电池汽车、氢发动机汽车和其他新能源汽车(包括二甲醚汽车)等类型。

(2) 新能源汽车的分类及其优势

1) 纯电动汽车

纯电动汽车(BEV)指使用电力作为汽车动力来源的新能源汽车,蓄电池为驱动系统供电,通过电动机的运作促使汽车前进。纯电动汽车的驱动系统不再是传统汽车的内燃式发动机,而是使用将电能转化为动能的电动机,而蓄电池就成为传统能源汽车的油箱。在一定程度上,纯电动汽车简化了传统汽车的动力系统和内部结构,便于保养维修。

纯电动汽车完全是电力驱动,没有消耗汽油、柴油、天然气等传统能源,车辆自身可以说是"零排放",对环境不会造成任何污染。另外,将内燃式发动机转换为电动机,极大地减少了噪声污染。虽然汽车靠电力发动,增加了供电压力,而目前电厂增加发电必定会带来一定的环境污染,但与传统汽车相比,纯电动汽车对环境造成的间接污染明显要少很多,并且将交通带来的污染转移到供电厂,也便于政府进行集中管理和整治。

从能源的使用效率来看,纯电动汽车在堵车或等红绿灯的情况下不消耗电力,而传统汽车的内燃机式发动机在这种情况下一直处于运转当中,消耗能源。另外,纯电动汽车还可以利用下坡,将重力势能转化为电能,为蓄电池充电。

2) 混合动力汽车

混合动力汽车(HEV)指拥有两套或两套以上能同时运行的联合式驱动系统,能相互切换或同时工作为汽车提供动力。就目前的发展来看,一般意义上的混合动力汽车指油电混合汽车,结构上同时拥有电动机和发动机,根据情况互相配合,增强汽车系统性能,减少尾气排放。

混合动力汽车作为我国传统汽车向"零排放"的新能源汽车的过渡车型，其独特的动力系统解决了当前传统汽车和纯电动汽车存在的问题。与传统汽车相比，混合动力汽车能减少尾气排放，极大地降低污染，减少噪声，并联式和混联式汽车在交通拥堵的情况下使用电力驱动系统，提高燃料使用效率。与纯电动汽车相比，混合动力汽车独特的结构摆脱了蓄电池对续航里程的限制，另外，两套驱动系统可以相互切换，能合理利用两套系统的优势，使其保持良好的运行状态，也能延长电池寿命。除此之外，汽车中空调和除霜设备运行时耗能较大，混合动力汽车可利用传统汽车中的发动机提供能量。

3）燃料电池汽车

燃料电池汽车（FCEV）指靠燃料电池中的化学反应为汽车提供电力供其行驶，将化学反应中产生的能量转化为电能，驱动汽车行驶。燃料电池汽车与纯电动汽车有一些相似之处，都是将电能作为汽车的动力来源，使用电动机作为其驱动器，避免了燃料消耗带来的尾气污染，不同之处在于燃料电池运用化学反应产生电能而非通过蓄电池提供电源。

燃料电池汽车的供电原理并不涉及能源的燃烧，氢气与氧气化学反应后的产物中没有任何有害物质，也不会有废气排放。此外，电能从化学反应中产生，能避免电厂发电而对环境造成的间接污染，因此，燃料电池汽车可以说是真正的零污染汽车。在能量转换率方面，燃料电池的电能转换率在一半以上，而如今火力或核能发电的转换率在1/3左右。

4）氢发动机汽车

氢发动机汽车也称作氢内燃式汽车，与燃料电池汽车的驱动系统不同，氢发动机汽车采用内燃机作为其驱动器，通过氢气和氧气的燃烧而不是化学反应产生驱动力。燃烧过程中并不产生粉尘或二氧化碳等废气污染环境，仅产生少量的纯净水。

由于是氢气与氧气燃烧产能，氢发动机汽车对氢气的纯度要求并不高，并且氢的扩散系数很大，与氧气接触会产生较为广泛的燃烧范围。在安全性方面，氢气质量小，容易向上逃逸，在发生事故时，相对于汽油来说，氢气的影响较小。在生产方面，氢动力汽车的内燃机是在传统汽车内燃机的基础上改进而来，而传统汽车的内燃机已经发展相当成熟，为氢动力汽车的量产提供了有利条件。

5）其他新能源汽车

除了以上几种目前较为主流的新能源汽车外，《新能源汽车生产企业及产品准入管理规则》还提到了二甲醚汽车。二甲醚汽车也是依靠内燃式发动机驱动汽车，发动机经过改造，可以使用二甲醚作为汽车燃料。二甲醚（DME）在常温常压下是一种无色、无毒的气体，带有一点乙醚气味，可压缩液化以便储藏和运输。二甲醚的来源较为丰富，可由煤炭、天然气、石油焦炭等原料制取。二甲醚在燃烧时会产生水和少量的二氧化碳，没有其他有害废气排出和残液遗留，并且点燃速度快，燃烧热值高，能增加汽车的动力性能。

(3) 新能源汽车政策

在传统化石燃料供应紧张的资源约束下，经济增长和环境保护的双重压力使得推广普及新能源汽车成为我国重要的能源和经济战略。2010年10月，国务院公布《关于加快培育和发展战略性新兴产业的决定》，将新能源汽车作为我国战略性新兴产业重点发展。

1）国家新能源汽车扶持政策

自2008年《国务院关于进一步加强节油节电工作的通知》颁布以来，中央各部委为推动新能源汽车发展先后公布了一系列相关政策。在"十城千辆节能与新能源汽车示范推广应用工程"的推动下（2009年），新能源汽车产业政策快速发展，对前期推广新能源汽车的数量指标提出明确要求，使新能源汽车得到初步推广。目前，我国新能源汽车产业逐步完善，国家针对宏观市场导向、推广应用、财政补贴、税收优惠、基础设施、如充换电设施、技术创新、行业管理等颁布相应扶持政策。2017年是新能源汽车政策颁布最为集中的年份，据不完全统计，2017年国家颁布了30余项新能源汽车相关政策[1]，其中包括准入政策、汽车动力电池产业发展、补贴、推荐车型、生产资质等[2]，此后，国家又有一些关于政策的修订公告。表8-2列出了近年颁布的重点政策[3]。

表8-2 我国推动新能源汽车发展相关政策

政策名称	颁布日期	施行日期	政策要点内容
《新能源汽车生产企业及产品准入管理规定》	2017-01-06	2017-07-01	成为新能源汽车生产企业和产品准入的统领性政策，治理新能源汽车行业的散、乱、小现象及提高生产集中度
《促进汽车动力电池产业发展行动方案》	2017-02-20	—	规划汽车动力电池行业发展目标，对未来汽车动力电池的行业发展进行了清晰规划

---

[1] 李艳娇.《2017年新能源汽车政策报告》：中央36项政策引导新能源及智能网联发展[EB/OL].（2018-02-20）[2019-11-05]. https://www.d1ev.com/news/shichang/62822？_t=t.
[2] 韩慧媛，孙秀洁.相关政策保驾护航 新能源汽车行业依然火爆[J].汽车与配件，2017（21）：46-48.
[3] 李永钧.2017—2018年，汽车新政回顾与展望[J].汽车与配件，2018（3）：40-44.

续表

政策名称	颁布日期	施行日期	政策要点内容
《汽车产业中长期发展规划》	2017-04-06	—	进一步明确了我国新能源汽车产业的发展方向，包括规划动力电池行业发展和加大新能源汽车推广应用力度等
《关于完善汽车投资项目管理的意见》	2017-06-04	即日	为新能源汽车跨国合作奠定了基础
《外商投资产业指导目录（2017年修订）》	2017-06-28	2017-07-28	取消包括汽车电子、新能源汽车电池、摩托车等领域准入限制，放宽了纯电动汽车等领域准入限制，带动纯电动汽车等领域的合资合作步伐
《乘用车企业平均燃料消耗量与新能源汽车积分并行管理办法》	2017-09-27	2018-04-01	对新能源汽车积分和传统汽车能耗积分并行管理，推动传统乘用车企业生产新能源汽车
《党政机关公务用车管理办法》	2017-12-11	2017-12-05	党政机关带头使用新能源汽车，按照规定逐步扩大新能源汽车配备比例，对新能源汽车和国产汽车是一大利好
《汽车贷款管理办法》	2017-10-13	2018-01-01	新能源车将享受更高的车贷比例，旨在提升汽车消费信贷市场供给质效，释放多元化消费潜力，鼓励新能源车和二手车交易，推动绿色环保产业经济发展
《机动车污染防治技术政策》	2017-12-11	即日	鼓励研发和应用替代燃料汽车，将进一步改善环境质量，构建机动车污染防治体系，形成区域联防联控机制，推进机动车污染防治的系统化、科学化、法治化、精细化和信息化，并为机动车污染防治提供法律保障
《关于进一步完善新能源汽车推广应用财政补贴政策的通知》	2019-03-26	即日	支持新能源汽车产业高质量发展，做好新能源汽车推广应用工作，优化技术指标，坚持"扶优扶强"，促进市场优胜劣汰，促使车企提升研发水平，提高新能源汽车的技术门槛
《关于认真落实习近平总书记重要指示推动邮政业高质量发展的实施意见》	2019-09-03	即日	加快推进城市建成区新增和更新的邮政、快递车辆采用新能源或清洁能源汽车，2020年年底重点区域使用比例达到80%

2）地方政府新能源汽车政策

新能源汽车扶持政策的推广应用离不开各个推广应用城市的扶持作用，地方性扶持政策也不断出台，主要涵盖4个方面：地方购置补贴、运营补贴、充电基础设施建设及新能源汽车交通管理政策[①]。

地方购置补贴政策对新能源汽车地方市场推广影响最大。大多数地方政府按照国家标准1：1比例配套补贴，如北京、武汉、长春、哈尔滨等城市，沈阳按照1：0.7～1：0.9比例，青海按国标1：0.5比例，海口按国标1：0.6比例进行补贴。深圳补贴力度最大，纯电动乘用车最高补贴额达到6万元，超过国家标准。

3）传统汽车限制政策

为了有效调控城市交通，控制机动车增长，改善城市空气质量，在中国的一二线城市中，已经有一部分城市实施了车牌限购政策。车牌限购有两种方式：一是以北京为典型的摇号模式；二是以上海为典型的竞价模式。到目前为止，全国共有将近10个城市通过摇号、竞价或二者结合这3种方式限制当地车牌。

除限购外，很多城市还实行汽车尾号限行来控制道路中的汽车数量，减少尾气排放，如北京实行尾号限行、单双号限行等措施。

除了以上两种手段控制道路上的传统汽车数量外，燃油税的征收也在一定程度上增加传统汽车使用成本，缓解交通和环境压力。征收燃油税能更好地建设及维护交通基础设施，也反映出当前石油资源的紧缺程度，缓和国内石油供需矛盾。对消费者来说，汽车燃料价格上升能促使他们合理安排出行，减少不必要的私车使用，在购置新车时重视油耗问题，对之后新能源汽车的宣传推广有一定积极意义。

（4）国内新能源汽车市场

2010年，我国将新能源汽车产业纳入战略型新兴产业，成为国家重点发展对象，一系列的扶持政策使得产业发展迅速。2010年我国新能源汽车销量仅8159辆，2018年销量达到125.6万辆，9年内复合增速达到87.5%。2018年全球新能源乘用车共销售200.1万辆，其中中国市场占105.3万辆，超过其余国家总和。从渗透率来看，2018年我国新能源汽车销量达到125.6万辆，约占全部汽车销量的4.5%；截至2019年6月，我国新能源汽车保有量约344万辆，而传统燃油车保有量达到2.5亿辆，新能源汽车保有量渗透率不到1.4%，成长空间广阔[②]。

目前，全球销量前十大厂商中本土品牌共五席，合计占据全球31.7%的市场份额，

---

① 陈歌．扶持政策对新能源汽车产业发展的影响研究［D］．济南：山东大学，2017：20-28．
② 任泽平，等．2019中国新能源汽车发展报告［EB/OL］．（2019-12-04）［2019-12-05］．http：//www.centem.com.cn/enws/shownens.php？lang=cn & id=314.

国内的新能源汽车市场基本被自主品牌占领，国外的特斯拉、沃尔沃、宝马、奔驰等品牌旗下的新能源汽车在中国有少量销售，但未能进入销量排名前列。

根据全国乘用车市场信息联席会公布的权威数据整理后得到2017—2018年国内汽车企业新能源汽车销量排名（表8-3）。从新能源汽车生产商角度来看，比亚迪以全年194 150辆的销量成为国内最畅销品牌，北汽新能源紧随其后。

表8-3 2017—2018年国内汽车企业新能源汽车销量排名

序号	2018年车企排名	2018年销量/辆	序号	2017年车企排名	2017年销量/辆
1	比亚迪	194 150	1	北汽新能源	102 696
2	北汽新能源	142 637	2	比亚迪	87 748
3	上汽乘用车	92 265	3	上汽乘用车	40 473
4	奇瑞新能源	62 440	4	知豆	36 632
5	吉利控股	52 704	5	众泰新能源	35 877
6	江淮汽车	50 408	6	江铃新能源	33 018
7	江铃新能源	45 429	7	奇瑞新能源	29 001
8	众泰新能源	31 357	8	江淮汽车	27 680
9	上汽通用五菱	24 984	9	长安新能源	24 948
10	华晨宝马	21 910	10	吉利控股	21 646

（5）新能源汽车企业发展前沿观察

当前国内传统燃油汽车行业已形成了"3+X"的行业竞争格局，即以一汽、东风、上汽为代表的骨干企业，以广汽、北汽、长安、奇瑞为代表的追随企业。而伴随着全球能源变革及汽车行业转型升级，以比亚迪为首的企业顺势而为，从老牌车企手中抢占了先机，在新能源汽车领域占据了不俗的市场份额。值得一提的是，比亚迪从电池行业起家，众泰汽车的前身是一家汽车零配件供应商，吉利在生产汽车之前甚至卖过冰箱、造过摩托车。相较于一汽、上汽等国有企业，这些原本在传统制造领域没有任何优势的企业，却牢牢抓住了汽车能源转型的机会，完成了出人意料的弯道超车。

比亚迪是其中最具代表性的一家企业。在进入汽车市场之前，做电池起家的比亚迪并没有任何相关的经验。自1995年拿到第一笔投资后到2002年，比亚迪用了7年时间在电池领域已经做到了国内第一、世界第二的位置。当比亚迪在电池领域日渐壮大后，面临着一个内忧外患的竞争环境,同时也遇到电池制造产业中的瓶颈。企业未来发展存在巨大的隐忧,因此,拓展比亚迪的经营领域势在必行。在这个时期,刚刚进入21世纪的中国汽车市场正值购买力"井喷"的初期,上汽通用别克和上海大众相继推出了多种车型,强烈地刺激了国内的家庭用车购买需求,中国成为举世公认的体量最大且最有潜力的汽车市场。在面对这样一块巨大的市场时,比亚迪通过收购秦川而获得汽车生产资质,走上了造车的道路。时值汽车行业转型之际,比亚迪迅速找到了自身的定位,并借助自己的传统强项——电池技术,扎根于新能源汽车领域,塑造出独特的品牌。

除上述相对传统的新能源车企外,近年来另一个发生深刻变化的汽车领域就是"新造车运动",即从2014年开始如雨后春笋般冒出的造车新势力,希望通过互联网、新能源及人工智能等新方式,为百年汽车工业带来一次空前的颠覆性改造。据不完全统计,造车势力从原本的60多家传统汽车生产企业,到2017年年末在数量上已经扩展了一倍,其中新加入的新型造车企业就有60~70家[①]。由此,弯道超车(将传统的车辆主机厂撇在身后)、跨界融合,成为汽车行业的新风口,使得该行业充满变数与不确定性(如潜在竞争对手多元化)。

总体上看,新涌现的造车企业大致可分为以下两种类型:①互联网造车。企业创始人来自互联网行业,大多具有成功的创业经历或担任大公司高管的职业背景。这些公司的典型特点包括具有强互联网思维、看重智能技术、注重用户体验等。这些企业造汽车不是为了生产汽车,更多的原因其实还是为了把握住未来移动生活的入口。②产业链整合。企业多是由具有一定相关技术积累的供应链公司进行的业务纵向延伸发展。由于母公司具有某一方向上的强技术实力,这类公司往往也是"偏科"公司。这类公司面临的问题是,如果未引入外部投资,则内部资本力量可能无法完全覆盖研发和生产新能源汽车的成本。

同时,一大批老牌车企也在发力新能源汽车,如上汽荣威、北汽新能源、奇瑞等。

8.4.2 数据来源与处理

结合新能源汽车造车企业实际,本章依据2017年新能源汽车销量排行榜,选取排名前十的车企,以及新涌现的3家互联网造车公司蔚来汽车、小鹏汽车和威马汽车作为研究对象,采集数据,对本章所构建的方法进行实证研究。在实际操作中,单层竞争网

---

① 郭尧. 2017年车市回顾:互联网造车新势力集体亮相 [EB/OL].(2017-12-27)[2019-11-05]. http://www.chinanews.com/auto/2017/12-27/8410458.shtml.

络的构建主要包括以下4个步骤。

第一,数据采集与处理。利用八爪鱼和火车头数据采集工具,在汽车之家、专利网站和招聘网站进行数据抽取,并做去重、缺失值补全、编码转换等清洗工作。

第二,特征工程。主要分为两步进行:①运用文本挖掘相关技术进行预处理,即采用哈工大LTP语言云对文本进行分词,并使用主流的中文停用词库作为停用词表剔除常见停用词。为了得到效果更好的文本特征,采用TF*IDF方法进行特征表示,降低常用词的特征表示权重;进一步以文本所处的新能源企业为类别,采用卡方统计方法得到所有词中与类别分类关系最高的1000个词,通过该方法对文本特征进行降维,以最终得到的1000个特征词作为特征维度来表示文本信息。②为了避免边权数值过于相近,突出企业间竞争强度的差异,对网络中线的权值进行标准化处理。

第三,网络构建。以13家新能源汽车企业作为网络节点,以余弦相似度表征重合度作为边权构建网络。余弦相似度越高,说明企业间重合程度越高,它们之间的竞争越激烈。

第四,社会网络分析。运用社会网络分析方法探析各单层竞争网络拓扑性质,发现车企之间的竞争状态。指标主要包括:①点度中心性,越高说明面临的竞争压力越大,与更多品牌有同质化定位;②中介中心度,表征对网络的控制能力;③接近中心性,接近中心性越高,越处于竞争中心;④子群分析,每个子群表示一个小的竞争网络,网络内的企业定位更相似。

本章针对该案例研究所整理的实验数据涵盖案例、专利、招聘、车型、新闻、经销商、口碑等多种类型,近5.7万条数据,如表8-4所示。需要说明的是,3家互联网汽车公司尚未实现产品量产销售,难以采集正式发售产品的车型、新闻、口碑、经销商等数据,仅采用案例、专利、招聘等数据分析其战略层、研发层所处的竞争态势。

表8-4 研究使用的实验数据情况

数据种类	数据量/条	数据来源渠道
案例	58	惠科新闻数据库
专利	45 995	万方专利数据库
招聘	1589	各车企官网等
车型	38	汽车之家车型参数页
新闻	2813	汽车之家电动车新闻

续表

数据种类	数据量/条	数据来源渠道
经销商	5488	汽车之家经销商板块
口碑	937	汽车之家车型口碑页

8.4.3 新能源汽车领域单层竞争网络构建

(1) 案例竞争网络

一般而言，案例通常表征了企业当前的发展现状和新动向，可以反映企业的发展策略，我们以此为基础可以构建新能源汽车企业之间的案例竞争网络。通过计算新能源汽车企业之间案例的相似程度，可以发现企业之间在战略层面的竞争关系，两家企业的案例相似度越高，它们的发展动向就越相似，未来在某个细分市场展开激烈竞争的可能性就越高。

表8-5给出了几段案例文本示例。本研究首先根据标题将案例文本归入各家新能源汽车企业下，再对案例文本进行特征抽取。计算各企业之间案例文本的余弦相似度作为线，构建新能源车企战略定位竞争网络。

表8-5 新能源汽车企业案例文本示例

汽车企业	案例文本示例
北汽新能源	2017年是新能源汽车发展的分水岭。在国内，随着"双积分"政策的推出，在政策层面，新能源战略已经成为汽车行业未来发展的主流方向；全球范围内，新能源战略层出不穷，新能源车型投放量剧增，新能源技术加速迭代。而对于即将到来的2018年，徐和谊认为："2018年，属于新能源汽车的时代将真正开启，未来将真正步入加速发展阶段。"面对新时代的新征程，本次北汽集团的新能源工作会上，徐和谊表示："从2018年开始，围绕四个聚焦，北汽集团新能源汽车要向全新的发展阶段进化，开启以全面新能源化为重要特征的北汽集团新能源汽车发展2.0时代，全面实施'引领2025战略'。"该战略的主要目标可以概括为"达成一个总目标"、打造"两个世界级"、实现"三个引领"，即到2025年，北汽新能源将实现"国内领先、世界一流"，确保新能源汽车市场份额全国第一、全球前三；打造"世界级的新能源汽车科技创新中心"和建设"世界级的新能源汽车企业"；实现市场引领、技术引领与模式引领。 为实现这一"引领2025战略"，北汽新能源将以全新纯电动整车平台、无人驾驶技术、大数据应用、智能充电、智慧出行服务等五大技术平台为基础，加速产业升级，并实施北京高端智能制造基地建设、智能网联新能源产品研发等工程建设，使"引领2025战略"落地……

续表

汽车企业	案例文本示例
比亚迪	明年将推微型电动车 2008年开始推出插电混动车，此后推出第一款纯电动车e6，售价在30万～40万元。在过去的9年间，比亚迪相继推出多款插电混动车和纯电动车，目前新能源车涵盖了A级到C级轿车，以及SUV，售价都集中在15万元以上。 而在未来，比亚迪计划明年推出A0级10万元以下的纯电动车来提高市场份额。王传福的目标就是打造价格亲民的车，并且从一线城市下沉到二三四线城市。 的确，在中国部分地区市场上，A0和A00级（小微型）纯电动车卖得不错。"数据统计，这类车型占据了纯电动车市场75%～80%的销量。"王传福说，所以现状是，纯电动车市场出现两极分化的趋势，一个是低端市场，一个是高端市场。 A0和A00级纯电动车主销量区域在山东、河南、河北等省的中小城市或农村，这也是低速电动车的主战场。但低速电动车企没有生产资质，也上不了牌，产品的安全、性能和售后服务都较差。 小微纯电动车年销超过100万辆的规模，完全由市场推动形成，原因是它解决了市场的痛点：一是这类纯电动车售价很接近传统燃油车，作为代步车很合适；二是车主普遍不住高层，充电很方便。"比亚迪明年推出A0或A00级纯电动车就是要进入这个市场。"王传福认为，比亚迪和低速车企竞争，在技术、成本、产品力、营销等方面，都具有绝对的优势……
江淮汽车	30多年前，大众率先与国内企业合资，充分享受了市场发展的红利。30多年后的今天，大众再次占得先机，在电动汽车领域与江淮合资，未来前景让人期待。而在业内人士普遍看来，江淮大众成立合资企业，关键词有3个：新能源、对等互补、共创共赢。他们认为，随着合资企业逐步形成自主的研发能力，独立开发出具有国际竞争力的新产品，并参与到国际市场竞争中，之前完全靠引进外资产品进行生产销售的模式可能会发生改变，江淮汽车的品牌向上之路必将走得更加坚实……

将计算得出的node和line数据导入Gephi V0.9，选择力导向布局，得到如图8-6所示的案例竞争网络，其中节点为13家新能源汽车企业，连接边越粗代表企业之间的战略相似度越高。

从图8-6可以看出，新能源车企的战略竞争形成了较为完整均匀的网络。处于核心竞争区域的车企分别是蔚来、小鹏、威马、长安、江淮、吉利和比亚迪，其中蔚来、小鹏和威马3家企业之间的竞争最为激烈，它们彼此之间的战略相似度都处于较高水平，说明这3家互联网造车企业的战略规划非常相似，可以预见的是未来的竞争将会十分激烈。此外，知豆和江铃处于边缘竞争区且与位于核心竞争区的企业之间的竞争强度不高，面临的战略竞争压力较小，在整个竞争网络中处于有利位置。

第 8 章
基于多层竞争网络的企业竞争情报分析

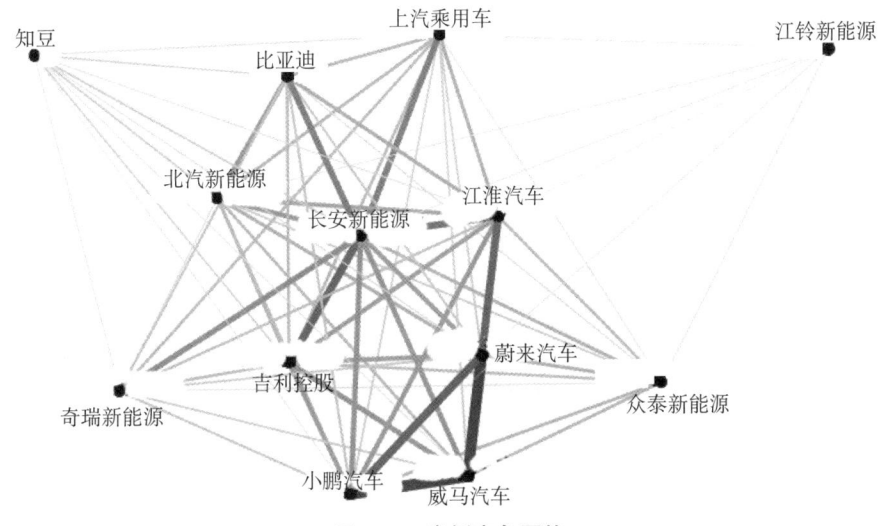

图 8-6 案例竞争网络

同时,将 node 和 line 数据导入 ucinet 社会网络分析工具,选择"网络—中心度—度"计算竞争网络的点度中心性,选择"网络—中心度—接近性"计算车企的接近中心性,选择"网络—中心度—freeman 中心度"计算中介中心性,结果如表 8-6 所示。可以看出,长安的点度中心性最高,它所面临的竞争压力最大,其余如威马、蔚来、江淮、小鹏、吉利等车企的战略相似度均较高,具有同质化定位,都面临着较大的竞争压力。知豆和江铃的竞争压力较小,这是因为两家企业采取的都是差异化的战略定位。从接近中心性指标来看,除了比亚迪和江铃的接近中心性略低之外,其余 11 家企业的数值都相同,说明案例竞争网络分布均匀,战略层面的同质化较为严重。计算中介中心性时,为了使结果更加明显和易于解释,在计算之前先将数据进行二值化运算,阈值设为 0.5,表 8-6 第 3 组数据表明长安和江淮的中介中心性遥遥领先,说明这两家企业在战略竞争中占据着主动地位,但承受着同时与多方竞争的劣势。

表 8-6 案例竞争网络分析值

点度中心性		接近中心性		中介中心性	
长安新能源	5.464	上汽乘用车	100	长安新能源	22
威马汽车	4.782	众泰新能源	100	江淮汽车	15
蔚来汽车	4.730	北汽新能源	100	威马汽车	3
江淮汽车	4.509	吉利控股	100	蔚来汽车	0

续表

点度中心性		接近中心性		中介中心性	
小鹏汽车	4.471	奇瑞新能源	100	众泰新能源	0
吉利汽车	4.076	威马汽车	100	吉利控股	0
北汽新能源	3.393	小鹏汽车	100	奇瑞新能源	0
比亚迪	3.203	知豆	100	上汽乘用车	0
上汽乘用车	3.007	江淮汽车	100	比亚迪	0
奇瑞新能源	2.543	长安新能源	100	江铃新能源	0
众泰新能源	2.499	蔚来汽车	100	知豆	0
知豆	1.501	比亚迪	92.308	北汽新能源	0
江铃新能源	0.749	江铃新能源	92.308	小鹏汽车	0

为了进一步发现潜在的竞争分区，取 TOP10 的边权定位阈值，进行二值化运算，然后运用 k 丛子群分析方法，结果如图 8-7 所示。可以看出，众泰、北汽、江铃和知豆可以划分为一个子群，威马、小鹏和蔚来这 3 家互联网造车企业分为另一个子群，在同一个子群内的企业之间可以认为竞争关系更强，子群内的车企战略定位更为相似。

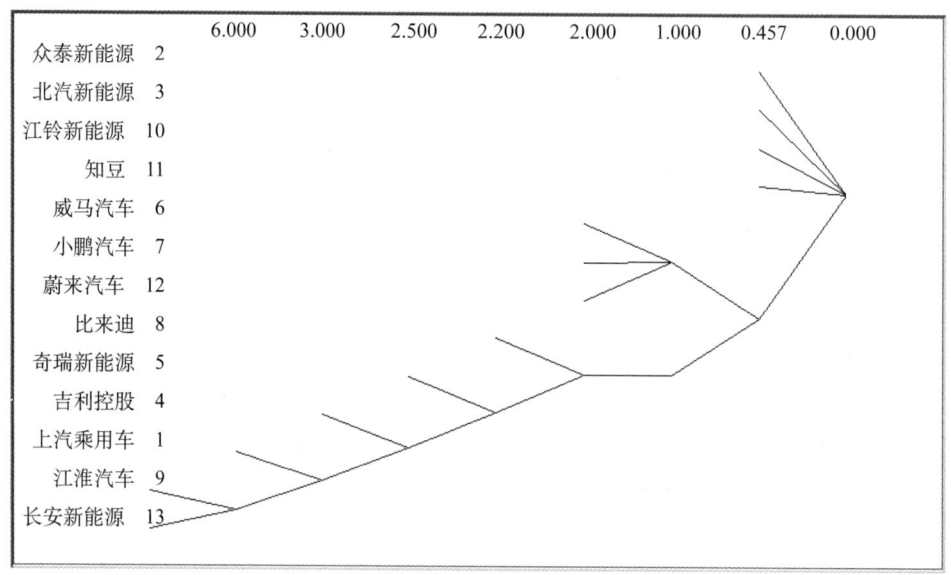

图 8-7 案例竞争网络子群分析树状图

(2) 专利竞争网络

每一份发明或实用新型专利均有权利要求文件，该文件是用于确定发明或实用新型专利权保护范围的法律文件，是专利申请中最重要的文件。其中，独立权利要求说明是从整体上反映发明或实用新型的技术方案，记载解决其技术问题的必要技术特征，是记录该专利内容最为核心的部分。相较于采用专利标题来表征专利内容的方式，采用专利主权项可以引入更多技术特征信息，能够更精确地反映专利所涵盖的内容。

因此，本研究选取专利的主权项文本来代表该专利的内容，并据此探索构建企业间的研发竞争网络。表 8-7 给出几个新能源汽车企业专利数据示例，通过计算新能源汽车企业之间专利的相似程度，可以发现企业间在研发层面的竞争关系，两家企业的专利相似度越高，它们在研发层面的竞争越强烈，在技术创新、专利保护等方面需要着重注意对手的进展。

研究首先将各专利根据所有权人归入各个新能源企业中，再对专利文本进行特征抽取。该方法最终得到的特征词包括"中冷器""中控台""传感器""储能罐"等，对于专利信息有较好的特征表示能力。计算各企业之间专利文本的余弦相似度作为线，构建新能源车企研发竞争网络。

表 8-7 新能源汽车企业专利数据示例

汽车企业	专利主权项
长安新能源	一种永磁同步电机过调制方法，其特征在于，包括：根据电机参考电压的相角和幅值将调制区分为第一调制区、第二调制区、第三调制区、第四调制区和第五调制区，并分别对所述第一调制区、第二调制区和第三调制区进行过调制；当所述电机参考电压位于第四调制区时，将所述第一基本电压矢量作为所述电机的输入电压矢量，设置第一基本电压矢量的作用时间为脉冲宽度调制周期，根据所述第一基本电压矢量和脉冲宽度调制周期进行过调制；当所述电机参考电压位于第五调制区时，将所述第二基本电压矢量作为所述电机的输入电压矢量，设置第二基本电压矢量的作用时间为脉冲宽度调制周期，根据第二基本电压矢量和脉冲宽度调制周期进行过调制
北汽新能源	一种车辆控制器的控制方法，其特征在于，包括：获取车辆控制器的上电次数；在所述车辆控制器的上电次数超过预设的上电次数阈值时，产生一控制指令；根据所述控制指令，控制所述车辆控制器的应用功能进入禁能状态
比亚迪	一种 UPS 老化测试拓扑结构，所述拓扑结构包括电池逆变回路、主回路、旁路回路和维修旁路回路，所述主回路中包括一逆变器，其特征在于所述逆变器并网运行于电网中，所述逆变器的直流电侧通过整流器与电网连接，所述逆变器的交流电侧与电网连接，所述逆变器恒功率或恒压输出

将计算得出的 node 和 line 数据导入 Gephi V0.9，选择力导向布局，得到如图 8-8 所示的专利竞争网络，其中节点为 13 家新能源汽车企业，连接边越粗代表企业之间的专利相似度越高。

从图 8-8 可以看出，新能源车企的专利竞争相对集中，形成一个较完整的网络，没有明显的子网络，说明这几家新能源汽车企业的专利相似度较高，专利所在技术领域较为集中，研发层面的竞争十分激烈，在专利保护、技术创新方面需要时刻注意竞争对手的进展，并切实提高自身的研发实力以获取竞争优势。处于核心竞争区的企业有 9 家，分别是上汽、江淮、吉利、北汽、比亚迪、长安、江铃、奇瑞和蔚来，它们每一家彼此之间的专利相似度都处于较高水平。此外，众泰、知豆、小鹏和威马处于边缘竞争区且与位于核心竞争区的企业之间的专利相似程度不高，面临的技术竞争压力较小，在整个竞争网络中处于有利位置。

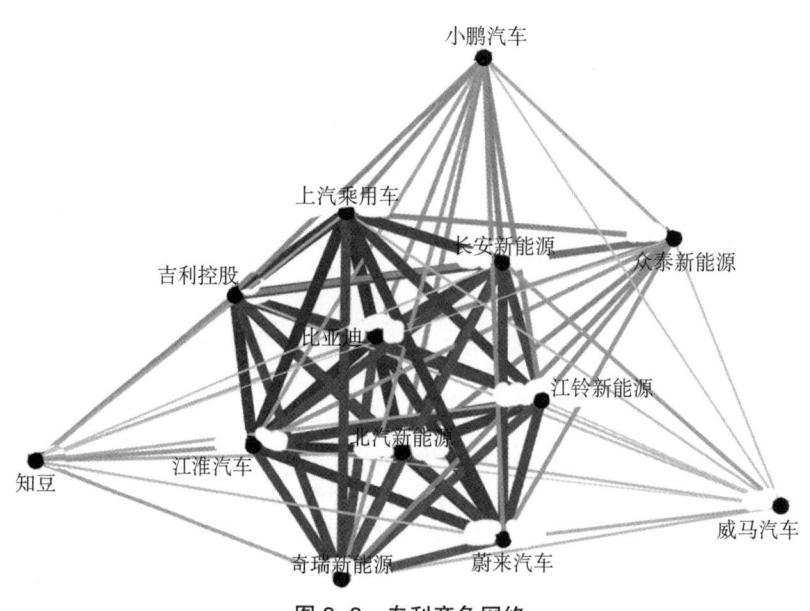

图 8-8　专利竞争网络

同时，将 node 和 line 数据导入 ucinet 社会网络分析工具，选择"网络—中心度—度"计算车企的点度中心性，如表 8-8 所示。可以看出，除了众泰、小鹏、知豆和威马 4 家企业面临较小的竞争压力之外，其他车企的点度中心性都很高且数值差距不大，它们相互之间的专利相似度较高，技术领域趋同，具有同质化定位，面临很大的技术竞争压力。

第8章 基于多层竞争网络的企业竞争情报分析

表 8-8 专利竞争网络分析值

汽车企业	点度中心性
上汽乘用车	9.000
北汽新能源	8.986
比亚迪	8.835
江淮汽车	8.637
吉利控股	8.625
长安新能源	8.461
蔚来汽车	8.460
江铃新能源	8.303
奇瑞新能源	7.870
众泰新能源	5.008
小鹏汽车	4.664
知豆	3.187
威马汽车	2.929

进一步计算车企的接近中心性和中介中心性，发现车企之间的数值接近，同样说明目前国内新能源汽车领域技术研发同质化较为严重，竞争网络分布均匀。

同样运用 k 丛子群分析方法，专利竞争网络子群分析树状图如图 8-9 所示。可以看出，江铃、长安、众泰、知豆、奇瑞、威马、小鹏可以划分为一个子群，江淮、上汽、比亚迪、北汽、蔚来、吉利分为另一个子群，在同一个子群内的企业之间可以认为竞争关系更强，子群内的车企技术定位更为相似。

（3）招聘竞争网络

招聘信息表征了企业当前的人才需求，可以反映企业的人才储备策略，以此为基础可以构建新能源汽车企业之间的人才竞争网络。通过计算新能源汽车企业之间招聘信息的相似程度，可以发现企业间在人才层面的竞争关系，两家企业的招聘需求相似度越高，它们对于同一类人才的竞争越激烈，如对技术研究人员的争夺、对营销人员的争夺等。

表 8-9 给出了几个新能源汽车企业招聘数据示例。本研究首先将各招聘数据根据发布者归入各个新能源企业中，对招聘信息文本进行特征抽取。该方法最终得到的特征词包括"本科生""机械""电池包""直营店"等，对于招聘信息有较好的特征表示能力。

计算各企业之间招聘文本的余弦相似度作为线,构建新能源车企人才竞争网络。

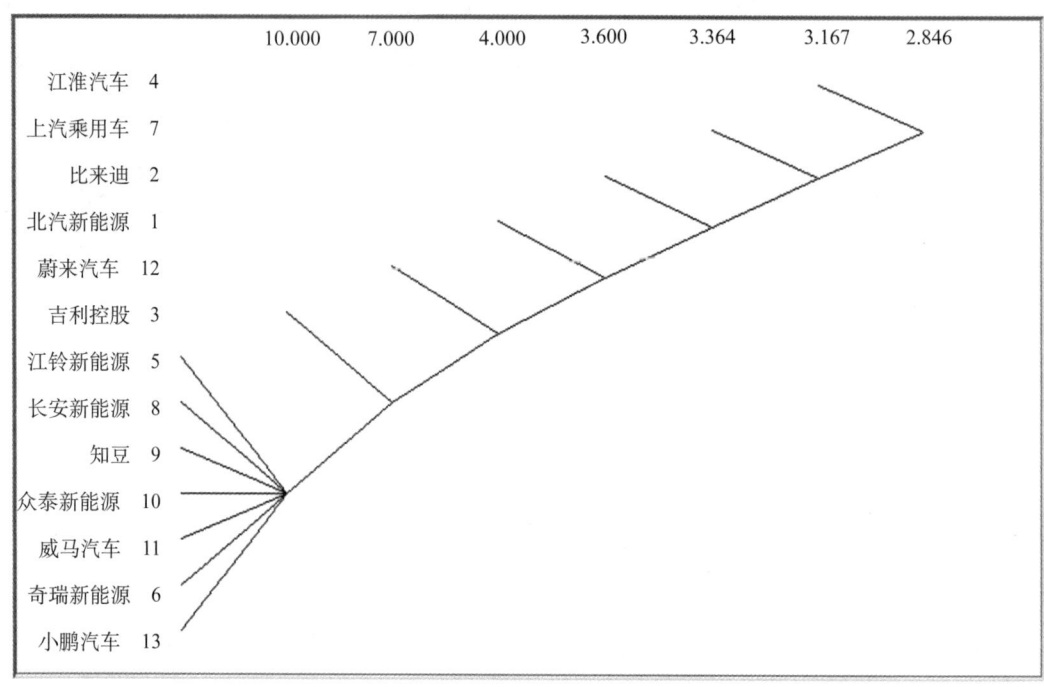

图 8-9　专利竞争网络子群分析树状图

表 8-9　新能源汽车企业招聘数据示例

汽车企业	职位描述
长安新能源	职责描述：1. 制定新能源汽车一体化电驱动系统总体方案；2. 制定或编制新能源汽车变速器结构、电气、控制、试验方案（可选其一）；3. 编制新能源汽车变速器零部件（轴、齿轮、油封、壳体等）技术要求；4. 负责新能源汽车变速器质量问题整改及验证。 任职要求：1. 全日制本科及以上学历，车辆工程、机械设计及其自动化、内燃机、材料工程等相关专业；2. 在新能源汽车动力传动系统领域有 5 年以上工作经验，熟悉 romax、catia 等软件，了解变速器设计流程，对轴、齿轮、油封、壳体等能提出合理的技术要求，在传动系统密封、NVH 等方面有较为丰富的工程经验；3. 具备基本的专业沟通和供应商管理能力
北汽新能源	职责描述：1. 拟订管理发展战略及实施规划；2. 组织客服中心管理工作；3. 组织客户关系管理工作；4. 组织车联网运营管理工作；5. 支持本部门日常管理工作。 任职要求：1. 大学本科及以上学历；2. 汽车工程、工商管理、市场营销等；3. 最低高级工程师、英语 6 级；4.10 年以上工作经验，其中 4 年客户关系管理相关工作经验，6 年以上管理岗位工作经验。在进口、合资豪华汽车品牌工作 5 年以上或在世界 500 强公司工作 5 年以上优先

续表

汽车企业	职位描述
比亚迪	招聘要求：1. 熟练使用 UG、CAD 软件，具备基本识图、绘图能力；2. 熟悉客车电器产品功能及其装配工艺相关标准，熟悉客车整车订单设计、制造流程；3. 熟悉客车或者新能源汽车调试流程及方法；4. 熟悉电气原理图、线束图的设计方法；5. 车辆工程或汽车电子、电气相关专业大专以上学历，2年（含）以上汽车行业电器设计、工艺、调试从业基础；6. 良好的沟通能力，较强的上进心、工作责任心，能够承受较大工作压力，有较强的钻研精神、抗压能力。 岗位职责：1. 负责电器类产品的新工艺、新技术、新材料的研究、推广及应用，负责利用三新技术降成本；2. 负责电器产品工艺改进、工艺降成本的研究，并组织实施；3. 竞争对手电器装配工艺的分析、研究，进行优化、改进、实施与推广；4. 负责电器类工艺标准的制定；5. 负责底盘电器作业指导书的编制和车身电器工艺的审核；6. 遵守及执行公司信息安全管理制度及要求；7. 监督及上报信息安全违规行为；8. 工时测定

将计算得出的 node 和 line 数据导入 Gephi V0.9，选择力导向布局，得到如图 8-10 所示的招聘竞争网络，其中节点为 12 家新能源汽车企业（江淮汽车未采集到有效招聘数据），边的粗细与颜色的深浅代表企业之间的招聘信息相似度。

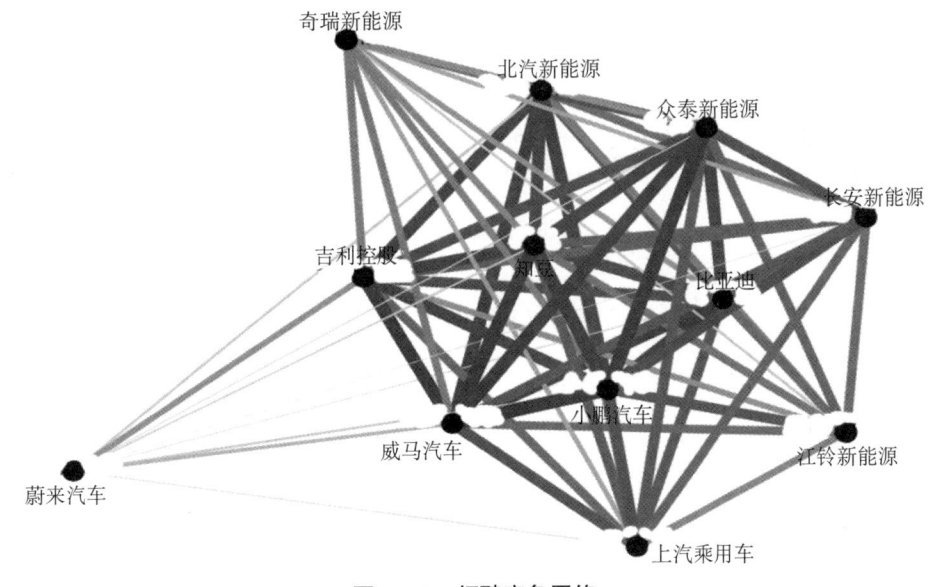

图 8-10　招聘竞争网络

从图 8-10 可以看出，可知新能源车企对于人才的竞争十分集中，形成一个较完整的网络，没有明显的子网络，说明这几家新能源汽车企业的招聘信息相似度较高，对于同一类人才的竞争相当激烈，可以看出这些企业对人才的需求具有同质化特点。处于核心竞争区的企业有 10 家，它们每一家彼此之间的人才需求相似度都处于较高水平。人才需求与储备反映了企业未来的发展方向，因此可以预测到的是，这些核心竞争企业未来将在同一个领域继续开展激烈的竞争。此外，奇瑞、蔚来等车企处于边缘竞争区，面临的人才争夺压力较小，在整个竞争网络中处于有利位置，未来有可能进军新领域，避开与其他同行业对手的竞争。

招聘竞争网络主要分析值如表 8-10 所示，可以看出，除了奇瑞和蔚来的点度中心性较低，面临较小的竞争压力之外，其他车企的点度中心性都很高且数值差距不大，表明竞争网络中大部分企业面临的竞争都非常激烈。中介中心性和接近中心性数值表明，除了蔚来和江铃两家车企之外，其余几家车企之间的数值相同，说明目前国内新能源汽车领域人才需求同质化较为严重，竞争网络分布均匀。

表 8-10　招聘竞争网络分析值

点度中心性		接近中心性		中介中心性	
小鹏汽车	8.830	吉利控股	11	吉利控股	0.1
威马汽车	8.808	比亚迪	11	比亚迪	0.1
众泰新能源	8.297	众泰新能源	11	众泰新能源	0.1
知豆	8.265	知豆	11	知豆	0.1
吉利控股	8.198	北汽新能源	11	北汽新能源	0.1
比亚迪	7.998	长安新能源	11	长安新能源	0.1
北汽新能源	7.908	上汽乘用车	11	上汽乘用车	0.1
长安新能源	7.123	奇瑞新能源	11	奇瑞新能源	0.1
上汽乘用车	6.929	小鹏汽车	11	小鹏汽车	0.1
江铃新能源	5.949	威马汽车	11	威马汽车	0.1
奇瑞新能源	4.993	江铃新能源	12	江铃新能源	0
蔚来汽车	2.197	蔚来汽车	12	蔚来汽车	0

同样运用 k 丛子群分析方法，招聘竞争网络子群分析树状图如图 8-11 所示。可以看出，北汽、江铃、长安、上汽、蔚来、奇瑞这几家企业可以划分为一个子群。在同一个子群内的企业之间可以认为竞争关系更强，子群内的人才需求定位更为相似，人才需

求表征的企业发展方向相似，未来抑或展开更激烈的竞争。

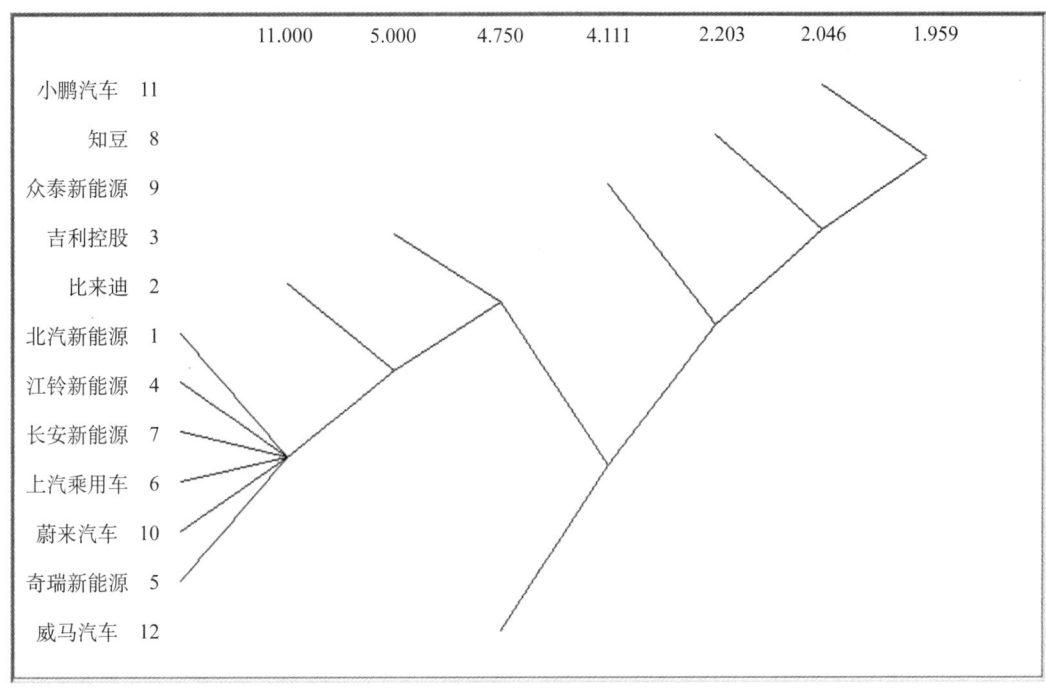

图 8-11　招聘竞争网络子群分析树状图

（4）平型竞争网络

竞品的定义是"对用户而言，可以取代的商品"。在产品网络中，相似性很高的产品可以认为是竞品，而进一步将这个定义拓展到竞争企业，可以认为"对用户而言，可以替代你的企业"，即生产竞品的企业可以认为是竞争对手。所以，新能源车企之间产品的相似性越高，越有可能被消费者比较，越有可能成为竞争对手。车型数据包括了车辆型号的外形、发动机、配置等指标，直接代表了企业的产品定位及目标市场。以产品属性为基础，可以构建新能源汽车企业之间的平型竞争网络。

表 8-11 给出新能源汽车产品车型数据示例。首先，剔除同一品牌同一车型下选择配置较高、销量较少的车型，避免高配车型的极端值影响；其次，进一步剔除缺失值占比高、含义不明的特征。为了能够把多个车型特征归并到品牌下，另外提取出每个品牌的车辆数及每个特征在该品牌下的最大最小值，最大限度地减少信息损失。最终得到的特征词包括表征定位的价格，表征性能的马力、扭矩，表征外观的长度、宽度、高度等，具有较好的产品特征表达能力。计算各企业之间产品属性的余弦相似度作为线，构

建产品竞争网络。

表 8-11　新能源汽车产品车型数据示例

车型	报价/万元	车企	速度/(km/h)	长/mm	宽/mm	……
EC 系列 2017 款 EC180 灵动版	15	北汽新能源	100	3675	1630	……
EV 系列 2016 款 E150EV 经典版	15	北汽新能源	125	3998	1720	……
EX 系列 2017 款 EX260 乐活版	19	北汽新能源	125	4110	1750	……
EU 系列 2017 款 EU260 乐途 plus 版	20	北汽新能源	140	4582	1794	……
EV200 2015 款 轻快版	20	北汽新能源	125	4025	1720	……
EH 系列 2017 款 EH300 行政版	34	北汽新能源	140	4946	1860	……
……	……	……	……	……	……	……

将计算得出的 node 和 line 数据导入 Gephi V0.9，选择力导向布局，得到如图 8-12 所示的平型竞争网络，其中节点为 10 家新能源车企，边的粗细代表企业之间的联系强度。

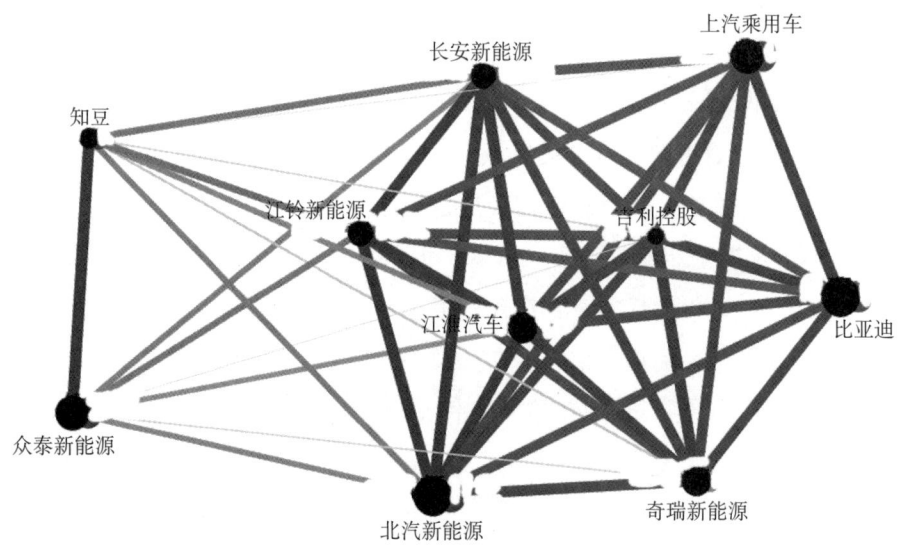

图 8-12　平型竞争网络

由图 8-12 可知，新能源车型的竞争十分集中，表现成一个较完整的网络，没有明显的子网络，说明当今新能源汽车的定位较为接近，车型配置较为相似，竞争十分激烈。此外，众泰和知豆避开了核心竞争区的 8 家车企，处于较为优质的竞争区，其中知豆电动车的表现推测与其专注于 A 级电动车有关，其车型配置注重低端市场，避开了 B 级车和 SUV 电动车的竞争高峰区。值得注意的是，知豆与众泰之间的竞争强度较高，两家企业的产品配置相似，均瞄准了中低端市场，未来或在这块细分市场中开展更激烈的竞争。

平型竞争网络的点度中心性和接近中心性结果如表 8-12 所示。可以看出，除吉利、众泰、知豆外，其他车企的点度中心性都很高，符合上文的直观判断，这些车企与更多品牌车型配置相似，目标市场和用户雷同，具有同质化定位，相互间竞争压力巨大。接近中心性数据表明，长安新能源依旧排名靠前，说明其处于竞争中心，通过复查车型配置的原始数据，发现长安新能源的车型价格从 4 万元跨度到 18 万元，覆盖了低端和中端电动车市场，因此，其与多个车企处于强竞争关系，从数据中证实了这一现象。另一点值得关注的是，知豆排名上升到第 2 位，推测其低端电动车市场容易被中高端车企轻易进入，应警惕高端品牌入侵。

表 8-12 平型竞争网络分析值

点度中心性		接近中心性	
长安新能源	7.802	长安新能源	100.000
江淮汽车	7.608	知豆	47.368
北汽新能源	7.485	江铃新能源	33.333
江铃新能源	7.397	江淮汽车	25.000
上汽乘用车	7.150	比亚迪	20.000
比亚迪	7.116	奇瑞新能源	16.667
奇瑞新能源	7.000	吉利控股	14.286
吉利控股	5.944	北汽新能源	12.500
众泰新能源	4.680	众泰新能源	11.111
知豆	3.675	上汽乘用车	10.000

继续选择"网络—中心度—freeman 中心度"计算中介中心性，发现车企之间的数值接近，说明目前国内新能源汽车领域同质化较为严重，没有明显的竞争分区。

k 丛子群分析结果如图 8-13 所示。可以看出，吉利、众泰、知豆可以划分为一个子群，长安、北汽、上汽、江淮、江铃、比亚迪、奇瑞分为另一个子群，在同一个子群内的企业之间可以认为竞争关系更强，子群内的车企定位更为相似。

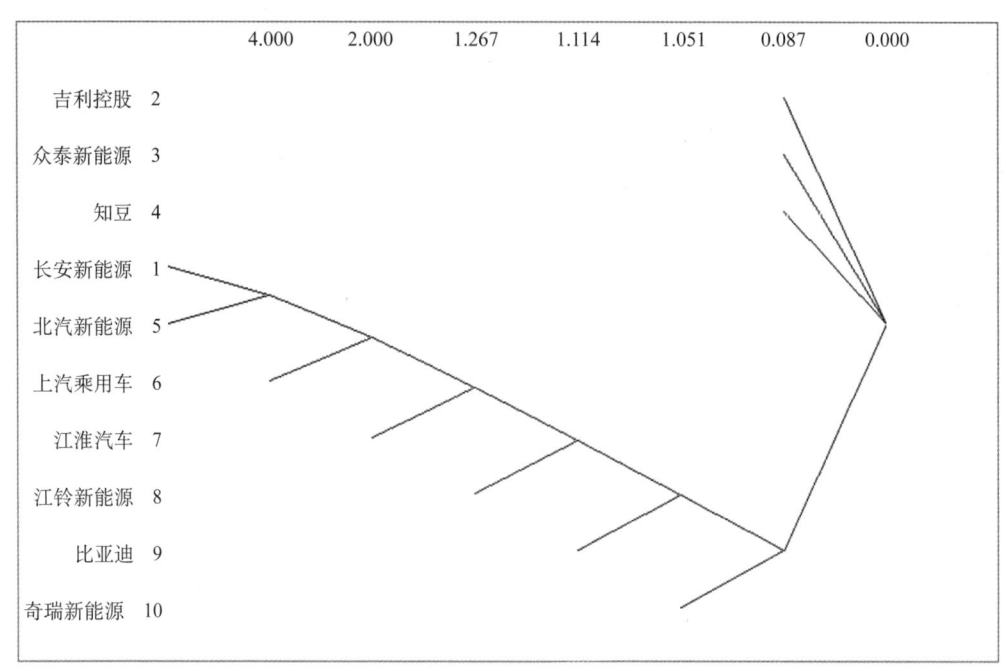

图 8-13　平型竞争网络子群分析树状图

（5）新闻竞争网络

新闻是媒体对新能源汽车企业的报道，包括新车型发布会、车展报道、新能源车采用的新技术等。新闻反映了媒体对新能源汽车关心的维度，如外观、技术、产能、战略选择等，表征了媒体对新能源汽车企业的定位，是企业曝光在镁光灯下的媒体形象。以新闻数据为基础，可以构建新能源汽车企业之间的媒体定位竞争网络。通过计算新能源汽车企业之间媒体新闻的相似程度，可以发现企业在媒体定位中的竞争关系。两家企业之间新闻相似度越高，说明在媒体视角中它们的定位更为接近，会更容易被媒体拿来比较，如对产能、价格定位、技术能力的比较等。新闻相似度高的两家企业，为了获得更好的媒体形象，需要更加关注竞争企业的媒体表现，避免自身在新闻报道呈现负面形象。

新闻数据示例如表 8-13 所示。本章首先根据标题识别新闻与哪一家新能源汽车企业相关，再对新闻文本进行特征抽取。该方法最终得到的特征词包括"中高端""互联网""体验店""原创度"等，对于新闻信息有较好的特征表示能力。计算各企业之间新闻文本的余弦相似度作为线，构建新能源车企媒体定位竞争网络。

表 8-13 新能源汽车企业新闻数据示例

汽车企业	新闻内容
长安 新能源	日前，我们通过官方获悉，长安 CS15EV 车型将会在今年第四季度上市销售。据了解，该车定位于一款纯电动小型 SUV，官方最大续航里程将达 300 km。长安 CS15EV 曾在 2017 上海车展正式亮相。新车整体外观造型相比现款燃油版车型没有发生太大改变，只是对于细节方面进行了调整，如前进气格栅处采用了全新样式的封闭式前格栅中网，并且中央的长安品牌 LOGO 加以蓝色进行点缀，彰显了其新能源车型身份。在车身尺寸方面，这款车的长宽高分别为 4100 mm/1740 mm/1630 mm，轴距为 2510 mm，相比现款车型仅车身高度减少了 5 mm。动力方面，该车搭载了一台最大功率为 75 马力（55 kW）的电动机，匹配三元锂电池组。据之前报道，官方公布该车的最大续航里程为 300 km
北汽 新能源	日前，北汽新能源在一次公开活动上对外透露，北汽新能源 EV300 车型将于今年第四季度上市。新车在外观上相比现有的 EV 系列车型并无变化，仅在续航方面进行了升级。另外，除于 8 月内上市的 EC200 车型外，北汽新能源还将在今年 11 月开幕的广州车展上推出一款全新纯电动 SUV，随后在明年 4 月开幕的 2018 北京车展上，一款全新的纯电动小型车也将发布。北汽新能源近期新车计划车型发布/上市时间 EC200 2017 年 8 月内，上市 EV300 2017 年第四季度，上市基于 EX400L 打造的全新纯电动 SUV 2017 年 11 月，首发 EX400L 2017 年年底或 2018 年年初，上市全新纯电动小型车 2018 年 4 月，首发『配图为北汽新能源 EV160』EV300 可以看作是 EV 系列中新增的高配车型，因此其将在外观与内饰设计方面保持现有车型的设计。参考此前的申报信息，新车的最大功率为 72 马力，与 EV200 车型持平，但由于电池组容量的增加，新车的整备质量达到了 1360 kg，比 EV160/EV200 增加了 65 kg。而从车名判断，新车的最大续航里程或将达到 300 km。『配图为北汽绅宝全新 X55』在今年 11 月开幕的 2017 广州车展上，一款全新 SUV 车型将会发布。据悉，该车将基于上海车展发布的 EX400L 车型打造。考虑到 EX400L 与现款绅宝 X55 之间的亲密关系，我们猜测这款全新纯电动 SUV 或将采用绅宝全新 X55 的内外设计语言。此外，在明年 4 月开幕的 2018 北京车展上，北汽新能源还将发布一款全新的纯电动小型车，关于该车的信息目前还较少，我们也将持续关注
比亚迪	日前，我们从相关渠道获取了一组比亚迪宋 DM 两驱版车型的实车谍照，从此次曝光的谍照来看，该车与现款四驱版车型的外观基本保持一致，只针对一些细节部分进行了调整，据悉，该车目前已进入实验阶段。从外观来看，主要变化在于新车的前保险杠处与现款车型相比进行了一些细节的调整，此外，该车的雾灯区域增添了银色镀铬装饰条，使整车看起来更具有时尚感。车尾部分，新车的尾灯组有所升级，增添了灯带式设计，看起来更显时尚。内饰部分，新车沿用了现款车型的内饰风格。动力方面，新车没有搭载后电机，属两驱版车型。参考宋 DM 四驱版来看，其采用了 1.5 T 发动机和双电动机的双模动力技术，并搭载全时电四驱系统，在混合动力模式下，可输出 333 kW 的总功率，740 N·m 的总扭矩，0～100 km/h 加速时间为 4.9 秒，官方百公里油耗低至 1.4 L。根据此前工业和信息化部公布的信息来看，该车的纯电续航里程大约为 80 km

新闻竞争网络如图 8-14 所示。其中连线粗细与颜色均表示新能源车企媒体定位之间竞争强度的强弱，连线越粗、颜色越深，代表竞争强度越强。由图 8-14 可知，不同车企在媒体定位上竞争强度较弱，在媒体的视角中，不同车企针对不同的细分市场，面向不同的用户，差异化较为明显，大部分车企与别的车企之间的竞争关系不强。其中，长安这一节点与其他节点的连线非常粗，说明长安在媒体的视角中与其他很多车企的定位都十分相近，长安与别的企业更容易被媒体拿来在不同方面进行比较，其所面临的竞争压力极大。而知豆则与长安相反，与其他节点的连线细且浅，说明知豆专注于 A 级电动车、主打低端市场的定位在媒体的感知中与其他车企有着明显的差异化，处于优质的竞争区。

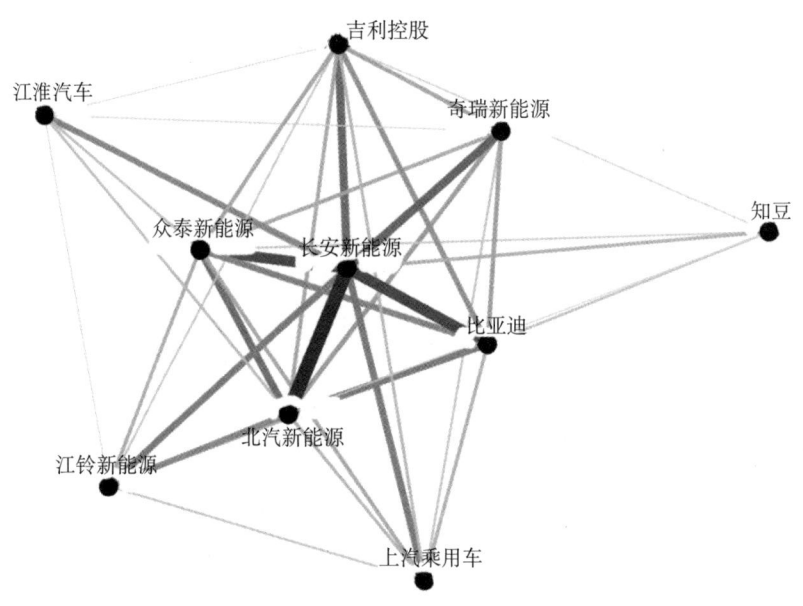

图 8-14　新闻竞争网络

点度中心性如表 8-14 所示。点度中心性越高，说明在媒体视角中该企业与其他企业的定位同质化更为严重，面临的竞争压力越大。从表 8-14 中可以看出，长安新能源的点度中心性最高，远高于排名第二的北汽新能源，面临的竞争压力最大，而知豆的点度中心性最小，面临的竞争压力最小。

表 8-14　新闻竞争网络分析值

汽车企业	点度中心性
长安新能源	5.389

续表

汽车企业	点度中心性
北汽新能源	3.624
比亚迪	3.345
众泰新能源	3.191
吉利控股	2.442
奇瑞新能源	2.396
江铃新能源	2.076
上汽乘用车	1.934
江淮汽车	1.394
知豆	0.889

定义图8-14中权值排在TOP10的边为强竞争关系，构建新闻强竞争网络，如图8-15所示。可以看出，江淮与知豆两个品牌的新能源车在媒体定位中与别的品牌差异化较为显著，所以其竞争强度较低，没有出现在图中。图中位于竞争中心的是长安新能源，与之前的分析相符。

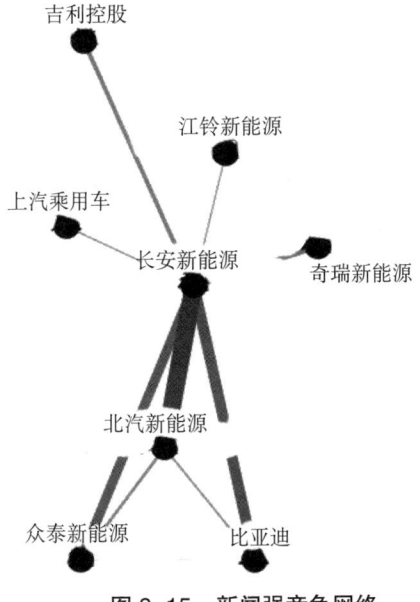

图8-15 新闻强竞争网络

取TOP10的边权定为阈值，进行二值化运算，运用k丛子群分析方法进行分析，如图8-16所示。从图中可以看出，众泰、北汽、长安、上汽、奇瑞、江铃、吉利、比亚迪处于同一个子群中，而知豆和江淮与该子群分属于3个竞争分区，同一个竞争分区内的企业之间存在的竞争关系更强，在媒体中的定位更相似。

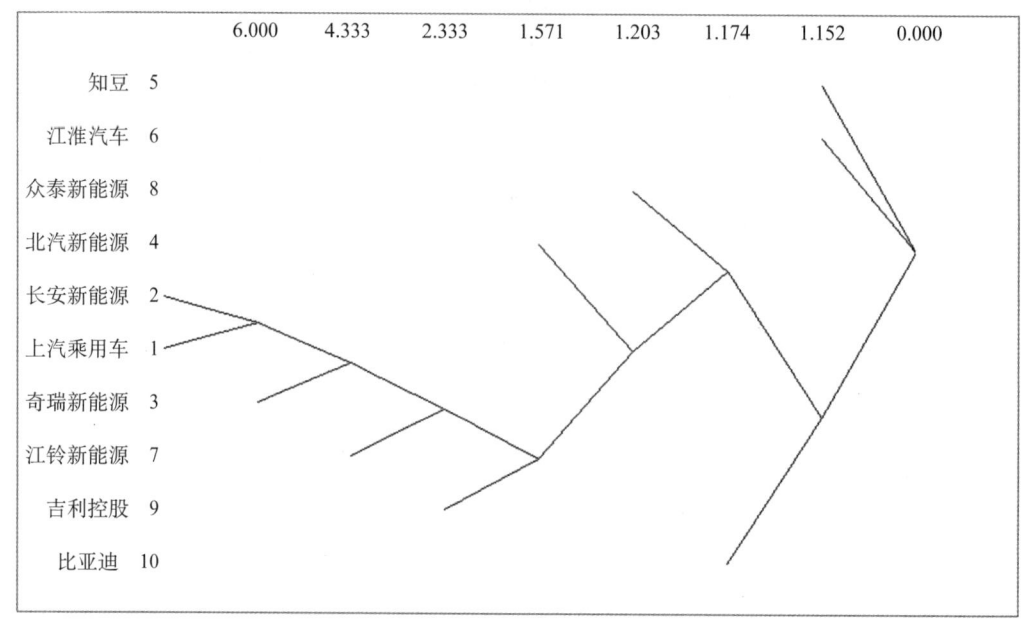

图8-16 新闻竞争网络子群分析树状图

（6）经销商竞争网络

经销商数据包括了详细地理位置信息、电话、省市等，其分布广度和密度体现了车企对区域的重视程度和目标市场。对于车企来说，经销商的存在不仅在于售卖汽车，还担负着汽车售后、维保、鉴伤的重要功能，因此不同于零售业供货关系较为淡薄，经销商与车企关系较为紧密，是车企服务和推广的延伸。通过构建经销商之间的相似程度，可以发现车企之间的竞争关系。经销商分布越相似，说明在车企眼中的必争之地越重合，其所属车企之间的直接竞争就会更加激烈。

表8-15给出了经销商数据示例。本章首先将经销商归属到10家新能源企业（江铃新能源汽车未采集到有效数据），借助《全国省市对照表》把经销商地址转化成省级单位（直辖市为市级单位），取出所有出现过的地点并去重，作为本次网络的特征，形成企业经销商所属地向量。最后计算企业之间的余弦相似度作为线，构建新能源车企经销商竞争网络。

第8章 基于多层竞争网络的企业竞争情报分析

表 8-15 新能源汽车经销商数据示例

序号	经销商	车型	地址
1	[4S店] 山西弗拉瑞思	比亚迪－宋新能源	山西省太原市小店区
2	[4S店] 赤峰百恩比亚迪	比亚迪－宋新能源	内蒙古自治区赤峰市红山区
3	[4S店] 比亚迪海沧直营店	比亚迪－宋新能源	福建省厦门市海沧区
4	[4S店] 明洋集团湖南鑫源比亚迪	比亚迪－宋新能源	湖南省长沙市长沙经济技术开发区
5	[4S店] 北京环耀汽车	比亚迪－宋新能源	北京市朝阳区
6	[4S店] 北京军鹏	比亚迪－宋新能源	北京市海淀区
7	[4S店] 西安乾元新景新能源店	比亚迪－宋新能源	陕西省西安市未央区

将计算得到的经销商网络的 node 和 line 数据导入 Gephi V0.9 中,选择力导向布局,得到如图 8-17 所示的经销商竞争网络,其中节点大小表示该车企的经销商数量,边的粗细表示节点之间的相似度大小。可以看出,比亚迪的经销商数量一马当先,上汽紧随其后,它们之间的经销商地域分布相似性也很高,说明两家车企的目标市场和人群较为接近,但是比亚迪的经销商数目远大于上汽,可以推测上汽的竞争压力巨大,与上汽处于同一竞争劣势地位的还有江淮、长安、奇瑞等车企。图中不属于核心竞争区的有北汽新能源,其在经销商上重点布局京三角,实行局部地区密度高的策略。

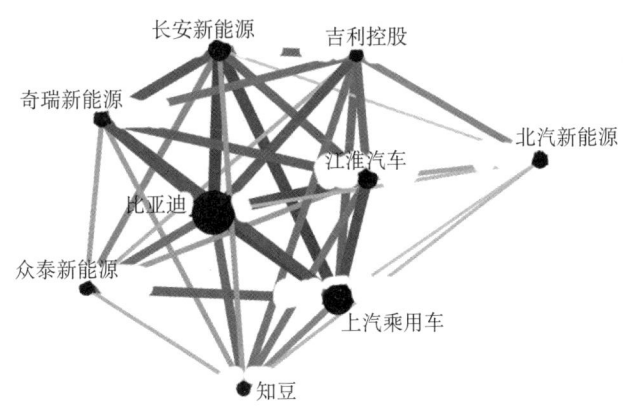

图 8-17 经销商竞争网络

同时,将经销商 node 和 line 数据导入 ucinet 社会网络分析工具,选择"网络—中心度—度"计算车企经销商的点度中心性指标,如表 8-16 所示。和图 8-17 直观得出的结论相似,比亚迪是点度中心性最高的车企,表明其与更多的车企在经销商布局上相似，在车辆的直接售卖中消费者具有很大的可选择性，即使比亚迪具有最高的经销商密度，仍旧无法改变其面临的巨大竞争压力。在数据中前 6 位的点度中心性相差甚微，表明在我国市场车企的零售网络差别不大，在发达的交通网络帮助下，竞争发生在每一个角落。继续选择"网络—中心度—freeman 中心度"计算中介中心性。为了使结果更加明显和易于解释，在计算之前先把数据进行二值化运算，本次阀值设为 0.6，结果如表 8-16 所示，奇瑞、吉利和比亚迪的中介中心性并列第一，说明这 3 家企业都具有较强的市场控制能力，它们的经销商地理位置分布往往较广，但也承受着同时与多方竞争的劣势。

表 8-16 经销商竞争网络分析值

点度中心性		中介中心性	
比亚迪	6.471	奇瑞新能源	2.250
上汽乘用车	6.304	吉利控股	2.250
江淮汽车	6.168	比亚迪	2.250
长安新能源	5.786	江淮汽车	0.250
吉利控股	5.699	长安新能源	0.000
知豆	5.629	上汽乘用车	0.000
众泰新能源	4.665	众泰新能源	0.000
北汽新能源	3.911	知豆	0.000
奇瑞新能源	3.117	北汽新能源	0.000

k 丛子群分析结果如图 8-18 所示。可以发现，众泰、知豆与北汽被分为一个子群，它们 3 家都围绕在核心竞争区周围，可以看出其更专注于某几个地区的深入耕耘。

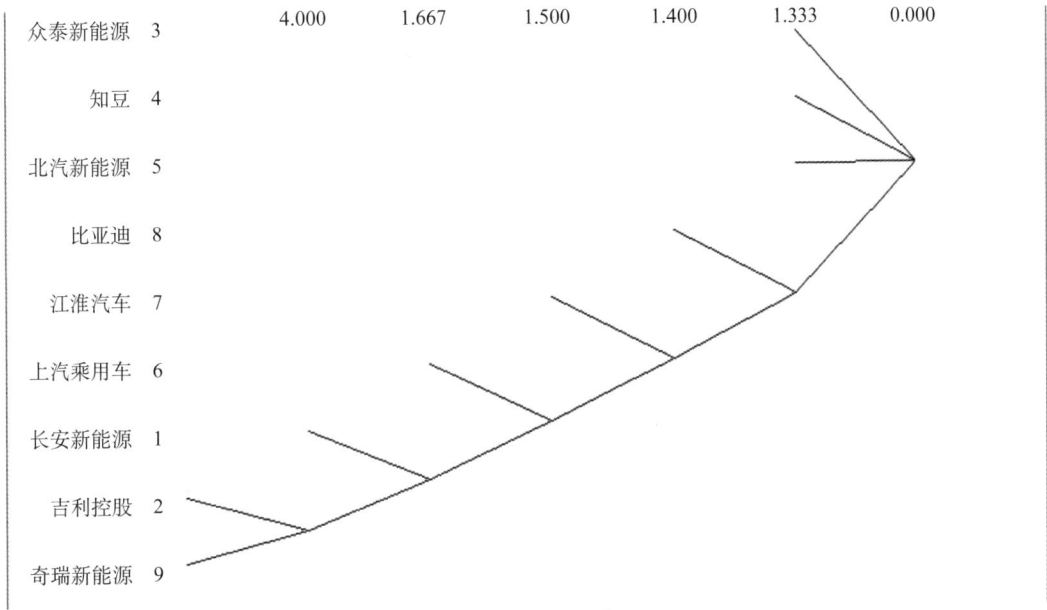

图 8-18　经销商竞争网络子群分析树状图

(7) 口碑竞争网络

口碑信息反映了新能源汽车最终消费者对于汽车的感知定位。在现实环境中，企业对汽车的定位可能与最终消费者对汽车的定位有偏差，如企业对汽车定位为"外观出众、定位强劲"，而消费者的评论中可能更多提到"驾车体验舒适""底盘扎实"等。消费者心智中对新能源汽车的定位决定了汽车销售的竞争关系，两辆新能源汽车在用户心智中的定位越接近，对于用户而言它们越容易相互替代，它们之间的竞争越激烈。

表 8-17 给出了口碑评论数据示例。本章首先将各口碑数据根据评论车型归入各家新能源企业中，再对口碑文本进行特征抽取。该方法最终得到的特征词包括"交强险""价格""内饰""加速性"等，对于口碑评论信息有较好的特征表示能力。计算各企业之间口碑评论文本的余弦相似度作为线，构建新能源车企口碑竞争网络。

表 8-17 新能源汽车企业口碑评论数据示例

汽车企业	口碑评论
长安新能源	【最满意的一点】同级别里边空间够大，音响声大（比我的天籁感觉好），60 km/h 以内提速迅猛，不用换 S 挡红灯起步一般都是第一个。外观个人观点还不错，有人看不惯蓝色轮毂，我倒是觉得还不错，比较有个性。【最不满意的一点】做工，出小区有一段路有几个小坑，每次过的时候颠一下感觉底盘有异响，啪啦啪啦的，内饰车顶质感一般，开了几个月居然落灰了。【空间】同级别还好，坐 4 个人无压力，后备厢放 2 个旅行箱没问题，空间足够。【动力】电车的提速就不过多说了，瞬间爆发扭矩，S 挡在北京限速范围内无压力。【操控】操控还算可以吧，低速转向极轻，速度上来了转向会加重，这点设计得不错，增加了操控的乐趣，配上电车的迅猛提速总体还算不错吧。【油耗】电车的用户成本很低，家里天籁 2.0 的上班加……
北汽新能源	【最满意的一点】买这辆车就是给老头接送孩子用的，只要老头满意我就满意，看他自从车子买回来后一有时间就开的样子应该是很满意，虽然他嘴上不说吧。其实也能理解，就像是哪次给他买件衣服买瓶好酒都要向他朋友吹嘘一下一样，买了车他也没少在他朋友面前晃，老人老了反倒像小孩一样了。【最不满意的一点】其实老人开这车我最担心的就是安全性，我也开车上下班，经常在路上遇到开电动车接送孩子的老人，按道理说他们是应该走机动车道的，但是他们那种车子一个是安全性差，一个是动力不行，本来上班就着急，前面还开着一辆不紧不慢的车，你说气人不气人。所以我就一直让我家的车保持一个相对充足的电量，交代老头在机动车道开车速不要太慢，其实还是担心车子的电量问题，而且冬天就要来了不知道电量会不会亏。【空间】空间不大不小，用一个电……
比亚迪	【最满意的一点】纯电低速质感，顶级了，再顶就是特斯拉了。【最不满意的一点】高速充电噪声不满意，持续的轰鸣声。【空间】后备厢空间很小，整车长点就好了。【动力】第一台车是速锐 1.5T 手动，宋 DM 是我的第二台车，这车动力无论什么模式油门稍微深踩都是非常猛的，不同模式的区别在于油门线性和敏感程度，S 模式太敏感，我一般不开，雪地模式稍微好点，起码不是轻踩就暴动。这车虽然 2.1 吨，但动力表现出的超级轻快感完全不是这个级别该有的。开挂的加速让人特别喜欢。加速表现：不管哪个速度区间，动力都是源源不断的。动力平顺性：这车虽然是干式双离合，但是动力的平顺性混动状态绝对是非常好了，国产车双离合能做到这平顺性的就只有比亚迪的混动了吧。这平顺性感觉比我弟……

将计算得到的口碑竞争网络的 node 和 line 数据导入 Gephi V0.9 中，选择力导向布局，得到如图 8-19 所示的口碑竞争网络，其中连线粗细与颜色均表示新能源车企在消费者感知定位之间竞争强度的强弱，连线越粗、颜色越深，代表竞争强度越强。

第 8 章
基于多层竞争网络的企业竞争情报分析

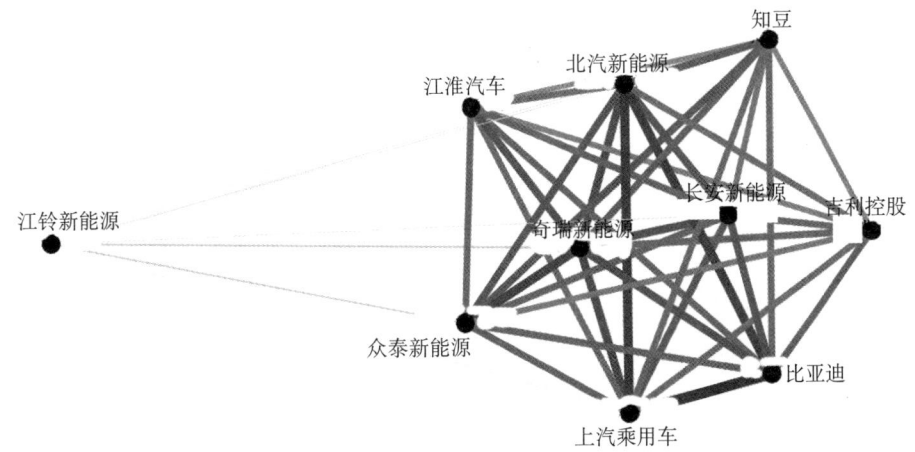

图 8-19 口碑竞争网络

从图 8-19 中可以看出，网络整体的连线较粗、颜色较深，说明不同车企在消费者感知定位上竞争强度较强。因为消费者的购车目的较为相似，多用于上下班，其考虑的角度也十分雷同，多考虑价格、空间、动力等因素，所以对于消费者而言，不同车企之间定位上的差异不一定受到认同，因此，不同企业生产的新能源汽车很容易相互替代，大部分车企与别的车企之间的竞争关系很强。在所有的车企中，江铃新能源在消费者的感知中与别的车企差异最大。通过消费者的评论数据看出，消费者对于江铃新能源车的印象集中于"上牌省力""成本低""操控好"，且均偏向正面评价，与其他品牌普遍的褒贬不一情况不同。

为了得到更为精确的结论，使用 ucinet 计算竞争网络的点度中心性，如表 8-18 所示。点度中心性越高，说明在消费者的感知中，该品牌与其他品牌的新能源车更容易被相互替代，面临的竞争压力越大。从表 8-18 中可以看出，除了江铃以外，其他品牌的点度中心性之间的差异均较小，数值上较大，说明无论这些品牌的定位如何，针对的是什么消费者市场，消费者都没有感知到这种差异，其考虑购车时并不会基于品牌进行考量，新能源车在销售端的竞争已是红海。其中，点度中心性最高的是奇瑞，说明奇瑞品牌在消费者的感知中定位较为模糊，与别的品牌之间的竞争最为激烈。

表 8-18 口碑竞争网络分析值

汽车企业	点度中心性
奇瑞新能源	6.193
北汽新能源	6.000
上汽乘用车	5.998
比亚迪	5.989
众泰新能源	5.651
长安新能源	5.550
江淮汽车	5.058
知豆	5.057
吉利控股	4.861
江铃新能源	0.801

定义图 8-19 中权值排在 TOP10 的边为强竞争关系，构建口碑强竞争网络，如图 8-20 所示。可以看出，江铃、知豆与吉利 3 个品牌的新能源车被消费者所感知到的差异与别的品牌相比更为明显，所以其竞争强度相对较低，没有出现在图中。图中位于竞争中心的是奇瑞，说明奇瑞与别的品牌的强竞争关系较多，竞争压力较大。

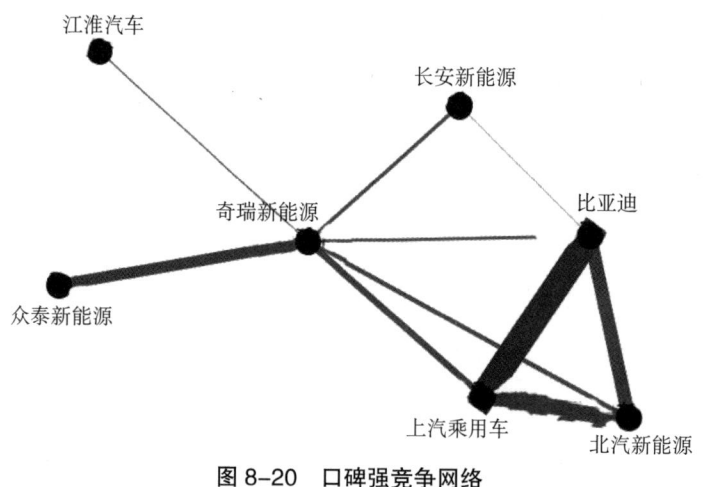

图 8-20 口碑强竞争网络

k 丛子群分析结果如图 8-21 所示。从图中可以看出，众泰、奇瑞、江淮、比亚迪、北汽、长安、上汽处于同一个子群中，而知豆、吉利和江铃与该子群分属于 4 个竞争分区，同一个竞争分区内的企业之间存在的竞争关系更强，在消费者感知中的定位更相似。而且奇瑞所在的大子群又可以细分为两个小子群：众泰、奇瑞、江淮和比亚迪、北汽、长安、上汽，说明虽然这两个小子群针对的消费者类别存在一定差异，但是其定位并没有获得消费者的一致认可，竞争仍非常激烈。

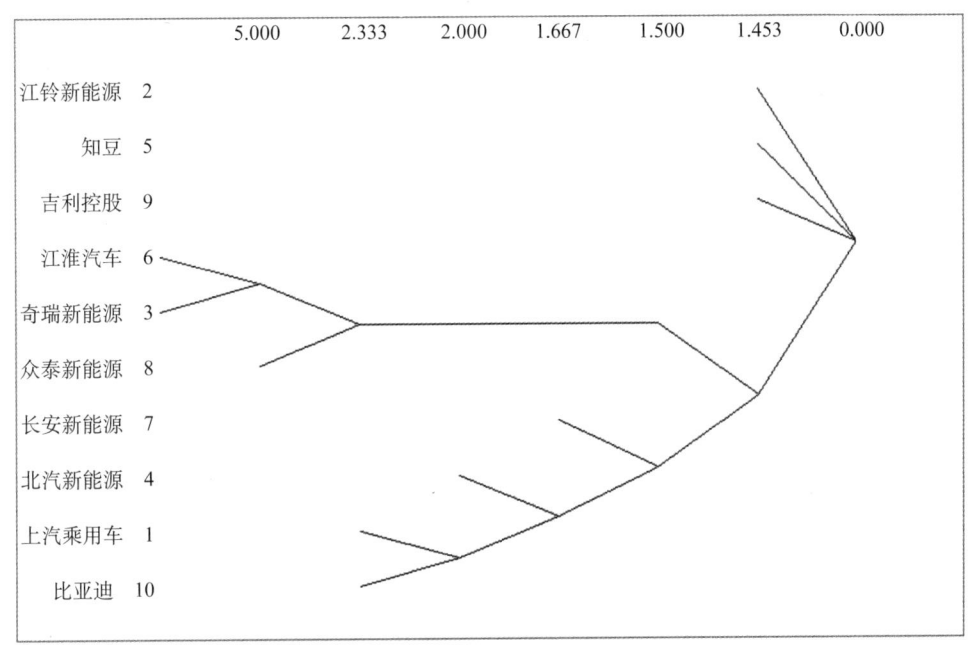

图 8-21 口碑竞争网络子群分析树状图

8.4.4 新能源汽车领域多层竞争网络构建和竞争态势分析

（1）多层竞争网络构建

结合前文所述的多层竞争网络形成机制，本章分别选取案例竞争网络、专利竞争网络、平型竞争网络、新闻竞争网络和口碑竞争网络依次代表战略层、研发层、产品层、推广层、客户层价值链上的企业经营活动，构建国内新能源汽车多层竞争网络。当每层基于同一布局，使所有节点成为连接节点时，可以通过分析边权在各层上的变化，发现整个产业中竞争核心区的变化，了解竞争态势。

具体而言，将各单层竞争网络以相同布局分布，网络层之间以同质的节点相连，组成多层竞争网络。为了使布局更为清晰，各单层竞争网络边权取 TOP 75%，如图 8-22 所示。需要说明的是，因蔚来汽车、小鹏汽车、威马汽车 3 家车企相关产品数据不完整（仅有专利、招聘数据），不参与多层竞争网络构建。

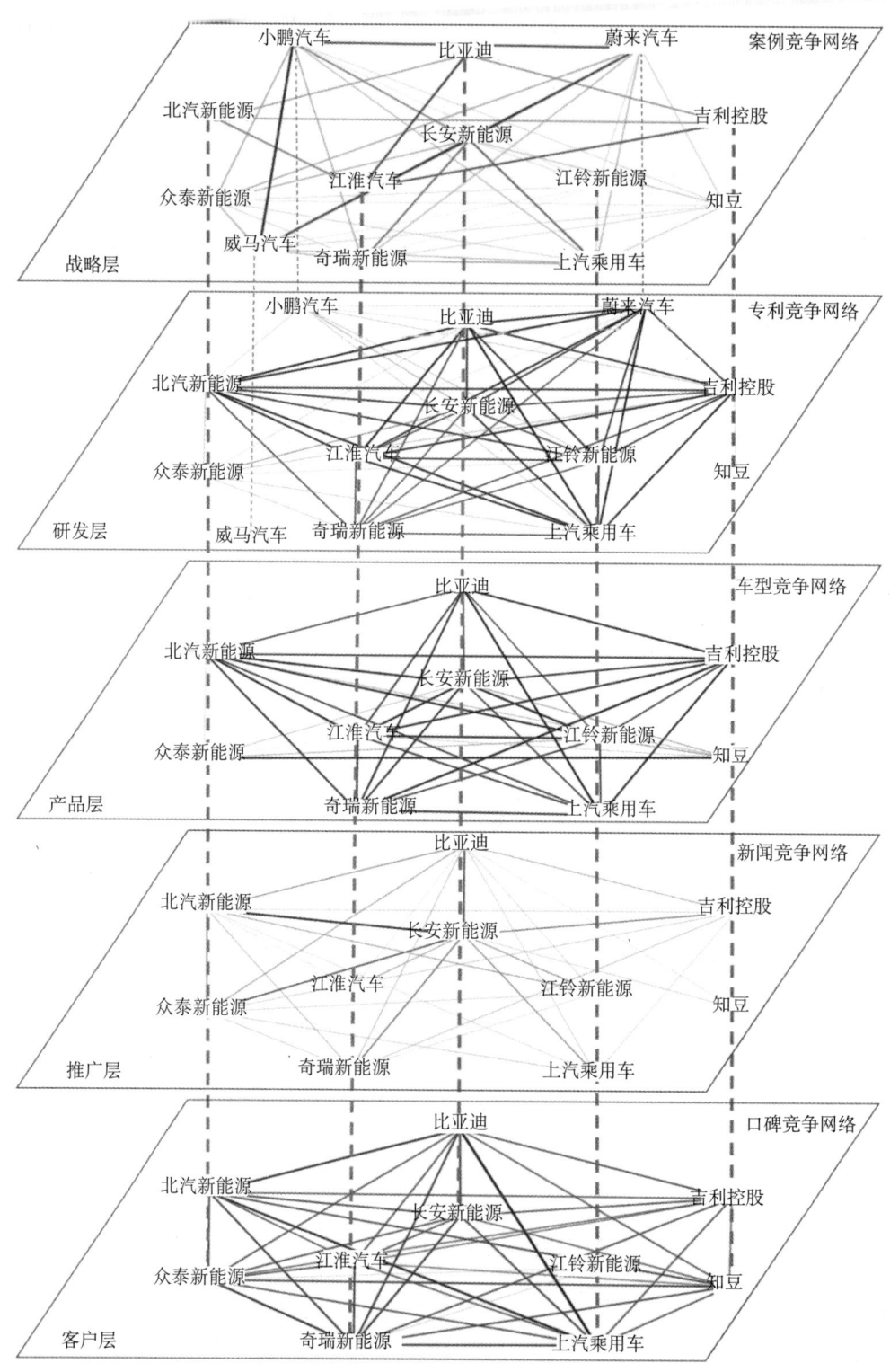

图 8-22 国内新能源汽车多层竞争网络

(2) 新能源汽车行业竞争态势分析

首先利用中心势分析、密度分析等指标统观各单层竞争网络的竞争强度和分布,再根据各层价值链含义进行整体解读,发现新能源行业从研发生产到销售服务过程中的竞争变化,掌握整体竞争态势,如表 8-19 所示。

表 8-19 各层网络的网络中心势和网络密度分布

单层竞争网络	网络中心势	密度
案例竞争网络	0.1295	0.214
专利竞争网络	0.1916	0.579
车型竞争网络	0.1689	0.366
新闻竞争网络	0.3779	0.296
口碑竞争网络	0.1496	0.568

从各层网络中心势维度看,新闻竞争网络的中心势远高于其他网络,中心势越高,说明网络集中程度越高,竞争压力越集中在少数几个品牌。这反映出国内新能源汽车宣传领域出现"寡头竞争",说明大部分国内车企在宣传推广领域会更具新意。但从另一方面来看,车企更专注于宣传而并非投入研发和产品,体现行业的浮躁特征。从各层网络密度看,研究发现专利竞争网络、口碑竞争网络的密度较高,说明这两个网络中的竞争较激烈,品牌在这个层面的定位较为接近。从行业整体来看,竞争集中在专利竞争网络、口碑竞争网络中,表征我国新能源汽车行业技术同质化严重,创新能力不足。建议行业监管者借鉴国外先进技术,改善国内现状。同时可举办国内车企交流会、专业竞赛或设立专项科研基金等,鼓励国内车企重视研发,增强整体创新能力。

(3) 知豆电动车企业竞争态势分析

知豆电动车是新大洋公司从 2006 年开始,经过正向研发,制造的第一款轻量化车身及电动车专用底盘的电动汽车。作为我国小微型电动车的焦点和小微型电动汽车这一市场的开拓者和领跑者,知豆电动车一直致力于绿色出行,确立了自身的品牌特色和品牌优势。2015 年,新大洋和吉利集团合作,结合吉利集团整车制造技术和总装工艺,产品在质量与创新基础上得到再度提升。截至 2017 年年底,累计销售 100 672 台,占国产新能源汽车 6% 的市场份额，纯电动乘用车 11% 的市场份额[①]。

知豆汽车作为一家非传统汽车行业的企业，近 10 年发展迅速，究竟是倚靠政策之东风还是凭借其自身过硬的实力令人感到好奇。为此，研究特选取其为典型案例，通过多层竞争网络，分析其产品定位、竞争态势和应对策略，以期为新能源汽车产业发展与革新提供线索。

1）知豆车企竞争态势

知豆车企基本处于多层竞争网络上的"梨型"企业竞争态势模型，表明价值链上游竞争压力小、下游压力大。知豆车企的优势是尽管战略定位上与其他主流企业广泛存在一定的弱关联，但它重视研发投入，定位独特，避开国内 A、B 级车型的竞争高峰区，以超小型 A0 级车进入电动车领域。其劣势是用户竞争激烈，外部风险大，应注意用户的品牌认同培育。

2）知豆车企竞争对手识别

在战略层中，知豆与多数车企有着微弱的联系，表明新能源汽车车企的战略层定位趋于同质化，未来存有同质化竞争。

在研发层中，知豆无竞争对手出现，竞争压力小，间接竞争对手少。

在产品层中，知豆与众泰的产品较为相似，众泰是知豆的直接竞争对手。

在推广层中，知豆与比亚迪、长安具有一定的竞争关系。需要把比亚迪、长安当作潜在竞争对手，在资金充足的情况下，比亚迪极有可能杀入低端小型电动车领域。

在客户层中，知豆与众泰等众多企业均有较强的竞争关系，表明在用户心中知豆可以取代其他车企品牌，但同时，知豆也同样可被取代，因此，需要重视比亚迪等多次出现的企业。

3）知豆车企竞争对策

在研发和推广上具有很强的竞争优势，但在外部的用户上丢失了企业内部优势，应主动引导用户需求，如宣传 A0 级电动车作为一种便捷易停、近距代步工具的使用价值等。

产品定位准确且市场反响良好，应主动出击，加大推广宣传力度，扩大目标市场份额，取得更大的利润和竞争优势。

研发技术方面的独特性可以较好支撑产品，但需要警惕汽车领域的巨头企业介入小型电动车领域，注意外部威胁。

---

① 关于本品牌［EB/OL］.［2018-04-05］. http：//www.ercar.com/inderx.php?menu=231.

8.5 本章小结

现如今，企业处于一个多变的环境之中，跨界打击与兼并、弯道超车现象渐趋成为常态，对企业竞争情报活动提出了更高、更新的挑战。现有的传统方法使得这项工作变得繁杂，且难以动态监视，不足以满足多变市场环境下企业竞争情报活动的需要。创新企业竞争情报分析方法，在大数据环境下显得尤其重要。

面对上述现实与困境，本章综合运用大数据技术积极探寻解决之道。具体而言，本章重点引入价值链与价值网理论，提出基于关键指标重合程度构建数据驱动的企业竞争对手识别方法，建构了企业竞争的"5+1"多维视角分析框架，并融合图论方法形成基于多层竞争网络的企业竞争态势分析模型，拓宽了现有的分析视野，为企业动态监测与观察其竞争对手、分析自身所处竞争态势提供了一套可供操作的范式。同时，还选取正处于转型期的新能源汽车行业，进行实证研究，但缘于数据可获得性等，实证研究的广度与深度有待进一步改进。后续研究将围绕以下几个方面进行拓展，以期获悉新知、革新方法。①跨领域、多数据源综合应用，借以广泛实证进一步优化所构建的理论（分析）框架，对竞争网络格局进行更深入的分析，力求能够为企业提供更具洞察力、科学合理、普适性强的竞争情报分析新范式。②在行业数据完备的情况下引入时间序列，探索与建立企业竞争态势的动态演进机制，真正实现企业竞争情报活动的实时性、敏捷性。③摆脱现有仅依赖网络形态特征结构划分竞争态势模型的方法，探寻多层竞争网络构建的新方法与新手段，以期通过复杂网络的动态演化等实时追踪潜在竞争对手的各类活动轨迹。

第 9 章
企业竞争情报创新服务平台

竞争情报对于支持企业决策的作用日益凸显,作为竞争情报工作平台的竞争情报系统也成为很多企业重点建设的信息系统。集成化的平台能够更好地将竞争情报分析工作与组织业务、内外环境紧密结合。构建企业竞争情报系统,并在其基础上开展有效的企业竞争情报创新服务,是全球化、白热化竞争时代中来自企业内部求生存、求发展的迫切需求。本章主要给出一个企业竞争情报创新服务平台的整体架构,其主要功能模块包括情报采集、情报加工处理、情报分析与服务,并展示一个平台实现界面。

9.1 平台整体构架

9.1.1 平台设计目标

相对于传统的竞争情报系统,企业竞争情报创新服务平台在要达成的目标上有以下创新和突破。

实现情报数据的动态采集与集成。情报采集是企业竞争情报工作开展的基础。传统的企业竞争情报工作,要解决的关键问题之一,就是如何从众多数据来源中获取到全面的信息。目前,很多情报系统主要采用通用搜索引擎和主题爬虫等技术来解决情报采集全面性的问题。但需要意识到,情报数据的"新鲜度"也尤为重要。以往对所需数据进行一次性静态集成的方式已无法满足现代竞争环境下形势复杂多变的需求,当数据源中的数据已经更新变化,而企业竞争情报系统却无法及时捕获这些变化,会导致决策所依赖的基石出现偏差。这就需要采用动态的竞争情报更新策略,对数据源进行监测、对集成后的数据进行周期性的刷新,以将变化及时送达给决策者[①]。

保证情报数据的准确性。如何从海量信息中获取到决策所需的特定信息、解答特定问题,是企业竞争情报工作的重中之重。通过定题数据采集,可以根据指定的主题内容,选择性地对预先定义好的主题集相关的页面进行采集,发现与主题相关的信息资源[②],从而提供精准、深入、专业的竞争情报服务。

搭建行业知识库。行业知识库中搜集、整理、组织和存储了各类与本行业发展和企业竞争密切相关的知识、信息,并且提供应用手段对其进行有效的传播、共享和利用,其功能主要体现在:面向企业竞争情报的灵活需求,搜集、组织、存储和传播行业知识;辅助企业进行科学的决策和解决各类复杂问题;简化企业发现知识和应用知识的过程等[③]。

情报分析的智能化。科技的迅猛发展使得技术创新周期急剧缩短,企业对于技术发展动向把握的时效性要求越来越高,大数据也使得传统的技术预见中所使用的信息技术逐渐显露出局限性[④]。因此,企业迫切需要一种常规化且更加准确的技术管理流程,以及针对行业特点和大数据资源的竞争情报服务平台,来面对新的商业和技术环境。竞争情报服务平台应该能够基于多源异构数据、应用智能化技术进行情报分析与挖掘,这是大数据时代提升竞争情报分析质量与效率的有效途径,据此挖掘出的潜在的情报知识也是企业的核心竞争力之一。情报分析人员也能够从繁杂的低价值情报活动中解放出来,集中精力解决具有创造性的、高附加值的复杂情报问题。

9.1.2 平台构架设计

结合前面章节提到的竞争情报大数据采集与监测、存储与组织、分析与应用等一系列方法,结合系统实现的可能性评估,本章给出了一个基本的企业竞争情报创新服务平台的整体架构,包括情报采集子系统、情报加工处理子系统、情报分析子系统与情报服务子系统几个主要功能模块(图9-1)。

---

① 李会,程刚.基于数据挖掘技术的企业竞争情报系统模型研究[J].情报理论与实践,2011,34(1):95-99.
② 许鑫,黄仲清,邓三鸿.互联网侨情信息采集系统设计与实现[J].现代图书情报技术,2010(Z1):95-101.
③ 张明宝,刘鹏飞.行业知识库研究[J].计算机系统应用,2015,24(5):1-10.
④ 王小云,许鑫.面向技术预见的技术竞争情报系统研究[J].情报理论与实践,2015(6):128-133.

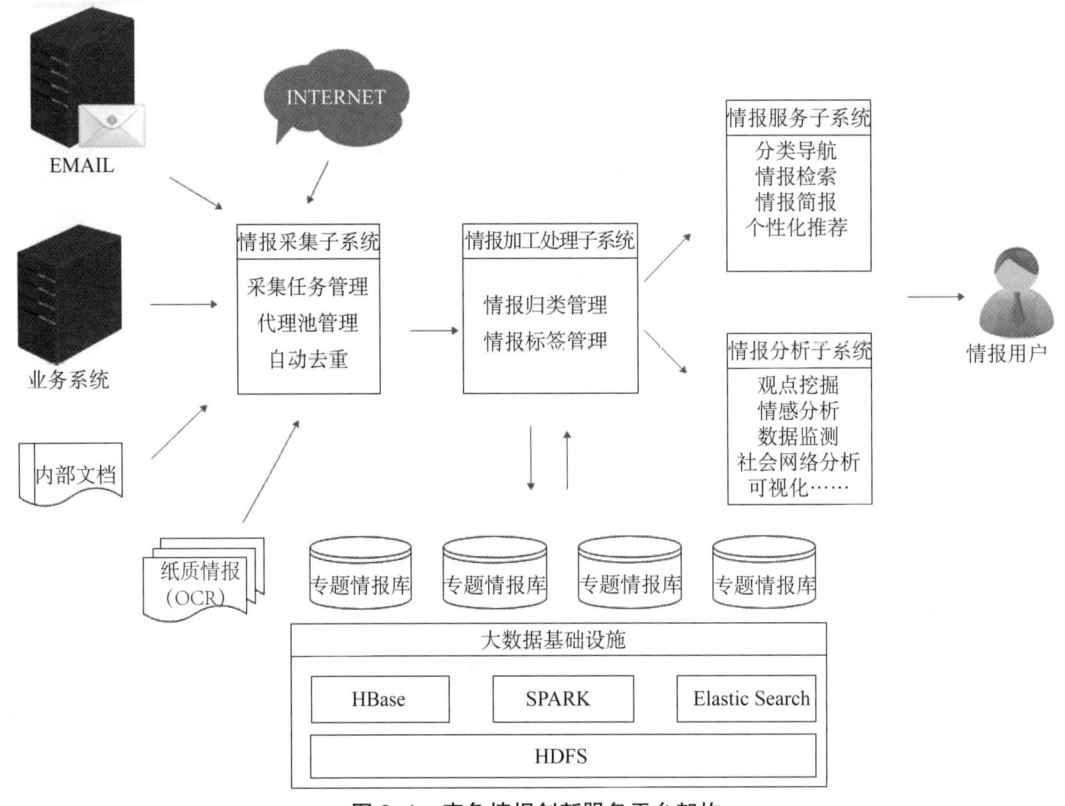

图 9-1 竞争情报创新服务平台架构

情报采集子系统的作用是将外部和内部的各类数据进行全面获取与整合，为后续的情报加工处理与分析提供数据支撑。采集对象包括 EMAIL 系统、互联网各类平台、内部业务系统、内部文档抽取、纸质情报等。正如本书前第二章所分析的，大数据环境下竞争情报数据源更为广泛，情报采集子系统需要尽可能和更多的多源异构数据衔接。采集方法包括爬虫采集、数据收割、OCR 识别等，目的是将各类不同来源的数据以统一的格式存储到情报采集库中。

情报加工处理子系统对已采集的各类数据进行深度加工与处理，对数据进行重新组织，包括情报归类管理与情报标签管理，并结合大数据基础设施，为情报分析中数据的抽取提供快捷高效的渠道。通过深度加工形成集成完备的各类专题情报库或专题数据库，为基于专题库的定制化情报需求提供高效集中的服务基础。

情报分析子系统的作用主要是按照情报分析的需要对数据进行抽取，以及各种运算，以满足分析的需要。在大数据环境下，针对加工处理好的各类数据进行简单的统计分析已经不能满足用户需要，用户需要借助更为高效的手段对海量数据进行深度分析。

因此，在分析子系统中，用户不仅可以根据自身的需要定制不同的分析策略，还可以借助大数据基础设施提供的接口，结合各类机器学习算法，进行观点挖掘、情感分析、数据监测、社会网络分析与可视化等各类分析。

情报服务子系统的作用是为情报人员和普通用户提供各类情报服务。包括情报分类导航、情报检索、情报简报、个性化情报推荐等，将平台中的各类情报以最高效的方式呈现给用户，为用户的不同决策提供帮助。

9.2 情报采集子系统

9.2.1 功能概述

大数据时代，企业竞争情报系统中的情报信息来自企业内部和外部，是多源异构数据的融合，如企事业单位内部网络、数据库、公众互联网、书面文字、电子文本、人工录入数据等，企业外部信息如企业外部网络、门户网站、行业网站、竞争对手网站等。情报采集系统主要是通过文本数据采集挖掘、计算机互联网搜索等技术手段对信息来源进行全面、准确的整合和综合利用，根据信息技术情况来对以上信息资料实现智能化采集，形成原始的信息库。情报采集子系统对信息采集的质量决定着企业竞争情报创新服务平台的效果，作为企业竞争情报系统的输入系统，应该避免出现 GIGO（输入的是垃圾，输出的也是垃圾）现象。平台主要功能包括：①确保信息的增量采集和及时更新；②在互联网及企业内部网方面提供动态实时监控和即时数据更新；③对多语言种类网站的信息收集予以支持；④对网络交流工具如博客、微博、公众号、各种论坛及贴吧等上面的信息进行采集和监测；⑤支持表格、文字图片等信息内容的采集；⑥对于纸媒文件及电子版信息等提供相对应的 OCR 支持；⑦支持目标网站反爬虫机制。

传统的情报采集子系统一般通过采集器将搜集的数据进行预处理后，存储在关系数据库中。这种方式在数据量较小的情况下，性能良好，但是在大规模数据环境下，其伸缩性、处理的高效性及大规模存储等方面存在着困难。

本书提出一个基于分布式文件系统和 NoSQL 数据库技术的情报采集子系统模型，该模型可方便地架构于 Hadoop 集群上，充分利用 Hadoop 擅长于大规模数据处理的优势。其流程如图 9-2 所示。

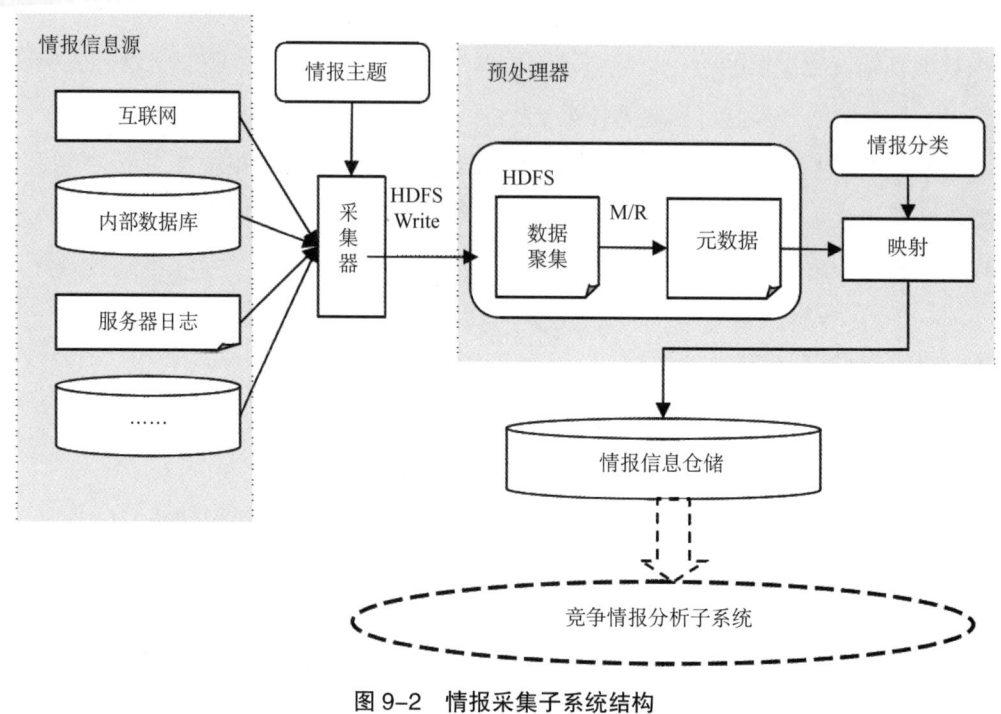

图 9-2 情报采集子系统结构

在该模型中,首先根据用户预先定义的竞争情报主题,或者所要完成的情报任务,通过数据采集器对各类型的情报信息源进行扫描,收集符合需求的竞争情报;其次通过预处理器对采集到的原始数据进行清洗、相关度分析等;最后将预处理过的数据存储在情报信息仓储中。

9.2.2 采集任务模块

采集任务是由情报用户根据信息采集的需求而定制的主题。采集任务定制完成后被传递给信息采集器,采集器根据任务定制信息,采用相关策略、对指定信息空间进行搜索,以获取与任务相关的主题信息。

一个采集任务的确定由两个方面属性决定:一个是任务基本信息,一个是 Web 采集子任务信息。采集任务的主题由主题词集描述。一个主题词集包括若干个带权值的子主题,子主题之间是"或"的关系。一个子主题由多个关键词经逻辑"and"和"not"组成。一个子主题形如:"大数据 and 竞争情报系统 and 企业。"

用户可以对采集任务进行管理,如新建、删除采集任务,还可以浏览、修改、暂停、终止、重启自己建立的采集任务,如图 9-3 所示。

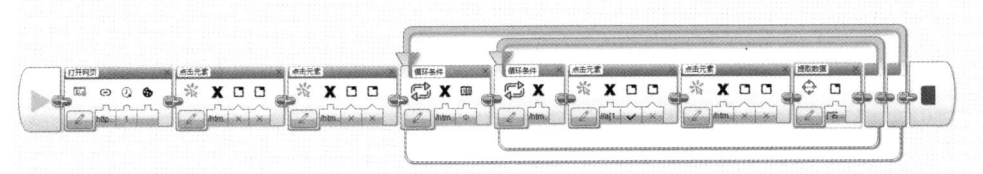

图 9-3　采集任务管理控制器

9.2.3　采集器模块

采集器是该子系统的核心部件,类似于互联网的"爬虫"程序或专题搜索引擎。采集器主要由爬行队列、IP 代理池、主题分类器、采集控制器及采集信息库等部件组成,如图 9-4 所示。

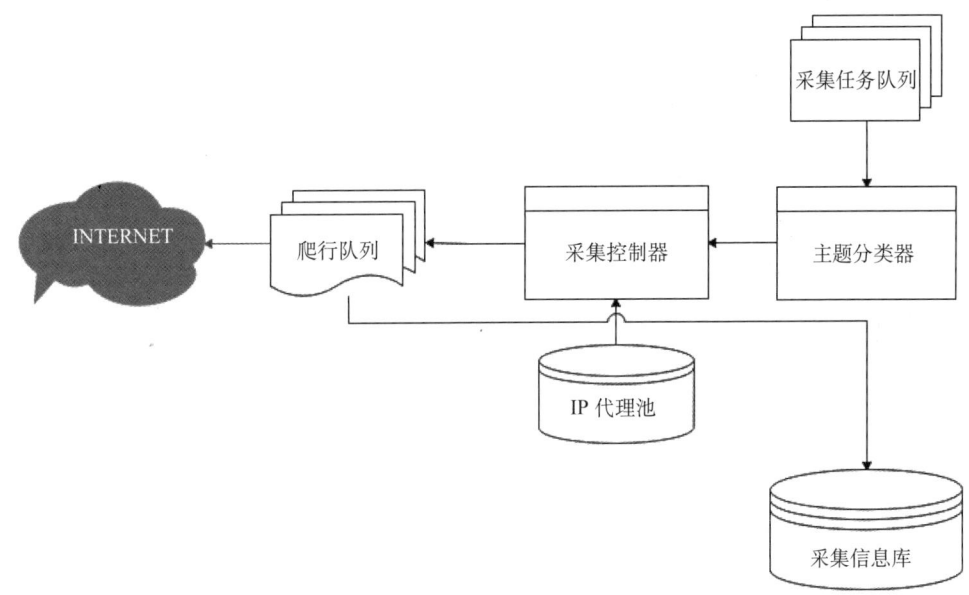

图 9-4　采集器结构

采集器结构各个主要部件功能如下。

①采集任务队列。任务队列有采集任务控制系统输出,向采集器提交采集任务,采集器的爬行优先级、爬行频率、爬行深度和广度等由任务队列提出。

②主题分类器。主题分类器的作用是依据平台已有的主题词关联表,对给出的采集主题进行主题扩展,以提升采集结果的广度。

③采集控制器。采集控制器继承了采集任务中的所有控制规则，包括采集频率、单条信息采集间隔、是否使用代理池、去重规则、异常处理等，以便采集任务启动后，能够确保任务的正常运行。

④IP 代理池。为了减少采集目标网站的反爬虫控制能力，除了在采集频率上进行控制外，系统还设定了 IP 代理池，通过第三方收集代理 IP 地址，以便在爬虫运行过程中及时更换 IP，降低爬行失败率。

⑤爬行队列。为了提升采集速度，系统的爬虫部分采用多线程进行，爬行队列中有一个控制模块，用于对每个采集线程进行控制，确保采集完成或失败时，及时释放线程资源，提升爬行的效率。

⑥采集信息库。采集的初步结果全部会存入采集信息库中，为后续的去重控制和加工处理提供支撑。

9.2.4 反爬机制

第三方网站在运行过程中，为了确保有效用户的正常使用，常常会对爬虫程序进行控制，即反爬。为了确保爬虫系统能够有效地获取目标网站的信息，在应对反爬机制时，爬虫系统采用了一些控制方法，以确保信息的完整采集。

（1）Headers 控制

Headers 是一种最常见的反爬机制，通过 Headers 可以有效区分来访对象是浏览器还是机器，一些网站会对 Referee（上级链接）进行检测，从而明确是否是爬虫。因此，在构建爬虫队列时，系统需要自主构建一些头消息（Headers），从而绕过目标网站的 Header 控制，模拟成浏览器访问网站。

（2）IP 控制

有些目标网站会对同一个 IP 的访问频率和请求数量进行分析，从而判断其是否为爬虫，如果超过目标网站所设定的阈值，则会将此 IP 进行封禁处理，影响了爬虫运行的稳定性。因此，爬虫程序需要与代理池进行配合，在可控制的阈值范围内，使用同一个 IP，一旦超过则更换 IP，从而绕过目标网站的 IP 控制算法。

（3）UA 控制

UserAgent 也是第三方网站可能进行反爬控制的一个路径，其为用户方位网站时的浏览器标识，第三方网站可以通过这个标识来判断是否为爬虫。因此，爬虫在每次请求的时候，需要从自己构造的 UA 池中提取相应的 UA 信息，并绑定到爬虫的 Request 方法中，以便模拟浏览器访问的行为。

(4) 验证码或登录限制

有些网站在爬虫运行到一定阶段后会弹出验证码，以防止爬虫采集。此类验证码一般为图形验证码为主，针对图形验证码，可以采用截图下载，对图形进行二值化处理、中值滤波去噪、分割、紧缩重排、字库特征匹配识别等；对于有登录限制的网站，则通过手工注册登录账号来获取登录权限，在爬虫中采取模拟登录的方法进行处理。

(5) Ajax 动态加载

有些网站采用 Ajax 动态加载模式，因此，普通的爬虫无法通过直接访问 URL 来获取页面信息。Ajax 加载模式一般使用的是 JS 框架（jQuery、Vue、Angular 等）根据用户的页面操作动态从后台获取数据。因此，对于 Ajax 动态加载的网站，需要提前了解该网站的加载机制，分析其真实数据请求与返回地址，进而绑定到爬虫的采集控制器中进行处理。

(6) Cookie 控制

有些网站在打开网页后会随机生成一个 Cookie，再次请求时会对 Cookie 一起进行验证，如果爬虫在请求目标网页时没有带着网站抛出的 Cookie，则会被认定为爬虫。因此，如遇到此类网站，需要预先访问网站的首页或其他页面，获取 Cookie，再将此 Cookie 绑定到 Request 请求中一起发送，同时在网站返回的 Response 流中识别网站抛出的 Cookie，如果 Cookie 发生变化，则将此 Cookie 记录下来，为下一次 Request 做准备。如果没有发生变化，则一直保留此 Cookie，直到采集完成为止。

9.2.5 去重机制

一般常用的去重方式主要有网页去重、指纹去重、布隆过滤器去重等，目的是防止重复的信息进入数据库，不利于数据的分析和应用。

网页去重主要对页面的核心词汇进行区分，如出现频率较高的词汇，或者涉及企业核心机密的词汇等，计算出其指纹，一般提取 8~10 个关键词进行比对，从而判断页面的重复概率。

指纹计算方法主要有 MD5 算法、Rabin 算法等，即使输入的关键词变化很微小，但是计算出的结果也会有很大的差距。通过指纹计算，能够对重复数据进行更加精准的区分，但是容易出现误判的情况，需要利用同义词/近义词库进行预处理。

布隆过滤器主要是利用 hash 法去重的工具。布隆过滤器的优缺点比较明显，主要优点是使用方便，执行效率较高，非常节省空间，但是缺点也较为易见，这种方式出现错误的概率是较大的，就是存在误判率。hash 可以协助降低误判率，但是不能完全保证没有误判现象发生。它的工作原理是指将每条数据进行 m 次 hash 处理，处理后得到一个数，处理 m 共可以得到 m 个数，用一个数组来表示不同的整数，每次操作时，将这 m 个数相对应地，1 位置设置成为 2，则再次查找经过同样的计算后，如果位置显示的都是 2，则表示是重复存在的信息，反之则不存在，可以录入数据库。

9.3 情报加工处理子系统

9.3.1 功能概述

企业情报系统所采集到的信息复杂多样，往往碎片化、凌乱，而且很多信息表面无关联，这就要对信息进行必要的高效处理和加工，只有这样才能进行分析和提供精准的情报服务。一般而言，企业情报主要包括企业的内部环境和外部环境，常常涉及企业政策、行业规则、宏观环境、行业经济数据及金融市场信息等大量的内容。面对如此之种类繁多、数目巨大、覆盖广泛的企业情报信息，怎样进行有效的加工处理是一个亟待解决的问题，同时也对企业竞争情报系统的功能方面提出了更高要求。

而企业竞争情报加工与处理子系统主要运用文本挖掘技术对收集信息自动进行归类、内容筛选、重新排列、转换等加工处理，形成较完整的情报架构。

情报加工处理子系统主要具有以下几个功能：①有效地避免无用情报信息的下载、转入，避免对宽带网络的浪费；其可以自动分析出对企业有价值的内容、网页等，并抽取出原本数据，可以筛掉无用的图片、内容、网页和文件等，高效地转化有用信息。②采集到的信息一般是海量、碎片化、零散的，这就需要厘清有用信息，情报加工与处理子系统可对信息提取出关键、重点或者频率较高的词汇后形成概括或者摘要，使信息一目了然。③可协助人工录入情报信息。④按照情报信息的来源、所含的高频词汇、主题词、关键内容等进行归类管理，或者按照要求、规定或者统计后进行归类，建立专业构架，并进行维护和管理。⑤一般采集到信息后通过筛选、加工处理、分析等形成简单摘要，但是还需要进一步的优化，情报加工处理系统可协助情报的加工、丰富和编辑等，以便于形成符合企业个性化需求的报告[①]。

---

① 苗青，刘泽伟，陆佳友．企业竞争情报系统构建［J］．情报理论与实践，2012（2）：92-95．

9.3.2 数据储存模块

大数据环境下，企业竞争情报系统所需获取的数据量非常大，少则几十万条，多者上千万条。这对数据库的扩展性要求非常高，数据库必须能够方便、低成本地进行扩展。同时需要数据库实现复制冗余机制，能方便地提高备份和增加读操作节点，并自动地进行数据同步。

由于关系数据库在数据量剧增的情况下，分布式扩展受到限制，本章拟采用 Hadoop 框架和 NoSQL 数据库架构来进行数据的存储。包括 HDFS 分布式文件系统、Spark 分布式内存分析系统、HBase 分布式在线数据处理引擎、流处理引擎、Elasticsearch 数据搜索引擎等。平台在上述开源框架的基础上进行了进一步优化，以满足竞争情报系统快速、高效地进行情报采集、分析与应用的需求。

(1) HDFS 分布式文件系统

Hadoop 分布式文件系统（HDFS）是运行在通用硬件上的分布式文件系统。HDFS 提供了一个高度容错性和高吞吐量的海量数据存储解决方案。HDFS 已经在各种大型在线服务和大型存储系统中得到广泛应用，已经成为海量数据存储的事实标准。

HDFS 通过一个高效的分布式算法，将数据的访问和存储分布在大量服务器之中，在可靠地多备份存储的同时还能将访问分布在集群中的各个服务器之上，是传统存储构架的一个颠覆性的发展。NameNode 管理元数据，包括文件目录树，文件 -> 块映射，块 -> 数据服务器映射表等；DataNode 负责存储数据及响应数据读写请求；客户端与 NameNode 交互进行文件创建/删除/寻址等操作，之后直接与 DataNodes 交互进行文件 I/O。

HDFS 将文件的数据块分配信息存放在 Name Node 服务器之上，文件数据块的信息存放在 DataNode 服务器上。当整个系统容量需要扩充时，只需要增加 DataNode 的数量，系统就会自动地实时将新的服务器匹配进整体阵列之中。之后，文件的分布算法会将数据块搬迁到新的 DataNode 之中，无须任何系统当机维护或人工干预。通过以上实现，HDFS 可以做到在不停止服务的情况下实时地加入新的服务器作为分布式文件系统的容量升级，不需要人工干预文件的重新分布。

(2) Spark 内存分析引擎

Spark 是 Map/Reduce 计算模式的一个全新实现。Spark 的创新之一是提出了 RDD（Resilient Distributed Dataset）的概念，所有的统计分析任务是由对 RDD 的若干基本操作组成。RDD 可以被驻留在内存中，后续的任务可以直接读取内存中的数据，因此速度可以得到很大提升。Spark 的创新之二是把一系列的分析任务编译成一个由 RDD 组成的有向无环图，根据数据之间的依赖性把相邻的任务合并，从而减少了大量的中间结果输出，极大减少了磁盘 I/O，使得复杂数据分析任务更高效。从这个意义上来说，如果任务够复杂，迭代次数够多，Spark 比 Map/Reduce 快 100 倍或 1000 倍都很容易。基于这两点创新，可在 Spark 基础上进行批处理、交互式分析、迭代式机器学习、流处理，因此 Spark 可以成为一个用途广泛的计算引擎，并在未来取代 Map/Reduce 的地位。Spark 可以分析存储在 HDFS、Hbase 分布式内存列存中的数据，可以处理的数据量从 GB 级别到 TB 级别，即使数据源或者中间结果的大小远大于内存，也可高效处理。

（3）HBase 分布式在线数据处理引擎

HBase 是一个面向列的实时分布式数据库。由管理服务器（HBase Master）与多个数据服务器（Region Server）组成，管理服务器控制多个数据服务器。HMaster 负责表的创建、删除和维护，以及 Region 的分配和负载平衡；Region Server 负责管理维护 Region 及响应读写请求；客户端与 HMaster 进行有关表元数据的操作，之后直接读写 Region Servers。

HBase 不是一个关系型数据库，其设计目标是用来解决关系型数据库在处理海量数据时的理论和实现上的局限性。HBase 存储面向列、可压缩，有效降低磁盘 I/O，提高利用率。同时具有灵活的表结构，可动态改变和增加（包括行、列和时间戳）Column 及 Column Family，并支持单行的 ACID 事务处理。支持对于 HBase 数据库中选定列进行加密，根据实际情况，选定指定列进行加密。

其存储设计是基于 Memtable/SSTable 设计的，主要分为两个部分：一部分为内存中的 MemStore，另外一部分为磁盘（这里是 HDFS）上的 HFile。还有就是存储 WAL 的 log，主要实现类为 HLog。HBase 读取数据优先读取 MemStore 中的内容，如果未取到再去读取 HFile 中的数据，提高数据读取的性能。HBase 写入数据会写到 MemStore 和 HLog 中，MemStore 建立缓存，HLog 同步 MemStore 和 HFile 的事务日志，发起 Flush Cache 时，数据持久化到 HFile 中，并清空 MemStore。

（4）流处理引擎

平台基于开源框架 Sparkstream 进行了优化，搭建了流处理引擎，可以实现高吞吐量、具备容错机制的实时流数据的处理。支持从多种数据源获取数据，包括 Kafk、Flume、Twitter、ZeroMQ、Kinesis 及 TCP sockets，从数据源获取数据之后，可以使用诸如 map、reduce、join 和 window 等高级函数进行复杂算法的处理。最后还可以将处理结果存储到文件系统、数据库和现场仪表盘。在"One Stack rule them all"的基础上，还可以使用 Spark 的其他子框架，如集群学习、图计算等，对流数据进行处理。

（5）ElasticSearch 分布式数据搜索引擎

平台基于开源的 ElasticSearch 框架并对其进行了优化，是一个可扩展的分布式大规模搜索引擎，它能够提供大规模搜索的引擎，以及海量数据上的统计分析能力。

在系统可用性方面，平台对传统 ElasticSearch 进行了进一步改进，包括采用对外的内存管理技术让系统更加可靠和稳定，支持混合存储模型，以更好地利用 SSD 等快速存储从而加速系统性能。

9.3.3 情报标签管理

本平台对加工处理的信息按照情报信息的来源、所含的高频词汇、主题词、关键内容等进行归类管理，同时按照情报需求和服务方向进行归类。除了基本的情报归类功能，本平台数据组织的一大特点是进行情报标签管理。大数据时代，所采集的信息一方面具有海量化、复杂化和价值化等特点；另一方面也在改变以往行业的服务方式、销售策略和市场竞争环境。所以如何在零散、复杂、大量的情报信息中获得并筛选出对企业有价值且核心的信息，已经成为企业迫切需要解决的问题。标签的概念在 2005 年时被引用，而且随着互联网的发展标签的使用越来越广泛，应用标签后，可以更加突出信息中较关键的词汇和核心内容，方便用户更好地浏览、查阅信息，因此也可以视为一种关键词、内容的标记方法。

本平台采用 LDA 主题模型进行标签的提取，LDA 借用词袋的思想，以某一概率选取某个主题，再以某一概率选出主题中的每个单词，通过不断重复该步骤产生文档中的所有语词。该方法对词汇进行了模糊聚类，聚集到一类的词可以间接地表示一个隐含的主题[①]。具体步骤如下。

（1）数据预处理

利用中科院 NLPIR 汉语分词系统来对文本进行分词，之后利用哈工大停用词表来过滤停用词和特殊符号，同时剔除了数据中的单个字和所有英文词，对于一些词典中没有的词，通过 NLPIR 的用户自定义词典功能加入词典。

（2）候选标签生成

对于分词及去除停用词后的文档，借助 TFIDF 算法，识别文档中 TFIDF 值高于一

---

① 熊回香，叶佳鑫. 基于 LDA 主题模型的微博标签生成研究［J］. 情报科学，2018，36（10）：7-12.

定阈值的词，作为候选标签。

(3) 基于 LDA 的主题语词生成

利用 LDA 主题模型，对向量矩阵进行主题计算，分别以 k=50，100，150……进行计算，并将每次处理的结果进行对比，经过迭代后，得出各主题中的每个语词出现的概率，根据语词出现概率进行累加计算，选择概率累加接近 1 的前若干个语词作为各主题描述关键词。

(4) 标签生成

计算候选标签与各主题的语词相似度，进而得到候选标签与各主题的匹配度。根据实验结果进行比对分析，选择匹配度大于一定阈值的候选标签作为最终的情报标签。其中，相似度的计算可参见已有研究和实验[①]。

9.4 情报分析子系统

9.4.1 功能概述

竞争情报分析子系统主要包括 3 个部件：情报分析器、情报知识库及竞争情报方法库（包括数据挖掘方法库和情报分析方法库）。其中，情报分析器是关键，它利用各种数据挖掘方法、情报分析方法对情报信息仓储中的数据进行分析，获得各种有价值的情报，形成情报知识库。

9.4.2 分析模型

分析方法主要除了常规统计学方法外，还有数据挖掘方法、情报分析方法。本系统的竞争情报分析方法封装在方法库中，提供给用户在情报分析过程中根据需求调用。

鉴于目前的大数据环境，竞争情报分析涉及的信息数据可能是海量的，因而传统的分析方法和计算框架并不适用于当前环境下的情报分析。Hadoop 框架和与之配套的大数据分析引擎可以对海量数据进行高效的处理与分析。因此，情报分析子系统设计可以采用 Hadoop 作为架构基础，数据分析或挖掘算法的实现采用 MapReduce 来完成，分析模型如图 9-5 所示。

---

① 朱新华，马润聪，孙柳，等. 基于知网与词林的词语语义相似度计算 [J]. 中文信息学报，2016，30（4）：29-36.

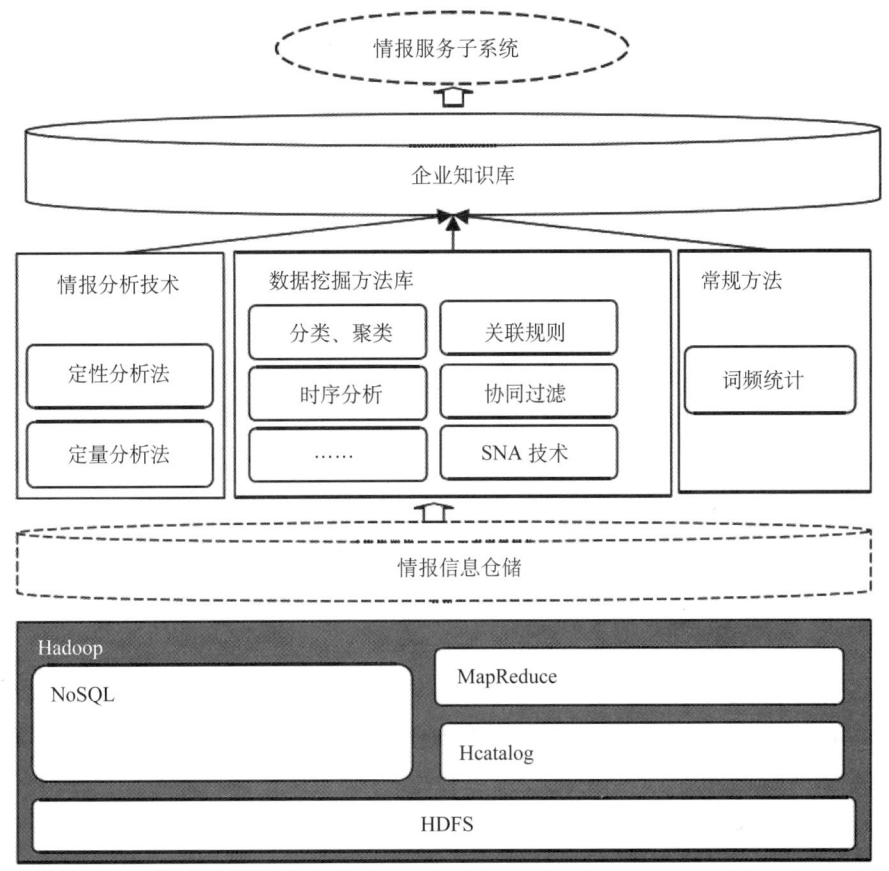

图 9-5 情报分析子系统结构

在 Hadoop 大数据基础设施的基础上，构建情报信息仓储。将相关情报分析技术，如定性分析、定量分析，以及数据挖掘相关的方法，如分类、聚类、关联规则等技术固化为标准模板，为情报分析提供支撑。针对某个情报主题分析的结果，可以直接进入企业情报知识库，便于情报人员和用户查询和使用。

9.5 情报服务子系统

情报服务子系统是用户和整个竞争情报创新服务平台的接口层，其主要功能是根据企业决策者和各级员工的用户特征和情报需求，运用检索技术、关联分析技术、推理技术等对企业情报知识库进行运算，通过情报分类导航、简报生成、情报智能检索、情报自动问答、情报智能推送等多种情报服务方式动态地提供情报产品和情报服务，从而实现个性化情报服务。分类导航和简报生成是最基本的传统情报服务功能，大数据环境下，企业竞争情报服务子系统注重情报服务的高效和智能，主要根据以下几种方式来实现：情报智能检索和自动问答模块、推送服务模块、反馈形式模块。

①情报智能检索和自动问答模块。情报服务子系统的检索入口面对企业内部的各级别员工都是开放状态，这是因为企业竞争情报具有的属性即公开性质，因此无论是企业基层员工还是企业的中层管理者，或者重大决策者等都可以利用情报服务系统，浏览、查询及检测各种有关企业的各种情报信息，这在一定程度上实现了信息共享功能，方面新员工熟悉本企业的各种情况，也有利于管理层进行决策。情报智能检索对用户的查询请求文本进行分词、词性标注、纠错、语境分析和查询扩展等处理，来实现对用户查询语句的语义理解，从而更加准确地获取用户的检索意图。利用搜索引擎对企业知识库中的情报资源进行检索和运算，并对检索结果进行组织，引擎将给出按照及时性、相关性和重要性等多种排序规则的检索结果供用户查阅。作为信息检索系统的一种更高级的形式，情报自动问答功能允许用户以自然语言进行查询，在从语义层面理解用户问题的基础上，对情报知识库进行检索和运算，将简洁准确的答案以直观易懂的方式展现给用户，从而提高用户获取情报的效率[①]。

②推送服务模块。推送服务模块主要特点是主要面向企业的管理层提供服务，由于系统的检测和搜索端口提供了海量的企业情报信息，但是一般对于管理者而言，他们往往需要的是最高效以及精炼的情报内容，所以，企业竞争情报服务的推送模块会根据高层用户需求和特征主动推送给企业管理层最关键的企业情报信息，以便于协助企业的管理层能够及时有效、持续动态地了解到相关领域、产业的动态信息，并明确目前企业的发展情况以及未来的发展方向，以便于能够让决策者站在全局的角度来进行战略决策和企业规划。

③反馈形式模块主要功能是在客户使用过此系统后，搜集用户对此系统的评价、使用效果等，并直接反馈到该系统中，相当于使用评价，这样可以有助于对企业竞争情报系统的服务模块进行改进，提升功能效果。

---

① 唐晓波，郑杜，谭明亮．融合情报方法论与人工智能技术的企业竞争情报系统模型构建［J］．情报科学，2019，37（7）：118-124，162．

9.6 系统实现

全球科技和产业发展趋势不断向人工智能、新能源等高科技领域演进，在我国随着长三角一体化战略的推进，集成电路、生物医药、智能制造、新材料和新能源汽车也成为当前推进长三角更高质量一体化进程中重点关注的五大产业方向。上海市作为长三角协同发展的龙头地区，在整合区域创新资源、充分发挥集群优势和协同创新效应的一体化战略中承担着重要使命和责任。上海市立足原有的优势产业基础，在重点产业领域深入发展是大势所趋。2019年，在上海市推进科技创新中心建设领导小组第五次会议上强调，上海市要瞄准关键核心技术和重点产业突破，进一步优化制度供给、强化前瞻谋划，着力增强创新策源能力、提升创新浓度，推动科技创新中心建设不断取得新进展、迈上新台阶。会议指出，上海市要聚焦集成电路、人工智能、生物医药等重点领域，加强资源整合，加大人才集聚，努力打造世界级新兴产业集群。

在长三角一体化发展和上海全球科创中心建设背景下，聚焦于五大产业的科技企业在企业竞争情报创新服务平台建设中需要获取更多有关产业、行业乃至企业层级的情报。本研究依据此经济发展背景和前文关于竞争情报系统架构的论述，展示某企业的一个竞争情报创新服务提醒，该系统在竞争对手识别、竞争态势分析、情报产品的可视化等方面起到了一定的辅助决策作用。

首先是基于上海市高新技术企业的基础数据建设了高新技术企业专题数据库。专题库汇集了海量、全面、动态更新的企业专题数据，包括工商数据、知识产权、企业产品、新闻舆情等全方位的数据。基于专题数据库建设了科学、智能、一站式的企业情报服务平台，可为相关机构和企业提供及时、准确、个性化的数据检索、数据统计和专题分析等服务。

该平台搭建在一台配置为双核 CPU，频率 2.5 GHz，16 G 内存，200 G 硬盘的服务器上，其中爬虫子系统采用 Python 语言开发，情报服务子系统前端可视化部分采用了 EChart 框架，其余部分使用 Java 进行开发。

系统根据用户的需求，对利用标签系统产业链进行了细分，并对产业链上竞争对手的情况进行了深度分析，为用户提供竞争对手的详细分析结果，如图 9-6 所示。

此外，系统提供查询入口，支持全文查询。同时，可按照产业链节点进行筛选，帮助用户进行更加个性化的情报查询，如图 9-7 所示。

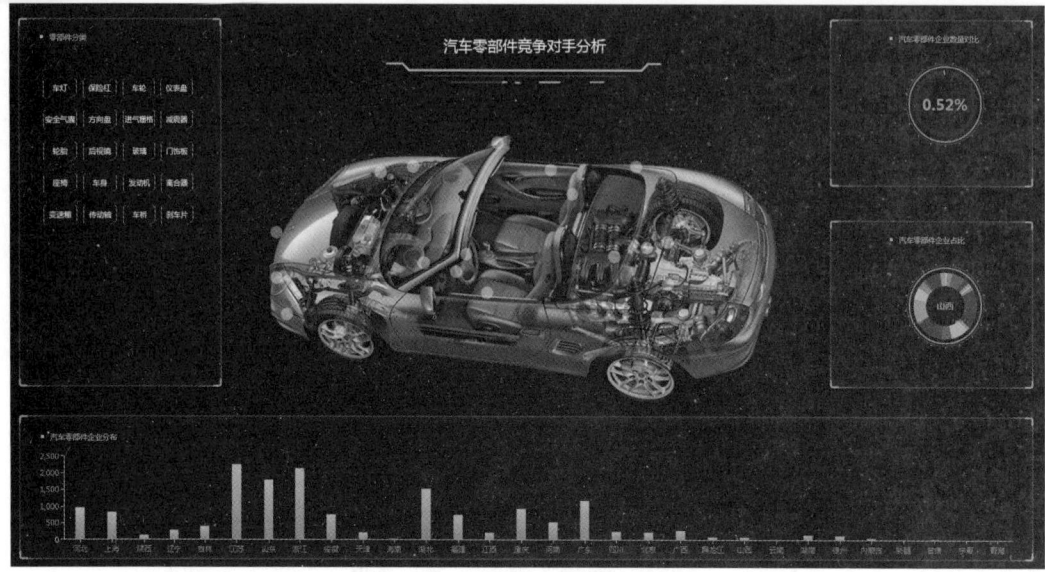

图 9-6　行业竞争对手分析界面

图 9-7　情报查询界面

对于每个竞争对手，系统进行了详细的数据组织与情报分析，便于用户更加精准地了解竞争对手的确切情况，如图 9-8 所示。

对于竞争环境的分析，系统提供了每个企业的竞争网络，便于用户了解企业的主要竞争对手和自己的竞争优劣势，如图 9-9 所示。

第 9 章 企业竞争情报创新服务平台

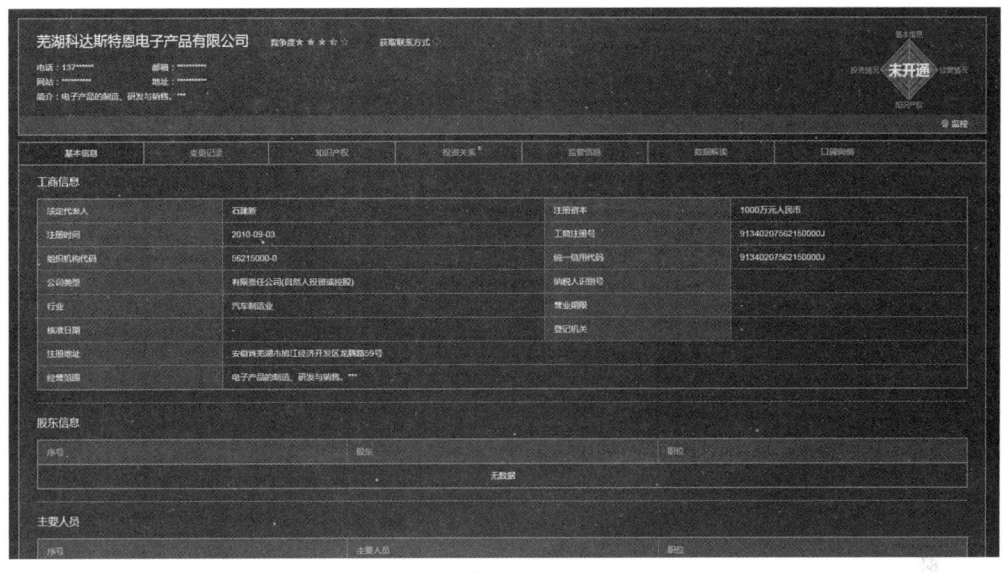

图 9-8 争对手详细分析

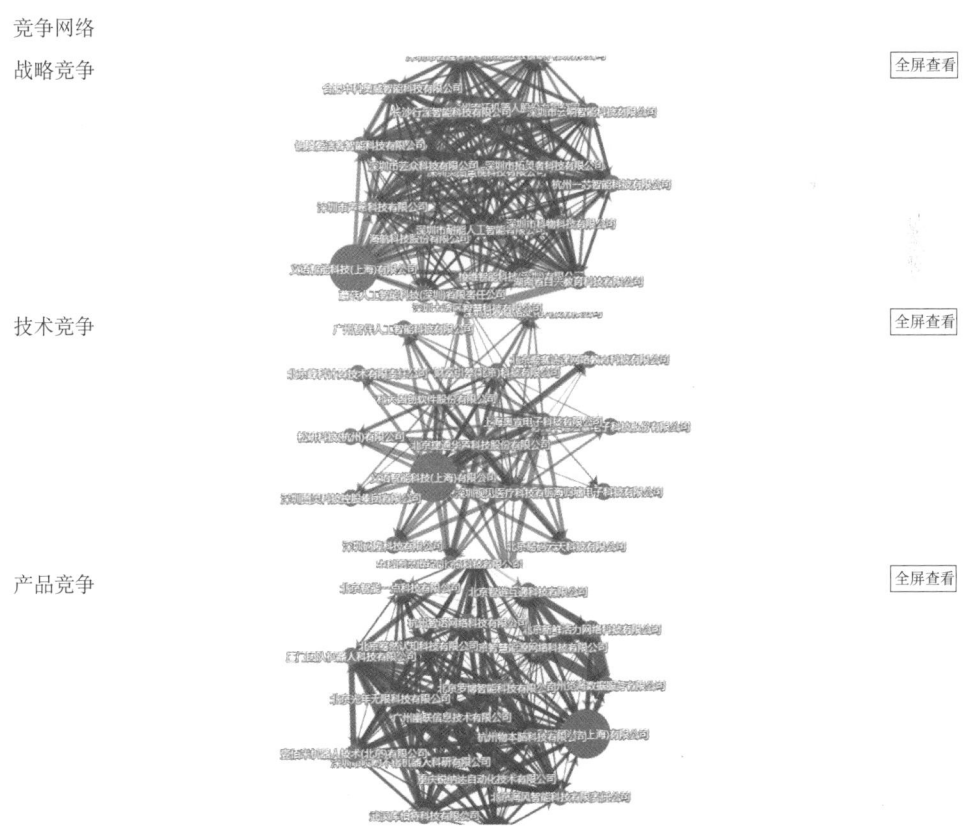

图 9-9 企业竞争网络分析

/ 381 /

9.7 本章小结

本章以企业竞争情报创新服务平台的构建为例，介绍了企业情报分析系统的主要功能，包括情报采集子系统、情报加工处理子系统、情报分析子系统和情报服务子系统，最后予以开发实现。情报采集子系统的主要功能是对企业各种类型的情报信息源进行数据采集；情报加工处理子系统的功能是对采集的数据进行存储与组织；情报分析子系统是竞争情报系统的核心，其主要任务是对竞争情报采集子系统中采集、存储、预处理过的数据进行统计分析或数据挖掘，发现有价值的情报；情报服务子系统的主要功能是根据企业竞争情报的主题需求对竞争情报产品进行加工，并通过统一的门户提供服务。最后在实证部分，以某企业的情报分析系统为例，介绍了该情报分析系统的主要功能。

第 10 章
大情报观视角下的竞争情报发展

竞争情报随着时代的不断发展必然烙上时代印记,这要求竞争情报工作的理论研究和实践必须紧跟时代发展、融合时代特色,不断更新和发展出与之相匹配的支撑理论和方法技术。与此同时,竞争情报应该在更广阔的视角与空间发展,既要考虑企业层面的竞争情报分析,更要在国家层面上应用适当的竞争情报分析方法进行国家竞争情报分析,提升国家竞争力。未来的竞争形式和挑战必然越加激烈和严峻,竞争情报的理论研究和实践工作应从大情报观视角出发,才能让企业和国家保持竞争优势,不被超越、不被击败。

10.1 企业创新与国家竞争力

竞争情报的发展要从大情报观出发,既要立足企业微观实体,更要融入国家宏观战略,这源于企业的创新发展和国家竞争力之间逐层推进的逻辑体系和协调一致的发展动力。

10.1.1 企业创新能力维度

为了适应不断变化的外部环境,企业内部需要不断地进行创新发展,其中的关键就是通过相应的能力活动来实现的。从狭义上说,企业创新是指企业在其生产经营活动中,建立新的生产函数,将各种生产要素进行新的组合,以取得更高效益和更佳结果的经济活动。从广义上说,企业创新是指企业将各种经济要素进行重新组合而引起及实施变革,从而推动企业发展的活动行为。

企业的创新能力有 3 个维度:技术维度、管理维度和运营维度。技术创新反映了企业中物的形态及人与自然的关系,是生产力变革的反映,后两者反映了企业的人际关系及格局变化,是生产关系变革的反映,鉴于企业文化在企业经营中发挥着越来越重要的作用,还需要考虑企业文化在创新中的作用。这三者紧密结合,相互联系,共同发挥作用而形成一个有机的整体。

(1) 技术维度

在当前科学技术迅猛发展、国内外的市场竞争日益激烈、企业面临的竞争压力越来越大的情况下,是否具有技术创新能力及技术创新能力的高低,直接影响着企业市场竞争力的强弱。因此,努力提高技术创新能力,实现有效的技术创新,是企业生存和发展的根本。

企业的技术创新能力是企业整体竞争力的重要组成部分。技术创新能力的高低,决定于企业将自身的技术资源向技术优势转换的能力。企业的产品都存在生命周期,产品需要不断更新换代。技术创新一般包括产品创新、工艺创新、设备创新、材料创新。由于一个行业的产品可以看作另一个行业的材料,生产组织和管理也可以看作一种具有特殊含义的工艺,所以技术创新能力主要指产品和工艺的创新能力。技术创新,包括新发明、新创造的研究和取得成果的过程,又包括了新发明、新创造的应用和实施过程,还包括了这些新技术成果的商品化、产业化的扩散过程,即新技术成果从开发研究到市场推广的全过程。需要注意的是,企业的技术创新必须与市场营销紧密结合,不能脱离市场需求而追求技术领先,否则会造成严重的创新失误。

企业技术创新的策略有自主研究、合作开发、技术引进等类型。自主创新就是企业依靠自己的能力独自完成创新活动。创新型企业在行业内已经具备一定的竞争优势,有的企业甚至主导了行业技术发展的方向。因此,创新型企业在开展技术研发活动的过程中,不应拘泥于已有的研发模式,仅仅从市场需求出发定义企业自身的研发方向,而应在已有技术和知识储备的基础上,大力开展原始创新、集成创新及引进消化吸收再创新,开发全新产品,创造全新市场,为企业带来新的利润增长点,助力企业跨越"创新死亡谷"。合作创新是指两个或两个以上的企业或机构凭借各自技术力量合作实施的创新。传统观点认为,只要企业技术强就应该采取自主创新方式。然而,科学技术的发展和社会的进步使得无论是制造技术或产品技术都成为一个复杂的技术体系,个别企业的技术能力已经不能完全覆盖创新所涉及的所有技术领域。从这个意义上来说,合作创新是社会分工的必然结果。技术引进的范围包括专利技术、专有技术、工艺流程和机器设备等。影响企业技术引进效果的主要有引进技术和本地技术的匹配程度、企业对技术的消化吸收能力、技术出让方和技术接收方的差异等。无论是何种形式的技术策略，都要转化成技术实力才能切实增强企业的技术创新力。

(2) 管理维度

管理创新是指创造一种新型的、有更高效率的资源整合的范式，它既可以是有效整合资源以达到组织目标的全过程管理，也可以是某个具体方面的细节管理。所以为顾客创造价值的每一个方面和每一个环节都可以成为管理创新的具体内容。因此，管理创新包括以下几方面的内容：提出一种新的运行思路并加以有效实施；创设一种新的组织机构，并使之有效运转；创立或引进一项新的制度；设计一种新的管理方式。

企业创新的源头是管理创新。企业创新能力的提升本身是一个逐渐积累的拓展过程，它不是短时间就能形成的。虽然在这个过程中存在路径依赖，即以往的经验会对企业的未来发展起到一定的影响作用，但企业创新能力是可以通过战略调整改变的。所以企业创新能力的培养要从管理的源头出发。管理思想的创新是主导和线性的创新活动，其改革和变动将导致管理观念的变化，进而影响管理方式和管理方法。

企业管理维度分为战略、组织和制度3个方面，战略是企业发展的宏观方向，组织和制度是企业生产的落地形式。

对于企业来说，战略最初是管理学中的概念。企业战略的主要功能在于合理配置内部要素实现与外部环境的协调，并实现企业的生产经营目标。企业管理既为企业生产经营服务，又反过来从一个侧面反映出企业面临的外部环境状况。企业战略是企业适应外部环境变化的需求，是企业在激烈竞争环境下的创新，是市场竞争的产物。战略创新是指企业的经营战略要适应环境的变化，从而反映时代的根本要求、市场的千变万化、行业的基本特点。

组织创新的方向是组织结构从"金字塔式"转向"扁平式"[1]。在工业经济时代，产业分工越来越细，产业链越来越长，企业为了适应激烈的竞争环境，往往采用集中决策，规模生产。但是在新经济环境下，工业化大生产将转向按需生产，企业决策也将从金字塔尖走下来，直接面对被管理者，传统的适用于处理重复性业务活动的完整、严谨的组织设计变为适用于变化的新组织设计，这是组织创新的一个主要方向。组织创新是新环境下企业活力的根本，企业组织作为一个追求利润最大化的经济组织，必然存在不断发展与扩大的内在动力。面对外部环境的变化，企业必须不断地完善和调整自己，以适应发展的需要。

---

[1] 王涛. 提升企业创新能力及其组织绩效研究 [M]. 北京：经济管理出版社，2012：78-123.

企业制度是关于企业组织、运行、管理等一系列行为的规范和模式，它由企业产权制度、企业组织制度和企业领导制度3部分组成。其中，产权制度是核心和基础，对组织制度和领导制度起着决定作用。企业制度创新主要通过对产权制度、组织制度和领导制度的创新使企业更好地适应生产、经营环境发展变化的需要。制度创新反映为建立现代企业制度，而现代企业制度中最为重要和基本的是反映产权关系的企业产权制度和反映企业运作的组织形态制度。

随着信息技术的发展，企业的管理方式也相应发生变化。信息技术加速了企业经营方式和管理方式的变革。通过信息技术，企业创建内部和外部信息网络，优化企业内部人与人、人与物、物与物之间的传统沟通方式，改善企业之间、企业与顾客间的沟通方式，从而彻底改变企业的生产方式、管理方式和组织形式。

（3）运营维度

企业的运营能力是指企业基于外部市场环境的约束，通过内部人力资源和生产资料的配置组合而对企业目标实现产生作用的能力。人力资源运营能力通常采用劳动效率指标来分析。劳动效率，是指企业营业收入或净产值与平均职工人数（可以视不同情况具体确定）的比率。对企业劳动效率进行考核评价主要是采用比较的方法。例如，将实际劳动效率与本企业计划水平、历史先进水平或同行业平均先进水平等指标进行对比。生产资料的运营能力实际上就是企业的总资产及其各个组成要素的运营能力。资产运营能力的强弱取决于资产的周转速度、资产运行状况、资产管理水平等多种因素。生产资料运营能力可以从流动资产周转情况、固定资产周转情况、总资产周转情况等方面进行分析。

企业运营的实质在于对资源要素进行合理的配置，其资源要素包括材料、设备、人员等。故运营创新包括材料创新、设备创新、人力资源创新及组织不同资源要素的流程创新。材料创新是指开辟新的材料来源，开发和利用成本更低的替代性材料，提高材料的质量，改进材料的性能。设备创新是指将先进的科学技术成果固化到设备中，先进的设备不仅是提高劳动效率，更重要的是提高服务水平，使顾客能更便利更便宜地获得更好的服务。人力资源管理的创新，是指不断从外部吸纳高素质的人力资源和对企业现有的人员进行培训提高。流程创新包括生产工艺与生产过程的组合创新，确保产品和服务的质量，对组织的成功至关重要，取得预期的质量水平，时常要求人们改变生活和工作方式，为达到这个目的，管理者既可以借助持续的质量改进方案，也可以通过业务流程再造以形成所希望的变革。

(4) 文化维度

企业文化是指企业在创业和发展的过程中所形成的物质文化和精神文化的总和，包括企业管理中的硬件与软件、表层文化与深层文化两个部分，既包括精神文化，也包括物质文化。企业文化可具体分为 3 个层次，即精神层、制度层和物质层。精神层主要指企业的领导和员工共同信守的基本信念、价值标准、职业道德及精神风貌。精神层是企业文化的核心和灵魂，是形成物质层和制度层的基础和原因。制度层是指对企业组织和企业员工的行为产生规范性、约束性影响的部分，它集中体现了企业文化的物质层和精神层对员工和企业组织行为的要求。物质层是企业文化的表层部分，从物质层中往往能折射出企业的经营思想、管理哲学、工作作风和审美意识。

企业竞争的核心内容因时代的不同而各不相同，在科技高度发达的今天，企业硬件的较量已经逐渐开始淡化，20 世纪 60 年代竞争的核心内容在技术，70 年代在管理，80 年代在营销，90 年代在品牌。技术竞争、管理竞争、营销竞争、品牌竞争之后，21 世纪企业竞争的核心将在企业文化。企业文化能使企业在新世纪保持长久的竞争力，企业文化创新也由一种全新的文化理念，转变为对提高企业竞争力有决定性作用的新型经营管理模式。人们已经形成这样的共识——优秀的企业文化是企业核心竞争力的重要组成部分，文化管理是最高境界的管理，企业在重组和并购的过程中也需要注重文化和融合，企业走向国际化更应该注重跨文化管理。

企业文化的功能主要体现在对员工精神方面的作用，具体有凝聚功能、导向功能、激励功能、辐射功能和约束功能。正是这 5 种功能促使员工能够保持足够高昂的工作热情，以主人公的高度责任感投入实际生产工作中去。企业文化是企业的黏合剂，可以把员工紧紧团结在一起，使他们目的明确，协调一致。企业文化的导向功能包括价值导向和行为导向。企业价值观与企业精神，能够为企业提供具有长远意义的、更大范围的正确方向，为企业在市场竞争中基本竞争战略和政策的制定提供依据。企业文化所形成的企业内部的文化氛围和价值导向能够起到精神激励的作用，将员工的积极性、主动性和创造性调动与激发出来，把人们的潜在智慧诱发出来，使员工的能力得到充分发挥，提高各部门和员工的自主管理能力和自主经营能力。约束功能能够提高员工的自觉性、积极性、主动性和自我约束能力，使员工明确工作的意义和方法，提高员工的责任感和使命感。辐射功能是指企业文化中的创新特质一旦形成较固定的模式，不仅会在企业内部发挥作用，通过对本企业员工产生影响，为企业创新发展营造良好的内部环境，也会影响外部环境。

企业文化不仅关系到企业的生存与发展，也关系到企业创新能力的强弱。企业是创新的主体，在建设创新型国家中担负着重要的使命，而创新需要良好的环境，企业文化在建设营造创新的环境方面有着重要的作用。创新需要广泛的热情，而企业文化的特点就是共创、共有、共享，这是企业文化吸引和凝聚广大员工的力量所在。企业文化对创新活动的失败也有一定的包容性，有助于推动具有风险性的创新活动的开展。总之，企业是自主创新的主体，企业文化在企业自主创新中的作用非常重要，千万个企业的自主创新能力得到提升，才能使国家整体创新能力得到增强。

10.1.2 国家竞争能力维度

国家竞争力指一个国家在世界经济的大环境下，创造增加值和国民财富的可持续增长的综合能力[1]。也就是说，国家竞争力是一国的综合竞争能力，它以企业、产业竞争力为基础，同时又受该国制度、文化等相关因素的影响。国家竞争力是一个有机系统，是一国在参与国际竞争中所展现出的能力，是对一国的现实实力与发展潜力的综合衡量，是国家拥有的强于他国的竞争优势。其不仅强调竞争实力，而且强调竞争过程；不仅分析过去、现在的发展实力，而且研究未来的发展潜力，更多的是强调一种动态、历史的比较，追求未来社会的可持续发展。因而国家竞争力是国家为本国企业在国际市场竞争提供一种有效的政治、军事、经济、文化、制度等多因素的支持能力。

国家竞争力的维度有4种：技术维度、经济维度、政治维度、军事维度。国家经济实力是创造增加值和国民财富及支持它的投资、储蓄、最终需求、产业运营、生活成本和潜在发展的经济运行能力。科学技术是对国家经济实力要素的直接支持，体现深层的竞争实力、创新基础和发展动力。国家竞争力的政治和军事维度则为国家发展提供相对稳定的环境，四者缺一不可。

（1）技术维度

进入21世纪以来，技术创新已成为国际竞争中决定成败的主导因素，技术竞争力将决定一个国家或地区在未来世界竞争格局中的地位。联合国曾在《全球工业发展报告》中指出：技术创新能力已经取代价格、自然资源等传统因素，成为决定竞争优劣的主要条件。从全世界范围看，许多国家都已经把加强技术创新提升为国家战略，把技术创新投资看作战略投资，并且大幅增加创新资金投入，实施重大科技计划，增强国家创新能力和国际竞争力。技术创新是推动世界经济不断发展的主要动力，一国技术水平的高低

---

[1] 张晓凤，谢辉，魏勃. 创新型国家建设理论与路径研究 [M]. 北京：知识产权出版社，2015：56-58.

决定了其产业竞争力,同时产业竞争能力又是决定其盈利能力的主要因素。科技已日益渗透至经济建设和社会进步的各个方面,已成为生产力中最活跃的因素,是一个国家,乃至一个民族发展的不竭动力。

科技竞争力[①]的概念是由世界经济论坛(WEF)和瑞士国际管理发展学院(IMD)在国际竞争力理论和测度及分析和研究中提出的,并将它置于国际竞争力框架之下。它包含科技实力、科技体制、科技机制、科技环境、科技基础等部分的竞争力综合。一般来说,科技竞争力包括教育和科学的竞争基础、技术的竞争水平、研究与开发的竞争水平、科技人员的竞争水平、科技管理的竞争水平、科技体制和科技环境的竞争水平、知识产权的竞争水平多个方面。一个国家科技竞争力的大小,不仅取决于单个评价因子或指标的状况,而且与诸因子之间相互作用的方式、程度有着密切关系。因此,科技竞争力不仅包括要素竞争力,而且包括结构竞争力。

根据科技竞争力的定义,可以看出一个国家(地区)的科技竞争力主要应体现在以下几个方面:第一,通过科学研究、技术开发、技术创新、技术转移等科技活动将现有的科技资源有效而创造性地应用于科技实践,即将现有的知识和技术资源转变为现实生产力的支撑能力。第二,以充足的投资,包括人力和财力,投入基础性研究和知识创新活动,以保证有充足的、源源不断的新科技资源提供给应用研究与开发。第三,具有雄厚而坚实的教育基础和技术基础设施,为研究开发、技术创新提供充足的后备人才和完善的技术基础设施。第四,具备促进经济增长和产业发展的推动力,加速将现有科技资源转变成现实生产力的转化能力,扩大对产业研究开发活动的投入,促进产业结构的优化和产业竞争力的提高。第五,具有促进科学技术与社会、经济、环境协调而可持续发展的协调作用和推动能力。

核心技术是国之重器。尽管我国创新能力日益增强,但部分行业核心技术受制于人的现状并未得到根本改变。这其中,有工业基础、人才短缺等众多原因。但不得不承认,更主要的原因在于产业发展的核心竞争力不强、创新能力不足,尤其是在芯片、操作系统等核心技术方面与世界先进水平仍有差距。

(2)经济维度

国家竞争力的核心是经济竞争力,一国经济竞争力主要取决于要素条件、需求条件、企业策略、市场结构与竞争者、机遇及政府行为等因素。一国的工业特别是制造

---

① 尹凡,刘明,于欣.我国各省科技竞争力测度及提升策略研究[M].长春:吉林人民出版社,2014:33.

业水平和一国在当今国际格局下能够具有的国家竞争力有着密不可分的关系。能够在国际产业分工中抢占有利地位才能较好地发展自身的经济，从而在国际社会中建立一定的话语权。国家经济竞争力包括国家经济基础的总量规模和经济结构、经济增长的动因等。

一个国家的经济基础强弱决定了这个国家的经济稳定性，经济基础强的国家即使在经济疲软时期也不会从根本上动摇其经济实力。例如，日本在近几年经济一直未有复苏的迹象，但是日本仍属于经济实力强的国家；但是对于经济基础较为薄弱的国家，经济稳定性就尤为重要，因为薄弱的经济基础无力承受经济波动的损失，严重的还可能会引发经济危机，如20世纪90年代的亚洲金融危机对印尼和泰国等国家的经济影响。分析一个国家的经济实力不仅要分析其创造财富的总量规模，而且要分析其财富的组成结构。一个国家的经济是否会过分依赖于某些行业，这些行业的成长性如何，影响行业的发展因素是哪些等。如果一个国家的经济过分依赖个别几个行业或几家企业，则这个国家的经济就会面临行业过于集中的风险。失衡的经济结构不仅会带来大量的资源浪费，而且会损伤国家经济财富的创造能力、损伤国家的经济基础。

与企业一样，一个国家的经济稳定性及成长性不仅受国内因素的影响，也要受国际大环境的影响，其受影响的程度则取决于这个国家经济增长的决定因素是什么。如果这个国家的经济增长主要靠产品及劳务出口拉动，则国际市场的波动就会波及国内经济；如果这个国家的经济增长产生自国内市场的强劲需求，则这个国家的经济增长不仅不会受到国际市场疲软的影响，而且还可能带动国际市场的需求增长。

国家的经济竞争力是基于企业，依托于产业发展的。国家之间经济竞争的基本单位是企业，企业的竞争力决定着国家的竞争力。国家之间竞争的力量，是由那些代表了经济发展方向、在经济发展中起决定作用的产业竞争力决定的。这些产业在国家发展的不同阶段，在经济发展的不同阶段也是在不断变化的。许多关于国家竞争力研究的文献表明，决定一国经济竞争力的是该国的产业竞争优势，产业竞争力是以产业为单位形成的竞争力。产业是生产和经营同一类产品的企业群集合，这些企业群集合的竞争力综合就是产业竞争力。纵向看，产业竞争力是企业竞争力的综合，建立在产业内各企业的竞争力基础上，没有企业竞争力就没有产业竞争力；横向看，产业竞争力是产业内人才竞争力、技术竞争力、资本竞争力、产品竞争力和市场竞争力的总和，没有这些竞争力，也就没有产业竞争力。根据产业国际竞争力研究的最基本观测资料，即各国在特定产业产品的国际市场占有率和盈利率，哪个国家能以比竞争对手国更有效率的方式提供符合市场需求的产品与服务,哪个国家的产业竞争力就越强。

(3) 政治维度

国家政治竞争力包括国家的政治体制、国家的政党结构及国家当前执政党的威望等。分析一个国家的政治环境[①],就如同分析一家企业的管理层素质,一个有威望的稳定的执政党才有可能给这个国家创造一个良好的经济环境;而如果一个国家执政党的政权不稳定,政党之间的斗争激烈,那么它也就不会有太多的精力去发展经济。这就如同一家企业的管理决策层不和,内部矛盾重重,那么企业的经营肯定会受到影响。对于一些政治环境比较稳定的经济发达国家,执政党的稳定性就显得不太重要,因为这些国家已经建立了约束执政党行为且执政党更换的机制。而对于法律环境仍处于建设过程中的国家,政府对经济的干预程度远大于其他法律环境健全的国家,这时国家政治竞争力会影响到经济竞争力。

世界各国在国际政治舞台上的较量,在很大程度上越来越表现为以经济、科技实力为基础的综合国力的斗争,并由此导致了国际政治日益经济化的趋势。国家之间,尤其是大国之间的综合国力竞争,实质是国际政治斗争中的权力之争,本身就是一种国际政治行为。它与"冷战"时期的军备竞赛在本质上是一致的,只是采用的手段不同,表现形式不同。一国政府主要对技术和经济因素进行影响,但这种影响是正面的还是负面的取决于当下环境。它既能影响市场需求,也能通过各种方式来决定相关产业和支持产业的环境,影响企业的竞争战略、结构、竞争状况等。

(4) 军事维度

国家需要将人力、财富、技术资源有效地转化为足以抵制他国武力攻击的军事力量,才能保障主权的独立与领土的完整。军事竞争力包括国家所拥有的军种、军队数量、军备、防卫力量、军事力量、战略物资和技术、军事科学、经济实力、外交力量、国民士气等。国家军事竞争力是人与武器的有机结合,人的背后是军队建设,武器的背后是国防军事工业。决定一个国家军事力量的基本因素是"一国的可支配财富和技术发展水平",军事竞争力的强弱取决于一国将多少经济资源用于军事领域。经济资源过多用于军事会损伤社会的再生产,经济资源过少用于军事则不能保障国家安全。

军事竞争是国家竞争力必不可少的一个维度。自2017年年底以来,美国特朗普政府相继公布了《国家安全战略》和《国家防务战略摘要》等一系列战略文件,其主题皆非常明确:国际社会进入了一个竞争的时代。军事竞争是大国长期竞争的一个组成

---

① 邬润扬. 资信评级方法 [M]. 北京:中国方正出版社,2005:112-119.

部分。20 世纪出现了 3 个大国军事竞争较为集中的时期。第一个时期为 19 世纪末期到 1914 年第一次世界大战爆发，包括英国先后与法国、俄国和德国开展的海上战略竞争和法俄与德奥之间的陆上战略竞争。第二个时期为两次世界大战期间，尤其是 20 世纪 30 年代，包括以美英日为主导的太平洋海上竞争和德国、意大利、法国、苏联等国主导的欧洲陆上和海上竞争。第三个时期为"冷战"时期，美苏展开了核军备竞赛、在欧洲的陆上军事竞争，以及随着苏联海上力量的发展和美苏全球争夺的加剧，由苏联周边向全球扩展的海上竞争。

国防军事工业是军事竞争力的基础，包含了几乎所有新兴科技在内的高技术密集型产业，一个国家国防军事工业的发展水平在很大程度上代表了这个国家的整体工业水平，它也被认为是打赢未来战争的重要基石。国防军事工业不仅仅事关战争，而且很多现代民用高科技产品都是由国防军工产业发展而来，如计算机，它的起源是基于战争中人们对远程炮弹的弹道计算。

10.1.3 企业创新发展与国家竞争力

企业创新发展可以提升国家竞争力水平。具体来说，企业通过产业、区域或科创中心的链条逐步影响国家竞争力。企业是产业发展的基本单元，企业创新发展可以带动产业发展，优化产业结构。产业聚集及产业的虚拟聚集会给区域带来竞争优势，提升国家的经济竞争力。进一步来讲，创新科技产业的聚集更可以作为培育科技创新中心的基础，增强国家的科技竞争力。

(1) 企业创新发展与产业竞争力

当前，世界经济正出现一些新动向，企业在创新方面既面临着前所未有的机遇，也面临着严重的挑战，特别是以电子信息、生物工程、航空航天、新能源、新材料为代表的技术革命迅速发展，有力地推动了经济增长。以计算机和网络技术为基础的信息化的发展，渗透到经济和社会生活的各个领域，极大地改变着生产方式和生活方式，提高了效率。新技术革命给各企业带来的机遇是平等的，关键是能不能及时制定有效的发展战略，提高自身的创新能力，用好用足发展的机遇。企业大力发展创新不仅可以提高自身竞争力，还可以为产业发展注入新的活力，为区域产业竞争力发展做出贡献。

产业竞争力是一国产业生产供给产品的能力、控制价格的能力、占有市场的能力及盈利能力的综合。从理论上讲，产品是产业竞争力的载体，不论哪一种产业竞争都是通过产品竞争来表现的，可以说产品竞争力又是产业竞争力及企业竞争力的基础。各个竞争力之间存在着一种逻辑关系,这种关系表现为:产品竞争力—企业竞争力—产业竞争力—国家竞争力。企业创新发展有助于提高企业竞争力,同时和产业竞争力的提升也有着密不可分的关系。企业创新发展既可以带动产业发展,又可以提高产业技术竞争力。

企业创新发展可以带动产业发展,优化产业结构。一般情况下,产业内企业竞争力的增强是产业竞争力增强的基础,但产业竞争力也并非仅仅是企业竞争力的简单相加。如果一国产业范围内的各个企业之间有序竞争、相互借鉴、技术交流、分工协作,那么该产业的综合竞争力就会得到有效的提升。一个产业的某个企业技术研发的成果只能代表该企业在该产业内具有很强的企业竞争力,但不表示一个产业具有很强的竞争力。也就是说,一个企业的研发成功只能提高某个企业的竞争力,要想提高整个产业的竞争力,必须通过技术扩散,通过普遍提高整个产业的技术水平才能提高一个产业的竞争力。技术创新扩散一般来说有三层含义:①企业内部的扩散,指从某企业第一次使用新技术开始,直至该技术在企业的应用达到饱和为止的整个时间进程,通常用技术创新的产出占潜在总产出的比率来度量;②企业间的扩散,指某一新技术在不同企业间的扩散,通常以采用技术创新的企业数占潜在采用者总数的比率来度量;③总体扩散,即企业之间的扩散和企业内部扩散的叠加,表示技术创新在产业中被采用的总体水平增长变化过程,以整个产业中使用技术创新的产出所占比率来度量。技术创新的扩散,会诱导出大量的相关创新并且进一步地形成扩散,从而促进整个产业技术水平的提高,而产业技术水平的提高又会促进产业竞争力的提高,进而又会为创新者带来利益,促使新一轮创新的进行,由此形成了"创新—扩散—创新"的经济周期。

企业创新发展可以提高产业技术竞争力。研发投入①与产业竞争力的关系可以分为两个部分解释:第一个部分是某个产业中单个企业进行研发投入,从而促进了企业技术水平的提高,它将通过成本、价格与质量等因素进一步影响企业的销售利润和市场份额,进而又进一步促进企业对研发的投入,形成一个良性循环;第二个部分是单个企业的技术创新通过技术扩散机制带来整个产业技术水平的提高,从而提高该产业在国际上的竞争力。技术创新一方面可以通过降低成本而使企业产品在市场上更具有价格竞争优势;另一方面可以通过增加用途、完善功能、改进质量及保证使用而使产品对消费者更具特色吸引力,从而在整体上推动着企业核心能力的不断提高。企业是技术创新的主体,企业也是推动技术进步和高新技术产业化的主力军,在发达国家这一点尤其明显。在中国,绝大多数的科研人员分布在科研院所,企业的技术创新力量与发达国家的大型

---

① 唐丁祥.提升我国产业竞争力的理论思考[J].科技管理研究,2011,31(5):27-30.

企业相比差距很大，提高中国企业的技术创新能力显得尤为重要。

（2）产业虚拟聚集与区域竞争力

产业集群指在某个特定产业中相互关联的、在地理位置上相对集中的企业和机构的集合。产业集群的崛起是产业发展适应经济全球化和竞争日益激烈的新趋势。在工业化后期的信息时代，世界各地的产业集群大量崛起，试图利用集群所特有的专业化分工与相互协作功能，加强自身的竞争力，参与全球经济的分工体系。实践证明，产业聚集是提高区域竞争优势的一条重要国际经验。在新经济时代下，产业聚集已经不限于地理分隔，通过网络可以实现产业虚拟聚集。

产业虚拟聚集指突破地理范围的限制，处于同一价值链或创新网络上的相关企业及相关机构的有机集合。产业虚拟集群是快速构建与运作虚拟企业的基础平台，是由具有一定专长的企业组成的集合体，主要功能是通过提供与调节成员企业的核心能力，参与虚拟企业运作，从而使成员企业分享市场机遇。通过产业虚拟聚集，可以更突破地理限制集聚产业资源。在传统产业集群的基础上，产业虚拟聚集以"组织接近"代替了"地理接近"。通过供应链和客户关系管理，在保证成员企业产权独立性和行为协调性的前提下，在更广阔的范围内将优势互补的资源有效整合。同时在更广泛的范围内寻找和把握市场机会，它纵向可以延伸至销售渠道和客户，横向可以扩展到辅助性、衍生性产品的制造商和经销商，以及与技能技术或投入相关的产业组织，还包括更广泛的教育、培训、研究和政府机构等。就同类产品而言，采取产业虚拟聚集方式的区域竞争力显著强于没有产业聚集的地方，而且出现了向产业虚拟聚集地方转移的趋势。也就是说，产业聚集呈现一定规模的地方，该产业的竞争力会越来越强，没有形成产业聚集的地方的影响力会逐渐下降。

产业虚拟聚集[①]与区域竞争力可以互相促进。区域竞争力是该地区在一国宏观经济环境下适应市场竞争过程中投入产出效率和有效性增长的能力。在短期，区域经济竞争力来自产品的价格绩效；在长期，区域经济的竞争力来自比竞争对手更低的成本、更快的速度去大量生产市场还未预见到的产品的能力。区域竞争力的真正来源在于区域具有快速适应不断变化的环境的综合协调能力。产业虚拟聚集可以完善区域的功能，增强区域市场竞争实力。通常一个完善的产业集聚区内，既有主导产业的企业，又有为主导产业提供配套服务的其他产业的企业和机构。从垂直关系看，包括提供专业化投入的上游

---

① 李运强，吴秋明. 虚拟产业集群：一种新型产业集群的发展模式［J］. 华东经济管理.2006（12）：42-45.

企业、分销商和下游企业；从横向关系看，包括提供互补产品的制造商，或有相关技能、技术和共同投入的属于其他产业的公司。此外，还包括政府和其他提供专业化培训、教育、研究与技术支持的机构。这些机构共同作用形成特定产业的区域竞争力。所以一方面产业虚拟聚集可以提高区域竞争力；另一方面区域竞争力的增强又可以带动产业虚拟聚集的吸引力，有互相促进的作用。

产业虚拟竞争是伴随着新经济而产生的概念，也主要适用于新经济产业，其特征为基于网络以高科技为支撑，以互联网为载体，如高科技产业、文化创意产业等。在不同产业的探索过程中，呈现不同的特点。

高科技虚拟产业聚集多以"知识"为核心进行虚拟聚集，可以增强区域的知识创造能力，深度参与产业合作网络。近年来，在许多产业尤其是高技术等技术标准重要的行业，企业聚集出现了虚拟化趋势，即同业竞争者、互补品生产者、用户及其他相互关联的组织如大学、研究机构和协会等，不再局限于集中布局在某一地区，而是基于技术标准，以整合或开发全球市场，增强产业整体竞争能力，促进企业的共同发展与创新。高技术企业虚拟聚集是传统地理集群的发展和创新，是市场全球化与网络经济条件下高技术企业竞争与合作的重要组织形式。

制造业中的平台型企业可以聚集同一"价值链"上的企业，增强区域的产业丰富度。价值链具有一定的所有权属性和空间结构属性。所有权属性是指纵向链条的生产环节所有者，空间属性指纵向链条的生产环节的地理位置分布。一般而言，价值链各个环节对生产要素的需求存在较大差异，每个环节都有自己的最优区位。由于不同地区多具有的生产要素不同，因此，其区位优势主要表现为某一特定环节的优势，平台型企业主导的商业生态系统构成了以价值链为基础的虚拟产业聚集，平台型企业是虚拟产业聚集的核心企业。

全球范围内，产业虚拟聚集已经取得诸多成功的尝试。英国的创意产业聚集区多以集群为特色，地理位置上相近，通过网络、服务和营销互相配合，地理区位上也并非居于市中心。伦敦创意产业的13个门类，对于土地、区位、历史建筑物的依赖程度不同。创意产业的聚集不仅是地理位置上的集中，而且是通过网络形成的产业虚拟聚集。尤其是软件、电脑游戏、电子出版物等依赖数字技术的创意产业，呈现虚拟聚集的态势，伦敦各类创意产业相关网站也为网络虚拟聚集提供了条件。以互联网为载体的创业产业虚拟空间的聚集，可以有效地规避自然区域条件的制约，也体现了创意产业的智力密集、无污染、资源能耗低、附加值高、吸纳就业能力强等优点。伴随着经济全球化的深入，以个人灵感为核心的创意产业，虚拟聚集的趋势将进一步增强。

（3）科技创新中心建设与国家竞争力

科技创新中心[①]（简称"科创中心"）是创新要素集聚的地方、创新技术的原创地、创新商业模式的原创地等，能够吸引和集中运用区域内外的各类社会资源，针对共同的目标不断产生和转移新的研发成果，并形成新技术产品与服务，进而对社会经济产生影响，增强国家竞争力。

学术上对国家竞争力并没有明确的定义，国家竞争力常与国际竞争力混用。美国《关于产业竞争力的总统委员会报告》中认为："国际竞争力是建立在自由良好的市场条件下，不仅能够在国际市场上提供良好的产品、服务，还能提高本国人民的生活水平。"这是从宏观角度来定义国际竞争力，认为国际竞争力等同于国家的国际竞争力。在世界经济论坛1994年的《国际竞争力报告》中把国际竞争力定义为："一国的公司在世界市场上能均衡地生产出比其竞争对手更多财富的能力。"这是从微观的角度给出的定义，把国际竞争力看成是企业的国际竞争力并把一国的开放程度、政府、技术、金融、基础设施、法规制度、管理、劳动等8项生产力要素指标作为衡量一国综合竞争力的基础。

科创中心对于国家技术和经济竞争力有直接的促进作用。科创中心一般有世界一流的大学和研究机构，拥有科研基础设施配套，建设科创中心是提高国家技术竞争力的基础。科创中心能够产生原创性的科技突破，进行深度技术转移，进而推动创新产业链条的融合，融入区域产业合作中。同时科创中心具有跨学科、跨领域、多产业部门的科技创新发展规划和产学研协同创新网络。科创中心能够作为国家或区域科学核心，带动区域乃至全国的新兴战略产业和经济发展。

科创中心的建设依托于城市，国家竞争力也着眼于城市。当前，一些城市正依托丰富的创新资本等要素，结合创新技术逐渐成长为全球创新中心。这些城市是全球顶级城市，经历了从制造业向生产性服务业和金融业快速转移的过程，正在从资本集聚向知识集聚转型。该类城市凭借资本优势大力开展科技创新活动，逐步塑造全球创新中心功能。例如，纽约经历金融危机后，立足自身资本、信息、人才的集聚优势，开始重新回归科技前沿阵地。纽约自2008年金融危机后就开始了"从过度依靠金融业膨胀和房地产泡沫的债务驱动型经济向依靠技术进步的实体经济"的新一轮转型，以及从资本之都向创新人才集聚地与科技前沿阵地的转型。

---

① 聂永有，殷凤，尹应凯.科创引领未来科技创新中心的国际经验与启示城市篇[M].上海：上海大学出版社，2015：93-114.

建设全球科创中心是发展中国家把握未来的机会。未来，全球经济重心东移的态势仍将持续推进（麦肯锡全球研究院，2012），在此背景下，新兴经济体中的个别国际大都市很可能会脱颖而出成为全球城市，与此同时，随着经济总量的快速增长，跨国公司总部、区域总部或功能总部、资金、人才等都向这些新兴全球城市集聚，从而为这些城市打造全球性科技创新中心奠定坚实基础。在新科技革命背景下，移动互联网、新能源、以3D打印为基础的智能制造等技术，以及新材料、物联网、人工智能，很可能从根本上改变全球主导的生产方式和生产组织模式，不论是在开发新技术还是应用新技术方面，发达国家和新兴经济体处于同一跑线上，发达国家仅仅是先行者和领跑者，而不是技术垄断者。这是本轮科技革命同以往科技革命最大的不同。同时，亚太地区新兴经济体未来经济体量庞大，市场需求巨大，创新活力不断增强，势必成为全球科技创新网络的重要组成部分。因此，许多在亚洲、南美洲等地区的新兴经济体中逐步崛起的国际大都市正把构建全球科技创新中心作为向全球城市演进的重要路径。

10.2 大情报观视角下竞争情报的发展

1987年，卢太宏等在《变革中的情报工作新观念与新方式》一文中首次提出大情报观，并界定为"从科技情报延拓到各类社会需求的情报，从单一领域的情报系统演变为综合的社会情报系统"[①]。近年来，"大情报观"重新进入研究视野。苏新宁指出，抓住大数据时代情报工作的机遇，需树立大情报观，做好政府的决策帮手[②]。杨国立、李品指出，总体国家安全观背景下情报工作的深化，需要"重塑大情报观"。随着大数据的发展、总体国家安全观的提出、《国家情报法》的颁布，情报工作进入了新时代。从微观层面看，竞争情报发展要以创新驱动战略为引领，面向企业创新发展；从宏观层面看，企业竞争情报发展要与国家竞争情报发展融合；从保障国家持久竞争力来看，情报工作需要面向总体发展与安全观进行情报工作体系设计。

10.2.1 面向企业创新发展的竞争情报工作推进

企业自主创新的形式分为原始创新、集成创新和消化吸收创新3类。无论哪一种类型，要想提高相应的企业自主创新能力，都离不开竞争情报。就原始创新方式而言，其

---

① 卢太宏，杨联纲. 变革中的情报工作新观念与新方式[J]. 科技情报工作，1987（3）：15-17.
② 苏新宁. 大数据时代情报学与情报工作的回归[J]. 情报学报，2017，36（4）：331-337.

创新立题的提出迫切需要一种超前意识和良好构思,而这些都是需要具有前瞻性、缜密性、预见性、准确性等特征的竞争情报来触发各类技术创新人员的灵感。对于集成创新而言,其本身的决策过程需要不断优化,而这与竞争情报的数量和质量密切相关,与集成创新相关的竞争情报越有针对性,其最终的决策优化就越有把握。对于消化吸收创新来说,其成功运作更需要依靠高度智能化的情报应用,消化吸收创新离不开竞争情报的支持。

竞争情报提升企业自主创新能力的过程,实际上就是竞争情报向技术知识演变的过程[1]。在促进技术创新效率提高方面,竞争情报可以起到很好的助推剂和催化剂的作用。具体来说,竞争情报可以优化创新决策,把握市场创新战略,降低技术创新的投机性风险,提高技术创新的效率,提高技术管理水平。在新产品开发的自主创新战略中,竞争情报起到的作用是,为确立产品创新战略提供依据,在产品创新中起到导向作用,为产品创新战略的制定和实施提供保证,有助于优化产品创新战略。

在企业创新过程中,企业竞争情报流程可以和创新流程有机融合。在纵向融合上,实现企业创新战略和竞争情报的融合、竞争情报流程和技术创新过程的融合。横向融合主要通过竞争情报系统来融合技术创新网络。首先,竞争情报系统与国家层面、行业层面和企业层面的科研网络进行融合,构成技术创新协作情报支持系统。其次,企业竞争情报系统与企业组织创新系统融合,以便构建企业组织创新模型。最后,进行企业竞争情报组织系统的创新。企业技术创新的信息网络、人际网络、技术联盟决定了企业组织创新的成败。

在企业创新的不同阶段,需要不同类型的竞争情报,如科学技术情报、产品竞争情报、产业竞争情报、技术竞争情报、市场竞争情报、人力资源情报、政策环境竞争情报、金融财务情报等。

技术竞争情报作为一个新的研究领域,是竞争情报的重要组成部分,是指能够给组织的竞争地位带来潜在影响的有关外部科学技术的威胁、机遇或发展的信息,以及对这些信息进行搜集、分析、传递、利用和评估的过程。技术竞争情报可以包括以下几个方面:①专利信息,通过竞争情报明确企业的创新技术是否涉及他人或其他企业、组织的知识产权,监视已经公开的专利申请是否对本企业构成威胁。②成果信息,分析并掌握本企业采用新技术研发的新产品是否已经被竞争对手研发成为成熟的成果,是否有类似的、可替代的成熟性成果已经出现在市场领域,或即将被流通。③工程信息,时刻关注

---

[1] 周贺来.面向企业技术创新的竞争情报应用研究[M].北京:中国水利水电出版社,2016:62-75.

计算机应用为核心的先进制造技术的发展，特别关注竞争对手所采用的最新的计算机应用技术对现有技术的改造，并积极采用最新的计算机技术实现本企业技术的升级。

在市场竞争态势越演越烈的情况下，市场竞争情报的获取成为企业技术创新能否成功的保障之一。企业技术创新需要关注的市场信息主要侧重于顾客需求、上游供应商的信息，具体包括国内外市场容量的变化趋势、竞争对手是否设置市场进入壁垒、上游供应商议价能力、下游经销商的议价能力等，企业只有掌握这些市场竞争情报，才能保证开发出来的新产品能够赢得市场，实现既定利润收入。

企业间的竞争在很大程度上通过产品竞争来体现。因此，企业实施技术创新，研发出新的产品或服务，首先要从分析行业市场入手，其次要对产品本身进行定位。企业进行技术创新需要掌握的产品竞争情报主要包括竞争对手产品市场份额的变化、本企业产品的市场占有率、市场上可替代产品的种类及销售状况、用户对类似产品的满意程度等。有了明确的产品定位，才能保证企业技术创新方向的正确性。同时，企业在进行技术创新时，不仅要充分重视自身相关的竞争信息，同时要关注产业链上的竞争情报，特别是相关资源的获得难易程度，只有保证充足持续的能源供给，企业的技术创新活动才能顺利实施。

企业创新活动的全过程，都离不开情报信息的支持与保障，竞争情报对创新活动具有参谋和支撑作用。开展面向创新的竞争情报工作，可以帮助企业选准最佳的增值环节进行技术创新，为企业创新保驾护航。

10.2.2 企业竞争情报与国家竞争情报的融合

企业是社会和经济运行的基本单位，是与人类社会生产活动相联系而形成和发展起来的。现代企业理论认为，企业首先是生产力组织形式，同时又体现了一定的社会关系。因此，现代企业具有双重目标，即社会责任和经济效益。企业应具有较强的市场竞争力，也要服务于社会，履行社会责任。企业是社会经济运行的基本单位，企业创新也就成为国家创新体系的一个重要组成部分。

在宏观的国家层面上，巴罗和萨拉认为一个国家的国家竞争力主要是由国家的收益能力、决策能力、地理优势和教育能力决定的。瑞士国际管理发展学院认为国家竞争力包括了一国稳定国内市场、开拓国外市场的能力，并在其自身禀赋的基础上创造附加价值，最终达到国家财富的不断积累的能力。国家竞争力和企业竞争力具有密切的相互影响关系：企业竞争力是构成国家竞争力的基础；而国家竞争力则为企业提供了国际竞争环境。因此，企业成败与否不仅仅取决于企业本身的能力和策略，还取决于企业经营所依托的国内大环境。

国家竞争力并不是表面上所表现的国家与国家之间的竞争，而竞争的实质应该是在公司与公司之间。任何国家在其宏观经济方面的表现，都是其本国企业努力经营的综合体现。美、日等国企业贸易有巨额的收入而国家的财政收支却始终存在大量赤字的现象。这对国家竞争力的基础定位为企业竞争力提供了有力的证明。发达国家的国家竞争力在很大程度上取决于企业的竞争力。稳定的产业结构、源源不断的原始创新能力、有效的人力资本资源，以及对于企业发展有利的相关制度等，这些因素都有利于提高国家竞争力。

国家竞争力和企业竞争力是鱼与水的关系。国家竞争力的强弱借力于企业的发展。因为想要充分发挥各种要素的优势，必须通过企业生产出来，使其转化为在成本上有一定优势的商品继而给企业带来规模经济，使其能够有效地配置内部资源。反过来说，如果企业要想更好地发展也必须要有有利于企业经营的宏观环境，来支持企业的发展。而国家就可以为企业在激烈的市场竞争中提供一个有利于生产、经营和使用产品的环境。因此，企业竞争力的大小也受到国家竞争力大小的影响。国家竞争力不仅强调一个国家在国际投资、国际金融、国际贸易中所占比重的大小，还代表着一国当前的经济发展状况、政府行为、基础设施、整体科技水平、社会发展水平等因素为国民福利和国际资本流动创造的客观条件。而企业竞争力则强调企业的生产成本、经营情况、管理情况、企业家素质等因素的国际比较，既相互联系又各有侧重。

在经济全球化和区域一体化的当今世界，每个国家为了增强其自身的国家竞争力，都需要全面、细致而又准确地分析国家所处的竞争环境，包括内外部的环境信息，以便准确地实施国家竞争情报战略，并系统构建国家竞争情报体系，从而最终以提升国家竞争力为目标。实施国家竞争情报战略就是要面向国际竞争的需要，将依靠竞争情报提升国内产业界的国际竞争力作为国家战略贯彻实施、建立并运行有效的国家竞争情报体系。从国家竞争情报体系的研究范畴而言，有广义和狭义之分。广义的国家竞争情报体系包含国家的政治、军事、经济、科技等诸多领域，涉及国家安全、国家利益的方方面面。而狭义的国家竞争情报体系只包含经济、科技和文化3个领域，情报信息的获取途径公开合法。无论是在广义还是狭义的国家竞争情报中，企业都扮演着重要角色。

自从国外竞争情报理论走进我国以来，已经有20多年的发展和探索。尽管还处于成长阶段，其探索深度和广度都取得了巨大进展和突破。同时竞争情报越来越受到各界热切关注，而且从企业逐步拓展到不同区域、产业、国家等领域。竞争情报分会于1995年4月成立，迄今为止共召开了20多次规模较大的年会，参会人次近3000。参加会议的成员组成有巨大变化，特别是咨询业和企业方面的竞争情报工作者的人数在不断增加。目前，我国企业界对竞争情报的认识逐渐深化，但总体来说，我国企业的竞争情报工作还处于初级发展阶段。

从企业微观视角看国家竞争情报，企业是竞争环境中的主体成员，应该更加广泛地参与到国家竞争情报工作中。国家竞争情报指以国家利益为核心，以国家战略决策为服务内容，以发展国家的综合国力和核心竞争力为根本，并在国家内部由政府、中间机构、企业和各类团体3个层面形成的相互协调的有机组织体系，从事一切有关开发和利用信息、知识和智力资源等的一系列活动。可见，国家竞争情报以提高国家竞争力为长远目标，强调发挥整个体系的协同作用，即国家的某一组织机构、一些事业单位、大型企业都可以开展与某一目标相关的国家竞争情报研究工作。

从国家宏观视角看企业竞争情报，企业还需要做3个方面的改进。首先，提高对竞争情报工作的重视程度。我国开展竞争情报工作的企业大多集中在大中型企业，行业分布很不均衡。目前，我国许多企业对宣传费用一掷千金，但在信息搜集和调研方面却投入很少。其次，企业需要遵守正式的竞争情报活动道德标准，在某些情况下，竞争情报活动与"侵犯商业秘密"的界限并不明显。因此，企业如果不制定相关的竞争情报活动准则来规范本企业的情报行为，就很容易陷入不正当竞争情报的误区，给企业甚至国家带来不必要的危害。最后，企业需要增强反情报意识。对于一个企业来说，既要通过正当途径获取别人的情报，又要慎之又慎地保护自己的情报。这是现代市场竞争条件下企业面临的重大情报课题，也就是情报与反情报技术。而我国企业保护自己的情报和商业秘密的意识普遍不强，明显落后于国外企业，这对于企业竞争力和国家竞争力极为不利。

现如今看来，我国整体上的企业竞争情报呈现出一种全面发力的态势。在以经济和科技实力为基础的综合国力较量中，一个国家的情报工作成功与否将会至关重要。情报不仅可以帮助企业避免长久以来的惯性，还能对企业起到很好的预警作用，同时政府在这方面将会继续扮演不可替代的角色。在政府推动下，由政府、企业和中介机构构成的三位一体的互动与融合是我国竞争情报发展的主要模式。其中政府所扮演的角色至关重要，由于企业和中介机构作为独立的市场力量目前还仍然无法与政府相提并论，还需要政府来进行推动和支持。一直以来政府尚未真正意识到竞争情报给经济发展带来的积极推动作用，所以在竞争情报活动方面投入的人力、物力和财力等仍然很有限，竞争情报发展在很大程度上受到阻碍。如今经济全球化、区域竞争、产业竞争变得越来越激烈和难以控制，因此，政府必须通过开展竞争情报工作来帮助企业获得所需的竞争情报。

10.2.3　面向发展与面向安全的情报工作体系设计

情报工作应面向发展，寻求先进前沿的分析方法，建立适应新时代的工作体系，而不只是基于过去的经验进行工作。现代情报学以解决国家情报治理为核心，需要基于历史演变的维度和全球治理的维度来阐述和构建当代的国家情报理论和部门情报理论，前者要求深入考察人类的情报历史演变逻辑及情报活动演变规律，后者要求将情报学放置在国际环境中，重点考虑各国的情报活动特征。因此，中国的现代情报学应注重传承历史经验，挖掘社会基本规律，吸收现当代先进哲学和社会理论，注重辩证法思想。

同时从发展趋势看，安全情报已成为继科技情报、竞争情报等之后情报学领域的下一个重要的研究新领域和新阵地。安全情报之于安全管理至关重要，是安全管理的支撑、关键点和必备要件，缺失安全情报的安全管理就如同无源之水。建立情报主导的安全管理方法的重要基础之一是安全情报对安全管理具有重要作用。在安全管理过程中始终伴随着安全信息的流动，而安全情报是在安全信息流中直接面向安全管理问题与不确定性的，是对安全管理具有价值与意义的安全信息。由此可见，安全情报贯穿于安全管理过程的始终和方方面面，安全情报旨在服务和支持安全管理，安全情报是开展安全管理的基础性资源和"耳目、尖兵、参谋"，安全情报之于安全管理至关重要。

情报工作者通过开展信息技术处理与应用的深度研发，促进了大数据的应用发展，这些革命性的技术作为研究基础，为面向发展的情报工作体系变革提供了必要条件。白红军等[①]在《大数据时代数据存储技术的发展》一文中提到：数据的存储技术经历了从手工管理、文件管理最后到数据管理的3个主要阶段。随着互联网的不断发展和进步，产生的用户数据不断增多，从而迎来了大数据时代。大数据时代的到来对数据的存储和处理技术提出了更高的要求，同时也为情报工作带来了许多值得深入研究的机遇和挑战。2017年《高盛人工智能报告》中曾提到：人工智能包含了自然语言处理和翻译、视觉感知、模式识别和决策制定等方面。由此可以推断出，在未来情报工作会随着人工智能技术的急速发展，在方法和思路上产生质的变化，过去处理不了的情报工作在未来或许得以解决。

---

① 白红军，夏俭，林晨. 大数据时代数据存储技术的发展［J］. 电子技术与软件工程，2017（4）：174.

情报智能服务从2013年提出并沿袭至今,其核心思想是:由于情报生产工具的革命性变化,导致生产力的革命性变化,进而导致生产关系发生改变,也就是情报组织模式发生了翻天覆地的变化。传统情报的作坊式生产方式将不再适合社会化大生产。建立兼顾发展和安全的情报工作体系将成为必然选择。随着人工智能技术的发展和自动简报类系统的成功研制,关键词检索引擎已经有了向问答式检索引擎发展的趋势。至此,情报走向大众化的时代指日可待。

同时,大数据、云计算是情报工作体系的建设条件。目前,科技情报机构并不拥有具备特殊价值的专有信息,也就是说,科技情报机构随时有可能被其他机构取代。此外,当今情报工作的数据建设是在情报社会化大生产基础上的现有体系的大规模建设,这种数据建设将成为情报机构的存在价值之一。在情报数据体系建设的过程中,不应该仅仅由计算机领域的专业人士参与,而应该由情报专家来指导建设。在情报工作体系中,云计算是基本环境。云计算技术是广义大数据技术的一部分,也是狭义大数据技术的基础。

情报工作体系建设思路也发生了变化。需求的搜集与研究,直接关系到情报研究的内容和效果,是情报研究必须首先完成的最基础的工作,也是情报研究工作的生命线。在明确了什么是情报需求后,才能讨论情报工作体系的建设思路。也就是说,需求方向是根本,情报工作的方向建立在对需求的正确战略判断的基础上。那么从工作思路来讲,情报工作首先需要明确的就是对情报需求的正确战略判断,也就是大情报观。当情报工作者搜集情报资源时,要做情报资源的自动探测、自动建库、数据内容的自动识别和自动关联,关联关系以判读为中心。必须"自动"的原因是:在目前这个信息过剩的时代,与情报工作的任务量、领域和学科数量相比较,获取的数据量过分庞大,情报工作者无法用人工手段来处理数据,必须用自动化手段进行处理,而自动化的基础为"人工智能"技术,这也是情报工作的未来规划,但最关键的情报判读仍要依靠人。

10.3 本章小结

本章论述了企业创新发展和国家竞争情报之间的关系。首先从企业创新发展的角度,重新审视了企业创新能力和国家竞争力的不同维度。企业创新能力主要有技术、管理、运营和文化4个维度,国家竞争力主要有技术、经济、政治和军事4个维度。紧接着通过产业竞争力、区域竞争力、科技创新中心的影响力等方面指出了企业创新发展对国家竞争力的影响。分析表明,企业竞争力的提升与国家竞争力息息相关,竞争情报的发展应该将企业微观层面与国家宏观层面融合起来，不仅要打造企业竞争优势，更要服务于国家重大决策。因此，为了适应新的发展环境与新时代要求，情报工作应该基于大情报观推进。本章提出了面向企业创新发展的竞争情报工作推进思路、企业竞争情报与国家竞争情报融合的逻辑，构建了面向发展与安全的情报工作体系。

参考文献

［1］DENICOLA A，MISSIKOFF M，NAVIGLI R. A software engineering approach to ontology building［J］. Information systems，2009（2）：258-275.

［2］AGGARWAL C C，AL-GARAWI F，YU P S. Intelligent crawling on the world wide web with arbitrary predicates［C］// Proceedings of the 10th International Conference on World Wide Web. Hong Kong：ACM，2001：96-105.

［3］ALBERT R，BARABASI A. Statistical mechanics of complex networks［J］. Reviews of modern physics，2001，74（1）：47-97.

［4］ANSOFF H I. Implanting strategic management［M］. New York：PrenticeHall Inc.，1984：34-38.

［5］ARMISTEAD C G，CLARK G. Source activity mapping：the value chain in service operations strategy［J］. The service industries journal，1993，13（4）：221-239.

［6］BATCHA N K，AZIZ N A，SHAFIE S I. CRF based feature extraction applied for supervised automatic text summarization［J］. Procedia technology，2013（11）：426-436.

［7］BATTISTON F，NICOSIA V，LATORA V. Structural measures for multiplex networks［J］. Physical review E statistical nonlinear & soft matter physics，2014，89（3）：28-44.

［8］RMARTION B. Matching social needs and technological capabilities：research foresight and the implications for social sciences（paper presented at the OECD workshop on social sciences and innovation）［D］. Tokyo：United Nations University，2000：32-45.

[9] BINGHAM E, MANNILA H. Random Projection in Dimensionality Eduction: Applications to Image and Text Data [C] //Knowledge Discovery & Data Mining, 2001: 245-250.

[10] BISCHOFF, ALEXANDER T. 数据仓库技术 [M]. 成栋, 魏立原, 译. 北京: 电子工业出版社, 1998: 6-12.

[11] BLEI D M, NG A Y, JORDAN M I. Latent dirichlet allocation [J]. Journal of machine learning research, 2003, 3 (4-5): 993-1022.

[12] BOCCALETTI S, BIANCONI G, CRIADO R. The structure and dynamics of multilayer networks [J]. Physics reports, 2014, 544 (1): 1-122.

[13] BRIN S, PAGE L. The anatomy of a large-scale hypertextual web search engine [J]. Computer networks and ISDN systems, 1998, 30 (1-7): 107-117.

[14] BUN K K, ISHIZUKA M. Topic extraction from news archive using TF* PDF algorithm [C] // Proceedings of the 3rd International Conference on Web Information Systems Engineering. Singapore: IEEE CS Press, 2002: 73-82.

[15] CHAKRABARTI S, VAN DEN BERG M, DOM B. Focused crawling: a new approach to topic-specific web resource discovery [J].Computer networks, 1999 (11): 1623-1640.

[16] BSTABELL C, OYSTEIN D F. Configuring value for competitive advantage: on chains, shops and networks [J]. Strategic management journal, 1998, 19 (5): 413-437.

[17] CHATTERJEE P. Online reviews: do consumers use them [J]. Advances in consumer research, 2001, 28 (1): 129-134.

[18] CHEN L, QI L L, WANG F. Comparison of feature level learning methods for mining online consumer reviews [J]. Expert systems with applications, 2012, 39 (10): 9588-9601.

[19] CHOI H, VARIAN H. Predicting the present with Google trends [R]. Working Paper, 2009: 2-10.

[20] Elasticsearch 的使用场景深入详解 [EB/OL]. (2016-08-17) [2019-11-18]. https://blog.csdn.net/wojiushiwo987/article/details/52227541.

[21] EMC. GE 尝试"数据湖" [J]. 上海国资, 2014 (10): 79.

[22] HEARN G, PACE C. Value-creating ecologies: understanding next generation business systems [J]. Foresight: journal of futures studies, strategic thinking and policy, 2006, 8（1）: 55-65.

[23] GRUBER, THOMAS R. A translation approach to portable ontology specifications [J]. Knowledge acquisition, 1993, 5（2）: 199-220.

[24] HAI Z, CHANG K, KIM J J. Implicit feature identification via co-occurrence association rule mining [C]. International Conference on Computational Linguistics and Intelligent Text Processing. Springer-Verlag, 2011: 393-404.

[25] HIRSCHBERG D S. Algorithms for the longest common subsequence problem [J]. Journal of the ACM, 1977, 24（1）: 664-675.

[26] HO C Y. An empirical study on Factors affecting word-of-mouth effects upon on-line [D]. Yongin: Dankook University, 2003: 2-10.

[27] HOFMANN T. Probabilistic latent semantic indexing [C] // Proceedings of the 22nd Annual International SIGIR Conference. New York: ACM Press, 1999: 50-57.

[28] HU M Q, B L. Mining and summarizing customer reviews [C] // Proceedings of the ACM SIGKDD International Conference on Knowledge Discovery & Data Mining (KDD-2004). Seattle, Washington, USA, 2004: 168-177.

[29] HUANG Z, LI S X, MAHAJAN V. An analysis of manufacturer: retailer supply chain coordination in cooperative advertising [J]. Decision sciences, 2002, 33（3）: 469-494.

[30] EATWELL J, MILGATE M, NEWMAN P. The new palgrave: a dictionary of economics [M]. London: Macmillan, 1987: 531-535.

[31] GINSBERG J, H. MOHEBBI M, S. PATEL R, et al. Detecting influenza epidemics using search engine query data [J]. Nature, 2009, 457（2）: 1012-1014.

[32] KIM S M, HOVY E. Determining the sentiment of opinions [C] // Proceedings of the 20th International Conference on Computational Linguistics (COLING-4), 2004: 1367-1373.

[33] KOTLER P. Principles of marketing [M]. New Jersey: Prentice Hall, 2010: 529-530.

[34] LAFFERTY J D, MCCALLUM A, PEREIRA F C N. Conditional random fields: probabilistic models for segmenting and labeling sequence data [J]. Proceedings of

Icml, 2001, 3（2）: 282-289.

[35] LAMMEL R. Google's MapReduce programming model-revisited [J]. Science of computer programming, 2008, 70（1）: 1-30.

[36] LE Q V, MIKOLOV T. Distributed representations of sentences and documents [J]. arXiv preprint arXiv, 2014.

[37] LIAO C, FENG C, Yang S, et al. A hybrid method of domain lexicon construction for opinion targets extraction using syntax and semantics [J]. 计算机科学技术学报: 英文版, 2016（3）: 595-603.

[38] Liu, Bing, Hu, et al. Opinion observer: analyzing and comparing opinions on the web [C]. International World Wide Web Conference, 2005: 342-351.

[39] GRUNINGER M, FOX M S. Methodology for the design and evaluation of ontologies [C] // Proceedings of the Workshop on Basic Ontological Issues in Knowledge Sharing in IJCAI: Montreal.1995: 203-206.

[40] USCHOLD M, KING M. Towards a methodology for building ontologies [C] // Workshop on Basic Ontological Issues in Knowledge Sharing in IJCAI: Montreal.1995: 142-143.

[41] LAVER M, BENOIT K, GARRY J. Extracting policy positions from political texts using words as data [J]. American political science review, 2003, 97（2）: 311-330.

[42] MULLER M. Anomalous tagging pattern scan show communities among users [EB/OL]. (2010-07-20)[2018-10-20].http: //www.ecscw07.org/posters.html.

[43] SILVIA M. The economic crisis vocabulary [J]. Ovidius university annals, economic sciences series, 2010（2）: 475-477.

[44] MIKOLOV T, CHEN K, CORRADO G, et al. Efficient estimation of word representations in vector space [J]. arXiv preprint arXiv, 2013.

[45] MIKOLOV T, SUTSKEVER I, CHEN K, et al. Distributed representations of words and phrases and their compositionality [C]. Advances in Neural Information Processing Systems, 2013: 3111-3119.

[46] MIKOLOV T, YIH W, ZWEIG G. Linguistic regularities in continuous space word representations [C]. HLT-NAACL, 2013: 746-751.

[47] NIE Z Q, ZHANG Y Z, WEN J R, et al. Object -level ranking: bringing order to

web objects [C] // Proceedings of the 14th International Conference on World Wide Web.New York: ACM, 2005: 567-574.

[48] OSUNA E, FREUND R, GIROSI F. an improved training algorithm for support vector machines [C] // Proceedings of the 1997 IEEE Workshop on Neual Networks for Signal Processing. New York: IEEE Press, 1997: 276-285.

[49] MORRISON P J. Tagging and searching: search retrieval effectiveness of folksonomies on the world wide web [J]. Information processing and management, 2008 (1): 1-18.

[50] PANG B, LEE L, VAITHYANATHAN S. Thumbs up?sentiment classification using machine learning techniques [C] // Proceedings of Conference on Empirical Methods in Natural Language Proeesing, 2002: 79-86.

[51] PANG B, LEE L, VAITHYANATHAN S.Thumbs up?sentiment classification using machine learning teehniques [C]. EMNLP' 02, 2002: 79-86.

[52] PANINSKI L. estimation of entropy and mutual information [J]. Neural computation, 2003, 15 (6): 1191-1253.

[53] PAPADIMITRIOU C H, RAGHAVAN P, TAMAKI H, et al. Latent semantic indexing: a probabilistic analysis [C] // Seventeenth ACM Sigact-Sigmod-Sigart Symposium on Principles of Database Systems. ACM, 1998: 60-78.

[54] KOTLER P. Principles of marketing [M].New Jersey: Prentice Hall, 2010: 224-225.

[55] PORIA S, CAMBRIA E, GELBUKH A, et al. A rule-based approach to aspect extraction from product reviews [C] // Proceedings of the 2nd Workshop on Natural Language Processing for Social Media (Social NLP), 2014: 28-37.

[56] ZHANG Q, WU Y B, LI T. Mining product reviews based on shallow dependency parsing [C]. SIGIR'09.Boston, MA, USA: 2009: 726-727.

[57] RAIMOND Y, FERNE T, SMETHURST M, et al. The BBC world service archive prototype [J]. Web semantics: science, services and agents on the world wide web, 2014 (27): 2-9.

[58] NORMANN R, RAM R. From value chain to value constellation: designing interactive strategy [J]. Harvard business review, 1993, 71 (4): 65-77.

[59] KIM S M, HOVY E. Extracting opinions, opinion holders, and topics expressed in

online news media text［C］// Proceedings of ACL/COLING Workshop on Sentiment and Subjectivity in Text. Sydney, Australia: 2006: 1-8.

［60］SALVETTI F, LEWIS S, REIEHENBACH C. Automatic opinion polarity classification of movie reviews［J］. Colorado research in linguistics, 2004, 17（1）: 1-15.

［61］SHAFER S M, SMITH H J, JANE C L. The power of business models［J］. Business horizons, 2005（48）: 199-207.

［62］SEBASTIANI F. Machine learning in automated text categorization［J］. ACM computing surceys, 2002, 34（1）: 1-47.

［63］SEBASTIANI F. Machine learning in automated text categorization［J］. Acm computing surveys, 2002, 34（1）: 1-47.

［64］SU Q, XIANG K, WANG H, et al. Using Pointwise Mutual Information to Identify Implicit Features in Customer Reviews［M］// Computer Processing of Oriental Languages. Beyond the Orient: The Research Challenges Ahead. Springer Berlin Heidelberg, 2006: 22-30.

［65］SU Q, XU X, GUO H, et al. Hidden sentiment association in chinese web opinion mining［C］// Proceedings of the 17th International Conference on World Wide Web, 2008: 959-968.

［66］USKALI T. Paying attention to weak signals-The key concept for in-novation journalism［J］. Innovation journalism, 2005（4）: 25.

［67］VOYER P A. Word-of-Mouth processes within a services purchase decision context［J］. Journal of service research, 2000, 3（2）: 166-177.

［68］INMON W H. 数据仓库［M］. 王志海, 林芳芳, 等译. 北京: 机械工业出版社, 2003: 4-16.

［69］WANG J Y, LOCHOVSKY F H. Data-rich section extraction from HTML pages［C］. Proceedings of the Third International Conference on Web Information Systems Engineering.WISE 2002. Singapore: IEEE, 2002: 313-322.

［70］WANG W, ZHAO D, ZOU L, et al. Extracting 5W1H event sematinc element from Chinese online news［C］. Proc. of the 11th In. 1 Conf. on Web-Age Information Management, 2010: 644-655.

［71］XU H, ZHANG F, WANG W. Implicit feature identification in Chinese reviews using explicit topic mining model［J］. Knowledge-based systems, 2015（76）: 166-175.

［72］YANG Y M, PEDERSON J O. A comparative study on feature selection in text categorization［C］// Proceedings of the 14 International Conference on Machine learning. Bled: Morgan Kaufmann, 1997: 258-267.

［73］CHOI Y J, CARDIE C, RILOFF E, et al. Identifying sources of opinion with conditional random fields and extraction patterns［C］. HLT/EMNLP'05. Vancouver, Birtish Columbia, Canada, 2005: 355-362.

［74］ZHANG S, WANG Z. Correction: Inferring passenger denial behavior of taxi drivers from large-scale taxi traces［J］. Plos one, 2016, 12（2）: e0171876.

［75］ZHANG Y, ZHU W. Extracting implicit features in online customer reviews for opinion mining［C］// International Conference on World Wide Web. ACM, 2013: 103-104.

［76］ZHAO S X, ROUSSEAU R, FRED Y Y. h-Degree as a basic measure in weighted networks［J］. Journal of informetrics, 2011, 5（4）: 668-677.

［77］ZHOU M. Some concepts and mathematical consideration of similarity system theory［J］. Journal of system science and system engineering, 1992, 1（1）: 84-92.

［78］ZHUANG L, JING F, ZHU X Y. Movie review mining and summarization［C］. Proceedings of the ACM 15th Conference on Information and Knowledge Management. ACM, 2006: 43-50.

［79］白海燕. 关联数据及 DBpedia 实例分析［J］. 现代图书情报技术, 2010（3）: 33-39.

［80］白红军, 夏俭, 林晨. 大数据时代数据存储技术的发展［J］. 电子技术与软件工程, 2017（4）: 174.

［81］白俊, 郭贺彬. 基于 ElasticSearch 的大日志实时搜索的软件集成方案研究［J］. 吉林师范大学学报（自然科学版）, 2014, 35（1）: 85-87.

［82］包昌火, 谢新洲, 张燕, 等. 企业竞争情报系统［J］. 中国信息导报, 2001（8）: 33-36.

［83］包昌火. 竞争对手分析［M］. 北京: 华夏出版社, 2003.

［84］包昌火. 竞争情报导论［M］. 北京: 清华大学出版社, 2011.

［85］包亮, 张莉, 许鑫. 苏州园林网络评论意见挖掘研究［J］. 微型机与应用, 2016, 35（13）: 86-89.

[86] 毕强，赵夷平，孙中秋.社会化标注系统资源聚合的实证分析[J].情报资料工作，2015，36（5）：30-37.

[87] 毕强，赵夷平，孙中秋.社会化标注系统资源聚合的实证分析[J].情报资料工作，2015，36（5）：30-37.

[88] 财富中国.2019中国大数据市场产值规模将达8080亿元[EB/OL].（2019-09-03）[2019-11-06]. http://www.pig66.com/2019/145_0922/18229567.html.

[89] 曹玲，杨静，夏严.国内竞争情报领域研究论文的共词聚类分析[J].情报科学，2010，28（6）：923-925，930.

[90] 曹廷求，刘海明.信用担保网络的负面效应：传导机制与制度诱因[J].金融研究，2016（1）：145-159.

[91] 曾楚宏，朱仁宏，李孔岳.基于价值链理论的商业模式分类及其演化规律[J].财经科学，2008（6）：102-110.

[92] 曾亚飞.基于ElasticSearch的分布式智能搜索引擎的研究与实现[D].重庆：重庆大学，2016.

[93] 曾忠禄.从企业价值链看战略联盟优势[J].当代财经，2001（1）：61-65.

[94] 查先进，严亚兰.论企业竞争对手[J].情报科学，2000，18（2）：123-125.

[95] 陈蓓蕾.基于网络和信任理论的消费者在线口碑传播实证研究[D].杭州：浙江大学，2008.

[96] 陈搏.全球科技创新中心评价指标体系初探[J].科研管理，2016（S1）：289-295.

[97] 陈歌.扶持政策对新能源汽车产业发展的影响研究[D].济南：山东大学，2017.

[98] 陈浩，陆林，郑嬗婷.基于旅游流的城市群旅游地旅游空间网络结构分析：以珠江三角洲城市群为例[J].地理学报，2011（2）：257-266.

[99] 陈菁华，吴泱.关联数据驱动的企业信息资源集成研究[J].情报科学，2014，32（10）：44-47，60.

[100] 陈柳钦.论产业价值链[J].兰州商学院学报，2007，23（4）：57-63.

[101] 陈涛，张永娟，刘炜，等.关联数据发布的若干规范及建议[J].中国图书馆学报，2019，45（1）：34-46.

[102] 陈伟.基于竞争战略的企业价值链管理模式研究[D].哈尔滨：哈尔滨工程大学，2003.

［103］陈亚杰，王锋，邓辉，等．ElasticSearch 分布式搜索引擎在天文大数据检索中的应用研究［J］．天文学报，2016，57（2）：241-251．

［104］陈宇翔，鲍鸿．数据集市技术［J］．微机发展，2002（6）：23-25．

［105］池太威．数据仓库结构设计与实施：建造信息系统的金字塔［M］．北京：电子工业出版社，2009．

［106］迟晓英，宣国良．价值链研究发展综述［J］．外国经济与管理，2000，22（1）：25-30．

［107］仇光，郑淼，张晖，等．基于正则化主题建模的隐式产品属性抽取［J］．浙江大学学报（工学版），2011，45（2）：288-294．

［108］戴泽钒，朱奕帆，许鑫．基于用户重合度的竞争对手识别方法［J］．情报理论与实践，2018，41（9）：57-62．

［109］邓林艳．中国政府开放数据现状研究［J］．信息技术与信息化，2018（9）：175-177．

［110］邓璐芗，许鑫．分众分类在政务信息公开中的应用研究［J］．情报杂志，2011，30（4）：165-171．

［111］邓自立．云计算中的网络拓扑设计和Hadoop平台研究［D］．合肥：中国科学技术大学，2009．

［112］丁兆云，贾焰，周斌．微博数据挖掘研究综述［J］．计算机研究与发展，2014，51（4）：691-706．

［113］董慧．基于本体论和数字图书馆的信息检索［J］．情报学报，2003（6）：648-652．

［114］杜慎芝．基于条件随机场的微博情感对象识别研究［D］．广州：广东工业大学，2014．

［115］杜义华，及俊川．通用互联网信息采集系统的设计与初步实现［J］．计算机应用研究，2005（1）：187-189，210．

［116］范宇，符红光，文奕．基于LDA模型的专利信息聚类技术［J］．计算机应用，2013，33（S1）：87-89，93．

［117］方微，邵波．基于弱信号分析的企业风险识别［J］．图书情报工作，2009，53（14）：80-83．

［118］方琢．价值链理论发展及其应用［J］．价值工程，2001（6）：2-3．

[119] 费仕忆.Hadoop大数据平台与传统数据仓库的协作研究[D].上海：东华大学，2014.

[120] 费伊.竞争者：以才智、谋略与绩效取胜[M].朱舟,译.北京：中国人民大学出版社,2004：95-96.

[121] 傅城州,汤庸,贺超波,等.基于标签相似度计算的学术圈构建方法[J].计算机科学,2016,43（9）：52-56.

[122] 高英举.DockOne技术分享（十二）：新浪是如何分析处理32亿条实时日志的[EB/OL].（2015-07-14）[2019-11-18].http：//dockone.io/article/505.

[123] 宫进,胡长军,曾广平.互联网信息定向采集系统的设计与实现[J].计算机应用,2007（S1）：16-17.

[124] 谷俊,王昊.基于领域中文文本的术语抽取方法研究[J].现代图书情报技术,2011（4）：29-34.

[125] 谷俊,翁佳,许鑫.面向情报获取的主题采集工具设计与实现[J].图书情报工作,2014,58（20）：91-99.

[126] 谷俊.中文专利本体半自动构建系统设计[J].图书情报工作,2013,57（3）：105-111.

[127] 关雪峰,曾宇媚.时空大数据背景下并行数据处理分析挖掘的进展及趋势[J].地理科学进展,2018,37（10）：1314-1327.

[128] 郭金龙,许鑫.图情与互联网博客交流网络实证分析[J].现代情报,2012,32（1）：172-177.

[129] 郭尧.2017年车市回顾：互联网造车新势力集体亮相[EB/OL].（2017-12-27）[2019-11-05].http：//www.chinanews.com/auto/2017/12-27/8410458.shtml.

[130] 国家开发银行研究院和中国金融信息中心联合课题组.全球科创中心对标分析[J].开发性金融研究,2015（1）：119-128.

[131] 韩红旗,张巍.技术监测和专利情报分析的理论和方法[J].数字图书馆论坛,2009（10）：5-6.

[132] 韩慧媛,孙秀洁.相关政策保驾护航 新能源汽车行业依然火爆[J].汽车与配件,2017（21）：46-48.

[133] 何婷婷,闻彬,宋乐,等.词语情感倾向性识别及观点抽取研究[C]//第一届中文倾向性分析评测论文集.北京：第一届中文倾向性分析评测委员会，

2008：89-93.

[134] 侯筱婷．基于数据仓库、OLAP和数据挖掘技术的数据分析、展现与预测［D］．西安：西安电子科技大学，2007．

[135] 胡大立．基于价值网模型的企业竞争战略研究［J］．中国工业经济，2006（9）：87-93．

[136] 胡枫，陈玉宇．社会网络与农户借贷行为：来自中国家庭动态跟踪调查（CFPS）的证据［J］．金融研究，2012（12）：178-192．

[137] 胡海青，张琅，张道宏．供应链金融视角下的中小企业信用风险评估研究：基于SVM与BP神经网络的比较研究［J］．管理评论，2012，24（11）：70-80．

[138] 霍树民．基于Hadoop的海量影像数据管理关键技术研究［D］．长沙：国防科学技术大学，2010．

[139] 机器学习之集成学习［EB/OL］．（2018-11-10）［2019-11-05］．https：//blog.csdn.net/perfect1t/article/details/83684995．

[140] 贾彦龙，于巧玲．竞争对手识别研究方法述评［J］．情报杂志，2011，30（7）：13-16．

[141] 江涛．基于Hadoop+ElasticSearch的统一归档信息系统设计与实现［C］//中国造船工程学会．2018年数字化造船学术交流会议论文集．2018：4．

[142] 姜康，冯钧，唐志贤，等．基于ElasticSearch的元数据搜索与共享平台［J］．计算机与现代化，2015（2）：117-121，126．

[143] 金贵阳，吕福在，项占琴．基于知识图谱和语义网技术的企业信息集成方法［J］．东南大学学报（自然科学版），2014，44（2）：250-255．

[144] 鞠可一，葛世伦．基于数据挖掘技术创建企业本体［J］．微计算机信息，2006，22（18）：228-230．

[145] 康敏，钟豪杰，杨芬，等．广东省2009年甲型H1N1流感流行与网络搜索情况的相关性分析［J］．热带医学杂志，2011，11（6）：629-632．

[146] 康伟．基于SNA的突发事件网络舆情关键节点识别：以"7·23动车事故"为例［J］．公共管理学报，2012，9（3）：101-111，127-128．

[147] 雷轶，汤兵勇．基于拓展的质量屋的客户需求映射研究［J］．情报杂志，2009（2）：65，66-68．

[148] 冷强奎，秦玉平，王春立．基于句子相似度的论文抄袭检测模型研究［J］．计算

机工程与应用，2011，47（24）：199-201.

［149］黎继子，蔡根女.价值链/供应链视角下的集群研究新进展［J］.外国经济与管理，2004，26（7）：8-11.

［150］李超，周瑛，周焕，等.大数据环境下情报分析方法与情报分析软件探讨［J］.现代情报，2017，37（7）：151-158，165.

［151］李国秋，刘婷，严众开.竞争对手的识别与排序［J］.竞争情报，2007（3）：33-40.

［152］李海舰，田跃新，李文杰.互联网思维与传统企业再造［J］.中国工业经济，2014，56（10）：135-146.

［153］李会，程刚.基于数据挖掘技术的企业竞争情报系统模型研究［J］.情报理论与实践，2011，34（1）：95-99.

［154］李俊.面向产品评论的意见挖掘研究综述［J］.现代计算机，2013，（5）：11-16.

［155］李娜.SWOT分析应用于竞争情报活动的实例研究：SWOT分析与"赛特"之成功［J］.情报理论与实践，2000（4）：288-290.

［156］李荣陆，王建会，陈晓云，等.使用最大熵模型进行中文文本分类［J］.计算机研究与发展，2005，42（1）：94-101.

［157］李荣陆.文本分类若干关键技术研究［D］.上海：复旦大学，2005.

［158］李锐，王增亮，张志杰，等.互联网搜索数据与流感预警［J］.中华流行病学杂志，2013，34（1）：101-103.

［159］李伟华，郑彦宁.企业竞争对手识别方法研究进展［J］.情报理论与实践，2015，38（9）：126-129.

［160］李晓明，闫宏飞，王继民.搜索引擎：原理、技术与系统［M］.北京：科学出版社，2005.

［161］李学龙，龚海刚.大数据系统综述［J］.中国科学：信息科学，2015，45（1）：1-44.

［162］李亚婷，马费成.基于标签共现的社会网络分析研究［J］.情报杂志，2012，31（7）：103-109.

［163］李艳娇.《2017年新能源汽车政策报告》：中央36项政策引导新能源及智能网联发展［EB/OL］.（2018-02-20）［2019-11-05］.https：//www.d1ev.com/news/shichang/62822?_t=t.

［164］李艳燕，张香玲，李新，等.面向智慧教育的学科知识图谱构建与创新应用［J］.

电化教育研究，2019，40（8）：60-69.

[165] 李映洲，邓春燕.竞争对手情报研究中的专利情报分析法[J].情报理论与实践，2005（1）：44-47.

[166] 李永钧.2017—2018年，汽车新政回顾与展望[J].汽车与配件，2018（3）：40-44.

[167] 李勇男，蒋东龙，梅建明.基于基尼系数的决策树在涉恐情报分析中的应用[J].情报杂志，2017，36（4）：29-32，53.

[168] 李运强，吴秋明.虚拟产业集群：一种新型产业集群的发展模式[J].华东经济管理，2006（12）：42-45.

[169] 李振，周东岱，王勇."人工智能+"视域下的教育知识图谱：内涵、技术框架与应用研究[J].远程教育杂志，2019，37（4）：42-53.

[170] 厉无畏，王玉梅.价值链的分解与整合：提升企业竞争力的战略措施[J].经济管理，2001（3）：10-11.

[171] 梁凯春，蔡淑琴，林森.基于分众分类的专家推荐算法研究[J].武汉理工大学学报（信息与管理工程版），2007，29（4）：87-90.

[172] 梁晓贺，田儒雅，吴蕾，等.微博主题发现研究方法述评[J].图书情报工作，2017，61（14）：141-148.

[173] 林成德，彭国兰.随机森林在企业信用评估指标体系确定中的应用[J].厦门大学学报（自然科学版），2007（2）：199-203.

[174] 林南，俞弘强.社会网络与地位获得[J].马克思主义与现实，2003（2）：46-59.

[175] 林萍，黄卫东.基于LDA模型的网络舆情事件话题演化分析[J].情报杂志，2013，32（12）：26-30.

[176] 林文辉.基于Hadoop的海量网络数据处理平台的关键技术研究[D].北京：北京邮电大学，2014.

[177] 刘冰.企业竞争情报基础[M].北京：首都经济贸易大学出版社，2010.

[178] 刘法建，张捷，陈冬冬.中国入境旅游流网络结构特征及动因研究[J].地理学报，2010（8）：1013-1024.

[179] 刘非凡，赵军，吕碧波，等.面向商务信息抽取的产品评价对象识别研究[J].中文信息学报，2006，20（1）：7-13.

[180] 刘高勇, 汪会玲, 吴金红. 大数据时代的竞争情报发展动向探析[J]. 图书情报知识, 2013（2）: 105-111.

[181] 刘高勇, 汪会玲. 基于Wiki和Folksonomy的专业信息服务研究[J]. 图书情报工作, 2008（10）: 122-124.

[182] 刘海明. 信用担保网络的经济效应分析[D]. 济南: 山东大学, 2016.

[183] 刘海鸥, 姚苏梅, 黄文娜, 等. 基于用户画像的图书馆大数据知识服务情境化推荐[J]. 图书馆学研究, 2018（24）: 57-63, 32.

[184] 刘恒. 政府信息公开制度[M]. 北京: 中国社会科学出版社, 2004.

[185] 刘鸿宇, 赵妍妍, 秦兵, 等. 评价对象抽取及其倾向性分析[J]. 中文信息学报, 2010, 24（1）: 84-89.

[186] 刘华. EMC数据湖: Isilon新产品要打通边缘、核心和云[J]. 中国数字医学, 2015, 10（12）: 94.

[187] 刘康, 赵军. 基于层叠CRFs模型的句子褒贬度分析研究[J]. 中文信息学报, 2008, 22（1）: 123-128.

[188] 刘梦超, 肖基毅, 陈荣, 等. 数据挖掘在用户上网行为分析中的应用研究[J]. 电脑知识与技术, 2012, 8（31）: 7409-7412.

[189] 刘千里, 童悦. 信号分析的若干理论与方法探析[J]. 图书情报工作, 2009, 53（20）: 15-19.

[190] 刘峤, 李杨, 段宏, 等. 知识图谱构建技术综述[J]. 计算机研究与发展, 2016, 53（3）: 582-600.

[191] 刘洋. 大众分类法的应用现状及前景分析[J]. 现代经济信息, 2010（5）: 205-206.

[192] 刘永, 张春慧. 分众分类的特点与应用策略研究[J]. 情报科学, 2015, 33（6）: 11-14.

[193] 刘云峰, 齐欢, Hu X, et al. 潜在语义分析权重计算的改进[J]. 中文信息学报, 2005, 19（6）: 66-71.

[194] 刘则渊, 尹丽春. 国际科学学主题共词网络的可视化研究[J]. 情报学报, 2006, 25（5）: 634-640.

[195] 刘志辉, 魏娟霞, 张均胜. 基于知识图谱的科技创新指标自适应计算方法研究[J]. 情报学报, 2019, 38（8）: 826-837.

[196] 卢国红.产业视角下企业竞争研究[J].商业经济研究,2017(9):108-110.

[197] 卢太宏,杨联纲.变革中的情报工作新观念与新方式[J].科技情报工作,1987(3):15-17.

[198] 鲁帅帅.大数据环境下油气钻井信息分布式数据仓库系统研究[D].西安:西安石油大学,2018.

[199] 罗立宏,陈志.基于语义分析的垂直搜索网络蜘蛛[J].计算机工程与设计,2008(18):4662-4665,4812.

[200] 罗珉,李亮宇.互联网时代的商业模式创新:价值创造视角[J].中国工业经济,2015,57(1):95-107.

[201] 罗晓光,溪璐路.基于社会网络分析方法的顾客口碑意见领袖研究[J].管理评论,2012,24(1):75-81.

[202] 骆守俭.企业管理:使命、流程、工具[M].上海:立信会计出版社,2005.

[203] 马光荣,杨恩艳.社会网络、非正规金融与创业[J].经济研究,2011,46(3):83-94.

[204] 马晓君,金爽,杨淑田.中国电子商务平台产品评论意见挖掘:基于条件随机场模型的实证研究[J].系统科学与数学,2015,35(11):1327-1346.

[205] 马晓君,刘亚雪,魏晓雪,等.航空公司微博评论的意见信息抽取研究:以国航、南航和东航为例[J].系统科学与数学,2017,37(4):1072-1091.

[206] 马志强,张泽广,李昊甦,等.基于分布式架构的主题信息采集系统[J].计算机工程与计,2015,36(4):1094-1097,1121.

[207] 迈克尔·波特.竞争优势[M].陈丽芳,译.北京:中信出版社,2014.

[208] 毛彦妮,王菲菲.基于共链网络分析的国内电子商务网站竞争力探析[J].图书情报工作,2012,56(18):93-98,126.

[209] 蒙新泛,王厚峰.基于CRF的对象抽取及对象抽取的领域特定性研究[C]//第一届中文倾向性分析评测论文集.北京:第一届中文倾向性分析评测委员会,2008:32-37.

[210] 苗青,刘泽伟,陆佳友.企业竞争情报系统构建[J].情报理论与实践,2012,(2):92-95.

[211] 明翠琴,钟书华.基于技术需求挖掘的创新驿站田野调查方法[J].自然辩证法研究,2011(9):99-103.

［212］聂永有，殷凤，尹应凯．科创引领未来科技创新中心的国际经验与启示城市篇［M］．上海：上海大学出版社，2015．

［213］潘凤鸣，王宇轩，常富洋等．DUTIR COAE2009 评测报告［C］// 第二届中文倾向性分析评测会议（COAE2009）论文集．北京：第二届中文倾向性分析评测委员会，2009：107-116．

［214］彭靖里，Jeanne 杨，李建平．企业技术竞争情报中的技术守门人及其作用述评［J］．图书情报工作，2013（10）：96-99．

［215］彭靖里，胡凝珠，Jeanne 杨．技术竞争情报在战略性新兴产业技术预见中的应用：以 2030 年云南生物医药产业技术预见为例［J］．竞争情报，2013（1）：17-19．

［216］彭靖里．对我国实施竞争情报应用示范工程的回顾及反思［J］．竞争情报，2015（2）：13-21．

［217］平亮，宗利永．基于社会网络中心性分析的微博信息传播研究：以 Sina 微博为例［J］．图书情报知识，2010（6）：92-97．

［218］濮小佳，黄亿华，等．中文倾向性分析及评价对象抽取研究［C］// 第二届中文倾向性分析评测会议（COAE2009）论文集．北京：第二届中文倾向性分析评测委员会，2009：117-127．

［219］钱苏丽，何建敏，王纯麟．基于改进支持向量机的电信客户流失预测模型［J］．管理科学，2007（1）：54-58．

［220］乔媛媛．基于 Hadoop 的网络流量分析系统的研究与应用［D］．北京：北京邮电大学，2014．

［221］秦铁辉，祝小静，任小伟．企业竞争中实物情报的开发利用［J］．情报杂志，2002（3）：26-28．

［222］邱均平，王菲菲．基于 SNA 的国内竞争情报领域作者合作关系研究［J］．图书馆论坛，2010，30（6）：34-40，134．

［223］邱均平，张洋，张蕊．论竞争情报系统和知识管理系统［J］．图书情报工作，2005，49（9）：31-35．

［224］邱锡鹏．神经网络与深度学习［EB/OL］．(2019-10-26)[2019-11-05]．https：//nndl.github.io/nndl-book.pdf．

［225］任远远，王卫平．中文网络评论的产品特征提取及情感倾向判定［J］．计算机系统应用，2014，23（11）：22-27．

［226］任泽平，等.2019中国新能源汽车发展报告［EB/OL］.（2019-09-22）［2019-11-05］.http：//www.pig66.com/2019/145_0922/18229567.html.

［227］阮光册.基于LDA的网络评论主题发现研究［J］.情报杂志，2014，33（3）：161-164.

［228］沈固朝.竞争情报的理论与实践［M］.北京：科学出版社，2008.

［229］沈固朝.情报预测和预警研究要关注信号分析［J］.图书情报工作，2009，53（20）：10.

［230］沈固朝.信号分析：竞争情报研究的又一重要课题［J］.图书情报工作，2009，53（20）：11-14.

［231］盛亚如，魏振钢，刘蒙.基于主题网络爬虫的信息数据采集方法的研究与应用［J］.电子技术与软件程，2016（7）：168-169.

［232］石军伟，胡立君，付海艳.企业社会资本的功效结构：基于中国上市公司的实证研究［J］.中国工业经济，2007（2）：84-93.

［233］石秀印.中国企业家成功的社会网络基础［J］.管理世界，1998（6）：187-196，208.

［234］史敏，罗建，周斌.基于竞争情报的企业技术需求识别MTS方法的研究与应用［J］.图书情报知识，2018（3）：95-102.

［235］宋杰.面向多类型数据源的数据仓库构建及ETL关键技术的研究［D］.沈阳：东北大学，2008.

［236］宋晓雷，王素格，李红霞.面向特定领域的产品评价对象自动识别研究［J］.中文信息学报，2010，24（1）：89-93.

［237］苏新宁.网络环境下竞争情报系统设计［J］.情报理论与实践，2010，33（8）：104-108.

［238］苏新宁.大数据时代情报学与情报工作的回归［J］.情报学报，2017，36（4）：331-337.

［239］孙文远.产品内价值链分工视角下的产业升级［J］.管理世界，2006（10）：156-157.

［240］谭汉英.与金融危机相关的英语词汇［J］.英语知识，2010（4）：20.

［241］汤俊.基于客户行为模式识别的反洗钱数据监测与分析体系［J］.中南财经政法大学学报，2005（4）：62-67，143-144.

[242] 唐丁祥.提升我国产业竞争力的理论思考［J］.科技管理研究,2011,31(5):27-30.

[243] 唐慧丰,谭松波,程学旗.基于监督学习的中文情感分类技术比较研究［J］.中文信息学报,2007,21(6):88-94.

[244] 唐晓波,雍菲.基于聚类分析的企业竞争对手社会网络分析［J］.图书情报工作,2012,56(4):75-79.

[245] 唐晓波,郑杜,谭明亮.融合情报方法论与人工智能技术的企业竞争情报系统模型构建［J］.情报科学,2019,37(7):118-124,162.

[246] 滕茜,杨勇,布倩楠,等.基于网络文本的景区感知及互动研究:以上海为例［J］.旅游学刊,2015,30(2):33-41.

[247] 田娟,朱定局,杨文翰.基于大数据平台的企业画像研究综述［J］.计算机科学,2018,45(S2):58-62.

[248] 万晶.Web 网页正文抽取方法研究［D］.南昌:南昌大学,2010.

[249] 汪克夷,冯桂平.基于市场信号的竞争反应预测［J］.东南大学学报(哲学社会科学版),2007(3):18-22.

[250] 王博,刘盛博,丁堃,等.基于 LDA 主题模型的专利内容分析方法［J］.科研管理,2015,36(3):111-117.

[251] 王德恒,吴潇.竞争对手识别研究［J］.商业研究,2003(17):30-32.

[252] 王福强.构建挖财自己的日志采集和分析体系［EB/OL］.(2015-03-12)[2019-11-18］.https://afoo.me/columns/tec/logging-platform-spec.html.

[253] 王昊,苏新宁.基于本体的 CSSCI 学术资源网络模型构建及其应用研究［J］.情报学报,2010(2):331-341.

[254] 王昊.基于本体的 CSSCI 学术资源网络模型构建及应用［D］.南京:南京大学,2008.

[255] 王会珍,张春良,等.观点句和评价对象一体化抽取技术研究［C］//第二届中文倾向性分析评测会议(COAE2009)论文集.北京:第二届中文倾向性分析评测委员会,2009:83-91.

[256] 王剑华,马军伟.企业竞争态势分析:基于自我定位与公众认知的二维框架［J］.情报杂志,2017,36(9):58-63.

[257] 王凯,曹建成,王乃生,等.Hadoop 支持下的地理信息大数据处理技术初探［J］.

测绘通报，2015（10）：114-117.

［258］王磊.数据仓库技术在地理信息系统中的应用［J］.信息技术与信息化，2018（11）：72-74.

［259］王琦，唐世渭，杨冬青，等.基于DOM的网页主题信息自动提取［J］.计算机研究与发展，2004（10）：1786-1792.

［260］王琴.基于价值网络重构的企业商业模式创新［J］.中国工业经济，2011（1）：79-88.

［261］王素格，李红霞，等.中文文本观点分析技术研究［C］//第二届中文倾向性分析评测会议（COAE2009）论文集.北京：第二届中文倾向性分析评测委员会，2009：92-101.

［262］王涛.提升企业创新能力及其组织绩效研究［M］.北京：经济管理出版社，2012.

［263］王伟，赵东岩，赵伟.中文新闻关键事件的主题句识别［J］.北京大学学报（自然科学版），2011，47（5）：789-796.

［264］王小红.主题模型为科学与人文融合提供新契机［N］.中国社会科学报，2018-12-06（7）.

［265］王小云，许鑫.面向技术预见的技术竞争情报系统研究［J］.情报理论与实践，2015（6）：128-133.

［266］王新浩，诸旖，祝培莉，等.商业银行助力上海市科创中心建设［J］.党政论坛，2015（8）：17.

［267］王兴旺.专利竞争态势分析：类型、内容及方法述评：兼论我国的研究现状［J］.现代情报，2017，37（11）：171-177.

［268］王英杰.基于潜在语义分析的文本摘要技术研究［D］.济南：山东大学，2014.

［269］王英林，王卫东，王宗江，等.基于本体的可重构知识管理平台［J］.计算机集成制造系统，2003，9（12）：1136-1144.

［270］王永，张勤，杨晓洁.中文网络评论中产品特征提取方法研究［J］.现代图书情报技术，2013（12）：70-73.

［271］王知津，周鹏，韩正彪.基于决策树算法的竞争对手识别模型研究［J］.情报理论与实践，2013（3）：1-5，24.

［272］王知津.竞争情报［M］.北京：科学技术文献出版社，2005.

[273] 蔚海燕，戴泽钒，许鑫，等.上海迪士尼对上海旅游流网络的影响研究：基于驴妈妈游客数字足迹的视角[J].旅游学刊，2018，33（4）：33-45.

[274] 文婧，金雪琴.价值链环节的衍生与再整合影响因素研究：以国产手机产业价值链为例[J].中国工业经济，2008（6）：148-157.

[275] 邬润扬.资信评级方法[M].北京：中国方正出版社，2005.

[276] 吴金红，张飞，鞠秀芳.大数据：企业竞争情报的机遇、挑战及对策研究[J].情报杂志，2013，32（1）：5-9.

[277] 吴正一，崔迎慧，陆耀，等.以临床数据仓库为核心的医院大数据平台构建[J].中国医院管理，2015，35（11）：13-15.

[278] 伍业锋.竞争概念辨析及竞争理论初探[J].经济师，2005（11）：29-30.

[279] 夏翠娟，刘炜，陈涛，等.家谱关联数据服务平台的开发实践[J].中国图书馆学报，2016，42（3）：27-38.

[280] 夏大文.基于MapReduce的移动轨迹大数据挖掘方法与应用研究[D].重庆：西南大学，2016.

[281] 夏立新，徐晨琛.基于主题图的电子政务门户知识导航系统构建研究[J].图书馆论坛，2010，30（6）：184-187.

[282] 肖璐，陈果，刘继云.基于情感分析的企业产品级竞争对手识别研究：以用户评论为数据源[J].图书情报工作，2016，（1）：83-90，97.

[283] 谢新洲，吴淑燕.竞争情报分析方法：定标比超[J].北京大学学报（哲学社会科学版），2003（2）：137-151.

[284] 熊回香，叶佳鑫.基于LDA主题模型的微博标签生成研究[J].情报科学，2018，36（10）：7-12.

[285] 徐冰，王山雨.句子级文本倾向性分析评测报告[C]//第二届中文倾向性分析评测会议（COAE2009）论文集.北京：第二届中文倾向性分析评测委员会，2009：69-73.

[286] 徐颂，翟军，沈立新，等.基于主题图的城市信息门户知识导航[J].科学技术与工程，2008，8（4）：1018-1021.

[287] 许鑫，黄仲清，邓三鸿.互联网侨情信息采集系统设计与实现[J].现代图书情报技术，2010（Z1）：95-101.

[288] 许鑫，黄仲清.垂直搜索引擎应用中的若干策略探讨：以12580餐饮垂直搜索为

例［J］.现代图书情报技术，2009（2）：62-70.

［289］许鑫，翟姗姗，姚占雷.学术博客的学科交互实证分析：以科学网博客为例［J］.现代图书情报技术，2015（Z1）：13-23.

［290］许鑫，朱颖婷.我国医药领域专利分布及引用研究［J］.医学信息学杂志，2015，36（4）：58-63.

［291］许玉，宗乾进，袁勤俭，等.微博负面口碑传播研究［J］.情报杂志，2012，31（7）：6-10，24.

［292］亚德里安·J.斯莱沃斯基，等.The profit zone［M］.凌晓东，等译.北京：中信出版社，2003.

［293］杨国良，张捷，艾南山，等.旅游流齐夫结构及空间差异化特征：以四川省为例［J］.地理学报，2006，12：1281-1289.

［294］杨汝岱，陈斌开，朱诗娥.基于社会网络视角的农户民间借贷需求行为研究［J］.经济研究，2011，46（11）：116-129.

［295］杨一文，杨朝军.基于支持向量机的金融时间序列预测［J］.系统工程理论方法应用，2005（2）：176-181.

［296］姚双良.基于主题的Deep Web聚焦爬虫研究与设计［J］.西北师范大学学报（自然科学版），2013，49（2）：40-43，48.

［297］姚占雷，许鑫，李丽梅，等.网络游记中的景区共现现象分析：以华东地区首批国家5A级旅游景区为例［J］.旅游科学，2011，25（2）：39-46，72.

［298］叶磊，娄策群，娄冬.网络信息生态链概念体系构建［J］.情报科学，2011，34（11）：8-12.

［299］易聪.基于Web挖掘的企业竞争情报系统构建研究［D］.武汉：华南理工大学，2011.

［300］尹凡，刘明，于欣.我国各省科技竞争力测度及提升策略研究［M］.长春：吉林人民出版社，2014.

［301］有赞统一日志平台初探［EB/OL］.（2016-04-23）［2019-11-18］.https://tech.youzan.com/you-zan-tong-ri-zhi-ping-tai-chu-tan/.

［302］余智华.WWW站点的分析与分类［D］.北京：中国科学院计算技术研究所，1999.

［303］翟姗姗，许鑫，夏立新.学术博客中的用户交流与知识传播研究述评［J］.现代

图书情报技术，2015（Z1）：3-12.

[304] 湛青. 图书出版企业基于价值网的竞争优势探析［J］. 出版发行研究，2017（10）：49-52.

[305] 张端鸿，刘波，卞月妍. 院校数据仓库架构与建设的过程研究［J］. 高校教育管理，2017，11（2）：26-33.

[306] 张会平，周宁. 分类导航的设计与实现［J］. 情报杂志，2005，24（3）：88-90.

[307] 张建中，黄艳飞，熊拥军. 基于 ElasticSearch 的数字图书馆检索系统［J］. 计算机与现代化，2015（6）：69-73.

[308] 张明宝，刘鹏飞. 行业知识库研究［J］. 计算机系统应用，2015，24（5）：1-10.

[309] 张盛，李芳. 基于迭代两步 CRF 模型的评价对象与极性抽取研究［J］. 中文信息学报，2015，29（1）：163-169.

[310] 张姝，贾文杰，夏迎炬，等. 基于 CRF 的评价对象抽取技术研究［C］. 第一届中文倾向性分析评测论文集. 北京，第一届中文倾向性分析评测委员会，2008：70-76.

[311] 张文宏. 社会资本：理论争辩与经验研究［J］. 社会学研究，2003（4）：23-35.

[312] 张晓凤，谢辉，魏勃. 创新型国家建设理论与路径研究［M］. 北京：知识产权出版社，2015.

[313] 张晓军. 情报、情报学与国家安全：包昌火先生访谈录［J］. 情报杂志，2017，36（5）：1-5.

[314] 张欣. 多层复杂网络理论研究进展：概念、理论和数据［J］. 复杂系统与复杂性科学，2015，12（2）：103-107.

[315] 张燕. 价值网：一种新的战略思维组合［J］. 价值工程，2002（2）：14-17.

[316] 张洋，刘锦源. 基于 SNA 的我国竞争情报领域论文合著网络研究［J］. 图书情报知识，2012（2）：87-94.

[317] 张宇萌，张树华. 信息服务与知识导航［J］. 中国图书馆学报，2003，29（1）：55-57.

[318] 张玉峰，龙飞，王志芳. 基于社会网络视角的竞争情报人员之间知识协作研究［J］. 情报科学，2012，30（1）：16-20.

[319] 张玉杰，潘文彬，等. CISTR：中文文本倾向性分析评测报告［C］// 第二届中文倾向性分析评测会议（COAE2009）论文集. 北京：第二届中文倾向性分析评测

委员会，2009：144-152.

[320] 章锦河，张捷，李娜，等．中国国内旅游流空间场效应分析［J］．地理研究，2005（2）：293-303.

[321] 赵筱媛．竞争情报的发展脉络与演进历程述评［J］．竞争情报，2015（1）：18-25.

[322] 赵栋祥，陈烨，张斌．数据集市及其在交易中的价值［J］．图书情报工作，2017，61（13）：5-12.

[323] 赵星．带权信息网络之计量测度研究［D］．杭州：浙江大学，2014.

[324] 赵需要，侯晓丽，徐堂杰，等．政府开放数据生态链：概念、本质与类型［J］．情报理论与实践，2019，42（6）：22-28.

[325] 赵延东，罗家德．如何测量社会资本：一个经验研究综述［J］．国外社会科学，2005（2）：18-24.

[326] 郑文昌．构造满足不同阶数判断矩阵一致性检验 Excel 模型［J］．宁德师范学院学报（自然科学版），2014，26（2）：113-117.

[327] 郑正，赵飞，周昕旸．基于主题网络爬虫的创业政策信息采集研究与实现［J］．电脑知识与技术，2017，13（14）：49-51.

[328] 知豆官网．关于品牌［EB/OL］．［2018-04-15］.http：//www.evcar.com/index.php?menu=231.

[329] 中华人民共和国国民经济和社会发展第十三个五年规划纲要［EB/OL］．（2016-03-18）［2018-11-18］．http：//www.sastind.gov.cn/n112/n451217/c6361621/content.html.

[330] 周飞，刘梦娜，张晖，等．商业银行数据仓库系统中 ETL 的设计与实现［J］．软件工程，2018，21（11）：42-45.

[331] 周贺来．面向企业技术创新的竞争情报应用研究［M］．北京：中国水利水电出版社，2016：62-75.

[332] 周知．基于微博用户共同关注的竞争对手识别策略研究［J］．情报探索，2014，（10）：46-49.

[333] 朱华宇，孙正兴，张福炎．一个基于向量空间模型的中文文本自动分类系统［J］．计算机工程，2001，27（2）．

[334] 朱建秋．数据仓库系列讲座之三：数据集市与数据仓库［J］．中国计算机用户，2003（13）：56-57.

[335] 朱磊.基于word2vec词向量的文本分类研究[D].重庆：西南大学，2017.

[336] 朱庆华，韩晓静，杜佳，等.中文政府网站评价指标体系的构建与应用[J].图书情报工作，2007，51（11）：67-70.

[337] 朱新华，马润聪，孙柳，等.基于知网与词林的词语语义相似度计算[J].中文信息学报，2016，30（4）：29-36.

[338] 朱珍.价值链分析与竞争情报[J].情报科学，2003（4）：357-359.

[339] 罗伯特·G.库珀.新产品开发流程管理：以市场为驱动[M].青铜器软件公司，译.北京：电子工业出版社，2013.

索 引

A

安全情报 402

B

本体 59
标签聚合 59

C

超网络 79
层次分析法 34

D

大情报观 383
大数据 1
定标比超 8
多层竞争网络 79
多层网络 79
多词性精简意见词簇 120
多维尺度分析 31
多元统计分析 73

E

ElasticSearch 127

F

FDIKI 链 13
分类导航 53
分众分类 67

G

共链分析 30
共现分析 30
关联数据 59
国家竞争力 383
国家竞争情报 383

H

Hadoop 框架 373
h 比率 168

h 出度 168
h 度 168
h 强度 168
h 入度 168
h 指数 36
h 中心度 168
h 中心势 168
h 子网 168
核心句 110
回归分析 73

J

机器学习 74
集成学习 75
技术竞争情报 234
技术情报 158
技术预见 158
价值链 5
价值网 36
交互网络 81
结构洞 77
竞争 1
竞争对手 1
竞争环境 6
竞争情报 1
竞争情报创新服务平台 364
竞争情报从业者协会（SCIP） 6
竞争情报大数据 61
竞争情报系统 8
竞争态势 4

竞争网络 79
竞争优势 1
竞争战略 5
竞争者态势 35
聚类分析 31

K

口碑分析 242

L

LDA 模型 76
LSI 模型 105
领域本体 59

M

模糊综合评价 34

N

凝聚子群分析 70

P

pLSI 模型 105
品牌转换分析 30

Q

企业竞争 1
企业竞争情报 4
强化学习 76
情报 1
情报分析方法 7
情报工作体系 397

情报信息 5
情感分析 31
全局性态势 35

R

RDF 70
热点词元 249
热点分析 88
人才学术画像 158
人际网络 52

S

三元组 71
SWOT 分析 21
社会网络分析 35
深度学习 72
时间序列分析 73
时态网络 80
事件分析 242
数据仓库 53
数据存储 53
数据湖 127
数据集市 127
数据组织 59

T

TF-IDF 99
条件随机场模型 111

U

UPON 方法 137

W

Word2vec 模型 106
WordScore 方法 262
文本倾向性分析 111
文本相似度 99
文献计量分析 159
五力模型 21

X

向量空间模型 99
信号分析 242
信息 5
信息抽取 86
信息网络 18

Y

业务流程重组 48
意见挖掘 84
引文分析 36
隐式属性 110
语义检索 141
语义网 70
云计算 12

Z

战略群组法 30
支持向量机 74
知识流动理论 168
知识图谱 57
中心势 77

主题词表……70 主题信息采集……67
主题模型……76 专利情报分析……21
主题图……68   总体国家安全观……397